JN062783

例題で学ぶ

地域経済学入門

「 地を離れて人なく　人を離れて事なし
故に人事を論ぜんと欲せば　先ず地理より始むと 」

－　吉田松陰　－

はじめに

本書は、地域経済学を学ぼうとする、大学学部生に向けて書かれた入門書である。地域経済学の教科書については、すでに多くの良書が刊行されている一方で、本書は、演習問題を多く掲載することによって、そうした教科書を補うことを目的としている。

本書で紹介する演習問題は、専門的な地域経済理論の理解を手助けするという目的に加えて、その内容は、地域経済理論を非常に簡素化したものになっており、そのエッセンスとなるロジックのみを取り出したものになっている。その意味では、地域経済分析に用いられているロジックに親しみ、その論理性を楽しむことに重きをおいている。

ところで、もともと経済学は、論理的思考を養うために有効な学問である。なぜなら経済学では、数式やグラフ、図形などの分析を多く扱う必要があるからである。その一方で、数ある経済学の分野の中でも、特に地域経済学は、論理的思考を養うために適した分野であるといえる。その理由は、数式やグラフ、図形などの分析に加えて、時間と空間、ネットワークの分析が必須になっており、他の経済学の分野では学ぶことができない、より実践的なロジックを扱うことになるからである。

まず、時間の分析では、時間の経過と共に、同じ因果関係が繰り返されることによって、循環構造が出来上がるという、累積的因果関係を分析することになり、これについては、物事の好循環と悪循環の現象を、論理的に分析する際に有効になってくる。そこで本書では、簡単な差分方程式を用いながら、様々な累積的因果関係の分析について紹介している。

次に、ビジネスなどの経済活動が、地理的な空間上で行われる限り、空間の分析や、そこに潜むロジックの分析は必須になってくる。例えば、本書では、最短距離と最長距離の問題を多く扱っており、それは空間的な最適性を分析する上で重要な問題になるばかりでなく、ビジネスの交渉や、現場の作業効率の改善に応用することができる。したがって、その空間の分析も、他の経済学の分野では学ぶことのできないロジックになっている。

最後に、本書では、ネットワークの分析手法について詳しく紹介している。このネットワークの分析についても、多くの実践的なロジックが利用されており、そこでは、組織や経路などを分析していく上で、非常に重要になってくる考え方が紹介されている。その一方で、そうしたネットワーク分析の手法は、様々な事柄に対する分析にも応用することができ、例えば、物事の因果関係や、進行手順、人間関係や仕事の影響の分析においても重要になってくる。

以上のことを踏まえた上で、本書の利用法としては、ゼミなど小規模の教室において、グループワークやアクティブラーニングに利用されるのが相応しいと思われる。具体的には、各章の説明部分を、各グループごとに発表・紹介し合い、学生が互いに相談し合いながら、その演習問題に取り組むといった具合である。

そのため、本書の難易度は、学部生が独学で学習できる程度の水準に抑えられている一方で、より進んだ学習に向けた橋渡しをするために、各章末に設けた＜トピック＞において、より専門的・学術的な説明についても掲載してある。この＜トピック＞については、ご担当教員の皆様によって、適宜、紹介をして頂いた上で、レポート等の課題に利用して頂ければ幸いである。

２０１７年１１月１８日

門川和男

第1講　空間分析の基礎

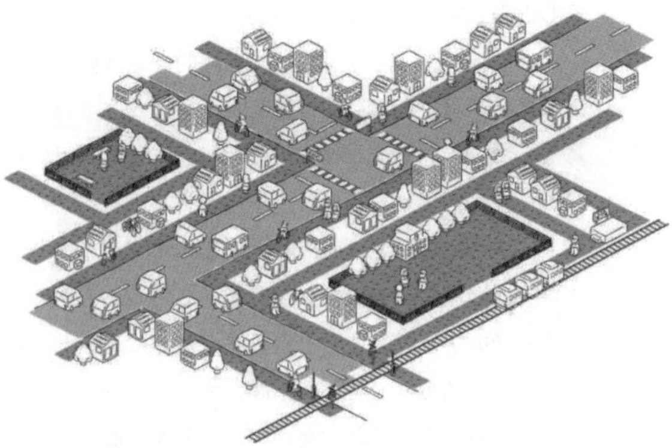

本講では、企業や家計の立地行動を分析するために必要になる種々の概念について紹介していくことにする。企業や家計などの立地行動を考えていく上で最も重要になる要因は、その立地にかかる費用になる。そこで本講では、その立地にかかる費用をいくつかの種類に分けた後で、それらを数式によって定義し、グラフに描くことによって、それらが空間的にどのように変化するのかについて紹介していくことする。

また、製品1単位当たりの輸送費用は製品の価格と関係しており、輸送費用が高くなるほど、製品1単位当たりの利益は減少することになる。そして、輸送費用が高くなることによって、製品1単位当たりの利益がゼロになるとき、企業は、その製品を、それ以上輸送することができなくなってしまうことになる。そこで本講では、その利益がゼロになる輸送距離の性質についても紹介していくことにする。

■ 立地地点を決定する要因

企業や家計などが立地選択する際に考慮する要因のことを、特に、**立地要因**と呼んでおり、この立地要因を、大きく、輸送要因と非輸送要因の2種類に分けることができる。

◎ **輸送要因**：製品に輸送に関わる費用、輸送費用や関税など

◎ **非輸送要因**：製品の輸送以外に関わる費用、土地費用や労働費用など

まず、その輸送費用をアルファベットのTで表すことにする。そして、距離1単位（$1km$）当たりの輸送費用をtで表し、距離をdで表すとき、製品1単位を距離dだけ輸送するときの輸送費用Tを、次のように表すことができる。

$$T = td$$

つまり、その輸送費用Tは、$1km$当たりの輸送費用tに距離dをかけたものに等しくなる。そして、その輸送費用Tは、製品1単位の輸送にかかる費用であることから、その輸送費用Tに生産量をかけたものが、その企業の負担する費用になる。

▸ **例題1**：距離1単位当たりの輸送費用が$t = 0.5$円で、それを距離$d = 18km$だけ輸送するとき、その輸送費用Tを求めなさい。

$$T = td = 0.5円 \times 18km = 9円$$

よって、その製品1単位当たりの輸送費用Tは9円になり、この9円が、その輸送費用Tになる。また、その距離dを変数として残した上で、その輸送費用Tを表すグラフを描くとき、それは右図のようになる。

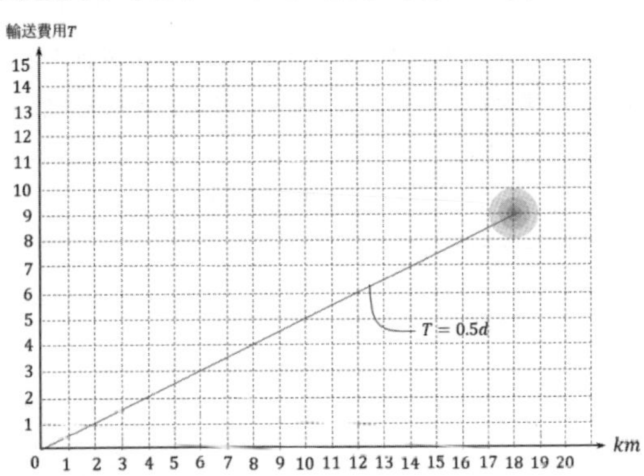

■ 非輸送要因の追加

次に、その非輸送要因として、土地費用や労働費用などを挙げることができる。土地の購入価格やその賃借費用などについては、企業が立地する地点によって異なることになり、また、労働賃金についても地域によって異なることから、労働費用も立地する地点によって異なることになる。

そこで、製品１単位を生産するために必要になる土地や労働などにかかる費用をNで表すとき、その立地地点によって変化する総費用Cを、輸送費用Tと非輸送費用Nの合計として、次のように表すことができる。

$$C = N + T$$

これに輸送費用 $T = td$ を代入するとき、その立地地点によって変化する総費用Cを、次のように表すことができる。

$$C = N + td$$

▸ **例題２－１**：製品１単位当たりにかかる土地費用N（非輸送費用）が20円であるとき、総費用Cを表しなさい。

$$C = N + T$$

$$C = 20 + T$$

▸ **例題２－２**：距離１単位当たりの輸送費用が$t = 0.5$円、輸送距離が$d = 200km$であるとき、輸送費用Tを求めなさい。

$$T = td$$

$$T = 0.5\text{円} \times 200km$$

$$T = 100$$

▸ **例題２－３**:例題２－１と例題２－２をもとに、総費用Cを求めなさい。

$$C = N + T$$

$$C = 20 + 100$$

$$C = 120$$

また、その距離dを変数として残した上で、その総費用Cを表すグラフを描くとき、それを右図のように描くことができる。

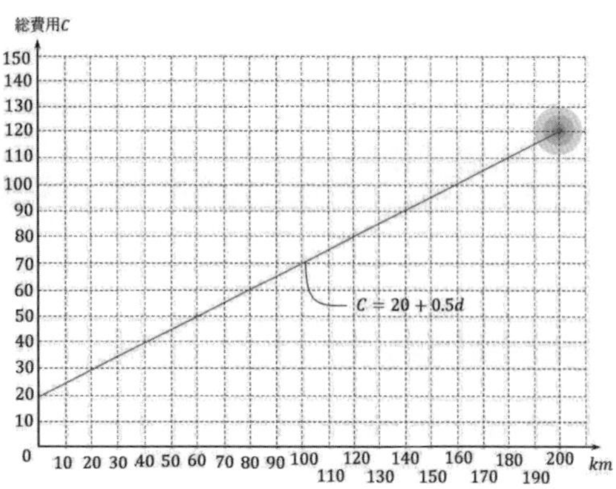

■ 価格と費用

これまで製品１単位当たりの輸送費用Tと非輸送費用Nについて定義してきたが、企業が製品１単位の生産から得る収入の大きさは、その製品の価格に等しくなる。ここで、その価格をPで表すとき、企業は１単位当たりの費用である$C = N + td$が、１単位当たりの収入である価格Pを上回ってしまうことを避けるように行動することになる。その製品１単位当たりの費用$C = N + td$が、その製品１単位当たりの収入Pよりも小さくなければならないという条件のことを、**正の利益条件**と呼ぶことにし、すべての企業は、その正の利益条件にしたがうものとする。

◎**正の利益条件**：製品１単位当たりの収入Pは、製品１単位当たりの費用Cよりも大きくなければならない。

次に、製品１単位当たりの収入を価格Pで表し、製品１単位当たりの費用をCで表した上で、製品１単位当たりの利益をπで表すとき、その利益πを、その収入Pと費用Cの差として、次のように表すことができる。

$$\pi = P - C$$

そして、その正の利益条件について、次のように定義することもできる。

$$\pi > 0 \quad \text{または} \quad P - C > 0 \quad \text{または} \quad P > C$$

$$P - N - td > 0 \quad \text{または} \quad P > N + td$$

▸ **例題３**：距離１単位当たりの輸送費用$t = 1$円、非輸送費用$N = 10$円、価格$P = 130$円のとき、正の利益条件を満たす輸送範囲は何kmになるか求めなさい。

$$P - N - td > 0$$

$$130 - 10 - 1d > 0$$

$$d < 130 - 10$$

$$d < 120km$$

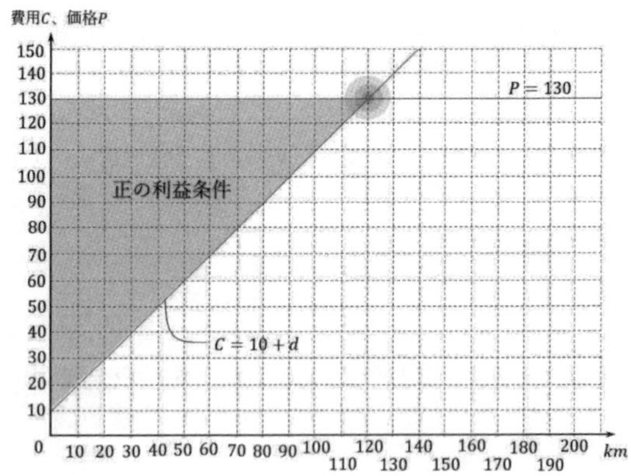

したがって、その立地地点から半径$120km$の輸送範囲では、製品１単位当たりの利益が正になる一方で、それよりも長い輸送範囲では、製品１単位当たりの利益の大きさは負になることになる。また、その距離dを変数として残した上で、その総費用Cを表すグラフを描くとき、それは上図のようになる。

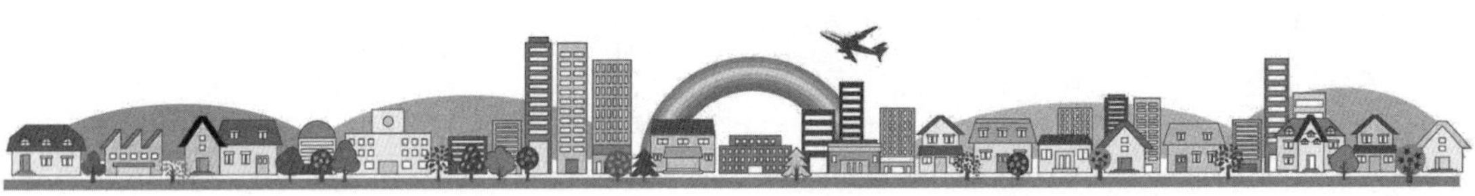

練習問題

◇**練習問題１－１**：輸送費用$t = 5$円、距離$d = 3km$のときの輸送費用T円を求めなさい。また、その輸送費用Tのグラフに描きなさい。

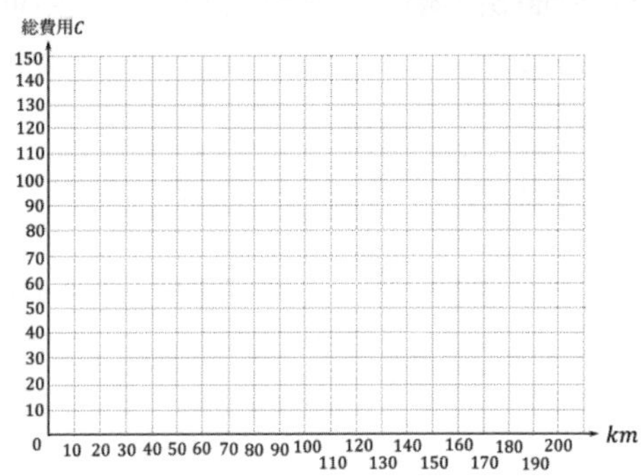

◇**練習問題１－２**：輸送費用$t = 2$円、距離$d = 5km$のときの輸送費用T円を求めなさい。また、その輸送費用Tのグラフに描きなさい。

◇**練習問題１－３**：輸送費用$t = 1$円、距離$d = 12km$のときの輸送費用T円を求めなさい。また、その輸送費用Tのグラフに描きなさい。

◇**練習問題１－４**：輸送費用$t = 0.5$円、距離$d = 20km$のとき、輸送費用T円を求めなさい。また、その輸送費用Tのグラフに描きなさい。

◇**練習問題２－１**：輸送費用$t = 1$円、距離$d = 100km$、非輸送費用$N = 50$円のときの輸送費用T円を求めなさい。また、その総費用Cのグラフに描きなさい。

◇**練習問題２－２**：輸送費用$t = 0.4$円、距離$d = 200km$、非輸送費用$N = 20$円のときの輸送費用T円を求めなさい。また、その総費用Cのグラフに描きなさい。

◇**練習問題２－３**：輸送費用$t = 0.2$円、距離$d = 150km$、非輸送費用$N = 100$円のときの輸送費用T円を求めなさい。また、その総費用Cのグラフに描きなさい。

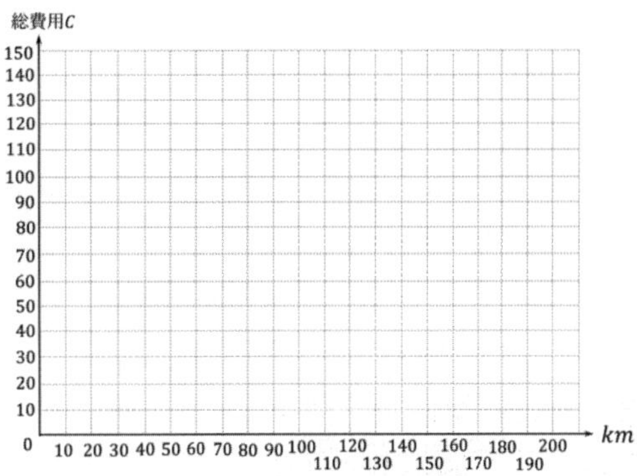

◇**練習問題３－１**：輸送費用$t = 1$円、非輸送費用$N = 40$円、価格$P = 120$円のとき、正の利益条件を満たす輸送範囲は何kmになるか求めなさい。また、その様子をグラフに描きなさい。

◇**練習問題３－２**：輸送費用$t = 0.5$円、非輸送費用$N = 20$円、価格$P = 100$円のとき、正の利益条件を満たす輸送範囲は何kmになるか求めなさい。また、その様子をグラフに描きなさい。

トピック１：組み合わせと価値

日常生活を見渡すとき、世の中は金銭的な価値があるもので溢れており、むしろ価値がないものを見つけることの方が難しい。しかし、恐竜が地球上を闊歩していた時代には、地球上に金銭的な価値がつくものは殆どなかったに違いない。そして、人類が地上に誕生し、その生活を進歩させていく過程において、次第に価値があるものが増えはじめたことになった。

ここで、ひとつの疑問が生じることになる。人類の生活が始まった当初、身の回りにあったのは、水や植物、土砂や岩石などくらいである。にもかかわらず、一体なぜ、その水や植物、土砂、岩石などから、人が欲してやまないような、価値があるものを生み出すことができたのであろうか。この疑問を解決するために重要になってくるのが、人類が、その水や植物、土砂、岩石などを、ある生活上の目的のために、手段のひとつとして活用してきたという事実になる。

例えば、水は飲料として水分の補給を助け、植物は摂取されることによって栄養をまかない、木は火を起こし、それを維持するために使われ、土砂は住宅の原材料として使われ、岩石は狩猟と採集の道具として利用されてきた。

こうした活用法によって、水と植物、土砂と岩石のそれぞれに、多少なりとも何らかの価値が見出されることになり、当時は、それなりに人類の生活の向上に役立ったに違いない。しかし、ここで問題になっているのは、現代生活において、その身の回りに見つけることができる価値が、如何に生み出されたのかということである。仮に、水と植物、土砂と岩石を、そのまま利用していたのでは、我々の身の回りにあるような価値が生み出されることはなかった。そこで、その疑問に対して答えるためのキーワードになるのが“組み合わせ”になる。

人類が誕生して現代に至るまでに、地球上には何ら新しいものは追加されておらず、決まった量の水と植物、土砂と岩石だけを利用し続けている。そして、地球上に何ら新しいものが追加されていないのであれば、そこに新たに追加されたのはアイデアだけしかないことになり、そのアイデアとは、結局、その同じ量の水と植物、土砂と岩石を、どのように組み合わせるのかという、組み合わせのアイデアでしかないことになる。

例えば、ここで、そのアイデアとは、木を削って木材にし、家具や建物などを建造したり、地中から石炭を取り出して燃料にしたり、石油を掘り出して、プラスチック・ビニール製品などを製造したり、鉄鉱石を掘り出して、鉄を抽出したりすることになる。そして、もともと地球にあったもの分解し、それを組み合わせることによって、その価値が備わるものが作り出されてきたことになる。したがって、アイデアとは、そうしたモノとモノとの組み合わせ仕方のことになり、良いアイデアとは、その組み合わせによって高い価値を生み出すことができるアイデアであることになる。逆に、悪いアイデアとは、その組み合わせによって低い価値しか生み出すことができないアイデアであることになる。

ある国の経済について、財・サービスの生産と、その生産からもらされる所得の分配、そして、その所得の分配がもたらす消費という、３つの側面から捉えることができる。そして、それを組み合わせの観点から捉えるならば、生産とは、その組み合わせをする作業のことになり、消費とは、その組み合わせを購入する行為のことになり、所得とは、その組み合わせを販売することによって得た対価であることになる。したがって、その経済活動のいずれの場面についても、そのモノとモノとの組み合わせを通じて行われることになり、その組み合わせにこそ経済的な価値が備わることになる。

本書は、そうした組み合わせの観点から経済を分析することに主眼を置いており、特に、組み合わせるモノを提供する企業と、その組み合わせをする企業の合理性について紹介していくことにする。そして、その組み合わせから生じる経済性のことを、本書ではコンビネーション経済と呼ぶことにする。このコンビネーション経済とは、その着想をシュンペーターによって提案された“新結合”という概念から得ているが、本書では、そこまで特別な概念として用いるつもりはなく、経済活動において、その組み合わせから得られるメリットを分かり易く強調するための定義として用いることにする。

コンビネーション経済（combination economy）には次の２種類の効果があることになる。ひとつは、ある２つの対象Ａとβとが組み合わせられるとき、そのＡとＢが組み合わせられた後の価値の方が、その組み合わせられる前の対象ＡとＢの個々の価値の和よりも大きくなるとき、その組み合わせが、その対象ＡとＢの価値を上昇させる経済効果のことになる。例えば、対象Ａの価値はもともと１０であり、また対象Ｂの価値はもともと２０であるとき、それらの価値の和は３０になる。そして、この対象ＡとＢを組み合わせることによって、その組み合わせられたモノの価値が１００になるとき、もともとの対象Ａの価値と対象Ｂの価値の和の３０よりも、その価値が７０ほど増加していることになる。そして、その大きさがコンビネーション経済の効果になり、その増加した価値の７０は**付加価値**（value added）になる。

もうひとつのコンビネーション経済の効果は、ある２つの対象ＡとＢとが組み合わせられるとき、そのＡとＢが組み合わせられた後の費用の方が、その組み合わせられる前のＡとＢの個々の費用の和よりも小さくなるとき、その組み合わせがＡとＢの価値を上昇させる経済効果のことになる。例えば、対象Ａにかかる費用がもともと１０であり、また対象Ｂにかかる費用がもともと２０であるとき、それらの価値の和は３０になる。そして、その対象ＡとＢを組み合わせることによって、その組み合わせられたモノにかかる費用が5になるとき、もともとの対象Ａの費用と対象Ｂの費用の和の３０よりも、その費用が２５ほど減少していることになる。これもコンビネーション経済の効果に当たることになる。

この２つのコンビネーション経済のいずれについても、その付加価値と利益を改善する効果があることになり、その意味において、経済性の改善があることになる。ここで、その経済性の改善を目的とした対象の組み合わせことを**アイデア**（idea）と呼ぶことにする。そして、そのアイデアによって組み合わせられた対象において、その組み合わせられた対象が、モノとモノの場合には、その組み合わせのことを**財**（Goods）と呼ぶことにし、また、その組み合わせられる対象が、ヒトとヒトの場合には、その組み合わせのことを**サービス**（Services）と呼ぶことにする。そして、そのアイデアによる組み合わせによって生み出される価値の総称が、その財・サービスに当たることになり、その財・サービスは家計と企業によって利用されることになり、市場において売買される対象になることになる。

また、そのアイデアによってコンビネーション経済を生み出すために組み合わせられる対象には、その対象がモノの場合には機能と性能が備わることになり、また、それがヒトの場合には役割と能力が備わることになる。

＜組み合わせがモノの場合＞

- 機能：そのモノが組み合わせ全体の目的を果たすために部分的に担う働き
- 性能：そのモノが組み合わせの部分的に担う役割に貢献できる属性や性質

＜組み合わせがヒトの場合＞

- 役割：そのヒトが組み合わせ全体の目的を果たすために部分的に担う働き
- 能力：そのヒトが組み合わせの部分的に担う役割に貢献できる素質や適性

まず、その組み合わられた対象がモノである場合、そのモノに備わる**機能**（function）とは、そのモノが部分的に分担する働きのことになり、ある機能は他の機能と組み合わせられることによって、その組み合わせ全体の価値を上昇させることになる。ここで、そのコンビネーション経済が働くことによって、その組み合わせられたモノの機能の価値は、その組み合わせられる前の個々の機能の価値の和よりも大きくならなければならない。

また、そのモノに備わる**性能**（performance）とは、そのモノが果たす特定の機能に貢献する属性や性質などのことになり、その属性や性質などの違いによって、その機能をどれだけ果たすことができ、また、その組み合わせ全体の価値をどれだけ改善することができるのかが決まることなる。そして、その組み合わせの価値が、その組み合わせられる前の個々の価値の和を上回るというコンビネーション経済において、その組み合わせの価値がどれだけ上昇するかについては、そのモノに備わる性能に依存して決まることになる。

次に、その組み合わられる対象がヒトである場合において、そのヒトに与えられる**役割**（role）とは、そのヒトが全体の組み合わせの作業において部分的に担う働きのことになる。そして、あるヒトが果たす役割は、他のヒトが果たす役割と組み合わせられることによって、その組み合わせ全体の価値を上昇させることになる。ここで、そのコンビネーション経済が働くことによって、その組み合わせられたヒトの果たす役割の価値は、その組み合わせられる前の個々の役割の価値の和よりも大きくなることになる。

また、そのヒトに備わる**能力**（ability）とは、そのヒトが果たす役割に貢献する素質や適性などのことになる。ここで、その素質と適性については、そのヒトの才能と天性というよりも、むしろ、そのヒトが経験と学習によって積み上げた知識や力量のことになる。そして、その素質や適性などの違いによって、そのヒトが、その役割をどれだけ果たすことができ、また、その組み合わせ全体の価値がどれだけ改善されるのかが決まることなる。そして、その組み合わせの価値が、その組み合わせられる前の個々の価値の和を上回るというコンビネーション経済において、その組み合わせの価値がどれだけ上昇するのかについては、そのヒトに備わる能力に依存して決まることになる。

第２講　企業の最適立地地点

前講では、空間分析の基礎知識として、輸送費用の空間的な変化について紹介してきた。本書で扱う空間分析が、通常のミクロ経済分析と大きく異なっている点は、その費用の中に、輸送費用が含まれる点にある。本講では、その輸送費用に焦点を当てながら、企業の最適な立地地点について検討していくことにする。

企業の最適な立地地点とは、企業の輸送費用を最小化するような立地地点のことになり、本講では、その説明を簡素化するために、企業が負担する非輸送費用（生産費用）については考慮せずに、輸送費用のみに着目して検討していくことにする。

また、原料指数という概念を導入することによって、原材料の重量と完成品の重量とを比較することにより、企業の立地地点が一律に決まる法則性についても紹介していくことにする。

■ ２区間輸送

企業の最適立地地点について紹介していくためには、まず、企業の立地地点と輸送費用との関係を定義する、輸送モデルについて明らかにしなければならない。そこで最初に、その輸送モデルの最も簡単なモデルとして、２つの区間の輸送費用に焦点を当てた２区間輸送モデルについて考えていくことにする。

例えば、食料品を扱う企業であれば、食料品の原材料を仕入れる仕入先からの輸送費用と、完成した食料品を販売する小売店（スーパーなど）までの輸送費用について検討しなければならない。また、自動車部品を生産している工場であれば、その部品の材料（鉄鋼）などを仕入れる仕入先からの輸送費用と、完成した部品を組み立て、自動車を販売する自動車会社までの輸送費用について検討しなければならない。

◎工場までの輸送：原材料の生産地から、原材料を加工し、完成品を生産する工場までの輸送

◎工業からの輸送：完成品の生産地である工場から、その完成品を販売する市場までの輸送

したがって、この２区間輸送モデルでは、工場までの輸送費用と工場からの輸送費用という、２種類の輸送費用について考慮することになり、それらの輸送費用については、それぞれが、その距離１単位（$1km$）当たりの輸送費用と、輸送距離に比例することになる。そこで、その工場までの輸送にかかる輸送費用をT_1とし、それを次のように定義することにする。

$$T_1 = t_1 d_1$$

また、その工場からの輸送にかかる輸送費用をT_2とし、それを次のように定義することにする。

$$T_2 = t_2 d_2$$

▸ **例題１**：原材料の生産地が$0km$地点にあり、市場が$200km$地点にあり、ある工場は、その間に立地しているとする。ここで、その工場が$40km$地点にあり、$t_1 = 2$と$t_2 = 0.25$のときの、輸送費用Tの変化を表すグラフを描きなさい。

○ $0km$地点から$40km$まで

$T_1 = t_1 d_1 = 2d_1 \qquad 0 \leq d_1 < 40$

○ $40km$地点から$200km$まで

$T_2 = t_2 d_2 = 0.25d_2 \qquad 40 \leq d_2 < 200$

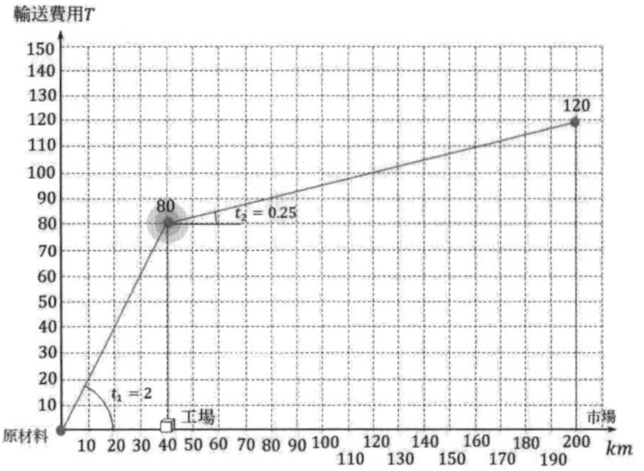

■ 原料指数（Material Index: MI）

次に、例題１で紹介した工場の最適な立地地点について考えてみることにしよう。ここで、その最適な立地地点とは、その輸送費用が最小になるような立地地点のことになり、その輸送費用は、工場までの距離d_1と工場からの距離d_2と、工場までの距離１単位当たりの輸送費用t_1と、工場からの距離１単位当たりの輸送費用t_2によって決まることになる。

まず、その工場までの距離１単位当たりの輸送費用t_1と、工場からの距離１単位当たりの輸送費用t_2は所与になっており、それらについては、その工場の立地地点にかかわらず一定であるとする。それに対して、その工場までの距離d_1と工場からの距離d_2は、その工場がどの地点に立地するのかに応じて変化することになり、それによって、その輸送費用Tは変化することになる。

ここで、その距離１単位（$1km$）当たりの輸送費用が、単純に、その輸送する製品の重量に比例すると仮定するとき、その距離１単位当たりの輸送費用t_1とt_2は、それぞれ、その原材料の重量と完成品の重量に比例することになる。そこで、その完成品の重量を**製品重量**と呼ぶことにし、その原材料の重量を**原料重量**と呼ぶことにする。

◎**製品重量**：完成品１単位当たりの重量

◎**原料重量**：完成品１単位当たりの生産に必要な原材料の重量

◎**原料指数**：製品重要に対する原料数量の割合

◎**原料指数**：$MI = \dfrac{原料重量\ M_1}{製品重量\ M_2}$

この製品重量と原料重量において、その輸送重量のより大きい方が、より多くの輸送費用を必要とすることを仮定するとき、その製品重量と原料重量の関係について、以下の不等式が成り立つことになる。

◎製品重量よりも原料重量の方が大きい場合

$$t_1 > t_2$$

◎製品重量よりも原料重量の方が小さい場合

$$t_1 < t_2$$

また、その原料重量をM_1で表し、その製品重量をM_2で表し、その原料重量M_1（分子）と製品重量M_2（分母）の比を、**原料指数**（material index: MI）と呼ぶことにすれば、$M_1 > M_2$のときに、その原料指数$MI = M_1/M_2$は1よりも大きくなり、$M_1 < M_2$のときに、その原料指数$MI = M_1/M_2$は1よりも小さくなることが分かる。

さらに、その輸送重量Mと輸送費用tが比例するとき、以下の不等式による関係が成り立つことになる。

$$M_1 > M_2 \quad \Rightarrow \quad t_1 > t_2 \quad \Rightarrow \quad MI > 1$$

$$M_1 < M_2 \quad \Rightarrow \quad t_1 < t_2 \quad \Rightarrow \quad MI < 1$$

以上のことから、その原料指数が１よりも大きいか、小さいかによって、その工場の最適な立地地点が一意に定まることになる。

▸ **例題２**：原料重量が $M_1 = 10kg$、製品重量が $M_2 = 4kg$のとき、原料指数$MI = M_1/M_2$を求めなさい。

$$原料指数(MI) = \frac{M_1}{M_2} = \frac{10kg}{4kg} = 2.5$$

■ ２区間輸送モデルの最適立地地点

次に、その原料指数(MI)を利用することによって、工場の最適な立地地点が、原材料が生産されている地点に近接した地点になるのか、もしくは完成品が販売され、消費されている地点に近接した地点になるのかについて容易に判断をすることができるようになり、具体的には、その判断の仕方は次のようになる。

◎原料指数(MI)が１よりも大きい場合

➡ 工場にとっての最適な立地地点は、原料の生産地の地点に近接する。

◎原料指数(MI)が１よりも小さい場合

➡ 工場にとっての最適な立地地点は、製品の販売地の地点に近接する。

それでは、なぜ、そのような判断に至るのかについて、その理由を数式で明らかにした後に、その数式の意味についてグラフを描きながら確認していくことにしよう。まず、その複数区間での総輸送費用Tについては、工場までの輸送費用T_1と工場からの輸送費用T_2の合計として、次のように表すことができる。

$$T = T_1 + T_2$$

また、$T_1 = t_1 d_1$ と $T_2 = t_2 d_2$ より、

$$T = t_1 d_1 + t_2 d_2 \quad \cdot\cdot\cdot \quad (1)$$

が成り立つことになる。ここで、その原材料の生産地から完成品の消費地までの総距離をdで表すとき、その総距離dを、その工場までの輸送距離d_1と工場からの輸送距離d_2の合計として、次のように表すことができる。

$$d = d_1 + d_2$$

$$d_2 = d - d_1 \cdot \cdot \cdot \quad (2)$$

そして、この式(2)を、式(1)に代入することによって、次のように変形することができる。

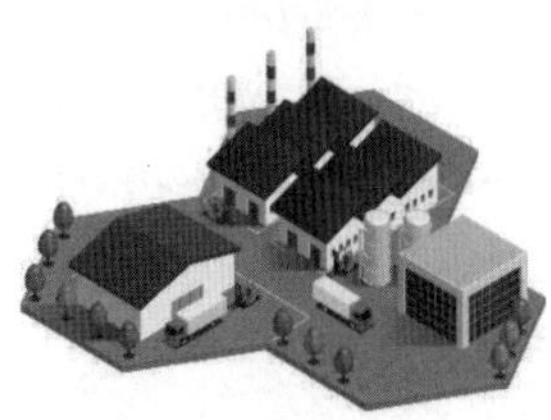

$$T = t_1 d_1 + t_2(d - d_1)$$

$$T = t_1 d_1 + t_2 d - t_2 d_1$$

$$T = t_2 d + t_1 d_1 - t_2 d_1$$

$$T = t_2 d + (t_1 - t_2) d_1$$

この式の右辺において、そのt_1とt_2は、それぞれ、その工場までの距離１単位当たりの輸送費用と、その工場からの距離１単位当たりの輸送費用を表していることになり、それらは、その原料重量と製品重量に応じて決まることになる。また、その総距離dは、その原材料の生産地から、その完成品が販売される市場までの、全体の距離を表していることになり、この総距離dは一定であることになる。

したがって、その式で変化させることができるのは、その原材料の生産地から工場までの輸送距離に対応するd_1のみになっており、その式の左辺の総輸送費用Tは、その工場までの輸送距離d_1のみの変化に依存して決まることになる。

また、その式において重要になるのは、その工場までの輸送距離d_1の係数の$t_1 - t_2$になり、ここで、$t_1 > t_2$のとき（$M_1 > M_2$かつ$MI > 1$）、その工場までの輸送距離d_1が長くなるにつれて、その総輸送費用Tが大きくなっていくことになる。そこで、その工場は、その原材料の生産地に近接して立地することによって、その総輸送費用Tを最小化することができ、その工場の最適な立地地点は、その原材料の生産地と同じになる。

逆に、$t_1 < t_2$のとき（$M_1 < M_2$かつ$MI < 1$）、その工場までの輸送距離d_1が長くなるにつれて、その総輸送費用Tが小さくなっていくことになる。そこで、工場は、その完成品の消費地に近接して立地することによって、その総輸送費用Tを最小化することができ、その工場の最適な立地地点は、その完成品の消費地と同じになる。

$t_1 > t_2$　⇒　d_1とTが比例　⇒　原材料の生産地が最適立地地点になる。

$t_1 < t_2$　⇒　d_1とTが反比例　⇒　完成品の消費地が最適立地地点になる。

次に、その最適立地地点の関係について、次の例題を解きながら理解を深めていくことにしよう。

▸ **例題３**：現在、ある工場は、その原材料の生産地点から$100km$地点で輸送を行っている。総距離$d = 200km$、$t_1 = 0.6$円、$t_2 = 0.2$円のとき、この工場の総輸送費用Tが最小になる立地地点として正しいのはどれか、その原材料の生産地と完成品の販売地の内、いずれかひとつを選びなさい。

まず、その総輸送費用を表す式である、

$$T = t_2 d + (t_1 - t_2) d_1$$

に、所与の数値を代入すると次のようになる。

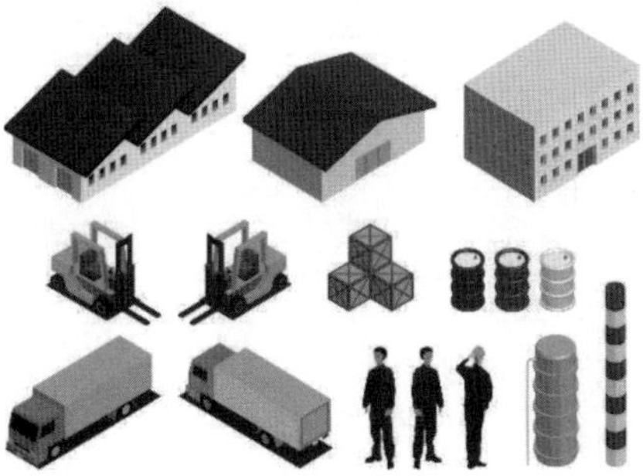

$$T = t_2 d + (t_1 - t_2) d_1$$

$$T = 0.2(200) + (0.6 - 0.2) d_1$$

$$T = 40 + 0.4 d_1$$

以上により、そのd_1の範囲は$0 \leq d_1 \leq 200$であることから、

○ $d_1 = 0$のときに、$T = 40$で最小になる。

○ $d_1 = 200$のときに、$T = 120$で最大になる。

この総輸送費用Tの変化について、グラフを利用しながら確認してみることにしよう。原材料の生産地から100km地点にある工場を、その原材料の生産地から50km地点や、原材料の生産地から0km地点などのように、その原材料の生産地に近づけて立地させたときのグラフは以下のようになる。それらの図によって、その原材料の生産地から0km地点では、その総輸送費用Tが最小の40になることが分かる。

また、原材料の生産地から100km地点にある工場を、その原材料の生産地から150km地点、もしくは、原材料の生産地から200km地点のように、その原材料の生産地から遠ざけて立地させたときのグラフは以下のようになる。

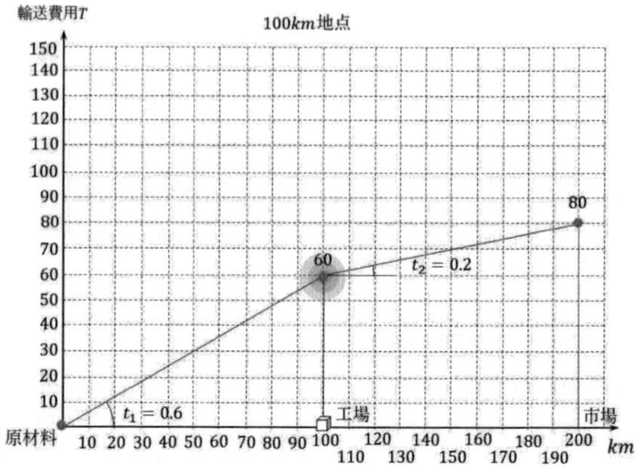

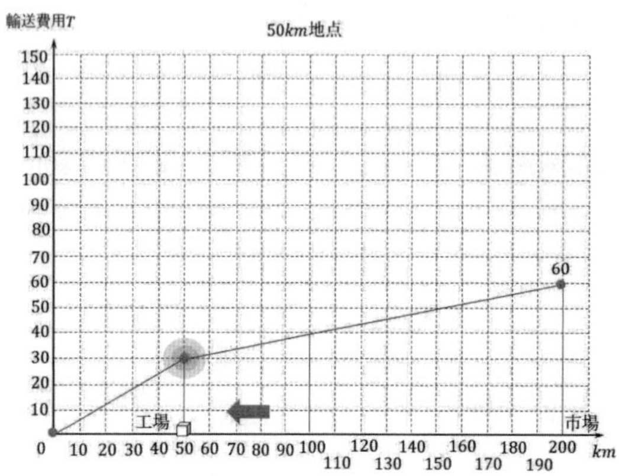

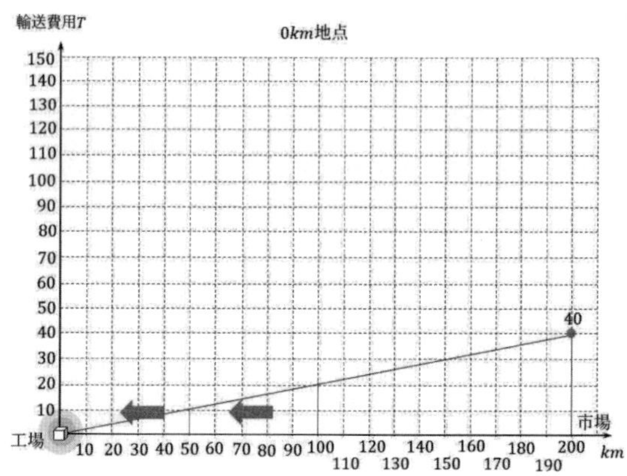

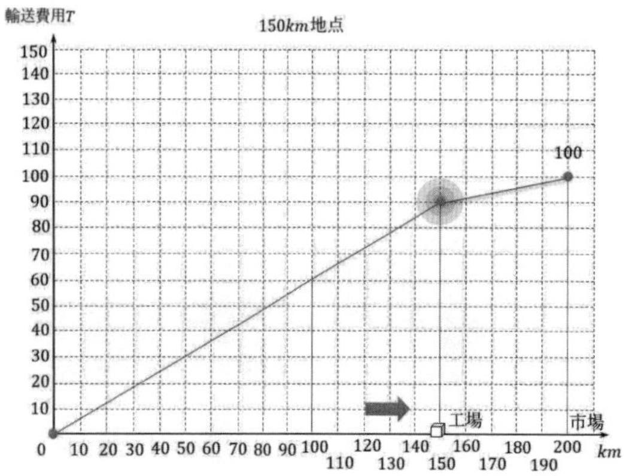

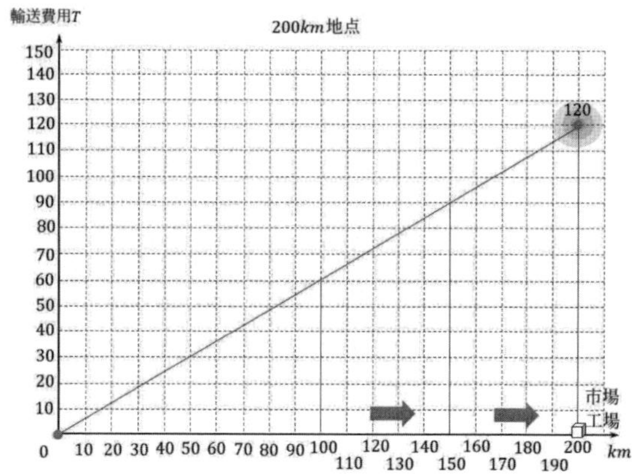

以上により、その原材料の生産地から200km地点では、その総輸送費用Tが最大の120になることが分かる。

練習問題

◇**練習問題１－１**：原材料の生産地が$0km$地点にあり、市場が$200km$地点にあり、工場が$150km$地点にあるとする。$t_1 = 0.2$、$t_2 = 2$のときの、輸送費用Tの変化の仕方をグラフに示しなさい。

◇**練習問題１－２**：原材料の生産地が$0km$地点にあり、市場が$160km$地点にあり、工場が$60km$地点にあるとする。$t_1 = 1.5$、$t_2 = 0.2$のときの、輸送費用Tの変化の仕方をグラフに示しなさい。

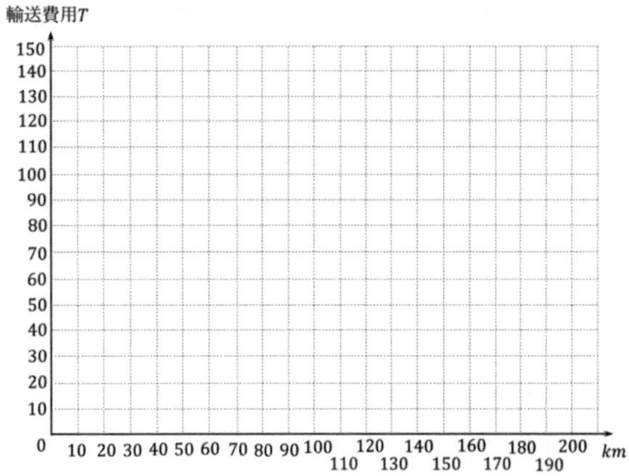

◇**練習問題２－１**：２区間輸送のモデルにおいて、総距離$d = 200km$、$t_1 = 1$円、$t_2 = 0.5$円のときの、工場の最適な立地地点を求めなさい。

◇**練習問題２－２**：２区間輸送のモデルにおいて、総距離$d = 200km$、$t_1 = 1$円、$t_2 = 0.5$円のときの、$40km$地点での輸送費用Tのグラフを描きなさい。

◇**練習問題２－３**：２区間輸送のモデルにおいて、総距離$d = 200km$、$t_1 = 1$円、$t_2 = 0.5$円のときの、$0km$地点での輸送費用Tのグラフを描きなさい。

◇**練習問題３－１**：２区間輸送のモデルにおいて、総距離$d = 200km$、$t_1 = 0.5$円、$t_2 = 1$円のときの、工場の最適な立地地点を求めなさい。

◇**練習問題３－２**：２区間輸送のモデルにおいて、総距離$d = 200km$、$t_1 = 0.5$円、$t_2 = 1$円のときの、$160km$地点での輸送費用Tのグラフを描きなさい。

◇**練習問題３－３**：２区間輸送のモデルにおいて、総距離$d = 200km$、$t_1 = 0.5$円、$t_2 = 1$円のときの、$200km$地点での輸送費用Tのグラフを描きなさい。

トピック２：組み合わせと付加価値の創出

市場において売買されている商品の多くは、モノとモノとの組み合わせによって作られている。ここで、その組み合わせによって、どのように付加価値が生み出されるのかについて、そのモノとモノの組み合わせの例について考えてみることにしよう。例えば、石と木は、どこにでもあるものであり、それぞれの単独の価値は決して大きくはない。しかし、個々の価値は、それほど大きくなかったとしても、それらを組み合わせることによって、個々の価値の和よりも、大きな価値をもつ財にすることができる場合がある。ここでは、その例として、その石と木を組み合わせることによって、石斧を作る場合について考えてみることにしよう。

この石斧の部品として利用するという目的を、その石と木に対してそれぞれに与えるとき、その石の価値と木の価値は、その石斧に利用される前の石の価値と木の価値を、それぞれ上回ることになる。そして、その石と木については、それらが組み合わせられる前も後も、同じ石と木であるにもかかわらず、石斧の部品という機能が与えられたことによって、その石と木のそれぞれの価値が増大することになり、それがコンビネーション経済の効果になる。

ここで、その石斧に用いられる石と木の機能に関して、石には木を切ったり、割ったりする機能、もしくは、動物の肉を裂いたり、骨を折ったりする機能があることになる。また、その木には取手として石を持ちやすくするための機能や、その遠心力を活かすことによって、その振り下ろされる石に対して、速度と威力を与えるための機能があることになる。

また、その性能に関しては、石斧に用いられ石の性能には、一定の強度や適度な重さ、鋭さが必要になることになり、それの性能が改善されることによって、その石斧の石としての機能は改善されることになる。それに対して、その石斧に用いられる木には、一定の耐久性や適度な弾力性、軽さ、太さ、長さが必要になることになり、その性能が改善されることによって、その石斧の木としての機能は改善されることになる。そして、その石と木の、それぞれの性能を活かすことによって、その石斧部品として、それぞれに機能を与えることが、ここで意図している組み合わせのアイデアになる。

次に、そのコンビネーション経済について数値例を挙げてみると、まず、石と木は自然に遍在しているものであり、それらに値がつくことはほとんどないものの、ここでは仮に、石１個の元の価値が１０であり、木１本の元の価値が５であるとしよう。そして、その石と木の価値は、その石斧として組み合わせられる前の価値に相当することになり、その石斧を構成する部品として、その目的が与えられていない状態での価値になることになる。

○石：１個＝１０　　　　○木：１個＝５　　　　◎石斧：１個＝１００

その一方で、その石斧に対して１００の価値が与えられるとすれば、その１０の価値の石と５の価値の木を組み合わせることによって、その１００の価値の石斧が生み出されたことになる。ここで、その石と木の元の価値が１５（＝１０＋５）であったのに対して、その組み合わせによって１００の価値が生まれたということは、その差の８５が新たな価値として追加されたことになり、これが、そのコンビネーション経済の効果になる。

ところで、その石斧の他にも、鋭い石や鋭い木を用いたとしても、その狩猟や採集の道具として利用することはでき、それらを石斧の代用品として用いることができる。しかし、その石斧には、単なる鋭い石や鋭い木の価値を超える、潜在的な価値があることになる。その理由は、その石斧は、単なる石と同じだけの鋭さと耐久性を備えることができるのに対して、その石は、石斧と同じだけの握り易さや、振り下ろす速度を備えることができないからになる。また、その石斧には、単なる木と同じだけの握り易さや、振り下ろす速度を備えることができるのに対して、その木は、石斧と同じだけの鋭さと耐久性を備えることはできないことになる。そして、その石と木は、それぞれの特性によって、その利点になる機能と役割を果たすと同時に、互いに相手の欠点を補うことによって、その組み合わせ全体としての価値を高めることができるという点において、そのコンビネーション経済が働いていることになる。

このコンビネーション経済の発生は、モノとモノとの組み合わせに限ったものではなく、ヒトとヒトとの組み合わせにおいても日常的に発生していることになる。そこで次のトピックでは、そのヒトとヒトとの組み合わせによって生まれるコンビネーション経済の具体例について紹介していくことにしよう。

第３講　土地費用と最適立地地点

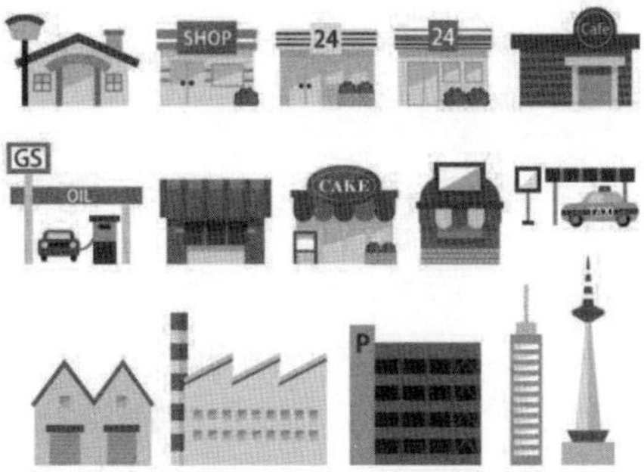

前講では、輸送費用のみを考慮した最適立地地点について紹介してきたが、立地選択に対して影響を与えるもうひとつの重要な要因として、非輸送費用を挙げることができる。この非輸送要因には、労働費用や土地費用などが含まれることになり、その費用の大きさは、市町村レベルでの狭い範囲では同じになる一方で、都市や地域、国などの広い範囲では大きく異なることになる。そこで本講では、これまでの輸送費用に加えて、その非輸送費用を考慮した企業の最適立地地点について紹介していくことにする。

また、これまで本書では、その輸送距離と各種費用の関係を、直線的なグラフを用いて表してきたが、本講では、平面図という図を用いることによって、地図上での各種費用の変化についても検討していくことにする。

■ 非輸送費用の空間的変化

まず、前講の内容について振り返ってみると、立地に関わる費用Cは、輸送費用Tと非輸送費用Nの合計として表されることになり、具体的には、$C = N + T$という等式を満たすものであった。ここで、その非輸送費用には、土地費用や労働費用などが含まれる一方で、その土地費用については、空間的に変化しうるものであり、それは多くの場合、市場に近づくにしたがって上昇することになる。つまり、その原材料の生産地から工場までの輸送距離d_1が長くなるにしたがって、その工場は市場に向かって近づいていくことから、その非輸送費用Nは増加していくことになる。

そして、その非輸送費用Nを、労働費用Wと土地費用Sという２種類の費用に分けるとき、その製品１単位当たりの総費用Cを、輸送費用Tと労働費用Wと土地費用Sという、３種類の費用の和として定義することができるようになる。

◎　総費用：$C = N + T$

◎　総費用：$C = W + S + T$

この総費用Cを表す式の輸送費用Tに対して、$T = td$を代入するとき、その総費用Cを、次のように表すこともできる。但し、ここで、その輸送費用Tについては、簡略化のために、その原材料から工場までの距離については考慮せずに、その工場から市場（販売先）までの距離だけを考慮するものとする。

◎　総費用：$C = W + S + td$

t：生産物1単位を$1km$輸送するのに必要な費用

d：市場（中心地）から工場までの距離

また、その土地費用Sについては、市場（販売先）との距離に反比例して減少することを仮定することにし、その土地費用Sの変化の仕方を、$S = L - sd$のように定義することにする。そして、その土地費用$S = L - sd$を、総費用$C = W + S + td$の式に代入するとき、その総費用Cを、次の等式によって表すことができる。

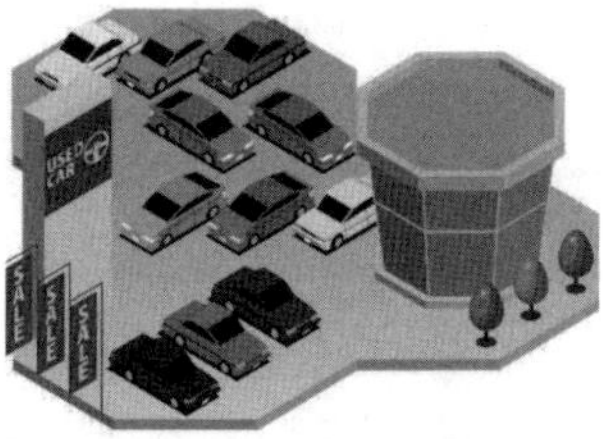

$$C = W + S + T$$

$$C = W + S + td$$

$$C = W + L - sd + td$$

$$C = W + L + (t - s)d$$

この式によって、その総費用Cを、$C = W + L + (t - s)d$ のように定義することができる。そして、この式において重要な役割を果たすのは$t - s$の符号になり、例えば、$t - s > 0$のときに（$t > s$のときに）、市場（販売先）までの距離dが長くなるにしたがって、総費用Cは増加することになり、逆に、市場（販売先）までの距離dが短くなるにしたがって、総費用Cは減少することになる。それに対して、$t - s < 0$のときに（$t < s$のときに）、市場（販売先）までの距離dが長くなるにしたがって、総費用Cは減少することになり、逆に、市場（販売先）までの距離dが短くなるにしたがって、総費用Cは増加することになる。

以上のことから、その企業の最適立地地点は、距離1単位当たりの輸送費用tと、土地費用の変化の仕方を表す式の傾きの大きさsによって決まることになり、tの値がsの値よりも大きい場合には、市場に近接した立地地点が最適な立地地点になることになり、tの値がsの値よりも小さい場合には、市場から最も離れた立地地点が最適な立地地点になることになる。

◎　$t > s$のとき　⇒　市場（中心地）に近づいて立地

◎　$t < s$のとき　⇒　市場（中心地）から離れて立地

■ 離散地点の立地選択

これまで本講では、非輸送費用を考慮した最適立地地点について検討してきたが、実際の立地選択では、その立地地点を自由に選択することはできず、いくつかの限られた立地地点の候補の中から、その最適な立地地点を選ぶことになる。そこで次に、その立地地点の候補が限られており、個々の立地地点において、その土地費用が異なる場合について考えてみることにしよう。

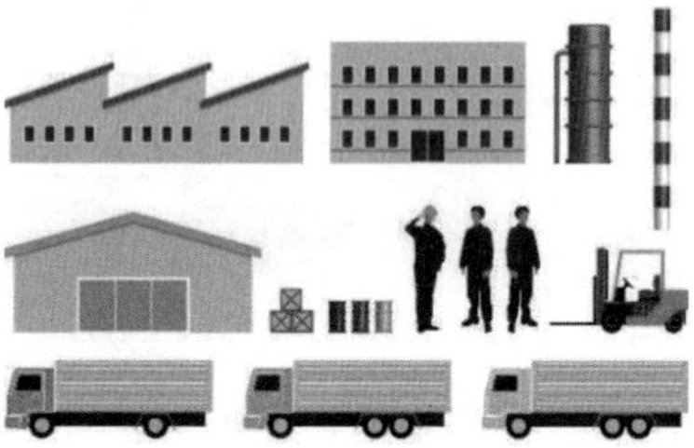

まず、輸送費用を$T = 0.5d$とし、労働費用を$W = 20$とした上で、その土地費用Sについては、個々の立地地点で異なっており、その変化の傾向としては、市場からの距離dが長くなるほど低下していくものとする。

$$C = 20 + S + 0.5d$$

具体的には、その土地費用Sは、市場の中心地の$0km$から$100km$地点までの間では、製品1単位当たりにつき110円ほどかかり、$100km$地点から$200km$地点までは、製品1単位当たりにつき20円ほどかかるものとする。このとき、その企業の総費用Cを最も小さくすることができる立地地点について、地点A、地点B、地点Cのどれになるのかについて考えてみることにしよう。

次の左図のグラフは、製品1単位当たりの各費用の変化を表しており、また右図のグラフは、その左図の原点を円の中心にして、その左図のグラフを真上から眺めたものになっている。つまり、その右図は、その土地費用が、その地図上で、どのように変化するのかについて、それを等高線のように表していることになる。この各費用の空間上の変化の仕方を真上から眺めた図のことを**平面図**と呼ぶことにする。

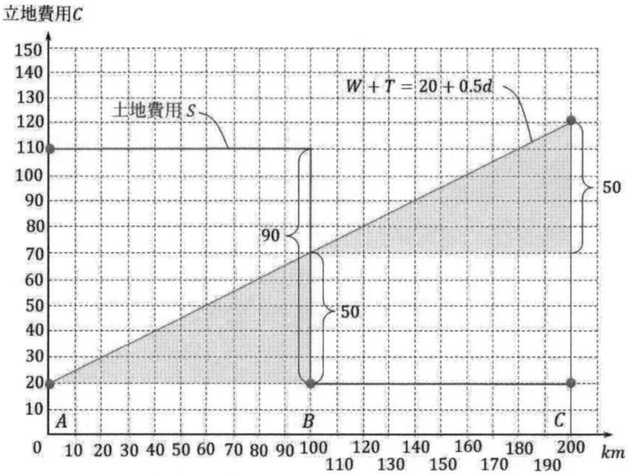

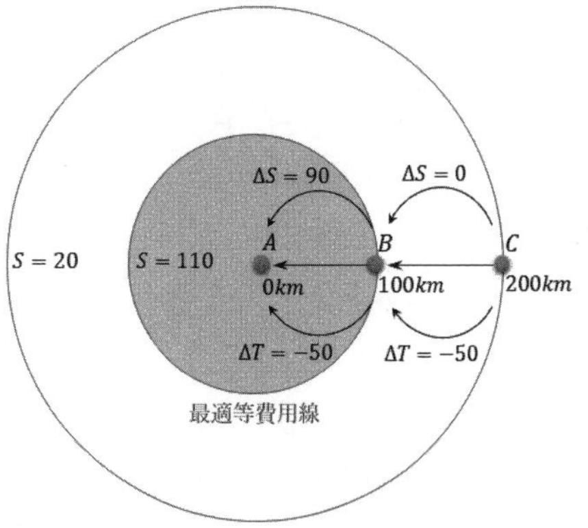

次に、その地点A、地点B、地点Cの中から、その最適な立地地点を選んでいくことにしよう。その選び方については、ある地点から、別の地点に立地地点を変更することによって、その総費用Cが増加するのか、もしくは、減少するのかによって決まることになる。つまり、その立地地点を変更することによって、その総費用Cが減少するのであれば、その立地地点を変更すべきであるし、逆に、その立地地点を変更することによって、その総費用Cが増加するのであれば、その立地地点を変更すべきではないことになる。

具体的には、まず、その輸送費用Tについて、地点Cから地点Bに変更する場合も、地点Bから地点Aに変更する場合も、その短縮される輸送距離は$100km$になることから、その工場が中心地に近づくごとに、輸送費用は$\Delta T=0.5\times(-100)=-50$だけ減少することになる。それに対して、その土地費用Sについては、地点Cから地点Bに変更する場合には変化せずに、地点Bから地点Aに変更する場合にだけ、90ほど増加することになる。

すると、その輸送費用Tと土地費用Sの合計については、地点Cから地点Bに変更する場合には、$-50+0=-50$だけ減少することになり、地点Bから地点Aに変更する場合は、$-50+90=40$だけ増加することから、その地点Bが、その最適な立地地点になることになる。

〇地点Cから地点Bに変更する場合の費用の変化量

$\Delta S=0$　,　$\Delta T=-50$　,　$\Delta C=-50$

よって、地点Bの方が望ましい。

〇地点Bから地点Aに変更する場合の費用の変化量

$\Delta S=90$　,　$\Delta T=-50$　,　$\Delta C=40$

よって、地点Bの方が望ましい。

ところで、その土地費用については、その土地費用が等しく一定に保たれる距離があることになる。例えば、これまでの例では、地点Aから地点Bまでは土地費用が110で等しく一定になっており、地点Bから地点Cまでは土地費用が20で等しく一定になっている。そして、その地点Aから地点Bまでの$100km$と、その地点Bから地点Cまでの$100km$では、その土地費用が等しく一定になっており、それらの距離を平面図の中心地からの半径として、それぞれ円として描くときに、それらの円の内側では、その土地費用が等しく一定であることになる。そこで、この円のことを**等費用線**と呼ぶことにする。

その一方で、その総費用が最も小さくなるのは地点Bであることになり、地点Aから地点Bまでの$100km$を半径とする円を、平面図の中心地から描くとき、その円の半径は、その総費用を最も小さくすることができる中心地からの距離を表すことになる。そこで、その地点Aから地点Bまでの$100km$を半径とする円のことを**最適等費用線**と呼ぶことにする。

▸ **例題 1**：輸送費用が$T = 0.75d$、労働費用が$W = 30$であり、土地費用Sは市場からの距離dが長くなるにしたがって、図のように変化するものとする。このとき、その総費用Cが最小になる地点を、図中の地点A、B、C、D、E、Fの中から、ひとつ選びなさい。

まず、その総費用Cについて定義すると次のようになる。

○$C = W + S + T$

○$C = 30 + S + 0.75d$

そして、その労働費用Wは、どの地点においても一定であることから、どの地点に立地したとしても、その労働費用Wが変化することはない。また、その輸送費用Tの変化の仕方について、すべての地点間の距離dが$40km$になっていることから、その工場が中心地に向けて近づくごとに、輸送費用は$\Delta T = t\Delta d = 0.75 \times (-40) = -30$だけ減少することになる。

それに対して、土地費用Sの変化の仕方については、次のように整理することができる。

$0km$から$40km$まで ➡ 120円

$40km$から$80km$まで ➡ 79円

$80km$から$120km$まで ➡ 51円

$120km$から$160km$まで ➡ 32円

$160km$から$200km$まで ➡ 20円

以上の条件にもとづきながら、その工場を、その中心地から最も遠い地点Fから、その中心地に最も近い地点Aに向けて順に移転させていくとき、その総費用Cが、どのように変化するのかについて調べてみることにする。

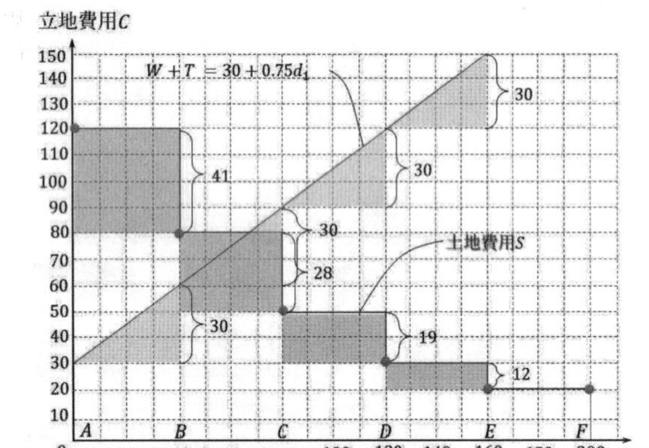

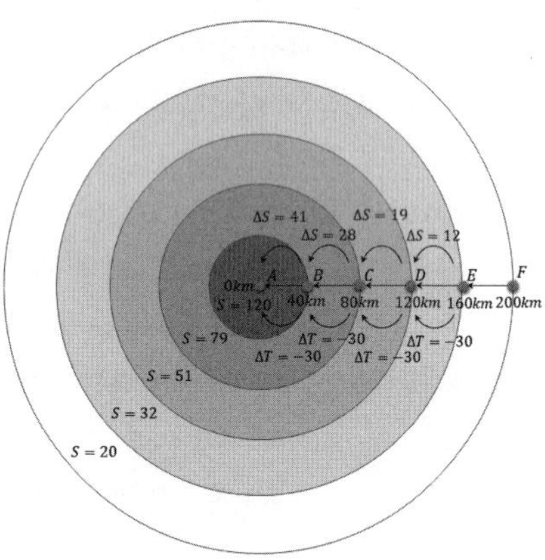

○地点Fから地点Eに移転する場合

$$\Delta S = 0 \qquad \Delta T = -30 \qquad \Delta C = \Delta S + \Delta T = -30$$

よって総費用が減少する地点Eの方が望ましい。

○地点Eから地点Dに移転する場合

$$\Delta S = 12 \qquad \Delta T = -30 \qquad \Delta C = \Delta S + \Delta T = 12 - 30 = -18$$

よって総費用が減少する地点Dの方が望ましい。

○地点Dから地点Cに移転する場合

$\Delta S = 19$　　$\Delta T = -30$　　$\Delta C = \Delta S + \Delta T = 19 - 30 = -11$

よって総費用が減少する地点Cの方が望ましい。

○地点Cから地点Bに移転する場合

$\Delta S = 28$　　$\Delta T = -30$　　$\Delta C = \Delta S + \Delta T = 28 - 30 = -2$

よって総費用が減少する地点Bの方が望ましい。

○地点Bから地点Aに移転する場合

$\Delta S = 41$　　$\Delta T = -30$　　$\Delta C = \Delta S + \Delta T = 41 - 30 = 11$

よって総費用がより小さい地点Bの方が望ましい。

以上のことから、その工場を、地点Fから地点Aに向けて順に移転させていくとき、その地点Bにおいて総費用Cが最小になることが分かる。したがって、その総費用Cが最小になる地点は、その地点Bであることになる。

■ 最適立地距離

これまで本講では、中心地から総費用Cが最小になる立地地点までの距離を半径とする円のことを、最適等費用線と呼ぶことにしたが、その中心地から、その最適等費用線上の点までの距離のことを、**最適立地距離**と呼ぶことにする。つまり、その最適立地距離とは、労働費用Wと土地費用Sと輸送費用Tの合計である総費用Cが最小になる距離のことになる。

ところで、例題１のようなグラフがなかったとしても、その平面図と輸送費用の式である$T = td$が明らかになるとき、その最適立地距離を求めることができる。これについて、以下の例題で確認していくことにしよう。

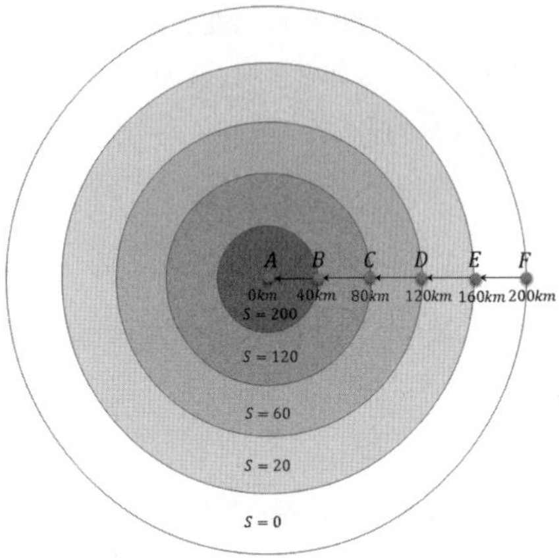

▸ **例題２**：輸送費用$T = 1.6d$、労働費用$W = 20$のとき、平面図が上図のように与えられるとする。このときの最適地点を、図中のA、B、C、D、E、Fの中から、ひとつ選びなさい。

例題１と同じように、その中心地から最も遠い地点Fから、その最も近い地点Aに向けて、工場を順に移転させていくときに、その総費用Cが、どのように変化するのかについて調べてみることにする。まず、輸送費用Tは立地地点を移動するたびに、次にように変化することになる。

$$\Delta T = t\Delta d = 1.6 \times -40km = -64$$

次に、総費用Cは立地地点間を移動するたびに、次にように変化することになる。

◎地点Fから地点Eに移転　➡　$\Delta S = 0 - 0 = 0$　　$\Delta T = -64$　　$\Delta C = \Delta S + \Delta T = 0 - 64 = -64$

◎地点Eから地点Dに移転　➡　$\Delta S = 20 - 0 = 20$　　$\Delta T = -64$　　$\Delta C = \Delta S + \Delta T = 20 - 64 = -44$

◎地点Dから地点Cに移転　➡　$\Delta S = 60 - 20 = 40$　　$\Delta T = -64$　　$\Delta C = \Delta S + \Delta T = 40 - 64 = -24$

◎地点Cから地点Bに移転　➡　$\Delta S = 120 - 60 = 60$　　$\Delta T = -64$　　$\Delta C = \Delta S + \Delta T = 60 - 64 = -4$

◎地点Bから地点Aに移転　➡　$\Delta S = 200 - 120 = 80$　　$\Delta T = -64$　　$\Delta C = \Delta S + \Delta T = 80 - 64 = 16$

以上のことから、その工場を、地点Fから地点Aに向けて順に移転させていくときに、その総費用の減少が続くのは、その地点Cから地点Bに移転するときまでであることが分かる。よって、その総費用が最小になるのは地点Bであることになり、その最適立地地点は地点Bであることになる。

練習問題

◇練習問題１－１：輸送費用が$T = 0.4d$、労働費用が$W = 20$のとき、土地費用Sが図のように変化するとする。この図に輸送費用Tのグラフを書き加え、そのときの最適立地距離をA、B、Cの中からひとつ選びなさい。

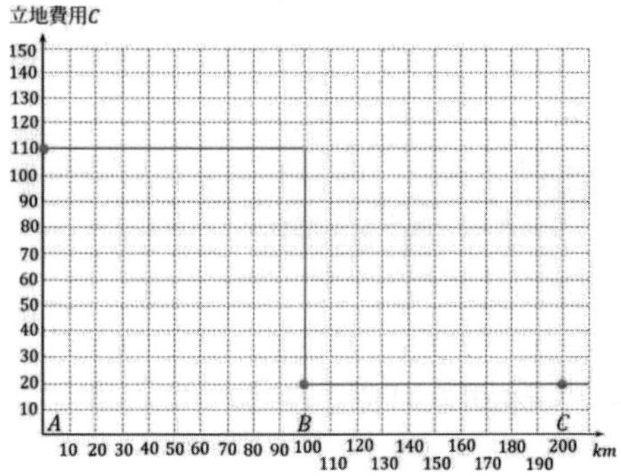

◇練習問題１－２：輸送費用が$T = 0.4d$、労働費用が$W = 30$のとき、土地費用Sが図のように変化するとする。この図に輸送費用Tのグラフを書き加え、そのときの最適立地距離をA、B、C、D、Eの中からひとつ選びなさい。

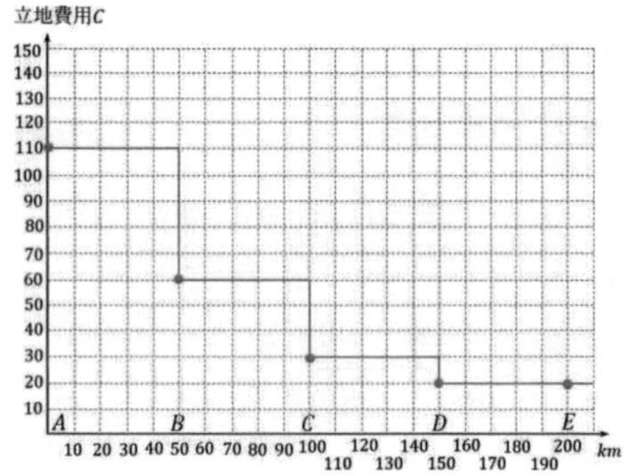

◇練習問題１－３：輸送費用が$T = \frac{2}{3}d$、労働費用が$W = 20$のとき、土地費用Sが図のように変化するとする。この図に輸送費用Tのグラフを書き加え、そのときの最適立地距離をA、B、C、D、E、Fの中からひとつ選びなさい。

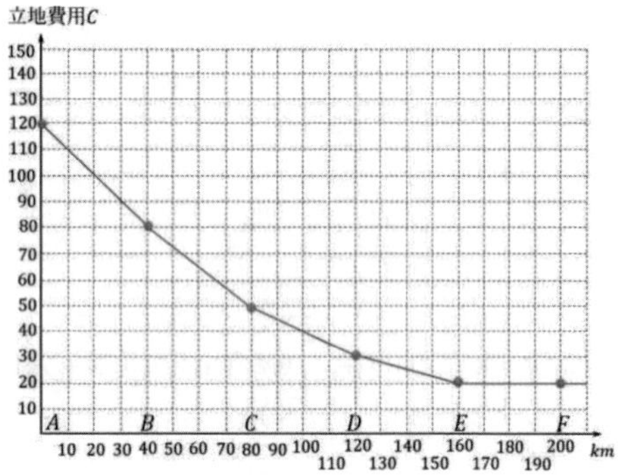

◇練習問題１－４：輸送費用が$T = 0.75d$、労働費用が$W = 20$のとき、土地費用Sが図のように変化するとする。この図に輸送費用Tのグラフを書き加え、そのときの最適立地距離をA、B、C、D、Eの中からひとつ選びなさい。

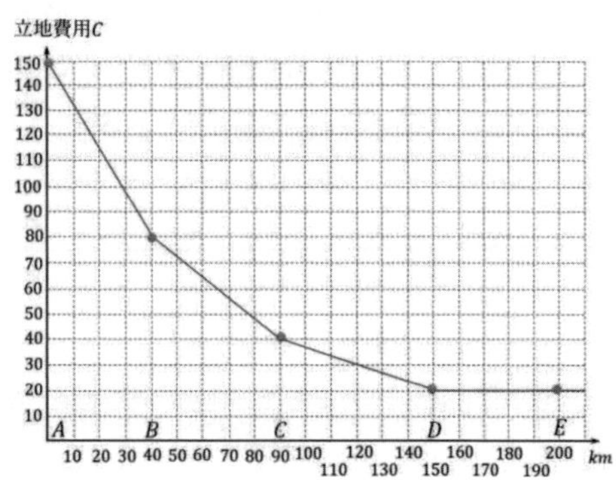

◇練習問題２－１：輸送費用$T = 0.8d$、労働費用$W = 20$のとき、最適立地距離を右図のA、B、C、D、E、Fの中からひとつ選びなさい。

◇練習問題２－２：輸送費用$T = 2.1d$、労働費用$W = 20$のときの、最適立地距離を右図のA、B、C、D、E、Fの中からひとつ選びなさい。

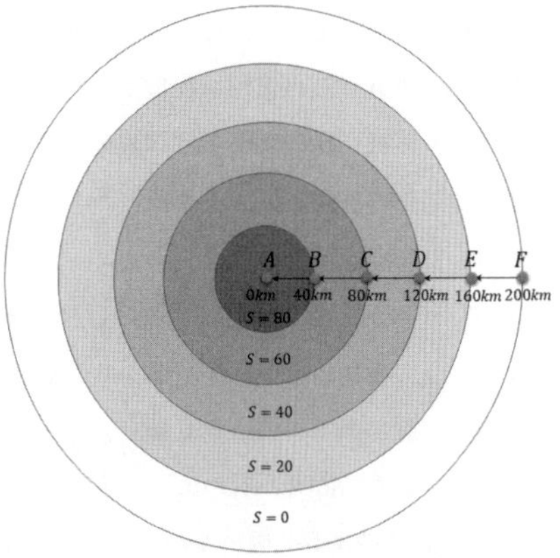

トピック３：協力による付加価値の創出

どんな財・サービスであったとしても、それを可能な限り分解してみると、個々の財は、それを構成する物質が果たす機能の組み合わせとして成り立っていることが分かる。また、個々のサービスは、それを構成するヒトが担う役割の組み合わせとして成り立っていることが分かる。

例えば、食べ物であれば、それは食材と調味料の組み合わせとして成り立っており、それらは自然界から収穫されるものになっている。また家電は、多くの電子部品の組み合わせとして成り立っており、それぞれの電子部品についても金属の組み合わせになっており、その金属は、それぞれが果たす機能によって使い分けられている。

ところで、コンビネーション経済が発生するのは、何も、石斧における石と木のようなモノとモノとの組み合わせに限ったものではなく、ヒトとヒトとの組み合わせにおいても発揮されることになる。例えば、ある農家に２人に兄弟がおり、背が高い兄と背が低い弟の２人で、樹になっている果物を採集すると作業について考えてみることにしよう。

まず、その兄と弟のそれぞれの採集の効率性について、背の高い兄は高い位置になっている果物を、より効率よく採集することができる一方で、低い位置になっている果物については、その採集の度に姿勢を低くする必要があることによって、その低い位置での採集の効率は下がるものとしよう。その反面、弟は低い位置になっている果物の採集のために、姿勢を低くする必要はないことから、低い位置になっている果物を、より効率的に採集することができる一方で、高い位置になっている果物については、その採集の度に台に乗る必要があることによって、その高い位置での採集の効率は下がるものとしよう。

ここで、その兄と弟が協力せずに果物の採集をするとき、それぞれが効率のよい方の採集と効率の悪い方の採集の、両方をしなければならないことになる。逆に、兄と弟が協力することによって、効率のよい方の採集だけに専念することができるようになる。そして、兄は効率よく採集することができる高い位置での採集だけに専念し、弟は効率よく採集することができる低い位置での採集だけに専念するときに、その兄と弟の両方が、その効率の悪い方の採集から解放されることになる。

このとき、その兄と弟は組み合わせられることになり、その組み合わせにおいて、兄の機能は高い位置にある果物を採集する役割になり、また、その性能は、その高い位置にある果物を効率よく採集することができる能力になる。それに対して、弟の機能は低い位置にある果物を採集する役割になり、また、その性能は、その低い位置にある果物を効率よく採集することができる能力になる。

次に、その兄と弟が協力する場合と、協力しない場合という２つの場合において、その採集の効率性が、どれだけ異なりうるのかについて、具体的に確認してみることにしよう。ある果樹園には、果物が２００個ほど実っており、その内半分は高い位置になっており、もう半分は低い位置になっているとしよう。そして、この採集では、兄は１００個の果物を採集し、弟も１００個の果物を採集するものとする。また、兄は高い位置になっている果物の採集には、１単位当たり２秒ほどかかり、低い位置になっている果物の採集には、１単位当たり４秒ほどかかるとしよう。さらに、弟は高い位置になっている果物の採集には、１単位当たり４秒ほどかかり、低い位置になっている果物の採集には、１単位当たり２秒ほどかかるとしよう。

ここで、その兄と弟が別々に果物の採集にあたるのであれば、その１００個の採集に内、その半分は高い位置になっていることから、兄は、その採集する１００個の内、高い位置になっている５０個を、１単位当たり２秒で採集することになり、低い位置になっている５０個を、１単位当たり４秒かけて採集することになる。これによって、その１００個の果物の採集にかかる時間を、次のように求めることができる。

○５０個×２秒＋５０個×４秒　＝　１００秒 ＋ ２００秒　＝　３００秒

次に、弟は、その採集する１００個の内、高い位置になっている５０個を、１単位当たり４秒かけて採集することになり、低い位置になっている５０個を、１単位当たり２秒かけて採集することになる。これによって、その１００個の果物の採集にかかる時間を、次のように計算することができる。

○５０個×４秒＋５０個×２秒　＝　２００秒＋１００秒　＝　３００秒

したがって、その兄と弟が別々に果物を採集し、２人で２００個の果物を採集するために、それぞれが３００秒、つまり５分かかることになる。

これに対して、その兄と弟が、互いに効率よく作業を進めることができる方を担当し合うことによって、兄は高い位置になっている果物の採集のみに専念し、弟は低い位置になっている果物の採集のみに専念する場合について考えてみることにしよう。

まず、その全体の２００個の内、その半分は高い位置になっていることから、その高い位置になっている果物の数は１００個になる。そこで兄は、その高い位置になっている１００個のすべてを、1 単位当たり２秒かけて採集することになる。これによって、その１００個の果物の採集にかかる時間を、次のように求めることができる。

○１００個×２秒＝２００秒

次に、その全体の２００個の内、その半分は低い位置になっていることから、その低い位置になっている果物の数は１００個になる。そこで弟は、その低い位置になっている１００個のすべてを、1 単位当たり２秒かけて採集することになる。これによって、その１００個の果物の採集にかかる時間を、次のように求めることができる。

○１００個×２秒＝２００秒

したがって、その兄と弟が協力し合うことによって、その２００個の果物を分担して採集するとき、その採集作業に、それぞれが２００秒、つまり、３分２０秒かかることになる。

以上のことから、その兄と弟が別々に採集する場合には、その採集作業に、それぞれが５分かかったのに対して、その得意な方のみを担当する場合には、それぞれが３分２０秒で採集作業を終えることが明らかになった。ここで重要になるのは、その兄と弟は、いずれの場合も１００個の果物を採集するという、同じだけの仕事量をしたのにもかかわらず、その分担した場合の採集にかかった時間は、その分担しなかった場合の３分の２（２００秒／３００秒）に減ったということになる。

また、その採集という仕事の効率性の面からは、もし、その兄弟が作業を分担しなければ、その兄と弟のそれぞれが、その得意な方の採集の１００個に２秒かけ、その不得意な方の採集の１００個に４秒かける必要があることから、その兄と弟のそれぞれが、その１単位当たりの採集に要する平均時間が３秒になることになる。その一方で、その兄弟が協力し合うことによって、１単位当たりの平均時間を２秒に減らすことができるようになり、それによって、その平均採集時間は３分の２になり、その仕事効率が１．５倍になったことになる。

そして、仮に、同じ作付面積の果物を採集するのであれば、それぞれが別々に採集するよりも、それぞれが効率よく採集することができる仕事のみに専念する方が、より早く採集を終えることができるようになり、また、同じ時間だけ果物を採集するのであれば、それぞれが別々に採集するよりも、それぞれが効率よく採集することができる仕事のみに専念する方が、より多くの採集をすることができるようになる。

また、ここで、その採集にかかる時間を、３分の２に短縮することができたということは、その採集という作業の効率性が１．５倍に改善されたことになる。そして、もし、その一定の時間内に採集することができる果物の個数に対して、その報酬が支払われるのであれば、その兄弟で作業を分担する場合の報酬は、その分担しない場合の報酬の１．５倍になることになり、これは分配面からみたコンビネーション経済の効果になる。

ここで、その兄は、高い場所の果物を採集するという役割を果たすことになり、その弟は、低い場所の果物を採集するという役割を果たすことによって、その仕事の分担がなされていることになる。また、その兄と弟のそれぞれに、異なる位置の果物の採集について、異なる能力が備わっていることになり、具体的には、１単位当たりの採集に要する時間に、２秒から４秒ほどの差があることになる。そして、その能力の違いに応じて、その役割を割り振ることによって、そのヒトとヒトとの組み合わせによるコンビネーション経済が発揮されたことになる。

トピック４：コンビネーション経済

これまでのトピックでは、コンビネーション経済の概念について紹介してきたが、地域経済学や都市経済学、経済地理学等の空間にまつわる経済学のテーマは、多くの場合、そのコンビネーション経済を発生させる原因の探究と分析になっている。したがって、地域分析の目的とは、そのコンビネーション経済という経済性の探究と分析になることになり、その地域分析の考え方について学んでいくためには、まず、そのコンビネーション経済について学ばなければならないことになる。

これまでにコンビネーション経済の例をいくつか挙げることによって、そのコンビネーション経済が発生する過程と効果について紹介してきたが、そのコンビネーション経済については、大きく供給サイドの組み合わせと需要サイドの組み合わせの２つに分けることができ、今回は、そのコンビネーション経済の類型について整理していくことにする。

◎供給サイドの組み合わせ

これまで、石斧の例を挙げながらモノとモノの組み合わせについて紹介し、果樹園の兄弟の例を挙げながらヒトとヒトの組み合わせについて紹介してきた。この他にも、モノとヒトを組み合わせることによって、その生産量の拡大と費用の節約を実現するコンビネーション経済の例を挙げることができる。

例えば、生産活動において、特定の知識を必要とするモノを、その知識がないヒトと組み合わせる場合と、それに精通しているヒトを組み合わせる場合とでは、その生産性が大きく異なりうることになるし、また、特定の能力と経験があるヒトについては、その能力と経験を必要とするモノと組み合わせた方がよいことになる。

これまでに紹介してきたモノとモノ、ヒトとヒト、そして、モノとヒトの組み合わせについては、いずれも生産面における組み合わせに当たることになり、それは供給サイドでの組み合わせに当たることになる。そして、その供給サイドの組み合わせでは、そのコンビネーション経済の効果は価値の上昇または費用の減少としてあらわれることになる。また、その供給サイドの組み合わせに対して、消費面における組み合わせとして、需要サイドの組み合わせというものもあり、それについて以下に紹介していくことにしよう。

◎需要サイドの組み合わせ

需要サイドの組み合わせにも、モノとモノの組み合わせと、ヒトとヒトの組み合わせ、そして、モノとヒトの組み合わせの3種類があることになり、この需要サイドでは、そのコンビネーション経済は需要する主体の満足度の増加と不満足度の軽減としてあらわれることになる。

例えば、コーヒーミルクというモノを、コーヒーというモノと緑茶というモノに組み合わせるのであれば、コーヒーと組み合わせる方が、その組み合わせが実現する満足度は高くなることになるし、緑茶としか組み合わせることができないコーヒーミルクは、ほとんどすべての人にとって無価値なものになってしまうに違いない。また、ネクタイというモノを、スーツというモノとTシャツというモノに組み合わせるのであれば、スーツと組み合わせる方が、その組み合わせが実現する満足度は高くなることになるし、スーツを持っていない、もしくは、持てない人にとっては、そのネクタイはほとんど無価値なものになってしまうに違いない。

また、ヒトとヒトの組み合わせについても、進学塾で5科目での受験を考えている生徒にとっては、5人の先生のすべてが数学を専門としている組み合わせよりも、5人の先生のそれぞれが、英語・国語・社会・理科・数学といったように、その5科目に対応する専門分野に分かれている組み合わせの方が、より満足度が高くなるに違いない。さらに、モノとヒトの組み合わせについて、クラシックコンサートにおいて、バイオリニストというヒトによって、トランペットというモノを演奏させてしまう場合には、その演奏を聴く個人にとって、バイオリンを演奏させる場合よりも、その演奏から得られる満足度の大きさは小さくなるに違いない。

◎コンビネーション経済と不経済性の法則

その組み合わせられる対象がモノであったとしても、ヒトであったとしても、その組み合わせられる対象に価値があるものであれば、それは常に満足度を改善するものになる。その一方で、その満足度は組み合わせられる対象によって変化することになり、例えば、ボールペンしかないところでは、消しゴムの価値はほとんど無いのに対して、鉛筆しかないところでは、消しゴムの価値は高くなるに違いない。

また、庭のない住宅にとって、おそらく芝生も犬小屋も必要のないものになってしまうことになり、クリスマスツリーの装飾品は、クリスマスツリーの売り場でこそ売れることになる。また、塩はコーヒーよりもスクランブルエッグと組み合わせた方がよく、砂糖はスクランブルエッグよりもコーヒーと組み合わせた方がよいに違いにない。さらに、傘とカッパをセットにして売ったとしても、そのどちらか一方は必要のないものになってしまうに違いない。

また、ヒトの組み合わせであれば、趣味の異なるヒトを組み合わせるよりも、同じ趣味のヒトを組み合わせた方が、互いに相手から得られる満足度は高くなるかもしれないし、経理ができるヒトしかいない会社に対して、さらに経理ができるヒトを追加するよりも、営業ができるヒトを追加した方が、その会社としては良いに違いない。

このような例から明らかになるように、そのモノに備わる機能・性能とヒトに備わる役割・能力については、一定の相性があることになる。そして、その相性に応じて組み合わせを工夫することによって、それらから生まれるコンビネーション経済の大きさには、少なからず違いが生まれることになる。そのような相性が生まれる理由は、その組み合わせられるモノとヒトに、補完関係という関係があるからになる。

まず、その**補完関係**（complementary relationship）とは、2つの対象を組み合わせることによって、その組み合わせる前の個々の価値の和よりも、その組み合わせられた後の価値の方が、より大きくなるような関係のことになる。例えば、住宅と家具は、互いに補完し合う関係にあることになり、住宅の需要の増加は、家具の需要を増加させる傾向にあることになる。そして、住宅をもっていなければ家具は必要なく、また、住宅をもっていれば家具が欲しくなるという補完関係が成り立つことになる。

それに対して、その補完関係にない組み合わせとは、２つの対象を組み合わせることによって、その組み合わせる前の個々の価値の和よりも、その組み合わせた後の価値の方が、より小さくなるような関係のことになる。たとえば、住宅に大きな収納（クローゼットなど）が備え付けてあれるのであれば、大きなタンスは必要なくなってしまうことになるし、大きな収納のつきの住宅が増えるほど、その大きなタンスに対する需要は減少することになる。

したがって、そのコンビネーション経済には、経済性と不経済性の２種類があることになり、そのコンビネーション経済の経済性とは、その組み合わせによって満足度が改善する効果のことになり、また、その不経済性とは、その組み合わせによって満足度が悪化する効果のことになる。そして、その組み合わせられる対象の補完関係の有無によって、その組み合わせがコンビネーション経済の経済性を発生させるのか、もしくは、不経済性を発生させるのかについて分かれることになる。

		組み合わせ	
		結合	分離
関係	補完	経済性	不経済性
	反補完	不経済性	経済性

ここで、その組み合わせにおいて、その満足度を改善するような組み合わせについては、その組み合わせをした方がよいことから、そのとき組み合わせをすることを**結合**（union）と呼ぶことにする。また、その満足度を悪化させるような組み合わせについては、その組み合わせをしない方がよいことから、そのとき組み合わせしないことを**分離**（split）と呼ぶことにする。そして、そのコンビネーション経済における経済性と不経済性のどちらが発生するのかについては、その対象の補完関係の有無の違いと、その結合と分離の違いによって一律に決まることになり、その対応関係が上表に整理してある。

例えば、住宅と家具のそれぞれが、和式や洋式などの独特な様式にしたがって建造されたものであるとすれば、その様式の違いに応じて、特定の様式の住宅と、特定の様式の家具を組み合わせることによって、その組み合わせの価値は変化することになり、そのときに、その住宅と家具の個々の価値の和に対して、それらの組み合わせの価値が上回ることも、下回ることも考えられることになる。

つまり、荘厳なゴシック建築の建物の照明を提灯（ちょうちん）にし、落ち着いた和室の照明をシャンデリアにするのであれば、おそらく、それらの照明については入れ替えた方がよく、この場合、その入れ替え前にはコンビネーション不経済が発生していることになり、その入れ替えをした後はコンビネーション経済が発生することになる。

また、１ルームと５LDK の２種類の住居に対して、キングサイズのベッドを組み合わせるときに、そのキングサイズのベッドがない１ルームとキングサイズのベッドがある１ルームとでは、そのキングサイズのベッドがない１ルームの方が、その価値がより高くなるに違いない。逆に、そのキングサイズのベッドがない５LDK とキングサイズのベッドがある５LDK とでは、そのキングサイズのベッドがある５LDK の方が、その価値が高くなるに違いない。

そして、その住宅と家具が補完関係にある場合（例えば、その両者が洋式、または、そのサイズ感が合っている場合）において、それが結合する場合にはコンビネーション経済が発生することになり、それを分離する場合にはコンビネーション不経済が発生することになる。逆に、その住宅と家具に補完関係が無い場合（例えば、一方が洋式でもう一方が和式、または、そのサイズ感が合っていない場合）において、それが結合する場合にはコンビネーション不経済が発生することになり、それを分離する場合にはコンビネーション経済が発生することになる。

◎需給のコンビネーション経済

これまで供給サイドと需要サイドの両面から、そのコンビネーション経済について紹介してきたが、その2つのコンビネーション経済が発生するための条件のひとつとして、需給の一致という条件を挙げることができる。つまり、需要と供給が一致することによって、はじめて需要サイドと供給サイドのコンビネーション経済が発生することになり、その需給を一致させる組み合わせのことをこの需給のコンビネーション経済と呼ぶことにする。そして、その需給のコンビネーション経済の大きさを、その需要サイドと供給サイドのコンビネーション経済の和として表すことにする。

◎供給サイドのコンビネーション経済：価値の上昇または費用の軽減をもたらす組み合わせ

◎需要サイドのコンビネーション経済：満足度の上昇または不満足度の軽減をもたらす組み合わせ

◎需給のコンビネーション経済：供給サイドと需要サイドのコンビネーション経済の和

例えば、家庭用パソコンはインターネットの普及に伴って開発されたものであり、インターネットが無い時代では、パソコンは業務用のものに限られていたことから、家庭用パソコンを供給する側も、それを需要する側も、その組み合わせによるコンビネーション経済を発生させることはできなかった。

また、芝刈り機は欧米式の広い庭があるような邸宅で必要とされることから、庭が狭い日本式の住宅では、その芝刈り機の需要も供給も発生しようがなく、その両サイドでのコンビネーション経済が発生することはなかった。

さらに、飲み物は屋内施設よりも屋外施設の方が売れるし、サーブボードは山岳地域よりも海沿いの地域の方が売れる。また、携帯電話は皆が持っていない機種よりも、皆が持っている機種の方が売れるし、洋服は皆がもっているものよりも、皆がもっていないものの方が売れることになる。

このように、その需給が一致していなければ、その需要サイドと供給サイドの両面において、そのコンビネーション経済を発揮することができなくなってしまうことになる。したがって、そのコンビネーション経済が供給サイドのものであったとしても、また需要サイドのものであったとしても、その需給の一致がなければ、どちらのコンビネーション経済も発生することはなく、その需給の一致がコンビネーション経済において最も重要な条件になっている。

そして、機械工学やAI技術の進歩によって、それまでヒトが行っていた単純作業は、ロボットいうモノによって置き換えられることになり、この新しいモノの出現は、新たな需要と供給を生み出すことによって、新たな需給のコンビネーション経済を発生させることになる。この新たな需給のコンビネーション経済をもたらすものが技術革新であり、これについては後で詳しく紹介していくことにする。

第４講　複数区間の最適立地地点

前講までは、工場の最適な立地地点について、原材料の地点から工場までの距離と、市場の中心地から工場までの距離という、２つの距離の観点から検討してきた。これまでのケースでは、最大で２つの区間までしか扱ってこなかったが、実際には、３つ以上の区間について扱わなければならない場合もある。

そこで本講では、その輸送区間が３つ以上ある複数区間での最適立地地点について検討していくことにする。この最適立地問題では、前講で導入した平面図を利用しつつ、輸送要因による費用の変化だけでなく、非輸送要因による費用の変化についても考慮しながら、その最適立地地点について導いていくことにする。

■ 複数区間のケース

例えば、ある自動車会社では、自動車部品を仕入れて自動車を生産し、完成した自動車を販売会社まで輸送しているものとする。ここで、その自動車会社は、部品工場 A と部品工場 B という２つの工場から自動車部品を仕入れており（左図）、その後に、その自動車会社が自動車部品を組み立てた上で、その完成した自動車を販売会社 A と販売会社 B という２つの会社に対して移送しているものとする（右図）。

すると、この自動車会社にとっては、その輸送区間が４つあることになり、その最適立地地点を選択する際に、３つ以上の輸送区間について考慮しなければならないことになる。

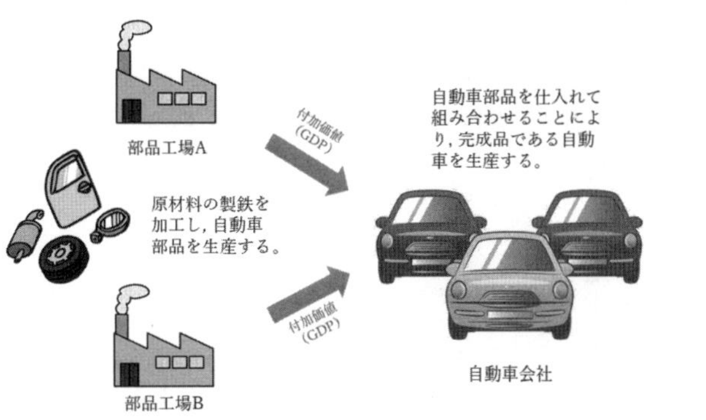

前講までの２区間での最適立地モデルでは、その輸送区間をひとつの直線上で捉えることができたのに対して、その輸送区間が３つ以上ある場合には、その輸送区間を平面上で捉える必要があることになる。

例えば、次の例題では、ある工場が、原材料 A と原材料 B という２つの地点から原材料を仕入れて、その完成品をひとつの市場に向けて販売していることを想定している。このとき、①原材料 A から工場までの距離と、②原材料 B から工場までの距離、そして、③工場から市場までの距離という、３つの区間の輸送費用の合計が問題になってくる。

そこで最初に、それらの輸送距離の求め方について確認しておくことにしよう。

■ 斜線の長さの求め方

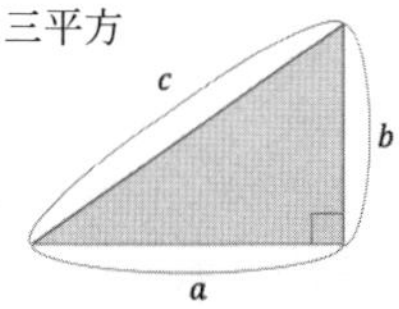

工場から原材料までの直線の長さと、工場から市場までの直線の長さについては、次のように三平方の定理で求めることができる。

$$c^2 = a^2 + b^2$$

$$c = \sqrt{a^2 + b^2}$$

つまり、その三角形の斜辺の長さはcで表されており、それは他の辺の長さaとbの二乗和の平方根に等しくなる。

○数値例： $a = 4$、 $b = 3$のとき、$c = \sqrt{a^2 + b^2} = \sqrt{4^2 + 3^2} = \sqrt{16 + 9} = \sqrt{25} = 5$

▸ **例題１－１**：下図において、工場から原材料Ａまでの距離を求めなさい。

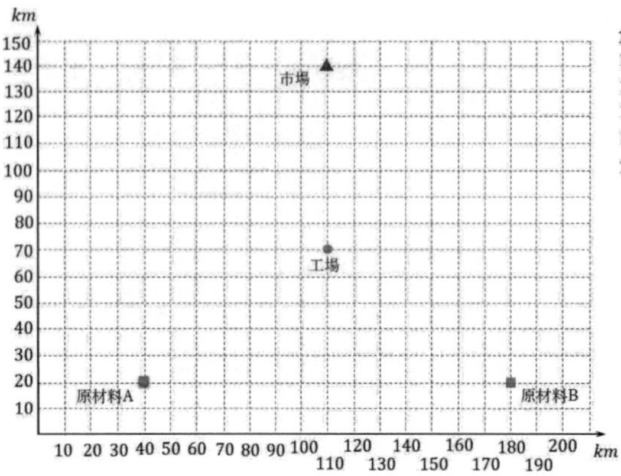

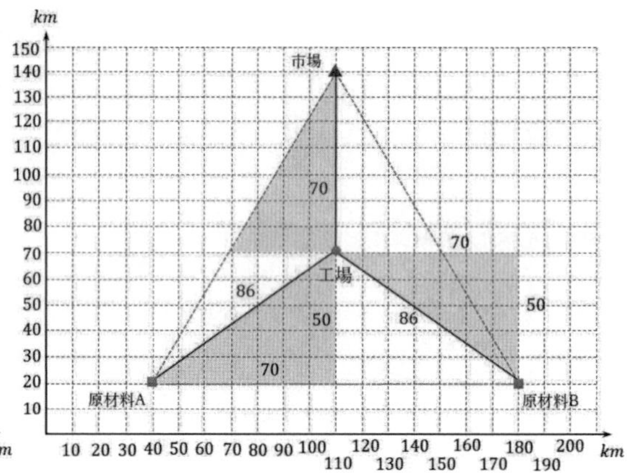

工場から原材料Ａまでの距離を、次のように求めることができる。

○原材料Ａから工場までの距離：$\sqrt{a^2 + b^2} = \sqrt{50^2 + 70^2} = \sqrt{2500 + 4900} = \sqrt{7400} = 86.02 \approx 86$

▸ **例題１－２**：下図は、例題１－１における工場を$20km$上方に移動させたものである。例題１－１と同様に、工場から原材料Ａまでの距離を求めなさい。

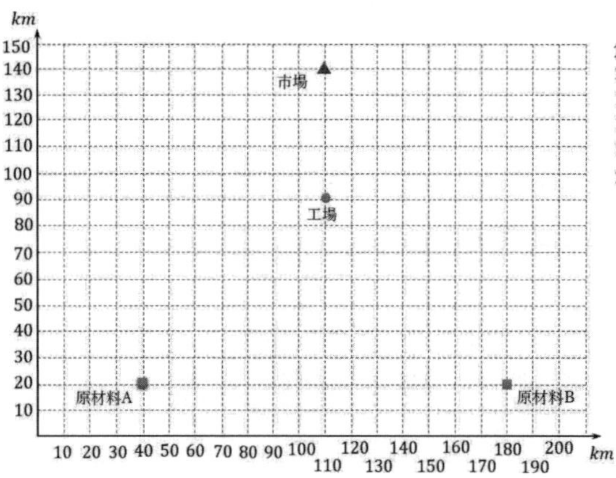

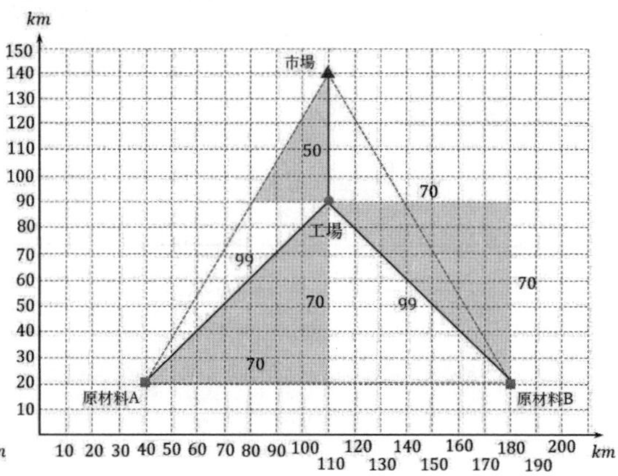

工場から原材料Aまでの距離を、次のように求めることができる。

○原材料Aから工場までの距離：$\sqrt{a^2+b^2}=\sqrt{70^2+70^2}=\sqrt{4900+4900}=\sqrt{9800}=98.99\approx 99$

▸ **例題1－3**：例題1－1の図において、工場から原材料Aまでの距離と原材料Bまでの距離と市場までの距離の、3区間の輸送距離の合計を求めなさい（但し、小数点第1位を四捨五入すること）。

その輸送距離の合計を次のように求めることができる。

○原材料Aと工場の距離：$\sqrt{50^2+70^2}=\sqrt{2500+4900}=\sqrt{7400}=86.02\approx 86$

○原材料Bと工場の距離：$\sqrt{50^2+70^2}=\sqrt{2500+4900}=\sqrt{7400}=86.02\approx 86$

○市場と工場の距離：70

距離の合計：$70+86+86=242$

▸ **例題1－4**：例題1－2の図において、工場から原材料Aまでの距離と原材料Bまでの距離と市場までの距離の、3区間の輸送距離の合計を求めなさい（但し、小数点第1位を四捨五入すること）。

輸送距離の合計を次のように求めることができる。

○原材料Aと工場の距離：$\sqrt{70^2+70^2}=\sqrt{4900+4900}=\sqrt{9800}=98.99\approx 99$

○原材料Bと工場の距離：$\sqrt{70^2+70^2}=\sqrt{4900+4900}=\sqrt{9800}=98.99\approx 99$

○市場と工場の距離：50

距離の合計：$50+99+99=248$

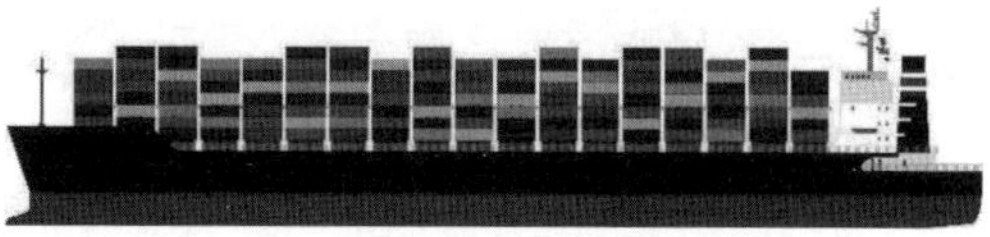

■ 3輸送区間の最適立地問題

次に、その輸送距離の合計を応用することによって、工場の最適立地地点について考えてみることにしよう。

▸ **例題2**：労働費用Wはどの地点においても等しく一定で、工場から市場と原材料までの距離1単位当たりの輸送費用は、どの輸送区間においても$t=5$であり、それらの輸送費用が$T=5d$で表されるとする。ここでその土地費用Sが図のように変化するとき、その工場の最適な立地点はどの地点になるか、XとYとZの中からひとつ選びなさい。

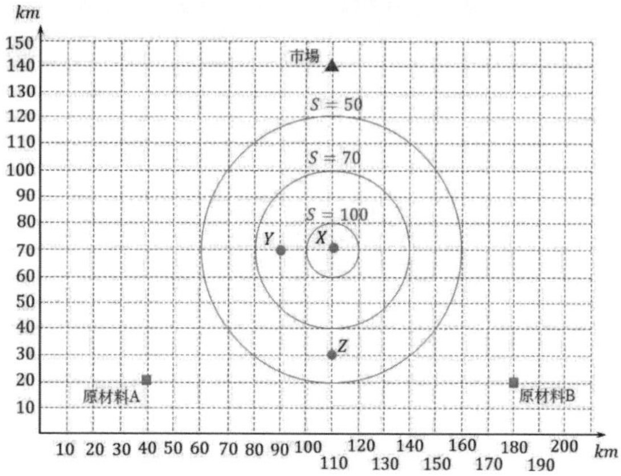

この問題での最適な立地地点とは、その総費用Cが最小になる地点のことになり、その最適な立地地点の求め方のポイントは次の2つになる。

① それぞれの輸送距離を求めることにより、それぞれの立地地点における輸送費用$T=5d$を求める。

② それぞれの立地地点における輸送費用Tの増減を求め、それが土地費用Sの増減を相殺して余りあるものなのかについて判断する。

○地点Xでの距離の合計：$70+86+86=242$

・工場から市場までの距離：70

・工場から原材料Ａまでの距離：$\sqrt{a^2+b^2}=\sqrt{50^2+70^2}=\sqrt{2500+4900}=\sqrt{7400}=86.02$

・工場から原材料Ｂまでの距離：$\sqrt{a^2+b^2}=\sqrt{50^2+70^2}=\sqrt{2500+4900}=\sqrt{7400}=86.02$

○地点Yでの距離の合計：$73+71+103=247$

・工場から市場までの距離：$\sqrt{a^2+b^2}=\sqrt{20^2+70^2}=\sqrt{400+4900}=\sqrt{5300}=72.80$

・工場から原材料Ａまでの距離：$\sqrt{a^2+b^2}=\sqrt{50^2+50^2}=\sqrt{2500+2500}=\sqrt{5000}=70.71$

・工場から原材料Ｂまでの距離：$\sqrt{a^2+b^2}=\sqrt{50^2+90^2}=\sqrt{2500+8100}=\sqrt{10600}=102.96$

○地点Zでの距離の合計：$110+71+71=252$

・工場から市場までの距離：110

・工場から原材料Ａまでの距離：$\sqrt{a^2+b^2}=\sqrt{70^2+10^2}=\sqrt{4900+100}=\sqrt{5000}=70.71$

・工場から原材料Ｂまでの距離：$\sqrt{a^2+b^2}=\sqrt{70^2+10^2}=\sqrt{4900+100}=\sqrt{5000}=70.71$

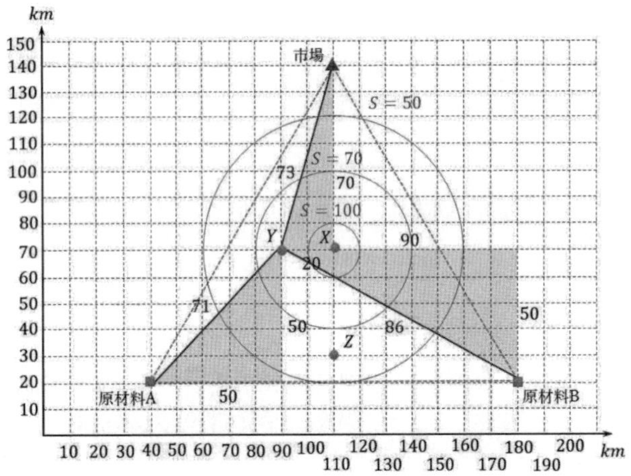

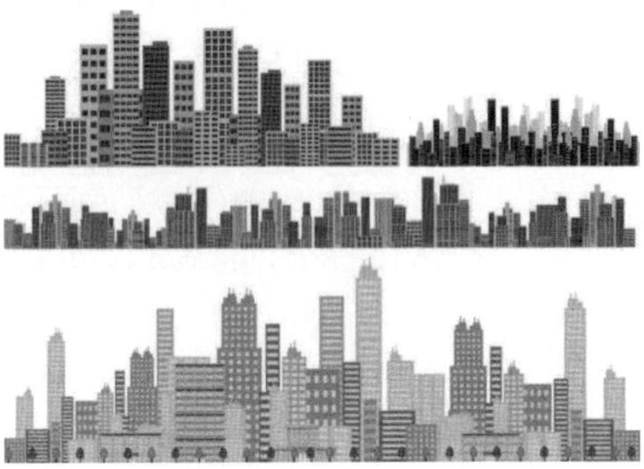

以上のことから、その工場をX地点からY地点に移動させるとき、その輸送距離の合計は242から247に増加することになる。

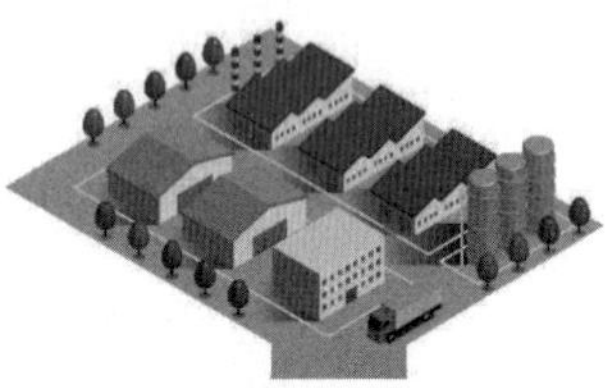

$$\Delta d=5$$

$$\Delta T=5\Delta d=5\times 5=25$$

$$\Delta S=70-100=-30$$

よって、その工場をX地点からY地点に移動させるときに、

$$\Delta C=\Delta T+\Delta S=25-30=-5$$

より、総費用Cが5だけ減少することから、 その工場をX地点からY地点に移動させた方がよいことになる。また、工場をY地点からZ地点に移動させるとき、その輸送距離の合計は247から252に増加することになる。

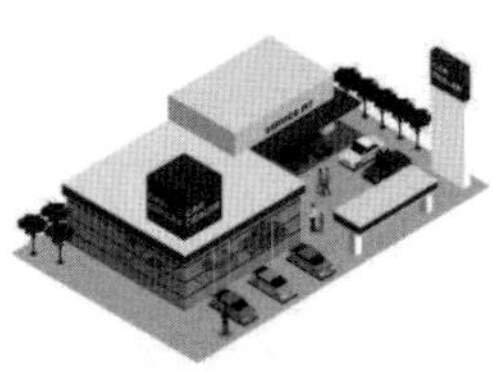

$$\Delta d=5$$

$$\Delta T=5\Delta d=5\times 5=25$$

$$\Delta S=50-70=-20$$

よって、工場をY地点からZ地点に移動させるとき、

$$\Delta C=\Delta T+\Delta S=25-20=5$$

より、総費用Cが5だけ増加することから、その工場をY地点からZ地点に移動させない方がよいことになる。

練習問題

◇**練習問題１－１**：次の図において、工場の立地地点が点Xで表されるとき、工場から市場までの距離と、工場から原材料Ａまでの距離、そして、工場から原材料Ｂまでの距離をそれぞれ求め、それらの合計を求めなさい。但し、距離は小数点第１位で四捨五入すること。

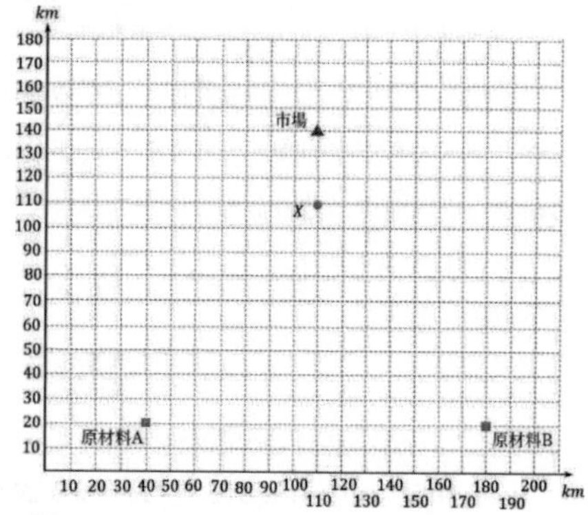

◇**練習問題１－２**：次の図において、工場の立地地点が点Xで表されるとき、工場から市場までの距離と、工場から原材料Ａまでの距離、そして、工場から原材料Ｂまでの距離をそれぞれ求め、それらの合計を求めなさい。但し、距離は小数点第１位で四捨五入すること。

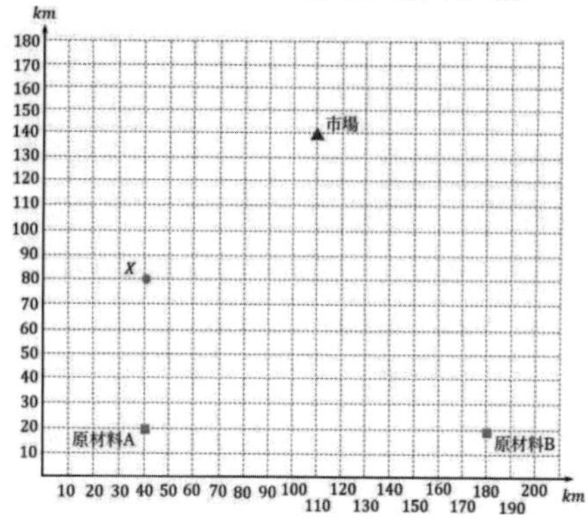

◇**練習問題２－１**：工場からのいずれの輸送費用も$T = 0.5d$で表され、労働費用Wはどの地点においても同じであるとする。土地費用Sが図のように変化するとき、工場の最適な立地地点はどの地点になるか、XとYとZの中からひとつ選びなさい。但し、距離は小数点第１位で四捨五入すること。

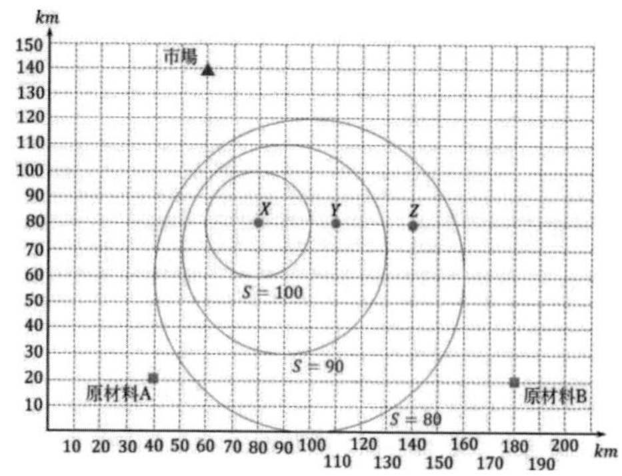

◇**練習問題２－２**：工場からのいずれの輸送費用も$T = 2d$で表され、労働費用Wはどの地点においても同じであるとする。土地費用Sが図のように変化するとき、工場の最適な立地地点はどの地点になるか、XとYとZの中からひとつ選びなさい。但し、距離は小数点第１位で四捨五入すること。

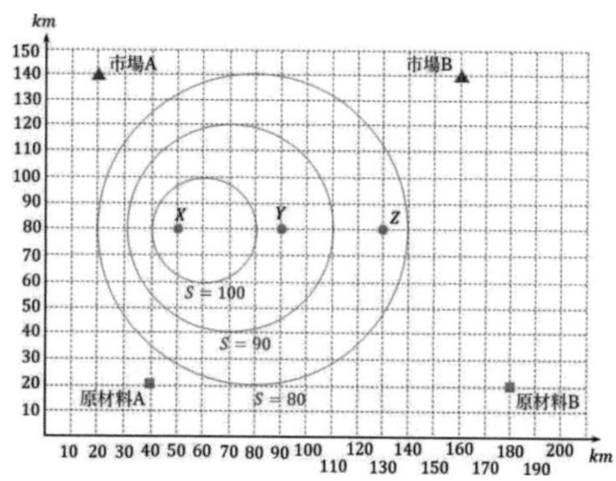

トピック５：最適立地問題

これまで本書では、工場の最適立地問題について、地代の変化を折れ線グラフで表して考えてきた。それに対して、都市の中心地からの広い地理的な範囲で、その地代の変化について調べてみると、その変化の仕方については曲線によって表した方が、より現実的なものになることが分かる。そこで今回は、その地代の変化の仕方が曲線で表されるときに、工場の最適な立地地点がどのように決まるのかについて簡単に紹介しておくことにする。

まず、地代を r で表すことにし、都市の中心地からの距離を d で表すとき、地代rと距離dの関係を、次の関数$f(\cdot)$で表すことができる。

$$r = f(d)$$

ここで、その地代 r は、距離dの増加にともなって下落していくことから、その関数 $r = f(d)$は減少凸関数であることになり、その関数は$f'(d) < 0$ と $f''(d) > 0$ を満たすことになる。

そして、その中心地からの距離が 1 単位だけ遠くなることによって、その地代がどれだけ減少するのかについては、その関数の $f(d)$ の導関数 $f'(d)$の大きさとして求めることができ、例えば、距離d_0地点から、距離が 1 単位だけ遠くなるときの地代rの減少幅は、$f'(d_0)$として表されることになる。

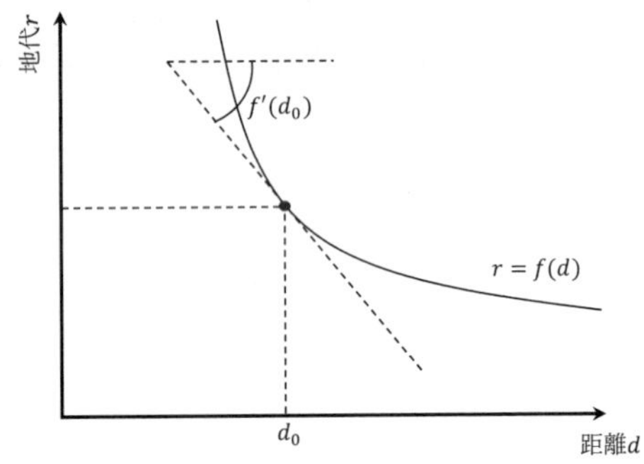

これに対して、その都市の中心地からの距離が 1 単位だけ遠くなる度に増える輸送費用はτで表されることになり、それに輸送量である製品の個数Xをかけ合わせたτXが、その距離が 1 単位遠くなる度に増えていくことになる輸送費用の増加額になる。

したがって、その工場の最適な立地地点は、その中心地からの距離が 1 単位ほど遠くなる度に増えていく輸送費用の増加額τXの大きさと、それと同時に減少していく地代の減少額 $f'(d_0)$の大きさを比較する問題であることになる。

そして、その地代の減少額 $f'(d_0)$が、その輸送費用の増加額 τX よりも大きいときに、その工場は、その中心地からの距離を増やすために、より遠くに立地した方がよいことになり、逆に、その輸送費用の増加額 τX が、その地代の減少額 $f'(d_0)$よりも大きいときに、その工場は、その中心地からの距離を減らすために、より近くに立地した方がよいことになる。

最終的には、その工場の最適な立地地点は、その地代の減少額 $f'(d_0)$と輸送費用の増加額 τX の和がゼロになるような地点であることになり、それを次のように定義することができる。

$$f'(d) + \tau X = 0$$

または、

$$\tau X = -f'(d)$$

次に、この工場の最適な立地地点の条件について数値例で確認しておくことにしよう。まず

$$\tau = 0.2$$

$$X = 100$$

$$f(d) = \frac{1}{d}$$

であるとき、

$$\tau X = 0.2 \times 100 = 20$$

$$f'(d) = \frac{1}{d} = -\frac{1}{d^2}$$

より、それらをその最適な立地地点の条件に代入すると、

$$\tau X = -f'(d)$$

$$20 = \frac{1}{d^2}$$

$$d^2 = 0.05$$

$$\sqrt{d^2} = \sqrt{0.05}$$

$$d^* = 0.224$$

になり、その工場の最適な立地地点が、$d^* = 0.224$になることが分かる。そして、この地点d^*よりも中心地に近づくときに、その輸送費用の減少額よりも、その地代の増加額の方が大きくなることになり、この地点d^*よりも中心地から離れるとき、その地代の減少額よりも、その輸送費用の増加額の方が大きくなることになる。

<地域経済メモ>

地域経済学で扱われている理論は、日常で目にする風景の中に溶け込んでおり、その理論から導かれる結果を、実際に目にすることができます。例えば、なぜ、学校の校舎には怪談がつきものなのか。なぜ、異性に対して告白をするときは体育館の裏なのか、なぜ、校門の前は坂道なのか、なぜ、青春は川沿いの土手で語られるのか。なぜ、下校時に恋人と自転車で2人乗りをする機会が訪れるのか。

地域経済学は、そうした疑問に対して合理的な回答を与えます。つまり、そうした風景を目にするのは、学校が土地の安い場所に建てられていることに起因しています。例えば、学校に怪談がつきものなのは、学校が土地の安い墓地の近くに建てられていることが多いからです。また、学校は土地の安い山の中に建てられることが多く、その場合には体育館の裏が死角になりやすいので、異性に告白する際には体育館の裏が都合がよい場所になります。

また、学校は土地の安い坂の上に建てられることが多いので、校門の前は坂道になることが多くなります。さらに、川は氾濫する恐れがあるので、川の近くの土地は安くなる傾向にあり、学校を土地の安い場所に建てようとするとき、学校が土地の安い川の近くに建てられることによって、学校からの下校の途中で川を通ることになります。そして、学校は土地の安い郊外に建てられることが多いため、通学に自転車を使うときに、2人乗りをする機会が訪れることになります。

したがって、経済学の視点からは、そうなることが必然であり、そうならざるを得ないことになります。そして、学校の校舎が土地の安い川沿いや墓地の近く、郊外などに建てられていることによって、必然的に、そうした風景を目にすることになります。このように、我々が日常的に目する風景は、経済学的な合理性の結果として現れるものが多く、そこには何らかの必然性がともなっています。経済学では、そうした目に見える形であらわれることを顕示選好と言い、そうした日常の風景の中に潜む「なぜ」を解明するのが地域経済学の役割になります。

第５講　立地地点と市場圏

これまで本書では、総費用Cの最小化の観点から、企業の最適な立地地点について紹介してきた。本講からは、その最適な立地選択をする企業の経済性の分析と、各企業が最適な立地選択をした結果としてあらわれる地域構造の姿について紹介していくことにする。

ところで、企業は、その製品の価格以上に、その製品１単位当たりの費用をかけることはできない。なぜなら、価格よりも費用が高くなるときに、その企業は利益をあげることができなくなってしまうからである。その一方で、製品１単位当たりの費用は輸送距離に比例して増加することになり、ある一定の距離を超えて輸送するとき、その費用が、その価格を超えてしまう場合がある。このとき企業は、その距離を超えて輸送をすることができなくなってしまうことになり、それによって、その企業が製品を販売することができる地理的な範囲に対して制約が生じることになる。そこで本講では、その輸送距離に比例して増加する費用と、その企業が製品を販売することができる地理的な範囲（市場圏）との関係について確認していくことにする。

■ 生産に関わる費用

これまで本書で紹介してきた費用について、次のように整理することができる。

◎　**生産費用** $S+W+R$：製品１単位当たりの生産にかかる土地費用Sと労働費用Wと原材料費用Rの合計額であり、それは平均費用ACに等しくなる。

◎　**輸送費用** T：製品１単位当たりにかかる輸送費用であり、製品　1　単位を移送元から移送先までに移送する際にかかる費用になる。

◎　**総費用** $C=(S+W+R)+T$：製品１単位当たりの平均費用ACと輸送費用Tの合計額になる。

■ 市場価格と市場圏

また、その総費用Cに対して市場価格Pがあるとき、その差額を製品１単位当たりの利益πとして定義することができる。

◎　**市場価格** P：市場の需要と供給の均衡によって決まる価格。

◎　**利益** $\pi=P-C$：製品１単位当たりの収入である市場価格Pから、製品１単位当たりかかる費用である総費用Cを差し引いた値が、その製品１単位当たりの利益になる。

◎　**供給圏**：製品１単位の総費用Cが、市場価格Pを下回る地理的な範囲。その総費用Cが市場価格Pを上回る場合には、その製品の販売から得られる利益は負になるので、企業はその供給圏を超えて移送することはない。

◎　**供給量**：供給圏（km）×　$1km$当たりの需要密度(D/km)

■ 立地地点と市場

次に、工場の立地地点と輸送先との関係において、輸送費用と総費用がどのように変化するのかについて、次の例題で確認しておくことにしよう。

まず、ある都市の中心地から$100km$の地点に工場を建設したとする。このとき、その工場の製品１単位当たりの生産費用$(S+W+R)$は50になり、その輸送費用は$1km$当たり0.5になるとする。

> ▸ **例題１－１**：その製品を$60km$地点まで輸送するときの製品１単位当たりの輸送費用Tを答えなさい。また$60km$地点での製品１単位当たりの総費用Cを答えなさい。

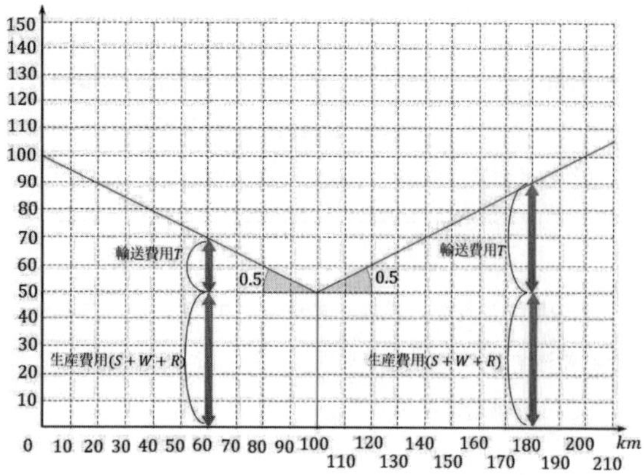

前掲の各種費用の定義に対して数値を代入すればよい。

○生産費用$S+W+R=50$

○輸送費用$T=20$

○総費用$C=70$

> ▸ **例題１－２**：その製品を$180km$地点まで輸送するときの製品１単位当たりの輸送費用Tを答えなさい。また、$180km$地点での製品１単位当たりの総費用Cを答えなさい。

前掲の各種費用の定義に対して数値を代入すればよい。

○生産費用$S+W+R=50$

○輸送費用$T=40$

○総費用$C=90$

ところで、その例題１－１と例題１－２によって描かれるグラフは、その形状からＹ図と呼ばれており、その**Ｙ図**は、ある立地地点からの輸送距離が長くなるときに、その輸送費用の増加にともなって、その製品１単位当たりに費用がどのように変化するのかについて、そのグラフの高さによって表したものになる。

■ 輸送範囲と需要量

次に、その輸送される製品の価格が設定されるとき、その正の利益条件を満たす工場からの輸送範囲と、その輸送範囲で獲得することができる需要量について確認しておくことにしよう。まず、その中心地から$100km$の地点に工場を建設したとする。この工場の製品１単位当たりの生産費用$(S+W+R)$は50になり、その輸送費用は$1km$当たり0.5になる。

> ▸ **例題２－１**：その製品の市場価格Pが80のとき、その供給圏は何kmになるかを答えなさい。また、$1km$当たりの需要密度(D/km)が2のときの供給量（生産量）がいくらになるか答えなさい。

その製品に対する需要が1km当たり2個になることから、その輸送をすることができる距離に対して2をかけることによって、その供給量を次のように求めることができる。

○供給量：$120km \times 2 = 240$
○需要密度：$\frac{240}{120} = 2$

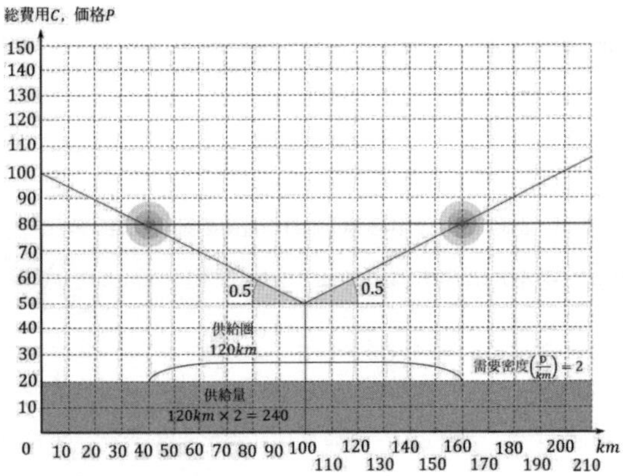

▸ **例題２－２**：市場価格Pが100のとき、供給圏は何kmになるか答えなさい。また、1km当たりの需要密度(D/km)が3のときの供給量がいくらになるか答えなさい。

その製品に対する需要が1km当たり2個になることから、その輸送することができる距離に対して2をかけることによって、その供給量を次のように求めることができる。

○供給量：$200km \times 3 = 600$
○需要密度：$\frac{600}{200} = 3$

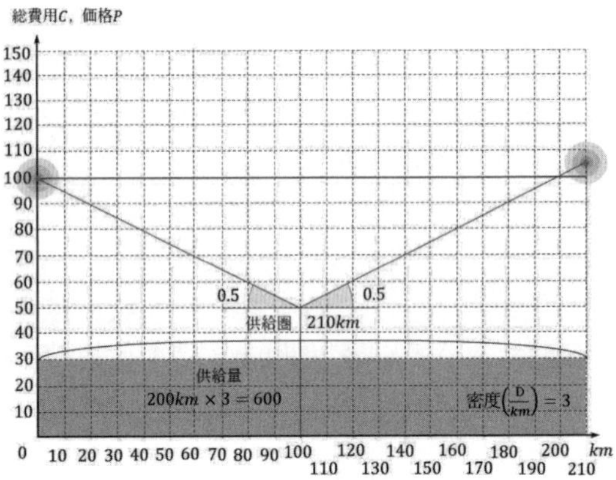

■ 需要の地理的な分布

次に、その供給圏の地理的な範囲が拡大していくとき、その供給圏に分布する家計などの需要者に対して、より多く供給することができるようになる。

◎**需要量** D：工場の供給圏に存在する製品の需要者の数（需要量）。
◎**供給量** S：製品の需要者の数（需要量）に対して供給される製品の量。
市場における取引によって、供給量Sは需要量Dに等しくなる。
◎**生産量** X：供給量Sを満たすため生産量。需要量Dとも等しくなる。

例えば、需要の中心地である0km地点から210kmまで、その需要量Dが一定の密度で分布しているものとする。ここで、ある製品の1km当たりの需要が5個であるとするとき、10km当たり製品の需要量は50個になり、100km当たり製品の需要量は500個になる。

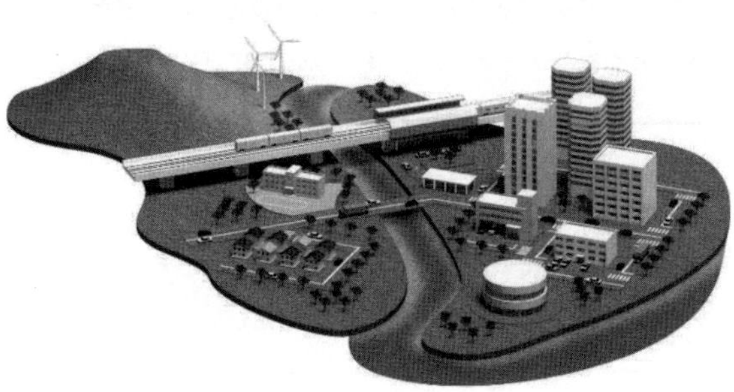

そして、ある製品の1km当たりの需要量を、図の縦軸の高さで表すとき、その製品の需要量Dは、1km当たり製品の需要量に、その供給圏の距離をかけたものに等しくなる。また、その需要量Dを図のマス目の数で考えるとき、その需要量Dは、そのマス目の数を10倍にしたものに等しくなる。

▸ **例題３－１**：$1km$当たりの需要量の大きさが、図のように表されるとき、その中心地である$0km$地点から$210km$までの、需要量Dを答えなさい。

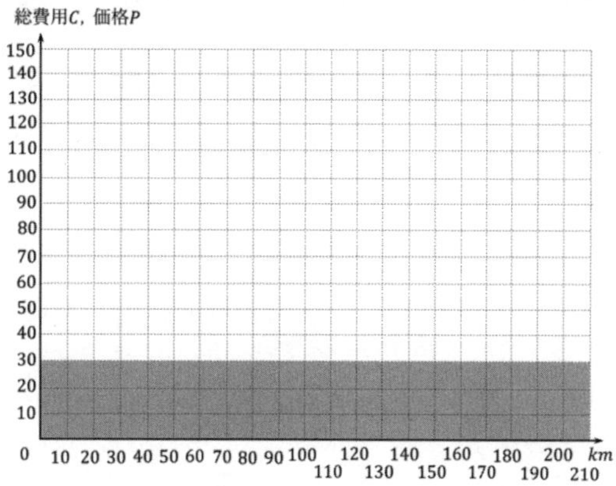

$$距離(km) \times 需要密度(D/km) = 需要量D$$

$$距離210km \times 3 = 630$$

または

$$マス目の数\ 63 \times 10 = 630$$

▸ **例題３－２**：$1km$当たりの需要量の大きさが、図のように表されるとき、その中心地である$0km$地点から$210km$までの、需要量Dを答えなさい。

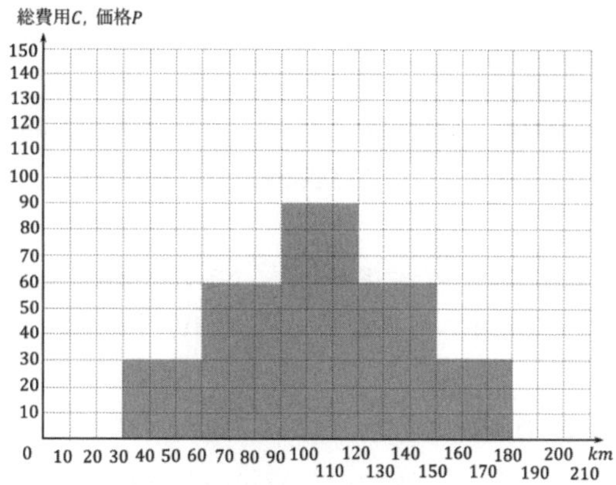

$$距離(km) \times 需要密度(D/km) = 需要量D$$

または

$$マス目の数81 \times 10 = 810$$

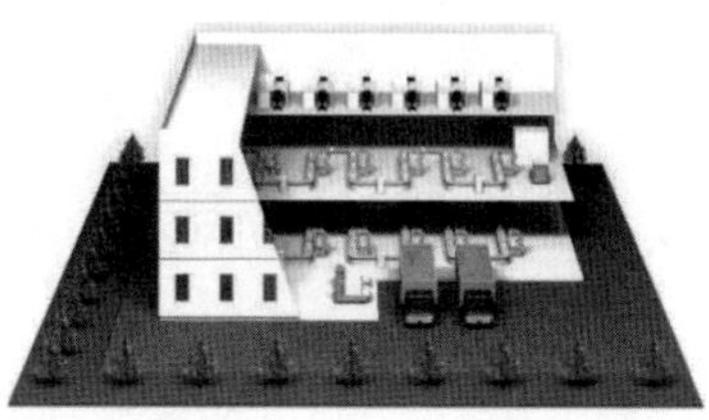

■ 立地地点と供給量

次に、ある工場が、その立地地点をある地点に決定するとき、その総費用Cと市場価格Pの高さに応じて、その供給圏の地理的な範囲が決まることになる。その供給圏には、家計などの需要の主体が分布しており、その家計が地理的に集中している密度に応じて、その工場の供給量（生産量）が決まることになる。

▸ **例題４**：中心地から$140km$の地点に工場を建設した。この工場の製品１単位当たりの生産費用$(S+W+R)$は80であり、その輸送費用は$1km$当たり0.5である。ここで、その市場価格Pが110になるとき、その供給圏の直径は何kmになるか答えなさい。また、その$1km$当たりの需要密度(D/km)が図のように分布するときの供給量（生産量）を答えなさい。

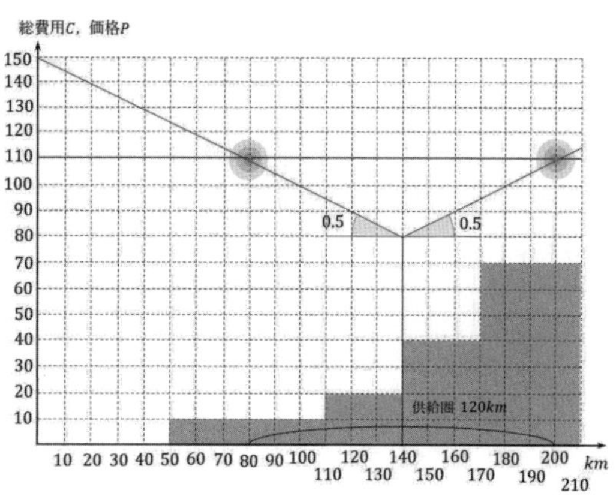

$$供給圏内のマス目の数42 \times 10 = 420$$

練習問題

◇**練習問題１－１**：工場を 150km地点に建設した。この工場の製品１単位当たりの費用は30であり、その輸送費用は1km当たり1である。この様子を図に描きなさい。

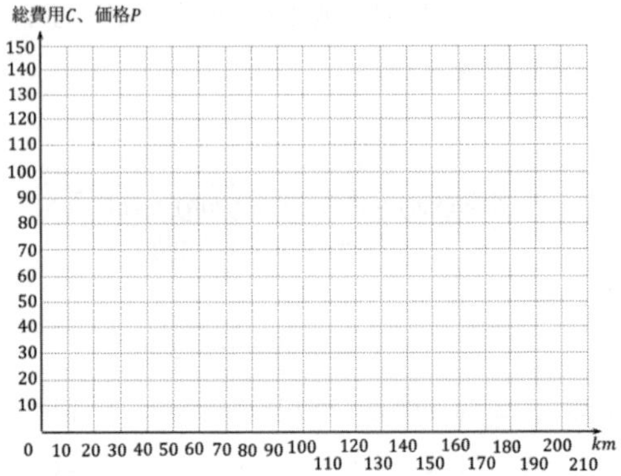

◇**練習問題２－１**：右図において製品の市場価格Pが80に決まったとする。このときの供給圏の範囲を図示しなさい。また、その供給圏の直径は何kmになるか答えなさい。

◇**練習問題２－２**：右図において、その製品の市場価格Pが50に決まったとする。このとき供給圏の直径は何kmか答えなさい。

◇**練習問題２－３**：右図において、その供給圏の直径を120kmにするためには、その価格をいくらにすればよいか答えなさい。

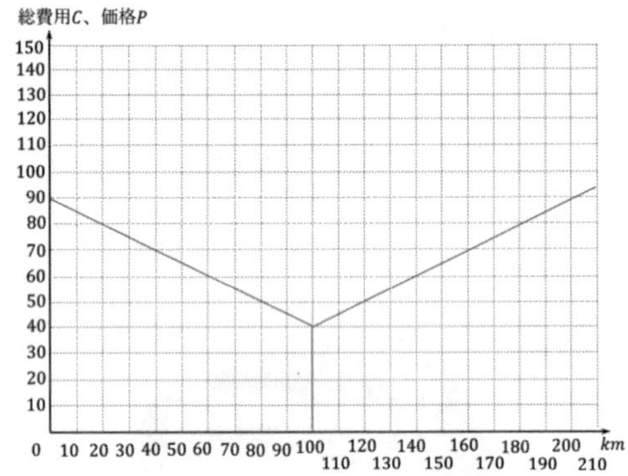

◇**練習問題３－１**：1km当たりの需要量の大きさが、右図のように表されるとき、0km地点から210kmまでの、需要量Dを答えなさい。

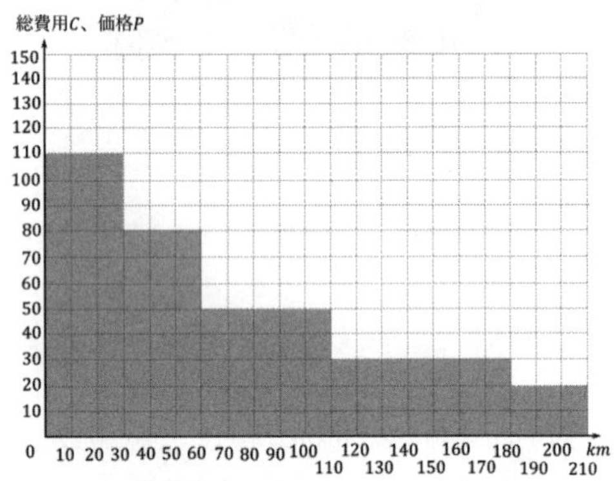

◇**練習問題３－２**：1km当たりの需要量の大きさが、右図のように表されるとき、中心地である0km地点から210kmまでの、需要量Dを答えなさい。

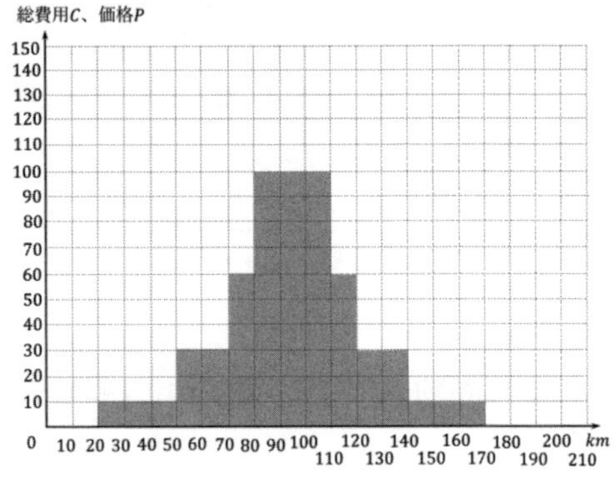

◇練習問題４－１：下図について、以下の問いに答えなさい。

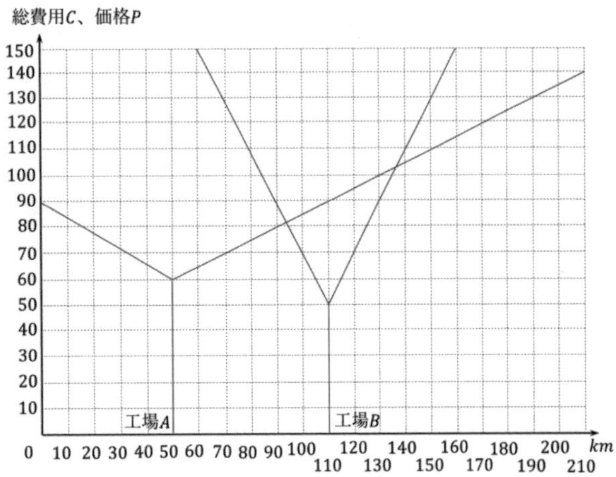

(1) 工場Aと工場Bの生産費用$(S+W+R)$を答えなさい。

(2) 中心地から150km地点での工場Aと工場Bの総費用Cを答えなさい。

(3) 150km地点での工場Aと工場Bの輸送費用Tを答えなさい。

(4) 90km地点での工場Aと工場Bの総費用Cを答えなさい。

(5) 90km地点での工場Aと工場Bの輸送費用Tを答えなさい。

(6)工場Ａにおいて110km地点まで移送するには、市場価格Pがいくら以上である必要があるか答えなさい。

(7)工場Ｂにおいて60km地点まで移送するには、市場価格Pがいくら以上である必要があるか答えなさい。

◇練習問題４－２：中心地から100km地点に工場を建設した。この工場の製品１単位当たりの生産費用$(S+W+R)$は50であり、輸送費用は1km当たり0.5であるとする。この様子をグラフに描きなさい。また市場価格Pが90のとき、供給圏の直径は何kmになるか答えなさい。また、1km当たりの需要量が3のときの供給量（生産量）を答えなさい。

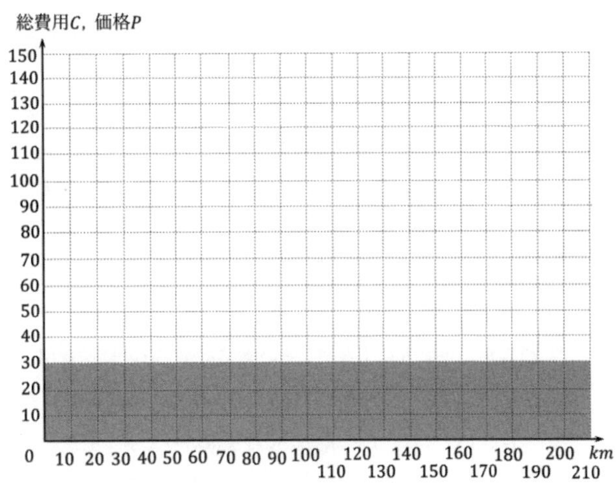

トピック６：ウェーバーの工業立地論

前講で紹介してきた工場の立地行動は、アルフレッド・ウェーバー（Alfred Weber）によって提案された工業立地の理論の概要に沿っている。このウェーバーの立地論は、その輸送費用に焦点を当てた立地論になっており、現在の工業立地を説明する上でも、その有効性はいまだに健在であるといえる。

下図の横軸の原点には、ある市場の中心地iがあり、その中心地iに対して、その工場の地点kと、その原材料の地点mが示されている。この中心地iから工場の地点kまでの距離がd_{ik}で表されており、また、その工場の地点kから原材料の地点mまでの距離がd_{km}で表されている。そして、それらの合計については、総輸送距離として$d_c = d_{ik} + d_{km}$のように表すことができる。また、その中心地iから工場の地点kまでの距離１単位当たりの輸送費用がτ_kで表されており、その工場の地点kから原材料の地点mまでの距離１単位当たりの輸送費用がτ_mで表されている。

それに対して、その縦軸は、そのコンビネーション経済を発揮する原材料の組み合わせの価格p_cの大きさを表しており、その価格p_cの変化が、そのグラフの高さによって表されている。まず、その利益π_cについて、エネルギー費用e_c、原材料費用x_c、そして労働費用w_cの合計をz_cで表すとき、その組み合わせ１単位当たりの利益π_cを、次の等式によって定義することができる。

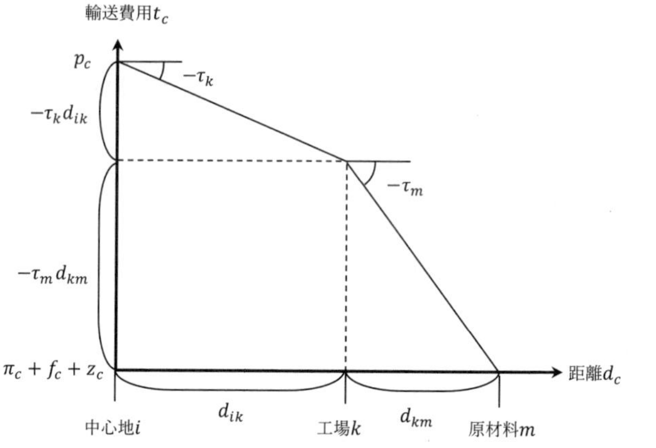

◎利益： $\pi_c = p_c - f_c - z_c - t_c$

この式において、その利益π_cと固定費用f_cとその他の費用z_cについては一定であると仮定し、その価格p_cと輸送費用t_cとの関係について着目するために、その利益の式を価格p_cについて解くと、それを次のように表すことができる。

◎価格： $p_c = \pi_c + f_c + z_c + t_c$

そして、これに先ほど導いた２つの輸送係数τ_kとτ_mによる輸送費用をt_cに代入するとき、その式を次のように表すことができる。

◎輸送費用：$t_c = \tau_k d_{ik} + \tau_m d_{km}$

◎価格： $p_c = \pi_c + f_c + z_c + \tau_k d_{ik} + \tau_m d_{km}$

この価格を表す式によって、その価格p_cが、その輸送費用$\tau_k d_{ik} + \tau_m d_{km}$に対して比例することが分かり、その輸送距離$t_c$が大きくなるにしたがって、その価格$p_c$も高くなる傾向にあることが分かる。

例えば、上図では、その原材料の地点mから工場の地点kまでの距離がd_{km}だけあり、その原材料の輸送係数がτ_mであるとき、その輸送費用は$\tau_m d_{km}$によって定義されることになる。そして、その輸送距離d_{km}の長さが長くなるときに、その価格p_cは上昇することになる。この輸送距離d_{km}に対する価格p_cの上昇を表しているのが、その原材料の地点mから左上に伸びる直線になっており、その直線の傾きの大きさは、その原材料の輸送係数τ_mによって決まることになり、その価格p_cの増加分は$\tau_m d_{km}$に等しくなる。

さらに、その工場の地点kから中心地iまでの距離がd_{ik}だけあり、その完成品の輸送係数がτ_kであるとき、その輸送費用は$\tau_k d_{ik}$によって定義されることになる。そして、その輸送距離d_{ik}の長さが長くなるときに、その価格p_cは上昇することになる。この輸送距離d_{ik}に対する価格p_cの上昇を表しているのが、その工場の地点kから左上に伸びる直線になっており、その直線の傾きの大きさは、その完成品の輸送係数τ_kによって決まることになり、その価格p_cの増加分は$\tau_k d_{ik}$に等しくなる。

最終的に、その原材料の地点mから中心地iまでにかかる輸送費用は、それらの和$\tau_k d_{ik} + \tau_m d_{km}$として表されることになり、その分だけ価格$p_c$を上昇させることになる。

この価格の上昇は、次の２つの意味で重要になる。第一に、その市場における価格p_cの上昇は、その組み合わせに対する需要の減少をもたらすことになり、その需要の減少は、その企業の利益の減少をもたらすことになる。つまり、その利益は、その組み合わせ１単位当たりの利益π_cと、その販売した製品の数量との積として表されることになる。ここで、その利益π_cが一定であると仮定するとき、その価格p_cの上昇による需要の減少は、そのまま、その製品の販売数量と利益の減少を意味することになり、その販売数量の減少が十分に大きい場合には、その企業の利益は負になってしまうことになる。

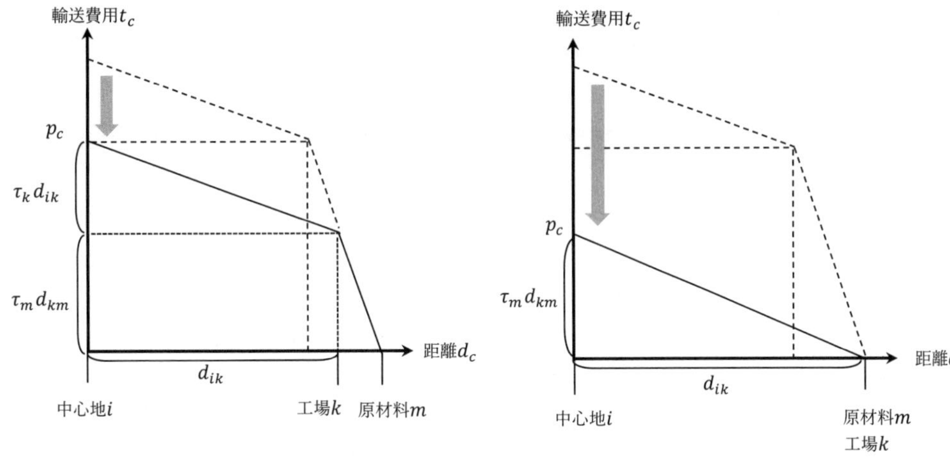

第二に、仮に、その組み合わせの価格p_cが市場において決まることになり、その価格p_cが一定であるとするならば、その輸送費用$\tau_k d_{ik} + \tau_m d_{km}$増加分を、その価格$p_c$に対して反映させることができなくなってしまうことになる。そこで、その残りの変数の中で、その変化させることができる余地がある変数は、その製品１単位当たりの利益π_cのみであることになり、その輸送費用$\tau_k d_{ik} + \tau_m d_{km}$の増加は、そのまま利益$\pi_c$の減少に繋がることになる。そして、その輸送費用$\tau_k d_{ik} + \tau_m d_{km}$が過剰に大きくなるときには、やはり、その企業の利益π_cは負になってしまうことになる。

ここで、その製品１単位当たりの利益π_cの減少は、企業にとっては望ましいものではなく、また、それを減少させる輸送費用$\tau_k d_{ik} + \tau_m d_{km}$の増加も、企業にとっては望ましいものではないことになる。そこで企業は、その輸送費用をなるべく小さく抑えようとすることになり、その輸送費用の抑制が動機になって、その工場の立地地点を変化させることになる。そこで次に、その立地地点がどのように変化するのかについて、以下に確認していくことにしよう。

上図は、企業が最適な立地地点を導く様子について描いてものになる。これまでの例では、その原材料の輸送係数τ_mの方が、その完成品の輸送係数τ_kよりも大きかったことから、その輸送係数が大きい原材料の輸送係数τ_mの方の距離を、なるべく短くすることによって、その輸送費用$\tau_k d_{ik} + \tau_m d_{km}$を安く抑えられることになった。

そこで、その工場の立地地点kを、その原材料の立地地点mの方に移動させることによって、その材料の輸送距離d_{km}を短くすることができ、その原材料の輸送にかかる費用$\tau_m d_{km}$を小さくすることができるようになる。そして、最終的に、その工場の立地地点kが、その原材料の立地地点mに重なるときに、原材料の輸送距離d_{km}はゼロになることになり、その原材料の立地地点mから中心地iまでの輸送距離は、すべて完成品を輸送するための距離d_{ik}になることになり、その輸送費用は$t_c = \tau_k d_{ik}$として表されることになる。

上図の右図は、その原材料の輸送距離がゼロになったときの、輸送距離d_cと輸送費用t_cの関係を表しており、この図から、その工場の立地地点の移動によって、その輸送費用t_cが大幅に低下していることが分かる。先ほど紹介したように、その輸送費用t_cの変化は、その企業の利益π_cと密接に関係しており、その輸送費用t_cの低下は、その組み合わせがもたらす利益π_cを改善させる傾向にあることになる。

特に、その原材料の調達を海外から輸入に頼っている日本のような国では、その原材料が海運で港に到着することになるため、その工場の立地地点は、港の近くに集中することが多い。また、木材や衣類などは、一般的に、その原材料の重量よりも、その完成品の重量の方が軽く小さくなることから、その原材料の距離１単位の輸送費用τ_mの方が、その完成品の距離１単位の費用τ_kよりも大きくなる傾向にあることになる。それによって、日本の製造業の工場については、その原材料が到着する港に近接して立地する傾向にあることになる。

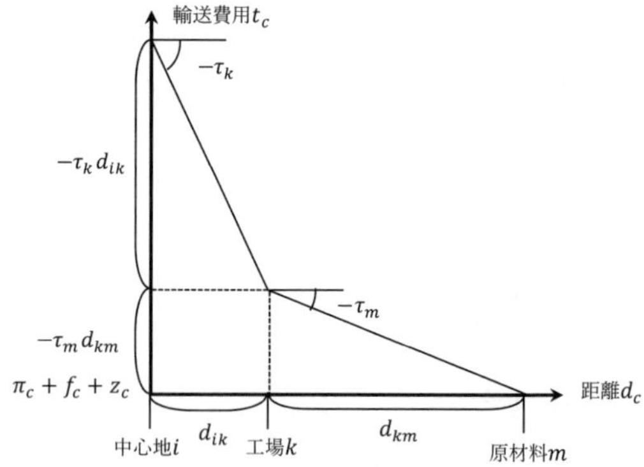

その一方で、多種類の部品を組み合わせるような電化製品については、原材料（部品）の輸送経路が多くなると同時に、その原材料の輸送費用τ_mも大きくなる傾向にある。そして、その原材料（部品）を生産する工場を、局地的に集中させることによって、その原材料の輸送費用を小さく抑えることができるようになることから、その完成品を構成する部品の種類が多くなればなるほど、その組み合わせをする工場と、その部品を生産する工場とが、地理的に集中するケースが多くなっていくことになる。これは製造業の産業集積が進む理由を説明する上で、現在でも有効な説明のひとつになっている。

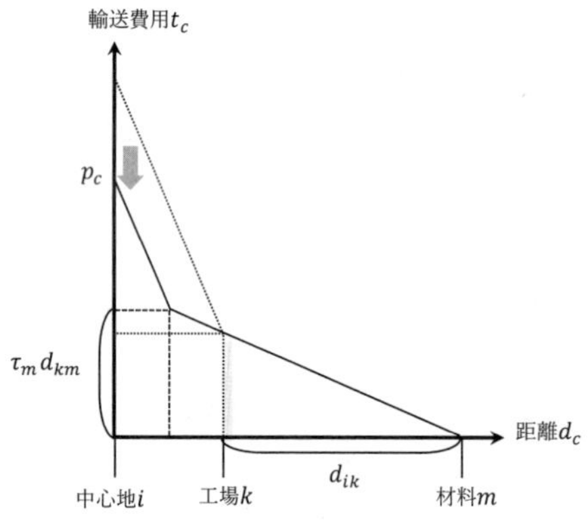

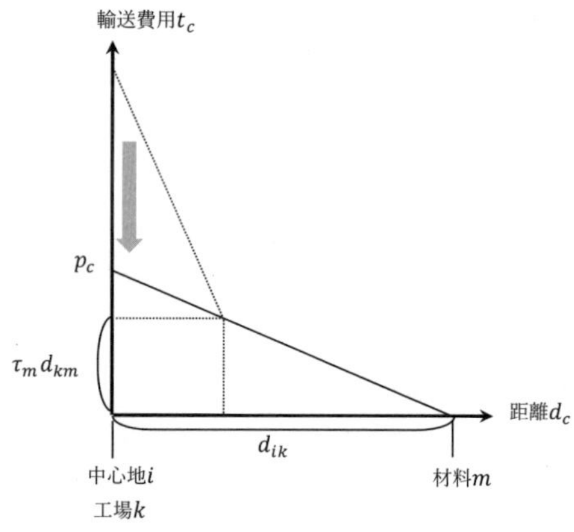

次に、その完成品の輸送係数τ_kの方が高くなる場合について考えてみることにしよう。その完成品の輸送係数τ_kの方が、その原材料の輸送係数τ_mよりも高くなるときに、その輸送距離d_cと輸送費用t_cの関係を、上図のように描くことができる。まず、その原材料の地点mから工場の地点kまでの距離d_{km}において、その輸送距離d_{km}に対する輸送費用t_cの上昇を表しているのが、その原材料の地点mから左上に伸びる直線になっており、その直線の傾きの大きさは材料の輸送係数τ_mによって決まることになる。また、その工場の地kから中心地iまでの距離d_{ik}において、その輸送距離d_{ik}に対する輸送費用t_cの

上昇を表しているのが、その工場の地点kから左上に伸びる直線になっており、その直線の傾きの大きさは完成品の輸送係数τ_kによって決まることになる。

ここで、その完成品の輸送係数τ_kの方が、その原材料の輸送係数τ_mよりも大きくなることから、完成品の輸送費用$\tau_k d_{ik}$は、原材料の輸送費用$\tau_m d_{km}$よりも大きくなる傾向にあることになり、その完成品の輸送距離を短くすることによって、その輸送費用t_cを低く抑えることができるようになる。

そこで、その工場kの立地地点を、その中心地iの方に移動させることによって、その完成品の輸送距離d_{ik}を短くすることができ、その分、その完成品の輸送にかかる費用$\tau_k d_{ik}$を小さくすることができるようになる。そして、最終的に、その工場kの立地地点が、その中心地iにおいて重なるときに、その完成品の輸送距離d_{ik}はゼロになることになり、そのすべての輸送距離は、その原材料の立地地点mから中心地iまでの輸送距離に変わることになり、その輸送費用の大きさは$t_c = \tau_m d_{km}$で表されることになる。上図の右図は、その完成品の輸送距離がゼロになったときの、輸送距離d_cと輸送費用t_cの関係を表していることになり、この図から、その工場の中心地への移動によって、輸送費用t_cが大幅に低下することが分かる。

ところで、その原材料の輸送係数τ_mよりも、その完成品の輸送係数τ_kの方が大きくなる場合において、特に重要になるのは、その完成品の輸送先が複数あることによって、その輸送経路が複数になる場合になる。仮に、その原材料の輸送係数と完成品の輸送係数が同じであることを仮定した上で、その原材料の輸送経路が港からの１つしかないのに対して、その完成品の中心地に向けた輸送経路が３つになるとき、その原材料の輸送係数τ_mよりも、その完成品の輸送係数τ_kの方が、３倍も大きくなることになる。このとき工場は、より中心地に近接した立地地点を選択することになり、それによって、その利益を改善することができるようになる。

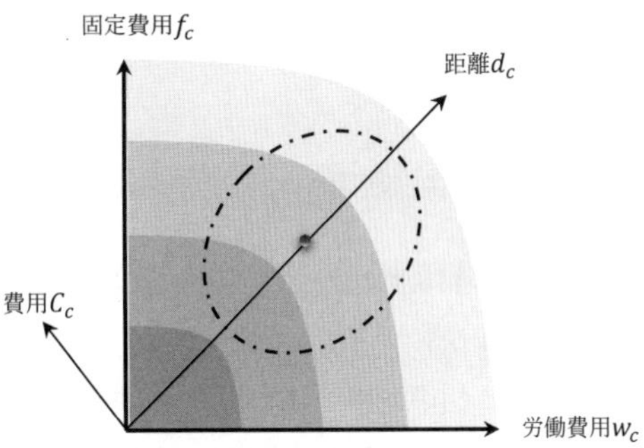

その一方で、実際の工場の立地選択について考える際には、その輸送費用だけではなく、その労働費用や土地費用などの空間的な変化についても考慮する必要があることになる。その労働費用や土地費用などについては、その都市の中心地からの距離が長くなればなるほど下落していく傾向にあることから、労働賃金が安価になり、土地代が減少することよって、労働費用も土地費用も安く抑えることができるようになる。

これについて、その立地選択をする企業の立場から考えてみると、その輸送費用の増加分を相殺するだけの労働費用w_cの低下、もしくは固定費用f_cの減少がなければ、都市の中心地からは離れて立地する理由はないことになる。逆に、それを相殺し余りあるほどの費用の減少があるのであれば、その工場を、その都市の中心地から離れて立地させることによって、その労働費用w_cと固定費用f_cを安く抑えることができるようになる。

したがって、企業は、その輸送費用の増加分を相殺するだけの労働費用w_cの低下、もしくは固定費用f_cの減少がある限り、その工場を、その中心地から離れて立地させようとすることになり、その相殺分がゼロになる地点において、その工場の立地地点を決めることになる。

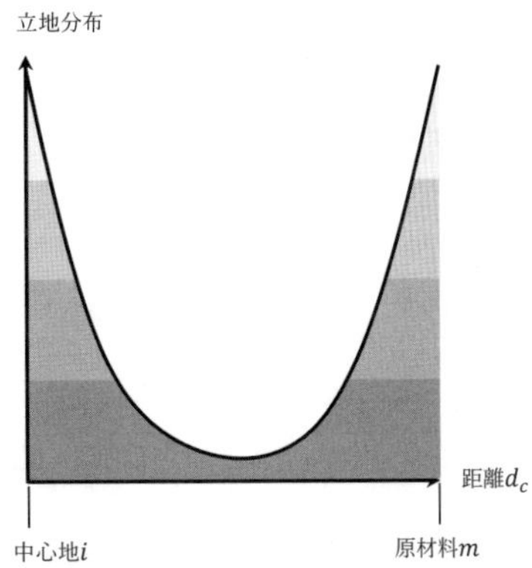

第6講　立地地点と生産活動

前講では、立地地点と生産量の関係について紹介してきたが、その価格と費用の関係が明らかになるとき、企業の利益についても分析することができるようになる。そこで本講では、その価格と費用の関係から導かれる利益について分析していくことにする。

それと同時に、地域の企業の生産活動を支える需要の地理的な分布について紹介しながら、供給圏の上限と下限という概念について導入していくことにする。その供給圏の上限と下限によって、地域の企業の生産活動が持続可能なものであるかどうかが決まることになる。

■ 市場圏と利益・費用

◎**利益πの合計**：供給圏のすべての需要に対して製品を販売するとき、その市場価格Pと総費用Cの差額の合計が、その利益πの合計になる。

・求め方：(市場価格P－総費用C) × 供給圏(km) ÷ 2 × 1km当たりの需要量D

・考え方：(市場価格P－総費用C) を高さとし、供給圏(km)を底辺とする三角形の面積を求め、1km当たりの需要量Dの数だけ倍にする。

◎**輸送費用Tの合計**：供給圏のすべての需要に対して製品を販売するとき、その総費用Cと生産費用$(S+W+R)$の差額の合計が、その輸送費用Tの合計になる。

・求め方：(市場価格P－総費用C) × 供給圏(km) ÷ 2 × 1km当たりの需要量D

◎**生産費用$(S+W+R)$の合計**：供給圏のすべての需要に対して製品を販売するとき、生産費用$(S+W+R)$と供給圏(km)の積が、その生産費用$(S+W+R)$の合計になる。

・求め方：総費用C × 供給圏(km) × 1km当たりの需要量D

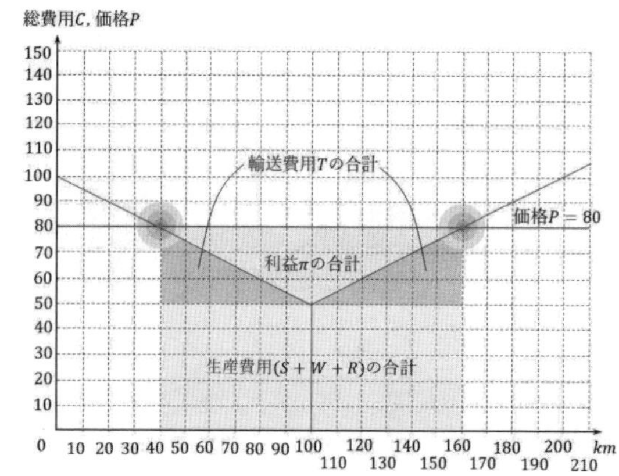

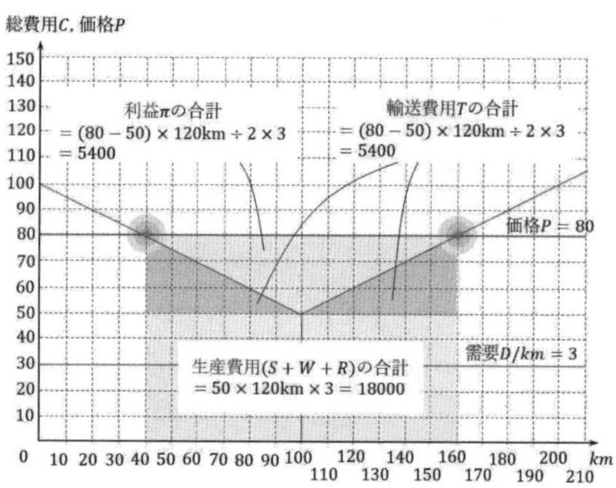

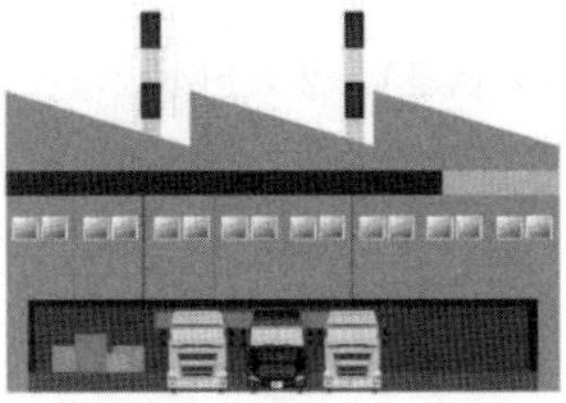

○利益πの合計 $= (80 - 50) \times 120\text{km} \div 2 \times 3 = 5400$
○輸送費用Tの合計 $= (80 - 50) \times 120\text{km} \div 2 \times 3 = 5400$
○生産費用$(S + W + R)$の合計 $= 50 \times 120\text{km} \times 3 = 18000$

ここでは、その供給圏(km)を直線として考えていることから、それらの合計が、その三角形と長方形の面積として求められることになる一方で、平面図の観点から、その供給圏(km)を円として考える場合には、その円錐と円柱の体積の求め方を応用すればよい。

■ 規模の経済性と平均費用

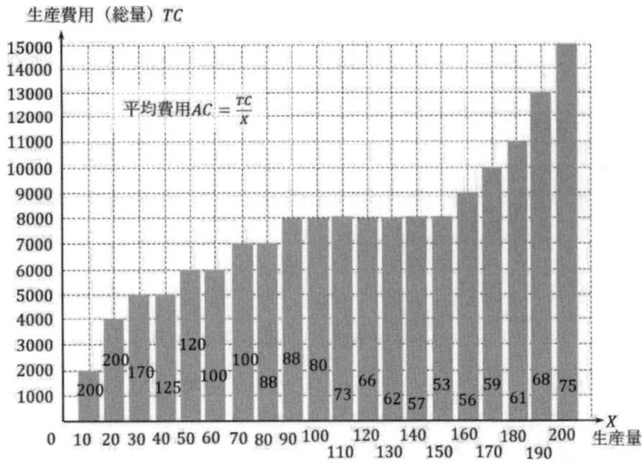

次に、製品１単位当たりの生産費用$(S + W + R)$は平均費用ACと呼ばれており、それは生産量Xの増加にしたがって変化することになる。一般的に、平均費用ACは、生産量Xの増加にともなって減少していくことが知られており、その傾向性のことを**規模の経済性**と呼んでいる。

例えば、生産量の増加にともなう生産費用が、右図のような棒グラフで表されるとする。このグラフからは、その製品を10個生産するために2000の費用がかかり、それを100個生産するために8000の費用がかかることが分かり、その平均費用を次のように求めることができる。

○製品を10個生産するとき平均費用：$AC = \frac{2000}{10} = 200$
○製品を100個生産するとき平均費用：$AC = \frac{8000}{100} = 80$

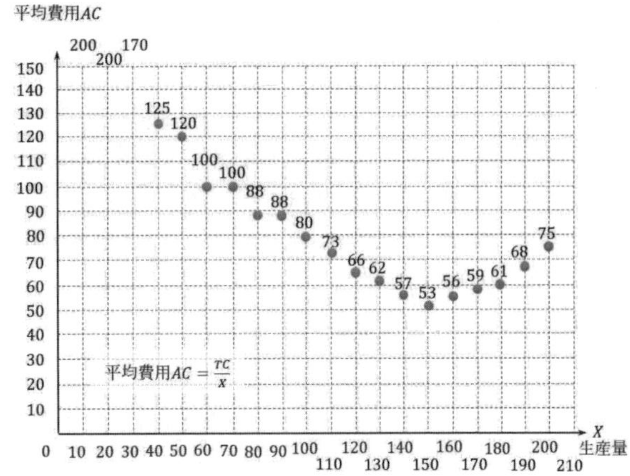

ここで、そのすべての生産個数の平均費用ACについて求めてみると、右図のようなグラフを描くことができる。ここで求めた平均費用ACは、これまでに扱ってきた製品１単位当たりの生産費用$(S + W + T)$に等しくなり、仮に、ここで、その市場価格Pが80であるとき、その正の利益πを維持するために必要になる生産量は100になる。

▸ **例題１－１**：上図において、市場価格Pが73であるとき、その正の利益πを出すためには、少なくとも、その生産量Xがどの水準よりも大きく、また小さくならなければならないか答えなさい。

その平均費用ACが73になるのは、その生産量Xが110になるときであることから、少なくとも、その生産量Xが110よりも多くならなければ、その生産によって正の利益πがでることはない。また、その生産量Xが200になるとき、その平均費用ACは75になることから、その生産量Xは190よりも少なくならなければならない。

> ▸ **例題１－２**：上図において、市場価格Pが66であるとき、その正の利益πを出すためには、少なくとも、その生産量Xはどの水準よりも大きく、また小さくならなければならないか答えなさい。

その平均費用ACが66になるのは、その生産量Xが120になるときであることから、少なくとも、その生産量Xが120よりも多くなければ、その生産によって正の利益πがでることはない。また、その生産量Xが190になるとき、その平均費用ACは68になることから、その生産量Xは200よりも少なくならなければならない。

■ 供給圏の上限と下限

次に、工場が特定の地点に立地するとき、その立地地点から製品を供給することができる最大と最小の地理的な範囲（供給圏）が決まることになる。そのとき、その最大の範囲については、製品１単位当たりの利益がゼロにならないような地理的な範囲になる一方で、その最小の範囲については、規模の経済性によって、その生産量と平均費用との関係によって決まることになる。前者の最大の範囲のことを**供給圏の上限**と呼ぶことにし、後者の最小の範囲のことを**供給圏の下限**と呼ぶことにする。

◎**供給圏の上限**：総費用Cが価格Pを超える限界までの供給圏の直径(km)。この供給圏の上限では、総費用Cと価格Pが等しくなる。

◎**供給圏の下限**：最低限確保しなければならない供給圏の直径(km)。この供給圏の直径は、最低限確保しなければならない需要量Dと、需要密度(D/km)によって決まる。

> ▸ **例題２－１**：ある工場は、製品の平均費用ACを 60 にするために、少なくとも 240 の生産量が必要になる。この製品の輸送費用が 1km当たり 0.5 円であり、また、1km当たりの需要密度がD/km=3 であるとき、この製品の市場価格Pは、最低でも何円でなければならないか答えなさい。また、そのときの供給圏の下限の直径(km)について答えなさい。

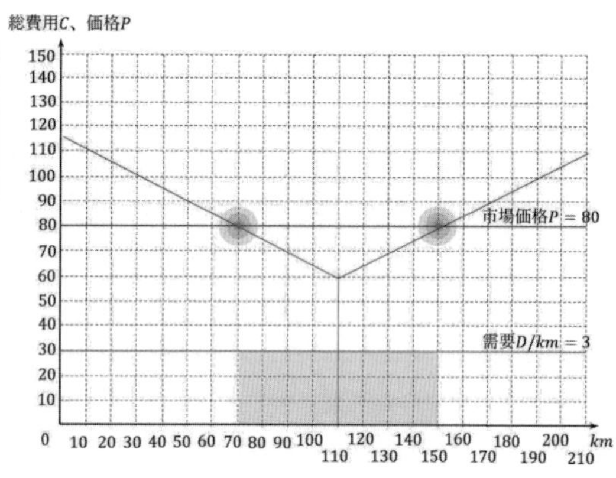

その最低限必要な生産量Xが240であり、その需要密度D/kmが3であることから、それらを以下の式に代入することによって、その供給圏の下限の直径(km)を求めることができる。

○供給圏(km) × 需要密度D/km =生産量D

○供給圏(km) × 3 = 240

○供給圏(km) = 80km

したがって、その供給圏80kmを確保するためには、上図より、その価格Pが80以上でなければならないことが分かる。

> ▸ **例題２－２**：例題２－１と同様の条件において、市場価格P = 100のとき、1km当たりの需要密度D/kmは、最低でもいくらでなければならないか答えなさい。

上図より、市場価格がP = 100のとき、その供給圏の上限の直径(km)が160kmになることが分かる。そして、その供給圏については、それ以上拡大させることはできないことから、その供給圏の上限の直径160kmを利用することによって、その1km当たりに最低限必要な需要密度D/kmを次のように求めることができる。

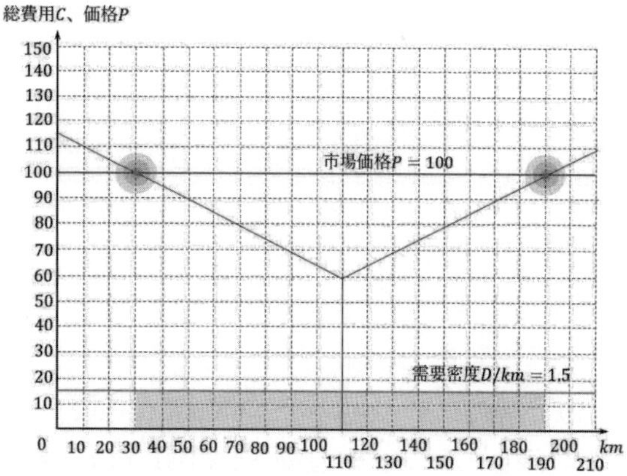

○供給圏(km) × 需要密度D/km =生産量D

○160km × 需要密度$D/km = 240$

○需要密度$D/km = 1.5$

よって、その1km当たりの需要密度D/kmは、最低でも$1.5D/km$でなければならないことになる。

練習問題

◇**練習問題１－１**：ある都市の中心地から50km地点に工場を建設した。この工場の製品１単位当たりの生産費用($S + W + R$)は80であり、輸送費用は1km当たり1である。市場価格Pが130のとき、その供給圏は何kmになるか答えなさい。また1km当たりの需要量が図のようになるときの供給量（生産量）の大きさを答えなさい。

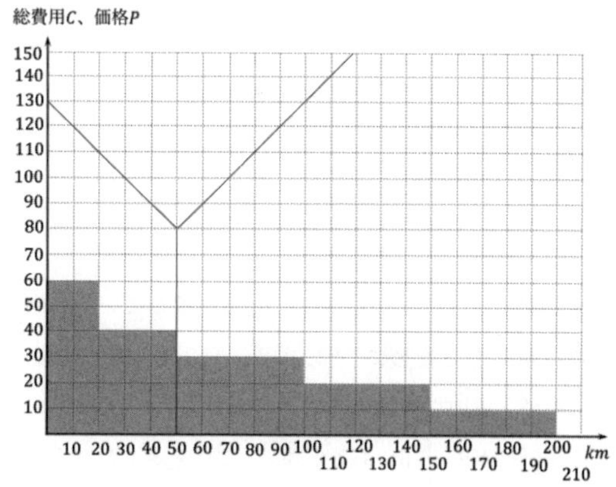

◇**練習問題１－２**：ある都市の中心地から100km地点に工場を建設した。この工場の製品１単位当たりの生産費用(S + W + R)は80であり、輸送費用は1km当たり1/3である。市場価格Pが100のとき、その供給圏は何kmになるか答えなさい。また1km当たりの需要量が図のようになるときの、供給量（生産量）大きさを答えなさい。

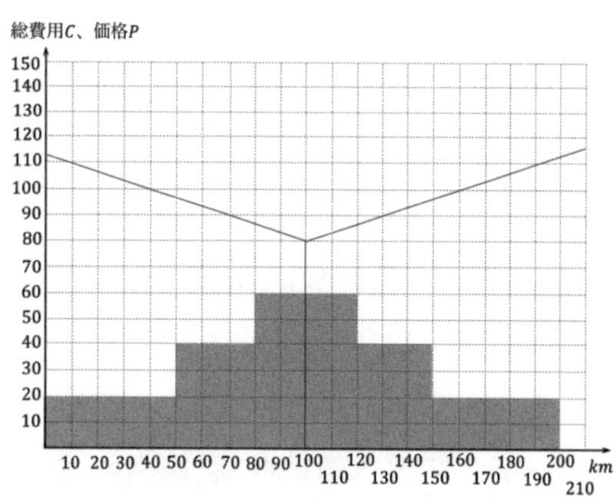

◇**練習問題２**：次の図において、市場価格Pが 120 であり、 $1km$当たりの需要量Dが２であるとき、利益πの合計と、輸送費用Tの合計、そして、生産費用$(S+W+R)$の合計を求めなさい。

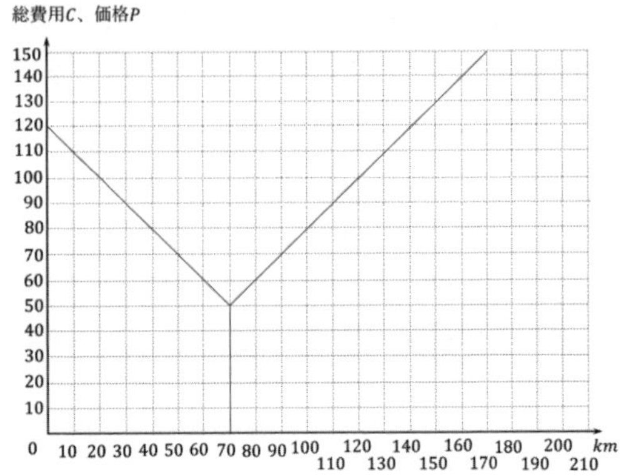

◇**練習問題３**：次の図において、市場価格Pが70であるとき、正の利益πを出すために最低限必要な生産量はいくらになるか答えなさい。また、ここで価格Pが60に下落したとき、その正の利益πを出すために最低限必要な生産量がいくらになるか答えなさい。

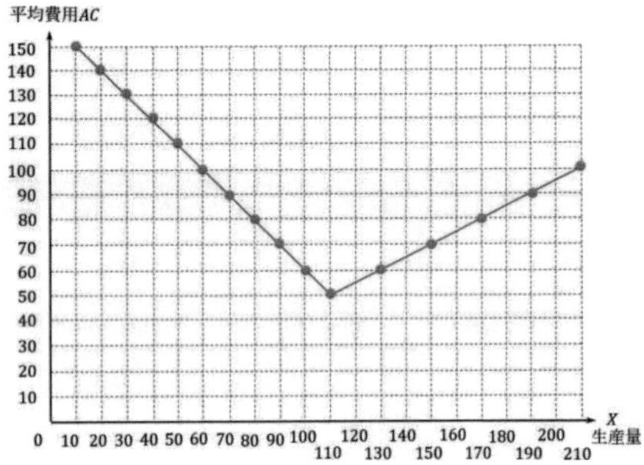

◇**練習問題４－１**：ある工場は、その生産している製品の平均費用ACを40にするために、その生産量を 240 にする必要がある。また、その工場の立地地点と輸送費用が次の図のように表され、その市場価格が$P = 70$であるとする。このとき、その1km当たりの需要密度D/kmは最低でもいくらでなければならないか答えなさい。

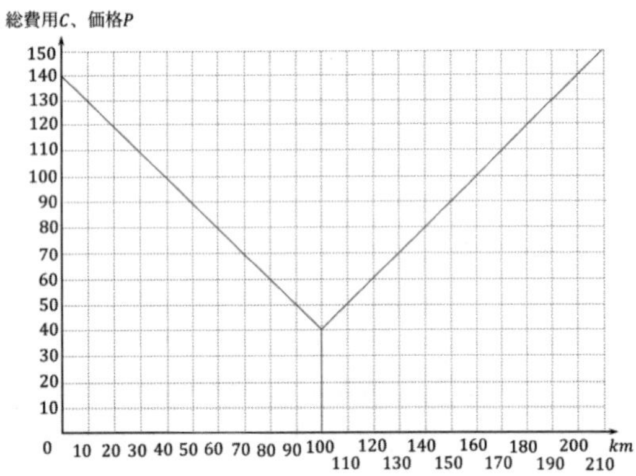

◇**練習問題４－２**：同様の条件において、$1km$当たりの需要密度が$D/km = 2$になったとき、その製品の市場価格Pは、最低でも何円でなければならないか答えなさい。また、そのときの供給圏の下限の直径(km)を答えなさい。

トピック７：クリスタラーの商業立地論

前回はウェーバーの工業立地モデルについて紹介してきたが、その工業立地モデルとは別に、需給のコンビネーション経済を分析するための商業立地モデルというものがある。この商業立地モデルが、工業立地モデルと大きく異なる点は、その地理的に分布する需要と、その輸送費用によって変化する価格の関係について考慮している点になる。この商業立地モデルについて、その最も基礎的なモデルを提示したのがクリスタラー（Walter Christaller）になり、今回は、そのクリスタラーの商業立地モデルについて紹介していくことにする。

ある企業が生産している財・サービスCの価格が市場において決定され、その他の価格も市場において決定されるとき、その企業が調節することができるのは輸送費用のみであることになる。そして、その輸送費用の増加は利益を減少させることから、その企業はおのずと輸送にあてる費用を制限することになり、同時に、その輸送範囲も制限することになる。この輸送費用と利益の関係に着目して組み立てられるのが、その利益の制約による商業立地モデルになる。

まず、その利益π_cを、次のように定義することにする。

◎利益：$\pi_c = p_c - f_c - e_c - x_c - w_c - t_c$

ここで、その固定費用f_cとエネルギー費用e_c、原材料費用x_c、そして、労働費用w_cの合計をz_cで表すとき、その利益の式を、次のように書き換えることができる。

◎利益：$\pi_c = p_c - z_c - t_c$

この式において、その価格p_cと、その他の費用であるz_cの値が市場において決まるとき、その企業が決めることができるのは輸送費用t_cの変数のみであることになり、この式は、その輸送費用t_cと利益π_cの関係について表していることになる。

この輸送費用t_cについて、その財・サービスCが生産されている工場mから、その財・サービスCが販売される商店rまでの距離をd_{mr}で表すことにし、その財・サービスCの輸送距離１単位当たりの費用の大きさをτ_cで表すとき、その輸送費用t_cを、次のように表すことができる。

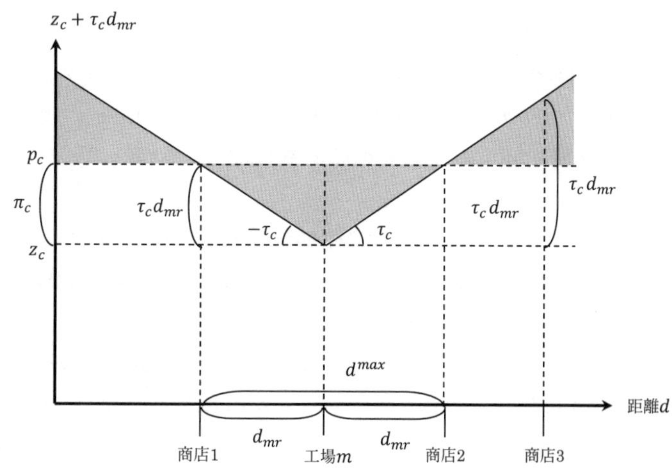

◎輸送距離：$t_c = \tau_c d_{mr}$

そして、この式t_cを、先ほど導いた利益π_cの式に代入するとき、その利益π_cの式を次のように表すことができる。

◎利益：$\pi_c = p_c - z_c - \tau_c d_{mr}$

この式によって、その利益π_cは、その工場mから商店rまでの輸送距離d_{mr}に反比例して変化することになり、その輸送距離d_{mr}が長くなればなるほど、その利益π_cは減少することになる。この関係について上図をもとづきながら確認してみることにしよう。

まず、先ほどの利益π_cの式について、その輸送費用$\tau_c d_{mr}$を左辺に移項することによって、次の等式を導くことができる。

◎利益：$\pi_c + \tau_c d_{mr} = p_c - z_c$

この式の左辺は、その利益π_cと輸送費用$\tau_c d_{mr}$の和を表しており、その右辺については、その価格p_cから、その他の費用z_cを差し引いた値$p_c - z_c$を表していることになる。ここで、その$p_c - z_c$の値は一定であることから、その等式は、その利益π_cと輸送費用$\tau_c d_{mr}$の和が、その一定の$p_c - z_c$の値に等しくなることを表していると同時に、その利益π_cと輸送費用$\tau_c d_{mr}$が互いに相殺し合うことを表している。

例えば、上図では、都市の中心地に工場mが立地しており、その工場から各商店に対して、その財・サービスCを輸送しているものとする。そして、その工場から離れている商店に輸送する際に、その輸送距離d_{mr}に応じて、その輸送費用$\tau_c d_{mr}$が増加することになり、このとき、その輸送費用$\tau_c d_{mr}$と利益π_cの和は一定であることから、その輸送費用$\tau_c d_{mr}$の増加によって、その利益π_cは減少することになる。

例えば、上図において、その縦軸によって、その価格p_cの水準が表されており、その価格p_cに対して、その他の費用z_cが示されている。ここで、その工場の地点mでは、その輸送費用$\tau_c d_{mr}$がゼロになることから、その価格p_cと費用z_cの差については、すべて利益π_cになることになり、それによって、次の等式が成り立つことになる。

◎利益：$\pi_c = p_c - z_c$

その一方で、その商店rは、その工場の地点mから離れた距離にあることから、その財・サービスCの輸送距離d_{mr}に応じて、輸送費用$\tau_c d_{mr}$がかかることになり、その輸送費用$\tau_c d_{mr}$が大きくなればなるほど、その利益π_cは減少していくことになる。

そして、その輸送費用$\tau_c d_{mr}$が利益π_cを上回るときに、その利益π_cは負になってしまうことから、その工場は利益π_cを負にするような遠い距離まで、その財・サービスCを輸送することはしなくなる。ここで、その工場が輸送をすることができる最長距離について、次のような条件を満たす距離として定義することができる。

◎最長距離が満たす条件：$p_c - z_c = \tau_c d_{mr}$

この条件について、まず、その輸送費用$\tau_c d_{mr}$の変化は、その工場がある地点mからの左上がりの直線と、その右上がりの直線として描かれており、それらの直線は、その工場の地点mから離れれば離れるほど高くなっていくことになる。そして、その輸送費用$\tau_c d_{mr}$が、その輸送距離d_{mr}に対してどれだけ大きくなるのかについては、その輸送係数τ_cの値の大きさに応じて変化することになる。

ここで、その最長距離が満たす条件とは、それらの直線の高さによって表されている輸送費用$\tau_c d_{mr}$が、その価格p_cから、その他の費用z_cを差し引いた値である、$p_c - z_c$の高さと同じになることを表しており、その条件を満たす輸送距離をd^{max}として表すことにする。

これは、その価格p_cから、その他の費用z_cを差し引いた$p_c - z_c$の値が、その利益π_cと輸送費用$\tau_c d_{mr}$にあてることができる最大の余剰を表していることになり、その輸送費用$\tau_c d_{mr}$が、その最大の余剰$p_c - z_c$を上回るときに、その利益π_cの余剰は、すべて輸送費用$\tau_c d_{mr}$にあてられることになる。それによって、その利益π_cは負に変化することになり、その企業にとっては、それ以上の輸送をすることはできないことになる。

ここで、この利益π_cを負にすることなく、その企業が輸送し続けることができるような範囲のことを、輸送可能範囲と呼ぶことにし、この図において、その工場mの輸送可能範囲d^{max}は、その商店 1 から商店 2 までの範囲になる。そして、その商店 1 から商店 2 までの区間では、その最長距離が満たすべき条件が満たされていることになり、その価格p_cから、その他の費用z_cを差し引いた値$p_c - z_c$と、その輸送費用$\tau_c d_{mr}$が等しくなっていることになる。

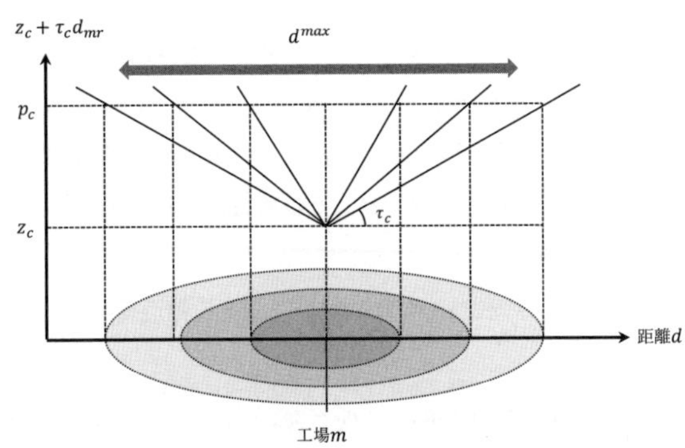

その一方で、その商店３については、その輸送可能範囲d^{max}を超えていることになり、その商店３の地点では、その輸送費用$\tau_c d_{mr}$が、その価格p_cから、その他の費用z_cを差し引いた値$p_c - z_c$を超えていることになり、このとき、その利益π_cは、その超えた分だけ負になることになる。したがって、その企業は、その商店３に対して財・サービスCを輸送することができなくなってしまうことになり、その商店３では、その財・サービスCが販売されることはないことになる。

ところで、その輸送可能範囲d^{max}は、主に、次の２つの要因によって決まることになる。ひとつは、その輸送係数τ_cになり、例えば、上図では、その輸送係数τ_cが三段階に区別されており、その輸送係数τ_cの値が小さくなるほど、その右上がりの直線と左上がりの直線の傾きは水平に近くなっていくことになり、その輸送可能範囲d^{max}は、限りなく広がっていくことになる。

そして、その輸送可能範囲d^{max}の拡大は、その図の下方に描かれた、円の拡がりとして表現されており、その工場の立地地点mを中心とする円の半径の長さは、その工場の立地地点mからの輸送可能範囲d^{max}の長さに等しくなることになる。したがって、その輸送係数τ_cの値が小さくなればなるほど、その最長距離の条件の下で、その輸送距離d^{max}が長くなることから、その円の半径は長くなることになる。

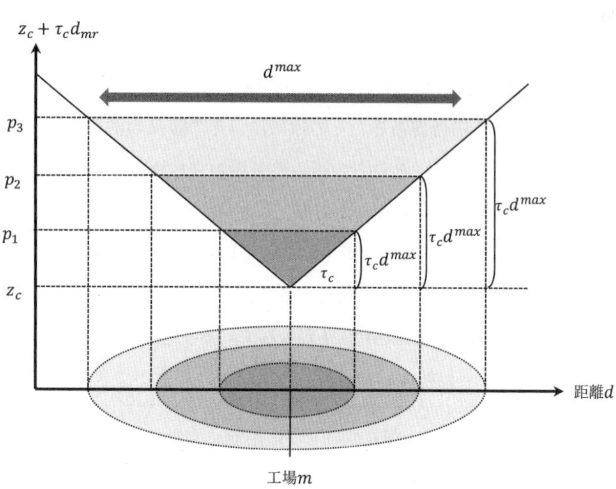

もうひとつの要因は、その財・サービスの価格p_cと、その輸送費用以外の費用z_cの差額$p_c - z_c$の値の大きさになり、その差額$p_c - z_c$と輸送可能範囲d^{max}との関係については右図に描かれている。

ここでは、その財・サービスC の価格p_cを三段階に区別しており、その価格p_cが、その縦軸上のp_1から、p_2、p_3に上昇した場合について考えてみることにする。このとき、その最長距離の条件の左辺の差額$p_c - z_c$の値が大きくなることになり、それによって、その輸送係数τ_cが一定である場合には、その右辺で輸送距離d^{max}が大きくなることになる。したがって、その財・サービスの価格p_cの上昇と共に、その差額$p_c - z_c$の値が大きくなるときに、必然的に、その輸送可能範囲d^{max}が大きくなっていくことから、その輸送可能範囲d^{max}を表す円の半径も大きくなることになる。

第７講　複数立地と市場分割

前講では、製品１単位当たりの利益が負にならないという、正の利益条件にもとづきながら、新規に立地した工場の供給圏と、その供給圏内で獲得することができる需要量について紹介してきた。ここで、複数の工場が同時に立地することによって、それぞれが供給圏を形成するときに、複数の供給圏が出来上がることになる。そして、それらの供給圏が重なり合うとき、それぞれの供給圏は、互いに競合し合う部分と、そうでない部分とに分かれることになる。本講では、これまでの供給圏の概念を応用しながら、供給圏における競合圏と独占圏の概念について紹介していくことにする。

■ 複数企業の立地と市場分割

これまでは本書では、単一の工場の立地問題について焦点を当てて紹介してきたが、実際には、同一の地域内に、複数の工場が立地する場合がある。その際には、その製品の供給圏または供給量は、その単独工場の立地地点のみに依存して決まらないことになり、それらの複数の工場の立地地点が相互に影響を与えながら決まることになる。

◎**市場圏**：製品の需要が分布している地理的な範囲。供給圏と非供給圏、独占圏と競合圏に分かれる。

◎**独占圏**：市場価格Pが与えられている状態で、製品１単位当たりの利益πが負にならない範囲において、自社のみが製品の供給することができる地理的な範囲。

◎**競合圏**：市場価格Pが与えられている状態で、製品１単位当たりの利益πが負にならない範囲において、自社と他社の両方が製品の供給することができる地理的な範囲。

▸ **例題１－１**：企業Aと企業Bが同一の市場圏に立地するものとする。企業Aは$60km$地点に建設され、その工場の製品１単位当たりの生産費用$(S+W+R)$は50であり、輸送費用は$1km$当たり0.5である。企業Bは$150km$地点に建設され、その工場の製品１単位当たりの生産費用$(S+W+R)$は50であり、輸送費用は$1km$当たり0.5である。ここで、市場価格Pが80のとき、企業Aと企業Bの供給圏の直径は何kmか答えなさい。また、企業Aと企業Bの独占圏と競合圏の距離（km）を、それぞれ求めなさい。さらに、 $1km$当たりの需要量が2のときの独占圏と競合圏での需要量を、それぞれ求めなさい。

供給圏、独占圏、競合圏については右図参照。

- ✧ 企業Aの供給圏$120km$
- ✧ 企業Bの供給圏$120km$
- ✧ 企業Aの独占圏$90km$
- ✧ 企業Bの独占圏$90km$
- ✧ 競合圏$30km$
- ✧ 企業Aの独占圏での需要量$90km \times 2 = 180$
- ✧ 企業Bの独占圏での需要量$90km \times 2 = 180$
- ✧ 競合圏での需要量$30km \times 2 = 60$

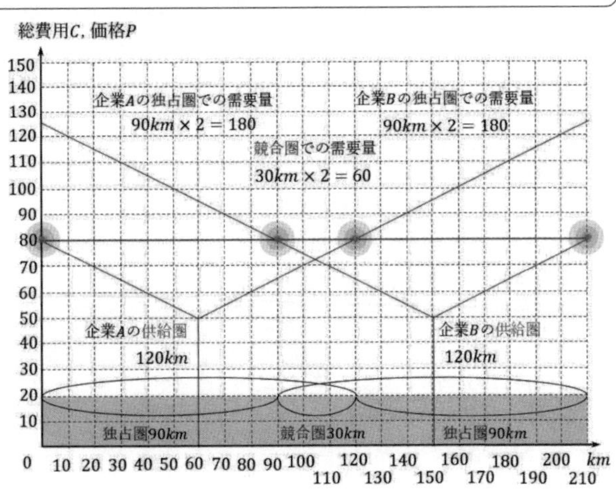

▸ **例題１－２**：例題１－１と同じ条件において、市場価格Pのみが60に下落したとする。このときの企業Aと企業Bの供給圏の直径は何kmか答えなさい。また企業Aと企業Bの独占圏と競合圏の距離（km）を、それぞれ求めなさい。さらに、 $1km$当たりの需要量が2のときの独占圏と競合圏での需要量を、それぞれ求めなさい

供給圏、独占圏、競合圏については右図参照。

- ✧ 企業Aの供給圏$40km$
- ✧ 企業Bの供給圏$40km$
- ✧ 企業Aの独占圏$40km$
- ✧ 企業Bの独占圏$40km$
- ✧ 競合圏なし$0km$
- ✧ 企業Aの独占圏での需要量$40km \times 2 = 80$
- ✧ 企業Bの独占圏での需要量$40km \times 2 = 80$
- ✧ 競合圏での需要量$0km \times 2 = 0$

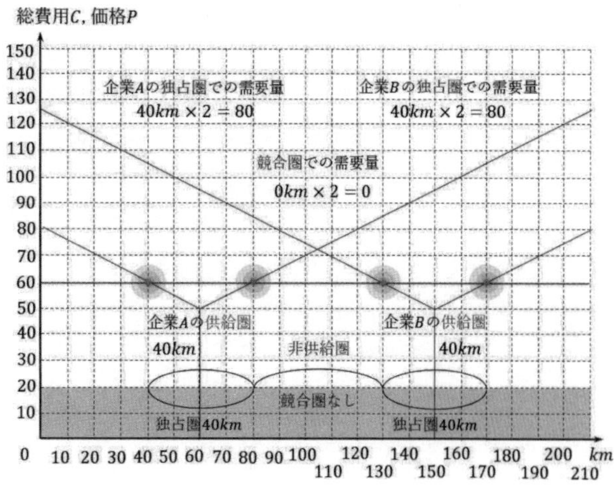

■ 複数企業の立地と市場の分担

次に、企業は地理的に広がるすべての需要に対して、その製品を供給しようとすることにより、その市場圏の需要を可能な限り網羅することができるように、その工場を地理的に展開しようとすることになる。但し、その市場価格Pが安すぎる場合や、その生産費用$(S + W + R)$が高すぎる場合、また、その$1km$当たりの輸送費用tが高すぎる場合には、すべての市場に対して供給圏を広げるために、その工場の数を増やす必要がある。

▸ **例題２**：市場価格が$P = 110$、生産費用が$(S + W + R) = 80$、輸送費用が$t = 1.0$のとき、 $210km$の市場のすべての需要を満たすためには、工場が少なくともいくつ必要か答えなさい。

ここで、市場価格$P = 110$、生産費用$(S + W + R) = 80$、輸送費用$t = 1.0$より、そのＹ図を次の式で表すことができる。

○$y = ax + b$

○市場価格$P =$ 輸送費用$tx +$ 生産費用$(S + W + R)$

つまり、その切片が生産費用$(S + W + R)$、その傾きが輸送費用tであるとき、そのＹ図の高さが市場価格Pに等しくなるように、その距離xを調整していることになる。そこで、この例題の数値を、その式に対して当てはめてみると、

○市場価格$P =$ 輸送費用$tx +$ 生産費用$(S + W + R)$

○$110 = 1.0x + 80$

○$x = 30$

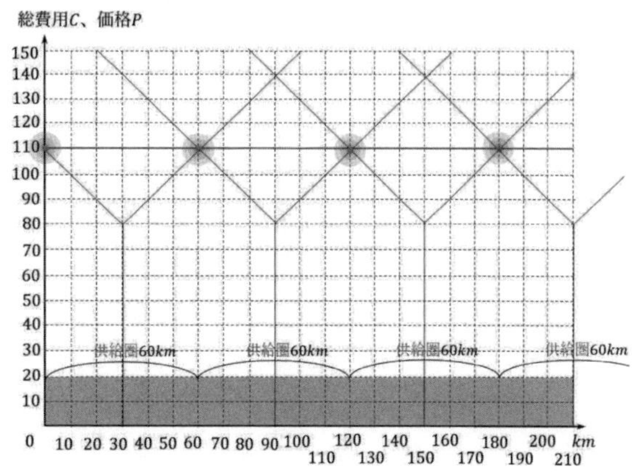

になる。そして、その距離xを2倍した距離が供給圏(km)に等しくなることから、その供給圏の直径については、$x = 30$の２倍の$2x = 60km$になる。そして、工場１件当たりの供給圏は$2x = 60$になり、その$210km$の市場圏を満たすためには、$210km \div 60km = 3$余り30より、少なくとも4つの工場が必要になる。

■ 平面図と複数供給圏

これまでに利用してきたＹ図では、横軸で距離(km)を表し、縦軸で市場価格Pまたは総費用Cを表してきたが、このＹ図を真上から眺めることによって、その横軸でも縦軸でも距離(km)を表すとき、その供給圏を円としてとらえることができるようになる。したがって、その供給圏を、特別な地理的な障害がない限り、円として捉えることができるようになり、その円の直径が、Ｙ図における供給圏の上限になる。

この平面図において、2つの工場の供給圏について描くとき、その供給圏を2つの円として描くことができる。そして、その競合圏は、その2つの円の重なった部分として表されることになり、また、その独占圏は、その重なっていない残りの円の部分として表されることになる。例えば、以下の4つの図はその例になる。

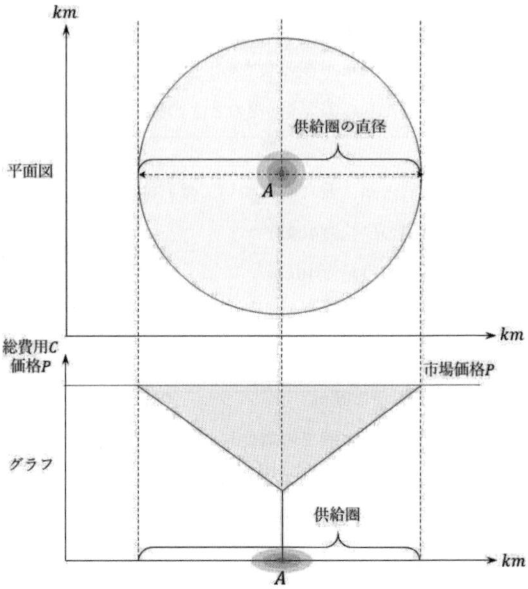

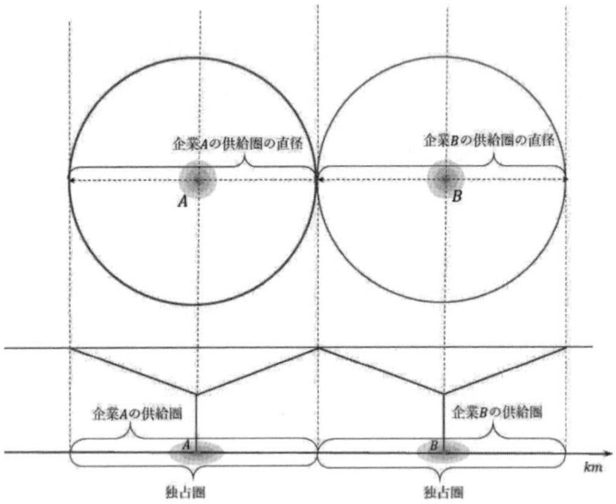

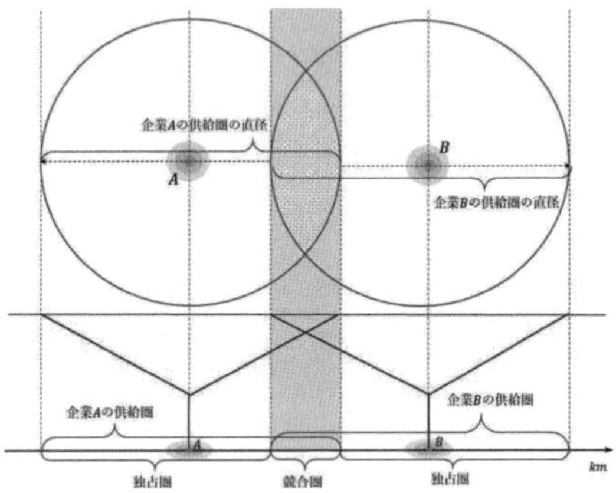

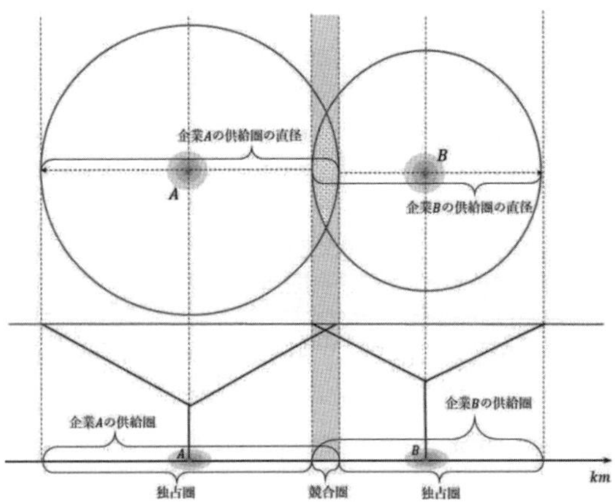

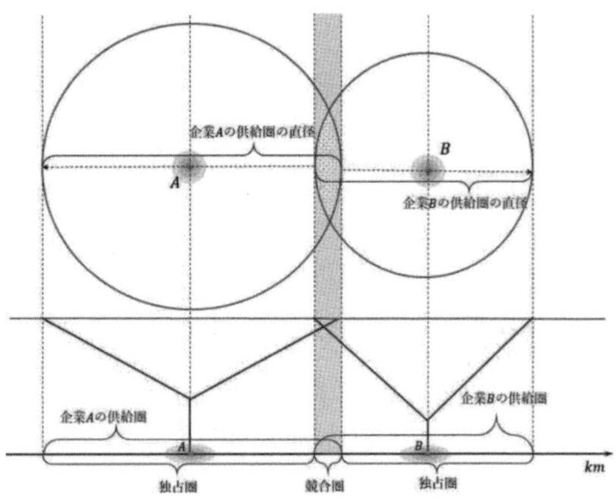

▸ **例題３**：企業Aは80km地点に建設され、企業Bは150km地点に建設され、そのどちらの工場についても、その製品１単位当たりの生産費用$(S+W+R)$は50であり、また、その輸送費用は1km当たり0.5である。市場価格Pが100のとき、企業Aと企業Bの供給圏の直径は何kmになるか答えなさい。また、その企業Aと企業Bの独占圏と競合圏の距離を、それぞれ求めなさい。さらに、1km当たりの需要量が2のときの独占圏と競合圏での需要量を、それぞれ求めなさい。そして、このときの供給圏と競合圏、そして、独占圏を平面図に図示しなさい。

供給圏、独占圏、競合圏については右図参照。

- ✧ 企業Aの供給圏100km
- ✧ 企業Bの供給圏100km
- ✧ 企業Aの独占圏70km
- ✧ 企業Bの独占圏70km
- ✧ 競合圏30km
- ✧ 企業Aの独占圏での需要量$70km \times 2 = 140$
- ✧ 企業Bの独占圏での需要量$70km \times 2 = 140$
- ✧ 競合圏での需要量$30km \times 2 = 60$

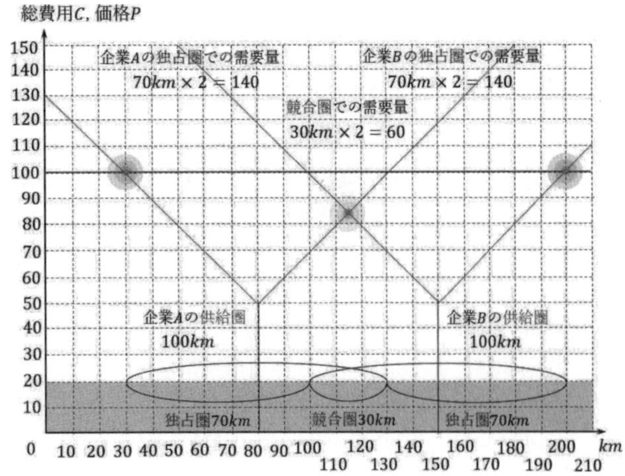

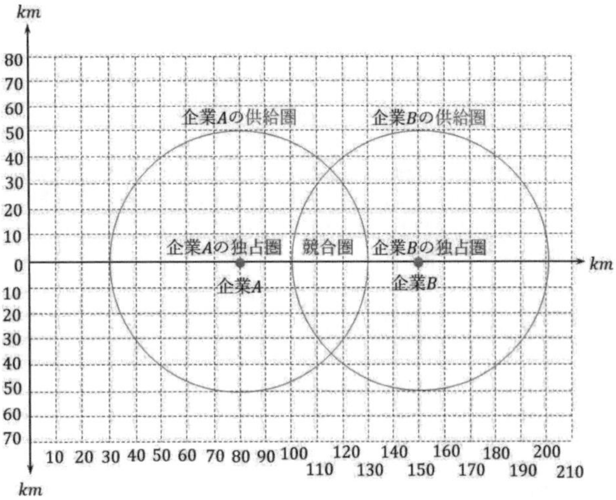

練習問題

◇**練習問題１－１**：企業Aは50km地点に建設され、この工場の製品１単位当たりの生産費用$(S+W+R)$は50であり、輸送費用は1km当たり1.0である。また企業Bは150km地点に建設され、この工場の製品１単位当たりの生産費用$(S+W+R)$は30であり、輸送費用は1km当たり1.0である。市場価格Pが90のとき、企業Aと企業Bの供給圏の半径は何kmになるか答えなさい。また企業Aと企業Bの独占圏と競合圏の距離を、それぞれ求めなさい。さらに、1km当たりの需要量が2のときの、独占圏と競合圏での需要量を、それぞれ求めなさい。

◇**練習問題１－２**：企業Aは80km地点に建設され、この工場の製品１単位当たりの生産費用$(S+W+R)$は50であり、輸送費用は1km当たり0.5である。企業Bは140km地点に建設され、この工場の製品１単位当たりの生産費用$(S+W+R)$は50であり、輸送費用は$1km$当たり1.0である。市場価格Pが90のとき、企業Aと企業Bの供給圏の半径は何kmになるか答えなさい。また企業Aと企業Bの独占圏と競合圏の距離を、それぞれ求めなさい。さらに、 $1km$当たりの需要量が2のときの、独占圏と競合圏での需要量を、それぞれ求めなさい。

◇練習問題２－１：市場価格$P = 100$、生産費用$(S + W + R) = 80$、輸送費用$t = 0.5$のとき、$210km$の市場のすべての需要を満たすには、工場は少なくともいくつ必要か答えなさい。

◇練習問題２－２：市場価格$P = 120$、生産費用$(S + W + R) = 100$、輸送費用$t = 2.0$のとき、$210km$の市場のすべての需要を満たすには、工場は少なくともいくつ必要か答えなさい。

◇練習問題３－１：練習問題１－１のケースにおいて、企業Aと企業Bの供給圏を、次の図に平面図として描き、それぞれの独占圏と競合圏を図示しなさい。

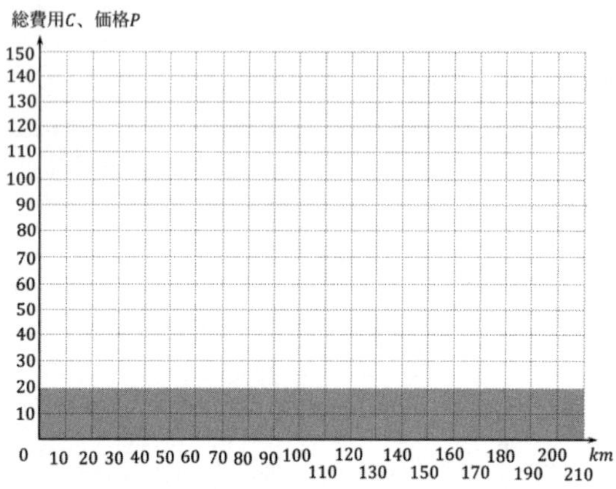

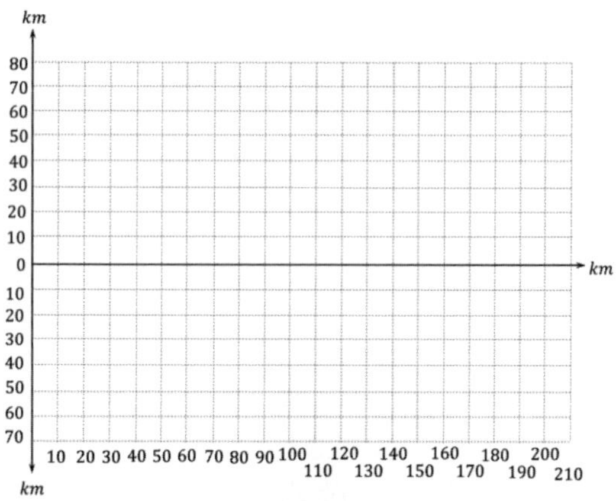

◇練習問題３－２：練習問題１－２のケースにおいて、企業Aと企業Bの供給圏を、次の図に平面図として描き、それぞれの独占圏と競合圏を図示しなさい。

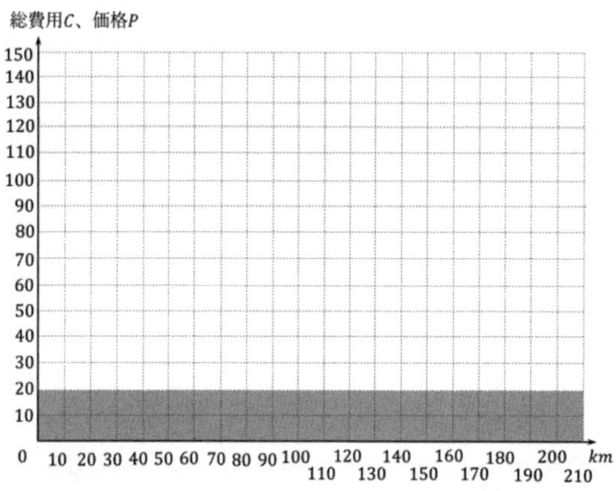

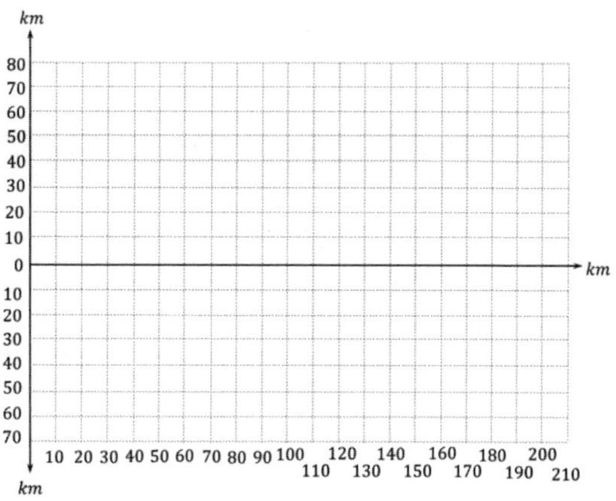

トピック８：レッシュの経済立地論

前回紹介してきた商業立地モデルは、その財・サービスを生産する企業と、その財・サービスを販売する商店との距離を制約する立地モデルであった。これに対して、需要サイドでのコンビネーション経済を発生させる消費者の視点から、その財・サービスを販売する商店と、その財・サービスを購入する個人の居住地との距離を制約する立地モデルもある。そこで今回は、その財・サービスを購入する側の視点から、これまでに紹介してきた立地モデルを再検討していくことにしよう。

この立地モデルは、ある個人が地理的に離れた商店で財・サービスを購入するときに、その商店までの移動を負担に感じることによって、その移動を費用として捉えることを仮定する。すると、その個人が、その移動も含めた財・サービスの購入という行為に関して、その満足度が正になる範囲でしか移動することができなくなるという制約が生じることになる。そして、その満足度による制約は、その個人の負担の大きさに対して制約を課すことになり、同時に、その個人が移動することができる距離を制限することになる。この個人の財・サービスの購入という行為から得られる満足度と、その満足度を減少させる移動という負担の関係に着目するのが、ここで紹介する需要による立地モデルになる。

まず、以下のような定義をすることにしよう。

購入の満足：v_b　　購入の価格：p_b　　移動の不満：v_c　　移動の価格：p_c

そして、財・サービスを購入することによって得られる満足度sについて、次の等式が成り立つと仮定することにする。

◎満足度：$s = s_b + s_c = (v_b - p_b) + (v_c - p_c)$

この財・サービスを購入するという行為について、便益の側面からの満足度s_bは、その財・サービスに対して支払ってもよいと考える支払意思額v_bと、実際に支払う価格p_bの差$v_b - p_b$によって定義されている。これに対して、その費用の側面からの満足度s_cは、その財・サービスの購入するために移動する際に、支払ってもよいと考える支払意思額v_cと、実際に、その移動のために支払う価格p_cの差$v_c - p_c$として定義されている。

次に、この個人が、その財・サービスの価格p_bに対して、より大きい価値v_b（支払意思額）を見出しているのであれば、便益の側面からみた満足度s_bに関して、次の不等式が満たされることになる。

◎便益からみた満足度：$s_b = v_b - p_b > 0$

そして、その財・サービスが購入されるときに、その商店までの移動距離に関して、次のような制約が生じることになる。つまり、その制約とは、その商店まで移動する苦労が、その個人にとって費用として捉えられるとすれば、その財・サービスを購入するという行為に関して、費用からみた満足度も考慮しなければならなくなるという制約になる。

そこで、もし、その移動という費用の側面からみた満足度s_cに関して、次の不等式が満たされるときに、その個人は、その財・サービスを購入することを考えることになる。

◎費用からみた満足度：$s_c = v_c - p_c > 0$

ここで、そのv_cは、その移動に対して、いくらまで支払ってもよいと考えているのかという支払意思額になり、また、そのp_cは、その移動に対して実際に支払う金額になる。

これに対して、次の不等式が満たされるとき、その個人は、その財・サービスを購入するかどうか分からなくなる。

◎費用からみた満足度：$s_c = v_c - p_c < 0$

その理由は、その財・サービスを購入するという行為によって得られる全体の満足度sに関して、便益の側面からみた満足度s_bが正であったとしても、費用の側面からみた満足度s_cが負になるとき、それらの和としての全体の満足度sの値が正になるのか、もしくは負になるのかについて、判断することができないからである。したがって、その個人が、その財・サービスを購入するためには、その全体の満足度sについて、次の不等式を満たす必要があることになる。

◎満足度：$s = s_b + s_c > 0$

ここで、その不等号が逆になるときには、全体の満足度sの値は負になることから、そのとき個人は、その財・サービスの購入を止めることになる。

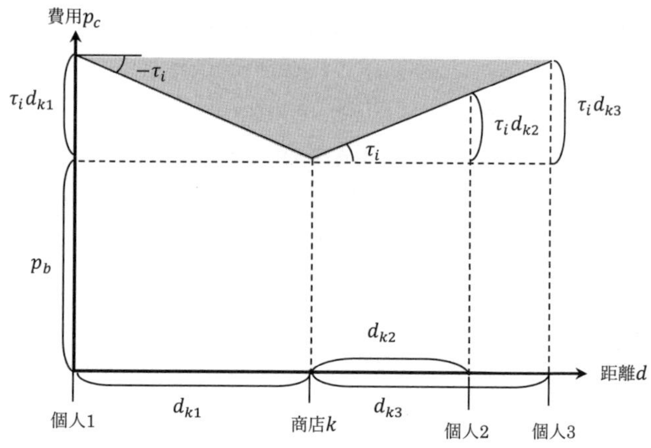

次に、この移動の際に支払う費用p_cについて、もう少し詳しく定義してみることにしよう。まず、その費用p_cは、その移動距離に対して比例して増大していくことになり、個人iが、商店kまで移動する際に、その移動距離をd_{ki}で表すことにし、その個人iが、その移動距離１単位に感じる移動費用をτ_iで表すとき、その移動の際に支払う費用p_cを、次のように定義することができる。

移動費用：$p_c = \tau_i d_{ki}$

そして、この移動費用p_cを、その費用からみた満足度s_cを表す式に対して代入するとき、それは次のようになる。

費用からみた満足度：$s_c = v_c - \tau_i d_{ki}$

この式から明らかになる通り、個人iが、その商店kから離れれば離れるほど、その移動距離d_{ki}もより長くなっていくことから、その移動に対して支払う費用p_cが、より高くなると同時に、その価格p_cの上昇に応じて、その費用からみた満足度s_cは、より減少することになる。そして、その移動距離d_{ki}が十分に長いときには、その費用からみた満足度s_cの値を負になることになり、そのときに、その便益からみた満足度s_vが十分に高くなければ、個人iは、その財・サービスを購入すること諦めることになる。

例えば、上図では、３人の個人を想定しており、その個人iを、個人１と個人２と個人３としている。そして、その財・サービスの価格p_bがあり、この価格p_bは、すべての個人にとって一定であることになり、その個人の居住地点にも、その移動距離d_{ki}にも影響を受けないことになる。

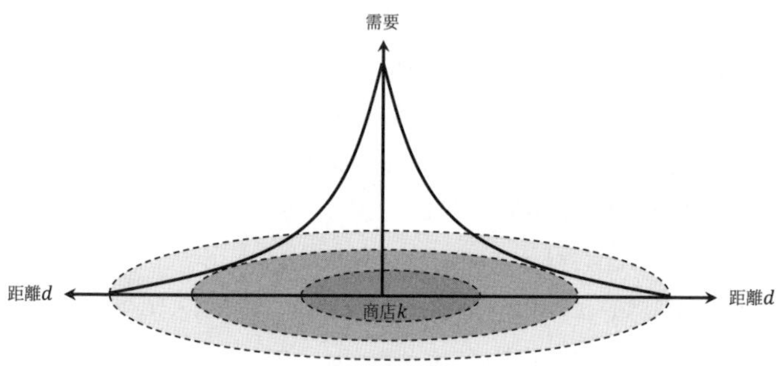

その一方で、個人の居住地iが、商店kから離れれば離れるほど、その個人が支払う移動費用が$\tau_i d_{ki}$だけ増加することから、その増加の分だけ、個人iの満足度sは減少することになり、その満足度sが負になるときに、個人iは、その商店で購入することはなくなる。例えば、その上図ではその、３人の個人の中で、その商店kに最も近い個人は個人２になっており、他の条件が同じであるとすれば、その商店kで財・サービスを購入する可能性が最も高いのは、その個人２になる。

また、個人１と個人３は、その方向は逆であったとしても、その商店kまでの距離が同じである限り、それぞれの商店kまでの距離を表しているd_{k1}とd_{k3}の長さは等しくなる。そして、その距離の次に重要になるのが、その係数τ_iの値の大きさになり、その係数の値が大きくなるにつれて、その移動に対して、より負担を感じていることになる。

したがって、その係数τ_iの値が大きくなるにしたがって、その距離１単位当たりの負担が大きくなることになり、その商店kで財・サービスを購入するという行為から得られる満足度sは減少することになる。

以上のことから、その個人の満足度sを減少させる$\tau_i d_{ki}$によって、その商店kが獲得することができる需要には空間的な限界があることになり、その限界を超えた地理的な範囲では、その需要の獲得が困難になることになる。また、その移動費用の係数τ_iは個人iによって異なる一方で、その商店kからの距離d_{ki}に比例して、すべての個人iの満足度sは減少する傾向にあることから、その距離d_{ki}が長ければ長いほど、その商店kが獲得することができる需要は減少することになる。

その商店kからの距離が長くなるにしたがって、その離れた距離に居住する個人の需要が減少する様子については上図に描かれている。この図から、その距離が短くなるほど、その満足度sが正になり易いことから、その需要は増加することになり、逆に、その距離が長くなるほど、その満足度sが負になり易いことから、その需要が減少することが分かる。

＜地域経済メモ＞

企業の立地地点に対する輸送費用の影響の大きさについて実感するのは少し難しいかもしれません。そこで、次のような例について考えてみることにしましょう。例えば、中古品を売買するフリマアプリを使って中古品を売っている人がいるとします。ここで仮に、郵送費用が輸送距離に比例するとき、どこに住むかという問題は重要になってきます。その理由は、住む場所によっては、買いたい思う人がたくさんいたとしても、その輸送距離が長くなることによって、その中古品を誰に売ったとしても損をしてしまうことになる場合が生じてくるからです。

そこで、そのように輸送費用による損失が大きくならないようにするために、どこに住むことが最も得なのかという問題について考えてみると、その答えとしては大都市の中心に住めば良いという答えになります。そうすることによって、可能な限り多くの人に対して、最小の郵送費用で送ることができるようになり、それによって、その輸送費用を最小化することができます。

ところで、旧郵政省は郵便物の郵送料金を郵送距離ではなく、郵便物の重さや大きさに比例して大きくすることにしました。そのように郵送料金を郵送距離に比例させなかった理由は、この問題を逆に考えれば明らかになります。つまり、当時は都市部における人口の集中が問題になっており、郵送代金を郵送距離に比例させてしまうと、多くの人が大都市の中心地に住もうとすることになり、それを避ける必要があったからです。そして、郵送距離よりも郵送物の重さと大きさによって料金を決めたことによって、大都市の中心地における過剰な人口集中を避けることができました。

第8講　価格競争と立地競争

これまで本書では、その製品の価格が、市場価格として、既に与えられているものとして考えてきたが、実際の経済では、各企業ごとに、その価格を自由に調整することができる。このとき、その企業間において価格競争が起こることになり、その価格を操作することによって、その独占圏を拡大させることができるようになる。

そして、その独占圏の拡大は、同時に、企業間の競合圏を拡大させることになり、その競合圏において需要の獲得競争が起こることになる。この価格の操作による独占圏の拡大のことを**空間的独占**と呼んでおり、本講では、その価格競争と空間的独占と、それにともなう立地競争について紹介していくことにする。

■ 競合圏と価格競争

通常の完全競争市場の分析では、すべての企業が同一の地点に立地していることが想定されているため、同一の費用条件の下で、同一の価格を共有することになる。それに対して、個々に企業が異なる地点に立地することを想定するとき、各立地地点からの輸送費用を考慮する必要性が生じることになり、それによって、個々の企業は異なる費用条件に応じて、異なる価格を設定することになる。

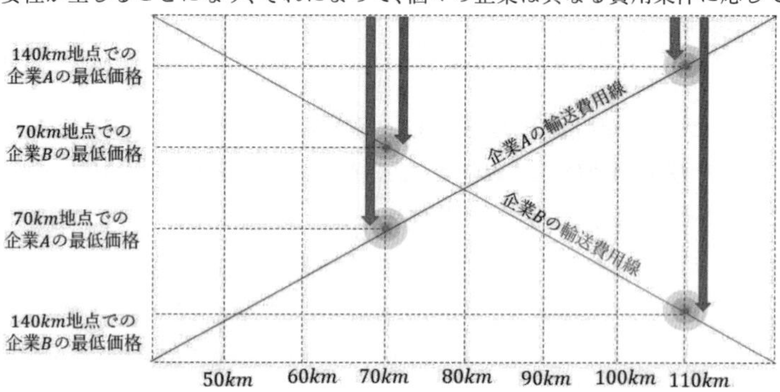

ここで、企業Aと企業Bの供給圏が競合している場合において、一方の企業の価格Pが、もう一方の企業の価格Pよりも僅かにでも安いときに、それを安く販売した企業の方が、その競合圏を独占圏に変えることができることになる。

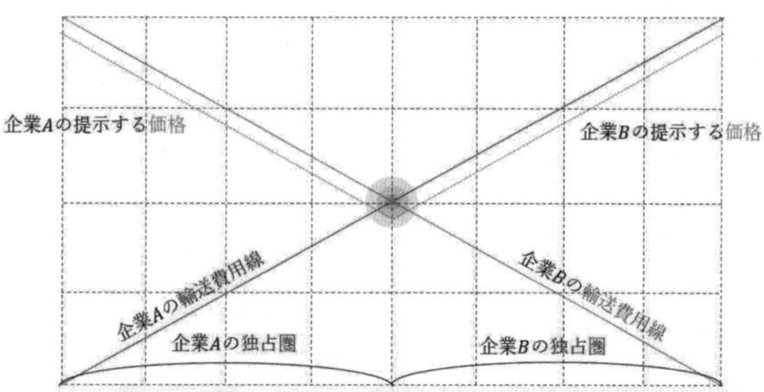

そして、それぞれの企業は、自社が設定する価格Pを、その総費用Cに等しくなるまで下げることができる一方で、それ以上については、その正の利益条件を満たさないことから、その価格Pを、その総費用Cよりも下げることはできないことになる。そして、その総費用Cについては、各企業の立地地点によって異なりうることから、その価格水準の下限は、それぞれの立地地点によって異なることになる。

例えば、仮に、その中心地から70kmの地点において、企業Aの総費用Cが、企業Bの総費用Cよりも低くなるとき、企業

Bは、その総費用Cよりも低い価格Pを設定することはできないことになる。それに対して、その企業Aは、企業Bの総費用Cよりも僅かに低い価格Pを設定することによって、その中心地から$70km$地点を、企業Aの独占圏に変えることができる。これについて、次の例題で確認していくことにしよう。

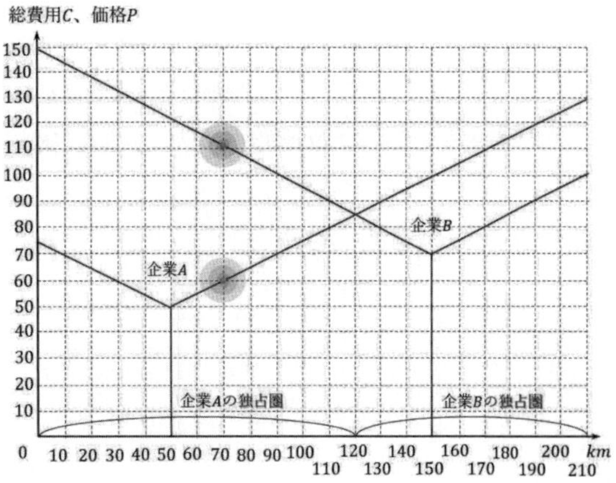

▸ **例題１－１**：右図において、$70km$地点で企業Aが提示できる最低価格はいくらか。また企業Bが提示できる最低価格はいくらか。それぞれ求めなさい。

その価格PがＹ図のグラフの高さよりも下回るとき、その企業の製品１単位当たりの利益はマイナスになる。したがって、そのＹ図を描くときに、そのＹ図の高さが、その企業が提示できる最低価格になる。

企業Aは 60、企業Bは 110

▸ **例題１－２**：例題１－１において、仮に、１円単位で価格を調整することができるとすれば、$70km$地点では、その製品はいくらで販売されることになるか。また、そのときの企業Aと企業Bの独占圏を求めなさい。

企業にとっては、その最低価格よりも１円でも安くなるとき、その製品１単位から得られる利益はマイナスになることになり、その製品を輸送することを諦めることになる。その一方で、その製品１単位から得られる利益を最大化するためには、必要以上に価格を下げるようなことはせずに、その相手が輸送を諦める最低価格よりも１円だけ安い価格を設定することになる。したがって、その製品は 109 円で販売されることになり、それによって、企業Aの独占圏は$120km$になることになり、企業Bの独占圏は$90km$になることになる。

■ 平面図でみた空間的独占

これまでに紹介してきた空間的独占について平面図で確認してみると、その平面図を次のように描くことができる。

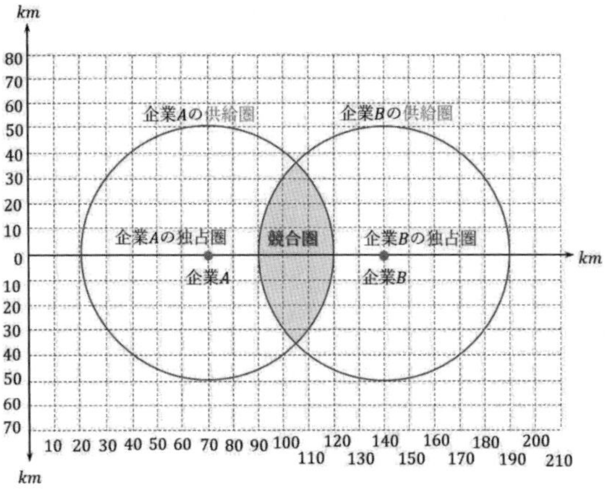

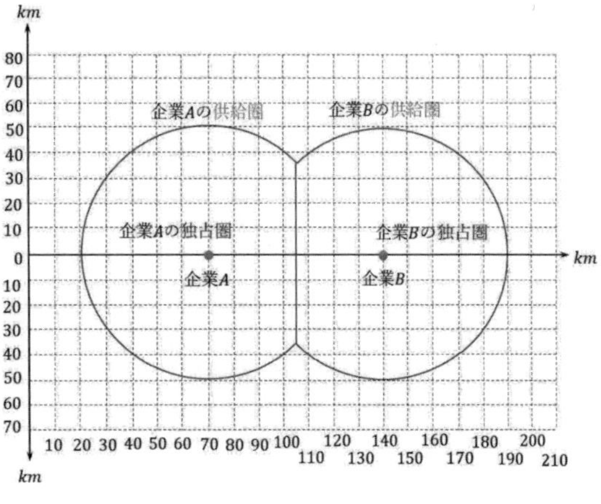

つまり、企業Aと企業Bのそれぞれが、その競合相手が提示することができる最低価格よりも、僅か安い価格を提示することによって、その企業Aの方に近い競合圏は、企業Aの独占圏になることになり、その企業Bの方に近い競合圏は、企業Bの

独占圏になることになる。

■ 空間的独占と立地競争

次に、企業が移転することによって、その独占圏を、どのように拡大させることができるのかについて考えてみることにしよう。企業は、長期的には、その立地地点を変えることができる。そして、その立地地点を変化させることによって、その独占圏を拡大させることを**立地競争**と呼んでおり、次に、その立地競争について紹介していくことにする。

▸ **例題２**：企業Aと企業Bが、次の図のように立地しており、企業Aと企業Bが、交互に立地地点を移動させるとき、その立地地点はどのように変化するか予想しなさい。但し、最初に移動するのは企業Aであるとする。

企業Aと企業Bの立地地点の初期状態が、左図のように表されるとき、企業Aは、企業Bの左隣の$140km$地点に立地し直すことによって、その独占圏を、$100km$から$145km$に拡大することができる（右図）。

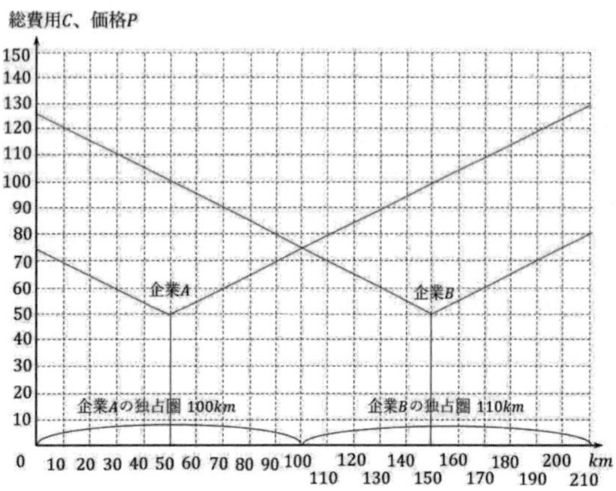

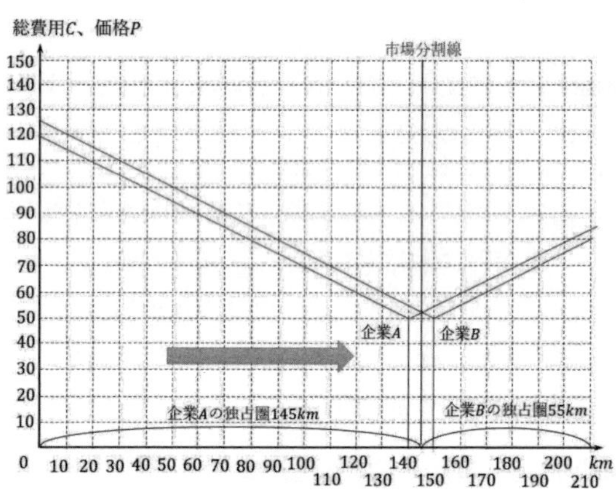

次に、その企業Aの移転によって、企業Bの独占圏は、$110km$から$55km$まで縮小することから、企業Bは、企業Aの左隣の$130km$地点に立地し直すことによって、その独占圏を、$55km$から$135km$まで拡大することができる（左図）。

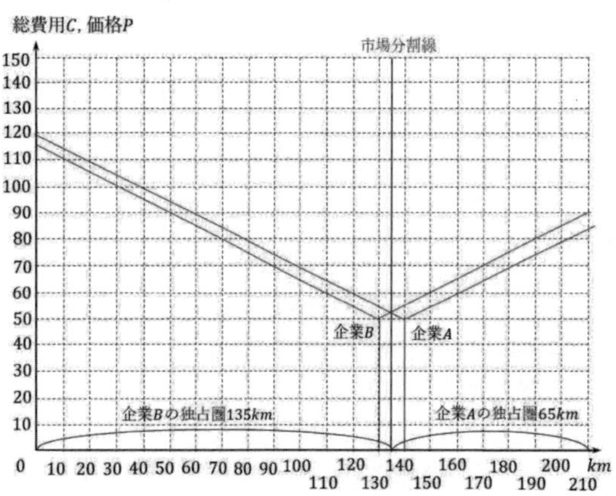

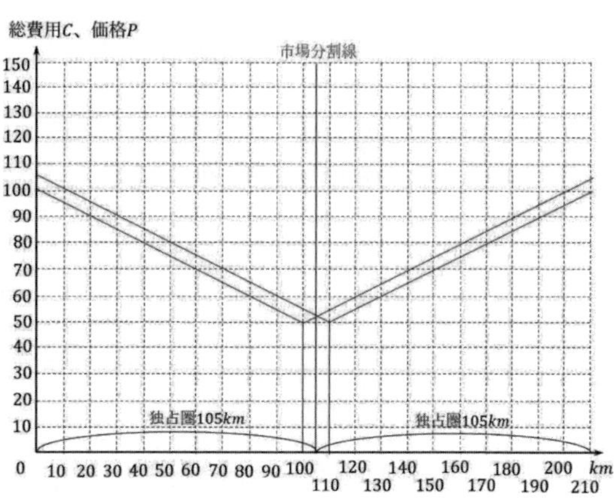

そして、その企業Aと企業Bは、互いに独占圏を拡大するために、その移転を繰り返すことになり、最終的に、企業Aと企業B

は、その市場の中心地である100km地点と、110km地点に立地することになる。その一方で、その移転の繰り返しについては、その移転がはじまる前から予想されていたことから、その企業Aと企業Bは、それを見越すことによって、最初の立地選択から、その市場圏の中心地に立地することになる。

■ 平面図でみた立地競争

これまでに紹介してきた立地競争は、真上からみた平面図でも分析することができ、その場合にも、すべての企業が中心地に集中して立地することになる。但し、平面図における独占圏の形成には独特な特徴があることになり、平面図における２つの企業の独占圏の境界は、企業Aと企業Bの立地地点を中心とする同じ半径の円を描き、その円が交わる２つの点を直線で結ぶときに、その直線が独占圏の境界になる。もしくは、企業Aと企業Bの立地地点を結ぶ直線の中間点において、その直線と直角に交わる直線が独占圏の境界になる。

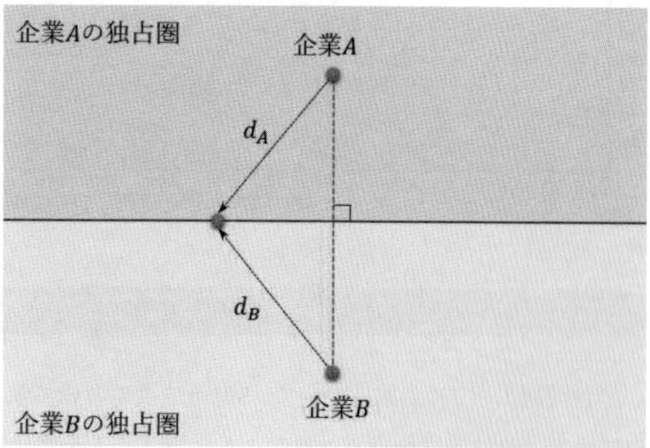

この中間線になる境界線上では、どの地点からも、企業Aと企業Bまでの距離が等しくなることになり、その境界線上では、常に、$d_A = d_B$が満たされることになる。また、その境界線から僅かでもずれるときには、そのずれた方向にある企業の独占圏に入ることになる。

▸ **例題３－１**：下図の左図を初期状態とし、そこから企業Aが横110km地点、縦60km地点に移動するとき、各企業の独占圏がどのように変わるかを示しなさい。また、企業Aが中心地に移動することによって、その独占圏を拡大することができることを示しなさい。

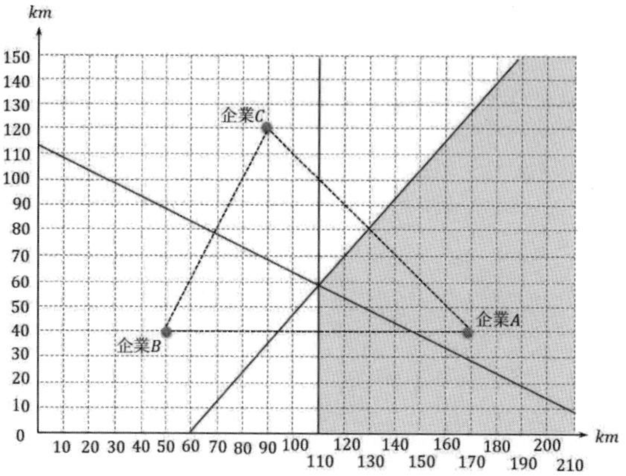

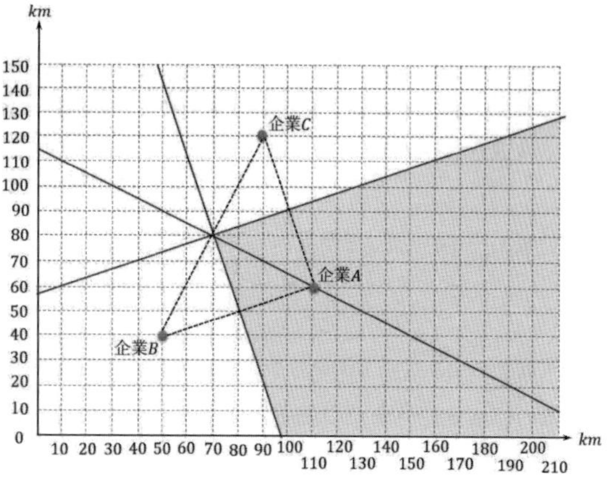

▸ **例題３－２**：また、その企業Aの移動に対して、企業Bが横70km地点、縦80km地点に移動するとき、企業Cが横110km地点、縦100km地点に移動するときも分析しなさい。

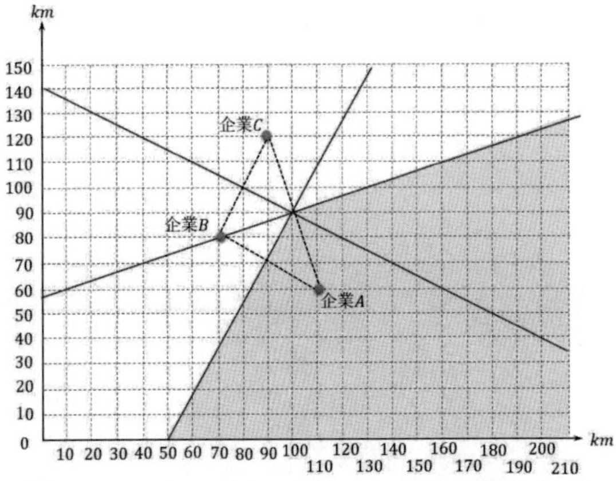

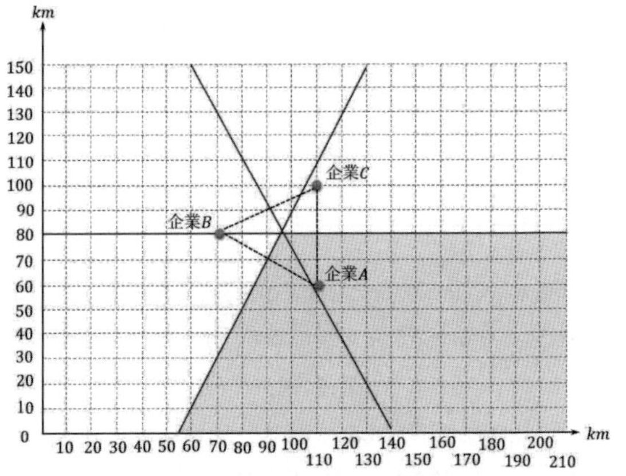

練習問題

◇**練習問題１－１**：上図について、50km地点において企業Aの提示できる最低価格はいくらか答えなさい。また企業Bの提示できる最低価格はいくらか答えなさい。

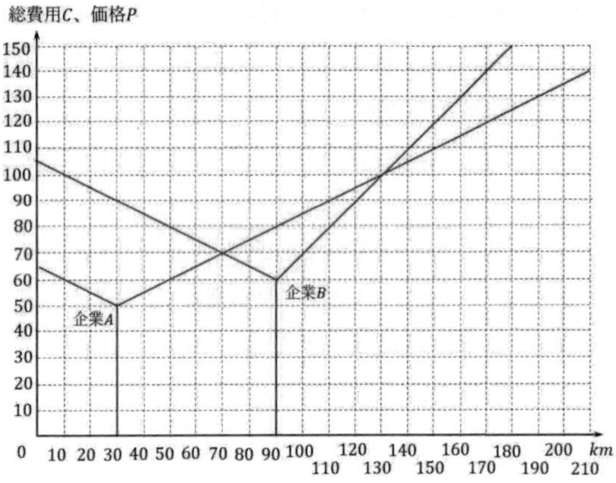

◇**練習問題１－２**：1円単位で価格を調整することができるとすれば、 50km地点でこの製品はいくらで販売されることになるか答えなさい。

◇**練習問題１－３**：上図について、170km地点において企業Aの提示できる最低価格はいくらか答えなさい。また企業Bの提示できる最低価格はいくらか答えなさい。

◇**練習問題１－４**：1円単位で価格を調整することができるとすれば、 170km地点でこの製品はいくらで販売されることになるか答えなさい。

◇**練習問題１－５**：企業Aと企業Bの独占圏は何kmになるか答えなさい。

◇**練習問題２－１**：次の平面図において、すべての企業が価格競争を行うとき、各企業の独占圏はどのようになるか、企業Aと企業B、企業Cの独占圏を縁取りして図示しなさい。

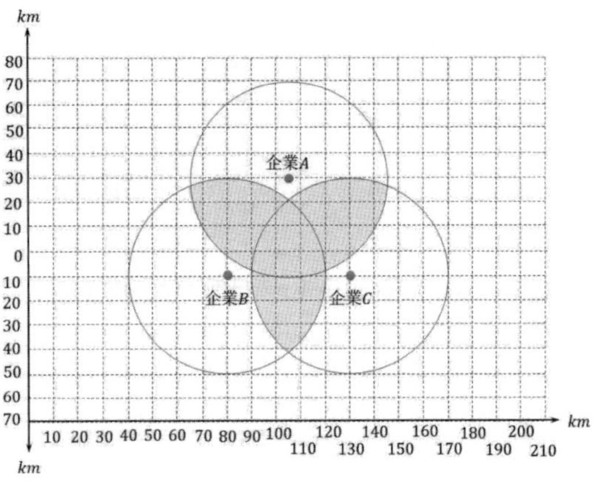

◇**練習問題２－２**：次の平面図において、すべての企業が価格競争を行うとき、各企業の独占圏はどのようになるか、企業Aと企業B、企業C、企業Dの独占圏を縁取りして図示しなさい。

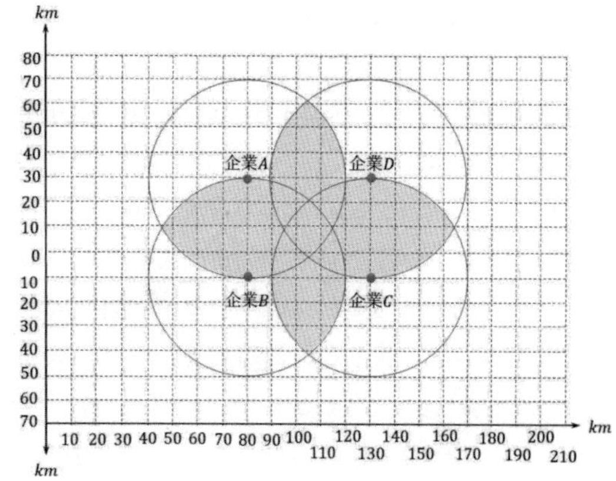

◇**練習問題３－１**右図において、その企業Aと企業Bが、その立地地点を変えないとき、その企業Cはいずれの地点に移転すれば、その独占圏を最大化することができるか、$0km$から$200km$までのいずれかを選びなさい。

◇**練習問題３－２**：右図において、その企業Aと企業Cが、その立地地点を変えないとき、その企業Bはいずれの地点に移転すれば、その独占圏を最大化することができるか、$0km$から$200km$までのいずれかを選びなさい。

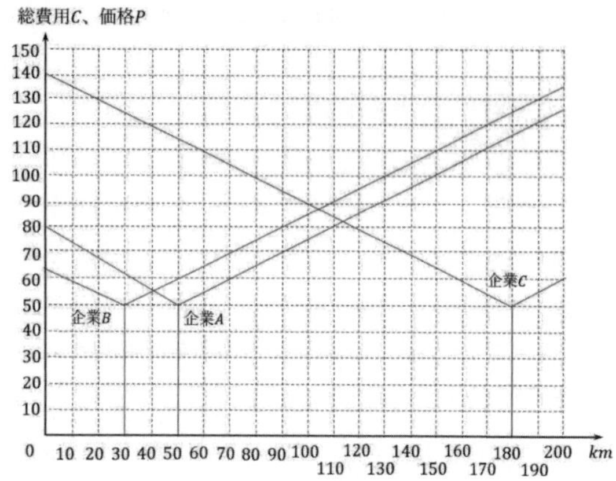

◇**練習問題３－３**：上図において、その企業Bと企業Cが、その立地地点を変えないとき、その企業Aはいずれの地点に移転すれば、その独占圏を最大化することができるか、$0km$から$200km$までのいずれかを選びなさい。

◇**練習問題４－１**：以下の平面図において、企業Aと企業Bと企業Cの独占圏の面積km^2を求めなさい。

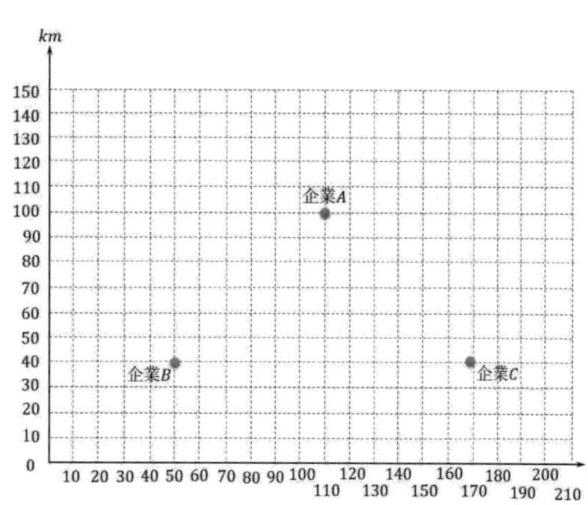

トピック９：技術革新の目的

技術革新（イノベーション）が、なぜある特定の地域、もしくは、コミュニティで起きやすくなるのかという問題については、社会経済の発展と、その不均等発展の原因を研究していく上で重要なテーマのひとつになっている。そこで今回は、供給サイドのコンビネーション経済と同義である技術革新とは何かについて整理していくことにする。

経済学において技術革新とは、原則として次の２つの要件を満たすものになる。ひとつは、技術革新は新しいもの生み出すことが前提になっており、それは既存の技術やアイデアなどを取り入れたり、移転したりすることとは区別されることになる。それでは、その技術革新によって、新しく生み出されるものとは、一体、何を指すのであろうか。

新しく生み出されるものとは、多くの場合、新しい商品・サービスの開発か、新しい生産・業務処理技術の開発のどちらかであることになり、いずれについても企業の生産に関わるものになっている一方で、前者は生産物を改善することになり、後者は生産方法を改善することになるという違いがあることになる。

もうひとつ要件は、これまでコンビネーション経済として紹介してきたように、技術革新は付加価値を生み出すものでなければならないという要件になる。付加価値とは、ある既存の原材料や部品を加工し、それを組立てることによって、その使用した原材料や部品に上乗せされた価値のことになり、それは多くの場合、その価格（売上）から原材料費を差し引いた金額として表されることになる。

そして、新しい商品・サービスの開発は、単に新しいものを生み出すだけでは不十分であることになり、それが消費者からの需要を、より一層喚起するものでなければならず、それによって、その価格が上昇したり、その売上高が増えたりすることによって、その社会的な付加価値（余剰）を増加させるものでなければならないことになる。また、その新しい生産・業務処理技術の開発については、その工程を効率化することによって、生産・販売・管理にかかる費用を削減することができるようになり、その付加価値を増加させるものでなければならないことになる。

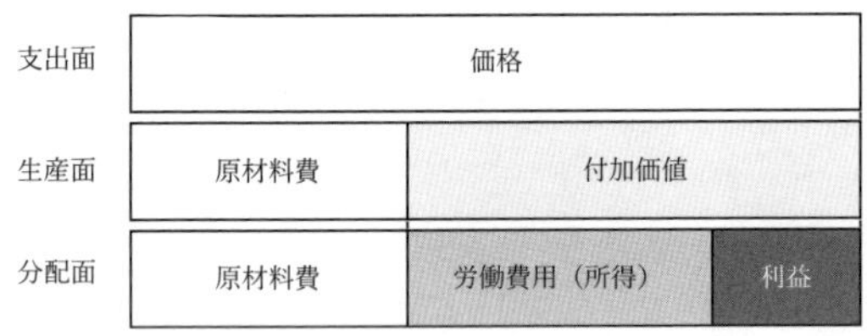

これ以外にも、大学・研究機関等において、新しい技術が開発される場合があるものの、これについては、その技術革新のひとつに加えられるべきではない。その理由は、そうした技術については、未だ、生産物にも、生産・販売工程にも反映されていない状態に止まっており、経済的には、付加価値を生み出す段階には至っていないからになる。したがって、大学・研究機関等で開発される基礎的な技術が、直接的に付加価値を生み出すことが出来ない限り、その基礎的な技術の開発は技術革新には当たらないことになり、その基礎的な技術を商業化した応用的な技術のみが、その技術革新に当たることになる。

さらに、その技術革新は、経済学において、非常に重要な役割を果たしていることになる。つまり、その技術革新によって付加価値が生み出されることになり、その付加価値は労働者である国民分配されることによって、その付加価値を生み出した国を豊かにするという役割があることになる。ここで、その付加価値が、なぜ国民の所得になるのかについて、マクロ経済学の三面等価の原則の観点から確認しておくことにしよう。

まず、ある製品の価格があるとする。この価格は、その購入者に対して表示されるものであることから、その購入者が支出（消費）する支出面からみた製品の価値に当たることになる。その一方で、その製品の価値については、自社が生み出した価値と、他社が生み出した価値とに分けることができる。

つまり、その原材料が他社によって作られたものであるとすれば、その価値は原材料を生産した他社が生み出した価値に当たることになる。また、その原材料を用いることによって、それが完成品になるまで加工され、組み立てられた製品が、自社によって作られた製品であるとすれば、その価値は自社が生み出した価値に当たることになる。ここで、その自社が、その製品を生産する際に付け加えた価値、つまり付加価値は、その原材料の価格と完成品の価格との差額の大きさによって決まることになる。したがって、ある製品の価格とは、その他社が生み出した価値と、自社が付け加えた価値によって構成されることになり、これが、その生産面からみた製品の価値に当たることになる。

最後に、その製品が購入されるときに、その代金は企業にとっての収入になる。そして、その収入は、その製品を生産するために購入した原材料への支払いに使われたり、その製品を生産した労働者への給料に使われたり、その残りの収入については、その企業の利益として留保されたり、銀行への利子の支払いに使われたり、株主への配当に使われたりすることになる。そして、その製品を売ることによって得た収入については、すべて誰かに分配されることになり、その収入をどのように分配するのかという配分の仕方については、分配面からみた製品の価値に当たることになる。

以上のように、その製品ひとつの価格を、生産面と支出面、分配面という３つの側面からみることによって、それぞれの側面において、その技術革新が経済に対して、どのように貢献しているのかが明らかになる。

次に、その技術革新と経済成長の問題について考えてみることにしよう。経済成長の本質とは、労働者１人当たりの付加価値を成長させることになる。つまり、その付加価値を、製品１単位当たりの付加価値×販売数として定義するとき、その労働者１人当たりの付加価値の分子は、その付加価値に当たることになり、その分母は労働人口に当たることになる。つまり、その分子である付加価値を増やすか、もしくは、その分母の労働人口を減らすことによって、その労働者一人当たりが生み出すことのできる付加価値は大きくなっていくことになり、その意味において、この分数の比が大きくなっていくことによって、その経済は成長していくことになる。

それでは、どのようにして、その分子を大きくし、その分母を小さくすればよいのだろうか。そこで重要な役割を果たすことになのが、その技術革新になる。まず、その分子の付加価値を増やすためには、少なくとも、製品１単位当たりの付加価値を増やすか、もしくは、その販売量を増やさなければならないことになる。そのどちらの場合においても、その商品がもつ機能と性能、つまり、人の欲求や願望などを満たすという性質を強くしなければならず、その機能と性能を強める役割を果たすのが、その技術革新になる。

つまり、技術革新によって、その機能と性能を改善することができると同時に、それによって、その消費者の満足度を改善することができるようになる。そして、そうした技術革新によって生み出された製品が、その市場において選択されるようになると同時に、その他の競合製品よりも、高い価格で売買されるようになり、それによって、その製品１単位当たりの付加価値が高まることになる。また、その製品は、その市場においてより多く売買されることになり、それによって、その販売量が増加することから、その両方の意味において、優れた技術革新が必要とされることになる。

次に、その分子の付加価値に対して、その分母の労働者を減らすためにはどのようにすればよいだろうか。その最も効果的な方法としては、その労働者に取って代わるような機械・設備を導入することによって、モノとヒトによるコンビネーション経済を発揮すればよいことになる。それによって、同じ価格で同じ数量の製品を生産する場合であったとしても、それまでは労働者が行っていた作業を機械に置き換えることによって、その労働者の労働時間を減らすことができるようになり、それによって、その付加価値に対する労働者の人数を減らすことができようになる。さらに、その労働者の能力と役割を、機械の機能と性能と上手く組み合わせることによって、その労働者をさらに減らすことができるかもしれない。そのように労働者に取って代わる機械・設備の開発も、やはり、その技術革新が果たす重要な役割になっている。

ここで、その機械・設備に取って代わられた労働者については、その機械・設備によって仕事を奪われたように思われるかもしれないが、実際はそうではない。つまり、その機械・設備を上手く利用することができた労働者については、その労働者１人当たりの付加価値が増えることによって、その所得が増加することになる。そして、その増えた所得は、新たな需要を生み出すことによって、新たな企業や産業などが必要とされることになる。そして、その新たな需要を満たすような新たな企業や産業が誕生するとき、その新たな企業や産業によって、その機械・設備に取って代わられた労働者が必要とされることになり、その労働者は、その新たな企業・産業において、別の機械・設備を利用しながら生産に携わることになり、それによって、それまで以上の所得を得ることができるようになる。

その意味においては、その技術革新は、国家の繁栄の源泉になっており、実際に、その技術革新によって生み出された付加価値の合計額が、GDPという経済指標によって測られることになる。そして、そのGDPの成長率は、その国が一年間に、どれだけ成長したかを測るための指標として使われており、そのGDPは、その経済に蓄積されている技術革新の量を反映したものになっている。

<地域経済メモ>

街中を歩いていると、スーパーやコンビニ、ファミレスやラーメン屋さん、洋服屋さんや靴屋さん、アクセサリー屋さんなど、似たような商品を売っているお店が隣接して立地している地域があります。そのように似た商品を扱っているお店が隣接している理由は、人が多く集まったり、人通りが多かったりすることが理由になっていますが、それとは別にもうひとつの理由として第８講で紹介した立地競争を挙げることができます。

現実の世界では、需要は空間的に均一に分布しているわけではなく、特定の場所を中心にして局所的に集中して分布していることになります。そして、その局所的に集中している需要のすべてを供給圏の中に収めながらも、すべての需要からの移動費用を最小化するとき、すべてのお店が中心地に立地しようとすることになります。

これが、その特定の場所に同業種のお店が集中する原因になっており、それがすべての業種で成り立つ場合には、同業種のお店も異業種のお店も、その中心地に集中して立地することになります。それによって、その街の中心地には、同業種と異業種のお店が集中することによって、様々な商品を購入することを目的とした人が集まることになり、それが繁華街の活気や華やぎを盛り上げていることになります。

第９講　効率的立地配置と価格競争

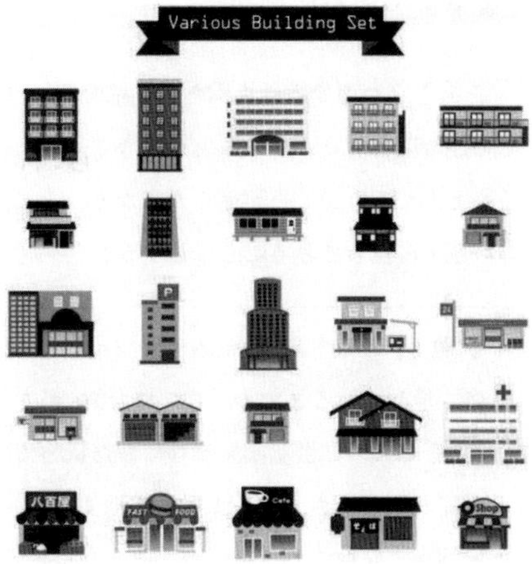

これまで本書では、企業の利益最大化の観点から、各企業の単独の立地選択について紹介してきた。その一方で、政府や行政などの立場からは、その企業の合理性を損なわない程度に、地域住民の利便性を向上させるような地域計画を立てる必要がある。その地域住民の利便性を向上させるような企業の地理的な分布のことを、**効率的立地配置**と呼んでいる。

その効率性に対する考え方は、自治体の地域計画を進めていく上で非常に重要になってくる。そこで本講では、その企業立地の効率性について紹介しつつ、その効率性がどのような意味で重要なるのかについて確認していくことにする。

■ 効率的な立地配置

まず、地域計画における効率性とは、次の２つの最小化の条件を満たすことになる。

◎**非供給圏の最小化**：非供給圏では、どの企業からも製品が輸送されなくなるため、地域住民は、その製品を購入・消費することができなくなってしまうことになる。そこで、その供給圏の上限を満たしながらも、その非供給圏が最小化されていることが望ましい地域構造であることになる。

◎**競合圏の最小化**：競合圏では、その競合し合う企業の製品の需要が減少することになり、過剰に競合圏が広い場合には、供給圏の下限を満たさなくなってしまう場合がある。そこで、その競合圏が最小化されていることが望ましい地域構造であることになる。

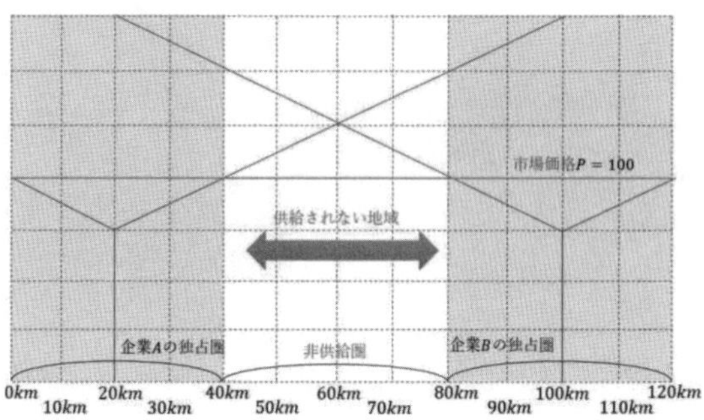

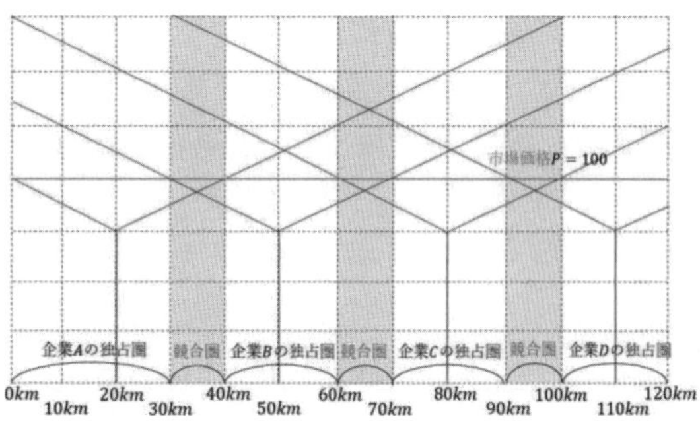

次に、その２つの効率性の条件について、グラフを用いて確認してみると、まず、その立地する企業が少ないことによって非供給圏が生まれるとき、その製品を購入することができない家計があらわれることになり、その家計の利便性や効用などが減少することになる（左図）。

逆に、立地する企業が多いことによって、競合圏の範囲が広くなるとき、各企業が獲得することができる需要が減少することになり、それによって、その生産量と利益が減少

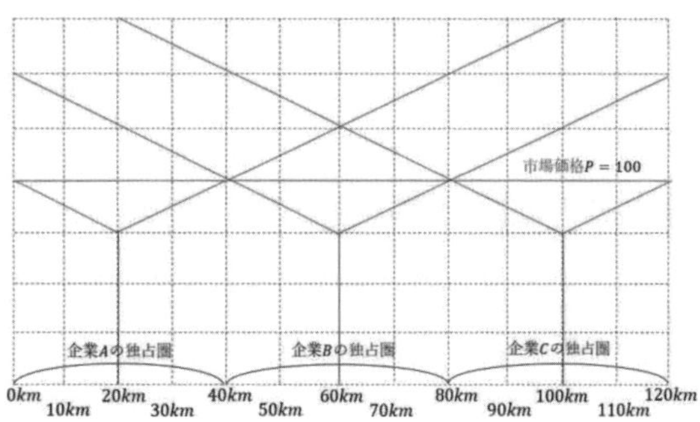

するだけでなく、供給圏の下限が満たされなくなってしまう場合がある（右図）。したがって、その効率的で望ましい企業の地理的な配置とは、競合圏をゼロにすると同時に、非供給圏もゼロにするような立地配置であることになる（下図）。

■平面空間と立地配置

それら２つの効率性を満たす立地配置について、Y 図を用いて考えてみるとき、その非供給圏をゼロにしつつ、かつ、その競合圏もゼロにすることができる。それに対して、それを平面空間で行うときには、その効率的な立地配置を実現することができないことが明らかになり、そこには必ず、非供給圏または競合圏が生まれることになる。これについて、次の例題で確認してみることにしよう。

▸ **例題１**：ある企業Aと企業Bが、右図の平面図のように立地しているとする。ここで企業Cが、企業Aと企業Bとの間の非供給圏をゼロにした状態で、競合圏を可能な限り小さくするように立地するとき、どの立地地点に立地すれば良いか、その立地地点を示しなさい。また、その際の企業Cの供給圏と、企業Aと企業Bとの競合圏を示しなさい。但し、３社とも同じ市場価格P、生産費用$(S + W + R)$、 $1km$当たりの輸送費用τを共有しているものとする。

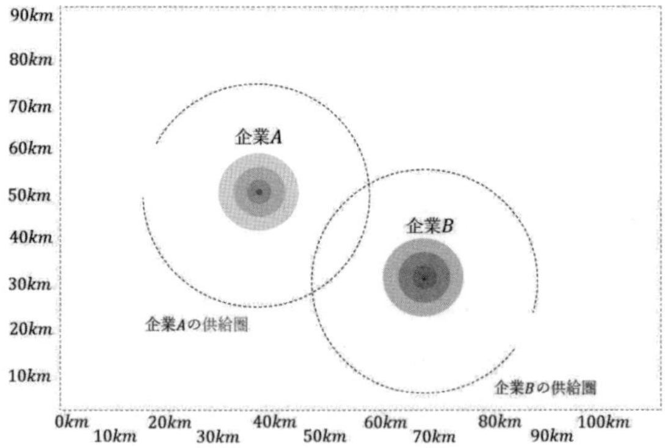

右図が、その解答例になる。まず、企業Aと企業Bと企業Cを直線で結ぶとき、ひとつの三角形を描くことができる。ここで、その非供給圏をゼロにするために、その三角形の中心にある地域まで供給圏を拡げるとき、企業Aと企業Bの供給圏、企業Bと企業Cの供給圏、企業Cと企業Aの供給圏が必ず重なってしまうことになり、その重なった部分は競合圏になる。したがって、その平面図において、その非供給圏をゼロにしようとするとき、必然的に競合圏が生まれることになる。したがって、その非供給圏と競合圏を、共にゼロにするような立地配置は、平面空間上では不可能であることになる。そこで次に、その非供給圏をゼロにした状態で、競合圏を可能な限り小さくするように立地配置するとき、その立地配置において、どのような特徴がみられることになるのかについて考えてみることにしよう。

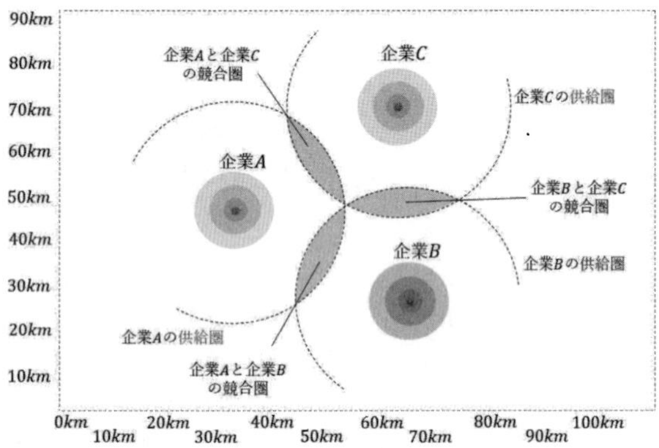

■ 連続空間における効率的な立地配置

まず、非供給圏をゼロにし、かつ、競合圏を最小化することができる最も効率的な立地配置とは、どのような立地配置の仕方になるのだろうか。その立地配置の仕方は、すべての企業の立地地点を直線で結ぶときに、その直線が正三角形を作るような立地配置の仕方になる。そして、その直線が正三角形を作るときに、その正三角形の頂点に位置する３つの企業の距離が、すべて等しくなることになり、そのときに、その競合圏を最小化することができるようになる。それに対して、それが三角形ではなく、四角形や五角形、六角形などの場合には、それらの企業が等距離に並ぶことはなく、必要以上に競合圏を広げてしまうことになる。

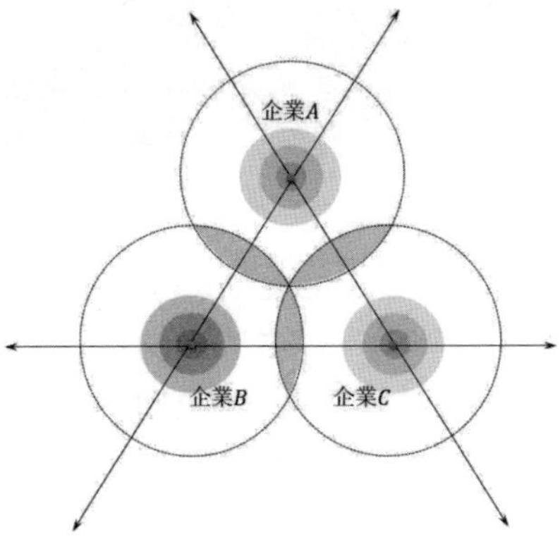

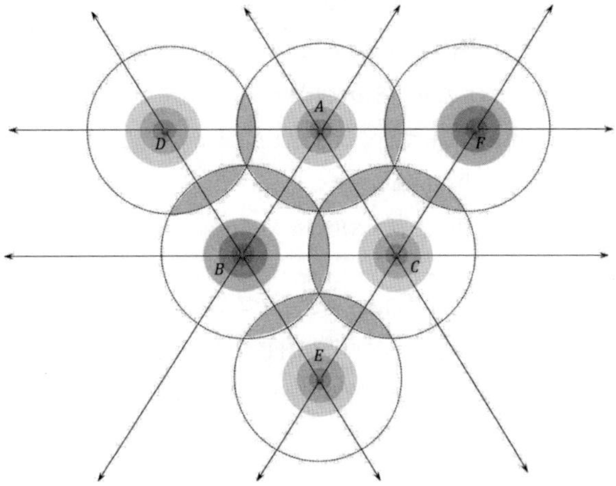

その一方で、その企業の立地地点が、正三角形の頂点に位置するように配置する仕方については、空間上でいくらでも広げることができるようになっている。例えば、上図では、企業Aと企業Bと企業 Cがあり、それに加えて、新たに企業Dと企業Eと企業Fを加えてみることにする。そのとき、その企業Dを、企業Aと企業Bと正三角形を構成するように、企業Eを、企業Bと企業Cと正三角形を構成するように、企業Fを、企業Aと企業Cと正三角形を構成するように配置することによって、全体として、非供給圏をゼロにしながらも、競合圏を最小化することができており、最も効率的な配置になっていることが分かる。

■高次の空間構造の形成

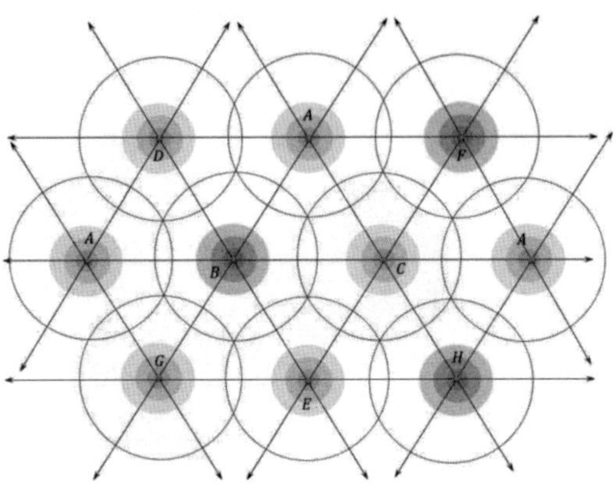

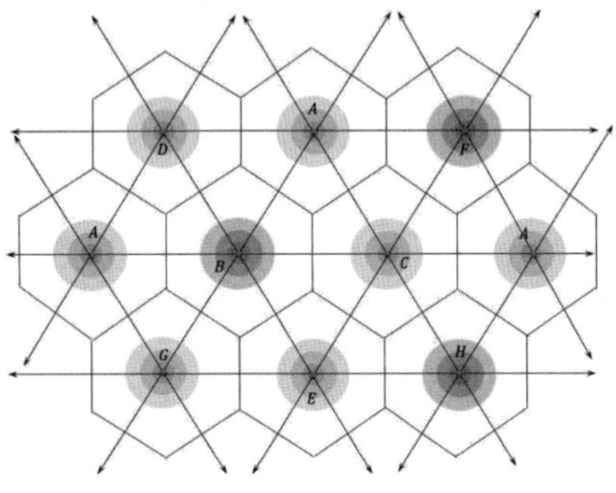

次に、競争市場を仮定するとき、その競合圏において価格競争が起こることにより、その競合圏では、企業を結ぶ直線の中点において、その直線と直交する直線を境界として、その独占圏が決まることになる（左図）。すると、その競合圏を構成していた円が重複する部分を、その直線によって仕切ることができるようになり、各企業の供給圏は六角形に変化す

ることになる（右図）。

したがって、その各企業の供給圏が六角形になるような企業の空間的な配置の仕方が、最も効率的な企業の配置の仕方であることになり、その配置の仕方が、地域計画において最も望ましい地域構造とされている。

ここで、その六角形が並ぶことになるのは、すべての企業が同じ広さの供給圏を有しているからになり、その供給圏が等しくなるのは、同じ生産費用$(S+W+R)$と輸送費用Tを共有しているからになる。しかし、実際には、その産業が異なることによって、その供給圏の大きさについても異なることになる。そこで、その異なる産業の供給圏を、その六角形を並べた図に重ね合わせてみることにしよう。

▸ **例題２**：より大きな供給圏を有する産業があるとき、その産業に属する３つの企業を効率的に配置することによって、点Aから点Sまでの、すべての点に対して供給することにする。このとき、その３つの企業をどのように配置することによって、最も効率的（非供給圏のゼロ化と競合圏の最小化）に配置することができるか答えなさい。

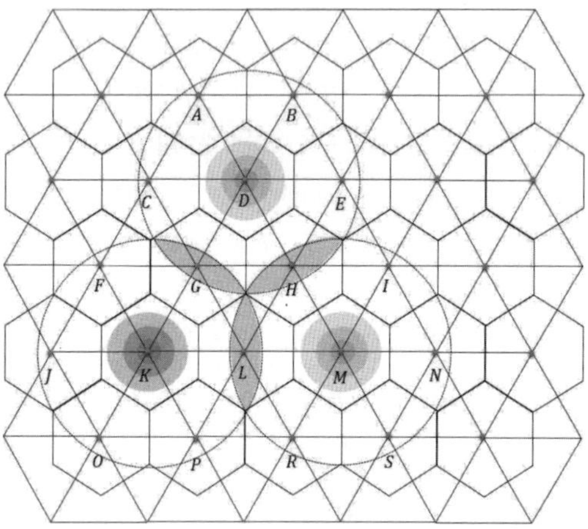

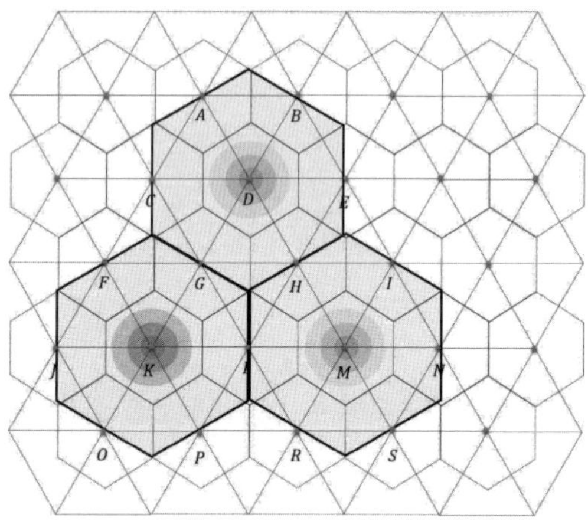

その３つの企業を左図のように配置するとき、そのすべての点が、その供給圏に含まれることになり、かつ、その３つの供給圏の間にある非供給圏をゼロにすることができる。また、その右図は、その競合圏において価格競争が起きた場合を表していることになり、この場合にも、すべての独占圏が六角形として表されることになる。

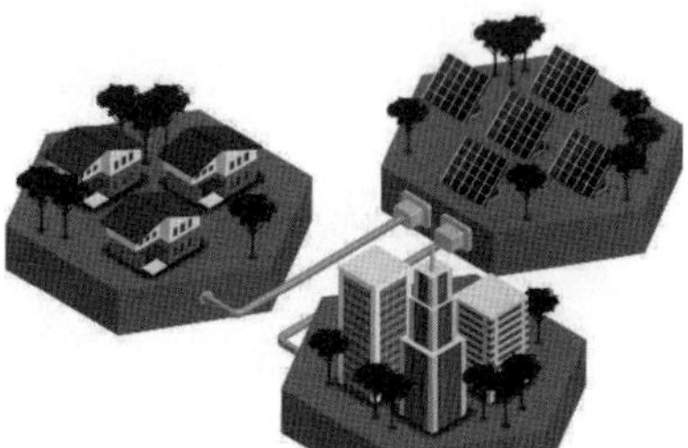

練習問題

◇**練習問題１－１**：　最も競合圏が小さく、また非供給圏がなくなるような、効率的な企業配置について考えてみる。次の平面図において、競合圏が最も小さく、また非競合圏がなくなるように、企業Aと企業Bと企業Cとの供給圏を示し、そのときの競合圏の範囲を示しなさい。但し、３社とも同じ市場価格P、生産費用$(S+W+R)$、 $1km$当たりの輸送費用tを共有し、同じ広さの供給圏を有しているものとする。

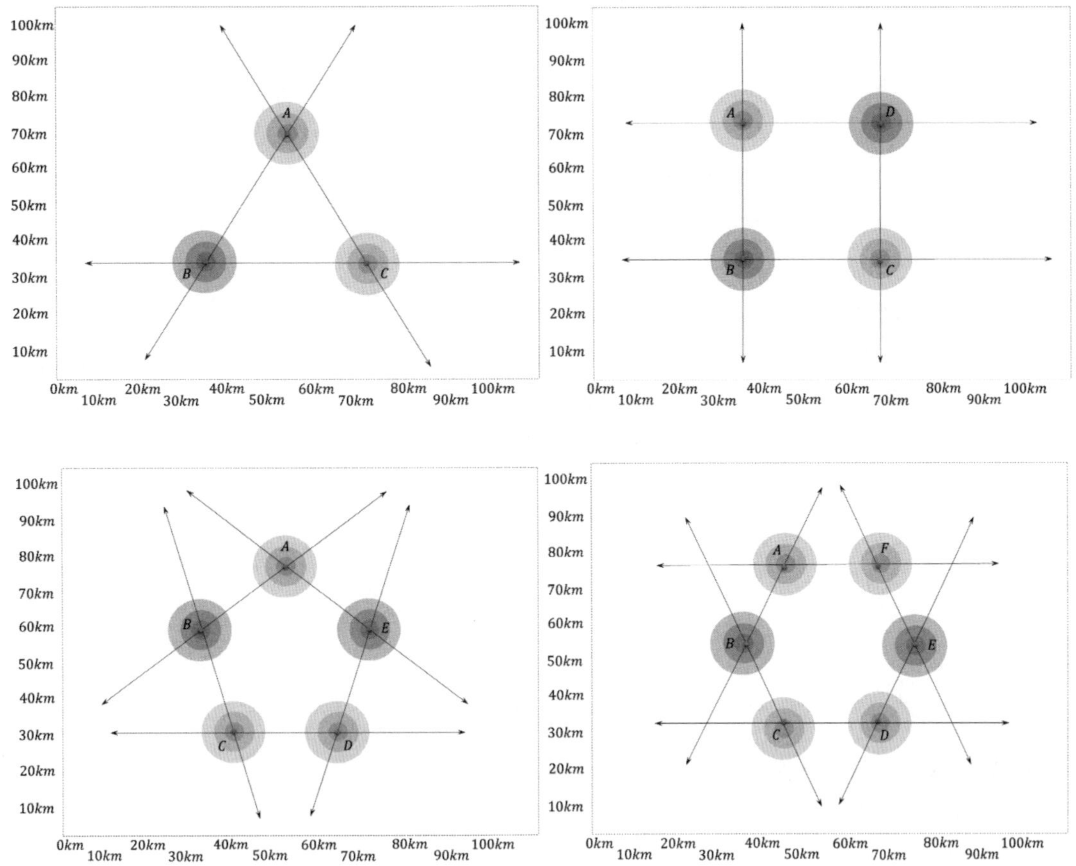

◇**練習問題２－１**：次の図において、すべての三角形の大きさが同じであり、一辺の長さは10kmである。この地域に対して、供給圏の上限が20km、下限が10kmである企業がひとつ立地することによって、その地点Aから地点Gまでのすべての地点に対して供給し、かつ地点Dのある六角形のすべての地域に対して供給するとき、その最も効率的な立地配置はどのようになるか、その立地地点と供給圏を図示しなさい。

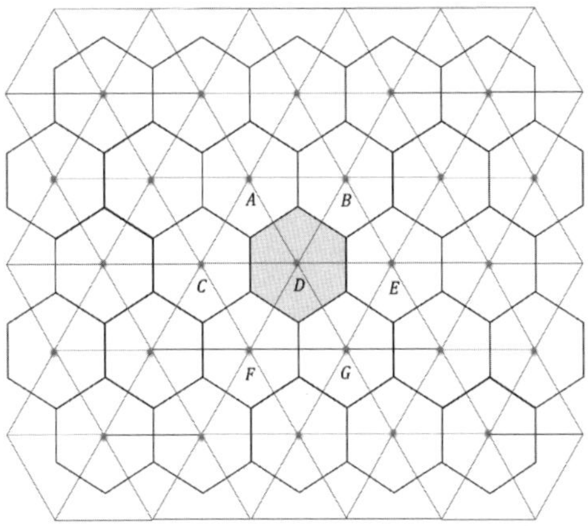

◇練習問題２－２：次の図において、その供給圏の上限が20km、その下限が10kmである企業が２つ立地することにより、その地点Aから地点Mまでのすべての地点に対して供給し、かつ、その地点Gのある六角形のすべての地域に対して供給するとき、その最も効率的な立地配置はどのようになるか、その立地地点と供給圏と競合圏を図示しなさい。

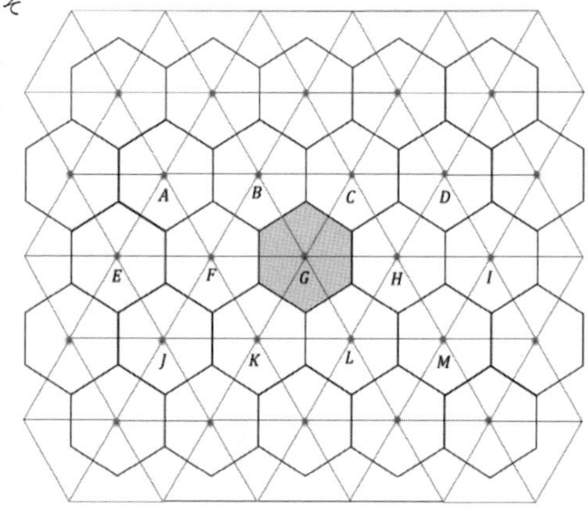

◇練習問題２－３：次の図において、その供給圏の上限が20km、その下限が10kmである企業が３つ立地することにより、その地点Aから地点Sまでのすべての地点に対して供給し、かつ、その地点D、G、H、K、L、Mのある六角形のすべての地域に対して供給するとき、その最も効率的な立地配置はどのようになるか、その立地地点と供給圏と競合圏を図示しなさい。

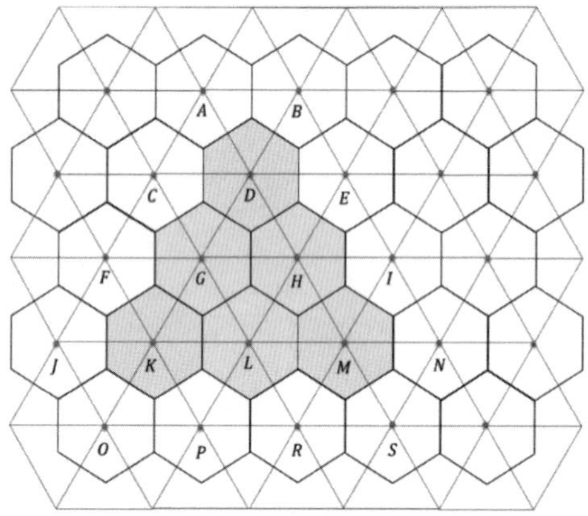

◇練習問題２－４：次の図において、その供給圏の上限が20km、その下限が10kmである企業が４つ立地することにより、その地点Aから地点Xまでのすべての地点に対して供給し、かつ、その地点F、G、H、L、M、N、P、R、Sのある六角形のすべての地域に対して供給するとき、その最も効率的な立地配置はどのようになるか、その立地地点と供給圏と競合圏を図示しなさい。

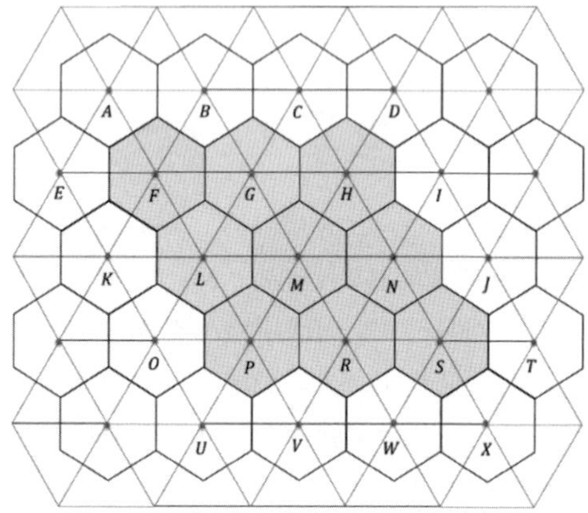

トピック１０：クリスタラーの中心地論

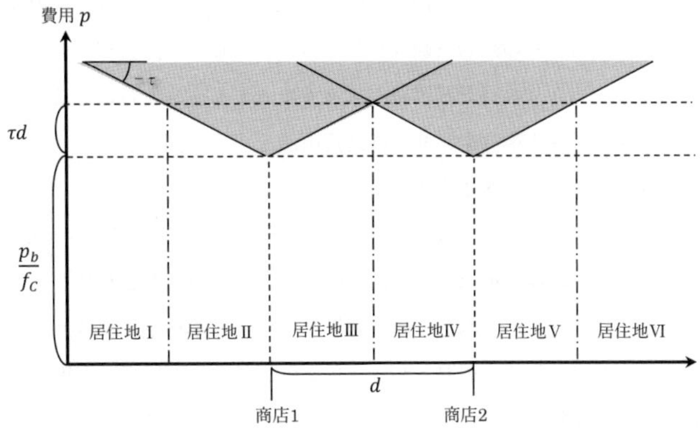

トピック７において、クリスタラーの商業立地モデルについて紹介してきたが、そのクリスタラーの商業立地モデルは**中心地論**（central place theory）と呼ばれるモデルとして、需給のコンビネーション経済を最大化することができるような、効率的な産業配置について考える際にも応用することができる。また、トピック８で紹介したレッシュの経済立地論では、消費者と商店との距離の関係について紹介してきたが、その消費者と商店との距離の関係を応用することによって、商店と商店との距離の関係について考えることができる。そこで今回は、そのレッシュの経済立地論について再検討しつつ、そのクリスタラーによる中心地論について紹介していくことにしよう。

まず、商店１と商店２という２つの商店があるとき、その２つの商店の距離をdで表すことにする。そして、その２つの商店は、同質の財・サービスを販売しているものとし、その財・サービスを需要する個人iが、その２つの商店の周囲において一様に分布しているものとする。その一方で、その個人iの居住地をⅠ、Ⅱ、Ⅲ、Ⅳ、Ⅴ、Ⅵという６つの区間に分けることによって、それらの区画を上図のように配置するとき、その商店１が獲得することができる需要と、その商店２が獲得することができる需要とを、その居住地によって分けることができるようになる。

まず、商店１が獲得することができる需要は、その居住地ⅠとⅡとⅢに住む個人の需要になることになる。その内、その居住地ⅠとⅡについては、商店２よりも商店１の方が近いことから、その商店１で購入する方が、その移動費用τdを小さくすることができるようになり、それだ kw、その満足度sの減少を小さく抑えることができるようになる。

また、居住地Ⅲについては、商店１と商店２の間にある一方で、その移動費用τdについて考慮するとき、その移動費用τdは、商店２まで移動するよりも、商店１まで移動する方が小さくなるのは明らかである。したがって、商店２よりも商店１で購入する方が、その満足度sを高く維持することができるようになっている。同様の理由から、その商店２が獲得することができる需要は、その居住地ⅣとⅤとⅥに住む個人の需要になることになる。

ところで、その地域に商店が１つしかない場合には、その商店では、多くの種類の財・サービスが販売されることになる。まず、その移動費用τdとは、１度の移動にかかる費用のことになり、その移動によって購入することができる財・サービスの数に対する費用ではないことに注意しよう。そして、１度の移動によって、多くの財・サービスを購入することができるのであれば、その財・サービス１単位当たりの移動費用は、その移動費用τdを、その購入した財・サービスの個数で割った大きさとして表されることになる。そこで、その１度の移動によって購入することができる財・サービスの個数が多くなるほど、その財・サービス１単位当たりの輸送費用τdは小さくなっていくことから、それによって、その１単位当たりの満足度sの減少分を小さく抑えることができるようになり、その商店で財・サービスの購入しようとする動機を十分に維持することができるようになる。

その一方で、同質な財・サービスを多く購入するよりも、異質で多様な財・サービスの購入する方が、その購入される財・サービスの個数は多くなっていくことから、その中心地で販売される財・サービスの種類が豊富であるほど、その商店まで移動する個人の数が多くなっていくことになり、それだけ、その商店は多くの需要を確保することができるようになる。

それに対して、個々の商店において、特定の財・サービスしか販売されていないのであれば、多くの個人が、その商店に近接した地点に住居を構える傾向が生まれることになる。その理由は、ある特定の財・サービスしか販売されていないのであれば、その商店で購入される財・サービスの個数が少なくなってしまうことによって、必然的に、その財・サービス１単位当たりの移動費用τdが大きくなってしまうからになる。そこで、各商店は近接して立地することによって、その財・サービス１単位当たりの移動費用τdを小さく抑えようとすることになり、それによって、その満足度sの減少を小さく抑えることができるようになる。

また、ある特定の地点おいてに、商店街のように、特定の財・サービスを扱っている様々な商店が集中して立地するとき、その中心地の地点では多様な財・サービスが販売されることになり、それはひとつ商店によって、多様な財・サービスが販売されている場合と同じ効果を生むことになる。すると、多様な財・サービスを扱っているような大型商店がなかったとしても、特定の財・サービスを扱っている小型商店が集中して立地することによって、その財・サービス１単位当たりの移動費用τdを小さく抑えることができるようになり、それによって、その満足度sの減少を小さく抑えることができるようになる。

したがって、その地域の中心地には、多様な財・サービスを扱っている大型商店が立地することによって、その財・サービス１単位当たりの移動費用τdを小さく抑えることができるようになり、それによって、その地域全体の広範囲に渡る需要を獲得することができるようになる。それに対して、その地域の周辺地域には、特定の財・サービスを扱っている小型商店が集中して立地することによって、その財・サービス１単位当たりの移動費用τdを、その大型商店に移動するよりも小さく抑えることができるようになり、それによって、その狭い地域に限定した需要を獲得することができるようになる。また、それによって、その中心地に偏った住居の分布は解消されることになり、その中心地から幅広い範囲にわたって人口が分布することできるようになる。

その一方で、その中心地において、多様な財・サービスを扱っている大型商店が多数集中してしまう場合には、その中心地で販売される財・サービスの種類が圧倒的に多くなってしまうことになる。そして、その獲得することができる需要については、その大型商店が集中して立地している中心地において最大化されることになり、その中心地に立地にすることよって利益が最大化されることになる。これについては、すべての企業にとって同様に作用することになり、異なる産業に属する企業が中心地に集中することによって、その財・サービスの多様化をさらに助長することになる。

次に、これまでに紹介してきた商店の立地行動を、より空間的に広い視点から眺めてみることにしよう。まず、居住地Ⅲと居住地Ⅳの個人は、それぞれ、その商店１と商店２で購入することになる一方で、そのときの費用の大きさは、財・サービスの購入費用p_bと移動費用τdの合計として表されることになり、その合計$p_b + \tau d$が、その居住地Ⅲと居住地Ⅳの個人が支払うことができる費用の上限になることになる。この費用の大きさについては、右図の縦軸の高さで表されていることになる。

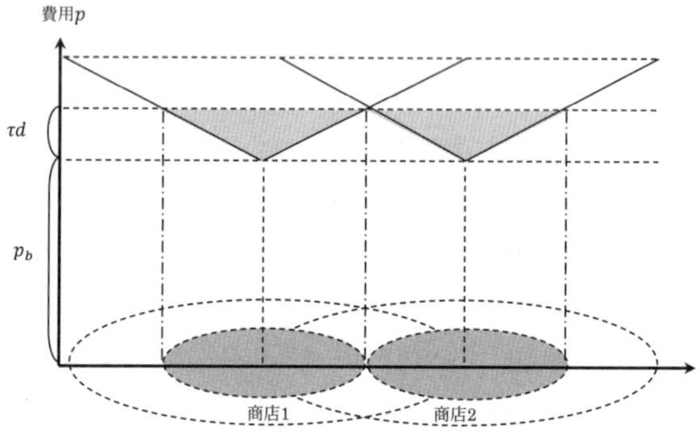

この費用の上限$p_b + \tau d$を基準として、商店１と商店２が獲得することができる空間的な範囲について、それぞれ定義してみると、それを上図の黒塗りの円の広さによって表されることになる。この円は、その商店１と商店２が獲得することができる需要の範囲を平面図で捉えたものになっている。この円のこと独占圏と呼んでおり、その円の内側の需要は、その円の中心に立地している商店によって独占されるこ

とになる。そのような独占のことを空間的独占と呼んでおり、その空間的独占は空間的な費用の増加によって生まれる独占のことになる。

次に、商店１と商店２とは異なる商店３が、新たに立地をする場合について考えてみることにしよう。そのとき、その商店３にとって、どこに立地することが最適になるだろうか。まず、その商店３は、その財・サービスを購入する個人が、その費用を最大で、その上限である$p_b + \tau d$まで支払うことができることを知っており、その費用の上限$p_b + \tau d$によって定義される独占圏の範囲では、その需要を独占することができることになる。

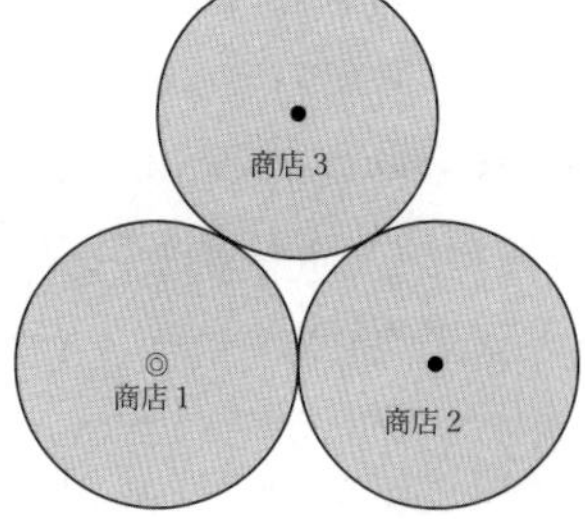

その一方で、その商店３の独占圏が、商店１と商店２の独占圏と重複してしまう場合には、その競合圏を無用に広げてしまわないように、その独占圏が重複しない範囲において立地を選択することになる。逆に、その商店３の独占圏が、その商店１と商店２の独占圏から離れてしまう場合には、その非供給圏を無用に広げることによって、その需要を取り逃してしまわないように、その独占圏同士が離れてしまわないような範囲で立地を選択することになる。以上のことから、その商店３の最適な立地地点とは、その商店３の独占圏が、その商店１と商店２の独占圏と隣接するような立地地点であることになり、それを上図のような立地地点として描くことができる。

次に、その商店３に続いて、商店４や商店５、商店６、商店７が立地するとき、その商店３が立地を選択した理由と同じ理由から、それらの商店についても、自らの独占圏が他の商店の独占圏と隣接するように立地することになる。仮に、その商店１の立地地点が、その地域の中心地点であることを仮定し、その地域の需要分布が、その商店１の立地地点に偏って分布しているとすれば、商店３、商店４、商店５、商店６、商店７は、その商店１を取り囲むように立地することが最適になることになる。その様子は、右図の右上の図に描かれている。

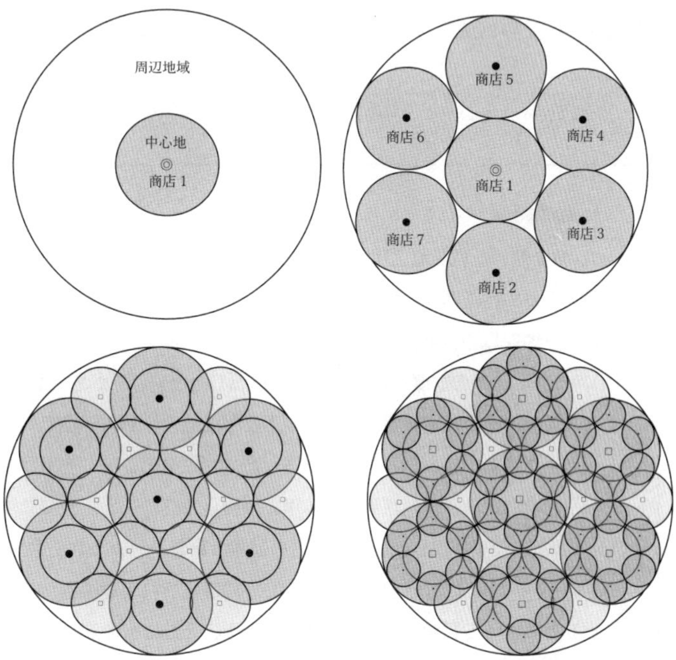

ここで、その網掛けの円は、各商店の空間的独占力の範囲を表していることになり、その円の中の需要を、その円の中心にある商店が独占することになる。そして、その円の中では、その需要の大きい財・サービスから、比較的需要の小さい財・サービスまで、その需要を独占することができるようになっている。その一方で、その独占圏が円で表されている限り、その独占圏と独占圏との間には、必然的に非供給圏が生まれることになり、別の小規模商店が、その非供給圏の需要を獲得するために、比較的狭い独占圏を狙って立地することになる。

このように、その空間的独占力の隙間を埋めることによって、その独占圏の円は次第に小さくなっていくことになり、その円の大きさが小さくなることによって、その独占をすることができる需要も小さくなっていくことになる。そして、その需要が小さい場合には、食料品や生活必需品などの消費財のように、その需要が十分に大きい財・サービスについては、十分な売上を確保することができることによって、その商店の経営を維持することができるのに対して、その需要の小さい財・サービスについては、十分な売上を確保することができずに、その商店の経営を維持することが困難になってしまうことになる。そこで、その空間的独占の小さい小規模商店では、主に、生活必需品などの需要が大きい消費財が扱われることになる。

それに対して、衣服や自動車や電化製品などの耐久財については、小さい需要では十分な利益を確保することができないことから、その耐久財を販売する商店は、その空間的独占力の隙間を埋めるような円を作ることはできないことになる。そこで、その耐久財を売買する商店は、比較的広い範囲に渡って、その独占圏を確保するために、互いに他の商店と距離をあけて立地することになる。例えば、その独占圏の広さは、商店 1 から商店 7 のすべての独占圏を覆うような、広い範囲にまで広がることになる。すると、その耐久財を販売する商店は、その市場全体の中心地点に立地している商店 1 の地点に近接する形で立地することなる。

このように、その地域において様々な耐久財が販売されるときに、その耐久財を販売する商店は、すべて、その商店 1 に近接して立地することになり、その商店 1 の周囲は、その地域の繁華街として発展していくことになる。そうした理由によって、衣服や自動車や電化製品などの耐久財を販売する商店については、その中心地点にしか立地しなくなってしまうことになり、その中心地域を取り囲む周辺地域では、商店 2 から商店 7 のような、食料品や生活必需品などの消費財を販売する店舗が集中して立地することになる。そして、その消費財を販売する店舗の非供給圏を埋めるように、さらに小型な店舗が、その商店 2 から商店 7 のような店舗の周囲に立地することになる。

<地域経済メモ>

魚を使った食料品工場は、港の近くで多く見かけることになります。例えば、清水港にいってみると、巨大な食料品工場が無数に並んでおり、その工場から食料品を輸送するための物流企業が、それに隣接する形で立地をしています。

これは、魚の鮮度を維持したまま運ぶことが難しいからになります。例えば、冷凍トラックで輸送するにしても、その輸送費用が多くかかることになります。そこで、魚を陸揚げした後は、すぐに加工し、完成品にした後で、スーパーなどに輸送した方が、そのコストを下げることができます。そうした理由から、食料品工場などは原材料が到着する港に隣接して立地することになります。

また、夜景が美しいことで有名な石油の精製プラントも、港の近くに隣接して立地する傾向にあります。石油のもとになる原油は、タンカーに載せられて港に着くことになります。そして、その原油を精製することによって石油になるわけですが、その石油は、原油から抽出されることになり、その原油のすべてが石油になるわけではありません。

そこで、その原油のすべてを輸送するよりも、その原油から石油だけを抽出することによって、完成品にしてから輸送した方が軽くて少ない量を輸送するだけで済むことになり、それだけ輸送費用を安く抑えることができるようになります。そうした理由から、石油の精製工場も港の近くに立ち並んでいることになり、そうした経済的な合理性がなければ、現在みることができる幻想的な精油工場の夜景をみることもできなかったに違いありません。

第１０講　立地地点と利益の空間的変化

これまで本書では、企業の最適立地や、効率的な立地配置について紹介してきたが、地域経済学の分野には、都市の構造がどのように形成されるのかについて明らかにしようとする分野がある。本講からは、その都市の構造の成り立ちと、それを説明するための経済モデルについて紹介していくことにする。

実際の都市の地価の変化の仕方について観察するとき、都市の中心部からの距離と、各地点の土地面積当たりの利益との間には、負の相関関係があることが知られている。これは結局、都市の中心地に近ければ近いほど、土地費用が高くなるという傾向としてあらわれることになり、本講では、都市の中心地からの距離が長くなるにしたがって、なぜ、土地面積当たりの費用が減少していくことになるのかについて、簡単な都市モデルを用いて明らかにしていくことにする。

■ 生産量と利益

まず、これまでと同様に、製品１個当たりの価格をPで表すことにし、製品１個当たりの費用をCで表すことにする。また、製品の生産個数をXで表すとき、企業の収入I（$Income$）と費用E（$Expenditure$）と総利益Πについて、それぞれ次のように定義することができる。

◎ 収入：$I = PX$

◎ 費用：$E = CX$

◎ 総利益：$\Pi = I - E = PX - CX = (P - C)X$

▸ **例題１**：生産量Xが125個、製品１個当たりの価格Pが80円、製品１個当たりの費用Cが30円であるとき、収入Iと費用Eと総利益Πを求めなさい。

◎ 収入：$I = PX = 80 \times 125 = 10{,}000$

◎ 費用：$E = CX = 30 \times 125 = 3{,}750$

◎ 総利益：$\Pi = (P - C)X = (80 - 30) \times 125 = 6{,}250$

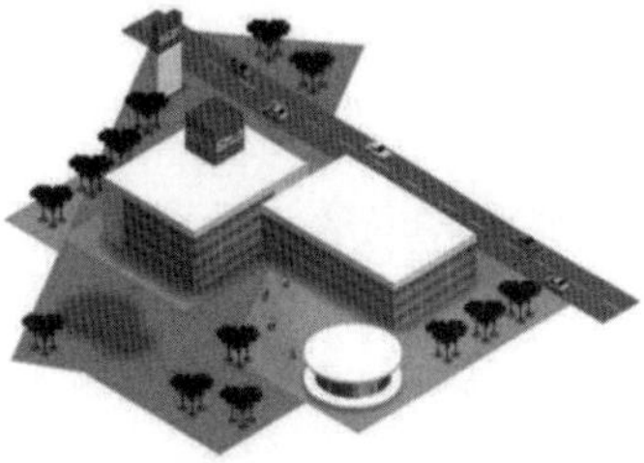

■ 輸送費用と利益の増減

ここで、すべての企業が、その都市の中心地まで、その生産された製品を輸送することを仮定するとき、企業の立地地点から都市の中心地までの距離kmに応じて、その企業が負担する輸送費用Tは変化することになり、その企業の総利益Πは、その立地地点から都市の中心地までの距離kmに応じて変化することになる。ここで、その輸送費用をTで表すことにし、$1km$当たりの輸送費用をtで表すことにし、輸送距離をdで表すことにする。そして、その生産量Xのすべてを都市の中心地まで輸送することを仮定するとき、その企業が負担することになる総輸送費用Λを、次のように定義することができる。

◎総輸送費用：$\Lambda = Xtd$

▸ **例題 2**：生産量Xが125個、$1km$当たりの輸送費用tが 10円、輸送距離dが$50km$であるとき、総輸送費用Λと、1 個当たりの総輸送費用Tと、$1km$当たりの総輸送費用Λを求めなさい。

◎ 総輸送費用$\Lambda = Xtd = 125 \times 10 \times 50 = 62{,}500$円

◎ 1 個当たりの輸送費用$T = td = 10 \times 50 = 500$円

◎ $1km$当たりの輸送費用$Xt = 125 \times 10 = 1{,}250$円

次に、その生産量Xと総利益Πの関係について考えてみることにする。製品 1 個当たりの利益πが正であるとき、生産量Xを増やせば増やすほど、総利益Πは増加することになる。この関係については、次のように表すことができる。まず、総利益Πを、収入Iから費用Eと輸送費用Λを差し引いたものとして、次のように表すことができる。

◎ 総利益：$\Pi = I - E - \Lambda$

そして、この収入Iと費用Eと輸送費用Λのそれぞれに対して、上記の定義を代入すると次のようになる。

◎ 総利益：$\Pi = PX - CX - Xtd$

◎ 総利益：$\Pi = (P - C - td)X$

したがって、その総利益Πの大きさは、その$(P - C - td)$が正である限り、その生産量Xに比例して増加することになり、その$(P - C - td)$の値が大きければ大きいほど、その総利益Πの増加率が大きくなることになる。

■ 土地の生産性と利益

その一方で、その生産量Xの大きさについては、その土地の広さによって制約されることになる。つまり、生産量Xを増やすためには、それに見合った土地の広さが必要になることになり、その土地の広さに限界があるときには、その生産量Xの量にも限界が生じることになる。そこで、企業が利用することができる土地の広さ（面積）をLで表すことにし、その一定の土地の広さLにおいて、その生産をすることができる最大の生産量をX^*で表すことにする。ここで、ある一定の土地の広さLに対して、その最大の生産量X^*が決まるとすれば、その土地の広さLと最大の生産量X^*の関係について、次の式で表すことができる。

◎ 最大生産量：$X^* = aL$

ここで、そのaは、一定の土地面積Lに対して、最大で、どれだけの生産量X^*を生産することができるのかという比率を表していることになり、そのaの値が大きくなるほど、ある一定の土地の広さにおいて、多くの生産量X^*を生産することができるようになる。したがって、そのaは、土地当たりの生産性を表していることになる。

次に、その$X^* = aL$の定義を利用することによって、土地面積Lの 1 単位当たりの最大の利益について定義していくことにする。まず、ある一定の土地面積から生み出される最大の総利益Π^*について、次のように定義することができる。

◎ 総利益：$\Pi^* = (P - C - td)X^*$

◎ 総利益：$\Pi^* = (P - C - td)aL$

▸ **例題３**：価格Pが180、費用Cが120、 $1km$当たりの輸送費用tが0.5、輸送距離dが$20km$、土地面積Lが$10km^2$、土地の生産性aが1のとき、その最大の利益Π^*を求めなさい。

総利益を定義する$\Pi^* = (P - C - td)aL$より、

◎　総利益：$\Pi^* = (P - C - td)aL$

◎　総利益：$\Pi^* = (180 - 120 - 0.5 \times 20)(1 \times 10)$

◎　総利益：$\Pi^* = 500$

ここで、その両辺を土地面積Lで割るとき、その土地１単位当たりから生み出すことができる最大の利益Π^*/Lを、次のように導くことができる。

$$\frac{\Pi^*}{L} = (P - C - td)a$$

▸ **例題４**：価格Pが210、費用Cが160、$1km$当たりの輸送費用tが0.5、輸送距離dが$80km$、土地面積Lが$5km^2$、土地の生産性aが2のとき、その土地１単位当たりから生み出すことができる最大の利益Π^*/Lを求めなさい。

総利益を定義する$\Pi^* = (P - C - td)aL$より、

◎　総利益：$\Pi^* = (210 - 160 - 0.5 \times 80)(2 \times 5)$

◎　総利益：$\Pi^* = 100$

◎　土地１単位当たりで生み出すことのできる最大の利益：$\frac{\Pi^*}{L} = \frac{100}{5} = 20$

■ 土地当たりの利益曲線

次に、企業が土地１単位当たりに支払うことができる、最大の地代について定義してみることにしよう。まず、その最大の利益Π^*/Lである、

$$\frac{\Pi^*}{L} = (P - C - td)a$$

$$\frac{\Pi^*}{L} = (P - C)a - atd$$

において、その輸送距離dを変数として残すときに、土地１単位当たりから生み出すことができる最大の利益Π^*/Lを、次のようなグラフとして描くことができる。

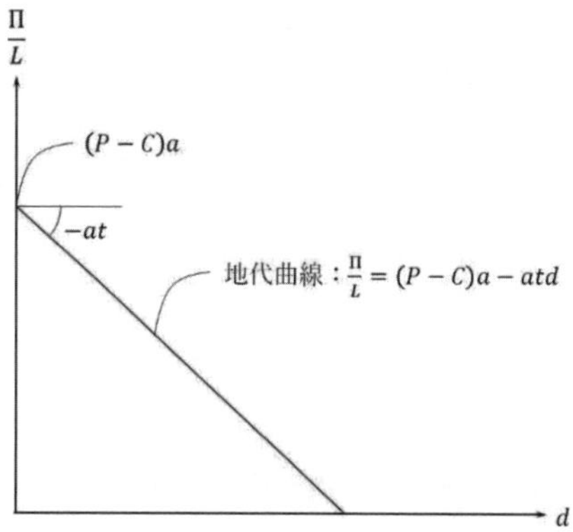

この利益を表す直線によって、どの地点において、どれだけの土地１単位当たりの最大の利益Π^*/Lを生み出すことができるのかが明らかになることになり、また、ある一定の土地１単位当たりの最大の利益Π^*/Lを生み出すために、どの地点に立地すればよいのかが明らかになることになる。

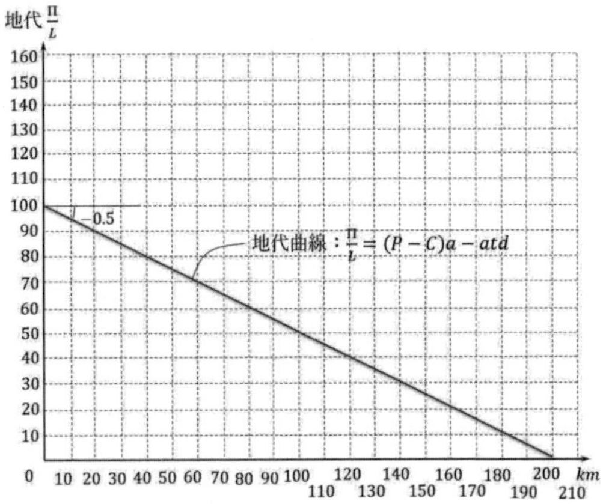

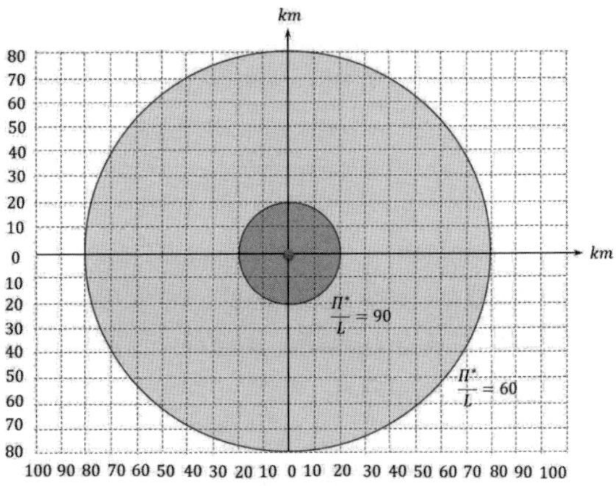

▸ **例題５－１**：上図の100km地点において、土地１単位当たりから生み出すことのできる最大の利益Π^*/Lを答えなさい。

地代曲線の高さから、$\frac{\Pi^*}{L}=50$になることが分かる。

▸ **例題５－２**：上図に40km地点において、土地１単位当たりから生み出すことのできる最大の利益Π^*/Lを答えなさい。

地代曲線の高さから、$\frac{\Pi^*}{L}=80$になることが分かる。

▸ **例題５－３**：上図において、土地１単位当たりから生み出すことのできる最大の利益Π^*/Lを90にするためには、何km地点に立地すればよいか答えなさい。

地代曲線の高さが90になるのは、20km地点であることが分かる。

▸ **例題５－４**：上図において、土地１単位当たりから生み出すことのできる最大の利益Π^*/Lを60にするためには、何km地点に立地すればよいか答えなさい。

地代曲線の高さが60になるのは、80km地点であることが分かる。

練習問題

◇**練習問題１－１**：生産量Xが250個、価格Pが100円、費用Cが90円のときの、収入I、費用E、利益Πを求めなさい。

◇**練習問題１－２**：生産量Xが6000個、価格Pが298円、費用Cが160円のときの、収入I、費用E、利益Πを求めなさい。

◇**練習問題２－１**：生産量Xが250個、輸送費用tが５円、距離dが80kmのときの、総輸送費用Λ、１個当たりの総輸送費用

T、 $1km$当たりの総輸送費用Xdを求めなさい。

◇練習問題２－２：生産量Xが600個、輸送費用tが８円、距離dが$200km$のときの、総輸送費用Λ、１個当たりの総輸送費用T、 $1km$当たりの総輸送費用Xdを求めなさい。

◇練習問題３－１：価格Pが100、費用Cが50、 $1km$当たりの輸送費用tが2、輸送距離dが$20km$、土地面積Lが$100km^2$、土地の生産性aが1のとき、最大利益Π^*と土地１単位当たりから生み出すことのできる最大の利益Π^*/Lを求めなさい。

◇練習問題３－２：価格Pが180、費用Cが80、 $1km$当たりの輸送費用tが0.5、輸送距離dが$20km$、土地面積Lが$50km^2$、土地の生産性aが2のとき、最大利益Π^*と土地１単位当たりから生み出すことのできる最大の利益Π^*/Lを求めなさい。

◇練習問題４－１：価格Pが150、費用Cが80、 $1km$当たりの輸送費用tが$\frac{1}{3}$、土地の生産性aが2のとき、土地１単位当たりから生み出すことのできる最大の利益Π^*/Lを縦軸とし、輸送距離dを横軸とするグラフを描きなさい。

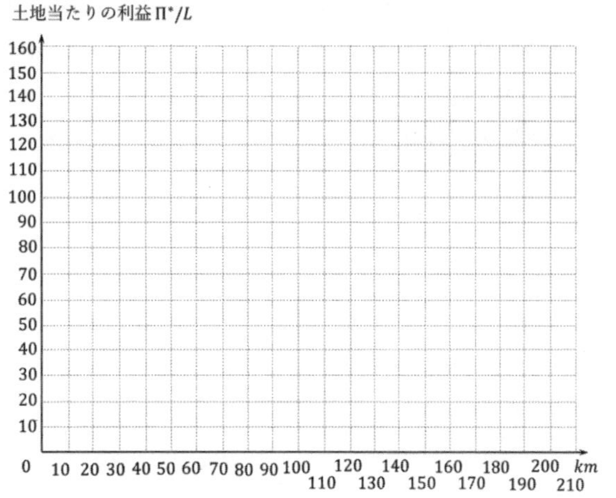

◇練習問題４－２：練習問題４－１のグラフについて、土地１単位当たりから生み出すことのできる最大の利益Π^*/Lが120になる地点と100になる地点を平面図に描きなさい。

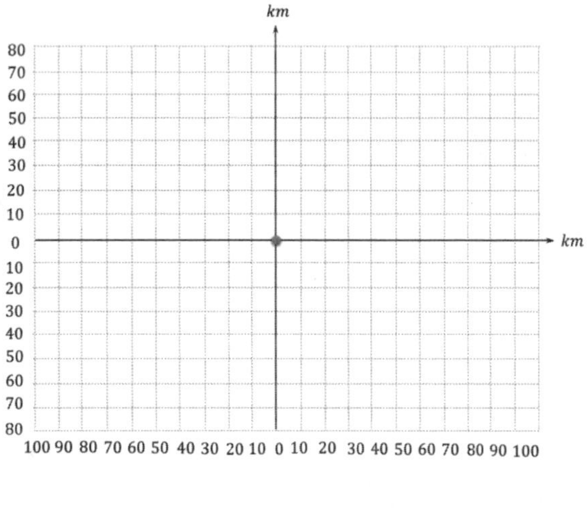

トピック１１A：技術革新の構造

前回は、技術革新とは何かについて紹介してきたが、そもそも技術とは何を意味するのであろうか。技術革新における技術とは、革新される技術のことになり、そこには技術的に更新される対象があることになる。そこで今回は、その技術革新における技術とは何かについて定義しておくことにしよう。

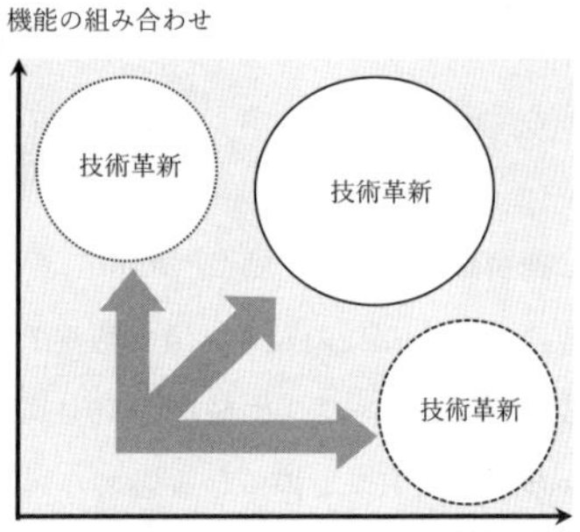

まず、**技術**（technology）には、次の３つの側面があることになる。その３つとは、その技術が果たす**機能**と、２つ以上の技術が持つ機能の**組み合わせ**、そして、その組み合わせの際に用いられる**工夫**になる。ここで、ある商品に技術が応用されているとき、その技術には、直接的または間接的に、人の欲求や願望などを満たすような機能があることになる。そして、その機能は既存の技術の組み合わせによって作られたものになり、その組み合わせの際には、何らかの工夫がなされていることになる。

ところで、その技術革新の生み出す方法に関して、次のような重要な考え方がある。それは、「新しいアイデアとは、既存のアイデアの新しい組み合わせである。」という考え方になる（Young 2003）。例えば、18 世紀にイギリスで起こった産業革命を牽引したのは蒸気機関車の発明であるが、これはひとつの技術革新に当たることになる。それではなぜ、それが技術革新に当たるのかについて、その機能・組み合わせ・工夫の観点から考えてみることにしよう。

まず、その機能に関しては、車輪には重量があるものを運搬する際、地面との摩擦を軽減することによって運搬を助けるという機能があることになり、蒸気には重量のあるものを持ち上げる力になるという機能があることになる。ここで、その車輪と蒸気は、それぞれが技術に当たることになり、それぞれが独特な機能を持っていることになる。次に、その組み合わせとしては、蒸気機関車は、その車輪（トロッコ）に備わる機能と、その蒸気に備わる機能（動力）を組み合わせたものになっている。したがって、その蒸気機関車自体が、既存の機能の新しい組み合わせになっていることになる。

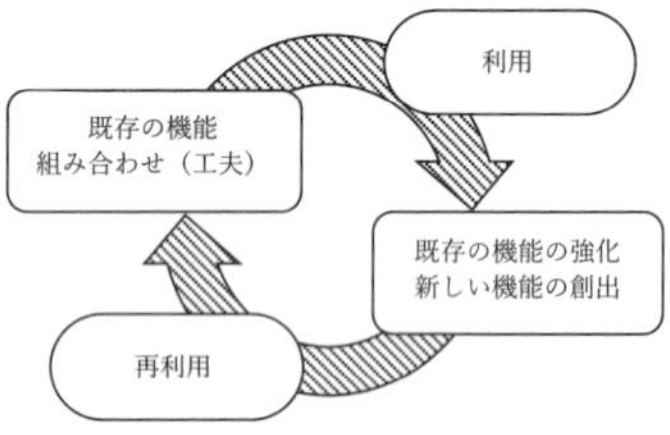

また、その工夫に関して、その蒸気機関車を発明する際に、蒸気の動力を車輪に継続的に送り、その動力の強さを調整するために、ボイラーやシリンダーなどの工夫がなされており、その既存のアイデアの組み合わせという構図の中には、それらを組み合わせのための工夫がなされていることになる。

ところで、そのボイラーとは、蒸気を一旦容器内に溜めることによって、その力を一点から勢いよく噴出させる装置ことになり、それと同じ機能が備わるものとしては、すでに、ヤカンや鍋などが存在していた。また、そのシリンダーには、筒の中のピストンを利用することによって、蒸気の力を車輪の回転につなげるという機能があることになる。このピストンに関しても、その基本構造は手動のトロッコにおいて、すでに用いられていたものであり、その意味においては、そのシリンダーも既存のアイデアを応用したものになっている。

したがって、その工夫も、広義の意味では既存の機能の組み合わせになっていることになり、２つ以上の既存の機能を組み合わせる工夫自体にも、ひとつの既存の機能の組み合わせとしての側面があることになる。以上のように、その蒸気機関車は、機能・組み合わせ・工夫という３つの側面から、その技術革新の定義を満たしていることになる。

このような既存の技術と、それらの新しい組み合わせについては、新たな技術革新を生む基盤になりうることになる。つまり、その蒸気の動力が、ガソリンや軽油などの燃料爆発による動力に進化したときに、それが現在の自動車や二輪車に発展することになった。また、それが電気による動力に進化したときに、現在の電車や電気自動車に発展することになった。これらの例に限って考えたとしても、その新しい商品の発明は、既存のアイデアの新しい組み合わせという構図にしたがっていることが分かる。

この他にも、機能・組み合わせ・工夫という技術革新の例を、いくらでも挙げることができる。例えば、インターネットという技術革新は、全世界のネットワークを相互に接続した巨大なコンピュータネットワークのことになり、それは端的には、データ通信網とパソコン端末を組み合わせたものになっている。そして、そのデータ通信とパソコン端末は、それぞれデータ通信手段という機能とデータを読み取り表示する機能をもっていることから、その組み合わせとしての相性は良く、また、それらを組み合わせるために、サーバーや通信プロトコル（TCP/IP）といった工夫が利用されることになった。そして、それぞれの機能の強化、つまり、その性能の向上に関しては、電話回線から ISDN 回線、ADSL 回線、光通信と、そのデータの伝達量・速度が共に進化しており、パソコン端末も CPU やメモリの性能などの改善によって、その受け取ったデータをより快適に処理することができるように進化してきた。

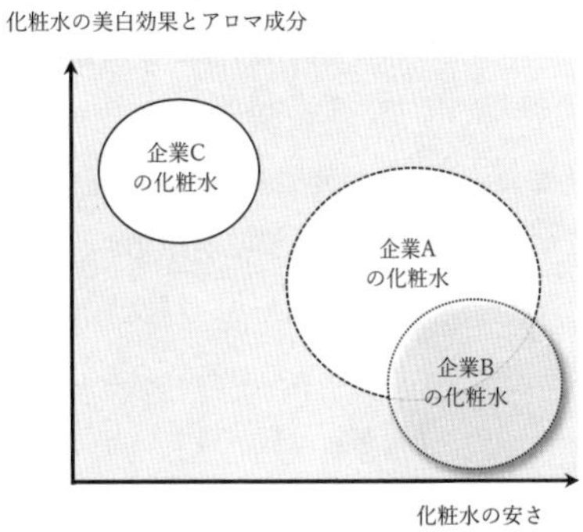

さらに、パソコンに関しては、小型化・軽量化の機能を強化（性能を向上）させる技術革新によって、従来のデスクトップパソコンから、発展的にノートパソコンが発明されることになった。さらに、そのノートパソコンを小型化・軽量化することによって、その駆動時間の長時間化させる機能を高めたモバイルパソコン、それとは別に、通信機能を強化したインターネットパソコン、さらに、そのインターネットパソコンにタッチパネルを付けたタブレット型パソコンが開発されるなど、どのような機能を強化（性能を向上）し、また、どのような機能を加えるのかによって、同じパソコンでも別の経路で進化してきたことになり、同じパソコンの市場にありながらも、それぞれの市場セグメントを形成しながら発展してきたことになる。

ところで、この技術革新については、上図のような２つの軸で捉えることができる。まず、ひとつの軸は、既存の機能の強化（性能の向上）になり、もうひとつの軸は、その機能の新しい組み合わせになり、その両方が技術革新に該当することになる。但し、その２種類の技術革新については、それほど明確に区別することができるものではなく、例えば、LED 電球が白熱電球にとって代わったのは、LED 電球の方が長時間発光することによって、電球が本来もつ機能を改善したからになる。そして、その LED 電球は既存の電球と発光ダイオード（LED）の技術を組み合わせたものになっており、それは新しい組み合わせによって、電球の機能が強化された例になる。したがって、ここで、その機能の強化とは、新しい組み合わせに依存していることになり、それぞれが単独で起こったのではなく、むしろ、それらは相互に依存する形で進歩してきたことになる。

これまでの説明についてまとめてみると、次のようになる。まず技術とは、既存の機能の組み合わせのことになり、それらを組み合わせるための工夫としての側面があることになる。それに対して、技術革新とは既存の機能・アイデアの新しい組み合わせのことになり、それは既存の機能を強化（性能を向上）したり、新しい機能を創出したりすることによって、それによるコンビネーション経済を発生させることになる。このような定義の仕方をした理由は、次のように、その技術革新が更新されていく循環構造を説明するために有効になるからになる。

まず、技術革新が起こるときには、既存の機能の強化か、新しい機能の創出が起きるのであった。そして、そのどちらについても、それが起こったときには新しいものであったとしても、遅かれ早かれ、既存のものとして認識されることになる。すると、一回目の技術革新で起こった既存の機能の強化（性能の向上）と新しい機能の創出は、二回目の技術革新では、既存の機能として組み合わせられる対象として扱われることになり、それは再利用されることになる。そして、二回目の技術革新において、それらの再利用に成功することによって、既存の機能が強化されるか、もしくは、新しい機能が創出されることになる。この二回目の技術革新は、当然のことながら、三回目の技術革新では、既存の機能として扱われることになり、それは再度、再利用されることになる。このような既存の技術を利用した技術革新の成果と、その成果を次の技術革新に再利用するような循環構造のことを、**技術発展のサイクル**（technological development cycle）と呼ぶことにする。

また、その技術発展のサイクルの方向性には、やはり、既存の機能の強化と、新しい機能の創出の２種類しかないことになる。例えば、ある商品が開発されるときに、他の既存の機能を組み合わせることによって、その商品が持つ機能が強化（性能が向上）されたり、増設されたりしていくことになる。そして、その機能が人の願望や欲求を満たすものである限り、そのサイクルを続けていくことによって、人の願望や欲求はより強く、より多く満たされることになり、それによって、その技術革新は経済において付加価値を創出していくことになる。

トピック１１B：技術革新と市場

次に、これまでに紹介してきた技術革新と、経済活動における市場との関係について整理しておくことにしよう。技術革新の目的のひとつとして、付加価値を増大させることによって、企業の利益を増加させるという目的があることになる。それらを増加させるためには、その生産された製品を市場に供給することによって、それを販売しなければならないことになる。この技術革新と市場との関係について理解するためには、まず、その市場セグメントと市場ポジションニングという２つの経営用語について理解しておかなければならない。

まず、その市場セグメントとは、細分化された市場の一部のことを指しており、具体的には、需給のコンビネーション経済を発生させるために、ある製品を売り込んでいくターゲットになるような顧客層のことになる。例えば、化粧水メーカーは化粧水を必要とする女性をターゲットにしており、それは男性と女性からなる市場全体の内、女性という顧客層を市場セグメントとして選択していることになる。

さらに、その女性の中でも、１０代、２０代、３０代、４０代、それ以上と、各年代層ごとに、化粧水の機能に対する嗜好（好み）に違いがあることになる。そして、ある化粧水を開発・販売するためには、各年代層の、どの年代に対して、どのような機能がある化粧水を売り込んでいくのかについて決めなければならないことになる。

ここで、その各年代層は、女性というセグメントを、さらに細分化したセグメントに当たることになり、それぞれの年代層が、その化粧水を売り込んでいくためのターゲットとしてのセグメントになることになる。こうした細分化は、市場の規模が大きければ大きいほど容易になっていくことになり、商品の開発（技術革新）を行う際には、そのターゲットになる顧客層が需要する機能が、どのようなものなのかについて戦略的に考える必要があることになる。

次に、そのポジショニングについて、企業がターゲットにする市場セグメント内において、競合他社の製品と比較した上で、自社の強みや優位性（供給サイドのコンビネーション経済）などを活かしながら、自社の商品を、競合他社の商品から差別化することができるような製品を開発していく必要があることになる。

ここで、その市場セグメントが絶対的な概念であるのに対して、その市場ポジショニングは、自社と競合他社とを比較するための相対的な概念になっている。例えば、その化粧水の例において、女性２０代という市場セグメントをターゲットにして化粧水を販売することに決めたとする。そして、その化粧水には、その価格の他に、保湿効果や、美白効果、アロマ効果、天然成分など、その製品への需要を左右するような、いくつかの機能が備わっていることになる。ここで、その市場ポジショニングとは、それらの機能の内、どの機能を強化していくのかについて決定することによって、自社の製品を競合他社の製品と差別化することになる。

例えば、ここでは２０代の女性をセグメントとして考えていることから、その化粧水の価格は安めの方が良いことになり、また、その保湿効果や天然成分よりも、美白効果やアロマ効果の方が、より重要になるかもしれない。このとき、自社の製品が、その競合他社の価格よりも安く、美白効果とアロマ効果が高いものであれば、それが、その自社の製品のポジショニングを決めることになる。

ところで、その市場セグメントと市場ポジショニングは、それぞれが技術革新における既存の機能の新しい組み合わせと深く関係していることになる。例えば、化粧水は、その８０％が水であり、１０％がアルコール、数%がグリセリン、残りの数%に保湿成分、天然成分、アロマ成分などが含まれている。したがって、化粧水という発明は、既存のモノの機能の組み合わせになっており、その組み合わせは、美を求める女性という市場セグメントに対して、その需要サイドのコンビネーション経済を考慮しながら発明されたことになる。

仮に、その化粧水にアロマ成分を多く組み合わせることによって、女性という市場セグメント内、特に２０代の女性というセグメントをターゲットにした化粧水になるかもしれない。したがって、その新しい機能の組わせとは、あらかじめ存在している市場のセグメントに対して行われるべきであることになる。

さらに、その市場ポジショニングの目的は、その想定される市場セグメントにおいて、需要サイドのコンビネーション経済の大きさを考慮した上で、競合他社との差別化を行うことによって、特定の顧客層の需要を満たしながら、その売上を確保することにある。この２０代女性の市場セグメントにおいて、その価格の安さとアロマ効果の方が重要になるのであれば、それらの機能を強化すべきであることになる。

但し、その価格の安さとアロマ効果の関係は、多くの場合、代替関係にあることになる。つまり、アロマ効果を強化しようとするときには、高価なアロマ成分を使用することが必要になることになり、それによって、その化粧水の価格は上昇することになる。逆に、価格を安く抑えようとするときには、その高価なアロマ成分を、その化粧水と組み合わせることができなくなってしまうことになる。したがって、その機能の強化と価格は代替関係にあることになり、その機能の代替性は、しばしば起こりうることから、企業は、その代替関係を考慮しながら、その商品の差別化を図らなければならないことになる。

仮に、平均的な２０代女性にとって、化粧水のもつアロマ効果よりも、化粧水の安さの方が重要であるとしよう。上図では、A社とB社がアロマ効果よりも、価格の安さを優先した市場ポジショニングをとることによって、それらの機能に強化した化粧水の開発・販売をしていることを表している。その仮定の下では、両社の販売戦略は、平均的な２０代女性の嗜好（好み）を反映したものになっていることから妥当なものであるといえる。

それに対して、その C 社については、その価格が割高になったとしても、アロマ効果の強化を目指していることになる。これについては、そのC社が、そのA社とB社と競合することによって、同じセグメントの顧客層の獲得競争を避けるために、あえて、それらの2社とは異なる市場ポジショニングをしていることになる。

確かに、この仮定の下では、平均的な２０代女性の嗜好（好み）が安さを求めているだけで、その価格の安さよりも、そのアロマ効果の方を重視する顧客層（例えば２０代富裕層）が存在していることから、そのA社とB社と同じ化粧水を販売することによって、そのセグメントの顧客を分け合うよりも、C 社の独自の市場ポジショニングを確立することによって、そのセグメントとは異なる顧客層をターゲットにすることも有効であるかもしれない。

以上のように、その新しい機能の組み合わせという供給サイドのコンビネーション経済は、市場のセグメントにおける需要サイドのコンビネーション経済を選択することと対になっており、それぞれの機能の強化は、そのセグメントにおける戦略的な優位性を確立することに貢献することにする。

第１１講　地代曲線と都市構造

本書に前半では、土地費用が、何らかの外部要因によって決められるものとして扱ってきたが、実際には、その土地を売買・賃借する際に、その土地費用を決定することができるのは、不動産会社などの土地所有者になる。

前講では、企業が土地１単位に対して支払うことができる、最大の利益について定義してきたが、不動産会社などの土地所有者は、その土地を企業に貸し出すことによって収入を得ようとすることになる。そして、その土地１単位に対して、どれだけの賃料を設定するべきかという問題については、企業が生みだすことのできる土地１単位当たりの最大の利益を基準にすることになる。そこで本講では、前講で定義してきた土地１単位当たりの最大の利益の概念を応用することによって、その土地費用がどのように決定されるのかについて紹介していくことにする。

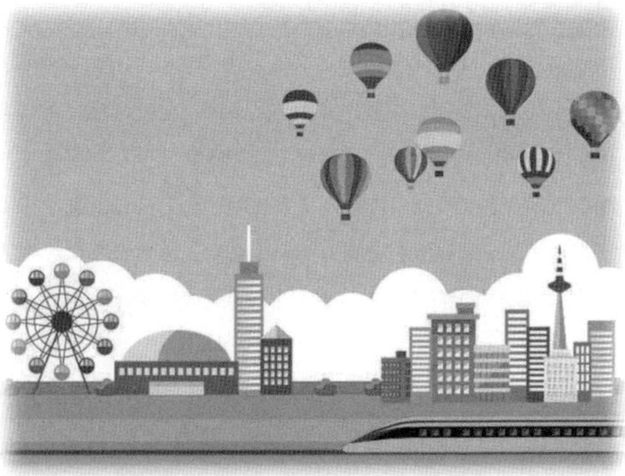

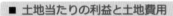

■ 土地当たりの利益と土地費用

前講では、土地１単位当たりから生み出すことができる最大の利益Π^*/Lを、次のように定義することができた。

$$\frac{\Pi^*}{L} = (P - C)a - atd$$

このとき、すべての土地の所有者が、その土地代（賃貸料等）を可能な限り高くしようとするとき、土地１単位当たりの土地代の大きさは、土地１単位の当たりの最大の利益に等しくなるまで上昇することになり、それによって、その企業の総利益Πはゼロになるまで減ることになる。そして、その土地所有者が、可能な限り土地代を大きくするように賃料を決めるときに、その企業が得ることができる総利益Πはゼロになる。そして、土地１単位当たりの地代の大きさは、土地１単位当たりの利益に等しくなることになり、その土地１単位当たりの土地費用をrで表すとき、それは土地１単位当たりの利益に等しくなる。

$$\frac{\Pi^*}{L} = r$$

そして、その土地１単位当たりから生み出すことができる最大の利益Π^*/Lを表す式を、土地１単位当たりの賃料rを表す式として、次のように表すことができる。

$$r = (P - C)a - atd$$

このとき、その土地１単位当たりの利益は、すべて土地費用rになることになり、この式によって描かれる直線のことを**地代曲線**と呼ぶことにする。

▸ **例題１－１**：右図において、$100km$地点における土地費用rはいくらか答えなさい。

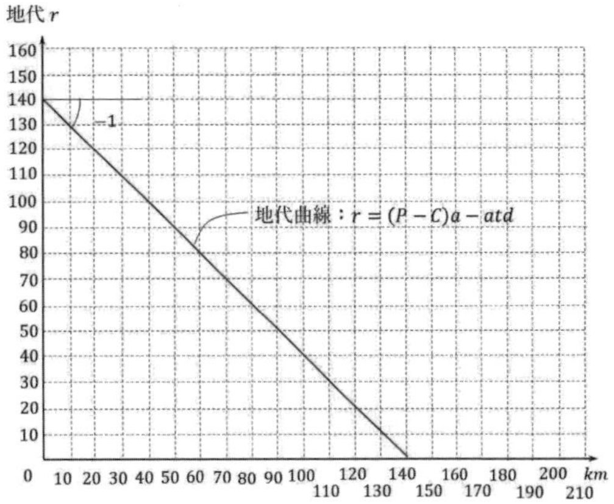

土地費用rは、地代曲線の高さとして表されており、$100km$地点における土地費用rは40になっていることから$r = 40$になる。

▸ **例題１－２**：右図において、$40km$地点における土地費用rはいくらか答えなさい。

土地費用rは地代曲線の高さとして表されており、$40km$地点における土地費用rは100になっていることから$r = 100$になる。

▸ **例題１－３**：上図において、土地費用rを90にするには、何km地点に立地すればよいか答えなさい。

$50km$地点における土地費用rが90になっていることから$50km$地点になる。

▸ **例題１－４**：上図において、土地費用rを60にするには、何km地点に立地すればよいか答えなさい。

$80km$地点における土地費用rが60になっていることから、$80km$地点になる。

▸ **例題１－５**：上図において、土地費用rが90になる地点と、60になる地点を平面図に描きなさい。

右図参照

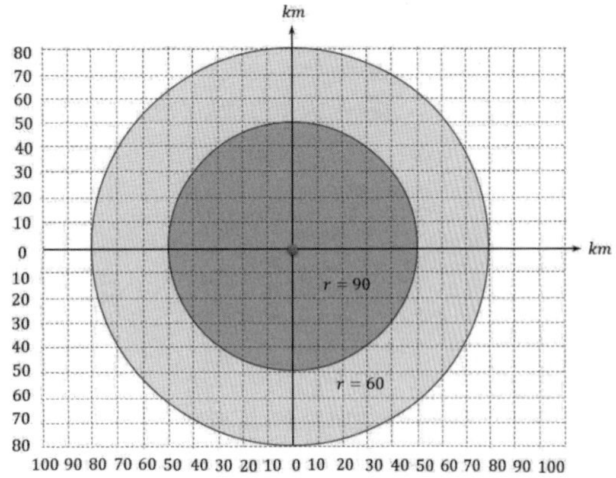

■ 土地の生産性と地代曲線

これまで本講では、地代曲線について紹介してきたが、各立地地点dにおける土地費用rは、その地代曲線を定義する切片$(P - C)a$と傾きの大きさ$-at$による直線の高さによって表されることになる。そして、その切片$(P - C)a$と傾きの大きさ$-at$の値については、それらを構成するパラメーターの値の大きさに依存して決まることになる。

一般的に地代曲線は、$1km$当たりの輸送費用tと、土地の生産性aによって大きく変化することになり、その$1km$当たりの輸送費用tが高く、土地の生産性aが高いほど、地代曲線はより垂直に変化することになる。逆に、その$1km$当たりの輸送費用tが低く、土地の生産性aが低いほど、地代曲線はより水平に変化することになる。次に、その地代曲線が変化する様子について確認してみることにしよう。

◎　1km当たりの輸送費用tが**高く**、土地の生産性aが**高い**　→　地代曲線は**垂直**に近くなる。

◎　1km当たりの輸送費用tが**低く**、土地の生産性aが**低い**　→　地代曲線は**水平**に近くなる。

次の例題では、他の条件を維持したまま、その土地の生産性を、$a = 2.5$から$a = 0.5$に変化させ、その輸送費用を、$t = 2$から$t = 0.5$に変化させることによって、その地代曲線が垂直から水平になるように変化する様子ついて確認していくことにする。

▸ **例題２－１**：価格Pが240、費用Cが160、 1km当たりの輸送費用tが2、土地の生産性aが2のとき、地代曲線rを描きなさい。

$$r = (P - C)a - atd$$
$$r = (240 - 160)2 - 2 \times 2d$$
$$r = 160 - 4d$$

▸ **例題２－２**：価格Pが240、費用Cが160、 1km当たりの輸送費用tが0.8、土地の生産性aが1.25のとき、地代曲線rを描きなさい。

$$r = (P - C)a - atd$$
$$r = (240 - 160)1.25 - 1.25 \times 0.8d$$
$$r = 100 - 1d$$

▸ **例題２－３**：価格Pが240、費用Cが160、 1km当たりの輸送費用tが0.5、土地の生産性aが0.5のとき、地代曲線rを描きなさい。

$$r = (P - C)a - atd$$
$$r = (240 - 160)0.5 - 0.5 \times 0.5d$$
$$r = 40 - 0.25d$$

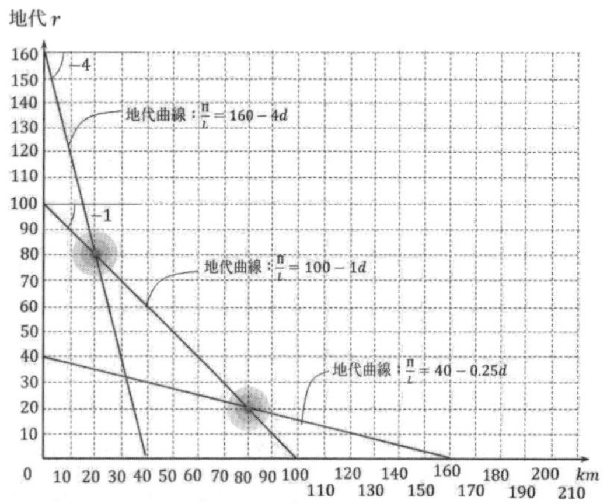

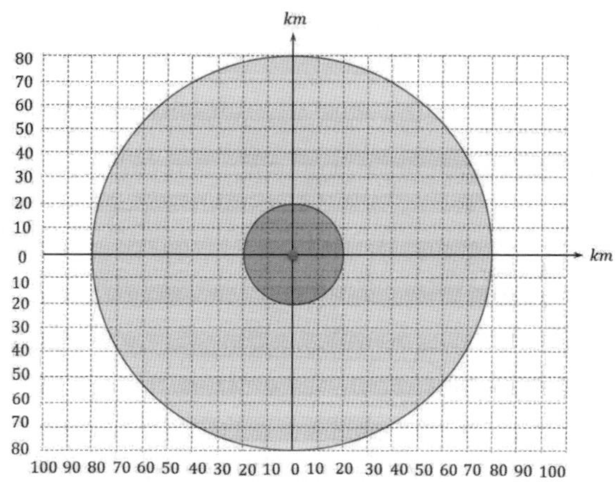

■ 産業配置と都市構造の形成

これまで本章では、土地当たりの生産性aと１単位当たり輸送費用tの関係から、その地代曲線が、垂直または水平に変化する様子について確認してきた。実際の経済において、その土地の生産性aと１単位当たり輸送費用tが大きく異なりうるのは、同じ産業内の異なる企業間よりも、むしろ異なる産業間においてになる。そこで次に、産業ごとに地代曲線を区別することによって、都市圏の産業構造の出現の仕方について紹介していくことにしよう。

最初に、産業ごとに異なる地代曲線を描くために、製造業（産業１）と農林業（産業２）について比較してみることにする。まず、農林業は、一定の生産量を生産するために、広い土地を必要とすることから、農林業の土地の生産性aは低くなる。また、その農林業の生産物は、製造業の生産物よりも軽いことから、$1km$当たりの輸送費用tも低くなる傾向にある。したがって、農林業の方が、その土地の生産性aと$1km$当たりの輸送費用tの両方が低くなることによって、農林業の地代曲線は、製造業の地代曲線よりも、より水平に傾くことになる。

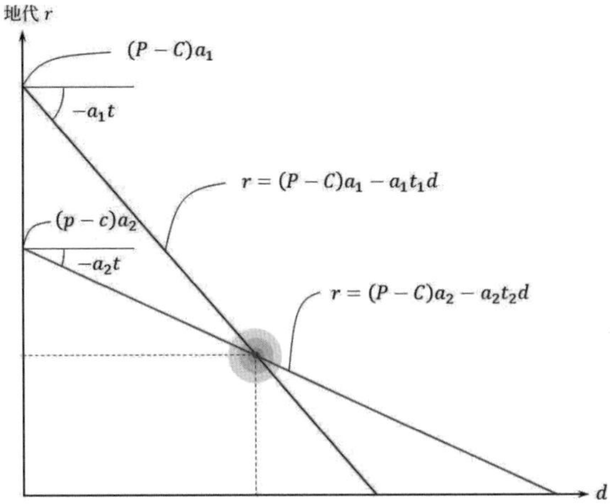

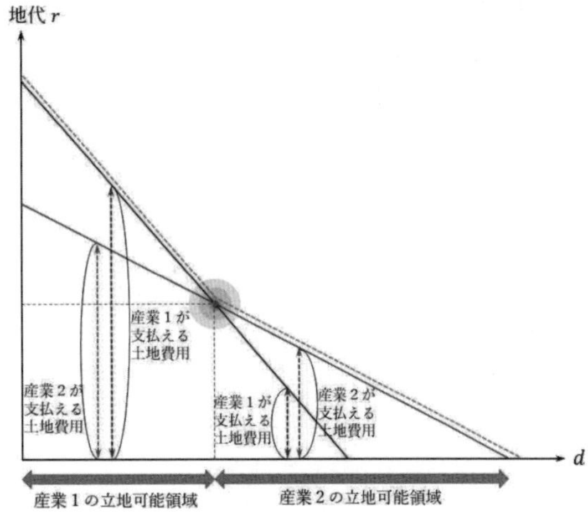

このとき、各地点の土地の所有者は、可能な限り地代が高くしようと試みることから、その中心地に近い地域では、製造業（産業１）の地代曲線にしたがって土地費用を決めることになり、その中心地から遠い周辺地域では、農林業（産業２）の地代曲線にしたがって土地費用を決めることになる。すると、その中心地に近い地域では、製造業（産業１）のみが立地可能になることになり、逆に、その周辺地域では、農林業（産業２）のみの立地可能になることになる。したがって、その中心地域と周辺地域とでは、立地することができる産業が異なってくることになる。

■ 都市構造の変化

この都市圏内の産業の地理的な分布は、産業の盛衰と関係している。つまり、新しい産業ほど、その生み出す付加価値が大きくなる傾向にあることになり、古い産業ほど、その付加価値は小さくなる傾向にある。そして、その地代曲線において、その付加価値の大きさは切片の$(P-C)$の大きさに比例することになり、その付加価値が大きくなるほど、その値の差$(P-C)$についても大きくなっていくことになる。したがって、その新しい産業については、古い産業よりも、その地代曲線の切片が高くなることによって、その都市圏の中でも、より中心地域に集中して立地することになる。

▸ **例題３－１**：産業１について、価格Pが 220、費用Cが100、 $1km$当たりの輸送費用tが2、土地の生産性aが1のときの、地代曲線rを描きなさい。

$$r = (P - C)a - atd$$

$$r = (220 - 100)1 - 1 \times 2d$$

$$r = 120 - 2d$$

▸ **例題３－２**：産業２について、価格Pが150、費用Cが100、1km当たりの輸送費用tが0.5、土地の生産性aが2のときの、地代曲線rを描きなさい。

$$r = 100 - 1d$$

▸ **例題３－３**：産業３について、価格Pが160、費用Cが100、1km当たりの輸送費用tが0.5、土地の生産性aが1のときの、地代曲線rを描きなさい。

$$r = 60 - 0.5d$$

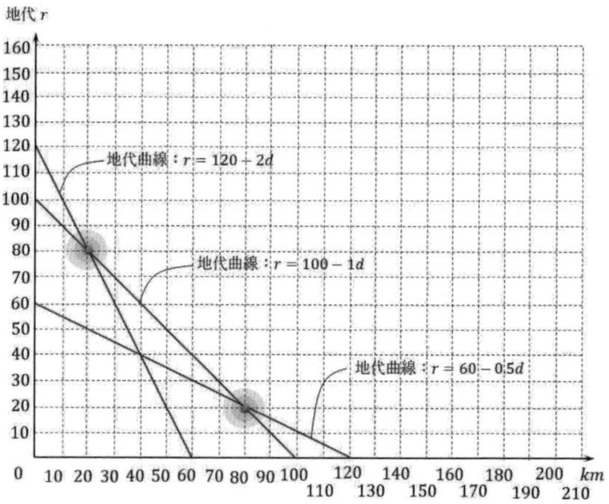

▸ **例題３－４**：ここで産業１の価格Pが$P = 250$まで上昇するとき、産業１と産業２境界が、どれだけ外に移動するか求めなさい。

下図の左図参照

▸ **例題３－５**：ここで産業２の価格Pが$P = 145$まで下落するとき、産業１と産業２境界、産業２と産業３境界が、それぞれどれだけ移動するか求めなさい。

下図の右図参照

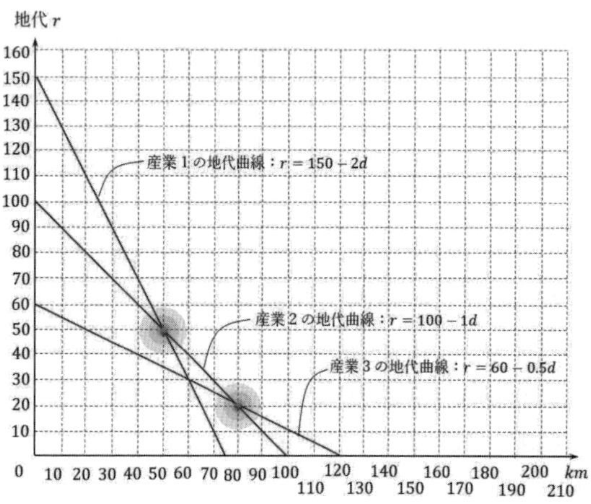

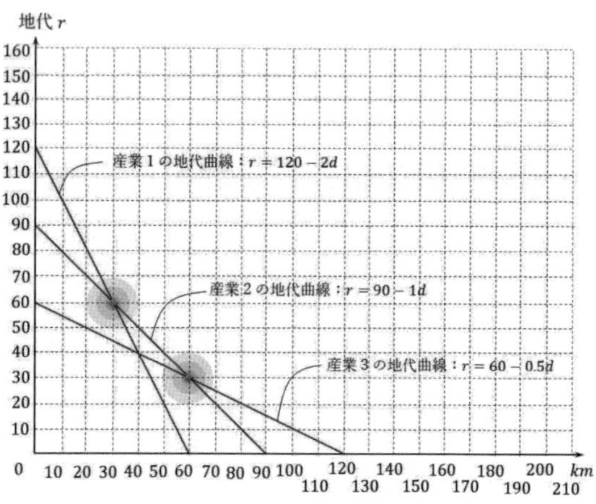

練習問題

◇練習問題１

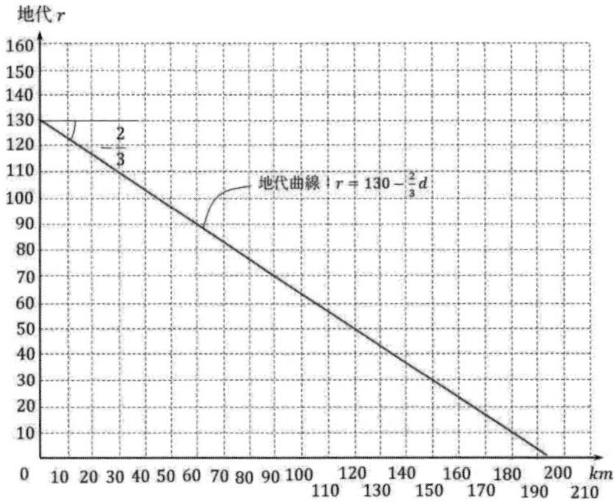

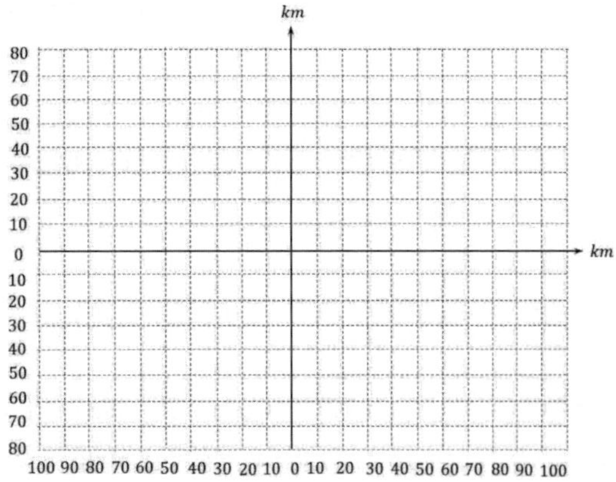

(1) 90km地点における土地費用rはいくらか求めなさい。

(2) 180km地点における土地費用rはいくらか求めなさい。

(3) 土地費用rを110にするには、何km地点に立地すればよいか答えなさい。

(4) 土地費用rを90にするには、何km地点に立地すればよいか答えなさい。

(5) 土地費用rが110になる地点と、90になる地点を平面図に描きなさい。

◇練習問題２－１：価格Pが180、費用Cが100、 1km当たりの輸送費用tが2.5、土地の生産性aが2のとき、地代曲線$\frac{\Pi^*}{L}$を下の図に描きなさい。

◇練習問題２－２：価格Pが180、費用Cが100、 1km当たりの輸送費用tが1、土地の生産性aが1のとき、地代曲線$\frac{\Pi^*}{L}$を下の図に描きなさい。

◇練習問題２－３：価格Pが180、費用Cが100、 1km当たりの輸送費用tが0.4、土地の生産性aが0.5のとき、地代曲線$\frac{\Pi^*}{L}$を下の図に描きなさい。

◇練習問題２－４：２つの地代曲線が交わる地点を、下の平面図に描きなさい。

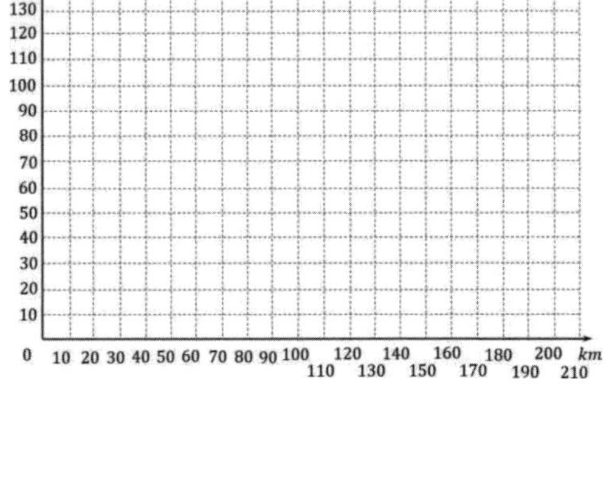

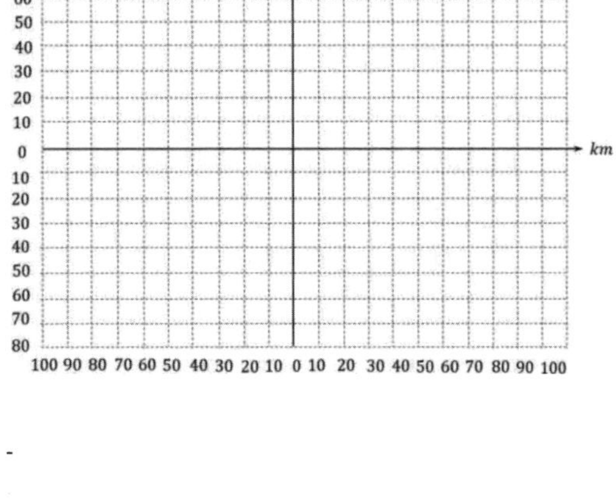

◇**練習問題３－１**：産業１について、価格$P = 230$、費用Cが100、 $1km$当たりの輸送費用tが4、土地の生産性aが1のときの地代曲線rを描きなさい。

◇**練習問題３－２**：産業２について、価格Pが135、費用Cが100、 $1km$当たりの輸送費用tが0.5、土地の生産性aが2のときの地代曲線rを描きなさい。

◇**練習問題３－３**：産業３について、価格Pが140、費用Cが100、 $1km$当たりの輸送費用tが0.5、土地の生産性aが1のときの地代曲線rを描きなさい。

◇**練習問題３－４**：産業１と産業２と産業３の立地地点の境界線を平面図に描きなさい。

◇**練習問題３－５**：ここで産業１の価格Pが$P = 200$まで下落するとき、産業１と産業２境界が、どれだけ内側に移動するか求めなさい。また、その変化後の境界を平面図に描きなさい。

◇**練習問題３－６**：ここで産業３の価格Pが$P = 150$まで上昇するとき、産業２と産業３境界が、どれだけ外側に移動するか求めなさい。また、その変化後の境界を平面図に描きなさい。

トピック１２：チューネンの農業立地論

これまで本書では、工業立地と商業立地について紹介し、商業立地の理論を応用しながら中心地論についても紹介してきた。この中心地論は都市構造の成り立ちと、その変化を理解する上で非常に重要になってくる。この都市構造の分析に関しては、フォン・チューネン（von Thünen）により唱えられたチューネン圏という考え方がある。このチューネン圏の概念は、古典的な産業立地モデルのひとつとして、１次産業と２次産業の空間的分布について分析する際に有効になる。

まず、価格p_cが次のように定義されるとする。

◎価格： $p_c = f_c + x_c + t_c + w_c + \pi_c$

その価格p_cを構成する右辺において、そのt_cは輸送費用を表しており、その輸送費用を表すt_cについては、次のように定義されるものとする。

◎輸送費用：$t_c = \tau_c d_{ic}$

ここで、そのd_{iC}は、その組み合わせCが生産されている地点から、それを消費する家計iまでの空間的な距離を表しており、この家計iが都市の中心に集中していることを仮定するとき、そのd_{iC}は、その組み合わせCの生産地点から、その都市の中心地までの距離を表していることになる。そして、そのτ_cは、その組み合わせCを１単位の距離（例えば１km）を輸送するためにかかる輸送費用を表していることになり、これを輸送係数と呼ぶことにする。したがって、その１単位の距離にかかる輸送費用を表す輸送係数τ_cに、その輸送距離d_{ic}をかけることによって、その輸送費用t_cが求められることになる。

次に、その輸送費用t_cを価格p_cの定義に代入するとき、それを次のように表すことができる。

◎価格： $p_c = f_c + x_c + \tau_c d_{ic} + w_c + \pi_c$

そして、その価格p_cの定義を利益π_cについて解くとき、次の等式を導くことができる。

◎利益： $\pi_c = p_c - f_c - x_c - w_c - \tau_c d_{ic}$

ここで、その要素価格x_cと労働費用w_cの合計をz_cで表すことにし、それを次のように定義することにする。

$$z_c = x_c + w_c$$

そして、このz_cを利益π_cに代入することによって、その利益π_cの式を、次のように簡単にすることができる。

◎利益：　$\pi_c = p_c - f_c - z_c - \tau_c d_{ic}$

◎利益と固定費用：$\pi_c + f_c = p_c - z_c - \tau_c d_{ic}$

この利益π_cの式の中で、その左辺に固定費用f_cを移項することによって、その利益π_cと固定費用f_cの和を定義することができ、それは、その組み合わせCの生産地と、その都市の中心地までの距離d_{ic}の長さに反比例して減少していくことになる。ここで、その利益π_cと固定費用f_cの和を縦軸で表すことにし、その組み合わせCの生産地と都市の中心までの距離d_{ic}を横軸で表すことにすれば、それらの関係を、$p_c - z_c$を切片とした傾き$-\tau_c$の直線として表すことができる。

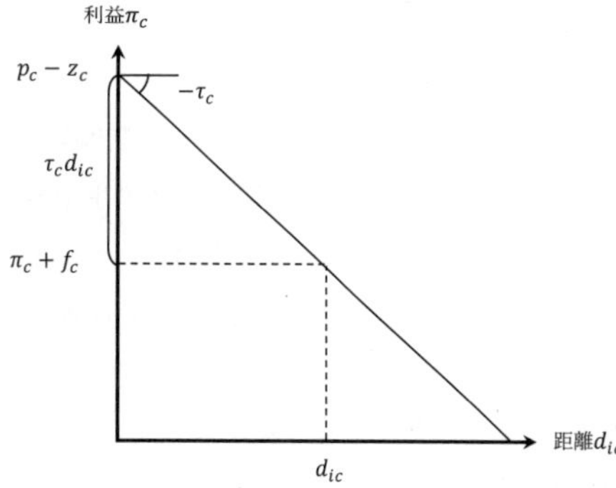

次の図は、その組み合わせCの生産から得られる利益π_cと固定費用f_cの和と、その生産地の中心地からの距離d_{ic}との関係について描いたものになる。この図から明らかになる通り、その距離d_{ic}がゼロ、つまり、その生産地が都市の中心地にある場合は、その輸送費用t_cはゼロになることから、その利益π_cと固定費用f_cの和は、価格p_cと他の費用z_cの差に等しくなる。

それに対して、その生産地が都市の中心地から離れれば離れるほど、その距離d_{ic}の値が大きくなっていくことから、その距離１単位の輸送費用τ_cにしたがって、輸送費用$\tau_c d_{ic}$は増大していくことになり、その輸送費用$\tau_c d_{ic}$が増加した分だけ、その利益π_cと固定費用f_cの和は減少することになる。ここで、その固定費用f_cは生産にかかる費用のことになり、それは不変であることから、結局、その輸送費用の増加で減少するのは、その利益π_cのみであることになる。

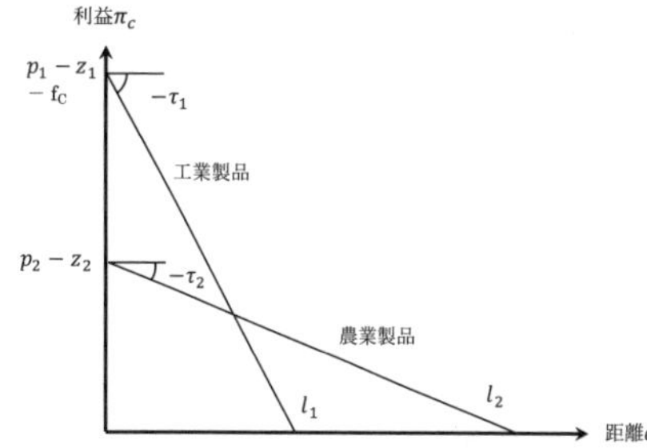

例えば上図では、その距離がd_{ic}のときに、その利益π_cと固定費用f_cの和は、その切片$p_c - z_c$の半分の水準まで減少していることになる。これは上記の利益と固定費用の等式において、その右辺の輸送費用$\tau_c d_{ic}$が増加した分だけ、その利益π_cと固定費用f_cの和が減少したからになる。

この利益π_cと固定費用f_cの和と、距離d_{ic}の関係を応用したものが、その下図になる。ここでは、その組み合わせCを、組み合わせ１と２に分けている。そして、その組み合わせ１の価格p_1は、その組み合わせ２の価格p_2より高くなっており、その距離１単位にかかる輸送費用τ_1は、その１個当たりの重量の大きさにしたがって高くなる傾向にあることになり、それは工業製品の特徴を象徴していることになる。逆に、その組み合わせ２の価格p_2は、その組み合わせ１の価格p_1よりの安くなっており、その距離１単位にかかる輸送費用τ_2は、その重量の小ささにしたがって安くなる傾向にあることなり、それは農業製品に特徴を象徴していることになる[1]。

ここでもし、その工業製品である組み合わせ１の付加価値$a_1 = p_1 - x_1$の方が、その農業製品である組み合わせ２の付加価値$a_2 = p_2 - x_2$よりも大きくなるとき、それに労働費用を考慮したとしても、その工業製品の$p_1 - z_1$の方が、その農業製品の$p_2 - z_2$よりも大きくなることになる。したがって、この切片については、その下図に描かれているように、その工業製品の$p_1 - z_1$の方が、その農業製品の$p_2 - z_2$よりも大きくなっている。

[1] 農作物も、種と肥料というモノとモノの組み合わせと捉えることもできるし、土地と農家というモノとヒトの組み合わせとして捉えることもできる。

また、その距離１単位にかかる輸送費用τ_cについては、その１個当たりの重量の違いによって、工業製品の輸送費用τ_1の方が、農業製品の輸送費用τ_2よりも大きくなる傾向にあることになる。したがって、その工業製品の組み合わせ１の右下がりの直線l_1は、その農業製品の組み合わせ２の右下がりの直線l_2よりも、その勾配がより急になっている。そして、その勾配に違いは、その$-\tau_1$と$-\tau_2$の違いによって表されていることになる

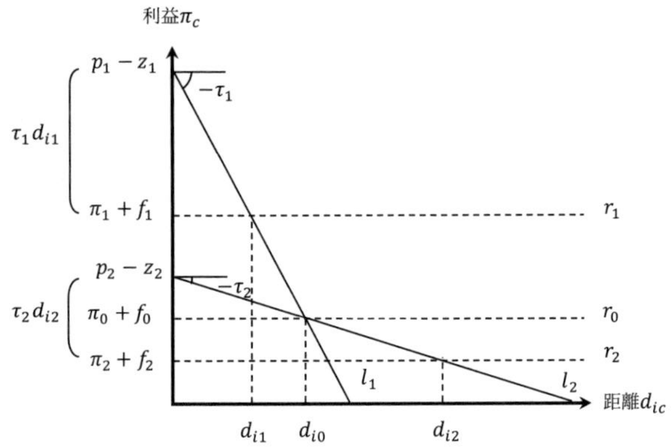

次に、その土地代について考えてみることにしよう。この土地代とは、その組み合わせCの生産を行う場所を確保するためにかかる費用のことになり、それは、その土地の購入費用や固定資産税のことになる。そして、その土地代にかかる費用をr_cで表すことにすると、その企業にとって、その土地代は固定費用f_cに含まれることになり、その土地代r_cは、その利益π_1と固定費用f_1の和でまかなわれなければならないことになり、それによって、次の不等式が成り立つことになる。

$$\pi_c + f_c > r_c$$

ここでもし、不等式ではなく、等式が成り立つときには、

$$\pi_c + f_c = r_c$$

になり、このとき、その利益π_cはゼロになり、その固定費f_cのすべてが土地代r_cにあてられることになる。その一方で、仮にもし、

$$\pi_c + f_c < r_c$$

という不等式が満たされるのであれば、その土地代r_cが固定費用f_cを上回ることになり、そのとき利益π_cは負になってしまうことから、そのような不等号による式は現実的ではないことになる。したがって、少なくとも、$\pi_c + f_c \geq r_c$という不等式が成り立たなければならないことになる。

ここで、その２つの右下がりの直線l_1と直線l_2とが交わる地点d_{i0}での土地代を、r_0で表すことにしよう。すると、その地点d_{i0}よりも、その都市の中心地に近い地点、例えば、d_{i1}地点での生産が可能になるのは、工業製品のような組み合わせ１のみであることになる。その理由は、その地点d_{i0}よりも都市の中心地に近い地点において、$\pi_c + f_c > r_c$という不等式を満たすことができるのは、その組み合わせ１を生産している企業のみになるからである。

つまり、地点d_{i1}で組み合わせ１を生産している企業にとって、その利益π_1と固定費用f_1の和は、$\pi_1 + f_1$の水準にあることになる。そして、その$\pi_1 + f_1$の水準は、その地点d_{i0}よりも都市の中心地に近いときに、常に、$\pi_1 + f_1 \geq r_0$を満たすことになることから、その地点d_{i0}から、その都市の中心地までのどの地点においても、その組み合わせ１を生産することが可能になっていることになる。

その一方で、その土地を販売または賃貸している企業にとっては、その地点d_{i1}で生産している企業が、その$\pi_1 + f_1 > r_0$の差額の分だけ、過剰な利益π_1をあげていることになり、その土地の所有者は、その利益π_1の大きさだけ土地代r_0を上昇させることになる。そのとき、その土地代以外の固定費用を考慮しなければ、その地点d_{i1}での土地代r_1を、次ように定義することができる。

$$r_1 = \pi_1 + f_1$$

つまり、その$p_1 - z_1$から輸送費用$\tau_1 d_{i1}$を差し引いた余りのすべてが、その土地代r_1にあてられることになる。そして、

その土地代r_1は、その地点d_{i1}において、直線l_1の高さに等しくなるように調整されることになる。すると、その地点d_{i0}から中心地までの間では、その直線l_1は直線l_2よりも常に上方にあることから、その農業製品を表す組み合わせ２を生産している企業は、その地点d_{i0}から中心地までの間では、そのr_1に見合うだけの$\pi_2 + f_2$を確保することはできず、その$\pi_2 + f_2 \geq r_1$という条件を満たすことはできないことになる。これは、その利益π_2をゼロにすることによって、その$p_2 - z_2$のすべてを土地代にあてたとしても、その土地代r_1を支払うことができないことを意味しており、その農業製品を表す組み合わせ２の生産は、その地点d_{i0}から中心地までの間では不可能になることになり、その区間では、その工業製品を表す組み合わせ１のみが生産されることになる。

それに対して、その地点d_{i0}から外側の周辺地域では、逆に、その農業製品を表す組み合わせ２を生産する企業の方が、より高い土地代を支払うことができるようになっている。例えば、その地点d_{i2}では、その直線l_2が、その直線l_1よりも高くなっている。そして、その高さ$p_2 - z_2$は、その利益π_2と固定費用f_2の大きさを表していることから、その地点d_{i2}の土地代は、最大でr_2まで上昇することになる。逆に、地点d_{i2}では、直線l_1の高さがゼロになっており、それは利益π_2と固定費用f_2の大きさがゼロになることを意味している。したがって、その工業製品を表す組み合わせ１を生産する企業は、その地点d_{i2}では利益をあげることも、土地を購入することもできないことになる。

そして、この地点d_{i0}から外側の周辺地域では、その直線l_2は直線l_1よりも上方にあることから、その工業製品を表す組み合わせ１を生産している企業は、地点d_{i0}から外側の周辺地域では、r_2に見合うだけの$\pi_1 + f_1$を確保することができなくなってしまうことになり、その$\pi_1 + f_1 \geq r_2$という条件を満たすことができなくなってしまうことになる。そして、その工業製品を表す組み合わせ１の生産は、その地点d_{i0}から外側の周辺地域では不可能になることになり、その地点では農業製品を表す組み合わせ１のみが生産されることになる。

以上の理由によって、その地点d_{i0}から内側の中心地域では、工業製品を表す組み合わせ１のみが、また、地点d_{i0}から外側の周辺地域では、農業製品を表す組み合わせ２のみが生産されることになり、その産業の空間的な分布が形作られることになる。

<地域経済メモ>

本講では、価格の変化によって、産業の境界がどのように変化するのかについて紹介してきました。例えば、日本の高度成長期には、物価の上昇が急激に進みながらも、規模の経済性と技術革新によって生産費用が減少したことから、地代曲線の切片が上にシフトすることになりました。それによって、地代曲線と横軸の切片が外側に移動することになり、産業が立地することができる地理的な範囲が広がったことによって、都市の規模が前例のないほど膨張することになりました。

それに対して、９０年代に入ってからは、１０年以上にわたる景気の低迷が続き、それによって、生産物の価格が一律に下落することになりました。それによって、地代曲線が下にシフトすると同時に、産業の境界が内側にシフトすることになりました。そして、産業の境界が内側にシフトしたことによって、都市の周辺地域では産業が消えてなくなると同時に、周辺地域での雇用がなくなることによって、周辺地域に住む人達がいなくなってしまいました。そして、昔は栄えていた町であっても、その町の多くの住民が都市部に移住してしまうことによって、その町には廃墟化した住居や老朽化したインフラのみが残ることになりました。こうした現象は、現代の日本の地域問題としても今でも色濃く残っています。

第１２講　地代曲線と所得階層

前講では地代という概念を導入することによって、各産業の立地可能地域について検討してきた。つまり、土地生産性と1km当たりの輸送費用が、産業によって異なるときに、その産業ごとの地代曲線も異なることになった。そして、その地代曲線の違いが、各産業の立地可能地域を区別することになった。

本講では、その地代曲線を応用することによって、家計の最適な立地地点について分析していくことにする。各所得階層の地代曲線が異なることによって、各所得階層の居住可能地域も定まることになり、その居住可能地域の中でも、最も望ましい地点に、その所得階層に属する家計は集中して立地することになる。そして、そのとき、居住可能地域と所得階層との間に、一定の対応関係が生まれることになり、それと同時に、特定の地域に対して、特定の所得層の家計が集中する様子を説明することができるようになる。そこで本講では、その地代曲線を応用しつつ、異なる所得層の居住可能地域について分析していくことにする。

■ 家計の収入と支出と家賃

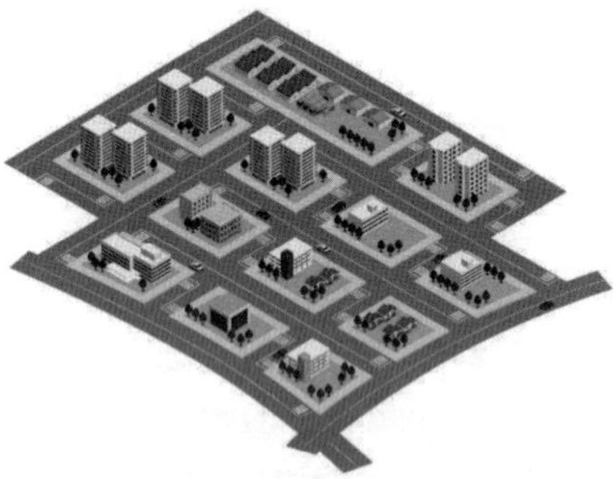

まず、家計の一か月の収入Yと支出Eについて考えてみることにする。

◎収入 Y：労働により得られる家計の収入

◎支出 E：家計の支出を大きく次の４種類に分けることができる。

- 消費 $C = cY$：収入Yと限界消費性向cの積（但し$0 < c < 1$）
- 貯蓄 $S = Y - C = Y - cY = (1 - c)Y$：貯蓄やローンの支払い、固定の租税など
- 家賃 R：住宅にかかる賃貸料
- 交通費 $\Lambda = Xtd$：都市の中心地までの交通費。Xは移動頻度で、tは1km当たりの移動費用、dは移動距離。

また、収入Yと支出Eが等しくなるとき、収入を４種類の支出に分解することができる。

◎収入：$Y = C + S + R + \Lambda$

ここで、その収入Yを、その右辺の家賃Rについて解くと、その家賃Rを次のように定義することができる。

◎家賃：$R = Y - C - S - \Lambda$

◎家賃：$R = Y - cY - S - \Lambda$

◎家賃：$R = (1 - c)Y - S - Xtd$

以上により、各家計の所得Yと貯蓄S、移動頻度Xによって、家賃に支払うことができる金額が決まることになる。

▸ **例題１**：収入Yが 500、限界消費性向cが0.4 、貯蓄Sが100 、移動頻度Xが20 、1km当たりの移動費用tが 0.05、移動距離d が100であるとき、家賃Rに対してどれだけの支出が可能になるか答えなさい。

○家賃：$R = (1 - c)Y - S - Xtd$

○家賃：$R = (1 - 0.4)500 - 100 - 20 \times 0.05 \times 100$

○家賃：$R = 300 - 100 - 100$

○家賃：$R = 100$

■ 家計の地代曲線

産業ごとの地代曲線と同様に、家計の地代曲線についても、その所得Yと消費の割合c、貯蓄S、中心地までの移動頻度Xなどの生活水準の違いに応じて、多様な地代曲線を描くことができる。

> ▸ **例題２**：収入Yが 400、限界消費性向cが0.4 、貯蓄Sが 100 、移動頻度Xが20 、1km当たりの移動費用tが 0.05 であるとする。移動距離dを変数のまま残し、縦軸を家賃Rとし、横軸を移動距離dとしてグラフを描きなさい。

○家賃：$R = (1 - c)Y - S - Xtd$

○家賃：$R = (1 - 0.4)400 - 100 - 20 \times 0.05 \times d$

○家賃：$R = 240 - 100 - d$

○家賃：$R = 140 - d$

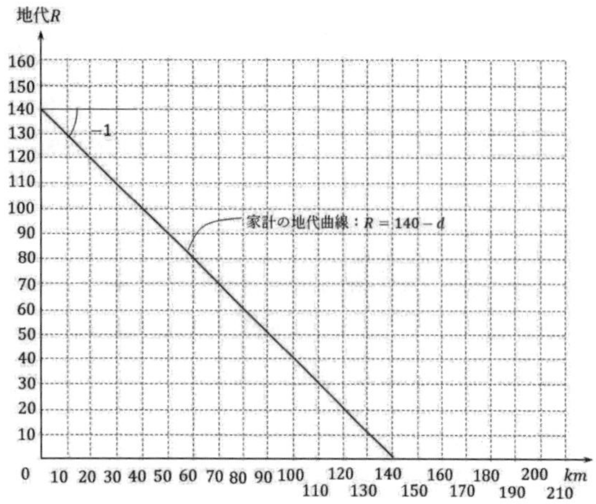

■ 家賃と通勤距離の選好

次に、家計が都市の中心地まで通勤していると仮定するとき、その右下がりの地代曲線によって、家計の家賃と中心地までの通勤距離の代替関係を表すことができるようになる。つまり、高い家賃を支払うことによって、通勤距離は短くすることができ、また、通勤距離を長くすることによって、家賃を安く抑えることができるという、その家賃と通勤距離との間に代替関係が成り立つことになる。

そして、各家計が、どの地点に居住するのかについては、その家賃と通勤距離の、どちらをより重視するのかによって決まることになる。そして、その家賃と通勤距離の内、どちらより高く評価するのかについて、その好みの関係のことを**選好関係**と呼んでいる。ところで、ある家計の家賃と通勤距離の選好関係について、次のようなグラフによって表現することができる。

まず、次の左図について、次のような選好関係があることを読み取ることができる。

◎**点aから点b**：家賃が５０下げることができるなら、通勤距離が１００増加してもかまわない。もしくは、通勤距離が１００増加したとしても、家賃を５０下げたい。

➡ 家賃が下がることがより重要

◎**点bから点c**：通勤距離が５０増加するなら、家賃は１００下がってほしい。もしくは、家賃が１００下がったとしても、通勤距離は５０しか増加させたくない。

➡ 通勤距離短くなることがより重要

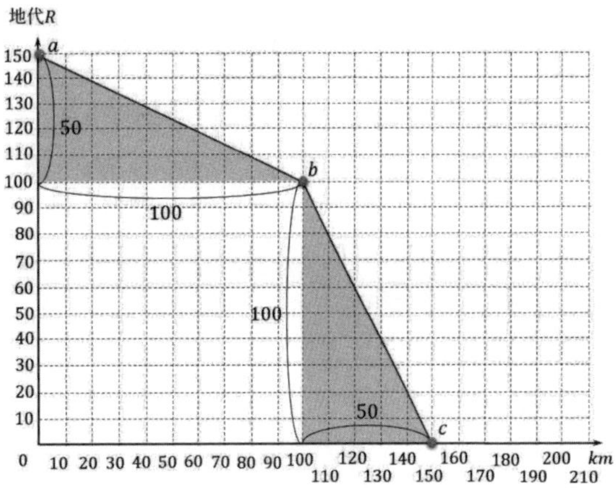

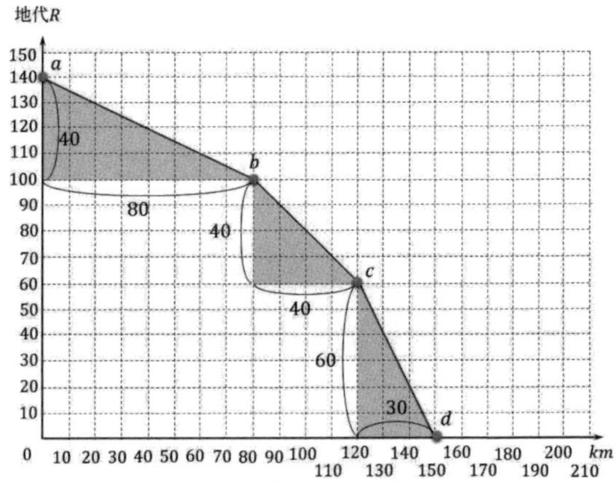

次に、その右図について、家賃と通勤距離の代替関係において、どれだけの家賃が、どれだけの通勤距離と同等に評価されているかについて考えてみることにしよう。

◎**点*a*から点*b***：家賃40と通勤距離80が等価 ➡ 家賃の価値が通勤距離の価値の2倍
◎**点*b*から点*c***：家賃40と通勤距離40が等価 ➡ 家賃の価値が通勤距離の価値の1倍
◎**点*c*から点*d***：家賃60と通勤距離30が等価 ➡ 家賃の価値が通勤距離の価値の0.5倍

それぞれの直線上では、家賃と通勤距離の等価な代替関係が表されていることから、それら4つの点のいずれにおいても、その家計の満足度（効用）は同じであることになる。

■ 選好の単調性

この家賃と通勤距離との代替関係において、家賃が安くなると同時に、通勤距離が短くなるとき、それは常に望ましいことになる。この両方が同時に望ましい方向に変化するとき、満足度が常に改善されることを**単調的**であるという。

したがって、等価な代替関係を表す直線上では、満足度が一定に保たれている一方で、その直線よりも原点に向かって内側では、常に満足度が改善されることになり、その直線よりも原点に向かって外側では、常に満足度が悪化することになる。

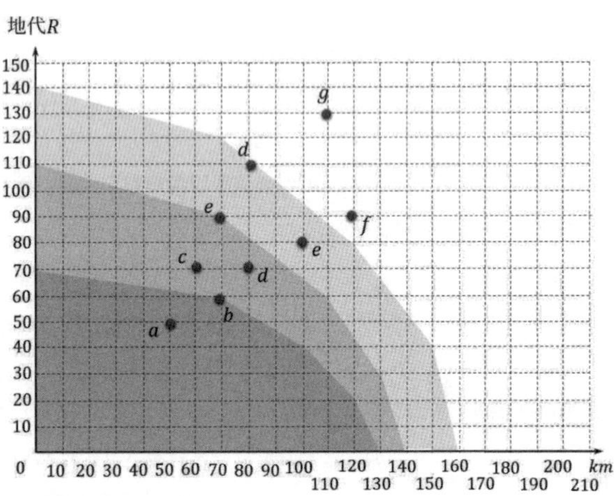

上図では、その点aで表されている家賃と通勤距離の組み合わせが最も望ましく、その点gで表されている家賃と通勤距離の組み合わせが最もの望ましくないものになる。また、その満足度の大きさは、点aの次に点b、点bの次に点c、点cの次に点dの順に小さくなっていくことになり、その満足度の大きさはアルファベット順に小さくなっていくことになる。

■ 最適な居住地点

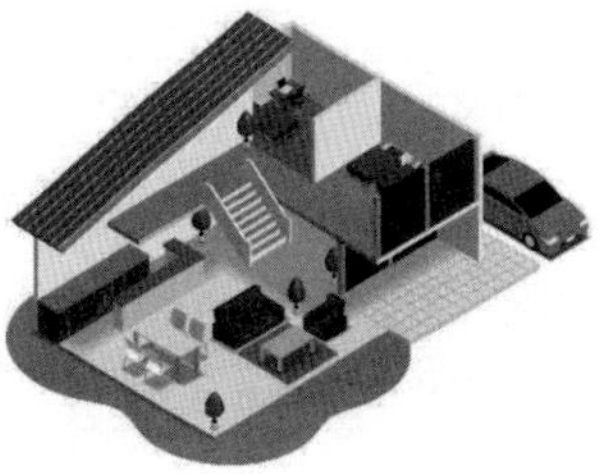

次に、これまでに紹介してきた地代曲線と、家賃と通勤距離との代替関係を利用することによって、家計の最適な立地地点について説明していくことにしよう。まず、その地代曲線によって、それぞれの通勤距離（km）に対して、地代Rの大きさが、その地代曲線の高さによって一意に定まることになる。したがって、その地代曲線上の点は、通勤距離（km）と地代Rの組み合わせを表していることになる。

それに対して、家賃と通勤距離の選好関係については、その原点（通勤距離$d = 0km$と地代$R = 0$円）に近づくほど好ましいことになり、それ以外の場所では、それらの代替関係を表す曲線の形状によって決まることになる。したがって、その地代曲線によって定義されている通勤距離（km）と地代Rの組み合わせの中でも、その原点に最も近いものが、その最も望ましい組み合わせになることになり、それ以外の場所では、その代替関係を表す曲線の中でも、その原点に最も近い曲線上の組み合わせが、その最も望ましい組み合わせであることになる。これについて、以下の例題で確認していくことにしよう。

> ▸ **例題３**：収入Yが 300、限界消費性向cが0.4 、貯蓄Sが80 、移動頻度Xが10 、$1km$当たりの移動費用tが 0.05である とする。このときの家計の最適な家賃と居住地点の組み合わせを点eとして求めなさい。

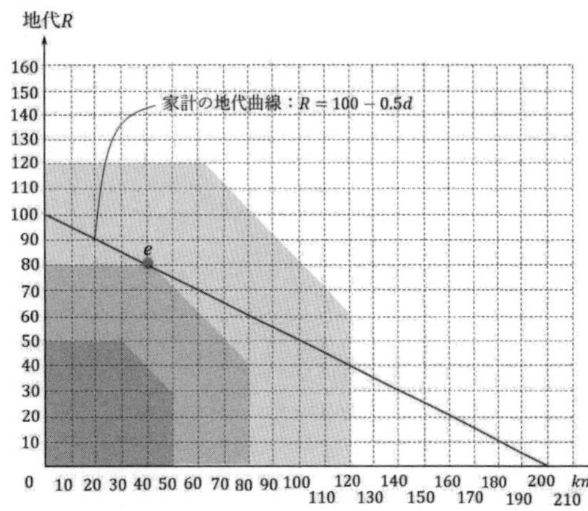

まず、その移動距離dを変数のまま残した上で、縦軸を家賃Rとし、横軸を移動距離dとしてグラフを描くことができる。

◯家賃：$R = (1 - c)Y - S - Xtd$

◯家賃：$R = 100 - 0.5d$

ここで、その原点に向かって内側の範囲に入るほど、その満足度が改善していくことになることから、上図では、その$40km$地点において、その満足度が最も高くなることになる。したがって、その家計は、その$40km$地点に居住することになる。

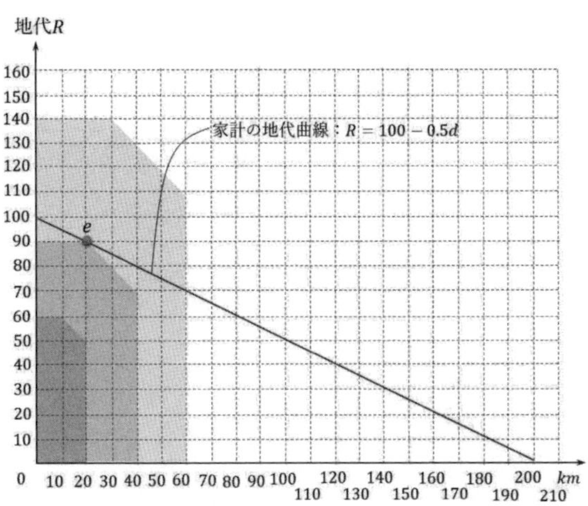

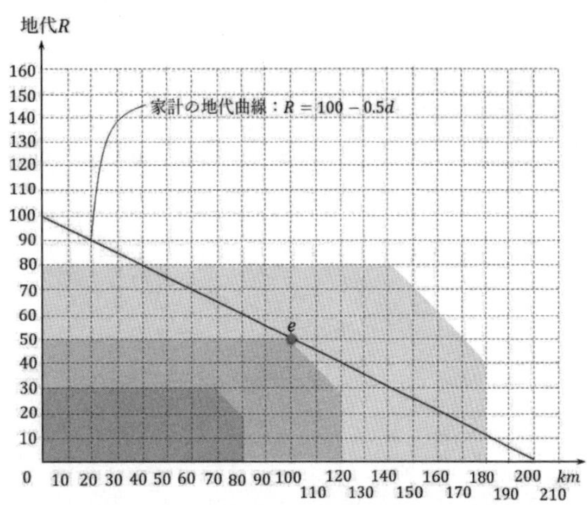

また、その左図では、家計の満足度が、$20km$地点において最も高くなり、その右図では、$100km$地点において最も高くなることから、家計は、それらの地点に居住することになる。

▸ **例題4**：高所得者層、中所得者層、低所得者層の3つの所得者層があり、それぞれが異なる地代曲線を有する一方で、家賃と通勤距離の選好関係は同一であるとする。以下の条件が満たされるとき、高所得者層の最適な家賃と居住地点の組み合わせを点aとして、中所得者層の最適な家賃と居住地点の組み合わせを点bとして、低所得者層の最適な家賃と居住地点の組み合わせを点cとして、それぞれ求めなさい。

○高所得者層：収入Yが 1000、限界消費性向cが0.2、貯蓄Sが640 、移動頻度Xが8 、$1km$当たりの移動費用tが 0.5、移動距離dであるとする。　$R = 160 - 4d$

○中所得者層：収入Yが 400、限界消費性向cが0.5、貯蓄Sが100 、移動頻度Xが2 、$1km$当たりの移動費用tが 0.5、移動距離dであるとする。　$R = 100 - 1d$

○低所得者層：収入Yが 200、限界消費性向cが0.2、貯蓄Sが100 、移動頻度Xが$\frac{4}{3}$ 、$1km$当たりの移動費用tが 0.5、移動距離dであるとする。　$R = 60 - 2/3d$

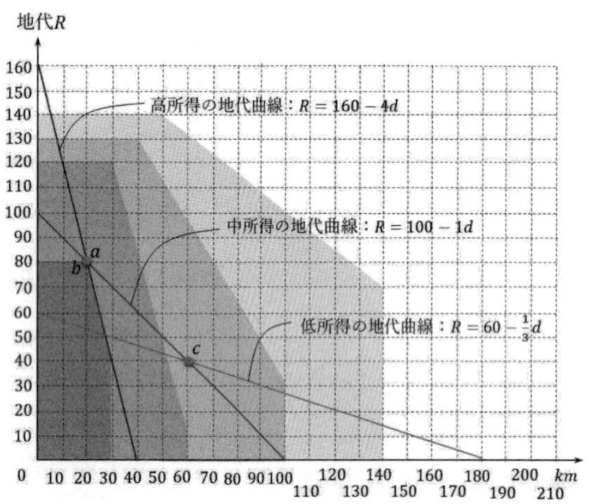

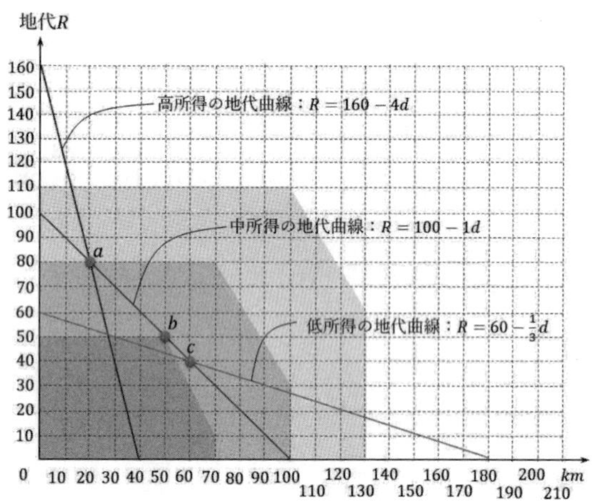

練習問題

◇**練習問題１－１：** 収入Yが 800、限界消費性向cが0.2 、貯蓄Sが300 、移動頻度Xが40 、$1km$当たりの移動費用tが 0.025、移動距離d が100であるとき、家賃Rに対してどれだけ支出が可能か求めなさい。

◇**練習問題１－２：**収入Yが 300、限界消費性向cが0.6 、貯蓄Sが50 、移動頻度Xが5 、$1km$当たりの移動費用tが 0.2、移動距離d が40であるとき、家賃Rに対してどれだけ支出が可能か求めなさい。

◇**練習問題２－１：**収入Yが 800、限界消費性向cが0.2 、貯蓄Sが500 、移動頻度Xが40 、$1km$当たりの移動費用tが 0.05、移動距離d であるとする。移動距離dを変数のまま残し、縦軸を家賃Rとし、横軸を移動距離dとして、この家計の地代曲線を下図に描きなさい。

◇**練習問題２－２：**収入Yが 300、限界消費性向cが0.6 、貯蓄Sが50 、移動頻度Xが5 、$1km$当たりの移動費用tが 0.1、移動距離d であるとする。移動距離dを変数のまま残し、縦軸を家賃Rとし、横軸を移動距離dとして、この家計の地代曲線を下図に描きなさい。

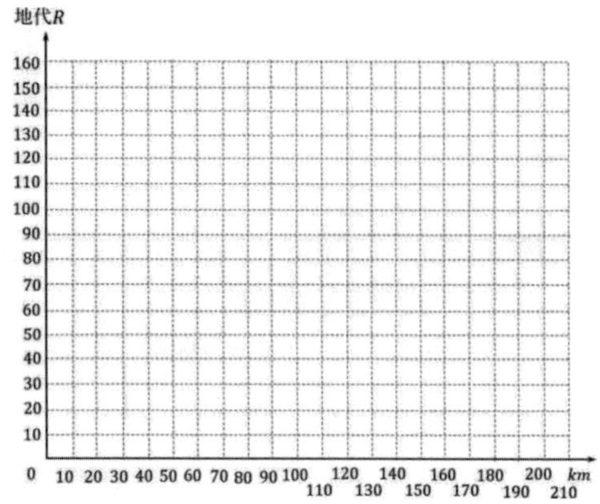

◇**練習問題３－１：**次の図は、家賃と通勤距離の組み合わせについて、ある個人の選好について表したものである。ここでは、最も望ましい組み合わせを１で表し、もっとも望ましくない組み合わせを９で表している。この家賃と通勤距離の組み合わせの望ましさについて、その望ましさが変化する境界を描きなさい。

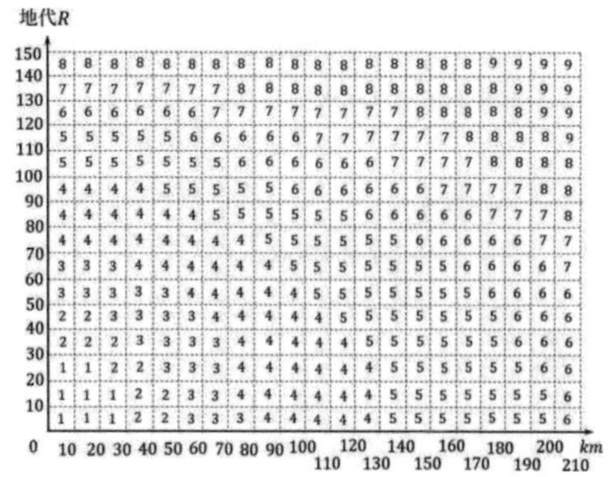

◇**練習問題３－２：**次の曲線は、家賃と通勤距離の選好について、ある個人の無差別曲線を描いたものである。その無差別曲線上にある点aから点hまでの各点は、家賃と通勤距離の組み合わせを表しているが、この個人にとって望ましい組み合わせを、望ましい順に並べなさい。

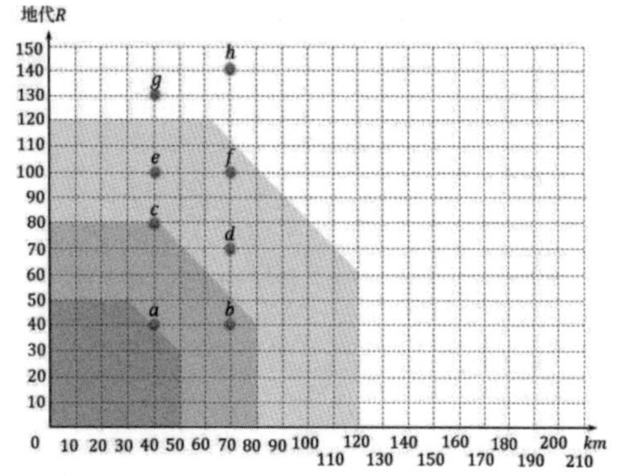

◇**練習問題３－３**：次の図は、個人Ａの無差別曲線と個人Ｂの無差別曲線を描いたものである。この個人Ａと個人Ｂについて、家賃の安さと通勤距離の短さの、どちらがより重要であるか、それぞれ答えなさい。

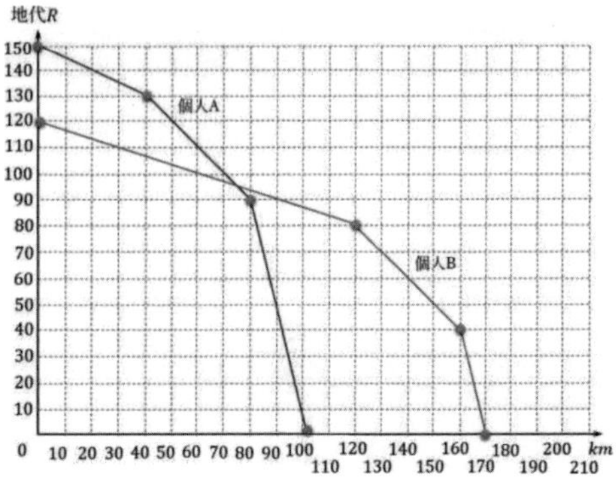

◇**練習問題４**：収入Yが 400、限界消費性向cが0.6、貯蓄Sが20 、移動頻度Xが4 、1km当たりの移動費用tが 0.5、移動距離dであるとする。移動距離dを変数のまま残し、縦軸を家賃Rとし、横軸を移動距離dとしてグラフを描きなさい。また無差別曲線が以下のようになるとき、満足度を最大化する最適な家賃と通勤距離の組み合わせを、点eとしてそれぞれ表しなさい。

◇**練習問題５**：高所得者層、中所得者層、低所得者層の３つの所得者層があり、それぞれが異なる地代曲線を有する一方で、家賃と通勤距離の選好関係は同一であるとする。以下の条件を満たすとき、高所得者層の最適な家賃と居住地点の組み合わせを点aとして、中所得者層の最適な家賃と居住地点の組み合わせを点bとして、低所得者層の最適な家賃と居住地点の組み合わせを点cとして、上図と下図にそれぞれ求めなさい。

○高所得者層：収入Yが 1000、限界消費性向cが0.2、貯蓄Sが640 、移動頻度Xが4 、1km当たりの移動費用tが 0.5、移動距離dであるとする。

○中所得者層：収入Yが 400、限界消費性向cが0.4、貯蓄Sが120 、移動頻度Xが2 、1km当たりの移動費用tが 0.5、移動距離dであるとする。

○低所得者層：収入Yが 200、限界消費性向cが0.2、貯蓄Sが80 、移動頻度Xが1、1km当たりの移動費用tが 0.5、移動距離dであるとする。

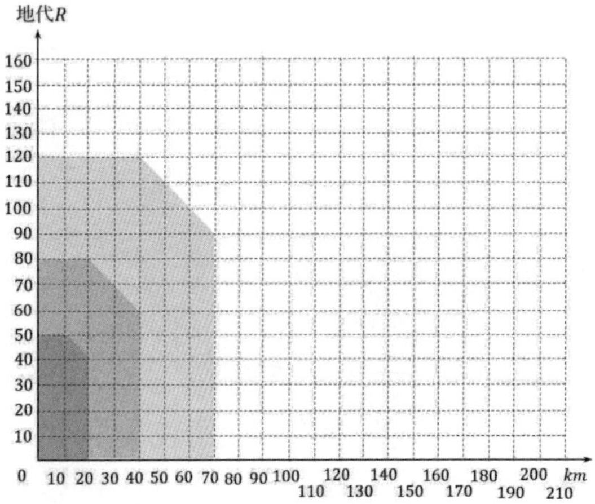

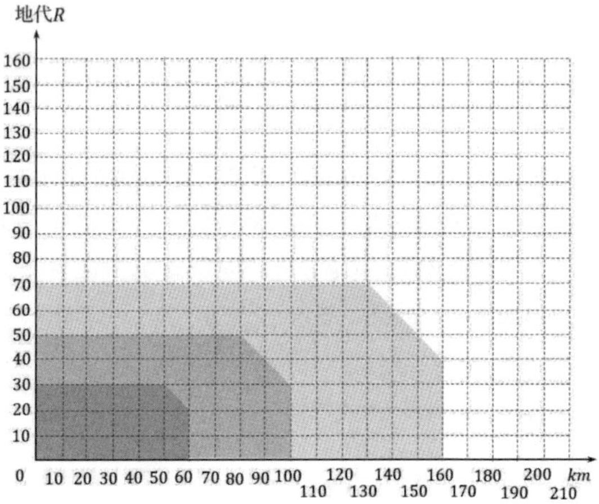

トピック１３：ペティ＝クラークの法則

ペティ＝クラークの法則（Petty - Clark law）とは、各国の長期間にわたる膨大なデータを分析することによって、コーリン・クラーク（Colin G. Clark）が発見した経済と産業の法則のことになる。つまり、その法則とは、経済が成長するにつれて、就業人口が第１次産業（農業）から第２次産業（工業）へと移動することになり、さらに、第３次産業へと移動していくことによって、その供給サイドのコンビネーション経済を発生させる産業が移り変わっていくことを予想する法則のことになる。

ここで、その就業人口の移動とは、その産業が必要とする労働力に比例することから、その就業人口の増減は、それらの産業の発展または衰退を意味することになる。そして、その経済が成長していくにしたがって、第１次産業から第２次産業、そして第３次産業に、その就業人口が移動していくことは、その経済成長の初期の段階では、第１次産業に従事する人口が多いことを意味している。そして、それが成長段階に移行した後は、第２次産業に従事する人口が増える一方で、それは第１次産業に従事する人口を奪うことになり、第１次産業の就業人口を減少させることになる。さらに、その経済の成熟期では、第３次産業に従事する人口が増える一方で、それは第２次産業に従事する人口を奪うことになり、第２次産業の就業人口を減少させることになる。

	第１次産業	第２次産業	第３産業
発展の段階	１段階	２段階	３段階
生産物の特徴	必需品	必需品・奢侈品	奢侈品
土地生産性	低	中	高
労働者所得	低	中	高
一人当たりの資本	高	中	低
主要産業	農業	製造業	サービス業

次に、このペティ＝クラークの法則に登場する産業について、上表のような特徴づけをしてみることにしよう。まず、発展の順番は前述した通り、第１次、第２次、第３次の順で発展していくことになる。そのような順番になる理由は、経済成長にともなう所得の増加と、それぞれの産業で生産される生産物の性質に対応関係があるからになる。

つまり、第１次産業では、主に、食料品や住宅に関わる製品が生産されていることから、その所得の水準が低い段階においては、それらが需要される割合が最も多いことになる。次に、第２次産業の生産物には、食品加工品も含まれている一方で、家電や自動車等の生産物も多く含まれていることから、その生産物には、必需品から奢侈品（必需品以外の贅沢品）まで含まれることになる。そうした製品については、ある程度、その経済成長の段階が進んだ後に、その所得に余裕が出てくることによって、はじめて需要されるようになることから、その需要は、第１次産業の生産物よりも、後の成長段階において増えていくことになる。

最後の第３次産業について、その生産物には多くの奢侈品が含まれることから、その家計の所得水準が最も高くなった後に、その需要が増えていくことになる。そして、その第３次産業の多くは、サービス業によって構成されており、例えば、それには金融サービスを扱う銀行・証券会社と、旅行代理店や塾・習い事の教育サービス業、さらには、都市部に集中しているデパートや百貨店などの小売業も含まれることになり、その数も所得水準に比例して増加していくことになる。

さらに、経験的には、１単位当たりの土地の生産性は、第１次、第２次、第３次の順で上昇していくことが知られており、その土地生産性は、土地の価格である地価を上昇させることになる。つまり、ある企業が、ある特定の１区画の土地を利用して生産したいと考えているときに、その土地で生産活動を行うことができるのは、通常、その土地に対して最も高い対価を支払うことができる企業になることになる。このとき、その最も高い対価を支払うことができる企業とは、１

単位当たりの土地の生産性が最も高い企業であることになり、ほとんどの場合、第１次産業よりも第２次産業、第２次産業よりも第３次産業の企業の方が、その土地に対してより高い対価を支払うことができることになる。すると、ある都市において、それらの産業が均等に分布しているときに、その地価が最も高い中心地域は、その第３次産業によって占められるようになり、その地価の安い周辺地域には、その第１次産業が多く分布するようになっていくことになる。そして、その間には、第２次産業が立地するという立地パターンが形成されることになり、そうした立地パターンについては経験的には正しいことが知られている。

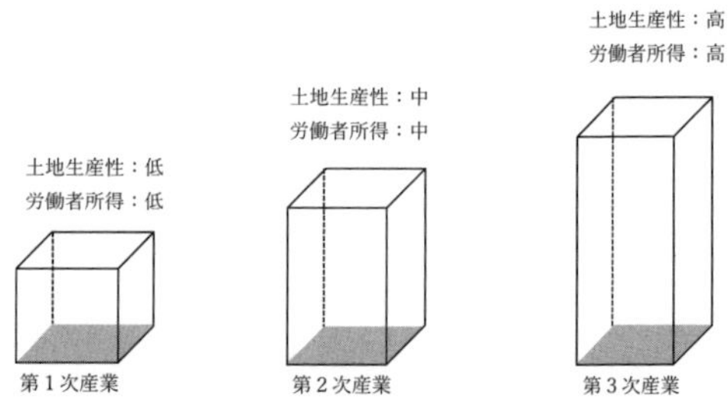

さらに、別の経験則として、それらの産業に従事する労働者に対する所得も、第１次、第２次、第３次の順で上昇していくことが知られている。これについては、その地域で得ることができる所得の大きさが、周辺地域から中心地域に向けて上昇する傾向にあることを意味しており、結果的に、高い所得を求める労働者は、より中心地域に偏って集中することになる。これに対して、中心地域に立地する企業側は、より高い所得を求める労働人口から、その所得に見合うだけの能力をもった人材を選んで雇うことになる。すると、その所得の高い労働者の需要は、主に中心地域で満たされることになり、その周辺地域では、所得の低い労働者が雇用されることになる。

最後に、もうひとつの経験則として、それぞれの産業によって、１人当たりの資本の量が異なることになり、その資本の量は、第１次、第２次、第３次の順で減少していくことになる。ここで、その資本とは、生産活動を行う際に、労働と組み合わせられて生産に貢献することになる。例えば、第２次産業の製造業では、その資本とは、機械、設備、工場のことになり、第１次産業の農業では、その資本の大半は、土地や耕作機械になることになり、第３次産業では、その資本はパソコンやデスク、オフィスなどになることになる。これらの具体例を考えただけでも、その１人当たりの資本の量が、第１次、第２次、第３次の順に減少していくことは明らかである。

ところで、企業は、そうした資本を、銀行から借り入れた借入金によって購入することになる。その理由は、企業が生産を開始する時点では、その資本を購入するための現金を持っていないからになる。それに対して、その貸し出しをする銀行は、その貸し出しのための資金を、その高い所得を得ている中心地域の労働者から調達することになる。つまり、その中心地域の労働者は、その所得が高いことから、その所得の低い労働者よりも、多くの預貯金を銀行に預けていることになる。そして、銀行は、その所得の高い労働者から得た預貯金を、その周辺地域の企業に貸し出すことによって、その周辺地域では、その労働の量に対する資本の量が大きくなる一方で、その中心地域では、その資本の量に対する労働の量が大きくなることになる。

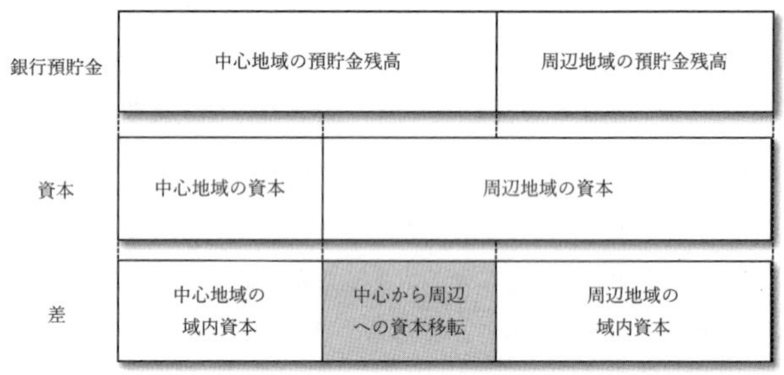

ここで、その資本の差は、その中心地域の高所得者の預貯金と、その周辺地域の低所得者の預貯金の差に対応することになり、その中心地域の預貯金は周辺地域の資本として送られていることになる。このように、その周辺地域の生産活動については、その資本の観点から中心地域の経済に依存していることになる。また、銀行の貸し出し利率が上昇するときには、その周辺地域にある企業ほど利子を支払う余裕がないことによって、その利子率の上昇の影響は周辺地域においてより大きくなることになる。

このように、そのペティ＝クラークの法則が進行していくことによって、資本は、中心地域から周辺地域へと移動することになり、その周辺地域は、その中心地域からの資本で生産した第１次産業の食料品や、第２次産業の電化製品などの製造品を、その中心地域へと還元するという循環構造が出来上がっていくことになる。

<地域経済メモ>

第４講では複数区間での最適立地地点について紹介しましたが、その考え方だけで、多くの国の国土構造について説明することができます。例えば、日本には東京と大阪という２つの巨大都市が存在していますが、その東京と大阪という２大都市に対しての輸送費用を最小化するとき、その最適立地地点は名古屋に当たります。実際に、愛知県は、その地の利を利用することによって、日本最大の製造業の中心地であり続けています。

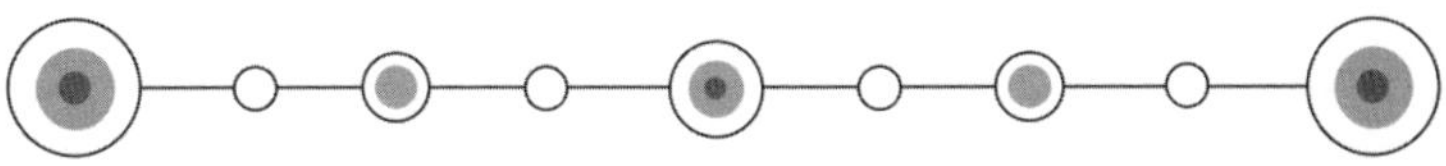

ところで、その名古屋の発展によって恩恵を受けた地域があります。それは東京と名古屋の間にある静岡と長野、また、大阪と名古屋の間にある三重と滋賀になります。そうした地域についても、名古屋と同様に製造業の盛んな地域になっています。

このように２つの中心地の中間にある地域は発展する傾向にあります。また、その中間地点が発展するとき、その中心地が３つになることになり、その３つの中心地を結ぶ２つの区間の中間地点がそれぞれ発展することになり、それによって、その中心地は５つに増えることになります。

さらに、その５つの中心地を結ぶ４つの区間の中間地点が、それぞれ発展する場合には、その中心地点は９つにまで増えることになります。このように、最初の２つの中心地を結ぶ直線上にある地域は発展しやすくなることになり、その発展した様子を、東海道新幹線の車窓から眺めることができます。

ところで、東京の東にある仙台や、大阪の西にある広島のような主要都市については、近年、衰退していく傾向にあります。そして、そうした主要都市が継続的に発展していくことができなければ、東京と仙台の間にある地域や、大阪の広島の間にある地域の発展にも良くない影響が生じてくることになります。

そのような地域の相互依存関係について、家屋の柱と梁（はり）の関係に例えることができます。家屋を立てる際に、梁（横にのびる柱）を渡すには、その梁を支えるための柱が必要になります。そして、その柱がしっかりと建っていなければ梁を渡すことはできなくなってしまいます。ここで、その梁を支える柱が東京と大阪のような大都市に当たることになり、その梁に当たるのが大都市と大都市の間にある中間地域になります。したがって、そうした中間地域は、大都市という柱によって支えられていると考えることができます。

したがって、国土を広範囲に渡って反映させるためには、その柱となる大都市の存在が必要不可欠になり、その柱が倒れることによって、その隣にある柱までの地域も衰退していくことになります。その意味では、近年の東京一極集中型の地域構造は、あまり好ましいものではなく、大阪を柱とした関西の経済の発展が望まれます。

第１３講　閉鎖経済と域内生産

本講からは、地域間の交易がどのようにして発生するのかについて考えていくことにする。具体的には、リカルドの比較優位説と、ヴァーノンのプロダクト・サイクル説の２つの理論について紹介していくことにする。それらはいずれも貿易の理論である一方で、２つの地域間の産業分布を説明するための理論になっている。

その本格的な議論については、次講で詳しく扱っていくことにし、本講では、地域間で交易が無い場合に、地域内の消費活動と生産活動との間に、どれだけの矛盾が生じるのかについて考えていくことにする。

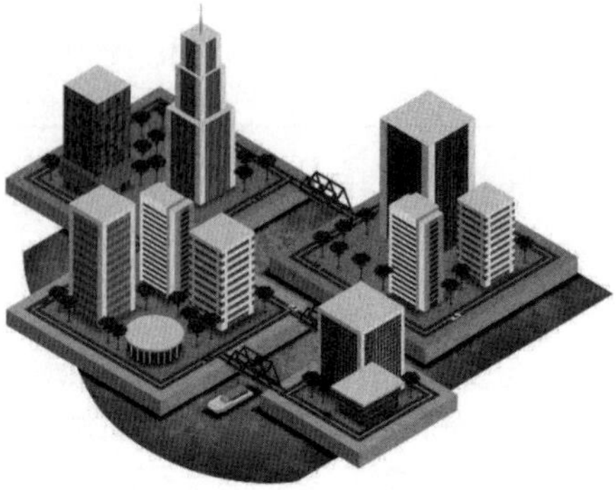

■ 労働による生産関数

地域Ａで財１を生産するために要する労働時間をa_1、地域Ａで財２を生産するために要する労働時間をa_2で定義することにする。また、地域Ａで財１を生産するために要する労働時間が$a_1 = 2$であるとき、労働１時間当たりの財１の生産量は$\frac{1}{2}$になる。そして、労働２時間によって、$\frac{1}{2} \times 2 = 1$単位の財１を生産することができる。また、地域Ａで財２を生産するために要する労働時間が$a_2 = 4$であるとき、労働１時間当たりの財２の生産量は$\frac{1}{4}$になる。そして、労働４時間によって、$\frac{1}{4} \times 4 = 1$単位の財２を生産することができる。

ここで$\frac{1}{2} = \frac{1}{a_1}$かつ$\frac{1}{4} = \frac{1}{a_2}$であることから、その$\frac{1}{a_1}$と$\frac{1}{a_2}$の値が小さくなるほど労働の生産性が低くなることになり、それが大きくなるほど労働の生産性が高くなることになる。以上の生産量Xと労働時間Lの関係について、次のように定義することができる。

◎X_1：財１の生産量　　◎L_1：地域Ａの財１の生産に利用される労働時間

◎X_2：財２の生産量　　◎L_2：地域Ａの財２の生産に利用される労働時間

> ▸ **例題１－１**：地域Ａでは、財１をひとつ生産するために、何時間の労働時間L_1が必要か答えなさい。また、財１を２つ生産する場合と、３つ生産する場合も答えなさい。

○地域Ａで財１をひとつ生産するとき

$$X_1 = 1 = \frac{1}{2} \times 2 = \frac{1}{a_1} \times L_1 \quad (a_1 = 2, L_1 = 2)$$

○地域Ａで財１を２つ生産するとき

$$X_1 = 2 = \frac{1}{2} \times 4 = \frac{1}{a_1} \times L_1 \quad (a_1 = 2, L_1 = 4)$$

○地域Ａで財１を３つ生産するとき

$$X_1 = 3 = \frac{1}{2} \times 6 = \frac{1}{a_1} \times L_1 \quad (a_1 = 2, L_1 = 6)$$

▸ **例題１－２**：財１を１単位生産するために必要な労働時間a_1が4時間であるとき、財１の生産量X_1を100にするためには、その労働時間L_1がいくら必要になるか答えなさい。

$$L_1 = a_1 X_1 = 4 \times 100 = 400$$

■ 労働時間と生産量

以上により、生産量Xと労働時間Lの関係について、次のように表すことができる。

$$X_1 = \frac{1}{a_1} \times L_1 \qquad X_2 = \frac{1}{a_2} \times L_2$$

つまり、生産量Xは、労働時間Lを、生産物１単位を生産するために必要な労働時間aで割ったものに等しくなる。また、ある一定の生産量Xを生産するために必要な労働時間Lを、次のように表すことができる。

$$L_1 = a_1 X_1 \qquad L_2 = a_2 X_2$$

つまり、その労働時間Lは、生産物１単位を生産するために必要な労働時間aに対して、生産量Xをかけたものに等しくなる。

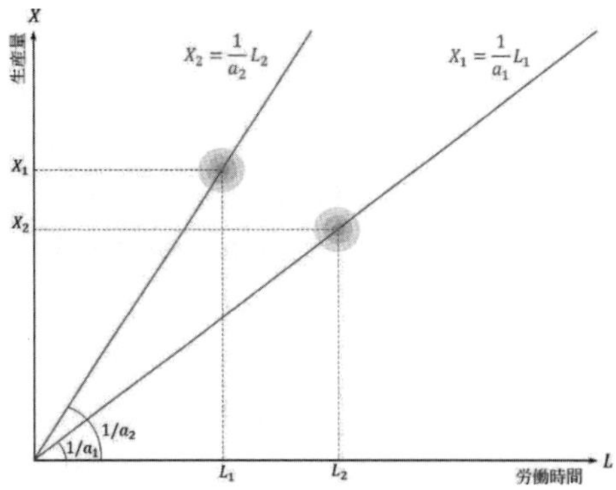

▸ **例題２－１**：財１を１単位生産するために必要な時間a_1が2時間であり、財２を１単位生産するために必要な時間a_2が1時間であるとき、財１の生産量X_1と財１の生産に従事する労働時間の合計L_1の関係と、財２の生産量X_2と財２の生産に従事する労働時間の合計L_2の関係はどのようになるか、そのグラフを描きなさい。

その生産量Xと労働時間Lの関係を、次のように表すことができる。

$$X_1 = \frac{1}{2} \times L_1 \qquad X_2 = \frac{1}{1} \times L_2$$

以上の式をグラフに描くと右図のようになる。

また、ある一定の生産量Xを生産するために必要な労働時間Lについては、次のように表すことができる。

$$L_1 = 2X_1 \qquad L_2 = X_2$$

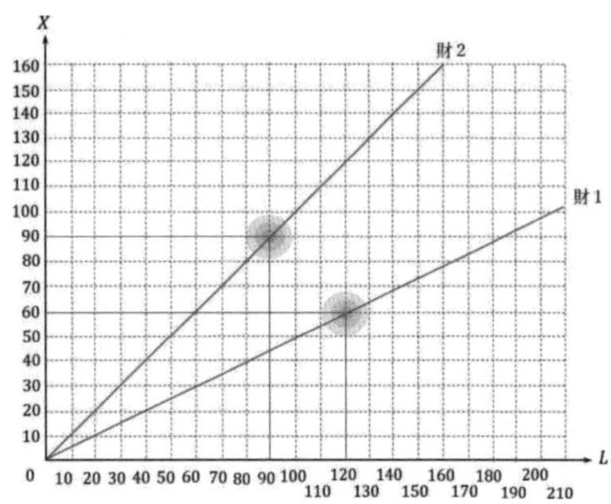

▸ **例題２－２**：例題２－１の地域において、財１の生産に従事する労働時間L_1が120、財２の生産に従事する労働時間L_2が90のときの、財１の生産量X_1と財２の生産量X_2を図示しなさい。

上図に描かれた座標を参照。

■ 地域の生産と産業構造

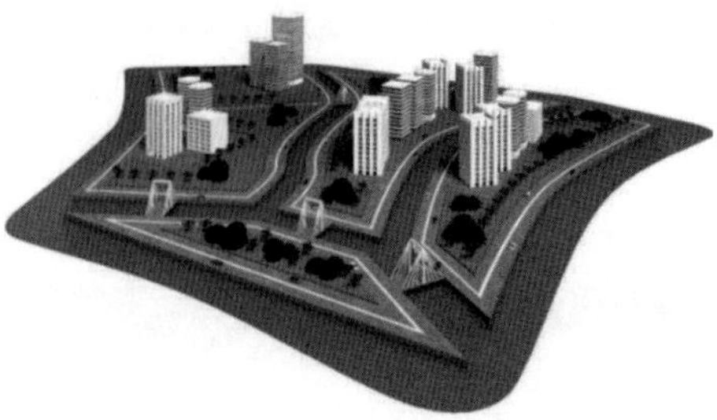

リカードは、地域間の貿易が、地域における生産の特化によって起こることになり、また、その特化は、同じ労働時間であっても、より多くの消費をすることができるようになることが動機になっていると主張する。その一方で、その地域間の貿易が如何に重要であるのかについて理解するためには、その貿易をすることができない状態が、どれだけ不都合で不自由なことなのかについて理解することが必要になってくる。そこで、ある地域が貿易をすることができないという、閉鎖経済の例について考えることにしよう。

まず、それぞれの地域における労働時間は無限ではなく、ある地域の人口は有限になっており、ある1人が一定期間に働くことができる時間にも限りがあることになる。そこで、地域Aにおける利用可能な労働時間をLで表すことにし、それは地域Aにおける、財1の生産に利用することができる労働時間L_1と、財2の生産に利用することができる労働時間L_2の和に等しいものとする。

$$L = L_1 + L_2$$

次に、この式に対して、前出の$L_1 = a_1X_1$と$L_2 = a_2X_2$を代入してみると、

$$L = a_1X_1 + a_2X_2$$

になる。このとき、その財1の最大生産量X_1^*を、次のように求めることができる。まず、その利用可能なすべての労働時間を財1の生産にあてるときに、その財2の生産量はゼロになることから、$X_2 = 0$が成り立つことになる。そこで上式に、その$X_2 = 0$を代入すると、

$$L = a_1X_1 + a_2X_2$$

$$L = a_1X_1$$

$$X_1^* = \frac{L}{a_1}$$

になり、これが、その財1の最大生産量X_1^*の定義になる。また、その財2の最大生産量についても同様に、上式に$X_1 = 0$をを代入することによって、$X_2^* = \frac{L}{a_2}$のように定義することができる。

ここで、その総労働時間Lは一定であり、生産物1単位当たりの生産に必要な労働時間a_1とa_2も一定であるとすると、財1の生産量X_1と財2の生産量X_2は互いに相殺し合う関係にあることになる。これについて確認するために、財1を右辺に移項し、財2を左辺に移項することによって、その式を、次のように表すことができる。

$$L = a_1X_1 + a_2X_2$$

$$a_2X_2 = L - a_1X_1$$

$$X_2 = \frac{L}{a_2} - \frac{a_1}{a_2}X_1$$

この式は、次の左図に描かれている右下がりの直線を表すことになり、その右下がりの直線は、財1の生産量X_1と財2の生産量X_2のすべての組み合わせを表していることになる。したがって、その右下がりの直線上であれば、どの点の組み合わせにおいても生産が可能であることになる。また、その右図において、財1を1単位生産するために必要な労働時間a_1が長くなるほど、財1の最大生産量$X_1^* = \frac{L}{a_1}$は減少することになり、逆に、財1を1単位生産するために必要な労働時間a_1が短くなるほど、財1の最大生産量$X_1^* = \frac{L}{a_1}$は増加することになる。

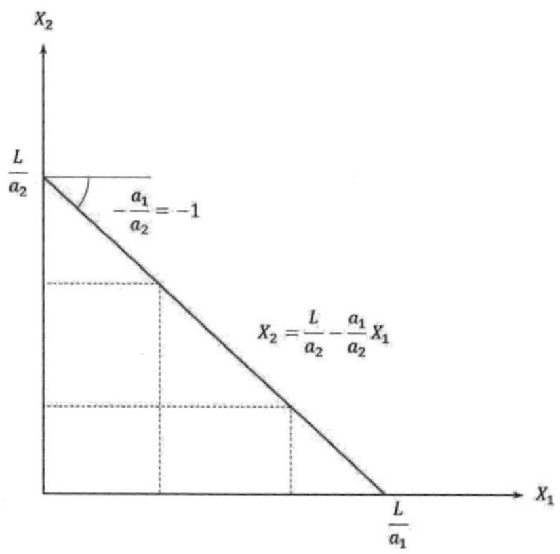

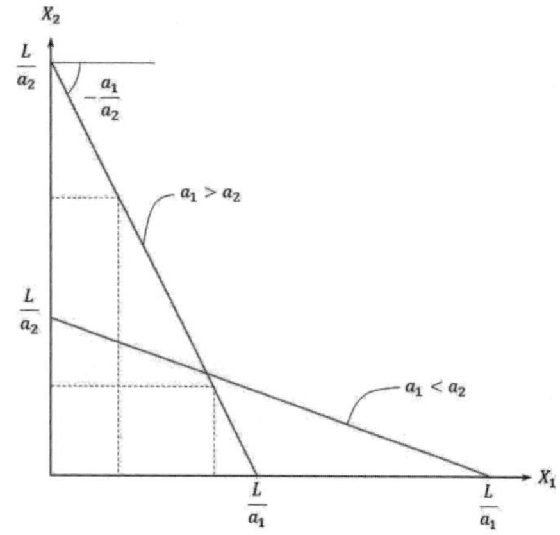

▸ **例題３－１**：ある地域の総労働時間Lが160、財１の必要労働時間a_1が2、財２の必要労働時間a_2が1であるとき、財１の生産量X_1と財２の生産量X_2の組み合わせを表す直線を描きなさい。

問題中の数値を上式に代入すると、次の式を導くことができる。

$$X_2=\frac{L}{a_2}-\frac{a_1}{a_2}X_1 \qquad X_2=\frac{160}{1}-\frac{2}{1}X_1 \qquad X_2=160-2X_1$$

▸ **例題３－２**：また、その地域で、財１の生産に従事する労働時間L_1が100、財２の生産に従事する労働時間L_2が60であるとき、財１の生産量X_1と財２の生産量X_2を求め、その座標を図に示しなさい。

本講の最初に導いた式を利用することによって、次の式を導くことができる。

$$X_1=\frac{1}{a_1}L_1 \quad\Rightarrow\quad X_1=\frac{1}{2}100=50$$
$$X_2=\frac{1}{a_2}L_2 \quad\Rightarrow\quad X_2=\frac{1}{1}60=60$$

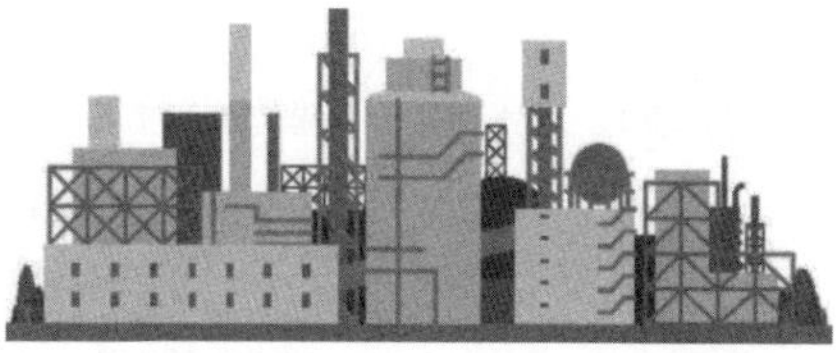

▸ **例題３－３**：また、その地域で、財１の需要量D_1が30であり、財２の需要量D_2が100であるとする。しかし、この地域では他の地域との交易がなされていないことから、超過需要または超過供給が発生することになる。財１と財２の超過需要または超過供給を求め、それを図示しなさい。

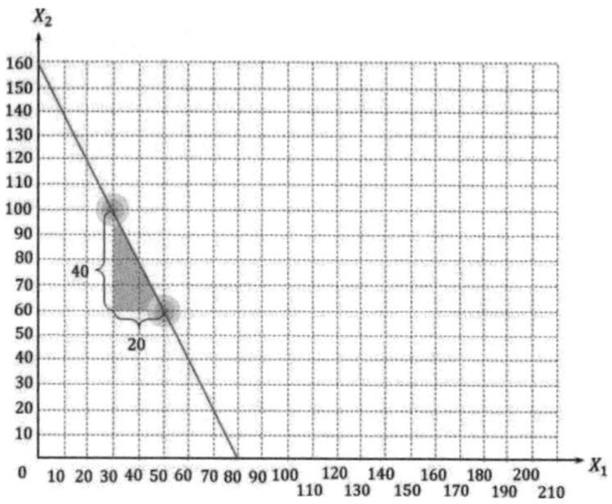

まず、財１の需要量と財１の生産量の差を以下のように求めることができ、そのとき、生産量が需要量を上回ることから、超過供給が起こることになる。

$$D_1-X_1=30-50=-20 \text{（超過供給）}$$

次に、財２の需要量と財２の生産量を以下のように求めることができ、そのとき、生産量が需要量を下回ることから、超過需要が起こることになる。

$$D_2-X_2=100-60=40 \text{（超過需要）}$$

▸ **例題3－4**：この地域では他の地域との交易がなされていないため、その超過需要または超過供給を解消するためには、企業と従業員の意思に反して、超過供給の部門から、超過需要の部門に向けて、労働の配置転換をしなければならない。このとき、財1の生産に従事する労働時間L_1と、財2の生産に従事する労働時間L_2を、どれだけ変化させればよいか、その変化量を答えなさい。

例題3－3より、その超過供給と超過需要の大きさを、それぞれ-20と40として求めることができた。したがって、その超過供給と超過需要を解消するために、$D_1 - X_1 = 0$と$D_2 - X_2 = 0$を満たす必要があることになり、その生産量X_1とX_2を、それぞれ次のように調整すればよいことになる。

$$\Delta X_1 = -20 \text{（超過供給）}$$

$$\Delta X_2 = 40 \text{（超過需要）}$$

そして、その生産量の変化を実現するための労働時間の変化量を、次のように求めることができる。

$$L_1 = a_1 X_1 \quad \Rightarrow \quad \Delta L_1 = a_1 \Delta X_1 \quad \Rightarrow \quad \Delta L_1 = 2 \times (-20) \quad \Rightarrow \quad \Delta L_1 = -40$$

$$L_2 = a_2 X_2 \quad \Rightarrow \quad \Delta L_2 = a_2 \Delta X_2 \quad \Rightarrow \quad \Delta L_2 = 1 \times 40 \quad \Rightarrow \quad \Delta L_2 = 40$$

練習問題

◇**練習問題1－1**：財1を1単位生産するために必要な時間a_1が2時間であり、従業員の労働時間の合計L_1が600時間であるとき、財1の生産量X_1はいくらになるか答えなさい。

◇**練習問題1－2**：財1を1単位生産するために必要な時間a_1が1.5時間であり、従業員の労働時間の合計L_1が600時間であるとき、財1の生産量X_1はいくらになるか答えなさい。

◇**練習問題1－3**：財1を1単位生産するために必要な時間a_1が3.5時間であり、従業員の労働時間の合計L_1が700時間であるとき、財1の生産量X_1はいくらになるか答えなさい。

◇**練習問題1－4**：財1を1単位生産するために必要な時間a_1が0.8時間であり、従業員の労働時間の合計L_1が600時間であるとき、財1の生産量X_1はいくらになるか答えなさい。

◇**練習問題1－5**：財1を1単位生産するために必要な時間a_1が0.4時間であり、従業員の労働時間の合計L_1が600時間であるとき、財1の生産量X_1はいくらになるか答えなさい。

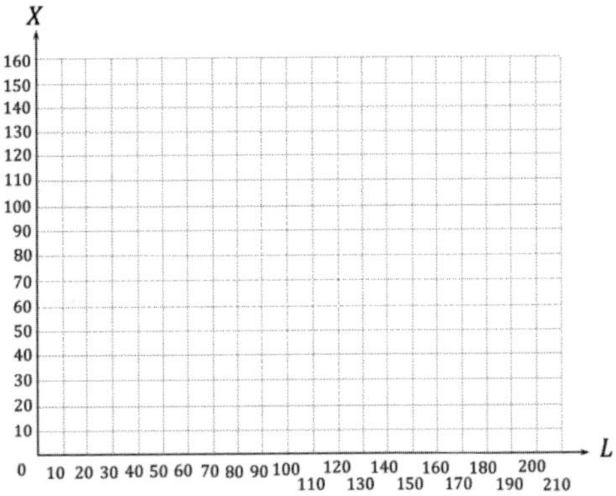

◇**練習問題1－6**：財1を1単位生産するために必要な時間a_1が0.5時間であるとき、財1の生産量X_1を400にするためには、従業員の労働時間の合計L_1がいくら必要になるか答えなさい。

◇**練習問題1－7**：財1を1単位生産するために必要な時間a_1が0.2時

間であるとき、財１の生産量X_1を300にするためには、従業員の労働時間の合計L_1がいくら必要になるか答えなさい。

◇練習問題２－１：財１を１単位生産するために必要な時間a_1が0.5時間であり、財２を１単位生産するために必要な時間a_2が4時間であるとき、財１の生産量X_1と財１の生産に従事する労働時間の合計L_1の関係と、財２の生産量X_2と財２の生産に従事する労働時間の合計L_2の関係はどのようになるか、そのグラフを描きなさい。また、財１の生産に従事する労働時間L_1が50、財２の生産に従事する労働時間L_2が160のときの、財１の生産量X_1と財２の生産量X_2を図示しなさい。

◇練習問題２－２：財１を１単位生産するために必要な時間a_1が2時間であり、財２を１単位生産するために必要な時間a_2が1.5時間であるとき、財１の生産量X_1と財１の生産に従事する労働時間の合計L_1の関係と、財２の生産量X_2と財２の生産に従事する労働時間の合計L_2の関係はどのようになるか、そのグラフを描きなさい。また、財１の生産に従事する労働時間L_1が120、財２の生産に従事する労働時間L_2が150のときの、財１の生産量X_1と財２の生産量X_2を図示しなさい。

◇練習問題３－１：ある地域の総労働時間Lが450、財１の必要労働時間a_1が2、財２の必要労働時間a_2が3であるとき、財１の生産量X_1と財２の生産量X_2の組み合わせを表す直線を描きなさい。

◇練習問題３－２：また、その地域において、財１の生産に従事する労働時間L_1が60、財２の生産に従事する労働時間L_2が390であるとき、財１の生産量X_1と財２の生産量X_2を求め、その座標を図に示しなさい。

◇練習問題３－３：また、その地域において、財１の需要量D_1が90であり、財２の需要量D_2が90であるとする。しかし、その地域では他の地域との交易がなされていないため、超過需要または超過供給が発生することになる。そのときの財１と財２の超過需要または超過供給を求め、それを図示しなさい。

◇練習問題３－４：また、その地域では他の地域との交易がなされていないため、その超過需要または超過供給を解消するには、企業と従業員の意思に反して、その超過供給の部門から超過需要の部門に、その労働力を移動させなければならない。このとき、その財１の生産に従事する労働時間L_1と、その財２の生産に従事する労働時間L_2を、どれだけ変化させればよいか、その変化量を答えなさい。

◇練習問題４－１：ある地域の総労働時間Lが75、財１の必要労働時間a_1が0.25、財２の必要労働時間a_2が0.5であるとき、財１の生産量X_1と財２の生産量X_2の組み合わせを表す直線を描きなさい。

◇練習問題４－２：また、その地域において、財１の生産に従事する労働時間L_1が40、財２の生産に従事する労働時間L_2が35であるとき、財１の生産量X_1と財２の生産量X_2を求め、その座標を図に示しなさい。

◇練習問題４－３：また、その地域において、財１の需要量D_1が60であり、財２の需要量D_2が120であるとする。しかし、その地域では他の地域との交易がなされていないため、その超過需要または超過供給が発生することになる。そのときの財１と財２の超過需要または超過供給を求め、それを図示しなさい。

◇練習問題４－４：この地域では他の地域との交易がなされていないため、超過需要または超過供給を解消するには、企業と従業員の意思に反して、その超過供給の部門から超過需要の部門に、その労働力を移動させなければならない。このとき、その財1の生産に従事する労働時間L_1と、財2の生産に従事する労働時間L_2を、どれだけ変化させればよいか、その変化量を答えなさい。

トピック14A：マーシャルの集積経済

次に、生産活動が地理的に集中することによって起こる経済性について紹介していくことにしよう。この地理的な集中による経済性とは、モノとモノとの組み合わせや、ヒトとヒトとの組み合わせ、そして、モノとヒトとの組み合わせによって生まれることになる。そして、その供給サイドのコンビネーション経済を発生させる企業組織のことを、特に、**産業集積**（agglomeration）と呼んでおり、その産業集積で発生するコンビネーション経済のことを**集積経済**（agglomeration economy）と呼んでいる。

例えば、近代経済学の祖と呼ばれるアルフレッド・マーシャル(Alfred Marshall)は、その集積経済が発生する要因として、次の3つの要因を挙げている[2]。

(1) 共有される関連産業・企業の発達

(2) 共有される熟練した労働者のプール

(3) 共有される知識のスピルオーバー

このマーシャルの集積経済論で重要な点は、その集積経済が発生する産業について、同業種の企業・産業の集中を想定していることにある。ここで、その集中とは、ある地域における産業特化による集中というよりも、むしろ、ある地域において一定の規模の産業が集中しているという意味合いの方が強い。その理由は、産業特化とは相対的な概念になっており、ある地域にひとつの産業しか存在しないとすれば、その規模がどんなに小さいものであったとしても、その地域が産業特化していると考えることができるからになる。

また、上記の3つの要因のすべてにおいて、その"共有される"という文言が付け加えられているのは、同業種の企業・産業が集中しているからになる。つまり、それが異業種の企業・産業であるとき、その共有されるものと、そうでないものとの違いが生じることによって、必ずしも、それらの要因が集積経済を発生させるとは限らなくなってしまうことになる。

そして、それら3つの要因が集積経済を発生させる理由としては、まず、同業種の企業・産業が集中することによって、材料や部品などを供給する下請け企業・産業が発達しやすくなり、また、加工・組立等の企業・産業が発達することによって、分業による生産の効率化が図ることができるようになる。さらに、それによって、その関連企業・産業は、少品種の大量生産の製造を行うことができるようになることから、ある一定の目的・機能に対して特化した製品を開発することができるようになり、また、その規模の経済性が働くことによって、製品1単位当たりの製造費用を軽減することができるようになる。そうした理由によって、その関連企業の発達は、生産効率の側面や技術力の側面、そして、生産費用の軽減の側面から、より良い影響をもたらすと考えられていることになる。

[2] この3つに加えて、共有されるインフラ設備や、その地域の革新的な風土形成などの文化的な要因も指摘されることもある。

次に、その共有される熟練した労働者のプールについて、ある産業が集中している地域では、その地域内に同じ産業に従事する労働者が多く存在していることになる。そして、その労働者が多くなるほど、その熟練した労働者も多くなる傾向にあることになり、その地域内に熟練した労働者が多くプールされている（蓄えられている）ことになる。この熟練した労働者が多く存在しているということは、知識や技術の面などで遅れをとっていた企業であったとしても、そのプールされている熟練した労働者を雇うことによって、より洗練された高い技術力を獲得することができるようになり、それを生産に活用することができるようになる。

最後に、その知識のスピルオーバーに関しては、その知識には明示的な知識だけでなく、暗黙的な知識も含まれていることになる。特に、マーシャルは、その著作の中で、職人の徒弟制について何度か触れており、この徒弟制によって移転される明示的な知識に加えて、その暗黙的な知識の重要性について強調している。そうした知識スピルオーバーは、生産活動において活かされるだけではなく、高い技術力をもった下請け企業の情報や、市場の需要や動向に関する情報も、各企業に行きわたらせる役割も果たすことになり、企業が、その情報を活用しながら経営を進めていくことによって、その地域の産業全体を活性化させる役割も果たすことになる。

以上の３つの要因から、ある産業が特定の地域に集中して立地することによって、その地域内に立地するすべての企業が恩恵を受けることになり、それによって、その地域の経済活動を持続的なものに発展させると同時に、他の地域よりも、より競争力のある企業群が生まれることになる。したがって、そうした経済的な効果のことを集積経済と呼んでおり、それは企業の生産性を高めることによって、その地域の経済性を改善する役割を果たすことになる。

トピック１４Ｂ：ジェイコブズの集積経済

次に、そのマーシャルの同業種の企業・産業の集中による集積経済とは対照的に、ジェイン・ジェイコブ（Jane Jacobs）の異業種の企業・産業の集中による集積経済という考え方もある。このジェイコブズの集積経済は、同じ産業が集中することによって、企業・産業を支援する関連企業・産業が発展することよりも、むしろ、多様な企業・産業が集中することによって、異業種交流が活発に起こることになり、多様な技術の組み合わせが生まれることの方がより重要であると考えることになる。

また、マーシャルが共有される資源を強調したのに対して、このジェイコブは、大都市において様々な産業や知識、人材が集まることによって、その多様性が、生産活動を様々な面から補完する要素になりうることを強調している。この補完という言葉は、経済学の用語のひとつになっており、それは一方の性質が強化されるときに、もう一方の性質も強化されるような関係があることを意味している。つまり、マーシャルは同業種の産業が集中することによって、その産業を支援することに特化した産業が発達することを強調していたのに対して、ジェイコブズは、一見、何の関連もないような産業間であったとしても、互いに補完し合う関係になりうることを強調している。

このジェイコブが提案する集積経済の要因には、大きく次の２つの要因があることになる。

(1)　補完される知識と技術

(2)　補完される関連企業・産業

これら２つの要因について、マーシャルの集積経済の要因と比較するときに、ジェイコブズもマーシャルと同様に、その関連企業・産業が果たす役割と知識・技術が果たす役割を、その集積経済の発展の要因として強調していることが分かる。またジェイコブについては、その熟練した労働者については直接的には言及していないものの、知識と技術が、熟練した労働者によって移転されるという意味では、その労働者のスキルも、狭義の意味での知識・技術に当てはまるに違いない。

それでは、そのマーシャルの集積経済論とジェイコブズの集積経済論との相違点について、どのように整理することができるのだろうか。この集積経済の要因に関して、マーシャルが挙げた関連産業、知識、技術という3つの要因は、ある特定の産業の支援に特化したものになっているのに対して、ジェイコブズが挙げた産業集積の要因は、様々な企業・産業の活動に対して、共通してプラスの影響を与える要因に着目しているという違いがあることになる。

この違いについて、より詳しく説明するために、以下の位相図を用いて説明していくことにしよう。まず、知識と技術については、次の2種類に分けることができる。ひとつは、ある産業に特化した知識・技術のことになり、それらは、その産業の活動に対しては貢献することができるものの、他の産業の活動に対しては全く貢献しないものになる。もうひとつは、複数の産業の活動に対して共通して貢献するような知識・技術のことになり、それらは、どの産業に対しても同じように貢献するものになる。

そして、そのマーシャルの集積経済における知識・技術は、その産業を個別的に支援するために特化した知識・技術を意味していることから、それは前者の知識・技術に対応することになる。それに対して、ジェイコブズの集積経済における知識・技術は、複数の産業に対して同様に貢献するものになっていることから、それは後者の知識・技術に対応することになる。これがマーシャルの集積経済論とジェイコブズの集積経済論における最も顕著な違いになることになる。

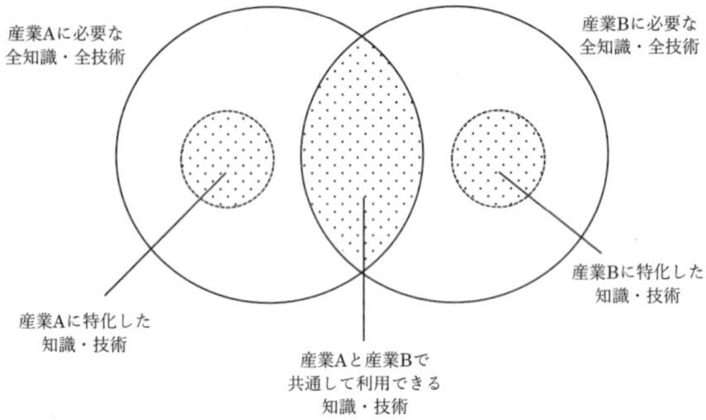

同様のことは、その関連企業・産業についても当てはまることになり、ある特定の決まった産業にしか、その力を発揮することができない企業・産業と、どのような産業に対しても、一様に、その力を発揮することができる企業・産業があるとき、前者は、マーシャルの集積経済における企業・産業に該当することになり、後者は、ジェイコブズの集積経済における企業・産業に該当することになる。

ところで、そのマーシャルによる産業集中(特化)による集積経済と、そのジェイコブズによる産業の多様性による集積経済には、その経済の成長に仕方に共通点があることになり、それは両者とも、その中心産業に関わる産業の規模が成長することになるという点で同じになっている。つまり、マーシャルの集積経済論による利点は、単なる産業の特化によって生まれるのではなく、その産業の規模がある一定以上の規模（臨界質量：critical mass）を超えた場合にのみ生じることになる。その理由は、その特化の規模が小さい場合には、関連企業の労働者のプールは生まれなくなり、それによって、専門化された知識・技術も蓄積されなくなるからになる。したがって、そのマーシャルの集積経済論は、ある一定以上の規模を超えた産業の集中が必要になってくることになる。

さらに、これに関連して、マーシャルは直接的には言及はしていないものの、ある一定の規模の産業が地理的に集中するときに、その集中の規模に応じて、その地域の都市化が進んでいくことによって、関連企業・産業が多様化していくことを予想することができる。つまり、マーシャルは、企業・産業が地理的に集中することによって、そうした多様な関連企業・産業が発達することを想定していたのに対して、ジェイコブズは、むしろ、都市のようなあらかじめ産業の多様性が発達した地域があるときに、そうした地域に立地することによって、すでにある企業・産業との関係性を活かすことによって、その恩恵を受けることができるようになることを想定していたことになる。これについては、その地域に蓄積されている知識や技術についても同様に当てはまることになる。したがって、マーシャルは、大都市が発展する以前の視点から、その集積経済論を分析していたのに対して、ジェイコブズは、大都市が発展した後の視点から、その集積経済論を分析していたことになり、それよって、それらの違いが生まれた可能性があることになる。

第１４講　開放経済による支出の増加

前講では、閉鎖経済において、企業の自由な経済活動を認めるときに、必然的に、産業ごとの超過需要と超過供給が起こることについて確認してきた。この超過需要と超過供給を是正するために、企業の生産活動を調節することができるものの、実際には、その超過需要を他の地域からの輸入で補い、超過供給を他に地域に輸出する方が現実的になり、それが貿易によって生まれる第一のメリットになる。

その一方で、地域間の輸入と輸出のメリットは、単なる超過需要と超過供給の解消だけにとどまらず、地域内の所得と消費を増大させるメリットもあり、これについて論じたのがリカード（David Ricardo）になる。リカードは、地域間の貿易は、その地域における生産の特化によって、同じ労働時間でも、より多くの消費を可能にすることが動機になっていると主張する。そして、その生産の特化によって、どれだけ生産量が増加するのか、また、その生産量を輸出することによって、どれだけ消費が増加するのかという２つの問題が、そのリカードの貿易論を理解していくための鍵になってくる。

■ 生産性と生産関数

まず、前講で紹介した生産関数を、次のように定義することにする。

$$X_1 = \frac{L_1}{a_1} \qquad と \qquad X_2 = \frac{L_2}{a_2}$$

ここで、X_1は財１の生産量を表しており、X_2は財２の生産量を表している。そして、それらの生産量は、財１の生産に従事した労働時間L_1と、財２の生産に従事した労働時間L_2に比例するように定義されている。また、労働時間Lと生産量Xの関係については、労働の生産性によって調整されることになり、財１の生産量X_1は、a_1の値が小さくなるほど大きくなり、逆に、a_1の値が大きくなるほど小さくなる。したがって、そのa_1の値が小さくなるほど、財１に対する労働生産性が高くなり、逆に、a_1の値が大きくなるほど、財１に対する労働生産性が低くなる。これと同様のことが、財２の労働生産性を表すa_2についても当てはまる。

■ 労働の分配

これまでは労働時間Lと財１と財２の生産量X_1とX_2の関係について確認してきたが、ここで、その生産における収入と生産者に対する分配（労働費用）の観点を導入してみることにする。まず、財１の生産から得られる収入R_1は、その生産量X_1に、財１の価格p_1をかけたものに等しくなる。

$$R_1 = p_1 X_1$$

また、財２の生産から得られる収入R_2は、その生産量X_2に、財１の価格p_2をかけたものに等しくなる。

$$R_2 = p_2 X_2$$

よって、地域Aの収入の合計Rは、次のように表されることになる。

$$R = R_1 + R_2 = p_1 X_1 + p_2 X_2$$

次に、財1の生産にかかる費用C_1は、労働時間L_1に時給wをかけたものに等しくなる。

$$C_1 = wL_1$$

また、財2の生産にかかる費用C_2は、労働時間L_2に時給wをかけたものに等しくなる。

$$C_2 = wL_2$$

よって、財1と財2の生産にかかる費用の合計Cを、次のように表すことができる。

$$C = C_1 + C_2 = wL_1 + wL_2$$

ここで、生産活動によって得られた収入が、その地域での生産活動に従事した従業員に対してすべて分配されるとすれば、その収入Rと費用Cは等しくなり、それを次のような等式に置き換えることができる。

$$R = C$$

この式の左辺に対して、$R = p_1 X_1 + p_2 X_2$を代入し、その右辺に対して、$C = wL_1 + wL_2$を代入するとき、その$R = C$を次のように展開することができる。

$$p_1 X_1 + p_2 X_2 = wL_1 + wL_2$$

$$p_1 X_1 + p_2 X_2 = w(L_1 + L_2)$$

ここで、$(L_1 + L_2) = L$より

$$p_1 X_1 + p_2 X_2 = wL$$

になる。また、生産関数$X_1 = \frac{L_1}{a_1}$ と $X_2 = \frac{L_2}{a_2}$により、

$$p_1 \frac{L_1}{a_1} + p_2 \frac{L_2}{a_2} = wL$$

になる。ここで、そのL_1とL_2以外は、すべて定数になっていることから、 L_1とL_2は互いに相殺し合う関係になっていることが分かる。そして、その式を、次のように変形することができる。

$$p_1 \frac{L_1}{a_1} + p_2 \frac{L_2}{a_2} = wL$$

$$p_2 \frac{L_2}{a_2} = wL - p_1 \frac{L_1}{a_1}$$

$$L_2 = \frac{a_2}{p_2} wL - \frac{p_1}{p_2}\frac{a_2}{a_1} L_1$$

そして、その式の両辺に対して、時給wをかけると、

$$wL_2 = \frac{a_2}{p_2} w^2 L - \frac{p_1}{a_1}\frac{a_2}{p_2} wL_1 \qquad \text{または} \qquad wL_1 = \frac{a_1}{p_1} w^2 L - \frac{p_2}{a_2}\frac{a_1}{p_1} wL_2 \qquad \text{(所得式)}$$

になる。この式は、財1の生産から得られる地域の所得wL_1と、財2の生産から得られる地域の所得wL_2が反比例することになる一方で、そのどちらも、その地域の労働力Lと地域の時給wに対して比例することを表している。

■ 地域の産業特化と所得

次に、財1の生産に特化した場合と、財2の生産に特化した場合の所得について定義してみることにしよう。まず、財1のみの生産に特化するとき、$L_2 = 0$になることから、それを代入するとき、財1の生産に特化した場合の収入wL_1^*を、次

のように表すことができる。

$$wL_2 = \frac{a_2}{p_2}w^2L - \frac{p_1}{p_2}\frac{a_2}{a_1}wL_1$$

$$0 = \frac{a_2}{p_2}w^2L - \frac{p_1}{p_2}\frac{a_2}{a_1}wL_1$$

$$\frac{p_1}{p_2}\frac{a_2}{a_1}wL_1 = \frac{a_2}{p_2}w^2L$$

$$wL_1^* = \frac{a_1}{p_1}w^2L$$

また、ここで、財２のみの生産に特化するとき、$L_1 = 0$になることから、それを代入すると、財２の生産に特化した場合の収入wL_2^*を、次のように表すことができる。

$$wL_2 = \frac{a_2}{p_2}w^2L - \frac{p_1}{p_2}\frac{a_2}{a_1}wL_1$$

$$wL_2 = \frac{a_2}{p_2}w^2L - \frac{p_1}{p_2}\frac{a_2}{a_1}w \times 0$$

$$wL_2^* = \frac{a_2}{p_2}w^2L$$

したがって、その横軸の切片は$wL_1^* = \frac{a_1}{p_1}w^2L$になり、その縦軸の切片は$wL_2^* = \frac{a_2}{p_2}w^2L$になる。

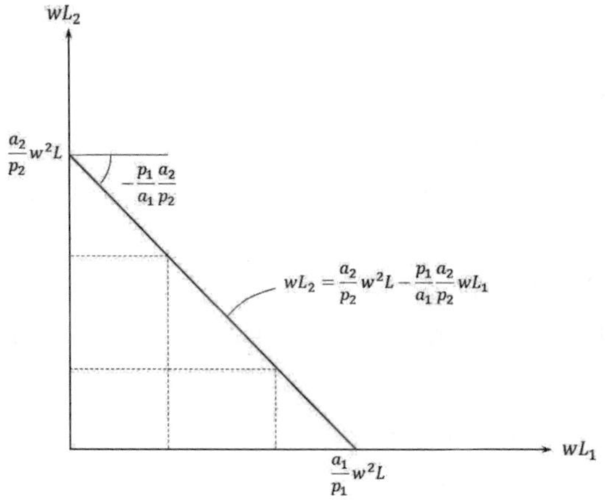

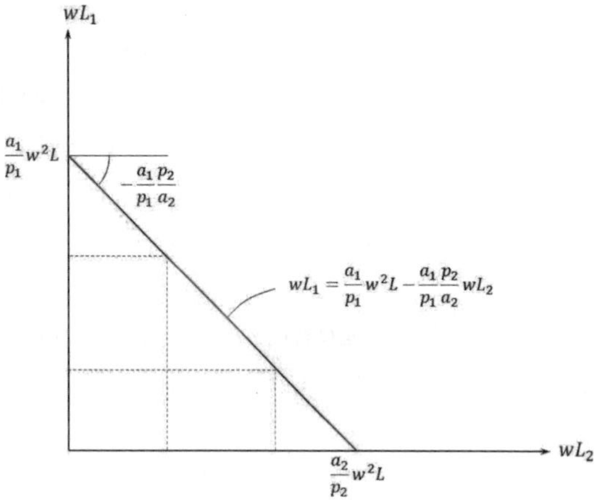

ここで、その生産性が高く（aの値が小さく）、価格pが高いときに、その収入（切片）が減少することになるのは、その地域の所得の大きさが一定で、それを他の地域に輸出することができないことから、その財を生産するための労働時間が減少してしまうからになる。

▸ **例題１－１**：財１の価格p_1が1、財２の価格p_2が0.25、財１の生産に要する時間がa_1が2、財２の生産に要する時間がa_2が0.5、地域の時給wが1、地域の総労働人Lが80時間のときの、財１の産業の所得wL_1と財２の産業の所得wL_2のトレードオフについて、所得式を用いて図に示しなさい。

$$wL_2 = \frac{a_2}{p_2}w^2L - \frac{p_1}{p_2}\frac{a_2}{a_1}wL_1$$

$$wL_2 = \frac{0.5}{0.25} \times 1^2 \times 80 - \frac{1}{0.25}\frac{0.5}{2}wL_1$$

$$wL_2 = 160 - wL_1$$

> ▸ **例題１－２**：また、財１を生産する産業の所得wL_1が90であるとき、財２を生産する産業の所得wL_2を求め、その座標を図に示しなさい。

$wL_2 = 160 - wL_1 = 160 - 90 = 70$（右図参照）

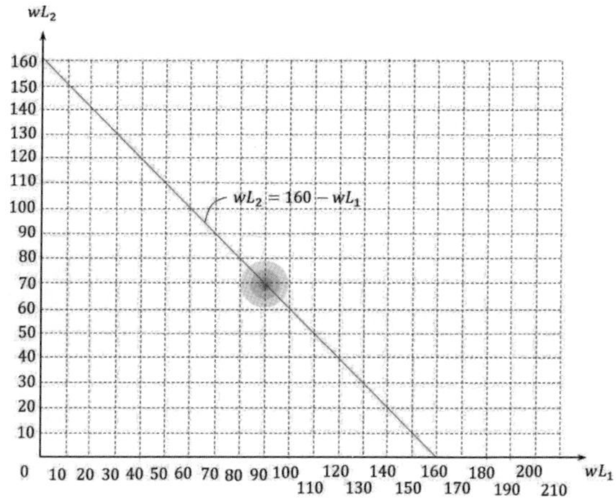

■ 貿易による支出の増加

これまで本章では、財１または財２の生産に特化することによって得ることができる所得 wL_1^* と wL_2^* を表す式について求めてきた。ここで、その地域が他の地域との交易を開始することによって、その他の地域と財１と財２を同じ価格p_1とp_2で交換することができるようになるとき、その地域は、その生産を特化することによって、自らが生産した財の数以上の消費をすることができるようになる。そこで次に、その財１と財２の貿易による消費の式を定義した上で、財１または財２の生産に特化することによって、その消費がどのように変化するのかについて確認してみることにしよう。

まず、地域内の所得Iを、労働時間L_1^*またはL_2^*と時給wの積として、次のように表すことができる。

$$I_1^* = wL_1^* \qquad と \qquad I_2^* = wL_2^*$$

この生産の特化によって得られた所得I_1^*とI_2^*が、財１への消費p_1X_1と財２への消費p_2X_2に分配されるとき、その所得I_1^*とI_2^*は、それぞれp_1X_1とp_2X_2の和に等しくなる。

$$I_1^* = p_1X_1 + p_2X_2 \qquad と \qquad I_2^* = p_1X_1 + p_2X_2$$

このとき、その財１の生産に特化した場合の収入について、$I_1^* = wL_1^*$が成り立つことになり、財２の生産に特化した場合の収入について、$I_2^* = wL_2^*$が成り立つことから、

$$wL_1^* = p_1X_1 + p_2X_2 \qquad と \qquad wL_2^* = p_1X_1 + p_2X_2$$

が成り立つことになる。これらの式は、財１または財２の生産に特化することによって得られた所得wL_1^*とwL_2^*が、財１または財２への消費$p_1X_1 + p_2X_2$にあてられることを表している。そして、それぞれの式に対して、前出の財１の生産に特化した場合の所得$wL_1^* = \frac{a_1}{p_1}w^2L$と、財１の生産に特化した場合の所得$wL_2^* = \frac{a_2}{p_2}w^2L$を代入すると、

$$\frac{a_1}{p_1}w^2L = p_1X_1 + p_2X_2 \qquad と \qquad \frac{a_2}{p_2}w^2L = p_1X_1 + p_2X_2$$

$$p_1X_1 = \frac{a_1}{p_1}w^2L - p_2X_2 \qquad と \qquad p_2X_2 = \frac{a_2}{p_2}w^2L - p_1X_1$$

になり、それらに対して、それぞれ、その生産関数$X_2 = \frac{L_2}{a_2}$と$X_1 = \frac{L_1}{a_1}$ を代入すると、

$$p_1X_1 = \frac{a_1}{p_1}w^2L - \frac{p_2}{a_2}L_2 \quad（財１特化の支出式）と \quad p_2X_2 = \frac{a_2}{p_2}w^2L - \frac{p_1}{a_1}L_1 \quad（財２特化の支出式）$$

という式を導くことができる。これら式において、左の式は、財１の生産に特化した場合の、財１と財２への消費の組み合わせを表す直線を表しており、右の式は、財２の生産に特化した場合の、財１と財２への消費の組み合わせを表す直線を表している。

■ 所得と支出の分析

それらの式を、その所得式と合わせて同時にひとつの図に描いてみると次のようになる。まず、財１の生産に特化した場合について考えてみることにしよう。その財１のみの生産に特化するとき、その地域の所得は、その所得式に従って$\frac{a_1}{p_1}w^2L$になることが分かっており、それは図の縦軸の切片になっている。そして、その財１のみを消費するとき、その消費の大きさは財１特化の支出式に従って、$\frac{a_1}{p_1}w^2L$になることが分かっている。それも縦軸の切片になっており、その財１のみを生産し消費する場合には、どちらに場合においても、その量が$\frac{a_1}{p_1}w^2L$になることが分かる。

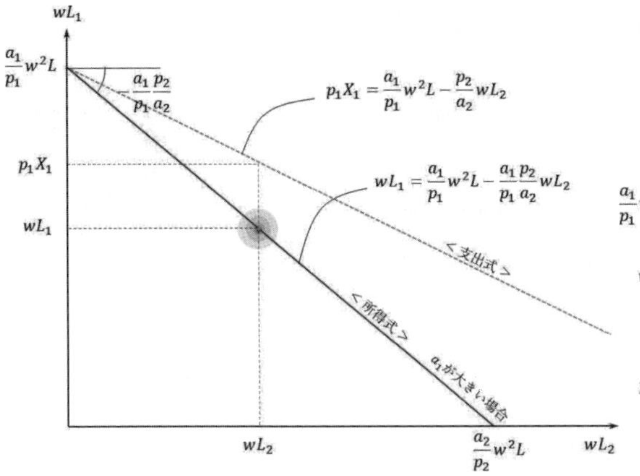

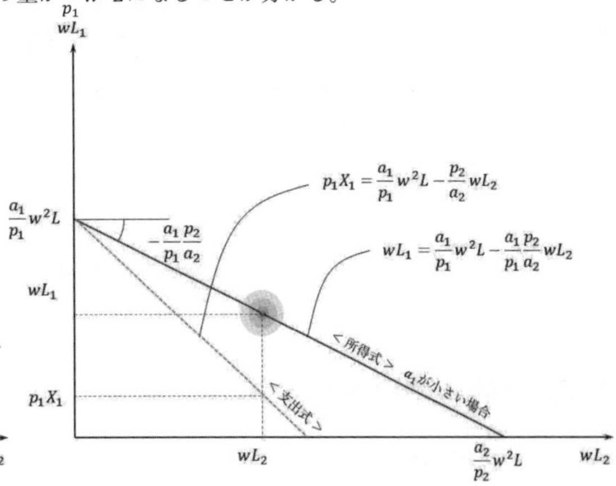

ここで、財１への特化をやめることによって、財２を生産しはじめ、消費しはじめるとき、その所得の量に比べて、消費の量が増加する場合と減少する場合の、２通りのケースに分かれることになる。まず、その消費の量が所得の量よりも大きくなるのは、財１の生産性が低いとき、つまり、財１を１単位生産するために必要な時間a_1が大きいときになる。

これについては、その左図で表されており、この図では、その財１に対する消費p_1X_1が、財１の生産から得られる所得wL_1を、常に上回っていることが分かる。この違いが生じるのは、その支出式の傾きの大きさが$-\frac{p_2}{a_2}$であるのに対して、その所得式の傾きの大きさが$-\frac{a_1}{p_1}\frac{p_2}{a_2}$になっていることから、その分母の財１の価格$p_1$に対して、その分子の財１を１単位生産するために必要な時間a_1が十分に大きいときに、常に、その所得式wL_1が支出式p_1X_1を下回ることになるからになる。

ここで、その所得式wL_1は、財１の生産に特化した場合の所得の大きさを表していることになり、その支出式p_1X_1は、財１の生産への特化から、徐々に財２の生産を増やしていったときの所得による消費の大きさを表していることになる。よって、その財１の生産性が低いときには、財２の生産を増やすことによって、より多くの消費をすることができるようになり、その場合には、財２の生産に特化した方がよいことになる。

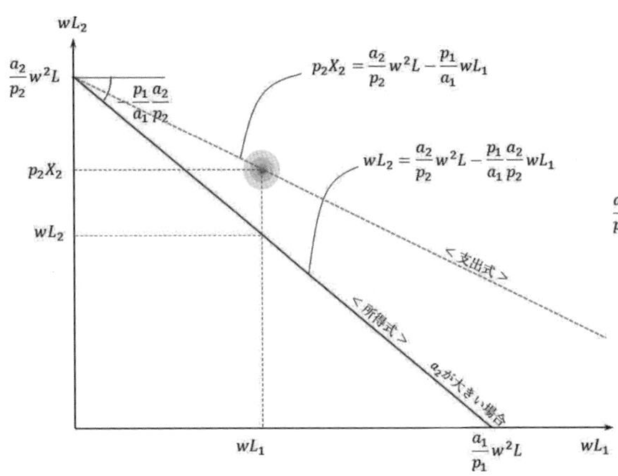

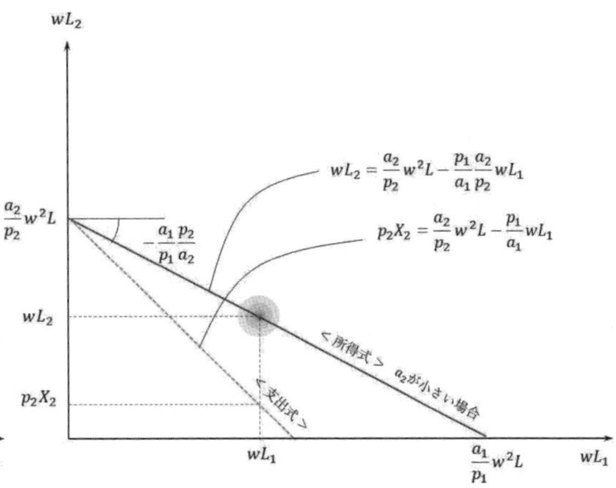

逆に、消費の量が所得の量よりも小さくなるのは、財１の生産性が高いとき、つまり、財１を１単位生産するために必要な時間a_1が小さいときになる。これについては右図に表されており、この図では、その財１に対する消費p_1X_1が、その財１の生産から得られる所得wL_1を、常に下回っていることになる。この違いが生じるのは、支出式の傾きの大きさが$-\frac{p_2}{a_2}$であるのに対して、所得式の傾きの大きさが$-\frac{a_1}{p_1}\frac{p_2}{a_2}$であることから、分母の財１の価格$p_1$に対して、分子の財１を１単位生産するために必要な時間a_1が十分に大きいときに、常に、その所得式wL_1が支出式p_1X_1を上回ることになるからになる。

ここで、その所得式wL_1は、財１の生産に特化した場合の所得の大きさを表していることになり、その支出式p_1X_1は、財１の生産への特化から、徐々に財２の生産を増やしていったときの所得による消費の大きさを表していることになる。したがって、その財１の生産性が高いときには、財２の生産を増やすことによって、その消費の量が減ってしまうことになり、その場合には、その財１の生産に特化した方がよいことになる。

これについては、その縦軸を財２の所得wL_2に変えたとしても同様のことが成り立つことになり、その財２の生産性が低いときには、財１の生産を増やすことによって、より多くの消費をすることができるようになり、その場合には、その財１の生産に特化した方がよいことになる。それに対して、その財２の生産性が高いときには、財１の生産を増やすことによって、その消費の量が減ってしまうことから、その場合には、その財２の生産に特化した方がよいことになる。

■ 比較優位

最後に、その所得式と支出式の違いから、どのような場合に、どの産業に特化すればよいのかについて整理しておくことにしよう。まず、財２の生産に特化する場合の所得式と支出式の違いは、その傾きの大きさの$\frac{a_1}{p_1}$の部分になっており、

$$\frac{a_1}{p_1}=1$$

を満たすときに、その所得式と支出式の傾きは等しくなり、それらは重なり合うことになる。そして、本講では、

$$\frac{a_1}{p_1}>1 \quad \text{または} \quad a_1>p_1$$

を満たすとき、財２の生産に特化することによって、所得よりも消費の量を多くすることができることについて明らかにしてきた。したがって、財１の生産性が低い（a_1の値が大きい）ときに、財２の生産に特化した方が良いことになる。

同様に、財１の生産に特化すべき場合とは、

$$\frac{a_2}{p_2}>1 \quad \text{または} \quad a_2>p_2$$

を満たす場合になり、このときに、その財１の生産に特化することによって、所得よりも多くの消費をすることができるようになる。

それでは、$a_1>p_1$と$a_2>p_2$の両方が満たされる場合には、どちらの財の生産に特化すれば良いのであろうか。仮に、p_1とp_2が同じであるとすれば、次の関係が成り立つことになる。

◎　$a_1>a_2$ のとき、財２の生産に特化

◎　$a_2>a_1$ のとき、財１の生産に特化

つまり、$a_1>p_1$と$a_2>p_2$の両方が満たされている時点において、その消費が所得よりも大きくなることは確実になることになり、$a_1>a_2$のときは、財２の生産に特化することによって、その消費の量を増やすことができるようになり、また、$a_2>a_1$のときは、財１の生産に特化することによって、その消費の量を増やすことができるようになる。

また、このモデルでは、$a_1>p_1$と$a_2>p_2$の、いずれか一方が必ず成り立つことになるため、a_1とa_2の大小関係のみに

よって、どちらの財の生産に特化すべきかについて一意に定まることになる。このa_1とa_2による生産性の大小関係のことを、リカードの**比較優位**と呼んでおり、生産性が高い方に生産を特化することによって、消費を生産よりも必ず大きくすることができるようになっている。

> ▸ **例題２－１**：例題１における支出式について、縦軸を財２の消費p_2X_2として図に描きなさい。

$$p_2X_2 = \frac{a_2}{p_2}w^2L - \frac{p_1}{a_1}wL_1$$

$$p_2X_2 = \frac{0.5}{0.25} \times 1^2 \times 80 - \frac{1}{2}wL_1$$

$$p_2X_2 = 160 - \frac{1}{2}wL_1$$

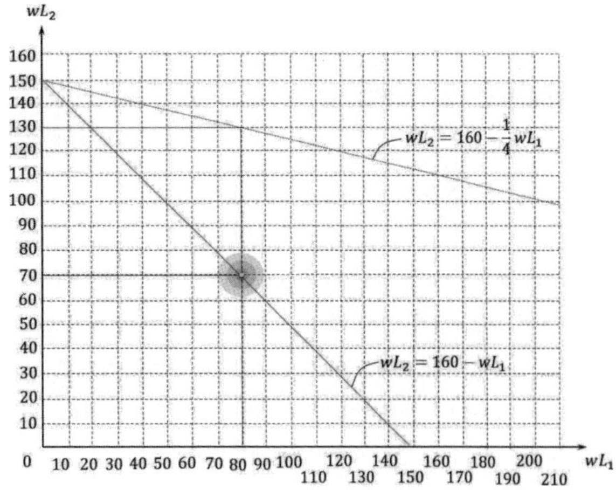

以上により右図を参照。

> ▸ **例題２－２**：財１の生産による所得wL_1が80になるとき、財２の生産から得られる所得と、財２に対する消費の差が、どれだけになるか求めなさい。

上図の２つの直線の高さの差について求めればよい。

$$wL_2 = 160 - wL_1 = 160 - 80 = 80$$

$$p_2X_2 = 160 - \frac{1}{2}wL_1 = 160 - \frac{1}{2}(80) = 120$$

$$120 - 80 = 40$$

練習問題

◇**練習問題１－１**：財１の価格p_1が120、財２の価格p_2が60、財１の生産に要する時間がa_1が30、財２の生産に要する時間がa_2が60、地域の時給wが4、地域の総労働人Lが10時間のときの、財１の産業の所得wL_1と財２の産業の所得wL_2のトレードオフについて、所得式を求めなさい。

◇**練習問題１－２**：練習問題１－１で求めた所得式を図示しなさい。また財１の生産による所得が30のとき、財２の生産による所得はいくらになるか図示しなさい。

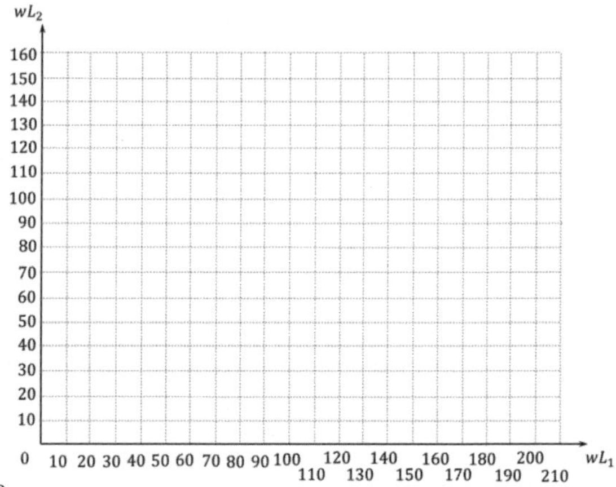

◇**練習問題２－１**：財１の価格p_1が1600、財２の価格p_2が800、財１の生産に要する時間がa_1が160、財２の生産に要する時間がa_2が40、地域の時給wが10、地域の総労働人Lが24時間のときの、財１の産業の所得wL_1と財２の産業の所得wL_2のトレードオフについて、所得式を求めなさい。

◇**練習問題２－２**：また、財１を生産する産業の所得wL_1が120であるとき、財２を生産する産業の所得wL_2を求め、その座標を図に示しなさい。

◇**練習問題３－１**：練習問題１－１の条件で支出式を導きなさい。また縦軸を財２の支出p_2X_2として図に描きなさい。

◇**練習問題３－２**：練習問題１－１の条件において、財１の生産による所得wL_1が30になるとき、財２の生産から得られる所得、財２に対する支出の差はどれだけになるか求めなさい。またそれを図で示しなさい。

◇**練習問題４－１**：練習問題２－１の条件で支出式を導きなさい。また縦軸を財２の支出p_2X_2として図に描きなさい。

◇**練習問題４－２**：練習問題２－１の条件において、財１の生産による所得wL_1が60になるとき、財２の生産から得られる所得と、財２に対する支出の差はどれだけになるか求めなさい。またそれを下の図で示しなさい。

トピック１５：比較優位論

本書では、リカードの比較優位について、数式によるモデルにもとづきながら紹介してきたが、もう少し直感的に説明することも可能である。そこで今回は、そのリカードの比較優位の意味について、以下の表を用いて簡単に紹介していくことにする。

まず、北国と南国という２つの地域があり、その北国と南国の両地域では、１時間当たり２つの食料品を生産することができるものとする。また、それらの地域は電化製品も生産しており、北国については１時間当たり３つの電化製品を生産することができ、南国については１時間当たり１つの電化製品を生産することができるものとする。以上のことは、下表に整理されている。

ここで、北国では、電化製品の３つの生産に対して、食料品の生産は２つであることから、北国では、食料品１つの価値は、電化製品１つの価値の 1.5 倍になる。つまり、電化製品１つに対して、食料品 1.5 個が同じ価値であることになり、それを 1.5 個分の食料品と交換することができる。

◎北国の価値の比　食料品：電化製品＝1.5：1

◎南国の価値の比　食料品：電化製品＝　1：2

また、南国では、食料品の２つの生産に対して、電化製品の生産は１つであることから、南国では、電化製品１つの価値は、食料品１つの価値の２倍であることになる。つまり、食料品１つに対して、電化製品２個が同じ価値であることになり、それを２個分の食料品と交換することができる。

		製品		
		食料品	電化製品	合計
地域	北国	2	3	5
	南国	2	1	3
	合計	4	4	

また、北国は、食料品を１時間当たり２つ生産することができ、電化製品を１時間当たり３つ生産することができることから、電化製品の生産性の方が高いことなる。それに対して、南国は、食料品を１時間当たり２つ生産することができ、電化製品を１時間当たり１つ生産することができることから、食料品の生産性の方が高いことになる。

このとき、その比較優位論は、より生産性の高い方の生産に特化することによって、同じ生産にかける労働時間であったとしても、より多くの消費をすることができるようになることを予想する。この例では、北国は電化製品の生産に特化すべきであり、南国は食料品の生産に特化すべきであることになる。

そこで、北国は、その食料品の生産のために利用される労働時間を、すべて電化製品の生産に利用することにし、南国は、電化製品の生産のために利用される労働時間を、すべて食料品の生産に利用することにすれば、単純に考えて、北国の電化製品の生産量は、それまでに２倍の６つになり、北国の食料品の生産量は０になる。同様に、南国の食料品の生産量も、それまでの２倍の４つになり、南国の電化製品の生産量は０になる。

以上のことをまとめたものが下表になる。このときすでに、両地域とも、その生産性の高い方の生産に、その労働時間を利用していることから、両国の食料品と電化製品の生産量の合計は、互いに増加していることが分かる。

		製品		
		食料品	電化製品	合計
地域	北国	0	6	6
	南国	4	0	4
	合計	4	6	

次に、その北国と南国が貿易をはじめたことによって、食料品と電化製品を交換することができるようになったとしよう。まず、北国が南国に対して、電化製品を１つ輸出したとする。すると、南国では、電化製品１つに対して、食料品２つが等価値であることから、その電化製品を１つ輸入する代わりに、食料品を２つ北国に輸出することになる。すると、その貿易後の食料品と電化製品の数量について、次の表のように表すことができる。

		製品		
		食料品	電化製品	合計
地域	北国	2	5	7
	南国	2	1	3
	合計	4	6	

この表から、北国が、より多くの製品を消費することができるようになったことが分かる。つまり、北国が、その生産を電化製品の生産に特化せずに、その貿易をはじめなければ、その食料品と電化製品の合計は５つ（食料品２、電化製品３）のままであったのに対して、その貿易が開始された以降では、電化製品を１つ輸出することによって、食料品を２つ輸入したことから、食料品と電化製品の合計は７つ（食料品２、電化製品５）に増えたことになる。

したがって、北国での労働時間は変化していないにもかかわらず、その生産の特化と貿易によって、より多くの製品を消費できるようになったことが分かる。それでは次に、南国が、その生産を食料品の生産に特化し、食料品を輸出した場合について考えてみることにしよう。

まず、南国が北国に対して、食料品を１つ輸出したとする。すると、北国では、食料品１つに対して、電化製品 1.5 個分の価値があることから、その食料品を１つ輸入する代わりに、電化製品を 1.5 個ほど北国に輸出することになる。すると、その貿易後の食料品と電化製品の数量を、次の表のように表すことができる。

		製品		
		食料品	電化製品	合計
地域	北国	1	4.5	5.5
	南国	3	1.5	4.5
	合計	4	6	

この表から、南国が、より多くの製品を消費することができるようになったことが分かる。つまり、南国が、その生産を食料品の生産に特化をせずに、その貿易をはじめなければ、食料品と電化製品の合計は３つ（食料品２、電化製品１）のままであったのに対して、貿易を開始した以降では、食料品をひとつ輸出することによって、食料品を 1.5 個輸入したことから、食料品と電化製品の合計は 4.5 個（食料品 3、電化製品 1.5）に増えたことになる。したがって、南国での労働時間は変化していないにもかかわらず、生産の特化と貿易によって、より多くの製品を消費できるようになったことが分かる。

以上が、その比較優位論が導く生産の特化と、その貿易のメリットになる。ここで、その北国が電化製品を輸出する場合も、その南国が食料品を輸出する場合も、その北国と南国の両地域の消費量は変わらないか、もしくは増えていることに注意すべきである。つまり、その特化と貿易は、その輸出をする地域だけのメリットになるのでなく、その輸入をする地域にとってのメリットにもなっており、その両国にとって互恵関係があることになる。

したがって、各地域が、その生産性の高い生産に特化することによって、その両国の生産量は必然的に増えることになる。そして、その増えた生産量を両国で山分けするために、互いに余分なものを交換し合うことによって、互いに、その恩恵を享受することができるようになっている。

第１５講　産業の空間的移動

前講では、リカードによる比較優位について紹介してきた。この比較優位論は、生産要素の生産性の高さに応じて、地域が特定の産業に特化することになり、それによって、地域間の貿易がはじまることを予想する理論であった。これに対して、生産要素の費用の高さによって、産業の地域間移動を説明するための理論が、ヴァーノン（Raymond Vernon）の**プロダクト・ライフサイクル理論**になる。

このプロダクト・ライフサイクルとは、ある製品が市場に導入されてから、その製品が市場から消えるまでの期間のことになる。このプロダクト・ライフサイクルでは、その製品の市場導入期において、その製品の価格が最も高くなる一方で、時間が経過するにしたがって、その価格が下落していくことを仮定する。そして、その価格の下落によって、当初は技術力で勝っている先進国で生産されていた製品であっても、生産要素が安い途上国へと、その生産地点が移動していく必然性を予想している。本講では、そのプロダクト・ライフサイクル理論の基本的な考えについて紹介していくことにする。

■ プロダクト・ライフ・サイクル

まず、**プロダクト・ライフサイクル**とは、ある製品が市場に導入されてから、一定の期間が経過した後に市場から消え、その後に、その製品の代替品になる、新しい製品が市場に導入されるまでのサイクルのことになる。通常、プロダクト・ライフサイクルのグラフは、その横軸で、ある製品が市場に導入されてからの時間の経過を表すことになり、その縦軸で、その製品の価格、もしくは、その製品が生み出す利益または売上の変化を表すことになる。

その製品の価格は、市場に導入された時期が最も高く、それ以降は、その生産体制の効率化や、技術の伝播による国際競争などによって下落し続けることになる。その一方で、その価格が地域の労働賃金をまかなうために必要な水準を下回るときに、その生産拠点は、より賃金の安い地域へと移転せざるを得なくなってしまうことになる。ここで、その生産地点が他の地域に移動したとしても、その製品が需要される中心地域は移動しないため、生産地点から消費地点までの移出と移入が生じることになる。これが、製品のプロダクト・ライフサイクルによって地域間交易が発生する理由になる。

次に、このプロダクト・ライフサイクル理論について理解を深めるために、時間Tの経過に対して、価格がどのように変化するのかについて考えてみることにしよう。

▸ **例題１**：ある製品の価格Pが、時間Tの経過に対して次のように変化するとき、プロダクト・ライフサイクルを表す式を求めなさい。

	0期	1期	2期	3期	4期	5期	6期	7期	8期
T	0	10	20	30	40	50	60	70	80
P	160	150	140	130	120	110	100	90	80

プロダクト・ライフサイクル：$P = 160 - T$

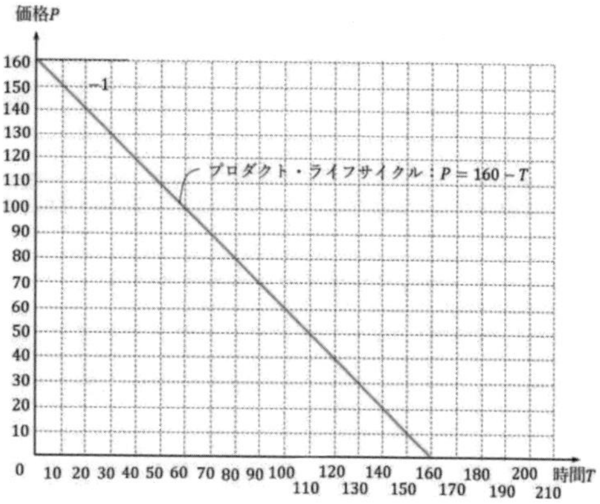

■ 国内供給量の変化

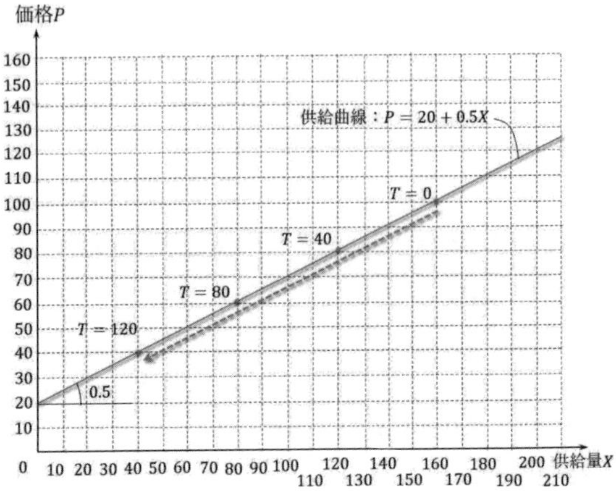

次に、ある地域内で売買される製品の価格Pが、時間Tの経過にともなって変化するとき、その製品の地域内での生産量（供給量）は、その地域内企業の供給曲線（限界費用曲線）に応じて決まるものとする。そして、その地域内生産量をXで表すことにし、その供給曲線を次のように定義することにする。

$$供給曲線：P = 20 + 0.5X$$

ここで、そのプロダクト・ライフサイクルを表す式によって、その価格Pが、時間Tの経過にともなって下落する傾向にあることが分かっている。その一方で、企業の生産量Xは、供給曲線にしたがって、その価格Pに比例する傾向にあることが分かっている。すると、その時間Tの経過にともなって価格Pが下落するとき、その地域内の生産量Xも同時に減少することになる。したがって、その地域内の生産量Xについても、時間Tの経過にともなって減少する傾向にあることになる。これについて、次の例題で確認してみることにしよう。

▸ **例題 2**：供給関数が$X = P - 10$で表されるとき、各期の生産量Xを求め、その供給曲線を描きなさい。また、$T = 10$から$T = 80$までの価格Pと、生産量Xの組み合わせを表す点を示しなさい。

	0期	1期	2期	3期	4期	5期	6期	7期	8期
T	0	10	20	30	40	50	60	70	80
P	160	150	140	130	120	110	100	90	80
X	150	140	130	120	110	100	90	80	70

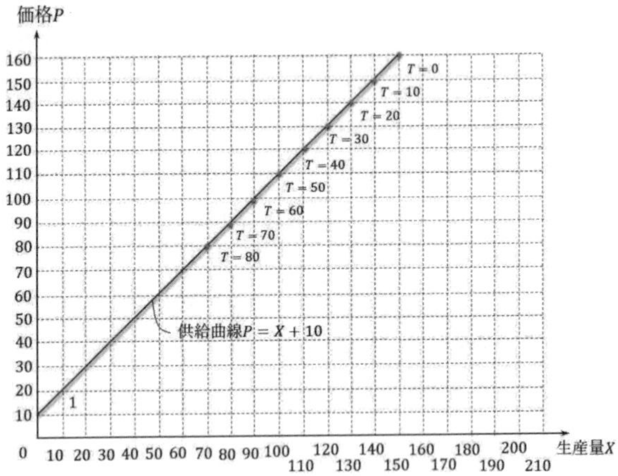

$$プロダクト・ライフサイクル：P = 160 - T$$

$$供給関数：X = P - 10$$

$$供給曲線：P = X + 10$$

■ 輸出量と輸入量の変化

次に、その製品が市場に導入された時点では、その製品を生産する技術が国内にしかなかったことを仮定する。そして、その製品が市場に導入されて間もなく、その生産技術が外国に伝播することによって、その製品を外国でも生産することが可能になったとしよう。そして、当初は、その国内の需要が、すべて、その国内の生産量Xによってまかなわれていたのに対して、その製品の市場での価格Pが下落していくときに、その国内での生産量Xは、その供給曲線に従って減少していくことになる。その一方で、国内では、その製品に対する過剰需要（過少供給）が起こることになり、その過剰需要を充足させるために、外国で生産された製品を輸入することになる。

次に、その一連の流れについて、数式で確認してみることにしよう。まず、開放経済において、その国内需要Dが一定であるとき、過剰な生産量Xが生じている場合には、その余った生産量は海外へと輸出されることになる。そこで、その国内からの輸出Xを、次の式によって表すことにする。

$$輸出E = 国内生産量X - 国内需要D$$

その一方で、時間Tの経過にしたがって市場価格Pが下落するとき、国内生産量Xは供給曲線にしたがって減少することになる。このとき、その国内需要Dを、国内生産量Xによってまかなうことができなくなれば、その不足分を海外で生産された製品によって満たすことになり、このとき、その製品の海外からの輸入がはじまることになる。そこで、その海外からの輸入Mを、次の式よって表すことにする。

$$輸入M = 国内需要D - 国内生産量X$$

以上により、時間Tの経過にともなって製品の輸出Eが減少することになり、その代わりに輸入Mが増加するという関係が成り立つことになる。それはつまり、時間Tの経過にともなって、その製品の国内生産量Xが減少すると同時に、海外生産量が増加することになり、それによって、生産拠点が海外に移転していく様子を表していることになる。

▸ **例題３**：前出の例題において、国内需要量を$D = 100$とするとき、輸出Eと輸入Mの変化をグラフに描き、$T = 0$、$T = 50$、$T = 80$、$T = 110$のときの輸出Eと輸入Mを求めなさい。

プロダクト・ライフサイクル：$P = 160 - T$

供給関数：$X = P - 10$

供給曲線：$P = X + 10$

	0期	1期	2期	3期	4期	5期	6期	7期	8期
T	0	10	20	30	40	50	60	70	80
P	160	150	140	130	120	110	100	90	80
X	150	140	130	120	110	100	90	80	70

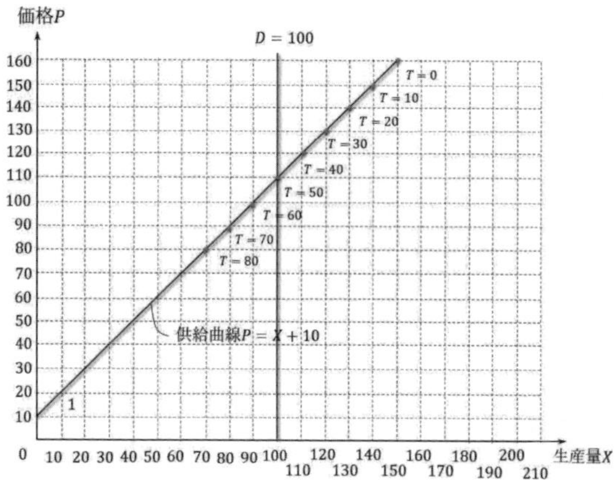

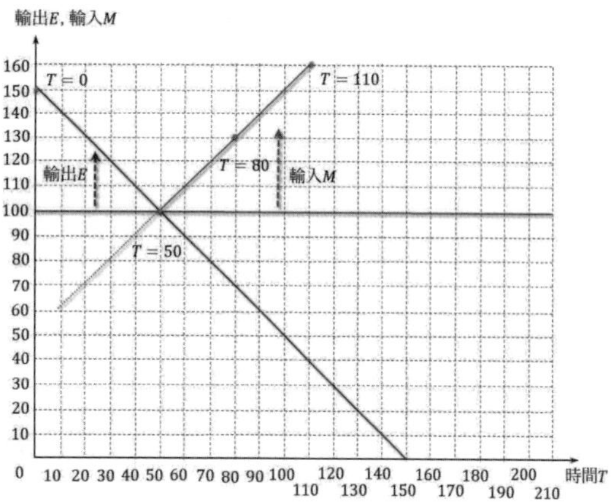

練習問題

◇練習問題１－１： 価格Pが時間Tの経過に対して次のように変化するとき、価格Pと時間Tの関係をグラフに描き、プロダクト・ライフサイクルを表す式を求めなさい。

	0期	1期	2期	3期	4期	5期	6期	7期	8期
T	0	10	20	30	40	50	60	70	80
P	100	95	90	85	80	75	70	65	60

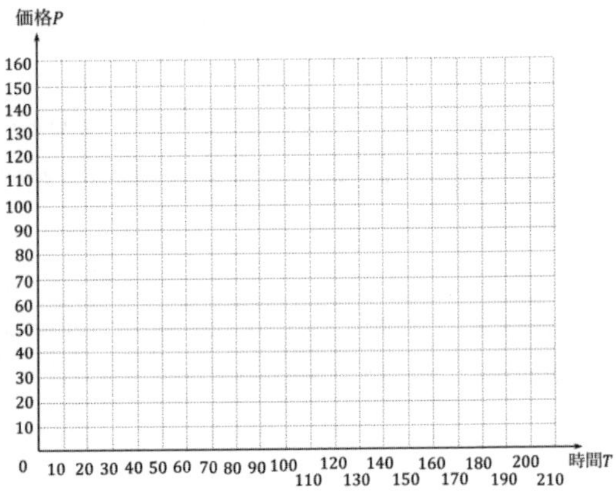

◇練習問題１－２： 価格Pが時間Tの経過に対して次のように変化するとき、価格Pと時間Tの関係をグラフに描き、プロダクト・ライフサイクルを表す式を求めなさい。

	0期	1期	2期	3期	4期	5期	6期	7期	8期
T	0	10	20	30	40	50	60	70	80
P	150	135	120	105	90	75	60	45	30

◇練習問題１－３： 価格Pが時間Tの経過に対して次のように変化するとき、価格Pと時間Tの関係をグラフに描き、プロダクト・ライフサイクルを表す式を求めなさい。

	0期	1期	2期	3期	4期	5期	6期	7期	8期
T	0	10	20	30	40	50	60	70	80
P	120	115	110	105	100	95	90	85	80

◇練習問題２－１：供給関数が$X = 2P - 40$のとき、次の表を埋めた上、供給曲線を描きなさい。また、各期の価格Pと生産量Xの組み合わせを表す座標を示しなさい。

	0期	1期	2期	3期	4期	5期	6期	7期	8期
T	0	10	20	30	40	50	60	70	80
P	100	95	90	85	80	75	70	65	60
X									

◇練習問題２－２：供給関数が$X = 2P - 60$のとき、次の表を埋めた上、供給曲線を描きなさい。また、各期の価格Pと生産量Xの組み合わせを表す座標を示しなさい。

	0期	1期	2期	3期	4期	5期	6期	7期	8期
T	0	10	20	30	40	50	60	70	80
P	150	135	120	105	90	75	60	45	30
X									

◇練習問題２－３：供給関数が$X = 2P - 20$のとき、次の表を埋めた上、供給曲線を描きなさい。また、各期の価格Pと生産量Xの組み合わせを表す座標を示しなさい。

	0期	1期	2期	3期	4期	5期	6期	7期	8期
T	0	10	20	30	40	50	60	70	80
P	120	115	110	105	100	95	90	85	80
X									

◇練習問題３－１：練習問題２－２において、生産量Xの時間軸情の変化を表すグラフに描き、需要量Dが100であるときの、$T = 30$、$T = 40$、$T = 50$、$T = 60$のときの輸出Eと輸入Mを求め、それぞれ図示しなさい。

$\mathrm{T} = 30$のとき、輸出E__________、輸入M__________

$\mathrm{T} = 40$のとき、輸出E__________、輸入M__________

T = 50のとき、輸出E__________、輸入M__________

T = 60のとき、輸出E__________、輸入M__________

◇練習問題３－２：練習問題２－３において、生産量Xの時間軸情の変化を表すグラフに描き、需要量Dが100であるときの、$T = 60$、$T = 100$、$T = 140$、$T = 180$のときの輸出Eと輸入Mを求め、それぞれ図示しなさい。

T = 60のとき、 輸出E__________、輸入M__________

T = 100のとき、輸出E__________、輸入M__________

T = 140のとき、輸出E__________、輸入M__________

T = 180のとき、輸出E__________、輸入M__________

トピック１６：プロダクト・サイクル理論

次に紹介するのはR. ヴァーノンによる**プロダクト・ライフサイクル理論**(Product cycle theory)になる(Vernon 1966)。ここで、そのプロダクト・ライフサイクルとは、製品のライフサイクルのことになり、まず、ある製品が開発されるときに、その製品は特定の地域で生産された上で、その生産された製品の市場への供給がはじまることになる。そして、その製品への需要が市場から無くなるときに、その地域での生産が終了することになり、その製品の開発から生産が終了するまでのサイクルのことが、そのプロダクト・ライフサイクルに当たることになる。

ここで、その製品が市場に供給される期間と、その製品が特定の地域で生産される期間とにはずれがあることになり、一般的に、市場に供給される期間の方が長くなる傾向にある。その理由は、その生産を始めた地域の生産が終了した後も、その生産拠点が別の地域に移動することによって、その製品は市場に供給され続けるからになる。

それでは、なぜ、その生産地点を当初の生産地域から、別の地域に移す必要があるのだろうか。それは、その製品が誕生した後に、その成長期、成熟期、衰退期という過程を経るにしたがって、製品の生産技術が低い別の地域においても、その生産を模倣することができるようになり、その労働費用の安い地域の方が、その価格面で有利な立場に立つことができるからになる。そして、ある新製品が、その技術水準が高い地域で開発・生産されはじめてから、その生産が、その技術水準の低い地域に移るまでの過程について分析したものが、そのプロダクト・ライフサイクル理論に当たることになる。

ここで、そのプロダクト・ライフサイクル理論について、もう少し詳しく紹介してみると、まず、その新しい製品が開発される地域では、もともと所得水準が高く、労働賃金（給与）も高い地域であることが仮定されている。これは、その新しい製品を開発するためには、巨額の研究・開発費用が必要になることになり、その製品を開発・販売したとしても、それを購入するだけの所得がある地域でなければ、その研究・開発費用を回収することができるような価格を設定することができないからになる。したがって、その所得の高い地域では、その製品の価格が少し高めの価格設定であったとしても、その製品は需要され続けることになり、その新製品は所得の高い地域においてのみ販売されることになる。

次に、その製品が、市場に供給される成長期においては、製品の性能や規格が安定せず、様々な面で改良をしなければならない状態が続くことになる。そして、その継続的な改良に対応するために、その時期では、その製品は技術力の高い労働者によるフレキシブルな生産体制によって生産されることになる。その一方で、その改良がひと段落するとき、その生産工程がルーティン化していくことによって、その生産工程が安定してくる成長期から成熟期にかけては、労働費用の高い熟練した労働者による生産ではなく、オートメーション機械による大量生産体制に移行していくことになる。

この時期には、その製品を生産するために必要な技術が陳腐化していくことになり、そのオートメーション機械による生産が一般的になっていくことから、技術力に乏しい安い労働力であったとしても、その生産を行うことができるようになる。そして、その労働費用の低下によって、その生産コストも下げることができるようになり、それと同時に、その製品の価格も下げることができるようになることから、その価格の低下から、その製品は、その市場において幅広く普及していくことになる。

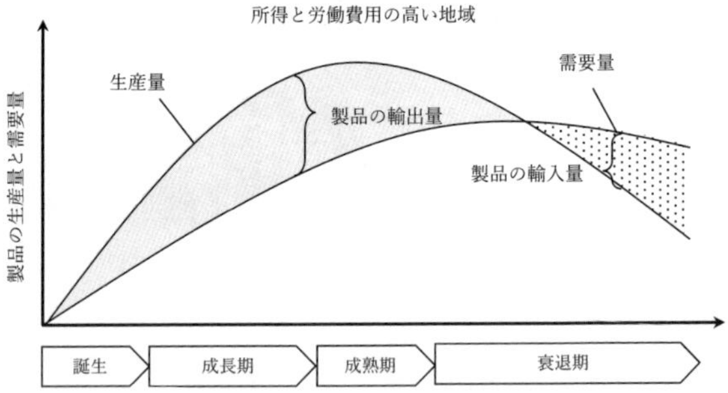

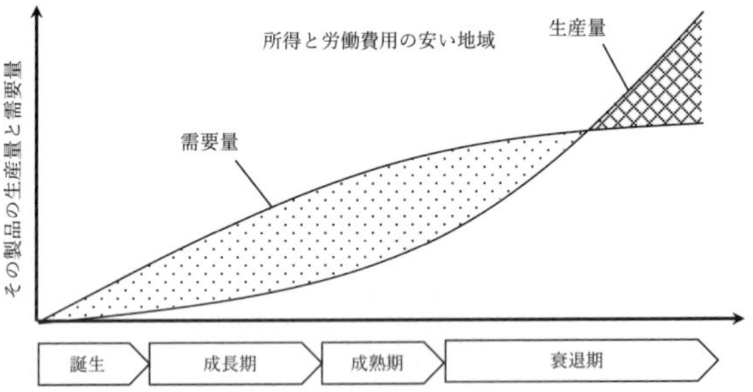

その一方で、その機械によるオートメーション化は、その機械がありさえすれば、どのような地域においても、その製品を生産することが可能になることから、その生産体制の模倣が容易になることになる。さらに、その価格競争が激化していくことによって、その機械や工場などを、労働費用の安い地域に対して移転せざるを得なくなってしまうことになる。最終的に、その製品に対する需要は、その製品が開発された当初の地域に残りつづけることになる一方で、その生産拠点は労働力の安い地域に移動してしまうことから、その製品の需要を満たすために、その製品を、その労働費用の安い地域から輸入に頼るようになっていくことになる。

これについて、その労働費用の安い地域の視点から観てみると、まず、所得の低い地域では、その高額な新しい製品を購入するだけの経済的な余裕がないことから、その新しい製品が開発された時点では、その所得の低い地域では、ごく一部の富裕層によって、その製品が需要されることになる。その一方で、それが成長期の段階に至るときには、その製品の生産体制は、次第に、オートメーション化が進んだ生産体制に移行していくことになる。そして、一旦、その価格が下落しはじめると、その所得の高い地域と低い地域の両方で、その製品に対する需要量が増加していくことになり、そのときに、その製品は、その所得の高い地域から低い地域へと輸出されるようになっていくことになる。そして、その成熟期の段階では、そのオートメーション化された機械による生産が、所得の低い地域でもはじまることになり、同品質の製品が、所得の高い地域と低い地域の両方で生産されるようになる。

ここで、その両製品を差別化するのは、その価格の安さだけになることになり、所得の低い地域の方が、その労働コストを安く抑えることができることから、その所得の低い地域で生産された製品が、その市場を満たしていくことになる。そして、その衰退期の段階に至るときには、その価格競争力を失った所得の高い地域では、その製品の生産を行わなくなってしまうことになり、その生産はすべて、その所得の低い地域によって行われることになる。すると、その所得の高い地域は、その製品を輸入する立場に変わることになり、その製品に対する需要が無くなるまで輸入をし続けることになる。

第１６講　プロダクト・ライフサイクル理論

前講では、ヴァーノンのプロダクト・ライフサイクル理論について簡易的に紹介してきたが、本講では、そのプロダクト・ライフサイクル理論について、より詳細にわたって紹介していくことにする。

プロダクト・ライフサイクル理論では、産業の地域間移動について、次の２つの側面が強調されている。ひとつは、技術のスピルオーバーになり、これは、技術の空間的な伝播を意味すると同時に、特定の経済主体が独占していた技術が、技術者の移動や技術の漏えいなどによって、時間の経過とともに、空間的に広がっていくことを意味している。

もうひとつは、価格競争の側面になり、より価格の安い製品ほど、その市場における需要を獲得することができるようになる。そして、この価格競争では、土地や労働などの生産要素が安い地域ほど価格を下げることができ、それによって、より多くの生産量を維持することができるようになる。本講では、その技術の空間的伝播と価格競争力に焦点を当てながら、プロダクト・ライフサイクル理論の詳細について紹介していくことにする。

■ 技術のスピルオーバー

新たな製品が市場に導入されるとき、その製品を生産する技術は、その製品を市場に導入した企業によって、一定期間の間独占されることになる。その一方で、どのような技術であったとしても、時間の経過にともなって陳腐化していくことになり、他の企業も、その技術を利用することができるようになる。そして、その技術を用いることによって、その他の地域でも、その製品を生産することができるようになるとき、そのような技術の地域間移動のことを、空間的な**技術のスピルオーバー**と呼ぶ。

この技術のスピルオーバーは、生産される製品の質の向上に貢献することになり、それによって、その製品の市場価値を高めることになる。そして、この技術のスピルオーバーによって改善された製品の質的な競争力を、次のように定義することにする。

まず、技術のスピルオーバーにより、製品の市場競争力を、技術的競争力としてGで表すことにする。この技術のスピルオーバーは、時間Tの経過にともなって進行することになるので、時間Tの経過に比例して、その技術のスピルオーバーは進行することになり、それだけ、その地域で生産された製品の技術的競争力Gが向上するものと仮定する。ここで、地域Ａの技術的競争力Gと時間Tとの関係について、次のように定義することにする。

○地域Ａの技術的競争力：$G = 25T$

この技術的競争力Gは、その製品の価格の高さの影響を除いた上で、その製品の技術水準の高さのみを反映した市場需要量Dを表すものとし、その技術的競争力Gの値は、需要量Dの大きさを表しているものとする。したがって、その式$G =$

$25T$は、時間Tが１期間経過することによって、市場需要量Dが25単位ずつ増加することを表していることになる。

次に、この地域Ａ以外に、その地域Ａよりも、技術的に遅れている地域Ｂと地域Ｃがあるとする。そして、この地域Ｂと地域Ｃは、主に、地域Ａからの技術のスピルオーバーの恩恵を受けている地域になり、技術的には地域Ａに遅れをとりながらも、地域Ａで開発された技術を、時間の経過とともに吸収しているものとする。ここで、その地域Ｂと地域Ｃの技術的競争力Gを時間Tに関係づけて、次のように定義することにする。

○地域Ｂの技術的競争力：$G = 20T$

○地域Ｃの技術的競争力：$G = 15T$

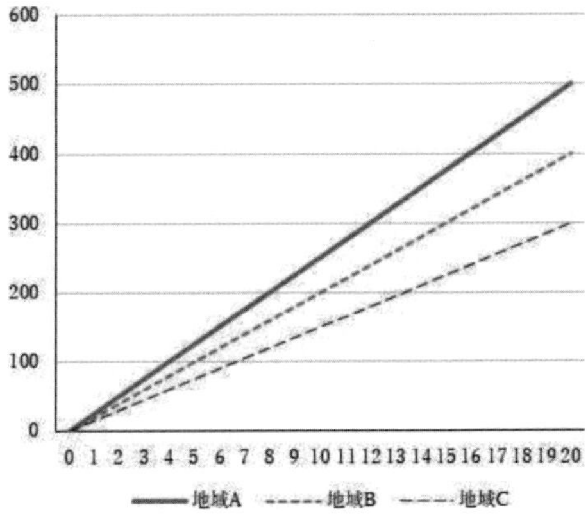

つまり、地域Ａと地域Ｂ、地域Ｃの技術的競争力Gをグラフに描くとき、それを右図のように描くことができる。ここでは、その技術的競争力の定義が線形であるために、地域Ａと地域Ｂと地域Ｃの技術的競争力の差が広がるように描かれているものの、その地域ＢとＣの技術力が、地域Ａの技術力をキャッチアップするという描き方も可能である。しかし、ここでは簡単化のために、その地域間の技術的な格差が拡大していくことを仮定している。

■ 価格競争力

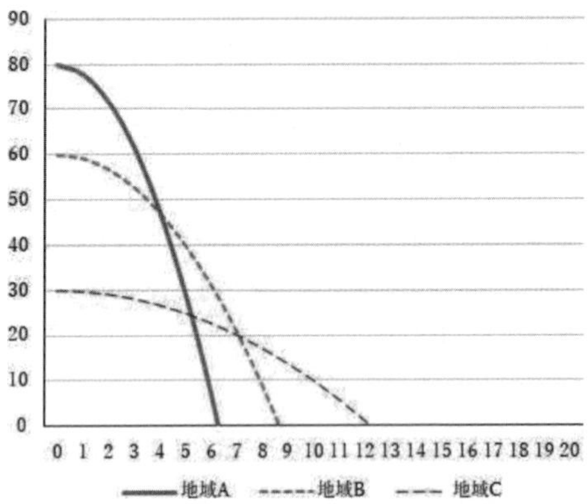

次に、技術のスピルオーバーによって、すべての地域が技術的に同等の製品を製造することが可能になるとき、消費者の目からは、それらを区別することが困難になってしまうことになり、その代わりに、その価格の違いに目がいくことになる。すると、その製品の質的な良し悪しよりも、その価格の安さによって消費選択が行われることになり、その価格の安い製品ほど、その市場のシェアを伸ばすことができるようになる。

このとき、各地域で生産されている製品の価格に応じて、その需要量と生産量が決まることになり、その製品をより安く製造することができる地域ほど、その生産を独占することができるようになる。ここで、各地域での生産費用は、その地域の土地費用や労働者の賃金などの生産要素の価格によって決まることになり、より安い生産要素を提供することができる地域ほど、その製品の価格競争力を維持することができるようになる。

まず、地域Ａについては、その技術的競争力Gが高い一方で、一般的な先進国と同様に、高い土地費用と高い労働力に直面していると仮定するとき、その地域Ａの価格競争力は、相対的に低くなる傾向にあることになる。そこで、その価格競争力をKとした上で、その地域Ａの価格競争力Kを次のように定義することにする。

○地域Ａの価格競争力：$K = 80 - 2T^2$

この価格競争力Kは、製品そのに反映された技術的な高さの影響を除く、その製品の価格水準の高さのみを反映した、市場需要量Dの大きさを表しているものとする。この式から、その地域Ａの価格競争力Kは、$T=0$では80になる一方で、その後については、時間Tが経過するにしたがって、その地域Ａの価格競争力Kは低下していくことになる。

この地域Ａと価格競争をしている地域Ｂと地域Ｃがあるとき、その地域Ｂと地域Ｃは、地域Ａよりも、土地や労働などの生産要素が安い地域であることになり、技術的には地域Ａに遅れをとりながらも、その価格競争の立場からはより優位な立場にあることになる。そこで、その地域Ｂと地域Ｃの価格競争力を、時間Tに関連づけて次のように定義することにする。

○地域Ｂの価格競争力：$K=60-0.8T^2$
○地域Ｃの価格競争力：$K=30-0.2T^2$

ここで、その地域Ａと地域Ｂ、地域Ｃの価格競争力Kをグラフに描くとき、それは上図のようになる。ここでは、その製品の市場導入期において、その地域Ａが独占的な価格を保持していることによって、地域Ａの価格競争力が高くなっているものの、その独占状態が解消された後の段階において、価格による市場競争が開始されるとき、地域Ａの価格競争力が急激に減少することになり、その代わりに、その地域ＢとＣの価格競争力が、地域Ａの価格競争力を上回るようになる過程が描かれている。

■ 生産地の空間的移動

次に、技術的競争力Gと価格競争力Kは、それぞれ、その市場需要量Dの大きさを表していることから、その技術的競争力Gと価格競争力Kの時間Tの経過にともなう変化は、そのまま、各地域の生産量Xに対して影響を与えることになる。そこで、各地域の生産量Xを、技術的競争力Gと価格競争力Kの和で表すとき、それぞれの地域の生産量Xについて、次のように表すことができる。

○地域Ａの生産量：$X=G+K=25T+80-2T^2$
○地域Ｂの生産量：$X=G+K=20T+60-0.8T^2$
○地域Ｃの生産量：$X=G+K=15T+30-0.2T^2$

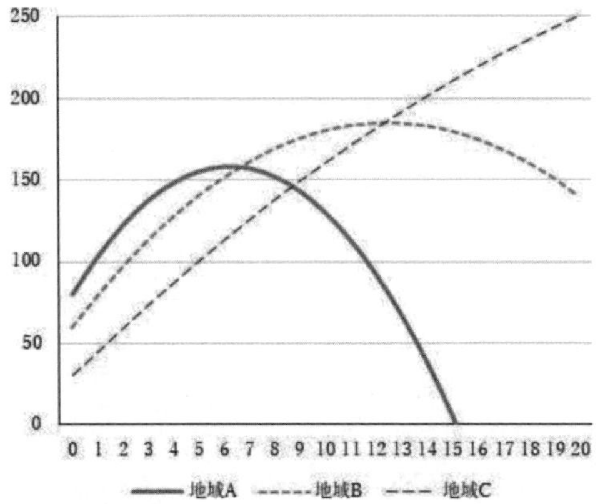

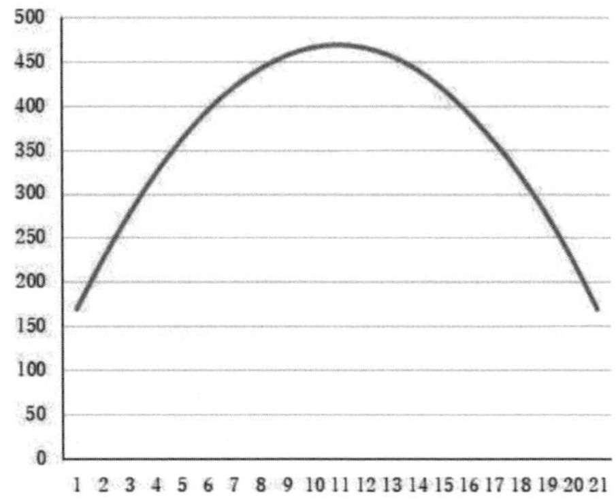

この時間Tの経過にともなう各地域の生産量Xの変化は、その左図に描かれており、その生産量Xの変化は、そのまま各

地域の製造活動の盛衰を表していることになる。まず、地域Aでの製造活動が先行して増加した後に、その地域Bでの製造活動が活発化していくにしたがって、その地域Aでの製造活動が衰退していくことになる。この地域間の製造活動の交代は、主に、その地域Aの価格競争力の低下と、その地域Bの技術競争力の上昇によるものになる。

次に、地域Bの生産量が地域Aの生産量を上回った後に、地域Cでの製造活動が活発化していくにしたがって、その地域Bでの製造活動は衰退していくことになる。この地域間の製造活動の交代は、主に、その地域Bの価格競争力の減少が速いことによって、その地域Cの価格競争力が地域Bの価格競争力を上回ったことによるものになる。

また、その右図は、地域Aと地域B、地域Cという3つの地域の生産量Xの合計を表していることになり、その放物線は、3つの地域全体でのプロダクト・ライフサイクルを表していることになる。つまり、そのプロダクト・ライフサイクルとは、ある製品が市場に導入されてから、その製品が市場から消えて無くなるまでの、生産量Xの変化を表したものになる。したがって、その複数の地域を全体として捉えた場合にも、そのプロダクト・ライフサイクルは存在することになる。

■ 各地域の輸出量

次に、各地域の域内需要が一定であるとき、域内の生産量Xは、域内需要向けのものと、域外への輸出向けのものとに分かれることになる。そして、域内の生産量Xが、域内の需要量Dを下回るとき、域内の需要は、域外からの輸入に頼ることになる。

まず、地域Aと地域B、地域Cの域内需要を、次のように定義することとする。

○地域Aの需要量：$D = 20$

○地域Bの需要量：$D = 30$

○地域Cの需要量：$D = 40$

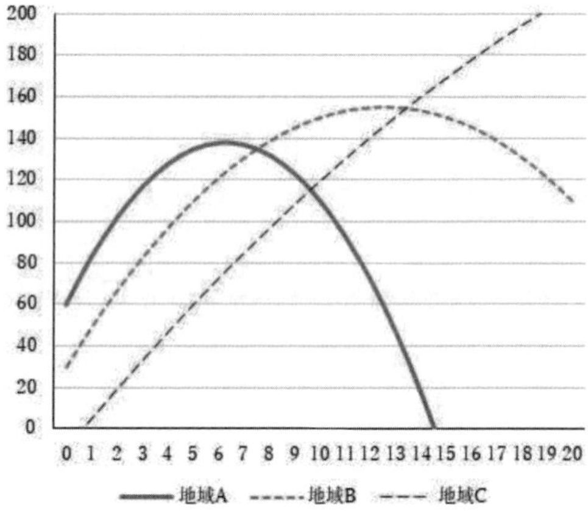

そして、地域Aと地域B、地域Cの輸出量Eを、次のように定義することができる。

○地域Aの輸出量：$E = X - D = 25T + 80 - 2T^2 - 20$

○地域Bの輸出量：$E = X - D = 20T + 60 - 0.8T^2 - 30$

○地域Cの輸出量：$E = X - D = 15T + 30 - 0.2T^2 - 40$

ここで、その各地域の輸出量Eの変化について描いてみるとき、それは上図のようになる。この図から、当初は地域Aのみで生産されていた製品が、技術のスピルオーバーによって、地域Bや地域Cなどの周辺地域でも生産されることになり、それと同時に、価格競争力においては、地域Bや地域Cなどの周辺地域の方が上回ることから、それによって、その生産地域が周辺地域に移動することになり、最終的に地域Cが、その製品の最大の輸出元になることになる。

この地域Aから地域Cに向けた生産地域の移動が、プロダクト・ライフサイクル理論から予想される生産地域の空間的移動になる。その上図からも、その生産拠点が地域Aから地域Cに移動することによって、地域Aは輸出する側から輸入する側に変化することになり、地域Cは輸入する側から輸出する側に変化していくことが分かる。

練習問題

◇**練習問題１**： 地域 A、地域 B、地域 C の技術的競争力Gが、次のように与えられるとき、そのおおよそのグラフを図に描きなさい。

地域 A：$G = 25T$、地域 B：$G = 20T$、地域 C：$G = 15T$

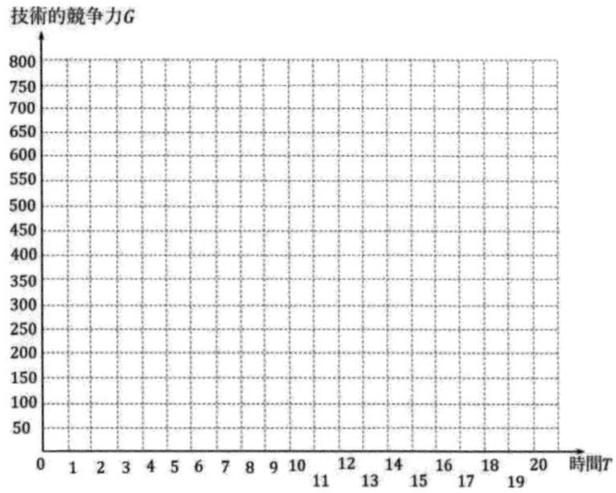

◇**練習問題２**： 地域 A、地域 B、地域 C の価格競争力Kが、次のように与えられるとき、そのおおよそのグラフを図に描きなさい。

地域 A：$K = 80 - 4T^2$、地域 B：$K = 60 - 2T^2$、地域 C：$K = 40 - T^2$

	地域A	地域B	地域C
0			
1			
2			
3			
4			
5			
6			

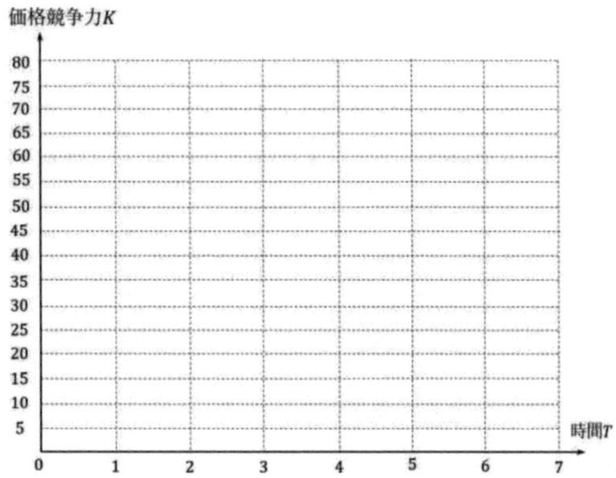

◇**練習問題３**： 地域 A、地域 B、地域 C の技術的競争力Gと価格競争力Kをもとに、各地域の生産量Xを求め、そのおおよそのグラフを図に描きなさい。

	地域A	地域B	地域C
0			
2			
4			
6			
8			
10			
12			
14			
16			

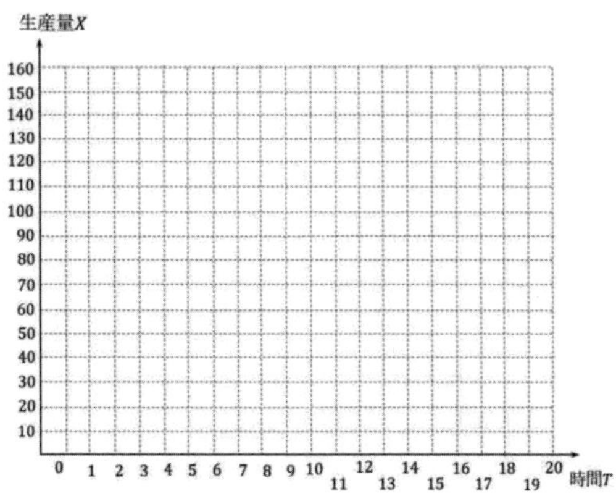

◇**練習問題4**： 地域A、地域B、地域Cの域内需要Dが以下のように与えられるとき、各地域の輸出量Eを求め、そのおおよそのグラフを図に描きなさい。

地域A：$D=80$、地域B：$D=60$、地域C：$D=35$

	地域A	地域B	地域C
0			
2			
4			
6			
8			
10			
12			
14			
16			

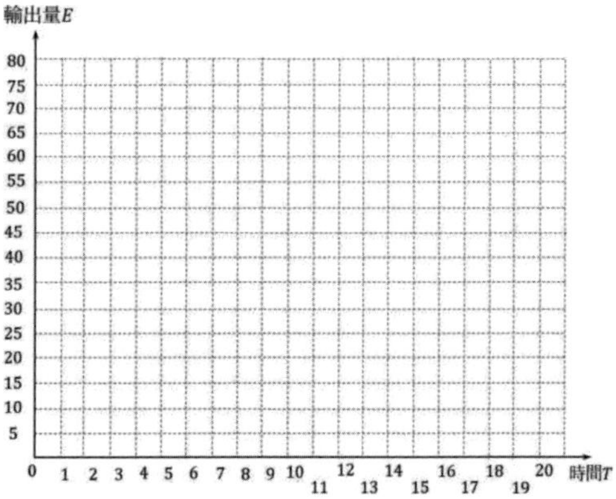

トピック17：プロフィット・サイクル理論

次に、ヴァーノンのプロダクト・サイクル理論をさらに進化させた、A. マークセンのプロフィット・サイクル理論（Profit Cycle Model: PCM）について紹介することにしよう。ヴァーノンのプロダクト・サイクル理論が、製品のライフサイクルを基準に、ある地域の産業の盛衰について説明したのに対して、このマークセンのプロフィット・サイクル理論（以下PCM）は、産業のライフサイクルを軸に、その地域の産業の盛衰と、それに付随して起こる工業立地の移転について説明している点で異なっている（Maleki 1991）。

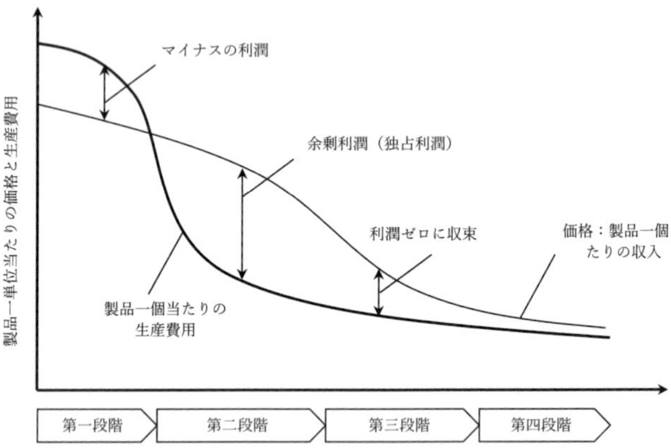

まず、マークセンは、地域経済の変遷が、主に、次に2つの要因によって起こることについて指摘している。ひとつは、高い技術によって、余剰利潤（excess profit）を生み出すことができる製品を開発した新しい産業の成長と拡大になり、もうひとつは、成熟した産業における生産の効率性の改善と、その製品1単位当たりの平均生産費用の減少になる。

ここで、そのマークセンの意図する新しい産業とは、完全競争市場で想定されているような、利潤がゼロのまま製品を生産するような産業のことではなく、独占企業や寡占企業のように、自らの利潤を最大化するような産業が想定されている。その理由は、新しい産業は革新的な企業によって生み出されることになり、その製品の生産技術とノウハウは、その企業内に一定の期間留まり続けることから、競合他社の新規参入が困難になることによって、その独占状態がしばらく続くことになるからになる。したがって、この余剰利潤とは、独占・寡占企業が獲得するような利潤のことになる。

また、マークセンは、産業のライフサイクルを4段階に分けており、それらの段階は、ヴァーノンのプロダクト・サイクル理論と同様、ある産業が、ある地域において、どのように成長し、また衰退していくのかという、地域経済の盛衰にも深く関係していると同時に、その産業が、どこから、どこに向けて移動していくのかという、その産業立地の変遷についても関連していることになる。

まず、そのプロフィット・サイクルにおける第１段階は、ある技術革新によって新しい企業・産業が誕生した後に、それに関連する企業・産業が地理的に近接し合って立地することによって、小規模の産業集中が起こるところからはじまることになる。このとき、その新しい企業・産業の利潤はマイナスになっており、その新しい製品は、将来的には、その市場で売上を伸ばしていくことになったとしても、その生産技術は未だ確立されておらず、その機能・性能についても、大きな需要を生み出すほどに市場には浸透していないため、その製品の売り上げによる収入は、それほど大きくはならないことになる。

それに対して、その企業は、将来的な生産量の増加を見込むことによって、その生産設備の拡大を図ったり、製品の機能と性能を改善するために、追加的な技術開発を行ったり、また、その製品を市場に浸透させるために、莫大な宣伝・広告費用を費やしたりすることになる。そうした理由から、その新しい企業・産業の事業は、一般的に、最初の数年間については、その利潤がマイナスになったまま、その操業を続けていくことになる。

次の第２段階では、その中心産業が成長することによって、産業集積が本格的にはじまることになる。つまり、その製品の生産の上流・下流工程を専門的に担う関連企業・産業が発達しながらも、その製品の機能・性能の向上に特化した技術や知識などが蓄積されることになり、また、熟練した労働者もプールされながら、その中心企業・産業を支援する形で集積経済が生まれるようになる。この段階では、その製品は、すでに市場に浸透していることから、その市場を独占するような形で、莫大の余剰利潤を生み出すようになっている。

次の第３段階では、その第２段階の独占・寡占市場の状態から、完全競争市場に移行していくことになる。つまり、その段階では、その製品の生産に必要になる生産技術が模倣されやすくなっており、その生産を支援するオートメーション化された製造用機械も普及してくることから、複数の企業が、その余剰利潤を狙って、その市場に参入してくることになる。そこで、その新規に参入してくる企業が増えていくことによって、その新しい市場は完全競争市場の状態に近づいていくことになり、その余剰利潤は、次第にゼロに近づいていくことになる。さらに、その市場での競争が激化していくことによって、市場への新規参入・退出が頻繁に起こるようになり、その市場は成熟段階へと移行していくことになる。

次の第４段階以降については、ヴァーノンのプロダクト・サイクル理論と同じ流れにしたがうことになる。つまり、その市場競争が激しくなるにつれて、その価格競争も激しくなっていくことになり、そのときに、その価格を下げることが、その市場シェアを増加させるため最も有効な方法になってしまうことになる。これを達成するための具体的な方法とは、その生産に従事する労働者の賃金の軽減になることになり、企業は、その生産拠点を、労働費用の安い地域へと移転していくことになる。最終的に、その製品のライフサイクルは終わりに近づいていくことになり、その後は、その製品の生産自体が終了することになり、その産業のプロフィット・サイクルも終了することになる。

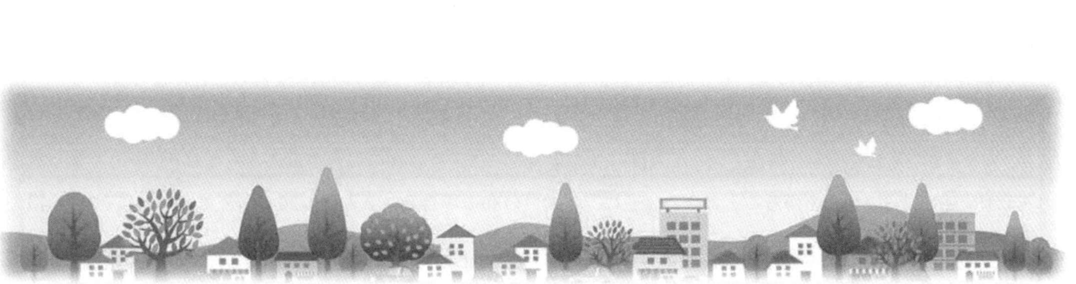

第１７講　産業の二重構造論

これまで本書では、ある都市圏内における産業の地理的な分布の仕方について紹介してきた。つまり、各産業の地代曲線が異なることによって、それぞれの産業が立地することができる地域が限定されることになり、それによって、都市圏内の産業構造が決まることになった。ところで、その都市圏内で活動する産業の大きさについては、どのように決まるのであろうか。この問題に対してひとつの答えを与えるのが、本講で紹介する産業の二重構造論になる。

この産業の二重構造論では、２つの産業の生産性の違いによって、産業間で賃金の格差が発生することになり、その賃金の格差から、どちらか一方の産業に対して労働供給が集中するとき、ある地域が特定の産業に特化することになる。本講では、その**産業の二重構造論**について簡単なモデルを利用しながら紹介していくことにする。

■ 労働の限界生産力と賃金

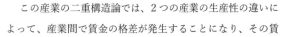

まず、ある産業によって生産された製品が、すべて家計に販売されるとすれば、その産業の生産量Yは、その産業の収入Rに等しくなる。ここで、その労働Nを、1単位から5単位まで増やしていくときに、生産量Yと収入Rは同じだけ増加することになる一方で、限界生産力逓減の法則から、労働Nを１単位追加することによって増加する生産量Yと収入Rの大きさについては、次第に減少していくことになる。

労働N	生産量Y	収入R	限界生産力MPL
1	50	50	50
2	90	90	40
3	120	120	30
4	140	140	20
5	150	150	10

この労働Nを１単位追加することによって増加する生産量Yは、労働Nを１単位追加することによって得ることができる収入Rの大きさに等しくなり、その労働Nを１単位追加することによって得ることができる収入Rの大きさのことを、労働の限界生産力MPLを呼んでいる。

ところで、上表には、その労働を１単位追加することによって得ることができる収入Rの大きさが、労働の限界生産力MPLとして表されているのに対して、その労働を１単位追加するためには、その賃金としての労働費用Wが必要になってくる。そして、労働を１単位追加することによって得ることができる収入Rの大きさが、労働を１単位追加するために必要になる労働費用Wを上回る場合にのみ、その労働１単位の追加によって、その差額分だけの利潤を得ることができるようになり、逆に、労働を１単位追加することによって得ることができる収入Rの大きさが、労働を１単位追加するために必要になる労働費用Wを下回る場合には、その労働の追加によって、その差額分だけの損失を被ることになる。

例えば、上表において、もし、その労働費用Wが35であるとき、労働を１単位追加することによって得ることができる収入Rの大きさが、それを上回る場合とは、１人目の50の場合と、２人目の40の場合のみになっており、そのとき企業は、それぞれ15の利潤と5の利潤を得ることになる。逆に、３人目の30の場合と、２人目の20の場合では、それぞれ5の損失と15の損失を被ることになることから、その労働の追加は、２人目までで止めた方がよいことが分かる。したがって、利潤を最大化するための労働量Nとは、その限界生産力MPLを、労働費用Wに等しくするような労働量Nであることになり、その限界生産力MPLが限界収入MRであるとき、その労働費用Wは限界費用MCになることから、その限界収入と限界費用が等しくなるという、利潤最大化のための一般的な条件を満たしていることになる。

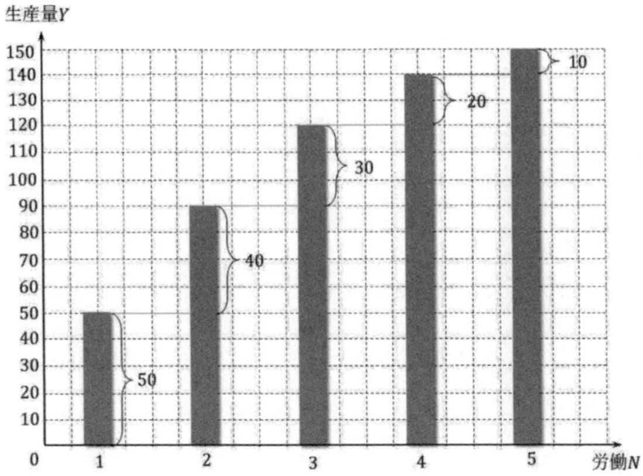

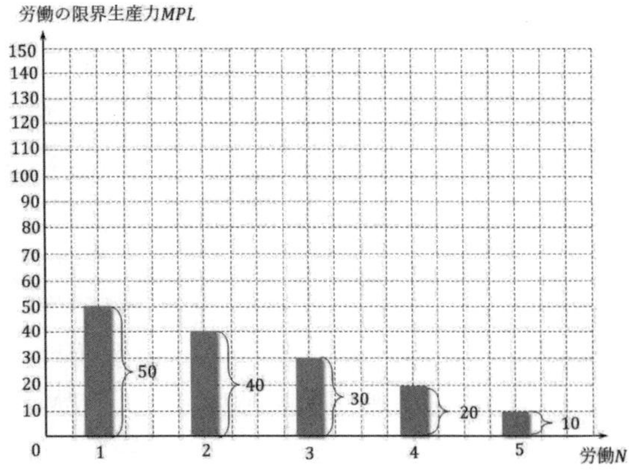

▸ **例題１**：労働の限界生産力MPLまたは限界収入MRが、$MPL = 150 - N$で表され、労働賃金Wまたは限界費用MCが50であるとき、利潤を最大化する労働量Nを求めなさい。また、そのときの利潤を求めなさい。

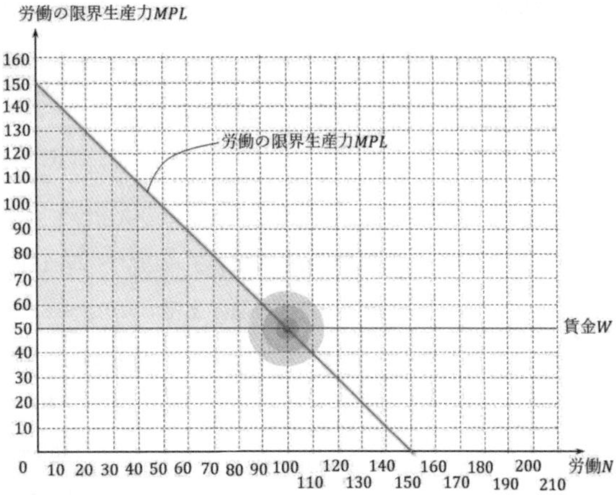

利潤最大化の条件より、

$$MPL = W$$

$$150 - N = 50$$

$$N = 100$$

になり、その利潤の大きさは限界生産力MPLと労働賃金Wの高さの差として表される三角形の面積に等しくなる。

$$利潤：(100 \times 100) \div 2 = 5000$$

■ 労働供給と産業構造

次に、家計の労働供給について考えるとき、長期的に、家計は、賃金がより高い産業を選好することになる。この賃金の差の影響について、２つの異なる産業の賃金を比較しながら考えてみることにしよう。

次のグラフは、産業１と産業２の労働の限界生産力MPLを描いたものになる。このグラフでは、縦軸が左右に２つあり、左側が産業１の労働の限界生産力MPLを表しており、右側が産業２の労働の限界生産力MPLを表している。そして、その横軸は労働Nを表しており、産業１については、左から右に向けて労働Nが増加する一方で、産業２については、右から左に向けて労働Nが増加することになる。したがって、その右下がりの直線

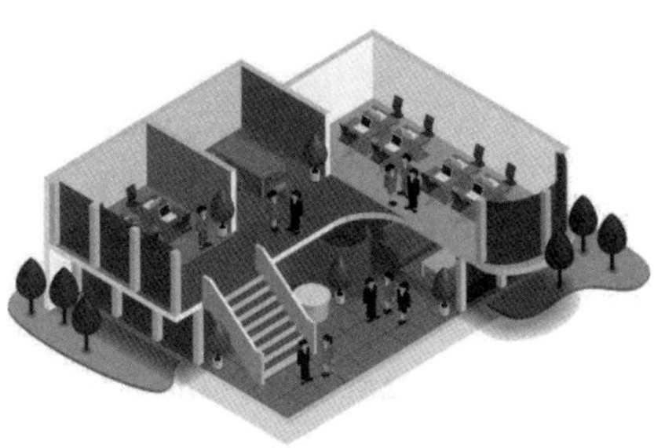

は、産業1の労働の限界生産力MPLを左から右にかけて描いている一方で、左下がりの曲線は、産業2の労働の限界生産力MPLを右から左にかけて描いていることになる。ここで、その地域の賃金は、その2つの産業の労働の限界生産力MPLが交わる点において決まることになる。なぜそうなるのかについて考えてみることにしよう。例えば、産業1の労働Nが60であり、産業2の労働Nが150であるとき、産業1の賃金は、労働の限界生産力MPLに従って、最大で90まで上昇するのに対して、産業2の賃金は、最大で30までしか上昇しないことになる。

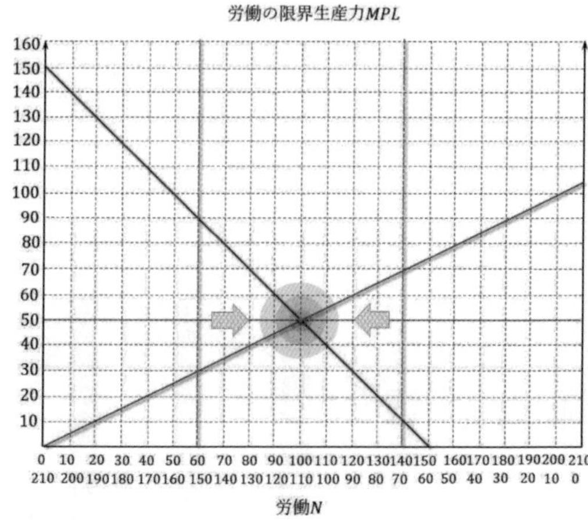

そこで、労働Nは、より高い賃金を求めて、産業2から産業1に移動することになり、この移動は、2つの産業の賃金の上限が50に等しくなるまで続くことになる。この労働移動の過程は、産業1の労働Nが140であり、産業2の労働Nが70であるときも同じになることになり、この場合には、労働Nは、産業1から産業2に向けて移動することになる。

▸ **例題2－1**：当初の産業1の労働N_1が40であり、産業2の労働N_2が160であるとする。その2つの産業の労働の限界生産力MPLが次のように与えられるとき、長期の均衡状態における産業1の労働N_1と産業2の労働N_2をそれぞれ求めなさい。但し、$N_1 + N_2 = 200$とする。

まず、産業1と産業2の労働の限界生産力を求めていくことにする。

○ 産業1の労働の限界生産力$MPL_1 = 150 - N_1$

○ 産業2の労働の限界生産力$MPL_2 = 0.5N_1$

次に、2つの産業の労働の限界生産力MPLの交点を求めると次のようになる。

$$MPL_1 = MPL_2$$

$$150 - N_1 = 0.5N_1$$

$$N_1 = 100、N_2 = 100$$

▸ **例題2－2**：当初の産業1の労働N_1が40であり、産業2の労働N_2が160であるとする。その状態から均衡状態における労働配分に移行するとき、産業1の労働の変化量ΔN_1と、産業2の労働の変化量ΔN_2を求めなさい。

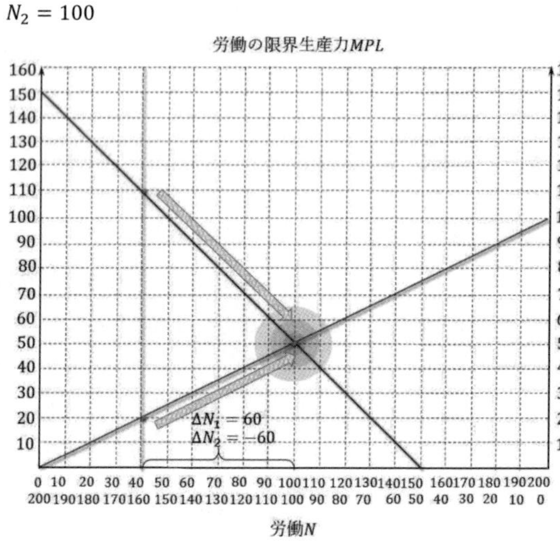

まず、$N_1 = 100$のとき、$\Delta N_1 = 100 - 40 = 60$になり、また、$N_1 = 100$のとき、$N_1 + N_2 = 200$になる。よって、

$$100 + N_2 = 200$$

$$N_2 = 100$$

$$\Delta N_2 = 100 - 160 = -60$$

になり、産業2から産業1に向けて60の労働移動があることになる。

■ 産業構造の変化

ところで、労働の限界生産力MPLを表す直線がシフトするとき、２つの産業の労働の限界生産力MPLの交点が移動することになり、そのときに、各産業に向けた労働の供給量が変化することになる。

この労働の限界生産力MPLが変化する要因としては、生産物の価格の上昇や技術革新による生産性の向上などを挙げることができる。仮に、その産業１を農林水産業とし、その産業２を製造業や重化学工業であるとするとき、それらの産業間の価格の変化や生産性の変化には違いが生じることになる。

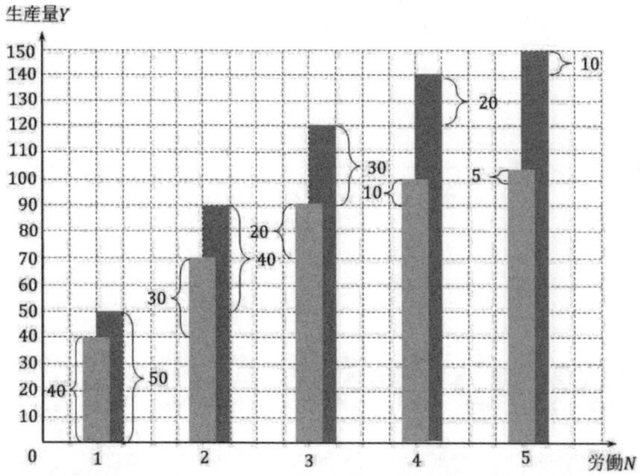

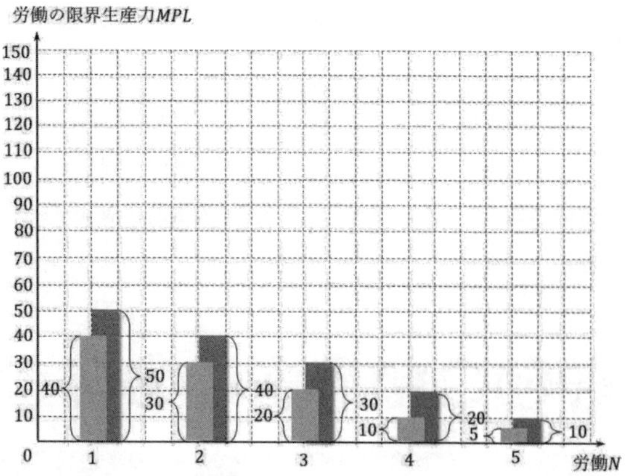

▸ **例題３**：産業１と産業２の労働の限界生産力MPLが次のように与えられるとする。

○ 産業１の労働の限界生産力$MPL_1 = 150 - N_1$

○ 産業２の労働の限界生産力$MPL_2 = 0.5N_1$

ここで、産業２において生産性が上昇し、産業２の労働の限界生産力MPLが次のように変化したとする。

○ 新しい産業２の労働の限界生産力$MPL_2' = 60 + 0.5N_1$

このときの産業１の労働量N_1と産業２の労働量N_2を求め、それらの変化量ΔN_1とΔN_2を求めなさい。

まず、産業２の生産性が上昇する前の、２つの産業の労働の限界生産力MPLの交点を求める。

$$MPL_1 = MPL_2 \qquad N_1 + N_2 = 200$$

$$150 - N_1 = 0.5N_1 \qquad 100 + N_2 = 200$$

$$N_1 = 100 \quad 、\quad N_2 = 100$$

次に、産業２の生産性が上昇した後の、２つの産業の労働の限界生産力MPLの交点を求める。

$$MPL_1 = MPL_2' \qquad N_1 + N_2 = 200$$

$$150 - N_1 = 60 + 0.5N_1 \qquad 60 + N_2 = 200$$

$$N_1 = 60 \quad 、\quad N_2 = 140$$

次に、産業１の労働N_1の変化量ΔN_1と産業２の労働N_2の変化量ΔN_2を次のように求めることができる。

$$\Delta N_1 = 60 - 100 = -40$$

$$\Delta N_2 = 140 - 100 = 40$$

以上のことをグラフに描くとき、そのグラフは下図のようになる。この図から、地域の産業構造は、各産業の労働の限界生産力MPLの交点の位置によって決まることになり、労働Nは、生産性の低い産業から、生産性の高い産業へと移動することになる。例えば、経済の発展過程において、初期の段階では、生産性の低い農林水産業などの第一次産業に労働が集中しているものの、次の段階では、製造業や重化学工業などの第二次産業が導入されることになる。

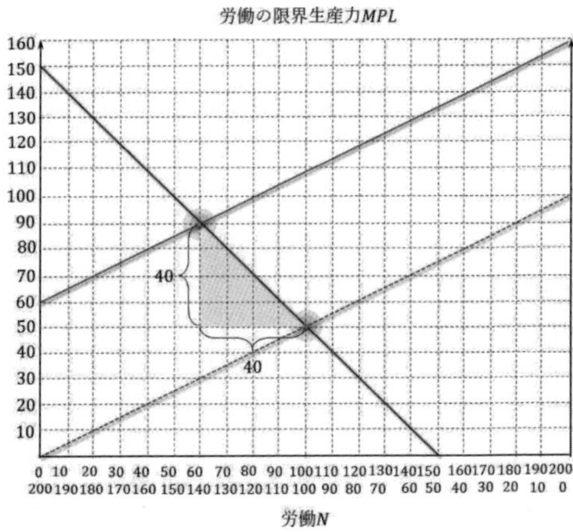

このとき、その労働の生産性については、第二次産業の方が高いことから、地域の労働が第二次産業に移動するという工業化が始まることになる。そして、その第二次産業の関連産業として、第三次産業が発展するとき、その第三次産業の方が労働の生産性が高いことから、その地域の労働は第二次産業から第三次産業へと移動することになる。

この過程については、本講で紹介してきた産業の二重構造論によって説明することができ、この経済の発展過程に沿った産業間の労働移動のことを、**ペティ=クラークの法則**(law of Petty-Clark)と呼んでいる。

練習問題

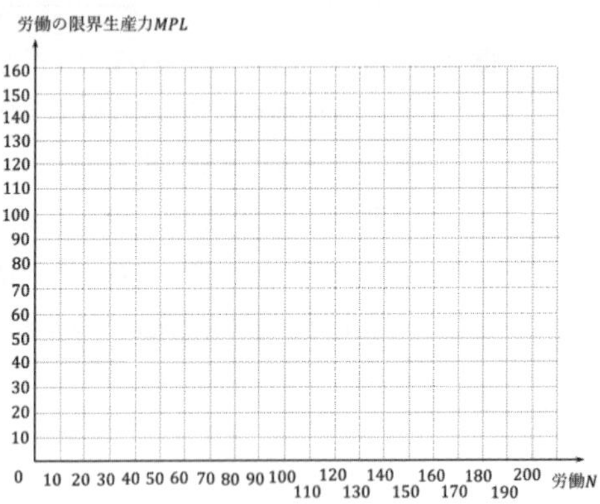

◇**練習問題 1 － 1**： 労働の限界生産力MPLまたは限界収入が$MPL = 140 - 0.5N$で表され、労働賃金W（限界費用）が90であるとき、利潤を最大化する労働量Nを求めなさい。またそのときの利潤を求め、その利潤の大きさを図に示しなさい。

◇**練習問題 1 － 2**： 労働の限界生産力MPLまたは限界収入が$MPL = 140 - 3/2\,N$で表され、労働賃金W（限界費用）が20であるとき、利潤を最大化する労働量Nを求めなさい。またそのときの利潤を求め、その利潤の大きさを図に示しなさい。

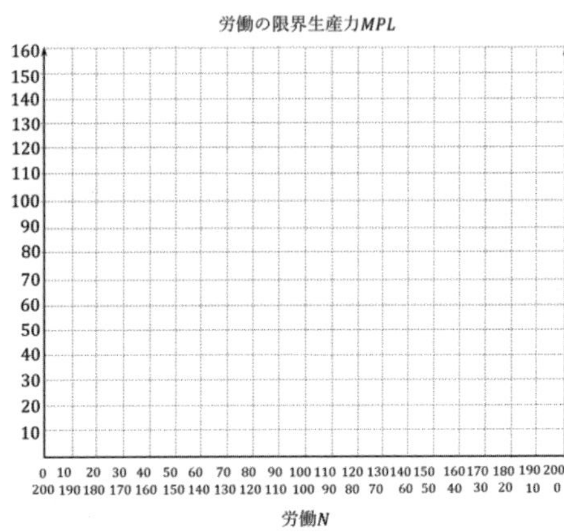

◇**練習問題 2 － 1**：当初の産業１の労働N_1が140であり、産業２の労働N_2が60であるとする。そして、２つの産業の労働の限界生産力MPLが次のように与えられるとき、長期的に産業１の労働N_1の変化量ΔN_1と産業２の労働N_2の変化量ΔN_2を求め、それを図示しなさい。但し、$N_1 + N_2 = 200$とする。

○産業１の労働の限界生産力：$MPL_1 = 120 - 0.5N_1$

○産業２の労働の限界生産力：$MPL_2 = N_1$

◇**練習問題 2 － 2**：当初の産業１の労働N_1が120であり、産業２の労働N_2が80であるとする。そして、２つの産業の労働の限界生産力MPL

が次のように与えられるとき、長期的に産業１の労働N_1の変化量ΔN_1と産業２の労働N_2の変化量ΔN_2を求め、それを図示しなさい。但し、$N_1 + N_2 = 200$とする。

○産業１の労働の限界生産力：$MPL_1 = 70 - 0.5N_1$

○産業２の労働の限界生産力：$MPL_2 = \frac{2}{3}N_1$

◇練習問題３－１：産業１と産業２の労働の限界生産力MPLが次のように与えられるとする。

○産業１の労働の限界生産力：$MPL_1 = 150 - \frac{2}{3}N_1$

○産業２の労働の限界生産力：$MPL_2 = 10 + 0.5N_1$

このとき、産業２において生産性が上昇し、産業２の労働の限界生産力MPLが次のように変化したとする。このときの産業１の労働量N_1と産業２の労働量N_2を求め、それらの変化量ΔN_1とΔN_2を図示なさい。

○新しい産業２の労働の限界生産力：$MPL_2' = 50 + N_1$

◇練習問題３－２：産業１と産業２の労働の限界生産力MPLが次のように与えられるとする。

○産業１の労働の限界生産力：$MPL_1 = 150 - 0.5N_1$

○産業２の労働の限界生産力：$MPL_2 = 10 + 0.5N_1$

このとき、産業２において生産性が上昇し、産業２の労働の限界生産力MPLが次のように変化したとする。このときの産業１の労働量N_1と産業２の労働量N_2を求め、それらの変化量ΔN_1とΔN_2を図示なさい。

○新しい産業１の労働の限界生産力：$MPL_1' = 140 - N_1$

○新しい産業２の労働の限界生産力：$MPL_2' = 20 + 0.5N_1$

トピック１８：ポーターの産業クラスター理論

産業クラスターの代表的な理論として、M. E. ポーターの**競争優位論**と呼ばれる理論がある（Porter 1990）。この**競争優位**（competitive advantage）とは、ある産業において、他社が簡単に真似や模倣などをすることができないような経営戦略のことや、その戦略を実行することができる優位性のことになる。

仮に、ある熾烈な国際競争が繰り広げられている産業において、ある企業が、その産業における同業他社の平均以上の利益率を上げているか、もしくは、高い市場占有率を獲得している場合には、その企業には**競争力**(competitive edge)があることになる。この競争力は、ポーターの競争戦略論おける競争優位に当たることになり、その競争優位には、大きく次の２種類あることになる。ひとつは競争相手に対する生産コストの優位性のことになり、もうひとつは製品の差別化による優位性のことになる。前者については、その生産コストを低く抑えることによって、競合他社と同じ価格で製品を販売しても、より多くの利潤を生み出すことができるようになる。また、後者の製品の差別化については、その差別化によって、顧客が製品に対してより大きな価値を見出すことによって、その製品に対してより高い対価を支払うことになる。その２種類の競争優位によって、企業は、その費用面と価格面という２つの測面から、多くの利潤を生み出すことができるようになる。

このポーターの競争優位論については、経営分析のフレームワークとして応用することができる点において、他の学説よりも、より優れたものになっている。下図は、そのポーターの競争優位のフレームワークを簡単に描いたものになる。まず、その質的な差別化による競争優位とは、その商品の価格に反映されることになり、その優位性が高くなればなるほど、その価格をより高く維持することができるようになる。この価格の上昇は、利潤、つまり価格から費用を差し引いた値を大きくすることになり、その差別化による競争優位は、その製品によって生み出される利益の増加に貢献することになる。

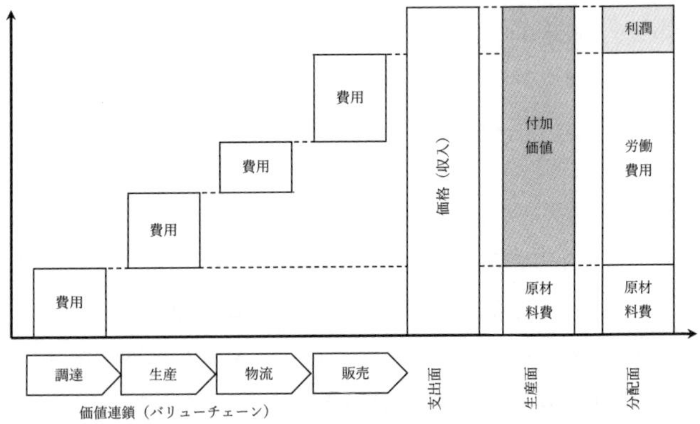

次に、そのコスト面での競争優位ついては、まず、その生産・販売に必要な一連のプロセスを、図に描かれているように分解することができる。つまり、ある企業が、その製品を生産・販売する際に必要になる一連のプロセスを、その横軸に沿って、調達、生産、物流、販売の順に分けることができる。ここで、その調達とは、製品を生産するために必要な、原材料や部品、仕掛品を仕入れる作業のことになり、その生産とは、それらを組み立て、完成品にする作業のことになり、その物流とは、その完成品を卸売・小売業者まで輸送する作業のことになり、最後の販売とは、その製品を販売するために必要な作業のことになる。

それら４つの作業のそれぞれにおいて、その費用が発生することになり、ポーターは、それら４つの作業のそれぞれを、その製品の付加価値を増大させることができる機会であると捉えている。つまり、それぞれの作業において、その費用を軽減することができるときに、それぞれの作業は、直接的に利潤の増加をもたらす機会になることになる。そして、個別の作業におけるコストの減少は、それぞれが利潤という価値を生み出すことのなり、その価値を生み出す作業が連続しているという意味で、それを**価値連鎖（バリュー・チェーン）**と呼んでいる。

つまり、それぞれの作業において、コスト面で優位に立つことによって、製品１個当たりのコストを削減することができるようになり、１個当たりの利潤を増加させることができるようになる。また、コストの削減は、その製品を安価に販売することができるという価格競争力に繋がることになり、それによって、その販売数の増加や市場シェアの拡大、収入の増加などを見込むことができるようになる。

ところで、ポーターは、ある企業が競争優位を確立するために、その企業が立地しているホーム・本拠地（home base）において、次の４つの条件が揃っていることが重要になることを強調している[3]。

(1) 生産要素条件（Factor condition）

(2) 需要条件（Demand condition）

(3) 関連・支援産業の発達（Related and supporting industries）

(4) 企業の戦略、構造、ライバル（Firm strategy, structure and rivalry）

[3] このホームとは、その企業が立地している国・地域のことを指しており、地理的な近接性によって、その企業が、それら４つの条件に直面するような空間的範囲のことを指す。

この４つの条件は、ポーターのクラスターダイアモンドとして知られており、それぞれについて、以下に簡単に紹介していくことにする。

◎生産要素条件

まず、生産要素条件に関して、その生産要素とは、労働や土地、天然資源、製造用機械・設備、インフラストラクチャーなどのことになる。これらの生産要素の様々な条件が、その質とコストの観点から、国や地域の競争優位を左右することになる。まず、それらの質に関しては、単純に質が高いものであるというよりも、そのホームにある産業の支援に特化したものになっていることが重要になる。

つまり、それらの質と特定の産業の競争優位の関係は、産業ごとに異なる可能性があることになり、広範囲にわたる質の向上よりも、ある特定の目的に特化した質の向上の方が、より重要になることになる。例えば、一般的に、大学・大学院を修了した労働者は、質の高い人的資本としてみなされる一方で、それだけでは、その競争優位論おける質の高い労働という定義を満たすためには不十分であることになる。つまり、そうした質の高い労働者の中でも、特定の産業に従事することに特化した人材が豊富であることが、より重要になってくることになる。

したがって、ある地域において、その生産要素条件の有無を問う際には、その優れた労働力が、どのような分野で優れており、また、どのような経営戦略において、より有効になってくるのかについて考えなければならないことになる。また、優れた労働力を育てる人材育成システムや、大学と提携した研究開発システムを構築する場合には、それらは、その地域特有の産業に対応することができるような、独特なものでなければならないことになる。

◎需要条件

次の需要条件とは、その企業が生産する製品を需要するバイヤー（buyer）の質に関する条件になる。この需要するバイヤーとは、その製品を購入する家庭や顧客、その製品を中間財（部品・仕掛品）として、他の製品を生産するために使用する企業、そして、その製品の安全面と環境面において高い水準を保つように規制する政府のことになる。この製品を需要するバイヤーの質が、その需要条件として重要になることになり、企業がその競争優位を得るために、そのバイヤーの需要が洗練されたものであり、かつ、その求める水準は非常に高いものでなければならないことになる。

例えば、ある部品を製造する下請け中小企業があるとき、その企業は、世界でトップシェアを占めるような国際的に競争力のある大企業（バイヤー）に対して、その部品を供給している場合について考えてみることにしよう。そのとき、その部品を製造する下請け中小企業は、競争優位の需要条件を満たしていることになる。その理由は、その中小企業が、その国際的に競争力がある企業（バイヤー）に対して部品を供給していること自体が、すでに、その下請け中小企業が、その国際水準に見合うだけの技術力を持っていることを証明しているからになる。

ここで、その下請け中小企業は、それまでに技術革新を繰り返すことによって、その部品を購入する大企業（バイヤー）が求める高い要求に応えてきたことになり、その部品を購入している大企業（バイヤー）は、その需要という方法を通すことによって、その部品を改善し、発展させるべき方向性を正しく示すことになり、その技術開発の方向性について正しくガイドしてきたことになる。そして、その高い技術水準によって、他の大企業（バイヤー）に対しても、同様の部品を供給することによって、その下請け中小企業が、国際的に飛躍するチャンスを獲得することができるようになったことになる。

逆に、もし、そのバイヤーの需要が、その国際競争に生き残っていけるだけの水準に達していないのであれば、その下請け中小企業は、その部品をどのように改善し、発展させるべきなのかについて分からないまま、不十分なものをバイヤーに対して供給することによって、そのバイヤー自体が国際競争で苦戦するようになることになる。

それと同時に、その他の競合しているバイヤーに対しても、自社の部品を売ることができなくなってしまうことになり、その部品の販売において苦戦を強いられることになる。そうした理由によって、企業にとって、その需要条件に恵まれていることは、その競争優位を維持するために重要な要件のひとつになっている。

◎関連・支援産業の発達

次に、その需要条件がバイヤーの条件であったのに対して、その関連・支援産業の発達とは、その企業に対して、原材料や部品、仕掛品等を供給するサプライヤー（supplier）に関する条件になっている。これについては、マーシャルとジェイコブズの集積経済論における関連企業・産業が果たす役割に通じるものがある。

まず、前述した下請け中小企業と国際競争をしている大企業の関係にもとづきながら考えてみると、その需要条件が下請け企業からの視点だったのに対して、その関連・支援産業の発達については、その大企業（バイヤー）の視点からみた下請け中小企業（サプライヤー）重要性のことになる。

	バイヤー	サプライヤー
技術革新の種類	機能の組み合わせ	機能の強化
部品数	多数	少数
集積経済	多様性	特化
製造工程	下流工程	上流工程
取引形態	B to C：Business to Consumer	B to B：Business to Business

つまり、優秀なサプライヤー（下請け中小企業）がホームに立地していることによって、コスト面と性能面での競争力が高まることになり、さらに、その空間的な近接性から、コミュニケーショや情報交換の速度と効率性が改善することになり、それによって、その需給の量的・質的な調整が容易になることになる。その意味において、その関連・支援産業の発展は、その中心産業（バイヤー）の競争優位に対して大きく貢献することになる。

また、完成品を市場（家庭・顧客）に対して販売する大企業（バイヤー）は、市場調査（マーケティング）を実施した後に、特定の市場セグメントに向けて製品を開発することになる。ここで、その製品の開発とは、サプライヤーが持っている技術を利用し、それを組み合わせることによって、より競争力の高い製品の実現することになる。

その一方で、そのサプライヤーが持っている技術力が低いときには、それは、そのまま完成品の性能が低くすることにつながることになり、その完成品を市場に送り出す企業（バイヤー）の立場からは、ホームに技術力が高いサプライヤーが数多くいることは、非常に大きな強みになることになる。したがって、その関連・支援産業の発達は、その需要条件と組み合わせられることによって、バイヤーとサプライヤーの両方の立場の競争優位について論じていることになる。

◎企業の戦略と構造とライバル

最後に、企業の戦略、構造、ライバルの条件について紹介しておくことにしよう。この条件は、各国・各地域の歴史・文化・制度等の特性を、その競争優位の条件に反映させようとしたものになっている。例えば、イタリアの国際競争力のある企業群の中には、中小企業も多く含まれており、そうした中小企業のほとんどは、家族・親戚等の血縁関係による経営を主流にしたものになっている。この血縁関係による経営は様々な強みを生み出すことになり、例えば、イタリアの照明、家具、服飾産業の経営の強みとしては、資源の集中と選択、オーダーメードによる販売形態、ニッチの市場の重視、フレキシブルな生産体制による変わりやすい需要への対応力などを挙げることができる。

それに対して、ドイツは階級的な大規模組織による経営が一般的になっており、その経営者には、技術者の出身者が圧倒的に多い。この経営構造は、規律のとれた組織行動に適していることから、光学、化学、機械、精密工業などのような、忍耐強い開発努力と丁寧なアフターケアを必要とするハイテク・エンジニアリング産業に対して強みをもっていることになる。

さらに、アメリカでは、金融サービスが発展しているため、経営者は株主への配当を非常に重要視する傾向にあり、投資リスクを分散するための巨大な資本市場と、それを支える金融制度が発達しており、それは新しい産業を生み出し、それを発展させるための土壌になっている。また、所得・報酬も、経営業績に強く連動しているため、優秀な人材は、ソフトウェア産業やバイオテクノロジー産業などの、莫大な利益を生み出すような産業に流れやすいことになる。このような制度環境は、アメリカ特有なものになっており、それは比較的新しい産業に対して、競争優位を与える条件になっている。

＜地域経済メモ＞

日本の地図を見てみると、道路が碁盤の目のように、横にも縦にも等間隔で垂直に交わるように整備されていることが分かります。それに対して、欧米の地図では、その碁盤の目のように整備された道路に対して斜めに交わる道路が敷かれていることが分かります。そのように斜めに走る道路が作られたのは、第９講で紹介したように、欧米では効率的立地配置の考えが浸透しているからになります。

欧米の道路

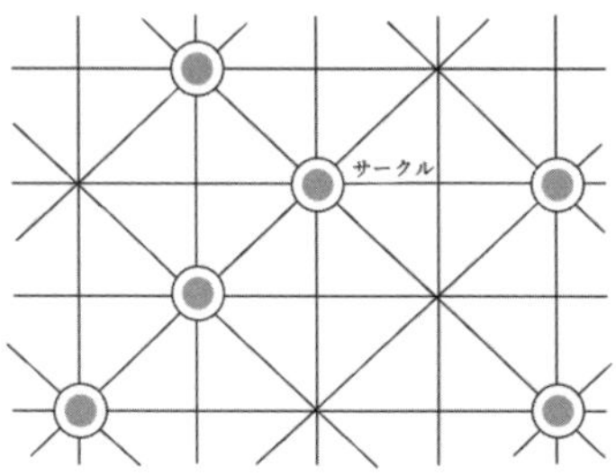

ところで、その斜めに走る道路を作るときに、必ず道路が八方に伸びる八差路ができあがることになります。この八差路は英語でサークルと呼ばれており、欧米では道案内や待ち合わせ場所などの目印として頻繁に利用されています。それに対して日本では、そうしたサークルに当たる概念がないので、それを訳すための日本語すら存在していません。

ところで、そのサークルについては、人の往来が増えやすいことから街の中心地になりやすく、実際にサークルの回りには多くの商店が立ち並んでいます。それに対して日本では、人の往来が集中しているのが駅前に限られていたので、日本では駅前が商店街として発展することになりました。また、欧米では人の往来が多いサークルを基準にして駅が設置されており、欧米の鉄道の駅には「〇〇サークル」という名称の駅が多く存在しています。

さらに、そうしたサークルについては観光名所になりやすく、例えば、ニューヨークのマディソン・スクウェア・ガーデンや、ロンドンのトラファルガー広場、パリの凱旋門などの観光名所は、すべて、そうしたサークルがある場所に位置しています。そうした観点からは、もし効率的立地配置という概念が存在していなければ、そのような観光名所も生まれることもなかったかもしれません。

第18講　空間的分業と範囲の経済

前講までは、地域間の交易が発生するメカニズムとして、比較優位論とプロダクト・ライフサイクル論について紹介してきた。次に本講では、地理的に広がる空間的分業と範囲の経済について紹介していくことにする。

地域経済における最も重要なネットワークのひとつとして、地理的に広がる企業ネットワークを挙げることができる。この企業ネットワークは、主に、製造工程のネットワークのことになる一方で、企業が、その製造工程を地理的に広げ、それをネットワークとして形成するのは、その経済性を改善することができるからになる。本講では、そのネットワークの経済性について、範囲の経済の立場から考えていくことにする。

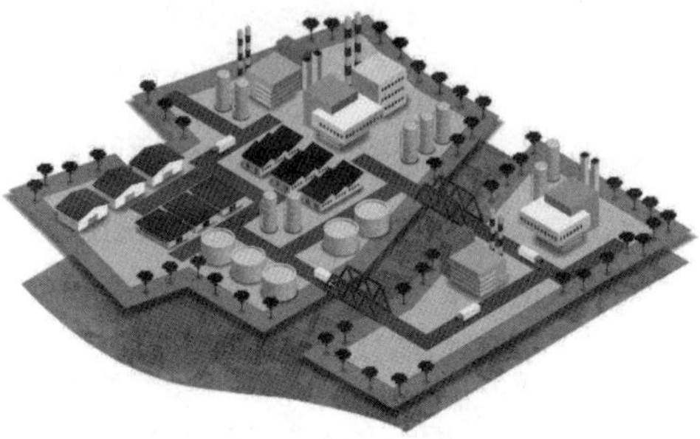

■ 規模の経済性と平均費用

製品1単位当たりの生産費用は平均費用ACと呼ばれており、それは生産量Xの増加に応じて変化することになる。一般的に短期の生産体制では、その生産量Xの増加に伴って、その平均費用ACが減少していくことが知られており、その効果のことを**規模の経済性**と呼んでいる。

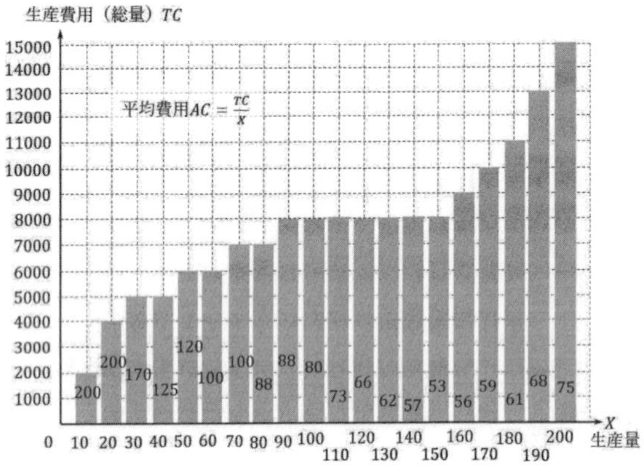

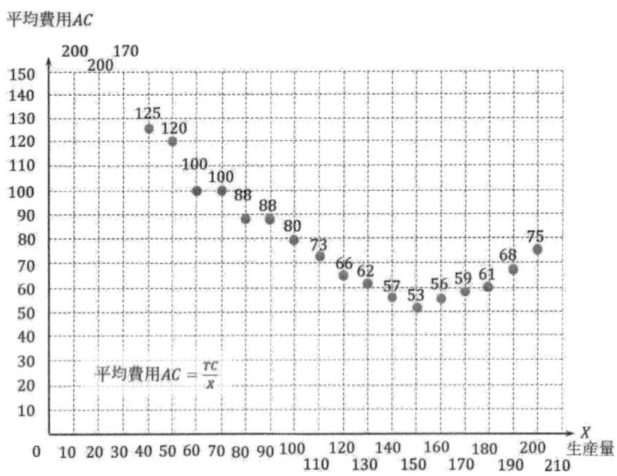

例えば、生産量Xの増加にともなって変化する生産費用TCが、上図の左図のような棒グラフで表されるとする。このグラフからは、その製品を10個生産するために2000の生産費用TCが発生することになり、製品100個生産するために8000の生産費用TCが発生することが分かる。

○製品を10個生産するとき平均費用：$AC=\frac{2000}{10}=200$

○製品を100個生産するとき平均費用：$AC=\frac{8000}{100}=80$

そして、そのすべての生産個数において、その平均費用ACについて求めてみると、それを右図のようなグラフとして描くことができる。

■ 分業と平均費用

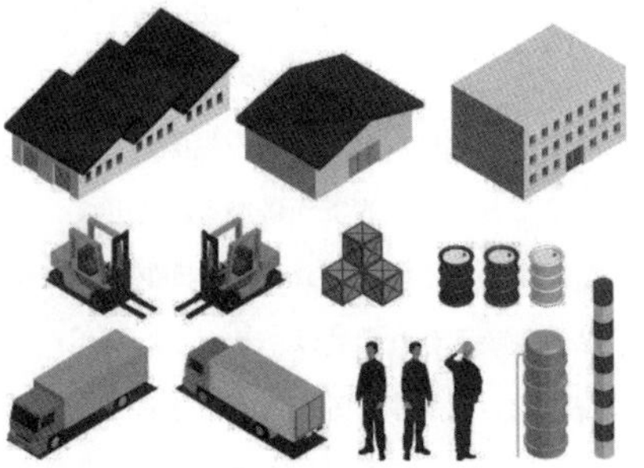

ところで、製造活動において分業を行う理由は、それぞれの従業員が、すべての製造工程を担当するよりも、それぞれの従業員が、その製造工程を分担し合うことによって、その作業を特化する方が、その生産性が高まるからになり、その生産性の上昇によって、その平均費用が下落することになる。この分業と平均費用との関係について、分業を行わない場合の平均費用をACで表すことにする。そして、分業を行う場合の例として、全体の工程を工程１と工程２に分け、工程１での平均費用をAC_1で表すことにし、工程２での平均費用をAC_2で表すことにする。すると、その分業をした場合の工程１と工程２の全体の平均費用を、$AC_1 + AC_2$として表すことができる。

◎ 分業しない場合：AC

◎ 分業をする場合：$AC_1 + AC_2$

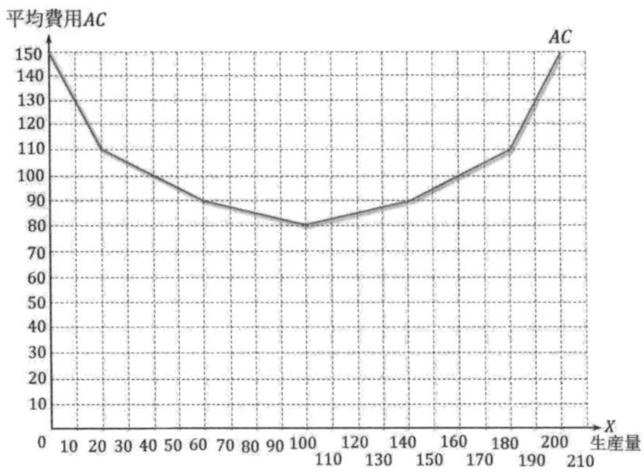

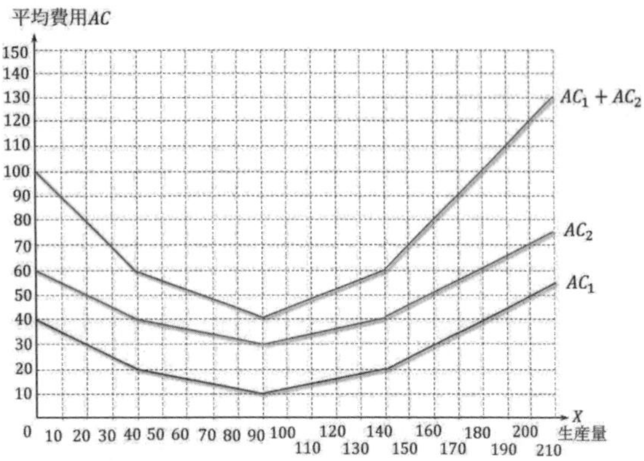

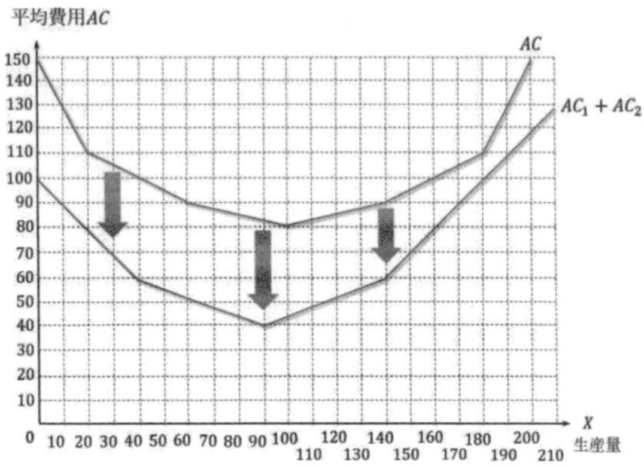

例えば、その左図では、ある生産での平均費用曲線ACが描かれている。ここで、その生産工程を２つの工程に分割し、それぞれの工程で専門化と集中化を図るのであれば、その分業のメリットから、その工程１と工程２の平均費用の和$AC_1 + AC_2$は、その工程を分割しない場合の平均費用ACよりも小さくなるはずである。

そして、その右図は、その工程１と工程２の平均費用の和$AC_1 + AC_2$が、その工程を分割しない場合の平均費用ACよりも小さくなることを表しており、その平均費用の和$AC_1 + AC_2$は、その工程１の平均費用AC_1と工程２の平均費用AC_2の高さの和として描かれている。

ここで、その工程１と工程２の平均費用の和$AC_1 + AC_2$が、その平均費用曲線ACをすべての生産量Xで下回っていることから、その工程の分割をした分業の方が、より多くの利潤を得ることができるようになる。したがって、この場合には、その分業による経済性が発生していることになる。

■ 垂直分割と平均費用

これまでに扱ってきた分業を、元請け企業と下請け企業のような、異なる企業間での分業に対して応用するとき、工程１の生産量X_1と工程２の生産量X_2とを、異なる量に設定することができるようになる。そして、工程１で生産された製品を、工程２における中間財として用いるとき、工程１で生産された製品は、その平均費用が最小になる生産量X_1において生産することができるようになる。そこで次に、これについて確認してみることにしよう。

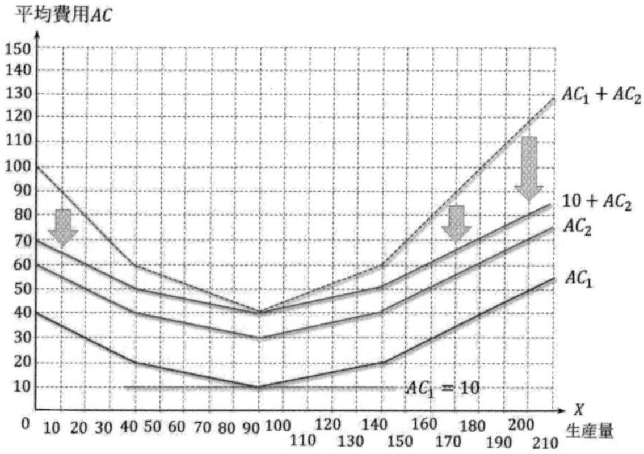

工程１で生産される製品の平均費用AC_1は、その生産量X_1に応じて変化することになる一方で、その平均費用の合計$AC_1 + AC_2$を小さくするためには、工程１で生産される製品の平均費用AC_1を最小化すればよいことになる。例えば右図では、その平均費用AC_1が最小になるのは、その生産量X_1が90になるときになり、そのときに、その工程１の平均費用AC_1は10になる。ここで、もし、工程２で生産される製品の生産量X_2が450になるとすれば、その工程１での生産量X_1を90に維持したまま、その90の生産を行う工場を５つ作ればよいことになる（$90 \times 5 = 450$）。これを、その生産工程の**垂直分割**と呼んでおり、その垂直分割によって、その元請けと下請け企業による企業ネットワークが形成されることになる。

また、このとき、その平均費用の合計$AC_1 + AC_2$は$10 + AC_2$になり、これは工程２の平均費用AC_2を 10だけ上にシフトさせたものになり、その$10 + AC_2$は、$AC_1 + AC_2$よりも必ず小さくなることになる。その理由は、そのAC_1が工程２の生産量X_2に応じて変化するのに対して、その10はAC_1の最小値になり、それは工程２の生産量X_2に応じて変化しないからになる。

■ 範囲の経済

これまで製造工程を、工程１と工程２に分けて紹介してきたが、実際に、その分業を行っていくためには、多くの場合、地理的・空間的な近接性が必要になってくる。その理由は、その２つの工程が地理的に離れている場合には、移動・交通費や情報・通信費など、様々なコストが発生するからになる。そして、その製造工程の分業は、そうした費用を安く抑えるために、地理的に近接した企業間で行われることになり、そのときに、その平均費用が分業を行わない場合の平均費用を下回る場合には、**範囲の経済**と呼ばれる経済性が発生することになる。

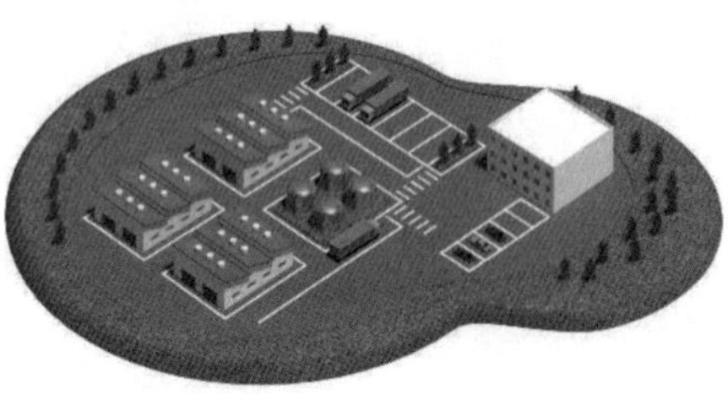

この範囲の経済については計量的に分析することが可能になっており、その大きさについては、その分業を行わなかった場合の平均費用ACと、その分業を行った場合の平均費用の合計$AC_1 + AC_2$の差として捉えることができる。そこで次に、その範囲の経済の大きさの測り方について紹介しておくことにしよう。

これまでの例では、その分業を行わなかった場合の最小の平均費用ACは80になった。そして、その分業を行った場合の平均費用の合計$AC_1 + AC_2$については、その生産量Xが20から160までの間において、分業を行わなかった場合の平均費用ACに当たる80を下回ることになった。

ここで、その範囲の経済の大きさについては、その平均費用の合計$AC_1 + AC_2$が、その分業を行わなかった場合の平均費用ACを下回っている、その生産量が20から160までの区間を底辺とする図形の面積として表すことができる。また、その図形の高さについては、平均費用の合計AC_1+AC_2の最小値と、分業を行わなかった場合の平均費用ACの差として表すことができ、その範囲の経済の大きさは右図に示されているような五角形の面積の大きさに等しくなる。

したがって、この例では、その範囲の経済の大きさを、その五角形の網かけの部分の面積の大きさとして求めることができ、その範囲の経済が大きければ大きいほど、その分業による経済性が高いことを示すことになる。

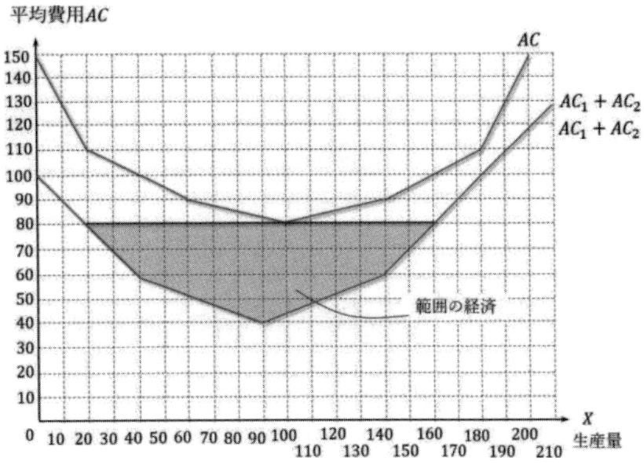

練習問題

◇**練習問題１－１：** 次の工程１での平均費用をAC_1と、工程２での平均費用をAC_2を足し合わせることにより、平均費用の合計AC_1+AC_2を求めなさい。また分業を行わない場合の平均費用ACと比較して、分業をすべきかどうか判断しなさい。

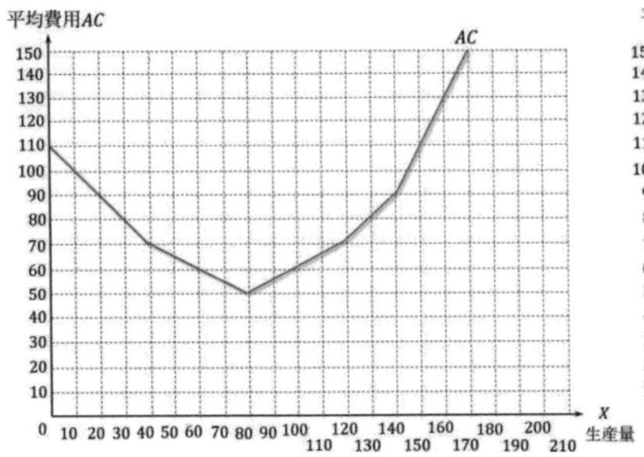

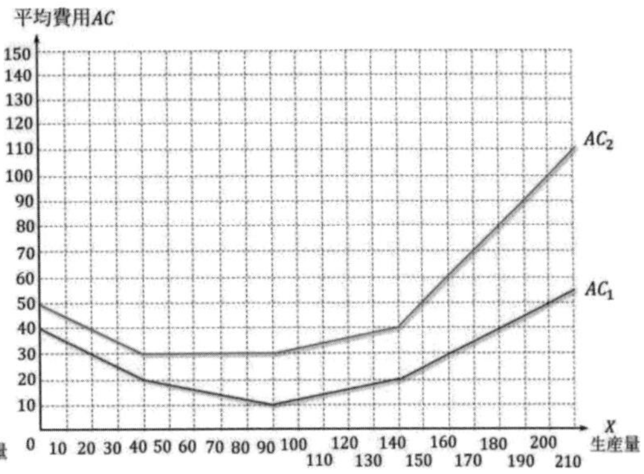

◇**練習問題１－２：** 次の工程１での平均費用をAC_1と、工程２での平均費用をAC_2を足し合わせることにより、平均費用の合計AC_1+AC_2を求めなさい。また分業を行わない場合の平均費用ACと比較して、分業をすべきかどうか判断しなさい。

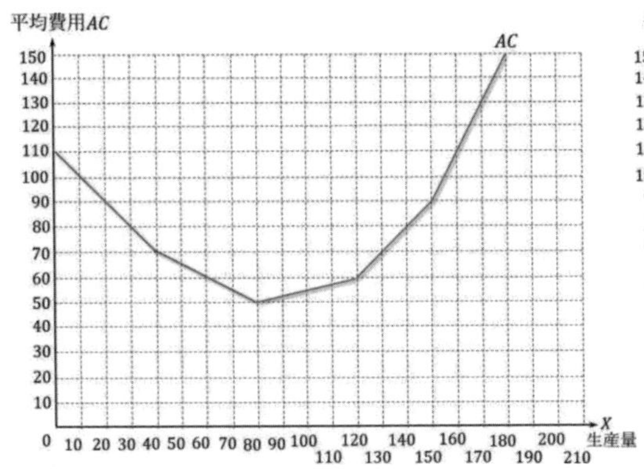

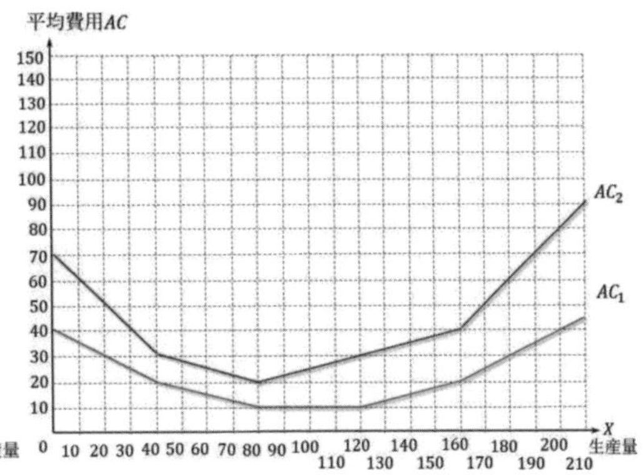

◇**練習問題２－１**：工程１での生産量が90のとき、その平均費用の合計AC_1+AC_2のグラフを描きなさい。また、工程２での生産量も140のとき、垂直分割した場合としない場合とでは、その平均費用の合計AC_1+AC_2がいくら安くるか答えなさい。

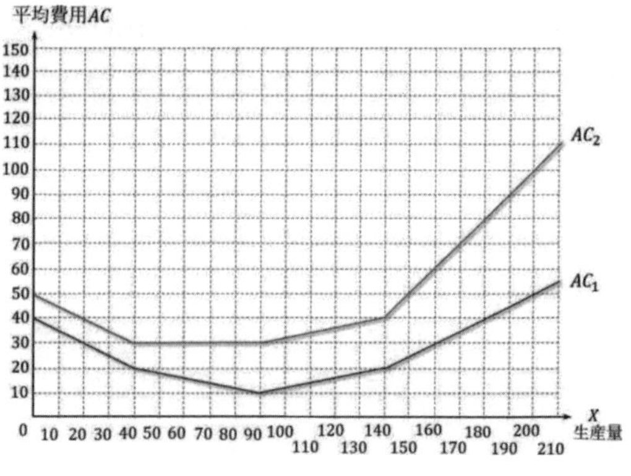

◇**練習問題２－２**：工程１での生産量が80のとき、その平均費用の合計AC_1+AC_2のグラフを描きなさい。また、工程２での生産量も170のとき、垂直分割した場合としない場合とでは、その平均費用の合計AC_1+AC_2がいくら安くなるか答えなさい。

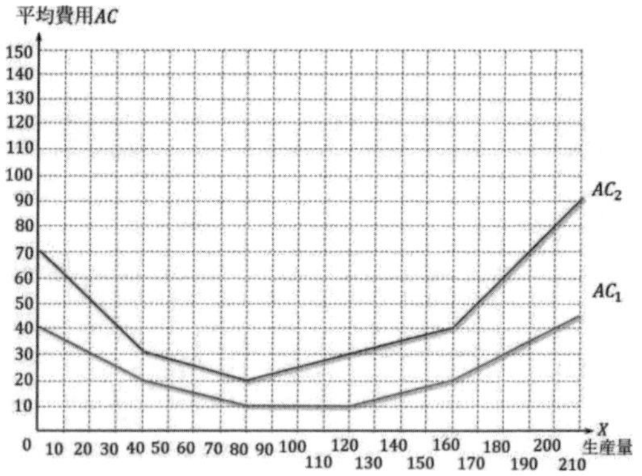

◇**練習問題３－１**：練習問題１－１の例において、その範囲の経済の大きさを求めなさい。

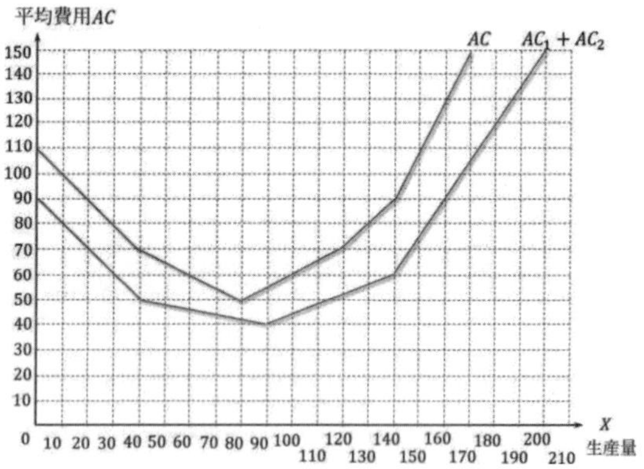

◇**練習問題３－２**：練習問題１－２の例において、その範囲の経済の大きさを求めなさい。

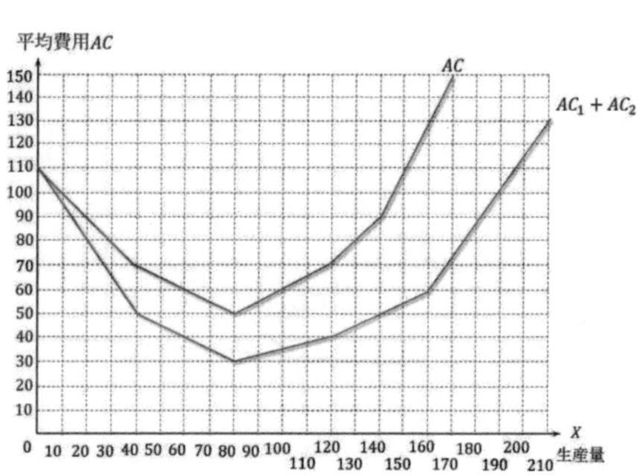

◇**練習問題３－３**：練習問題２－１の例において、その範囲の経済の大きさを求めなさい。

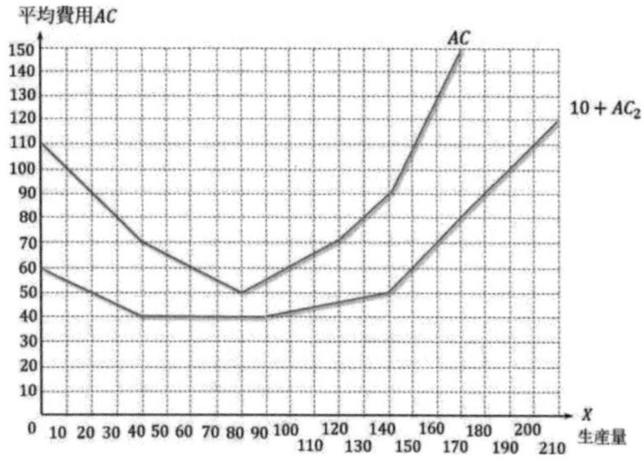

◇**練習問題３－４**：練習問題２－２の例において、その範囲の経済の大きさを求めなさい。

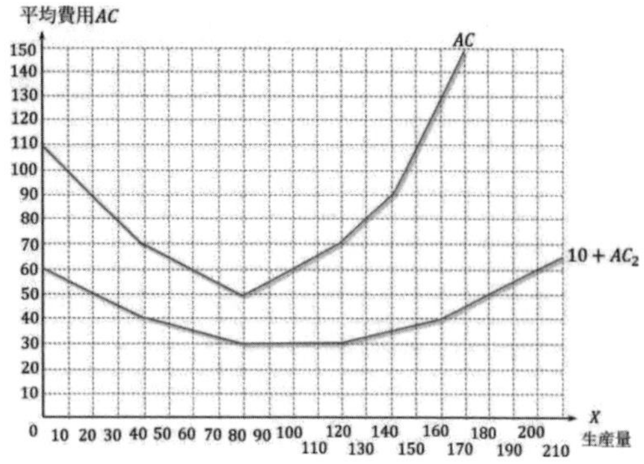

トピック１９A：ポーター比較競争優位学説

前回のトピックでは、ポーターの学説に依拠しながら、産業クラスターが４つの条件を満たすことによって、そのクラスター内に立地する企業が競争優位をもつことができるようになることについて紹介してきた。これに関してポーターは、ある単一の企業が享受することができる競争優位の恩恵に加えて、産業クラスターが全体としてのコンビネーション経済を発揮することによって、集合的に生み出される競争優位の重要性について強調している。そして、その集合的に生み出される具体的な競争優位として、クラスターにおける生産性の向上と、技術革新の促進、そして、新規企業・ビジネスの創出の３つを挙げている（Porter 1998）。

労働者のプール

まず、その生産性の向上に関しては、マーシャル型の産業集積のように、そのクラスターが包含する産業が必要とするような労働力のプールが重要になってくる。この労働者のプールによって、高い技術力を持つ労働者を探すコストを軽減することができるようになる一方で、そのクラスター内において、その労働者を再利用することができるというメリットもあることになる。つまり、そのクラスター内の他の企業おいて、すでに何らかの生産活動に従事した経験がある労働者であれば、そのクラスター内にある同じ技術を扱うことになる可能性が高くなることになり、そのまま他の企業に移動したとしても、それまでに習得した技術（暗黙知も含めて）を、そのまま活用することができるという強みがあることになる。この労働者のスキルと技術のマッチングと組み合わせの観点からも、そのクラスター内における労働者のプールのメリットは大きいといえる。

企業ネットワーク

次に、関連企業・産業のサプライヤーが集合体として存在していることによって、その産業クラスターを、ひとつの企業組織体として活動している状態に近づくことから、その企業間取引にかかる取引費用を軽減することができるというメリットがあることになる[4]。また、企業が、そのクラスター内の企業ネットワークという社会の中で活動しているということは、それだけ、その企業の評判に関する情報が伝わりやすい環境をつくることから、そのクラスター内の企業は様々なビジネスシーンにおいて、他の企業との信頼関係を重要視することになる。そうした観点からは、企業間の債務不履行などの取引に関する費用を軽減することができるというメリットもあることになる。

こうした取引に関する費用の軽減は、企業間取引に関する契約をより柔軟にすると同時に、その上流・下流工程の垂直分割を促進することになる。それによって、その企業間取引が市場の需要の変化に対してより柔軟に対応することができるようになり、市場の需要に最も適した製品を迅速に供給することができるようになる。また、その取引費用の軽減によって、企業間での垂直分割が促進されているということは、そのサプライヤー・バイヤーの両者にとって、絶えず技術革新を起こす動機を強めることになり、それによって、製品の品質と向上させることを促す効果もあることになる（Storper and Christopherson 1987）。

近視眼的な情報

次に、企業が製品の生産と開発をするために、必要な技術や関連企業、労働者に関する情報を集める際に、その集めることができる情報の多くは、比較的容易に入手することができる情報に限られることになる（Maskell and Malmberg 2007）。この比較的簡単に入手することができる情報とは、その企業が立地している地域で共有されているような情報のことになる。そして、その産業クラスターには、そうした情報を蓄積・流通させる機能をもあることになり、そのクラスター内の企業は情報を交換し合うことによって、そうした情報へのアクセスの面でも、その生産性を高めることになる。

ところで、その情報とは、特に次の２種類の情報を意味している。ひとつは供給サイドの部品・仕掛品等の中間財に関する情報になり、そのクラスター内では、各サプライヤーが製造している中間財に関する情報へのアクセスが容易であることになる。そして、その生産に関わる技術は絶えず向上し続けていることになり、そうして更新され続けている情報を、そのクラスター内の取引関係や日常的なコンタクトなどによって交換し合うことができることは、その産業クラスターによって生み出されるメリットのひとつになっている。

もうひとつの情報は、その需要サイドからの情報になり、その情報には、市場の消費者の嗜好の変化や、競合商品に関する情報に加えて、上流工程を担う企業が、下流工程の企業のニーズを素早く察知することによって、新商品・新サービスを開発する機会を見つけ、その技術の向上を図るための情報も含まれることになる。こうした情報については、そのクラスター内の方が得やすくなるだけでなく、あるひとつのクラスターには、様々な種類の企業・産業が集中して立地していることから、その手に入れることができる情報が多様化するというメリットもあることになる。

---

[4] ここで取引費用とは新規取引の締結にかかる契約・取り決めの費用や、その代金の支払・回収のリスクを補てんするような費用のことである。

以上のように、そのクラスター内での情報は、その量と質の両面において優れていることになり、また、それらが多様であることによって、そのクラスター内に立地する企業の競争優位を改善することになる。

スピンオフ

クラスター内の企業群は、絶えず新たな企業の新規立地と、既存の企業の退出が活発に行われており、その度に、クラスターの生産組織は徐々に進化していることになる。そうした過程において、それまでには無かった技術と生産工程が必要とされたり、新しい企業向けのサービス・支援が必要とされたりすることから、それが新しいビジネスチャンスになることによって起業する機会が生まれることになる。

こうしたクラスター内で新しいビジネスの機会を見つけたり、ニッチな需要に対して新しい部品・サービスを供給する機会に恵まれたりすることは、その産業クラスター内に立地している企業ほど容易になることになる。実際に、そうした機会に出会うことができるのは、そのクラスター内の企業で働いている従業員に限られることになり、そうした従業員がスピンオフとして起業するケースが非常に多いことが知られている（Klepper 1996; 2009）。

さらに、クラスター内の従業員であれば、インサイダーとしての地位も与えられることになり、社内外の人間関係を利用することによって、新しい取引関係を築くことができる。また、クラスター内の取引関係は、ひとつの売り手に対して、多くの買い手を対応させやすく、一対多の関係を構築させやすくすることから、それは需要を安定させるために効果的であることになり、新規企業としてはキャッシュフローを安定させ、倒産のリスクを減らすために有効であることになる。

ところで、これまでに紹介してきたポーターの競争優位を生む４つの条件の上位概念として、企業の直面する**挑戦と機会**（challenge & opportunity）を強調していることは重要である。この挑戦と機会について、ポーターは次のように述べている。企業は自ら進んで、市場からの厳しい注文と批判を受けながらも、その注文に対して応えるために、絶えず技術革新の機会を探し続けるべきである。また、従業員の技術・スキルのレベルアップを図りながらも、企業全体の知識レベルと技術力の改善に努めるべきである。こうしたことは、究極的には、企業が陥りやすい惰性と妥協を乗り越えるための努力を意味することになる。

また、ポーターは競争的な環境が重要であるとも指摘しており、技術革新において、その企業を取り巻く環境が果たす役割は大きく、その競争的な環境が、技術革新を誘発し、支援し、ときとして、強制的に引き起こすことになる。また、その競争的な環境は、企業のトップが、正しく経営環境を認識することができるように手助けをし、それによって、より正確な優先順位の下に、経営資源の配分と組織編成をすることができるようになると述べている。したがって、企業が技術革新を継続的に行うことができるかどうかについては、その企業を取り囲む環境の質と、その企業が直面する挑戦の質に依存して決まることになる。

このポーターの挑戦と機会の概念は、それまでの集積経済の考えとは全く異なるものになっている。その理由は、それまでの集積経済が、企業を取り巻く環境と、その条件にのみ焦点を当てていたのに対して、この挑戦と機会は、その企業自身の能力を重要視しているからになる。これは仮に、同じ集積環境を複数の企業に与えたとしても、それぞれの企業の挑戦に対応する能力、また、新しい技術革新やビジネスの創出に結び付ける能力の有無によって、その複数の企業の盛衰は、全く異なってくることを意味している。このように、企業の成功を集積環境だけではなく、企業の能力と一体化して、その産業クラスターの効果を体系化している点において、ポーターの集積論は、それまでのマーシャルやジェイコブズの古典的な集積論とは一線を画していることになる。

トピック１９B：ロックイン効果

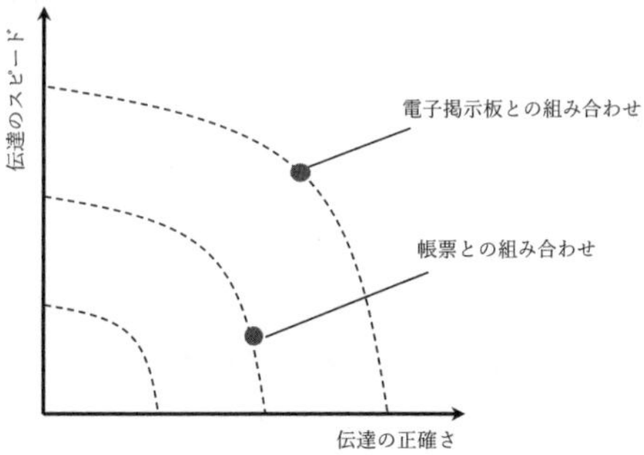

ロックイン効果（lock-in effect）とは、もともとは、ある商品の利用者が、一旦、その商品を購入してしまうと、他の商品への乗換えが困難になってしまうような現象のことになる。これに関連する用語として**スイッチング・コスト**（switching cost）があり、それは、ある商品に慣れてしまうときに、その他の商品に乗り換える（スイッチする）ために手間（コスト）がかかってしまうことから、その乗り換えのコストのことになる。

コンビネーション経済を発生させるための組み合わせの観点からは、そのロックイン効果は、組み合わせることができる対象が固定化されたり、組み合わせることができる対象が潜在的に失われてしまったりすることを意味しており、この考え方は、企業の生産活動や、その他の社会現象にも応用することができる。ここでは特に、技術革新のロックインと、企業の活動に関するロックインを例に、ロックインとはどのようなものなのかについて説明していくことにする。

まず、技術革新のロックインについて説明することにしよう。技術革新とは、供給サイドのコンビネーション経済を発生させるための既存の機能の新しい組み合わせであると定義した。そこで、ある既存の機能（アイデア）を組み合わせることによって、新しい機能を作り出したり、もしくは、既存の機能を強化したりする場合について考えてみることにする。ここで企業が、膨大な研究開発費用を投じることによって、ある特定の機能を強化することによって、その機能についての強みを獲得し、同時に、他の企業も、その機能とは異なる機能に特化することによって、それぞれの機能において強みを獲得したとしよう。

このとき各企業は、新しい製品を開発する際に、その企業がそれまで培ってきた、強みのある機能を組み合わせることに対しては積極的である一方で、その強みのない機能を組み合わせることに対しては消極的になることになる。その理由は、その強みのない機能を組み合わせたとしても、消費者にとって魅力のある製品が生まれにくいからになる。その強みのある機能のみを組み合わせようとする傾向性は、技術革新のロックインの効果の一例になる。

ところで、市場の動向や消費者の嗜好の変化によっては、その強みのある機能は必要とされなくなってしまうかもしれない。すると、その企業の強みは、必ずしも売上の増加に繋がらなくなってしまうことになり、他の強みのない機能を強化しようとしたとしても、その強化については、すでに他社に遅れをとっていることから、その企業をさらに追い詰めていくことになる。したがって、その企業が特定の機能の強化に特化することは、その企業を、その機能に閉じ込めてしまうことになり、その閉じ込められた期間が長くなればなるほど、そこから出ていくことが困難になってしまうことになる。これが技術革新のロックインになる。

この考え方は技術革新の話だけに止まらず、様々な企業活動に対しても応用することができる。まず、その製造業の生産方式とロックインとが、どのような関係にあるのかについて考えていくために、トヨタのジャストインタイムの生産方式を例に考えてみることにしよう。

トヨタ（TOYOTA）のジャストインタイム（just - in - time）生産方式の強みは、その上流工程から下流工程までの工程間の仕掛品の量を、なるべく少なく抑えることができることにある。例えば、ある自動車を作る工程において、エンジンを付けたり、タイヤを付けたり、窓ガラスを付けたり、塗装をしたりと、様々な工程を経ていくことによって、その自動車は完成していくことになる。

ここでイメージして欲しいことは、その自動車を組み立てる際に、必要な部品を、必要な時に、必要なだけ用意することによって、その生産効率を最も改善することができるという点のである。その理由は、ある工場において、１０台の自動車を生産するときに、もし３台分のタイヤしか届いていないとすれば、その残りの７台を生産するために必要なタイヤが届くまで、その作業を待たなければならなくなってしまうことになる。そして、その間、その組立作業をする従業員は、その作業を行うことができなくなってしまうことになり、会社としては、その作業をしていない従業員に対して、賃金というコストだけを支払わなければならなくなってしまうことになる。逆に、ある工場で１０台の車を生産するときに、もし１０００台分のタイヤが届いていたとすれば、その残りの９９０台分のタイヤを一時的に保管しておくために、倉庫のような保管スペースが必要になることになり、その保管スペースにもコストがかかることになる[5]。

こうした問題に対処するために、そのジャストインタイム生産方式では、必要な時に、必要なだけ部品が揃っているように、カンバンと呼ばれる電子掲示板が利用されている。このカンバンは、交通整理の信号機のようなものになっており、その下流工程の作業員は、欲しい部品の数量と時刻を、カンバンを通して上流工程に対して送ることができるようになっている。それに対して、そのカンバンを見た上流工程の作業員は、その予定時刻に部品を送ることができるように、そのカンバンを通して、さらに、その上の上流工程に対して、必要な原材料の数量と時刻を指示することになる。

こうしたやりとりは、そのカンバンを通して、その工程にたずさわる、すべての作業員によって共有されることになり、最初に指示を出した下流工程の作業員は、自分の作業がはじまるまでの工程が、順調に行われているのかどうかについて、確認をすることができるようになると同時に、もし、そのときに問題が生じていれば、その他の工場や工程に対して、部品を融通してもらうように、依頼をすることができるようになっている。

そして、その部品の依頼から、その部品が届くまでの時間差（発注から納品までの時間）を考慮しながら、そのカンバンを用いることによって、欲しい部品が、欲しい時に、欲しいだけ届くようにすることができ、その組み立てられていない部品も、作業をしていない労働者も、ゼロにすることができるようになっている。

現在では、そのカンバンは電子掲示板になっているものの、それ以前には帳票が利用されていた。その帳票から電子掲示板への移行は、その帳票が持つ伝達機能を電子掲示板の持つ伝達機能に置き換えるものになり、その伝達をするという機能のスピードと容易さ、正確さが強化されたことになる。しかし、その帳票から電子掲示板という伝達方法に移行する際には、膨大な費用がかかっていることを忘れてはならない。

まず、そのカンバンというシステムを導入するに当たって、カンバンを設置したり、それをケーブルで繋ぎ、制御するようなシステムを導入したりするのには費用がかかることになる。また、そのカンバンの使い方について、作業員に対して教育・訓練の場を設けたり、その使用法に関する新しいスキルを身に付けさせたりするのにも大きな費用がかかることになり、このように新たなアイデアを導入する際に生じる費用やリスクが、既存の方法からの変化を拒む要因になりやすくなる。

その一方で、その帳票から電子掲示板に変更することによって、従業員の作業のやり方に変化が生じることになり、それまで作業員が身に付けていた作業のやり方や、その作業を遂行するために必要なスキル・知識等については、部分的に

---

[5] 工程間の仕掛品の量が多くなるとき、それ以外の問題も生じてくることになる。最も重要な問題を２つ挙げるとすれば、まず、その生産のプロセスについて考えてみるとき、そのオーダーから出荷までの間には、数多くの工程が介在することになり、それが発注から納品までの時間（リードタイム）長期化を生むことになる。一般的に、そのリードタイムの長期化は、売りたいときに売ることができる商品が手元にないケースを増やしてしまうことから、多かれ少なかれ、その販売の機会を失うことになる。また、それは部品を仕入れてから販売するまでの、期間の長期化を意味することから、その仕入の代金を支払った時点から、販売の代金を受けるとる時点までの期間が長くなることから、自由に使える現金（フリーキャッシュフロー）が少なくなることになり、それは、その企業の倒産のリスクが高くすることになる。

捨て去らなければならなくってしまうことになる。このとき、それまで一定のコストをかけて積み上げてきたものを捨て去ることに対して、強い抵抗を感じることは自然なことであり、そのように、あることをするために使った費用のうち、それを止めたとしても戻ってこないような費用のことを、経済学では**埋没費用**または**サンクコスト**（sank cost）と呼んでいる。したがって、その埋没費用も、そのロックインを生じさせる原因のひとつになっている。

それでは、将来的に、そのジャストインタイム生産方式に取って代わるような、より効率的な生産方法が登場した場合には、どのような変化を予想することができるだろうか。例えば、機械がすべての工程を行うという、完全オートメーション化による生産方式について考えてみることにしよう。つまり、ある自動車を作るために必要な部品を、すべて機械が製造し、その部品の組み立てについても、すべて機械が行うという生産方式が、その完全オートメーション化による生産方式になる。この場合、作業員による作業は必要なくなってしまうことから、作業員に対して作業工程を伝えるカンバンも必要なくなってしまうことになる。この場合、その生産体制を根本的に変えるような、大規模の投資が必要になることになり、それまで生産方式を支えてきた作業員を解雇せざるを得なくなってしまうことになる。

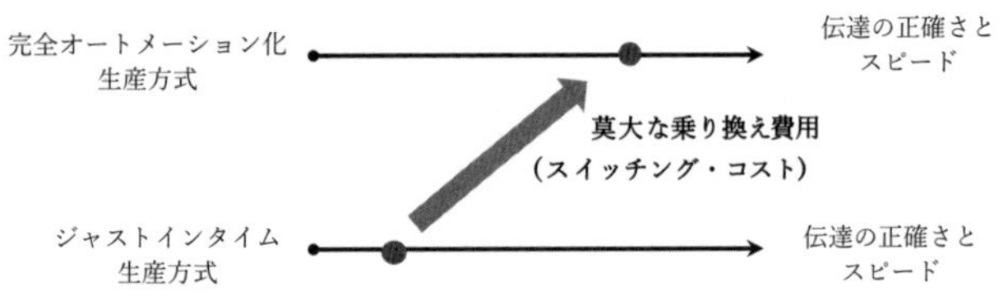

さらに、そのカンバンにもとづくジャストインタイム生産方式の導入・維持に要してきた費用についても、すべて埋没費用になることになり、また、個々の作業員が、それまでに培ってきた能力・スキルに対する評価は各段に下がることになり、その能力・スキルを身に付けるためにかけてきた時間も費用も、その埋没費用になってしまうことになる。このように、既存のものを変更するためには、膨大なコストが掛かる場合が多く、それが原因になって、そのロックインという現象が発生することになる。

このロックインという現象は、企業ネットワークの文脈ではさらに強度を増すことになり、地域経済において負の影響を発生させやすくなる。例えば、産業クラスターには、ある製品を製造するために必要な、上流工程から下流工程までを大企業から中小企業までが分担する、企業ネットワークという側面があることになり、その企業ネットワーク内には、その製品の製造を支えるための様々な技術が存在していることになる。そして、その産業クラスターは、特定の技術を中心にして発展することが多く、その産業クラスターで扱われる技術は、その地域内に存在する技術が主軸になって、その独特な技術に適応する形で、他の技術も発展することになる。したがって、その産業クラスターでは、独特な技術が発展することになり、その産業クラスター内のバイヤーもサプライヤーも、その独特な技術にもとづきながら製品の設計を行い、その製造を行うことになる。このとき、その産業クラスター内の企業による技術的な依存関係から、多くの企業群が、その地域特有の技術に対して強く依存することになり、その産業クラスター内の企業群は、その技術に対してロックインされることになる。

ここで、その技術が永続的に競争力を維持することができれば問題は起こらないものの、すべての技術が永続的なものであるとは限らず、その産業クラスター内の技術の進歩が行き詰ったり、他の技術に対して、その競争力の面において遅れをとったりするようなことがあれば、その産業クラスターを形成している企業群全体の衰退に繋がることになる。ここで、その企業群は、その主軸になっている技術に対して、全面的に依存することを選択していることになり、一旦、その選択をしてしまうと、その技術の進歩を推し進める以外に進むべき道がなくなってしまうことになる。このように過去に行った選択によって、未来に行わなければならない選択の幅が狭まってしまうことを**経路依存**（path dependence）と呼んでおり、この経路依存の概念についても、社会科学の様々な分野において応用されている。

第１９講　所得の地域間配分モデル

これまで本書では、ある地域が特定の産業に特化する理由について、比較優位モデルとプロダクト・ライフサイクルモデルというモデルによって説明をしてきたが、その地域の産業特化を説明するモデルとしては、それらよりもより汎用性に優れたモデルがあり、そのモデルは、**新経済地理学**(New Economic Geography)と呼ばれる分野で多く研究されている。

そこで本講では、その新経済地理学の初歩的なモデルとして、動学分析を応用した所得の地域間配分モデルについて紹介していくことにする。このモデルは、２つの地域があり、それらが交易をする際に、全体の所得がどちらの地域に向かって、どのように移動していくのかついて説明する際に有効になる。

■ ２地域モデル

まず、世界には地域がいくつもある一方で、その数がいくつであったとしても、地域と地域の関係は、２つの地域のペアとして、全体から分離することによって、個別的に考えることができる。そこで、地域Ａと地域Ｂという２つの地域に焦点を当てることによって、その地域間の関係について分析していくことにする。

まず、地域Ａの経済は発展しており、高い教育力と技術力によって、質の高い電化製品を生産しているものとする。これに対して、地域Ｂの経済は発展途上にあり、農業を中心とした産業が発展しており、主に、食料品の生産を担っているものとする。そして、その地域Ａと地域Ｂは互いに交易し合うことによって、地域Ａは電化製品を地域Ｂに輸出し、地域Ｂは食料品を地域Ａに輸出しているものとする。

◎ 地域Ａ：電化製品を生産・輸出

◎ 地域Ｂ：食料品を生産・輸出

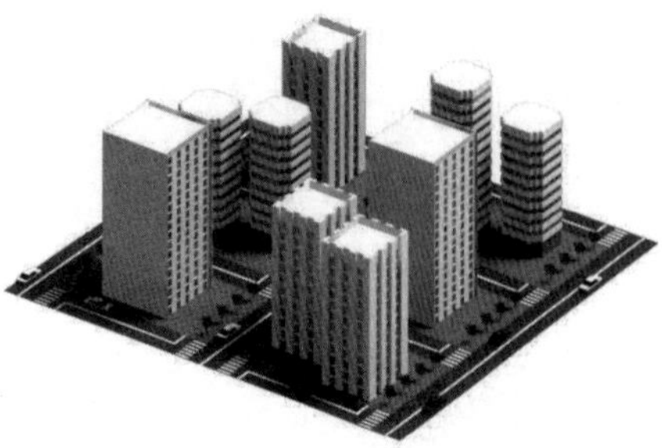

■生産と所得

次に、所得をIで表すことにし、地域Ａの所得をI_A、地域Ｂの所得でI_B表すことにする。

◎ 地域Ａの所得：I_A

◎ 地域Ｂの所得：I_B

ここで、その地域Ａと地域Ｂの所得の合計をYで表すとき、そのYを次のように表すことができる。

$$I_A + I_B = Y$$

そして、この等式をI_Bについて解くと、その地域Ａと地域Ｂの生産量の関係を、次のように表すことができる。

$$I_B = Y - I_A$$

したがって、その地域Aの所得I_Aと地域Bの所得I_Bは反比例することになり、それを下図のように表すことができる。

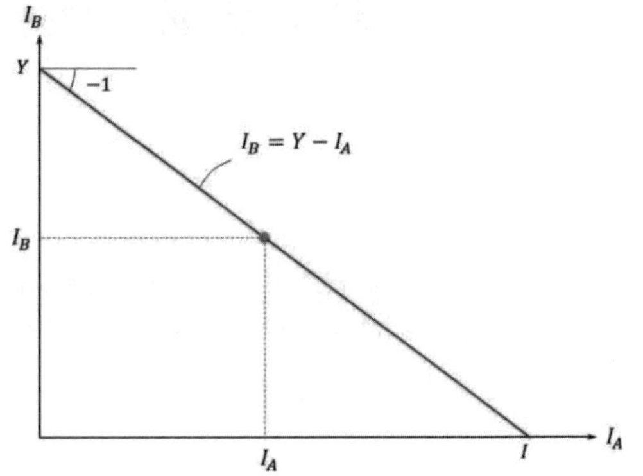

▸ **例題1－1**：所得の合計Yが240であるとき、地域Aの所得I_Aが180であるとする。このときの地域Bの所得I_Bを求めなさい。

問題中の数値を上式に代入すると次のようになる。

$$I_A + I_B = Y$$

$$180 + I_B = 240$$

$$I_B = 60$$

▸ **例題1－2**：所得の合計Yが240であるとき、地域Aの所得I_Aが20減少したとする。このときの地域Bの所得I_Bの変化量を求めなさい。

問題中の数値を上式に代入した後、所得I_Aの変化量ΔI_Aと、所得I_Bの変化量ΔI_Bを加えることによって、そのΔI_Bを次のように求めることができる。

$$I_A + \Delta I_A + I_B + \Delta I_B = Y$$

$$180 - 20 + 60 + \Delta I_B = 240$$

$$\Delta I_B = 20$$

■ 所得と輸入

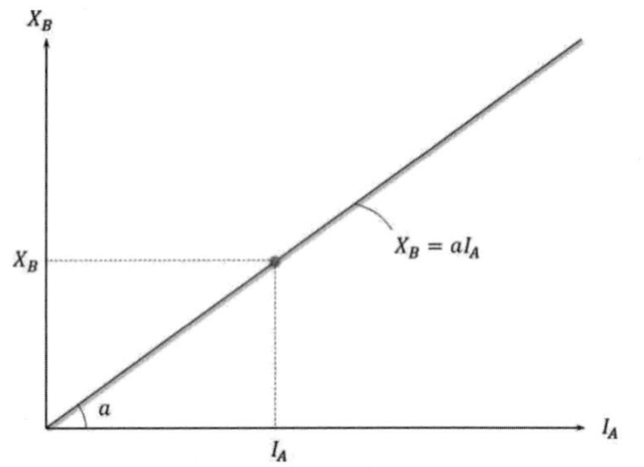

次に、地域Aは、その所得I_Aのa割を食料品への支出にあてるとき、食料品は地域Bでしか生産されていないことから、地域Aで消費される食料品は、すべて地域Bからの輸入に頼ることになる。そこで、地域Bからの輸入をX_Bで表すとき、次の等式が成り立つことになる。

$$a = \frac{X_B}{I_A} \quad \Leftrightarrow \quad X_B = aI_A$$

この定数aは、地域Aの地域Bに対する輸入依存度の大きさを表しており、地域Aにとって、地域Bの生産物が、どれだけ魅力的で、どれだけ必要とされているのかについて表していることになる。

地域Bについても同様に、その所得I_Bのb割を電化製品への支出にあて、その消費は地域Aからの輸入に頼っているものとする。そこで、地域Aからの輸入をX_Aで表すとき、次に等式が成り立つことになる。

$$b = \frac{X_A}{I_B} \quad \Leftrightarrow \quad X_A = bI_B$$

この定数bは、地域Bの地域Aに対する輸入依存度の大きさを表しており、地域Bにとって、地域Aの生産物が、どれだけ魅力的で、どれだけ必要とされているのかについて表していることになる。したがって、その定数aと定数bは、相手の生産物に対する人気度を表していると解釈することもできるし、相手の地域で生産されている生産物の市場競争力を表していると解釈することもできる。

▸ **例題２－１**：地域 A の所得I_Aが 300 であり、地域 A での地域 B の食料品の人気度aが 0.15 であるとき、地域 B の地域 A への輸出量X_Bはいくらかになるか求めなさい。

$$X_B = aI_A$$

$$X_B = 0.15 \times 300 = 45$$

▸ **例題２－２**：地域 A の所得I_Aが 300 であり、地域 A での地域 B の食料品の人気度aが 0.20 であるとき、地域 B の地域 A への輸出量X_Bはいくらかになるか求めなさい。

$$X_B = aI_A$$

$$X_B = 0.20 \times 300 = 60$$

■ 交易と為替

次に、地域 A の地域 B は互いに輸出し合う一方で、それらは互いに異なる通貨を使っているとき、その交換レート（為替レート）をτで表することにする。すると、地域 A の輸出額X_Aと地域 B の輸出額X_Bの関係を、この交換レートτを用いることによって、以下の等式で表すことができる。

$$X_A = \tau X_B$$

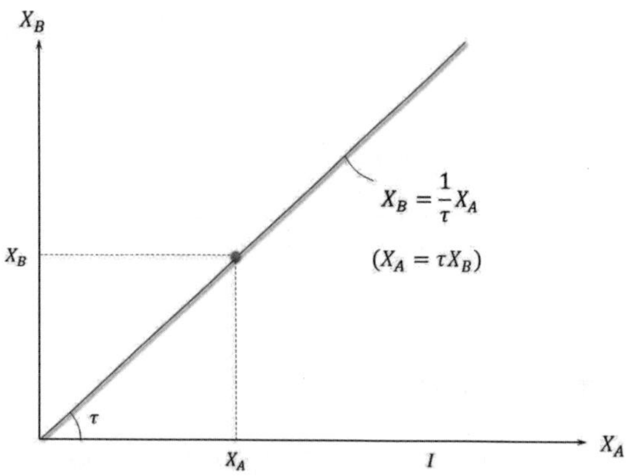

この等式において、交換レートτが 1 よりも小さいとき、一定のX_Bに対してX_Aが小さくなることから、地域 B の輸出に対して、地域 A の輸出（地域 B の輸入）の方が小さくなり、地域 B の通貨の価値が下落したことになる。

逆に、交換レートτが 1 よりも大きいとき、一定のX_Bに対してX_Aが大きくなることから、地域 B の輸出に対して、地域 A の輸出（地域 B の輸入）の方が大きくなり、地域 B の通貨の価値が上昇したことになる。

▸ **例題３－１**：地域 A の輸出額X_Aが 100、地域 B の輸出額X_Bが 80 のとき、交換レートτを求めなさい。

$$X_A = \tau X_B$$

$$100 = \tau 80$$

$$\tau = 1.25$$

▸ **例題３－１**：交換レートτが 1 から 0.8 に下落するとき、地域 A の通貨は地域 B の通貨に対して、上昇したか下落したかを答えなさい。

$X_A = \tau X_B$より、交換レートτが 1 から 0.8 に下落するとき、X_AがX_Bよりも相対的に小さくなることから、少ないX_Aで多くのX_Bと交換することができるようになり、地域Aの通貨は上昇していることになる。

■ 輸出と所得

次に、地域Bは、その所得I_Bのb割を電化製品の支出にあてることから、その関係を次のような等式で表すことができる。

$$X_A = bI_B$$

また、この式をI_Bについて解いていくと、その地域Bが電化製品をX_Aだけ輸入するために必要な、地域Bの所得I_Bを定義することができる。

$$I_B = \frac{X_A}{b}$$

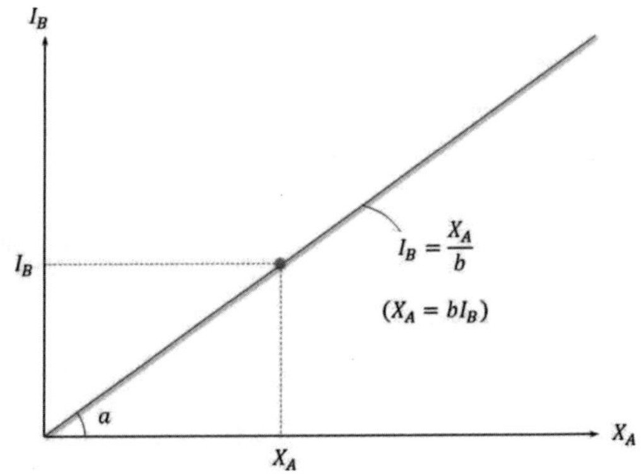

▸ **例題4－1**：地域Bの所得I_Bが110のとき、地域Bでの電化製品の人気度bが0.20であるとする。このとき、地域Bの地域Aからの電化製品の輸入量X_Aはいくらになるか求めなさい。

$$X_A = bI_B$$

$$X_A = 0.2 \times 110 = 22$$

▸ **例題4－2**：地域Bの地域Aからの電化製品の輸入量X_Aが25であり、地域Bでの電化製品の人気度bが0.20のとき、地域Bの所得I_Bはいくらになるか求めなさい。

$$I_B = \frac{X_A}{b} \quad , \quad I_B = \frac{25}{0.20} = 125$$

■ 地域間の所得配分

これまで地域Aと地域Bの所得Iと輸入量Xの関係から4つの等式を定義してきた。その4つの等式を連立させ、組み合わせることによって、地域Aと地域Bの均衡所得を求めることができるようになる。そこで次に、その均衡所得について定義していくことにしよう。

まず、$Y = I_A + I_B$より、

$$I_A = Y - I_B$$

これを$X_B = aI_A$に代入すると、

$$X_B = a(Y - I_B)$$

これを交換レート$X_A = \tau X_B$に代入すると、

$$X_A = \tau a(Y - I_B)$$

これを$X_A = bI_B$に代入すると、

$$\tau a(Y - I_B) = bI_B$$

$$\tau aY - \tau aI_B = bI_B$$

$$\tau aY = bI_B + \tau aI_B$$

$$\tau aY = (b + \tau a)I_B$$

$$I_B^* = \frac{\tau a}{b+\tau a}Y$$

また、これを$I_A = Y - I_B$に代入すると、

$$I_A = Y - \frac{\tau a}{b+\tau a}Y$$

$$I_A = \left(1 - \frac{\tau a}{b+\tau a}\right)Y$$

$$I_A = \left(\frac{b+\tau a}{b+\tau a} - \frac{\tau a}{b+\tau a}\right)Y$$

$$I_A^* = \left(\frac{b}{b+\tau a}\right)Y$$

したがって、地域Ａと地域Ｂの均衡所得について、それぞれ次のように定義することができる。

$$I_A^* = \frac{b}{b+\tau a}Y \quad , \quad I_B^* = \frac{\tau a}{b+\tau a}Y$$

以上のことから、地域Ａの均衡所得I_A^*と地域Ｂの均衡所得I_B^*について、次のことが明らかになる。まず、地域Ａの均衡所得I_A^*と地域Ｂの均衡所得I_B^*は、いずれも全体の所得Yに比例することになる。また、地域Ｂにおける電化製品への人気度bは、地域Ａの均衡所得I_A^*を増加させるのに対して、地域Ｂの均衡所得I_B^*を減少させることになる。さらに、地域Ａにおける食料品への人気度aは、地域Ａの均衡所得I_A^*を減少させるのに対して、地域Ｂの均衡所得I_B^*を増加させることになる。最後に交換レートτの上昇（地域Ａの通貨の下落）は、地域Ａの均衡所得I_A^*を減少させるのに対して、地域Ｂの均衡所得I_B^*を増加させることになる。以上のことについては右表に整理されており、ここで＋は比例を表しており、－は反比例を表している。

	Y	a	b	τ
I_A	＋	－	＋	－
I_B	＋	＋	－	＋

▸ **例題５－１**：Yが 400、aが 0.2、bが 0.48、τが 0.8 のとき、地域Ａの均衡所得I_A^*と地域Ｂの均衡所得I_B^*を求めなさい。

$$I_A^* = \frac{b}{b+\tau a}Y = \left(\frac{0.48}{0.48+0.8\times 0.2}\right)\times 400 = \frac{0.48}{0.64}\times 400 = 0.75\times 400 = 300$$

$$I_B^* = \frac{\tau a}{b+\tau a}Y = \frac{0.8\times 0.2}{0.48+0.8\times 0.2}\times 400 = \frac{0.16}{0.64}\times 400 = 0.25\times 400 = 100$$

▸ **例題５－２**：Yが 400、aが 0.2、bが 0.48、τが 0.8、I_Bが 40 のとき、$I_B = Y - I_A$、$X_B = aI_A$、$X_B = \frac{1}{\tau}X_A$、$I_B = \frac{X_A}{b}$の順に代入して、次（第１期）のI_Bを求めなさい。

◎手順１：$I_B = Y - I_A$　、　$40 = 400 - I_A$　、　$I_A = 360$
◎手順２：$X_B = aI_A$　、　$X_B = 0.2\times 360$　、　$X_B = 72$
◎手順３：$X_A = \tau X_B$　、　$X_A = 0.8\times 72$　、　$X_A = 57.6$
◎手順４：$I_B = \frac{X_A}{b}$　、　$I_B = \frac{57.6}{0.48}$　、　$I_B = 120$

▸ **例題5－3**：Yが 400、aが 0.2、bが 0.48、τが 0.8 のとき、例題5－2で求めたI_Bを代入して、$I_B = Y - I_A$、$X_B = aI_A$、$X_B = \frac{1}{\tau}X_A$、$I_B = \frac{X_A}{b}$の順に代入して、次（第2期）のI_Bを求めなさい。

◎手順1：$I_B = Y - I_A$　、　$120 = 400 - I_A$　、　$I_A = 280$

◎手順2：$X_B = aI_A$　、　$X_B = 0.2 \times 280$　、　$X_B = 56$

◎手順3：$X_A = \tau X_B$　、　$X_A = 0.8 \times 56$　、　$X_A = 44.8$

◎手順4：$I_B = \frac{X_A}{b}$　、　$I_B = \frac{44.8}{0.48}$　、　$I_B = 93.333$

▸ **例題5－4**：例題5－2と例題5－3の計算結果を、図に記しなさい。

右図参照。

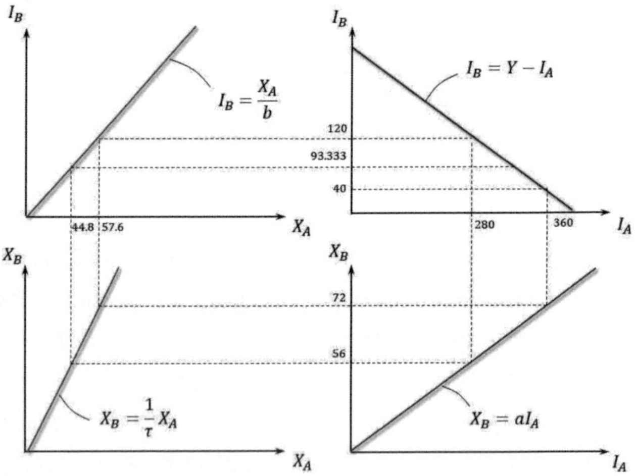

▸ **例題5－5**：例題5－2と例題5－3の計算を無限に繰り返していくとき、地域 B の所得I_Bは、最終的にどうなるか答えなさい。

この計算を繰り返していくと、例題5－1で求めた$I_B = 100$に収束していくことになる。

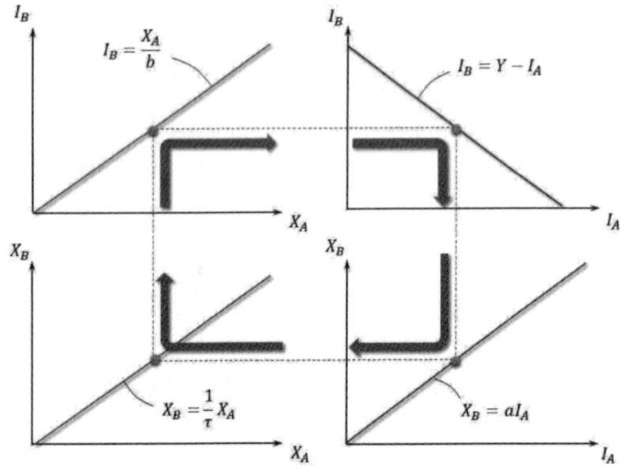

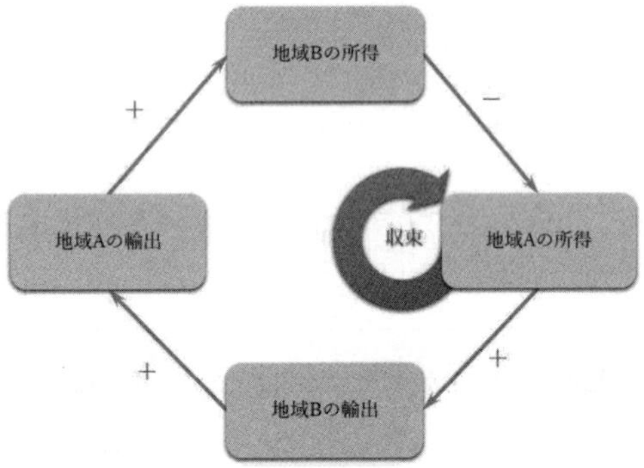

	第1期	第2期	第3期	第4期	第5期	第6期	第7期	第8期	第9期	第10期
◎手順1　I_A	360.00	280.00	306.67	297.78	300.74	299.75	300.08	299.97	300.01	300.00
◎手順2　X_A	72.00	56.00	61.33	59.56	60.15	59.95	60.02	59.99	60.00	60.00
◎手順3　X_B	57.60	44.80	49.07	47.64	48.12	47.96	48.01	48.00	48.00	48.00
◎手順4　I_B	120.00	93.33	102.22	99.26	100.25	99.92	100.03	99.99	100.00	100.00

練習問題

◇練習問題１－１：所得の合計Yが 530 であるとき、地域 A の所得I_Aが 275 であるとする。このときの地域 B の所得I_Bを求めなさい。

◇練習問題１－２：所得の合計Yが 530 であるとき、地域 A の所得I_Aが 35 増加したとする。このときの地域 B の所得I_Bの変化量を求めなさい。

◇練習問題２－１：地域 A の所得I_Aが 530 であり、地域 A での地域 B の食料品の人気度aが 0.15 であるとき、地域 B の地域 A への輸出量X_Bはいくらかになるか求めなさい。

◇練習問題２－２：地域 A の所得I_Aが 530 であり、地域 A での地域 B の食料品の人気度aが 0.20 であるとき、地域 B の地域 A への輸出量X_Bはいくらかになるか求めなさい。

◇練習問題２－３：地域 A の輸出額X_Aが 120、地域 B の輸出額X_Bが 80 のとき、交換レートτを求めなさい。

◇練習問題３－２：交換レートτが 1 から 1.2 に上昇するとき、地域 A の通貨は地域 B の通貨に対して、上昇したか下落したか答えなさい。

◇練習問題４－１：地域 B の所得I_Bが 240 のとき、地域 B での電化製品の人気度bが 0.20 であるとする。このとき、地域 B の地域 A からの電化製品の輸入量X_Aいくらになるか求めなさい。

◇練習問題４－２：地域 B の地域 A からの電化製品の輸入量X_Aが 40 であり、地域 B での電化製品の人気度bが 0.10 のとき、地域 B の所得I_Bはいくらければならないか、求めなさい。

◇練習問題５－１：Yが 500、aが 0.2、bが 0.5、τが 1.5 のとき、地域 A の所得I_Aと地域 B の所得I_Bを求めなさい。但し、割り切れない場合には小数点第 2 位まで求めなさい。

◇練習問題５－２：Yが 500、aが 0.2、bが 0.5、τが 1.5、I_Bが 200 のとき、$I_B = Y - I_A$、$X_B = aI_A$、$X_B = \frac{1}{\tau}X_A$、$I_B = \frac{X_A}{b}$の順に代入して、次（第 1 期）のI_Bを求めなさい。但し、割り切れない場合には小数点第 2 位まで求めなさい。

◇練習問題５－３：Yが 500、aが 0.2、bが 0.5、τが 1.5 のとき、練習問題５－２で求めたI_Bを代入して、$I_B = Y - I_A$、$X_B = aI_A$、$X_B = \frac{1}{\tau}X_A$、$I_B = \frac{X_A}{b}$の順に代入して、次（第 2 期）のI_Bを求めなさい。但し、割り切れない場合には小数点第 2 位まで求めなさい。

◇練習問題５－４：練習問題５－２と練習問題５－３の計算結果を、図に記しなさい。

◇練習問題５－５：練習問題５－２と練習問題５－３の計算を無限に繰り返すとき、地域 B の所得I_Bは、最終的にどうなるか答えなさい。

◇**練習問題６－１**：Yが 500、aが 0.4、bが 0.28、τが 0.8 のとき、地域 A の所得I_Aと地域 B の所得I_Bを求めなさい。但し、割り切れない場合には小数点第２位まで求めなさい。

◇**練習問題６－２**：Yが 500、aが 0.4、bが 0.28、τが 0.8、I_Bが 300 のとき、$I_B = Y - I_A$、$X_B = aI_A$、$X_B = \frac{1}{\tau}X_A$、$I_B = \frac{X_A}{b}$の順に代入して、次（第１期）のI_Bを求めなさい。但し、割り切れない場合には小数点第２位まで求めなさい。

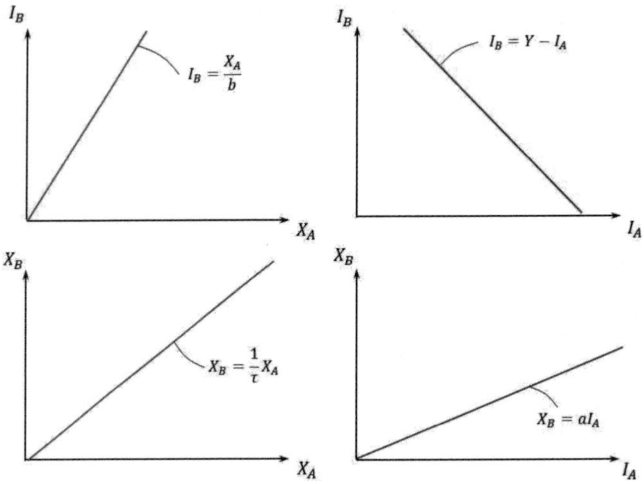

◇**練習問題６－３**：Yが 500、aが 0.4、bが 0.28、τが 0.8 のとき、練習問題 6-2 で求めたI_Bを代入して、$I_B = Y - I_A$、$X_B = aI_A$、$X_B = \frac{1}{\tau}X_A$、$I_B = \frac{X_A}{b}$の順に代入して、次（第２期）のI_Bを求めなさい。但し、割り切れない場合には小数点第２位まで求めなさい。

◇**練習問題６－４**：練習問題６－２と練習問題６－３の計算結果を、図に記しなさい。

◇**練習問題６－５**：練習問題６－２と練習問題６－３の計算を無限に繰り返すとき、地域 B の所得I_Bは、最終的にどうなるか答えなさい。

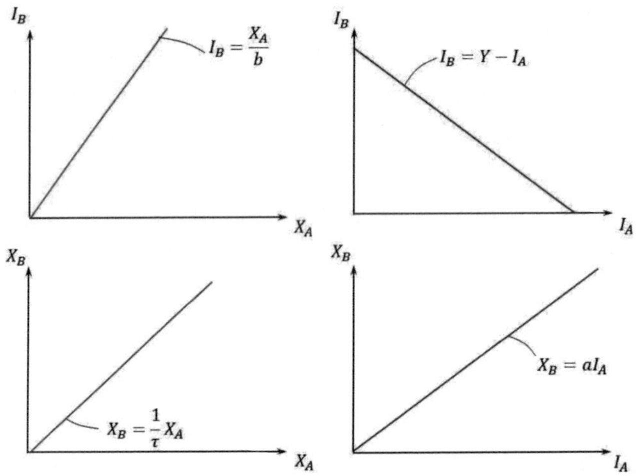

トピック２０：産業クラスター・サイクル理論

これまでのトピックでは、産業のライフサイクルと、それにともなう産業の地理的集中と移動に関する理論を紹介してきたが、そうした理論は、主に、産業と製品の盛衰を軸にして展開されており、企業・産業間関係が果たす役割については、ほとんど考慮されてこなかった。これに対して、今回紹介していく産業クラスター・サイクルの理論は、その企業・産業間関係の役割を、その盛衰の軸で捉え直したものになっている。ここでは、特に、メンゼルらの研究にもとづきながら、そのクラスター・サイクルの理論について紹介していくことにする（Menzel and Fornahl 2009）。

まず、産業クラスター・サイクルについて説明する前に、産業クラスターを分析する際に注目すべき点について確認しておくことにしよう。メンゼルらは、産業クラスターを量的な側面と質的な側面から見つめ直すことからはじめる。まず、産業クラスターの量的な側面とは、産業クラスターの規模のことになり、それについては産業クラスターの企業、事業所、従業員の数によって測ることができる。

次に、その産業クラスターの質的な側面とは、その産業クラスターがもつ多様性のことになり、ここで、その多様性とは、知識や競合相手、経営組織形態のことになる。また、そうした多様性の下に、クラスター内の主体同士が、どれだけネットワークを形成しており、そのネットワークを活用することによって、どれだけ付加価値連鎖（バリューチェーン）を生み出しており、さらに、そのネットワークを構成する企業が、どれだけの相乗効果を発揮しているのかについても重視することになる。

ここで、その多様性が重要になる理由とは、その技術革新を起こす際に、潜在的に様々な技術・知識・アイデアの組み合わせを可能にするからになる。それは、その技術と知識に関係している多様な企業と企業の組み合わせかもしれないし、多様な企業のニーズを反映した地域政府の政策かもしれないし、さらに、その多様な企業を受け入れるだけの制度の存在かもしれない。そうした多様性は、潜在的に多くの技術革新の組み合わせを可能にするだけでなく、一旦、その地域における固有の組み合わせによって技術革新が起こるときには、その多様性は、その地域での競争優位に成りうるし、それは、その産業クラスターを発展させる源泉になりうる。そうした技術革新の観点から、その技術と産業の多様性が重要になることになる。

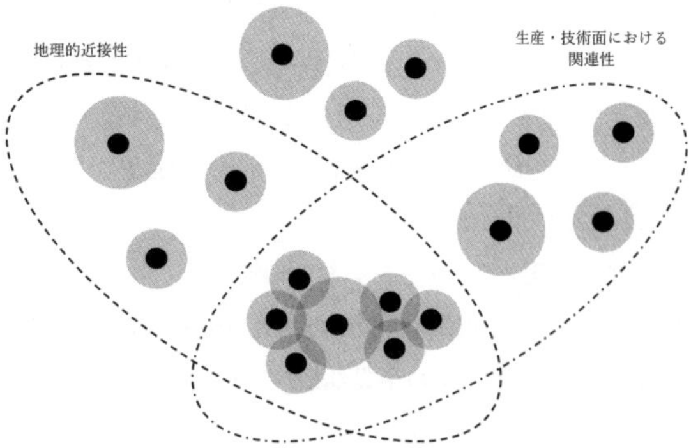

そうした産業クラスター内における多様性の存在を前提とした上で、メンゼルらは、その産業クラスターが発生するための条件として、次の２つの条件を挙げている。ひとつは、複数の企業が地理的な近接性を保っているという条件になり、もうひとつは、その技術面・生産面において関連性があるという条件になる。上図では、それぞれの点が企業を表しており、その２種類の破線による円は、それらの企業の地理的近接条件と、その生産・技術面における関連性を表していることになる。

その図では、その点で表されている企業群が４種類に分けられていることになる。１つ目は地理的近接性と関連性の両方を満たす企業群になり、２つ目は地理的近接性を満たす一方で、それらの企業の間に関連性のない企業群になる。また３つ目は地理的近接性を満たさない一方で、それらの企業の間の関連性が強い企業群になり、４つ目は、そのどちらも満たさない企業群になる。ここで、その産業クラスターを形成することができる企業群とは、１つ目の両方の条件を満たす企業群になることになり、その他の３つについては、それぞれが、その産業クラスターを形成する企業としての条件を満たさないことになる。

この図において、特に重要になる点は、その企業に備わっている吸収能力になる。つまり、その**吸収能力**（absorptive capacity）とは、企業が技術と知識を吸収する能力のことになり、その企業が、それまでに持っていなかった新しい技術・知識の価値を認識し、それを既存の製品に対して応用することによって、新しい製品を市場において販売することができるようになる能力のことになる（Cohen and Levinthal 1990）。上図では、その企業を表す点を覆っている円の大きさが、その企業の吸収能力を表していることになり、その２つ以上の円が重なり合うときに、その重なり合っている企業は、互いに相手の技術・知識を吸収することができることになる。そして、この吸収能力が高ければ高いほど、より多様な技術を、より多く自社の製品の開発・生産に対して応用することができるようになり、その分、その企業は技術革新を起こしやすいことになる。

それでは実際に、その技術・情報の吸収する方法とは、どのような方法になるのであろうか。その方法としては主に2種類の方法があることになり、いずれの場合においても、技術と情報の交換を容易にするための空間的な近接性と地域に共通した文化的・制度的な背景、そして、社会ネットワークの繋がりの強さが重要になってくることになる。第一の方法は、**ローカルな学習**（localized leaning）になり、そのローカルな学習はフォーマルな企業間取引を通じた、従業員による会議や、異動・転職などにともなう移動によって起こることになる（Maskell and Malmberg 1999）。

もうひとつの方法は、インフォーマルな会話（Buzz）の中で生まれる、知識の交換と技術を移転になる（Storper and Venables 2004）。例えば、フォーマルな取引関係がなかったとしても、空間的な近接性があることによって、互いのニーズ について表明し合うときに、もともと繋がりがなかった個人間であったとしても、知人を通して容易に知り合うことができるようになる。また、その個人間において出身校・出身地域などの共通性があるときには、その同窓・同郷という繋がりによって協力関係が生まれるかもしれない。そうした技術・情報の交換には、多くの場合、直接顔を合わせてのコミュニケーション（face-to-face communication）が重要になることになり、そうした意味において、その空間的な近接性が重要になってくることになる。

次に、その産業クラスター・サイクルが発展していく過程について紹介していくことにしよう。まず、産業クラスターの誕生は、ひとつの小規模の革新的な企業の出現によってはじまることになる。この時点では、まだ産業クラスターは形成されていない一方で、その企業のもつアイデア・知識・技術は、その市場を席巻するほど革新的なものである場合が多い。

そして、その革新的な企業が成長するにつれて、同時に、その企業を支援する関連企業も成長していくことになる。ここで、その関連企業は、その革新的な企業の出身者によって設立される場合が多く、その中心的な企業の出身者によって設立される関連企業のことを、**スピンオフ**（spin-off）と呼んでいる。そのスピンオフとは、もともと、ある企業の特定の部門・事業部が独立することによって、新しくできた会社のことを指す。その一方で、そのスピンオフとは、必ずしも、その部門・事業部の独立といったような大規模なものである必要はなく、その関連企業の設立者の前職が、その中心的な企業である場合にも、その関連企業はスピンオフに当たることになる。

このスピンオフの具体的な事例として、シリコンバレーのフェアチャイルド社のフェアチルドレンを挙げることができ、この事例は、スピンオフの連鎖によって産業クラスターが形成された有名な事例になっている。その産業クラスターの形成は、ショックレー半導体研究所（Shockley Semiconductor Laboratory）に在籍していた8人の研究者が独立したことによって、フェアチャイルド社を設立したことからはじまる。その8人の研究者が独立したきっかけとして、その8人の研究者と、ショックレー半導体研究所の創業者のウィリアム・ショックレー（William Shockley）との間に、経営方針上の確執にあったとされており、当時、革新的な経営手法のアイデアをもっていた8人は、その独立の後に、フェアチャイルド社を急成長させることになる。

その後、そのフェアチャイルド社を設立した8人の研究者の内、7人は、そのフェアチャイルド社から独立することになり、それぞれが、そのフェアチャイルド社のスピンオフ企業を立ち上げたことによって、そのシリコンバレーにフェアチャイルド社を中心とする産業クラスターが形成されることになった。このように、産業クラスターの形成期においては、その中心的な企業を取り巻く独特な人間関係が重要な役割を果たすことになり、その中心的な革新企業とスピンオフの発生は、そうした独特な人間関係に沿って展開されることになる（Arthur 1994; Feldman et al. 2005; Klepper 2007）。

次に、その産業クラスターの成長期では、そうしたスピンオフの他に、既存の大手企業による新規立地も増えてくることになり、それによって、その産業クラスターを増強されることになる[6]。その新規立地をする企業の目的は、その革新的

[6] 具体的な事例研究として、シリコンバレーについてはSaxenian (1994)、ボストンのバイオテクノロジー産業についてBathelt (2001)

な企業の主力製品の製造過程において、原材料や部品等の中間財を供給することによって、その収益を増やすことになる。このとき、どのような中間財を用いることによって、どのように製造をしていくことが最も効率的なのかについて、試行錯誤が繰り返される状態が続いていることになり、その産業クラスターには、潜在的なビジネスチャンスを狙って、様々な技術・知識が多様な産業から集まってくることになる。

その過程の中において、最も効率的な技術が取捨選択されていく一方で、それ以外の技術は不要なものとして淘汰されていくことになる。その淘汰の過程は、その産業クラスターが技術と知識の多様性を失う過程でもあることになり、その多様性の喪失は、そのクラスターを衰退させる要因になりうることになる。

また、その多様な技術と知識が取捨選択されていく過程において、最も効率的な生産体制・組織が構築されると同時に、それは優れた技術・知識を持っている関連企業を発展させることになり、その他の関連企業を、その産業クラスターから退出させることになる。この過程において、そのクラスター内に潜在的に存在していた技術・知識の多様性が失われていくことになる一方で、その競争の中で残った技術・知識については、技術のスタンダードとして標準化されることになる。このとき、それらを用いて生産するための生産体制・組織が設定されることを、**支配的なクラスター・デザイン**（dominant cluster design）と呼んでいる。

この支配的なクラスター・デザインが決定するとき、それに応じて主要な技術・知識・関連産業に安定性が備わってくることになる。つまり、そのクラスター内の企業間に、それをサポートするようなネットワークと取引関係が生まれることになり、その技術をサポートするために特化した労働市場が生まれることになる。また、そのサポートに関連した起業を支援するような政策や物理的・制度的なインフラ設備なども構築されるようになる。したがって、この支配的なクラスター・デザインが出来上がることによって、その産業クラスターの周辺環境が、その主要な技術・知識・企業ネットトーワークをサポートすることができるように改変されていくことになる。つまり、その改変は、ひとつの企業活動が環境に制約されながらも、その環境を変革することによって生まれる相互作用の結果として起きることになる。

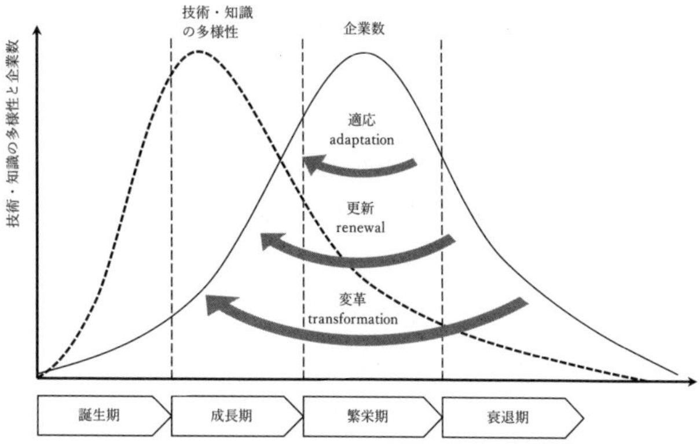

次に、その産業クラスターの繁栄期では、そのクラスターの規模が均衡状態に至ることになる。つまり、その主力製品・産業の市場需要に対応して一定の供給量が定まることになり、それに見合った生産規模と、その体制・組織が出来上がることになる。その一方で、その均衡を維持するためには、その製品・産業に対する需要を維持しなければならないことになり、そのために、その製品を需要サイドから市場のニーズに応じて改良するか、もしくは、その供給サイドから新しい製品の提案をすることになる。それがいずれの場合であったとしても継続的な技術革新が必要になることになり、それは新しい機能の追加か、もしくは既存の機能の強化によってもたらされることになる。

ここで、いずれのケースにおいても技術同士の組み合わせが必要になることから、産業クラスターは新しい技術と知識に対してオープンでなければならないことになる。そして、その支配的なクラスター・デザインに達するとき、その産業クラスター内の技術・知識の多様性が損なわれることになり、そのクラスター内にある技術・知識だけでは、新たに技術革新を起こしうるだけの組み合わせを作るためには不十分になることになる。そこで、その技術・知識の多様性を維持し

がよく知られている。

ていくためには、産業クラスター内のネットワークのみに依存することなく、クラスターの外にある技術・知識を取り込むように努力しなければならないことになる。そうすることによって、その消費者の需要を維持していくことができるような継続的な技術革新ができるようになり、また、その市場のニーズの応じた機能の追加・強化をすることによって、市場からの需要を維持することができるようになり、産業クラスターの繁栄期を支えることができるようになる。

次に、産業クラスターの衰退期では、その産業クラスターを構成する企業数・従業員数が次第に減少していくことになる[7]。その衰退が起こる直接的な原因とは、その産業クラスターの主力製品・産業に対する需要の減少になることになり、それは産業自体が衰退しているか、もしくは、他の競合相手から市場のシェアを奪われることによって起こることになる。この産業クラスターの衰退によって、その中心企業・産業が、特別な市場と技術に偏ることによって、潜在的に技術革新を起こすことができるような技術・知識の多様性が失われることになり、市場の新たなニーズの変化に対して対応することができなくなくなってしまうことになる。

この産業クラスターの衰退期を逃れる方法としては、次の3つのケースを挙げることができる。ひとつ目のケースは**適応**（adaptation）になる。この適応とは、需要サイドからは、市場のニーズに対して応える技術を開発することになり、供給サイドからは、最新の技術を既存の製品に適応させ反映させることになる。つまり、その適応という作業によって、随時、その製品の機能を改善させることによって、その製品に対する需要の維持を目指すことになる。この適応については、既存の産業クラスター内の技術・知識・ネットワークを利用するだけでも可能になっており、その過程をクラスター内で完結することができることが特徴になっている。

次に、その適応が、各製品・各企業ごとに行われることになったのに対して、その2つ目のケースでは、クラスター全体の**更新**（renewal）が必要になってくる。つまり、その更新が必要になるときとは、その産業クラスター内の技術・知識・ネットワークだけでは、もはや対応することができないような需要の変化が起こっているようなときになる。このとき、すでに、その産業クラスターは繁栄期を過ぎており、いわゆる過去の成功体験という呪縛に囚われている状態になっている。つまり、その状態とは、それまでの成功が今後も続くだろうという漠然とした期待の下で、その市場の将来に対する見通しも、それに対する戦略も欠いたまま、現状の路線を拡大させ続けていることになる。そして、その状態では、その産業クラスター全体が危機感を失われてしまっており、新しい競合相手に対する警戒心もないまま、そのクラスター内の企業がアクセスすることができる技術・知識の多様性が失われ続けていることになる。

すると、そうしたクラスター内を蔓延する惰性のようなものは、それまでの支配的なクラスター・デザインを強化する方向に進めることなり、それによって、誕生期のような柔軟な生産体制が失われてしまうことになり、新しい市場やビジネス環境の変化に対応することができない硬直化した生産体制に移行してしまうという負のロックインの状態に陥ってしまうことになる。このときに、その市場のニーズに劇的な変化が生じたり、新しい競合商品・企業が登場したりする場合には、その支配的なクラスター・デザインでは対応することができなくなってしまうことになり、その産業クラスターを持続可能なものにするためには、その支配的なクラスター・デザインを更新すると同時に、そのクラスター内に存在している技術・知識・ネットワークを更新することによって、そうした劇的な変化に対応することができるような新しい支配的なクラスター・デザインを構築することが急務になっていくことになる。

したがって、その更新とは、その産業クラスター全体の技術・知識・ネットワークの更新のことになり、それは同時に、その支配的なクラスター・デザイン自体の更新を意味することになる。このとき、それまでの古い支配的なクラスター・デザインを支えるために、長年、蓄積されてきた制度やインフラなどを活用することができなくなることに対する恐れが生じることになり、その更新の作業に対して強い抵抗力が働くことによって、現状の発展の路線を変更することができないというロックインが起こる場合もある。

---

[7] ドイツのルール工業地域の衰退に関する研究としてはGraber (1993)がよく知られている。

最後の３つ目のケースは**変革**（transformation）になる。これまでの更新が、その産業クラスター全体に関わる変化であるのに対して、その変革は、その地域全体を巻き込むような変化のことになる。つまり、その変革とは、その市場・生産環境の変化に対して、もはや産業クラスター内だけでは対応することができなくなっている状態において、それまでに産業クラスターを形成していた主体の多くを入れ替えることによって、それまでとは全く異なる分野での生産が行われるようになるケースのことになる。

このとき、それまでの中心産業とは別の産業が中心的な役割を果たし始める可能性が高くなり、その新しい中心的な企業が変革を起こすときには、その産業クラスターの原型が無くなってしまうほどの激しい変化が起きることから、その意味においては、その産業クラスターはすでに崩壊しているという見方もすることができる。

以上の３つのいずれのケースにおいても、その技術の組み合わせという作業は必要になることになり、その産業クラスター内に存在している技術・知識の多様性が失われることになれば、そのクラスター外に存在している新しい技術・知識を絶えず取り込むことによって、それらを更新していくことが必要になってくる。そして、もし、それに失敗するようなことがあれば、その産業クラスターは、もはや技術革新を起こすことができない状態に陥っており、その場合には、そのいずれケースにおいても、その産業クラスターは衰退局面に移行していくことになる。

＜地域経済メモ＞

街を歩いていると、ときどき空き地を見ることがあります。その空き地は誰かの所有物であり、その土地を持っているだけで、毎年、その持ち主には固定資産税を支払っていることになります。そこで、その土地の活用の仕方を提案する不動産会社の役割が重要になってきます。

例えば、その土地にアパートを建てて、家賃収入を得ることを提案したとしましょう。すると、アパートを建設するためのローンを支払いながら、家賃収入を得ることによって、その固定資産税分を支払ったとしても、家賃収入が余ることになります。そして、その地主は、その余った収入の分だけ得をすることができます。

ここで、その土地に対する収入を最大化することが重要になり、その最大化において、本書で紹介している地域経済学の理論が重要になってきます。例えば、都市の中心地から鉄道が放射線状に伸びており、その放射線状に伸びている鉄道では、どこかの駅を境にして、高所得者層が住む地域と中所得者層が住む地域が分かれることになります。また、どこかの駅を境にして、中所得者層が住む地域と低所得者層が住む地域が分かれることになります。

そして、その地域の所得層に応じて、その所得層に見合ったアパートを建てることになり、高所得者層の地域では、豪華なマンションタイプのアパートを建てることができ、低所得者層の地域では、建設費用を出来るだけ安く抑えた、エコノミータイプのアパートの方が相応しいことになります。

そのように、同じ広さの土地の同じ大きさのアパートであったとしも、その地域に応じた適切なアパートの仕様があることになり、それを間違えてしまうとき、そのアパートの入居者を減らすことになってしまいます。そうした判断をする際には、本書で紹介している地域経済学の考え方が重要になってくることになります。

第20講　産業の地域間配置モデル

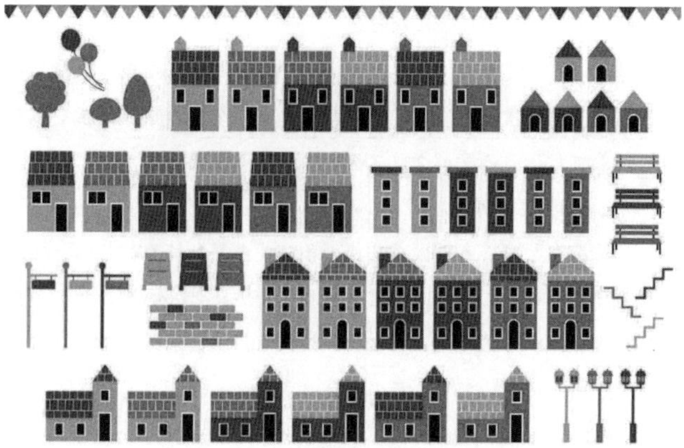

前講では、2つの地域における地域間の所得配分について紹介してきたが、そのモデルに少し手を加えることによって、それを産業の地域間配分モデルに変えることができる。そこで本講では、産業の地域間配分モデルについて紹介していくことにする。

これまで本書では、企業の立地行動モデルについて紹介してきたが、それはひとつの地域の内部に限定された、ミクロ的な視点から捉えたものであった。それに対して、本講で扱う立地行動モデルは、地域横断的な立地行動モデルになっており、より巨視的な視点から捉えたマクロモデルになっている。但し、ここで、その地域には、市町村単位から国単位まで、幅広い単位の地域が含まれることになる。

■ 所得と産業

まず、地域Aは電化製品を生産しており、それを地域Bに移出することによって所得を得ているものとする。それに対して、地域Bは、食料品を生産しており、それを地域Aに移出することによって所得を得ているものとする。この電化製品を生産している地域Aの産業のことを家電産業と呼ぶことにし、食料品を生産している地域Bの産業のことを食料品産業と呼ぶことにする。

◎ 地域A：家電産業（電化製品）

◎ 地域B：食料品産業（食料品）

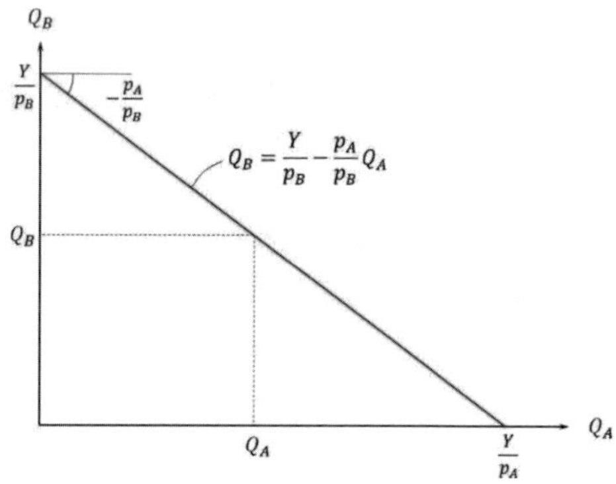

ところで、各地域の所得Iは、その地域の産業の生産量に比例して増加するものとする。そこで、地域Aの家電産業の生産量をQ_Aで表すことにし、地域Bの食料品産業の生産量をQ_Bで表すことにする。また、地域Aの家電産業の価格をp_Aで表すことにし、地域Bの食料品産業の価格をp_Bで表すことにする。すると、地域Aの所得I_Aと地域Bの所得I_Bを、生産量Qと価格pの積pQ（何円のものを何個売ったか）として、それぞれ$p_A Q_A$と$p_B Q_B$のように表すことができる。

◎ 地域Aの所得：$I_A = p_A Q_A$

◎ 地域Bの所得：$I_B = p_B Q_B$

ここで、その地域Aと地域Bの所得の合計をYで表すとき、その合計Yを、$p_A Q_A$と$p_B Q_B$の和として、次のように表すことができる。

$$I_A + I_B = Y$$

$$p_A Q_A + p_B Q_B = Y$$

また、地域Aの生産量Q_Aと地域Bの生産量Q_Bの関係については、その式をQ_Bについて解くによって、次のように表すことができる。

$$p_B Q_B = Y - p_A Q_A$$

$$Q_B = \frac{Y}{p_B} - \frac{p_A}{p_B} Q_A$$

▸ **例題１－１**：所得の合計Yが 4000、電化製品の生産量Q_Aが 180、電化製品の価格p_Aが 10、食料品の価格p_Bが 5 であるとき、地域Bでの食料品の生産量Q_Bを求めなさい。

$$Q_B = \frac{Y}{p_B} - \frac{p_A}{p_B} Q_A$$

$$Q_B = \frac{4000}{5} - \frac{10}{5} \times 180 = 800 - 2 \times 180 = 800 - 360 = 440$$

▸ **例題１－２**：所得の合計Yが 4000、電化製品の生産量Q_Aが 100、食料品の生産量Q_Bが 100、食料品の価格p_Bが 5 であるとき、電化製品の価格p_Aを求めなさい。

$$Q_B = \frac{Y}{p_B} - \frac{p_A}{p_B} Q_A \ , \quad 100 = \frac{4000}{5} - \frac{p_A}{5} \times 100 \ , \quad 100 = 800 - 20 p_A \ , \quad p_A = \frac{700}{20} = 35$$

■ 所得と輸出

次に、地域Aは、その所得I_Aのa割を食料品の支出にあてるものとする。そして、食料品は地域Bでしか生産されていないことから、地域Aで消費される食料品は、地域Bからの輸出に頼ることになる。そこで、地域Bの輸出をX_Bで表すとき、次の等式が成り立つことになる。

$$a = \frac{X_B}{I_A} \quad , \quad b = \frac{X_A}{I_B}$$

$$a = \frac{X_B}{p_A Q_A} \quad , \quad b = \frac{X_A}{p_B Q_B}$$

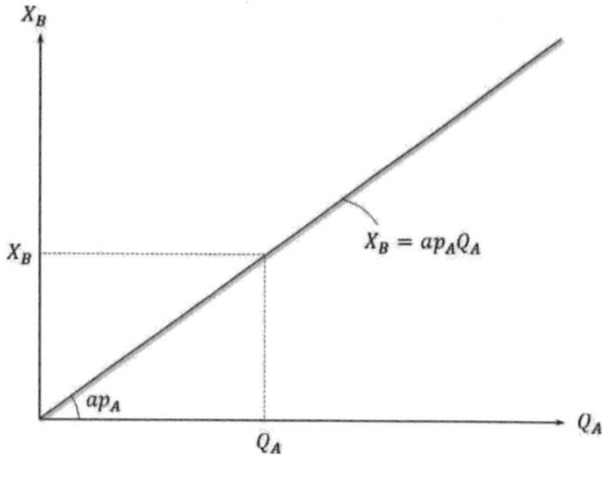

この定数aは、地域Aの地域Bに対する輸入依存度の大きさを表していることになり、地域Aにとって、地域Bの生産物が、どれだけ魅力的で、また、どれだけ必要とされているのかについて表していることになる。そして、それらの式を、その輸入量X_BとX_Aについて解くことによって、次の２つの式を導くことができる。

$$X_B = a p_A Q_A$$

$$X_A = b p_B Q_B$$

これらの式が表すように、地域Bの輸出X_Bは、地域Aの収入$p_A Q_A$に比例して増加することになり、地域Aの輸出X_Aは、地域Bの収入$p_B Q_B$に比例して増加することになる。

▸ **例題２－１**：電化製品の価格p_Aが 20、人気度を表す定数aが 0.2、電化製品の生産量Q_Aが 180 のとき、地域 A の食料品の輸入量X_Bを求めなさい。

$$X_B = ap_AQ_A$$
$$X_B = 0.2 \times 20 \times 180 = 720$$

▸ **例題２－２**：食料品の価格p_Bが 4、人気度を表す定数bが 0.5、食料品の生産量Q_Bが 210 のとき、地域 B の電化製品の輸入量X_Aを求めなさい。

$$X_A = bp_BQ_B$$
$$X_A = 0.5 \times 4 \times 210 = 410$$

■ 交易と為替

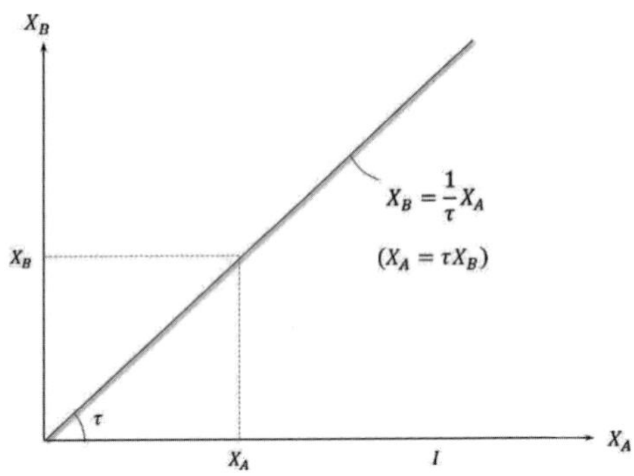

次に、地域 A の地域 B は互いに輸出をし合う一方で、それらは互いに異なる通貨を使っているため、その交換レート（為替レート）が問題になることになる。そこで、その交換レートをτで表すことにすると、地域 A の輸出額X_Aと、地域 B の輸出額X_Bを、その交換レートτを用いることによって、以下の等式で表すことができる。

$$X_A = \tau X_B$$

この等式において、交換レートτが 1 よりも小さいとき、一定のX_Bに対してX_Aが小さくなることから、地域 B の輸出に対して、地域 A の輸出（地域 B の輸入）の方が小さくなり、それによって、地域 B の通貨が下落したことになる。逆に、交換レートτが 1 よりも大きいとき、一定のX_Bに対してX_Aが大きくなることから、地域 B の輸出に対して、地域 A の輸出（地域 B の輸入）の方が大きくなり、それによって、地域 B の通貨が上昇したことになる。

■ 輸出と所得

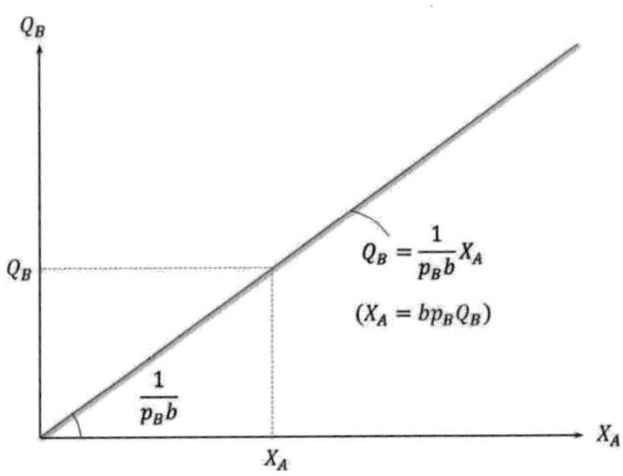

次に、地域 B は、その所得I_Bのb割を電化製品の支出にあてるとする。そして、電化製品は、地域 A でしか生産されていないことから、地域 B で消費される電化製品は、地域 A からの輸出に頼ることになる。そこで、地域 A の輸出をX_Aで表すとき、次の等式が成り立つことになる。

$$X_A = bp_BQ_B$$
$$Q_B = \frac{X_A}{p_Bb}$$

この定数bは、地域 B の地域 A に対する輸入依存度の大きさを表しており、地域 B にとって、地域 A の生産物が、どれだけ魅力的で、どれだけ必要とされているのかについて表していることになる。

▸ **例題３－１**：地域Ｂの電化製品の輸入量X_Aが 600、食料品の価格p_Bが 4、人気度を表す定数bが 0.5 のとき、地域Ｂの食料品の生産量Q_Bを求めなさい。

$$Q_B = \frac{X_A}{p_B b} \quad , \quad Q_B = \frac{600}{4 \times 0.5} = 300$$

▸ **例題３－２**：地域Ｂの電化製品の輸入量X_Aが 200、食料品の価格p_Bが 2、地域Ｂの食料品の生産量Q_Bが 400 のとき、人気度を表す定数bを求めなさい。

$$Q_B = \frac{X_A}{p_B b} \quad , \quad 400 = \frac{200}{2b} \quad , \quad b = 0.25$$

■ 地域間の産業配置

以上の定義を連立方程式にして解くことによって、各地域の均衡生産量を導くことができる。その均衡生産量とは、各地域の生産量の地理的な分布と産業配置を表すことになる。

◎地域Ａの均衡生産量Q_A^*

まず、$Y = I_A + I_B$または$Y = p_A Q_A + p_B Q_B$より、

$$Q_B = \frac{Y}{p_B} - \frac{p_A}{p_B} Q_A$$

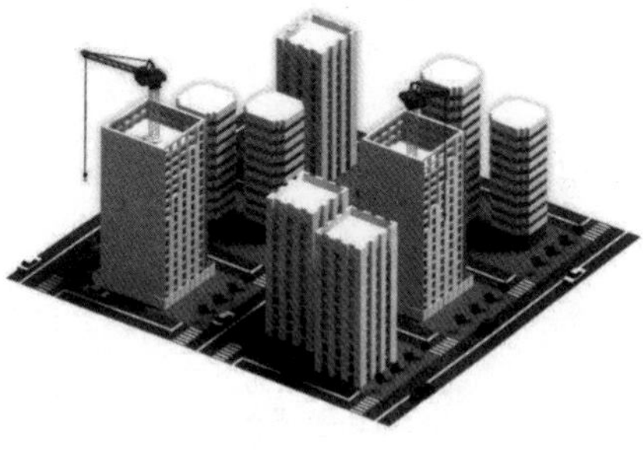

これを$X_A = b p_B Q_B$に代入すると、

$$X_A = b p_B \left(\frac{Y}{p_B} - \frac{p_A}{p_B} Q_A \right)$$

これを交換レート$X_B = \frac{1}{\tau} X_A$に代入すると、

$$X_B = \frac{1}{\tau} b p_B \left(\frac{Y}{p_B} - \frac{p_A}{p_B} Q_A \right)$$

これを$Q_A = \frac{1}{a p_A} X_B$に代入すると、

$$Q_A = \frac{1}{\tau} \frac{b}{a} \frac{p_B}{p_A} \left(\frac{Y}{p_B} - \frac{p_A}{p_B} Q_A \right)$$

$$Q_A = \frac{1}{\tau} \frac{b}{a} \frac{p_B}{p_A} \frac{Y}{p_B} - \frac{1}{\tau} \frac{b}{a} \frac{p_B}{p_A} \frac{p_A}{p_B} Q_A$$

$$Q_A = \frac{1}{\tau} \frac{b}{a} \frac{Y}{p_A} - \frac{1}{\tau} \frac{b}{a} Q_A$$

ここで、$\rho = \frac{1}{\tau} \frac{b}{a}$のように定義し、これを上式に代入すると、

$$Q_A = \rho \frac{Y}{p_A} - \rho Q_A$$

$$Q_A + \rho Q_A = \rho \frac{Y}{p_A}$$

$$(1+\rho)Q_A = \rho \frac{Y}{p_A}$$

$$Q_A^* = \frac{1}{p_A}\frac{\rho}{(1+\rho)}Y$$

これが地域 A の電化製品の均衡生産量Q_A^*になる。

◎地域 B の均衡生産量Q_B^*

まず、$Y = I_A + I_B$または$Y = p_A Q_A + p_B Q_B$より、

$$Q_A = \frac{Y}{p_A} - \frac{p_B}{p_A}Q_B$$

これを$X_B = a p_A Q_A$に代入すると、

$$X_B = a p_A \left(\frac{Y}{p_A} - \frac{p_B}{p_A}Q_B\right)$$

これを交換レート$X_A = \tau X_B$に代入すると、

$$X_A = \tau a p_A \left(\frac{Y}{p_A} - \frac{p_B}{p_A}Q_B\right)$$

これを$Q_B = \frac{1}{b p_B}X_A$に代入すると、

$$Q_B = \tau \frac{a p_A}{b p_B}\left(\frac{Y}{p_A} - \frac{p_B}{p_A}Q_B\right)$$

$$Q_B = \tau \frac{a p_A}{b p_B}\frac{Y}{p_A} - \tau \frac{a p_A}{b p_B}\frac{p_B}{p_A}Q_B$$

$$Q_B = \tau \frac{a}{b}\frac{Y}{p_B} - \tau \frac{a}{b}Q_B$$

ここで、$\delta = \tau \frac{a}{b}$のように定義し、これを上式に代入すると、

$$Q_B = \delta \frac{Y}{p_B} - \delta Q_B$$

$$Q_B + \delta Q_B = \delta \frac{Y}{p_B}$$

$$(1+\delta)Q_B = \delta \frac{Y}{p_B}$$

$$Q_B^* = \frac{1}{p_B}\frac{\delta}{(1+\delta)}Y$$

	Y	a	b	τ	p_A	p_B
Q_A	+	−	+	−	−	
Q_B	+	+	−	+		−

これが地域 B の食料品の均衡生産量Q_B^*になる。

▸ **例題４－１**：Yが 600、aが 0.2、bが 0.8、τが 0.8、p_Aとp_Bが 1 のとき、地域 A の生産量Q_Aと地域 B の生産量Q_Bを求めなさい。

$Q_A^* = \frac{1}{p_A}\frac{\rho}{(1+\rho)}Y$ ，$\rho = \frac{1}{\tau}\frac{b}{a}$より、

$$\rho = \frac{1}{\tau}\frac{b}{a} = \frac{1}{0.8}\frac{0.8}{0.2} = 5$$

$$Q_A^* = \frac{1}{p_A}\frac{\rho}{(1+\rho)}Y = \frac{1}{1}\frac{5}{(1+5)} \times 600 = 500$$

$Q_B^* = \frac{1}{p_B}\frac{\delta}{(1+\delta)}Y$ ，$\delta = \tau\frac{a}{b}$より、

$$\delta = \tau\frac{a}{b} = 0.8 \times \frac{0.2}{0.8} = \frac{0.2}{4}$$

$$Q_B^* = \frac{1}{p_B}\frac{\delta}{(1+\delta)}Y = \frac{1}{1}\frac{0.2}{(1+0.2)} \times 600 = 100$$

ここで、その検算をしてみると、$p_A Q_A^* + p_b Q_B^* = Y$より、

$$p_A Q_A^* + p_b Q_B^* = 1 \times 500 + 1 \times 100 = 600$$

が成り立つことが分かる。

▸ **例題４－２**：Yが 600、aが 0.2、bが 0.8、τが 0.8、p_Aが 1、p_Bが 1、Q_Bが 40 のとき、$Q_B = \frac{Y}{p_B} - \frac{p_A}{p_B}Q_A$、$X_B = ap_A Q_A$、$X_A = \tau X_B$、$Q_B = \frac{X_A}{p_B b}$の順に代入して、次（第１期）の食料品の生産量$Q_B$を求めなさい。

◎手順１：$Q_B = \frac{Y}{p_B} - \frac{p_A}{p_B}Q_A$ 、　$40 = \frac{600}{1} - \frac{1}{1}Q_A$ 、　$Q_A = 560$

◎手順２：$X_B = ap_A Q_A$ 、　$X_B = 0.2 \times 1 \times 560$ 、　$X_B = 112$

◎手順３：$X_A = \tau X_B$ 、　$X_A = 0.8 \times 112$ 、　$X_A = 89.6$

◎手順４：$Q_B = \frac{X_A}{p_B b}$ 、　$Q_B = \frac{89.6}{1 \times 0.8}$ 、　$Q_B = 112$

▸ **例題４－３**：Yが 600、aが 0.2、bが 0.8、τが 0.8、p_Aが 1、p_Bが 1、Q_Bが例題４－２で求めた値になるとき、$Q_B = \frac{Y}{p_B} - \frac{p_A}{p_B}Q_A$、$X_B = ap_A Q_A$、$X_A = \tau X_B$、$Q_B = \frac{X_A}{p_B b}$の順に代入して、次（第２期）の食料品の生産量$Q_B$を求めなさい。

◎手順１：$Q_B = \frac{Y}{p_B} - \frac{p_A}{p_B}Q_A$ 、　$112 = \frac{600}{1} - \frac{1}{1}Q_A$ 、　$Q_A = 488$

◎手順２：$X_B = ap_A Q_A$ 、　$X_B = 0.2 \times 1 \times 488$ 、　$X_B = 97.6$

◎手順３：$X_A = \tau X_B$ 、　$X_A = 0.8 \times 97.6$ 、　$X_A = 78.08$

◎手順４：$Q_B = \frac{X_A}{p_B b}$ 、　$Q_B = \frac{78.08}{1 \times 0.8}$ 、　$Q_B = 97.6$

▸ **例題４－４**：例題４－２と例題４－３の計算結果を、図に記しなさい。

右図参照。

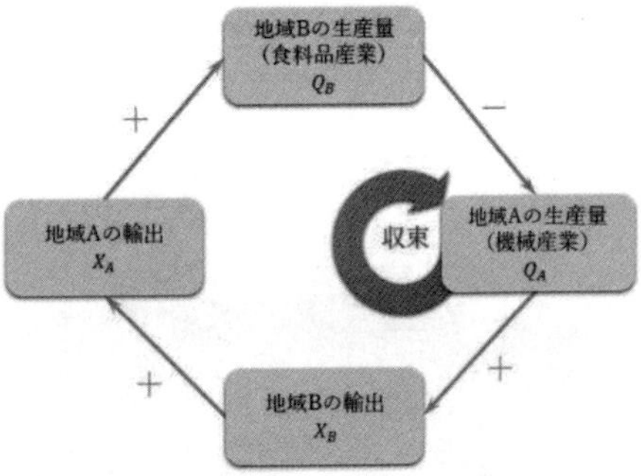

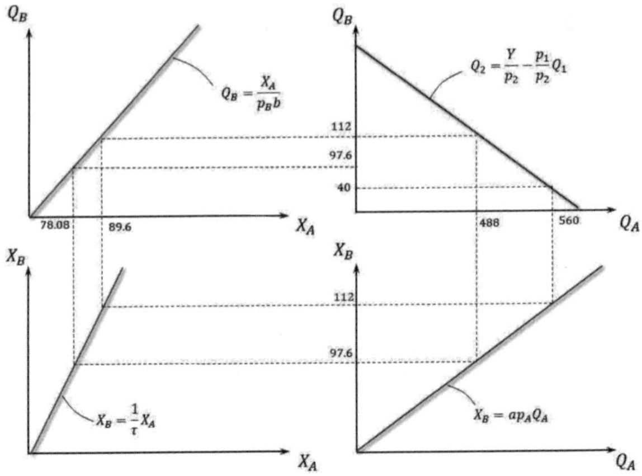

> ▸ **例題4－5**：例題4－2と例題4－3の計算を無限に繰り返すとき、地域 B の食料品の生産量Q_Bは、最終的にどうなるか答えなさい。

この計算を繰り返していくと、例題4－1で求めた$Q_B = 100$に収束していくことになる。

	第1期	第2期	第3期	第4期	第5期	第6期	第7期	第8期	第9期	第10期
◎手順1 Q_A	560	488	502.4	499.52	500.096	499.981	500.004	499.999	500	500
◎手順2 X_B	112	97.6	100.48	99.904	100.019	99.9962	100.001	99.9998	100	100
◎手順3 X_A	89.6	78.08	80.384	79.9232	80.0154	79.9969	80.0006	79.9999	80	80
◎手順4 Q_B	112	97.6	100.48	99.904	100.019	99.9962	100.001	99.9998	100	100

練習問題

◇**練習問題1－1**：所得の合計Yが 5000、電化製品の生産量が 200、電化製品の価格p_Aが 20、食料品の価格p_Bが 5 であるとき、地域 B での食料品の生産量Q_Bを求めなさい。

◇**練習問題1－2**：所得の合計Yが 2000、電化製品の生産量Q_Aが 40、食料品の生産量Q_Bが 200、食料品の価格p_Bが 2 であるとき、電化製品の価格p_Aを求めなさい。

◇**練習問題1－3**：所得の合計Yが 2000、電化製品の生産量Q_Aが 100、食料品の生産量Q_Bが 200、電化製品の価格p_Bが 2 であるとき、電化製品の価格p_Aを求めなさい。

◇**練習問題2－1**：電化製品の価格p_Aが 80、人気度を表す定数aが 0.1、電化製品の生産量Q_Aが 3000 のとき、地域 A の食料品の輸入量X_Bを求めなさい。

◇**練習問題2－2**：食料品の価格p_Bが 20、人気度を表す定数bが 0.2、食料品の生産量Q_Bが 500 のとき、地域 B の電化製品の輸入量X_Aを求めなさい。

◇練習問題２－３：電化製品の価格p_Aが 80、電化製品の生産量Q_Aが 300 のとき、地域Ａの食料品の輸入量X_Bが 12000 のとき、地域Ａでの食料品の人気度を表す定数aを求めなさい。

◇練習問題３－１：地域Ｂの電化製品の輸入量X_Aが 600、食料品の価格p_Bが 2、人気度を表す定数bが 0.5 のとき、地域Ｂの食料品の生産量Q_Bを求めなさい。

◇練習問題３－２：地域Ｂの電化製品の輸入量X_Aが 200、食料品の価格p_Bが 4、地域Ｂの食料品の生産量Q_Bが 400 のとき、人気度を表す定数bを求めなさい。

◇練習問題４－１：Yが 1000、aが 0.1、bが 0.2、τが 0.8、p_Aが 2、p_Bが 1 のとき、地域Ａの生産量Q_Aと地域Ｂの生産量Q_Bを求めなさい。

◇練習問題４－２：Yが 1000、aが 0.1、bが 0.2、τが 0.8、p_Aが 2、p_Bが 1、Q_Bが 200 のとき、$Q_B = \frac{Y}{p_B} - \frac{p_A}{p_B}Q_A$、$X_B = ap_AQ_A$、$X_A = \tau X_B$、$Q_B = \frac{X_A}{p_Bb}$の順に代入して、次（第１期）の$Q_B$を求めなさい。

◇練習問題４－３：Yが 1000、aが 0.1、bが 0.2、τが 0.8、p_Aが 2、p_Bが 1、Q_Bが練習問題４－２で求めた値になるとき、$Q_B = \frac{Y}{p_B} - \frac{p_A}{p_B}Q_A$、$X_B = ap_AQ_A$、$X_A = \tau X_B$、$Q_B = \frac{X_A}{p_Bb}$の順に代入して、次（第２期）の$Q_B$を求めなさい。

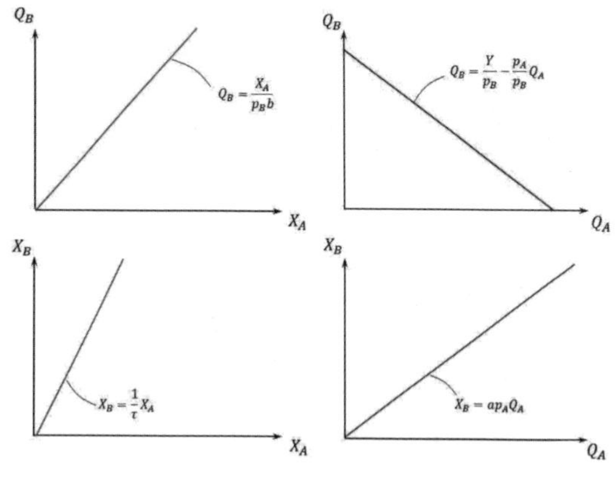

◇練習問題４－４：練習問題４－２と練習問題４－３の計算結果を、図に記しなさい。

◇練習問題４－５：練習問題４－２と練習問題４－３の計算を無限に繰り返すとき、地域Ｂの食料品の生産量Q_Bは、最終的にどうなるか答えなさい。

トピック２１：垂直的分業

ある製品の生産工程を遡っていくと、その製品に利用される原材料（原料・材料）の製造から始まり、それらは加工され、組み立てられることによって、その製品の完成にまで至ることが分かる。その原材料から完成品に至るまでの過程において、その半分まで完成した部品のことを、会計上、仕掛品と呼んでいる。また、経済学では、完成品を生産するために用いられる部品や仕掛品などのことを、まとめて中間財と呼んでいる。

ここで、あらかじめ知っておかなければならないことは、企業がある製品を生産し、そのコンビネーション経済を発揮させる過程において、ある企業が単独で、その原材料の生産と加工から完成品を組み立てるまでの工程を、すべてを担うことはほとんどないということである。つまり、ある製品に利用される原材料は、その製品を製造している企業とは別の企業から仕入れられることになり、その加工も組立も部分的に他社によって行われることになる。このように、その原材料から完成品に至るまでの間に、それらが加工されて、組み立てられるまでの過程を、複数の異なる企業が分担して行っていることになり、その分担のことを**分業**（division of labor）と呼んでいる。

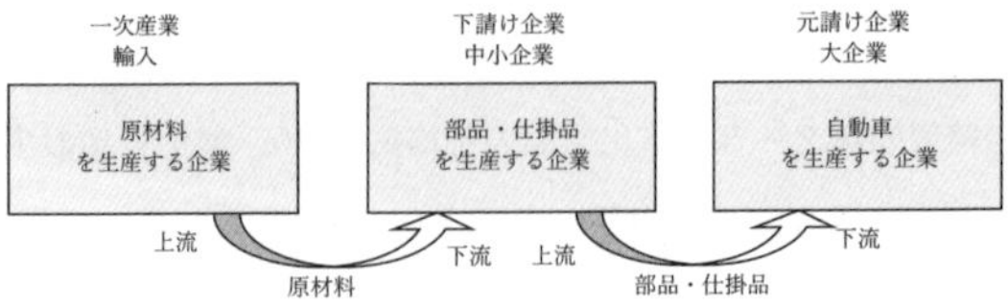

例えば、自動車一台を生産するためには、タイヤやエンジン、バッテリー、ガラス、スプリング、ラジエーター等、様々な部品が必要になってくる。ここで、大手の自動車メーカーは、それらの部品の多くを自社では生産しておらず、自動車の性能に大きく関わる部品のみに特化して生産をしていることになり、残りの部品は、関連会社・下請け企業に生産を依頼している。そして、その関連会社・下請け企業が生産した部品・仕掛品を、その大手の自動車メーカーが仕入れることによって、最終的に自動車になるように組み立てていることになる。さらに、それらの関連会社・下請け企業も、そうした部品・仕掛品のすべてを自ら生産しているわけではなく、鉄やアルミ、ゴム等の原材料については、他社からの仕入れに頼っていることになる。

ここで、その自動車の生産過程において、ひとつの製造の流れが出来上がっていることが分かる。つまり、自動車の中で最初に生産されるのは、その部品・仕掛品を作るための原材料になっており、その原材料が出来てから、その部品・仕掛品が生産されることになり、最後に、その部品・仕掛品を用いることによって、自動車が組み立てられることになる。このように、自動車が原材料から部品・仕掛品になって、最後に自動車になるような一連の流れのことを、川の流れに例えて、その上流で行われる作業を上流工程と呼んでおり、その下流で行われる作業を下流工程と呼んでいる。

つまり、原材料の製造は、部品・仕掛品の製造にとっての上流工程に当たることになり、部品・仕掛品の製造は、自動車の組み立てにとっての上流工程に当たることになる。逆に、自動車の組み立ては、部品・仕掛品にとっての下流工程に当たることになり、部品・仕掛品の製造は、原材料の製造にとっての下流工程に当たることになる。したがって、その上流と下流の概念は相対的な概念になっており、その２つ以上の作業を比較することによって、その上流か下流かが決まることになる。

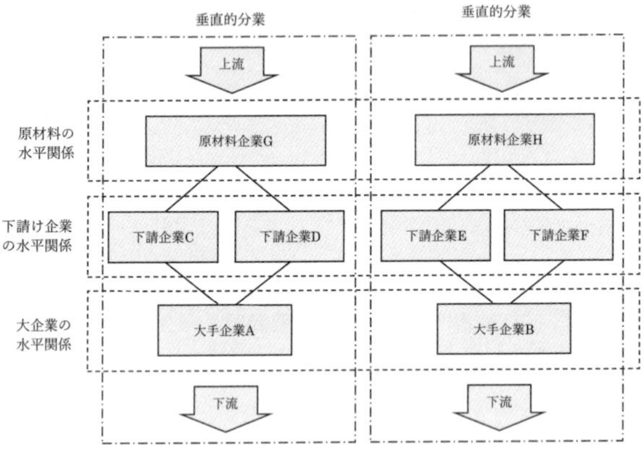

このように個々の生産工程を別の経済主体が分担して行うことによって、その分業体制が地理的な広がることを**空間的分業**（spatial division of labor）と呼んでいる（Massey 1984）。また、そのような上流工程と下流工程の関係を垂直的な関係と呼んでおり、それぞれが別の企業であるにもかかわらず、その上流と下流の生産関係が長期的に安定して維持される場合には、それを**垂直的統合**（vertical integration）と呼んでいる。逆に、それらの関係が解消されるような場合には、それを**垂直的分割**（vertical disintegration）と呼んでいる。

また、その垂直的な関係が異業種間で形成されるのに対して、同業種間の関係のことを水平的な関係と呼んでいる。この水平的な関係は、その垂直的な関係と同様に重要になることになり、同業種の企業間で共通の労働組合ができたり、共同で部品や仕掛品などの受注・納品、開発をしたりするなど、その水平的な企業間ネットワークも重要な研究対象のひとつになっている。

第２１講　地域間競争モデルと一極集中

前講では、地域Aと地域Bが、それぞれ電化製品と食料品という、異なる財を生産することを想定してきたが、ここで地域Aと地域Bが、どちらも電化製品という競合し合う財を生産することを想定するとき、地域間で、その財の市場シェアを奪い合うことになり、それによって、その所得や人口を奪い合うことになる。

この競争の過程において、より多くの所得と人口を有する地域ほど、より優位な立場に立つことができるようになり、その優位性が確立されることによって、その優位性の下に、周囲の地域から所得と人口を吸収し続けることになる。例えば、今日みられる東京一極集中構造がそれである。本講では、その一極集中構造を説明するための簡単なモデルについて紹介していくことにする。これまでのモデルでは均衡点に収束することになったのに対して、この地域間競争モデルでは、無限大もしくは無限小に発散していくことに注意したい。

■生産と地域間競争

まず、地域Aと地域Bは、互いに電化製品を生産しており、その電化製品市場において競争・競合し合う関係を維持しているものとする。また、地域Aと地域Bは共に食料品を消費している一方で、それぞれが、自らの地域で生産された食料品を消費しており、地域間で交易があるのは、その電化製品のみであるとする。

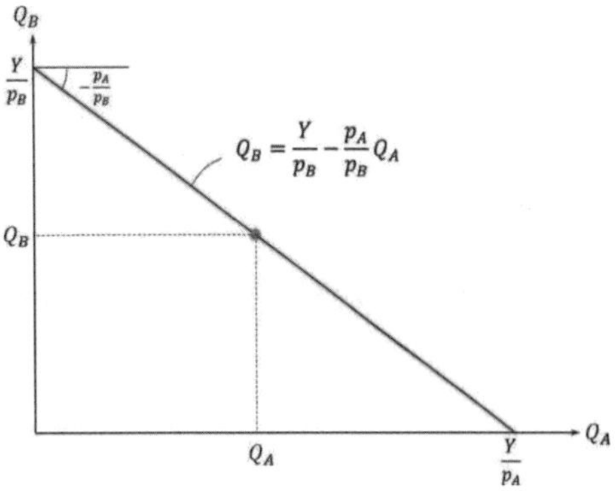

◎ 地域A：電化製品を生産・輸出
◎ 地域B：電化製品を生産・輸出

次に、地域Aの所得をI_Aで表すことにし、地域Aで生産された電化製品の売上をS_Aで表すことにする。ここで、地域Aの所得のすべてが、その電化製品の売上によってもたらされているとするとき、次の等式が成り立つことになる。

◎ 地域Aの所得：$I_A = S_A$
◎ 地域Bの所得：$I_B = S_B$

ここで、地域Aの所得I_Aが、電化製品の生産量Q_Aと価格p_Aの積p_AQ_Aに等しく、また、地域Bの所得I_Bが、電化製品の生産量Q_Bと価格p_Bの積p_BQ_Bに等しいとき、地域Aと地域Bの所得の合計を、次のように表すことができる。

$$I_A + I_B = Y$$

$$p_A Q_A + p_B Q_B = Y$$

この式を、地域Ｂの生産量Q_Bについて解いていくと、地域Ａと地域Ｂの生産量の関係を、次のように表すことができる。

$$p_B Q_B = Y - p_A Q_A$$

$$Q_B = \frac{Y}{p_B} - \frac{p_A}{p_B} Q_A$$

よって、地域Ａの電化製品の生産量Q_Aと地域Ｂの電化製品の生産量Q_Bは、互いに競合し合い、相殺し合うことになる。

▸ **例題１－１**：所得の合計Yが 40000、電化製品の生産量Q_Aが 400、電化製品の価格p_Aが 60、食料品の価格p_Bが 20 であるとき、地域Ｂでの食料品の生産量Q_Bを求めなさい。

$$Q_B = \frac{Y}{p_B} - \frac{p_A}{p_B} Q_A$$

$$Q_B = \frac{40000}{20} - \frac{60}{20} \times 400 = 2000 - 3 \times 400 = 2000 - 1200 = 800$$

▸ **例題１－２**：所得の合計Yが 12000、電化製品の生産量Q_Aが 120、食料品の生産量Q_Bが 180、食料品の価格p_Bが 10 であるとき、電化製品の価格p_Aを求めなさい。

$$Q_B = \frac{Y}{p_B} - \frac{p_A}{p_B} Q_A$$

$$180 = \frac{12000}{10} - \frac{p_A}{10} \times 120$$

$$180 = 1200 - 12 p_A$$

$$p_A = \frac{1020}{12} = 85$$

■ 一人当たりの所得と都市化

次に、生産量と一人当たりの所得について考えてみることにしよう。地域Ａの人口をL_Aで表すとき、地域Ａの一人当たりの所得は、所得I_Aを人口L_Aで割ったものに等しくなる。

◎地域Ａの一人当たりの所得： $\frac{I_A}{L_A} = \frac{p_A}{L_A} Q_A$

◎地域Ｂの一人当たりの所得： $\frac{I_B}{L_B} = \frac{p_B}{L_B} Q_B$

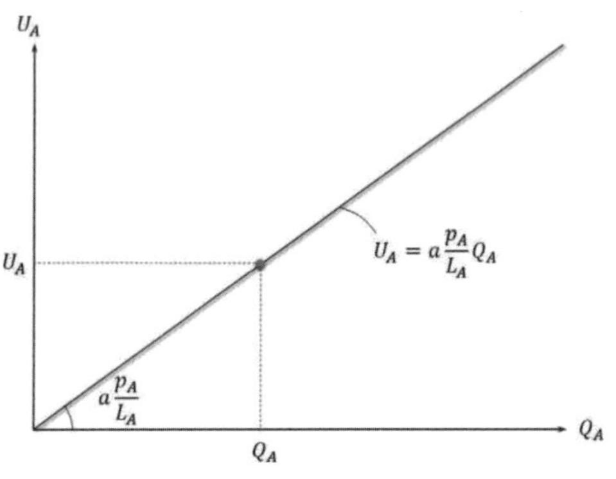

ここで、地域Ａの一人当たりの所得が高くなるとき、高層マンションなどの高級住宅が販売されるようになり、宝飾品・ブランド品などの高級品が地域Ａにおいて売られるようになる。この高価な財・サービスの販売によって、地域Ａで売買される財・サービスがより多様なものになることを仮定するとき、地域の一人当たりの所得に比例して、財・サービスの多様性が高まことになり、その財・サービスの多様性によって、都市が発展すると考えることができる。

そこで、その地域の一人当たりの所得に比例して、都市の規模が拡大することになり、大都市化が進行していくと仮定しよう。そして、地域Ａの都市の発展の度合いをU_Aで表すとき、そのU_Aを、一人当たりの所得に比例するものとして、次の等式で表すことができる。

○地域Ａの都市の発展度：　$U_A = a\frac{I_A}{L_A}$　または　$U_A = a\frac{p_A}{L_A}Q_A$

○地域Ｂの都市の発展度：　$U_B = b\frac{I_B}{L_B}$　または　$U_B = b\frac{p_B}{L_B}Q_B$

したがって、その定数aとbの値が大きければ大きいほど、地域の一人当たりの所得の大きさ$\frac{p_A}{L_A}Q_A$と$\frac{p_B}{L_B}Q_B$に対して、より都市化U_AとU_Bが進むことになる。

▸ **例題２－１**：地域Ａの人口L_Aが 20、電化製品の価格p_Aが 60、電化製品の生産量Q_Aが 400、定数aが 0.2 であるとき、地域Ａの都市の発展度U_Aを求めなさい。

$$U_A = a\frac{p_A}{L_A}Q_A = 0.2 \times \frac{60}{20} \times 400 = 240$$

▸ **例題２－２**：例題２－１において、電化製品の生産量Q_Aが 600 になるとき、地域Ａの都市の発展度U_Aを求めなさい。

$$U_A = a\frac{p_A}{L_A}Q_A = 0.2 \times \frac{60}{20} \times 600 = 360$$

▸ **例題２－３**：例題２－１において、地域Ａの人口L_Aが 40 になるとき、地域Ａの都市の発展度U_Aを求めなさい。

$$U_A = a\frac{p_A}{L_A}Q_A = 0.2 \times \frac{60}{40} \times 400 = 120$$

■ 高級品産業の集中

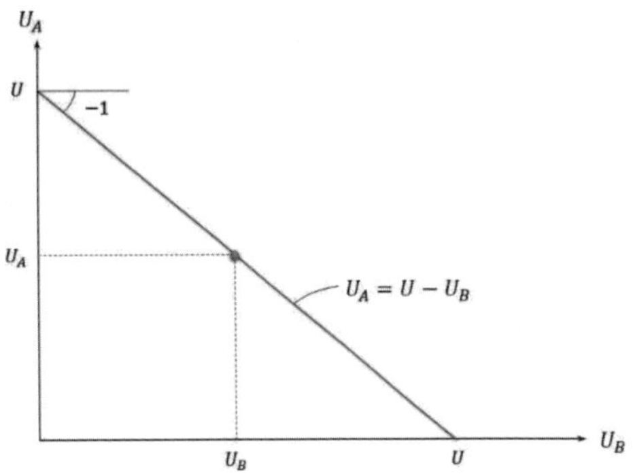

これまでに定義してきた定数aと定数bは、それぞれの地域の一人当たりの所得が高くなるにしたがって、どれだけ高級品が販売され、どれだけ高級住宅街が建設され、また、どれだけ都市が発展するのかを調整する役割を果たすことになる。但し、その高級品産業の販売額は限られており、また、その販売店は、地域Ａと地域Ｂを自由に移動することができるものとする。そして、高級品産業の全体の売上をUで表すとき、そのUは、地域Ａでの売り上げU_Aと地域Ｂでの売り上げU_Bの和に等しくなり、それを次の等式で表すことができる。

◎高級品産業：　$U = U_A + U_B$

■ 高級品と電化製品の売上

次に、地域Aと地域Bの住民は、高級品が売買されるような都市で電化製品を購入することを好むものとし、地域Aと地域Bの高級品の売上U_AとU_Bに比例して、地域Aと地域Bの電化製品の販売台数Q_AとQ_Bも増加するものとする。

$$U_A = a\frac{p_A}{L_A}Q_A \qquad , \qquad U_B = b\frac{p_B}{L_B}Q_B$$

そして、それらの式を、それぞれ、その販売台数Q_AとQ_Bについて解いていくと、地域Aの販売台数Q_Aと地域Bの販売台数Q_Bは、地域Aと地域Bの都市化の発展度U_AとU_Bに比例することになる。

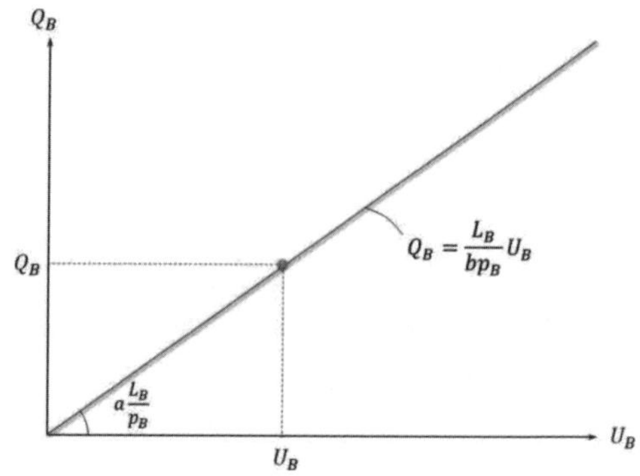

$$Q_A = \frac{L_A}{ap_A}U_A \qquad , \qquad Q_B = \frac{L_B}{bp_B}U_B$$

▸ **例題3－1**：地域Aの人口L_Aが20、電化製品の価格p_Aが20、地域Aの都市の発展度U_Aが400、定数aが0.2であるとき、電化製品の生産量Q_Aを求めなさい。

$$Q_A = \frac{L_A}{ap_A}U_A = \frac{20}{0.2 \times 20} \times 400 = 2000$$

▸ **例題3－2**：例題3－1において、都市の発展度U_Aが600になるとき、電化製品の生産量Q_Aを求めなさい。

$$Q_A = \frac{L_A}{ap_A}U_A = \frac{20}{0.2 \times 20} \times 600 = 3000$$

▸ **例題3－3**：例題3－1において、電化製品の価格p_Aが40になるとき、電化製品の生産量Q_Aを求めなさい。

$$Q_A = \frac{L_A}{ap_A}U_A = \frac{20}{0.2 \times 40} \times 400 = 1000$$

■ 地域間競争と均衡

次に、均衡状態における地域Aの電化製品の生産量Q_Aと都市の発展度U_Aと、地域Bの電化製品の生産量Q_Bと都市の発展度U_Bについて求めていくことにする。

◎地域Aの電化製品の生産量Q_Aと都市の発展度U_A

まず、$p_AQ_A + p_BQ_B = Y$より、

$$Q_B = \frac{Y}{p_B} - \frac{p_A}{p_B}Q_A$$

これを$U_B = b\frac{p_B}{L_B}Q_B$に代入すると、

$$U_B = b\frac{p_B}{L_B}Q_B$$

$$U_B = b\frac{p_B}{L_B}\left(\frac{Y}{p_B} - \frac{p_A}{p_B}Q_A\right)$$

$$U_B = b\frac{Y}{L_B} - b\frac{p_A}{L_B}Q_A$$

これを$U_A = U - U_B$に代入すると、

$$U_A = U - U_B$$

$$U_A = U - b\frac{Y}{L_B} + b\frac{p_A}{L_B}Q_A$$

これを$Q_A = \frac{L_A}{ap_A}U_A$に代入すると、

$$Q_A = \frac{L_A}{ap_A}U_A$$

$$Q_A = \frac{L_A}{ap_A}\left(U - b\frac{Y}{L_B} + b\frac{p_A}{L_B}Q_A\right)$$

$$Q_A = \frac{L_A}{a}\frac{U}{p_A} - \frac{b}{a}\frac{L_A}{L_B}\frac{Y}{p_A} + \frac{b}{a}\frac{L_A}{L_B}Q_A$$

$$Q_A - \frac{b}{a}\frac{L_A}{L_B}Q_A = \frac{L_A}{a}\frac{U}{p_A} - \frac{b}{a}\frac{L_A}{L_B}\frac{Y}{p_A}$$

$$\left(1 - \frac{b}{a}\frac{L_A}{L_B}\right)Q_A = \frac{L_A}{a}\frac{U}{p_A} - \frac{b}{a}\frac{L_A}{L_B}\frac{Y}{p_A}$$

ここで、$\epsilon = \frac{b}{a}\frac{L_A}{L_B}$のように定義すると、$\frac{L_A}{a} = \frac{L_B}{b}\epsilon$が成り立つことになり、それを上式に代入すると、

$$(1-\epsilon)Q_A = \frac{L_B}{b}\epsilon\frac{U}{p_A} - \epsilon\frac{Y}{p_A}$$

$$(1-\epsilon)Q_A = \frac{\epsilon}{p_A}\left(\frac{L_B}{b}U - Y\right)$$

$$Q_A = \frac{1}{p_A}\ \frac{\epsilon}{1-\epsilon}\ \left(\frac{L_B}{b}U - Y\right)$$

これを$U_A = a\frac{p_A}{L_A}Q_A$に代入すると、

$$U_A = a\frac{p_A}{L_A}\frac{1}{p_A}\ \frac{\epsilon}{1-\epsilon}\ \left(\frac{L_B}{b}U - Y\right)$$

$$U_A = \frac{\epsilon}{1-\epsilon}\ \left(\frac{aL_B}{bL_A}U - \frac{a}{L_A}Y\right)$$

$$U_A = \frac{\epsilon}{1-\epsilon}\ \left(\frac{1}{\epsilon}U - \frac{b}{\epsilon L_B}Y\right)$$

$$U_A^* = \frac{1}{1-\epsilon}\ \left(U - \frac{b}{L_B}Y\right)$$

以上により、その均衡状態の地域Ａの電化製品の生産量Q_Aと都市の発展度U_Aを求めることができた。

◎地域Ｂの電化製品の生産量Q_Bと都市の発展度U_B

まず、$p_A Q_A + p_B Q_B = Y$より、

$$Q_A = \frac{Y}{p_A} - \frac{p_B}{p_A} Q_B$$

これを$U_A = a\frac{p_A}{L_A}Q_A$に代入すると、

$$U_A = a\frac{p_A}{L_A}\left(\frac{Y}{p_A} - \frac{p_B}{p_A}Q_B\right)$$

$$U_A = a\frac{Y}{L_A} - b\frac{p_B}{L_A}Q_B$$

これを$U_A = U - U_B$に代入すると、

$$U_B = U - U_A$$

$$U_B = U - a\frac{Y}{L_A} + b\frac{p_B}{L_A}Q_B$$

これを$Q_B = \frac{L_B}{bp_B}U_B$に代入すると、

$$Q_B = \frac{L_B}{bp_B}U_B$$

$$Q_B = \frac{L_B}{bp_B}\left(U - a\frac{Y}{L_A} + b\frac{p_B}{L_A}Q_B\right)$$

$$Q_B = \frac{L_B}{b}\frac{U}{p_B} - \frac{a}{b}\frac{L_B}{L_A}\frac{Y}{p_B} + \frac{a}{b}\frac{L_B}{L_A}Q_B$$

$$Q_B - \frac{a}{b}\frac{L_B}{L_A}Q_B = \frac{L_B}{b}\frac{U}{p_B} - \frac{a}{b}\frac{L_B}{L_A}\frac{Y}{p_B}$$

$$\left(1 - \frac{a}{b}\frac{L_B}{L_A}\right)Q_B = \frac{L_B}{b}\frac{U}{p_B} - \frac{a}{b}\frac{L_B}{L_A}\frac{Y}{p_B}$$

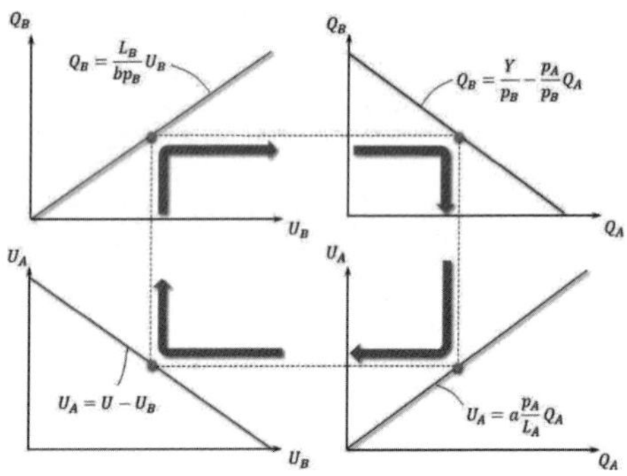

ここで、$\varepsilon = \frac{a}{b}\frac{L_B}{L_A}$のように定義すると、$\frac{L_B}{b} = \frac{L_A}{a}\varepsilon$が成り立つことになり、それを上式に代入すると、

$$(1-\varepsilon)Q_B = \frac{L_A}{a}\varepsilon\frac{U}{p_B} - \varepsilon\frac{Y}{p_B}$$

$$(1-\varepsilon)Q_B = \frac{\varepsilon}{p_B}\left(\frac{L_A}{a}U - Y\right)$$

$$Q_B = \frac{1}{p_B}\ \frac{\varepsilon}{1-\varepsilon}\ \left(\frac{L_A}{a}U - Y\right)$$

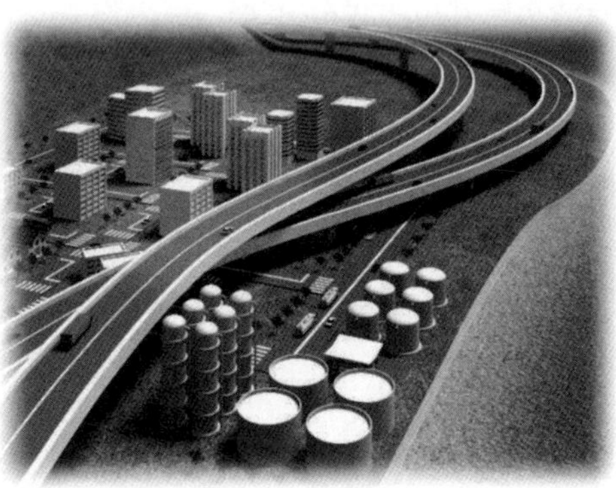

これを$U_B = b\frac{p_B}{L_B}Q_B$に代入すると、

$$U_B = b\frac{p_B}{L_B}\frac{1}{p_B}\ \frac{\varepsilon}{1-\varepsilon}\ \left(\frac{L_A}{a}U - Y\right)$$

$$U_B = \ \frac{\varepsilon}{1-\varepsilon}\ \left(\frac{bL_A}{aL_B}U - \frac{b}{L_B}Y\right)$$

$$U_B = \frac{\varepsilon}{1-\varepsilon}\left(\frac{1}{\varepsilon}U - \frac{a}{\varepsilon L_A}Y\right)$$

$$U_B^* = \frac{1}{1-\varepsilon}\left(U - \frac{a}{L_A}Y\right)$$

以上により、その均衡状態における地域Ｂの電化製品の生産量Q_Bと都市の発展度U_Bを求めることができた。

> ▸ **例題４－１**：Yが 1000、Uが 100、aが 0.2、bが 0.1、L_Aが２、L_Bが 4、p_Aが 2、p_B が１のとき、均衡状態における地域Ａの都市化の発展度U_A^*と地域Ｂの都市化の発展度U_B^*を求めなさい。

$U_A^* = \frac{1}{1-\epsilon}\left(U - \frac{b}{L_B}Y\right)$，　$\epsilon = \frac{b}{a}\frac{L_A}{L_B}$より、

$$\epsilon = \frac{b}{a}\frac{L_A}{L_B} = \frac{0.1}{0.2}\frac{2}{4} = 0.25$$

$$U_A^* = \frac{1}{1-\epsilon}\left(U - \frac{b}{L_B}Y\right), = \frac{1}{1-0.25}\left(100 - \frac{0.1}{4}\times 1000\right) = 1.33(100-25) = 100$$

$U_B = \frac{1}{1-\varepsilon}\left(U - \frac{a}{L_A}Y\right)$，　$\varepsilon = \frac{a}{b}\frac{L_B}{L_A}$より、

$$\varepsilon = \frac{a}{b}\frac{L_B}{L_A} = \frac{0.2}{0.1}\frac{4}{2} = 4$$

$$U_B^* = \frac{1}{1-\varepsilon}\left(U - \frac{a}{L_A}Y\right) = \frac{1}{1-4}\left(100 - \frac{0.2}{2}\times 1000\right) = -0.33(100-100) = 0$$

検算してみると、$U = U_A + U_B$より、$U = U_A^* + U_B^* = 100 + 0 = 100$が成り立つことが分かる。

> ▸ **例題４－２**：Yが 1000、Uが 100、aが 0.2、bが 0.1、L_Aが２、L_Bが 4、p_Aが 2、p_B が 1、Q_Bが 10 のとき、$Q_B = \frac{Y}{p_B} - \frac{p_A}{p_B}Q_A$、$Q_A = \frac{L_A}{ap_A}U_A$、$U_A = U - U_B$、$U_B = b\frac{p_B}{L_B}Q_B$の順に代入して、次（第１期）の地域Ｂの生産量$Q_B$を求めなさい。

◎手順１：$Q_B = \frac{Y}{p_B} - \frac{p_A}{p_B}Q_A$ 、　$10 = \frac{1000}{1} - \frac{2}{1}\times Q_A$　、　$Q_A = 495$
◎手順２：$U_A = a\frac{p_A}{L_A}Q_A$、　$U_A = 0.2\times\frac{2}{2}\times 495$　、　$U_A = 99$
◎手順３：$U_B = U - U_A$、　$U_B = 100 - 99$　、　$U_B = 1$
◎手順４：$Q_B = \frac{L_B}{bp_B}U_B$、　$Q_B = \frac{4}{0.1\times 1}\times 1$　、　$Q_B = 40$

> ▸ **例題４－３**：Yが 1000、Uが 100、aが 0.2、bが 0.1、L_Aが２、L_Bが 4、p_Aが 2、p_B が 1、Q_Bが例題４－２で求めた値になるとき、$Q_B = \frac{Y}{p_B} - \frac{p_A}{p_B}Q_A$、$Q_A = \frac{L_A}{ap_A}U_A$、$U_A = U - U_B$、$U_B = b\frac{p_B}{L_B}Q_B$の順に代入して、次（第２期）の地域Ｂの生産量$Q_B$を求めなさい。

◎手順１：$Q_B = \frac{Y}{p_B} - \frac{p_A}{p_B}Q_A$ 、　$40 = \frac{1000}{1} - \frac{2}{1}\times Q_A$　、　$Q_A = 480$
◎手順２：$U_A = a\frac{p_A}{L_A}Q_A$、　$U_A = 0.2\times\frac{2}{2}\times 480$　、　$U_A = 96$
◎手順３：$U_B = U - U_A$、　$U_B = 100 - 96$　、　$U_B = 4$

◎手順４：$Q_B = \frac{L_B}{bp_B} U_B$、　　$Q_B = \frac{4}{0.1 \times 1} \times 4$　、　　$Q_B = 160$

▸ **例題４－４**：例題４－２と例題４－３の計算結果を図に記しなさい。

右図参照。

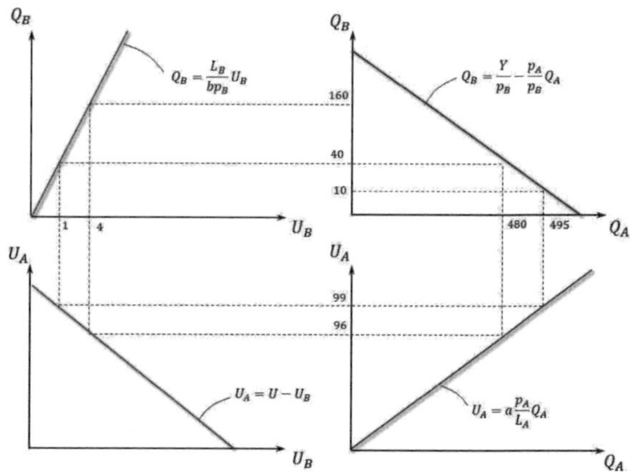

▸ **例題４－５**：例題４－２と例題４－３の計算を無限に繰り返すとき、地域Ｂの食料品の生産量Q_Bは、最終的にどうなるか答えなさい。

この計算を繰り返していくと、例題４－１で求めた$Q_B = 0$から無限大に発散していくことになる。

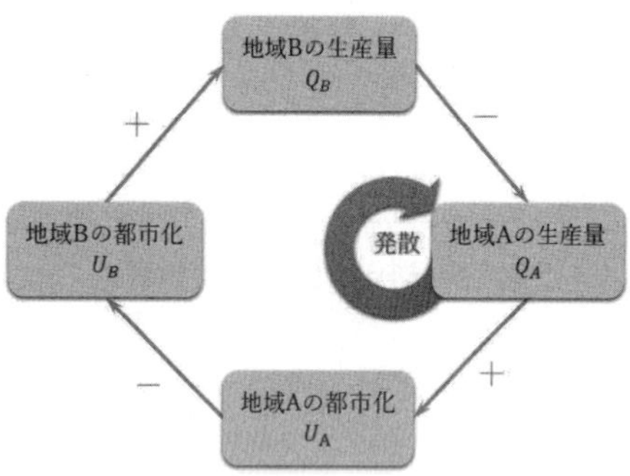

	第１期	第２期	第３期	第４期	第５期	第６期	第７期	第８期	第９期	第１０期
◎手順１　Q_A	495	480	420	180	-780	-4620	-19980	-81420	-327180	-1310220
◎手順２　U_A	99	96	84	36	-156	-924	-3996	-16284	-65436	-262044
◎手順３　U_B	1	4	16	64	256	1024	4096	16384	65536	262144
◎手順４　Q_B	40	160	640	2560	10240	40960	163840	655360	2621440	10485760

練習問題

◇**練習問題１－１**：所得の合計Yが 18000、電化製品の生産量Q_Aが 50、電化製品の価格p_Aが 270、食料品の価格p_Bが 90 であるとき、地域Ｂでの食料品の生産量Q_Bを求めなさい。

◇**練習問題１－２**：所得の合計Yが 6000、電化製品の生産量Q_Aが 120、食料品の生産量Q_Bが 180、食料品の価格p_Bが 10 であるとき、電化製品の価格p_Aを求めなさい。

◇**練習問題２－１**：地域Ａの人口L_Aが 100、電化製品の価格p_Aが 20、電化製品の生産量Q_Aが 5000、定数aが 0.2 であるとき、地域Ａの都市の発展度U_Aを求めなさい。

◇**練習問題２－２**：練習問題２－１において、電化製品の生産量Q_Aが 4000 になるとき、地域Ａの都市の発展度U_Aを求めなさい。

◇**練習問題２－３**：練習問題２－１において、地域Ａの人口L_Aが 40 になるとき、地域Ａの都市の発展度U_Aを求めなさい。

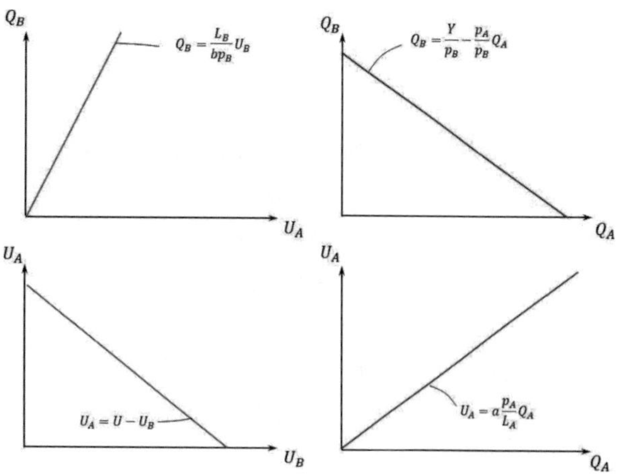

◇**練習問題３－１**：地域Ａの人口L_Aが 100、電化製品の価格p_Aが 5、地域Ａの都市の発展度U_Aが 700 のとき、定数aが 0.2 であるとき、電化製品の生産量Q_Aを求めなさい。

◇**練習問題３－２**：練習問題３－１において、都市の発展度U_Aが 600 になるとき、電化製品の生産量Q_Aを求めなさい。

◇**練習問題３－３**：練習問題３－１において、電化製品の価格p_Aが 4 になるとき、電化製品の生産量Q_Aを求めなさい。

◇**練習問題４－１**：Yが 800、Uが 200、aが 0.5、bが 0.2、L_Aが 2 、L_Bが 2、p_Aが 2、p_B が 4 のとき、均衡状態における地域Ａの都市化の発展度U_A^*と地域Ｂの都市化の発展度U_B^*を求めなさい。

◇**練習問題４－２**：Yが 800、Uが 200、aが 0.5、bが 0.2、L_Aが 2 、L_Bが 2、p_Aが 2、p_B が 4、Q_Bが 10 のとき、$Q_B = \frac{Y}{p_B} - \frac{p_A}{p_B}Q_A$、$Q_A = \frac{L_A}{ap_A}U_A$ 、$U_A = U - U_B$、$U_B = b\frac{p_B}{L_B}Q_B$の順に代入して、次（第１期）の地域Ｂの生産量$Q_B$を求めなさい。

◇**練習問題４－３**：Yが 800、Uが 200、aが 0.5、bが 0.2、L_Aが 2 、L_Bが 2、p_Aが 2、p_B が 4、Q_Bが例題 4-2 で求めた値になるとき、$Q_B = \frac{Y}{p_B} - \frac{p_A}{p_B}Q_A$、$Q_A = \frac{L_A}{ap_A}U_A$ 、$U_A = U - U_B$、$U_B = b\frac{p_B}{L_B}Q_B$の順に代入して、次（第２期）の地域Ｂの生産量$Q_B$を求めなさい。

◇**練習問題４－４**：練習問題４－２と練習問題４－３の計算結果を、図に記しなさい。

◇**練習問題４－５**：練習問題４－２と練習問題４－３の計算を無限に繰り返すとき、地域Ｂの食料品の生産量Q_Bは、最終的にどうなるか答えなさい。

トピック２２：空間的分業

前回の垂直的分業では、ある製品が生産され、そのコンビネーション経済が生み出されるまでの過程を、その上流工程と下流工程に分けることによって、その生産工程を複数の企業間で行う分業について紹介してきた。その分業とは、もともとアダム・スミスの唱えた効率的な生産方法のことになり、その当時は、分業は労働者間での作業工程の分担を意味していた。

それに対して、その空間的分業では、ある製品を生産するために工程を、労働者間で分けるだけではなく、社内の組織・施設（本社・支社・工場）ごとに分けたり、もしくは企業間で分けたり、地域間で分けたりすることになる。そして、労働者間の分業では、ひとつの地点において分業をすることができることから、必ずしも、その空間的な広がりを必要とはしなかったが、それが施設間・企業間の分業になるとき、それらの立地している地点が異なりうることによって、その空間的な広がりをもつようになってくる。したがって、その空間的分業とは、必然的に、組織・施設間の分業を意味することになる。

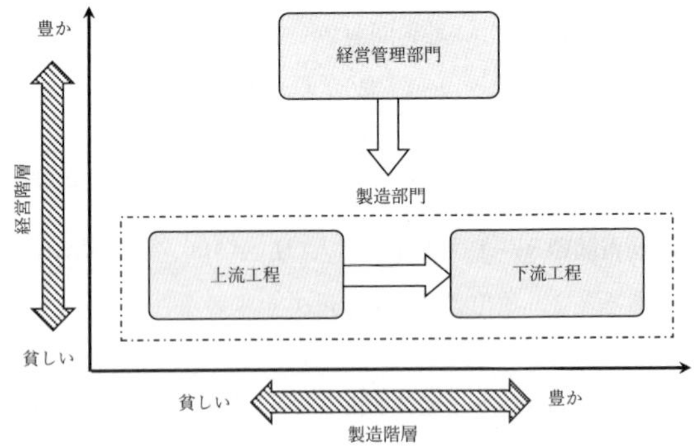

ところで、その空間的分業という言葉を最初に用いたのはドリーン・マッシィ（Doreen Massey）になり、マッシィは、その空間的分業を、**空間的生産組織**（spatial organization of production）の概念に沿って説明している。

まず、マッシィは、2つの軸で生産に関わる組織階層を分析することからはじめる。ひとつは経営階層になり、それは原材料から完成品に至るまでの過程を担当する製造部門と、その製造部門を管理・監督する経営管理部門とに分かれることになる。もうひとつは、製造階層（製造部門の階層）になり、その階層は、上流工程と下流工程という分業にしたがって、それぞれの製造工程を担うことになる。そして、その空間的生産組織とは、そのように生産組織を階層化することによって、その階層を空間的に広げたものになる。

さらにマッシィは、その空間的分業によって、社会階層の空間的分布まで説明しようと試みている。まず、その経営階層の軸では、経営管理部門の所得の方が、製造部門の所得よりも高いことが多く、その経営管理部門に従事する人口の層を、そのまま所得の高い社会階層として捉えることができる。また、その社会階層の低い製造部門においても、その仕事の複雑さから、下流工程の所得の方が上流工程の所得よりも高いことが多く、それぞれの工程に対応した社会階層が生まれることになる。そして、その生産階層の地理的分布に一定のパターンがあるときには、その地理的に広がる社会階層と、その生産階層とに間には対応関係が生まれることになる。

次に、マッシィが分類した空間的生産組織の発展の段階について紹介していくことにしよう。この発展の段階とは、主に、その生産組織の中心になっている企業・組織が大きくなるにつれて、その生産組織がどのように発展するのかについて分析したものになる。この発展の段階には、次の３種類があることになる。

まず、第一段階は基本型と呼ばれるもので、この基本型は、ひとつの地点に経営管理部門と製造部門の両方が立地しているタイプになり、ここでは２つしかない部門が、ひとつの地点に集中して立地していることから、空間的分業がなされることはない。したがって、この基本型とは、単に、企業を経営管理部門と製造部門との階層に分けているだけになる。したがって、その空間的分業がはじまるのは、その次の第二段階からになる。

第二段階については、まず、各組織・施設を、本社（headquarter）と支社（blanch）の２種類に分けることからはじまる。そうすることによって、経営・生産を管理・コントロールするような、中心になる組織（本社）と、それに従う組織（支社）とを区別することができ、それぞれの役割を果たすために、効率的な空間的生産組織の配置をすることができるようになる。ここで、その経営管理部門は、本社と支社のそれぞれに設置される一方で、その製造部門は支社のみに設置されることになる。

これについては、具体的に、どのような状態なのかと言えば、市場が様々な地域に広がっていることによって、製品の供給先が全国に分散して散らばっているときに、輸送費用の観点から、それぞれの市場に近接して製造部門を設置することによって、その近接している市場に対して、最小の輸送費用で供給をしている状態になる。したがって、そのような場合には、それぞれの地域に製造部門を建設した方が、その輸送面では効率的であることになる。

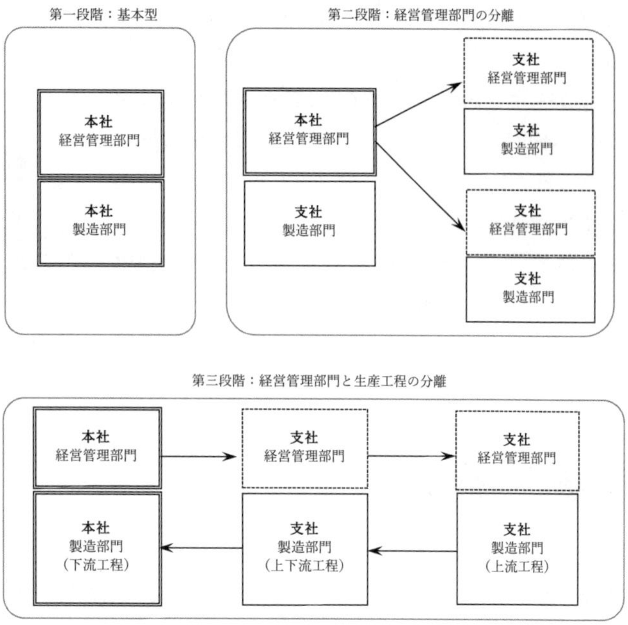

また、その経営管理部門を複数設置しなければならない理由とは、それぞれの組織・施設が地理的に離れて立地しているときに、それぞれの生産工程を管理・コントロールする機能が、それぞれの製造部門に必要になってくるからになる。この経営管理部門を、それぞれの製造部門と合わせて配置することによって、その空間的分業がはじめて可能になることになる。

次に、第三段階では、経営管理部門の分割に加えて、製造部門・生産工程も分割されることになる。この第三段階の空間的組織配置も、その生産の効率性を図ることを目的としており、ここでいう効率的な組織配置とは、それぞれの生産工程に合った労働がある地域に対して、それぞれの部門を空間的に再配置したような配置のことになる

具体的には、製造部門の上流工程は、労働費用の安い地域に対して再配置することになり、経営管理部門は経営能力が高い人材が集まっている地域に対して再配置することになる。この生産組織の分割は、その第二段階での分割のような、市場に近接することを目的にしたものではなく、それぞれの技術・能力に特化した生産を行うことができるように、各工程を割り当てることを目的にしている。

以上のように、その空間的分業は、第一段階から第二段階に向けて、また、第二段階から第三段階に向けて進行することになり、それぞれの分割には異なる目的があることになる。そして、その目的にしたがうことによって、その空間的分業が進むことになり、それによって、各地域の所得水準に応じた生産組織の拡がりが形作られることになる。

第２２講　都市の成長モデルⅠ

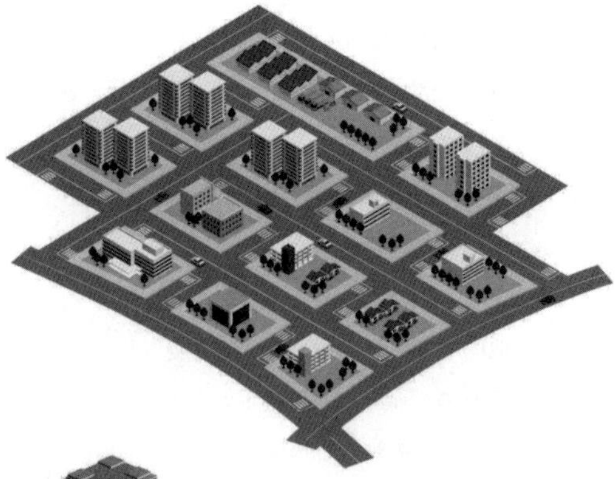

前講までは、地域間の交易モデルと地域間競争モデルについて紹介してきた。これらのモデルでは、地域間での交易の過程や競争の過程などを、変数が変動するときの経路として表すことができた。この経路による説明は、単一の地域の成長経路を分析する際にも用いることができる。そこで本講では、都市の成長過程について、その経路による分析手法を応用していくことにする。

この経路による分析では、ある因果関係の結果になる変数を、別の因果関係の原因になる変数に代入し、それを数珠つなぎのように繋げることによって、最後の因果関係の結果の変数が、最初の因果関係の原因の変数になることによって、因果関係が循環する構造ができあがることになる。この因果関係の循環構造のことを、**累積的因果関係**と呼んでおり、それを簡単な差分方程式を用いて表すことができる。そこで本講では、簡単な差分方程式を導入しながら、地域の人口の収束点の性質についても明らかにしていくことにする。

■ 地域の人口と投資

ある地域で暮らす人口をLで表し、t期の人口をL_tで表すことにすると、第０期の人口はL_0、第１期の人口はL_1、第２期の人口はL_2、第Ｎ期の人口はL_Nで表されることになる。

◎地域の人口：L_t

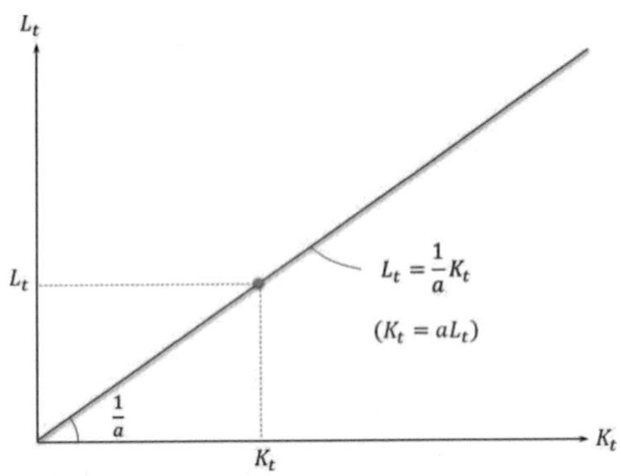

ここで、その地域の人口が増えることによって、その地域に人口が集中するとき、鉄道の駅や高速道路のインターチェンジなどの公共投資が増えると同時に、大型商業施設の建設やサービス業の充実などの民間投資も増えることになる。そこで、地域の公共投資と民間投資の合計をKで表すとき、そのKは、次のように人口に比例することになる。

◎地域の投資：$K_t = aL_t$

ここで、その定数aは、地域の人口Lに対して、どれだけの投資Kを呼び込むことができるのかについて、その影響力を表す人口の係数になっている。

▸ **例題１－１**：地域の人口L_tが 1000、定数aが 0.5 のとき、その地域の投資額を求めなさい。

$$K_t = aL_t = 0.5 \times 1000 = 500$$

▸ **例題１－２**：例題１－１において、地域の人口L_tが 1600 になるとき、その地域の投資額を求めなさい。

$$K_t = aL_t = 0.5 \times 1600 = 800$$

■ 地域の投資集中と地価

次に、地域内の投資Kが増えるとき、その地域で多様な商品が売買されるようになり、各種サービスが充実していくことによって、その地域での生活が快適なっていくものとする。その結果として、その地域の地価は急激に上昇していくことになり、これについて、その地域の地価の高さをPで表すとき、その地価Pは投資Kに比例して上昇することになる。

◎地域の投資：$P_t = K_t^b$

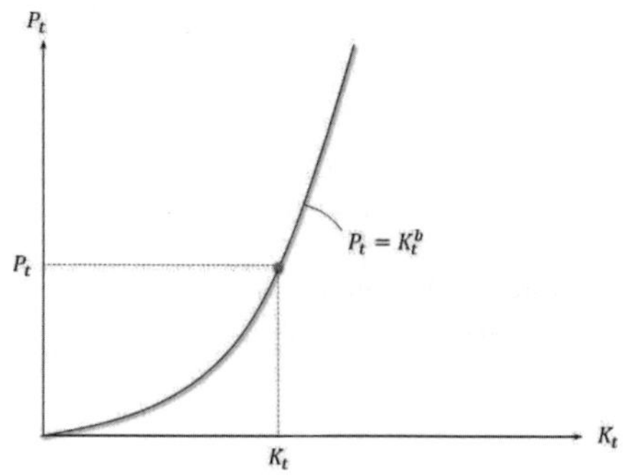

但し、ここで、その定数bは、投資Kと地価Pを関係づける正の定数になっている。

■ 地価と地域の華やぎ

次に、その地域の地価Pの上昇は、その地域に対して富裕層を招くと同時に、その地域において宝飾品や高級ブランド品などが売買されるようになり、それによって、その地域の華やかさと洗練さが増すことになる。

ここで、その地域の華やかさと洗練さをUで表すことにすると、そのUは、地域の地価Pに対して比例することになる。

◎地域の華やぎ：$U_t = cP_t$

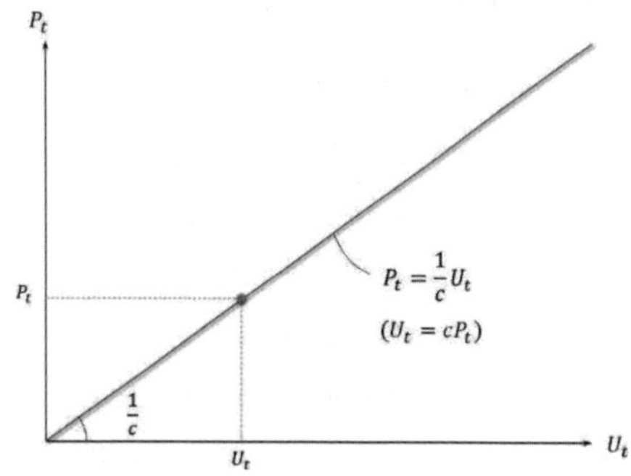

■ 次期の地域人口

そして、その地域の華やかさと洗練さは、その地域に富裕層以外の多くの人口を招くことになり、それは地域の人口規模を一層拡大させることになる。

ここで、その地域の華やかさと洗練さUは、その地域の人口Lに対して比例することになる。

◎次期の地域の人口：$L_{t+1} = dU_t$

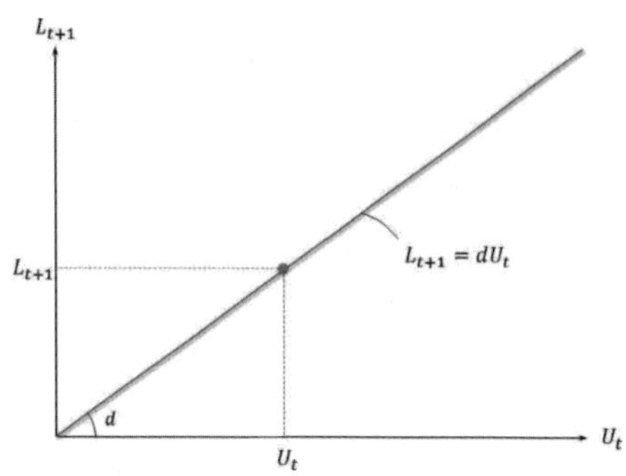

> ▸ **例題２－１**：地域の人口L_tが 40、定数aが 0.5、定数bが 2、定数cが 0.8 のとき、その地域の華やぎU_tを求めなさい。

$$K_t = aL_t = 0.5 \times 40 = 20$$
$$P_t = K_t^b = 20^2 = 400$$
$$U_t = cP_t = 0.8 \times 400 = 320$$
$$K_t = aL_t = 0.5 \times 50 = 25$$

> ▸ **例題２－２**：地域の人口L_tが 50、定数aが 0.5、定数bが 0.5、定数cが 10 のとき、その地域の華やぎU_tを求めなさい。

$$P_t = K_t^b = 25^{0.5} = \sqrt{25} = 5$$
$$U_t = cP_t = 10 \times 5 = 50$$

> ▸ **例題２－３**：例題２－１において、地域の人口L_tが 60 になるとき、その地域の華やぎU_tを求めなさい。

$$K_t = aL_t = 0.5 \times 60 = 30$$
$$P_t = K_t^b = 30^2 = 900$$
$$U_t = cP_t = 0.8 \times 900 = 720$$

■ 人口の均衡点

これまで本講では、地域の人口L_tをもとに、以下の４つの等式を定義してきた。

◎地域の投資：$K_t = aL_t$

◎地域の投資：$P_t = K_t^b$

◎地域の華やぎ：$U_t = cP_t$

◎次期の地域の人口：$L_{t+1} = dU_t$

この次期の地域の人口を定義した$L_{t+1} = dU_t$のU_tに、その３番目の等式である$U_t = cP_t$を代入すると、

$$L_{t+1} = dcP_t$$

また、この$L_{t+1} = dcP_t$のP_tに、２番目の等式である$P_t = K_t^b$を代入すると、

$$L_{t+1} = dcK_t^b$$

さらに、この$L_{t+1} = dcK_t^b$のK_tに、最初の等式である$K_t = aL_t$を代入すると、

$$L_{t+1} = dc(aL_t)^{\mathrm{b}}$$

そして、この式を整理すると、

$$L_{t+1} = a^b cdL_t^b$$

になる。この等式には、最初の人口L_tと次期の人口L_{t+1}とがあり、それらは等号によって結ばれている。したがって、この等式は最初の人口L_tによって、次期の人口L_{t+1}が決まることを表していることになる。ところで、この等式の両辺をL_tで割ると、

$$\frac{L_{t+1}}{L_t} = \frac{a^b cdL_t^b}{L_t}$$

$$\frac{L_{t+1}}{L_t} = a^b c d L_t^{b-1}$$

になる。ここで、その地域の人口L_tが収束点に達するとき、その人口L_tは変化しなくなることから、L_tとL_{t+1}は等しくなり、$L_{t+1} = L_t$が満たされることになる。そして、その$L_{t+1} = L_t$は、

$$\frac{L_{t+1}}{L_t} = 1$$

が成り立つことを意味することから、これを$\frac{L_{t+1}}{L_t} = a^b c d L_t^{b-1}$の左辺に代入すると、

$$a^b c d L_t^{b-1} = 1$$

$$L_t^{b-1} = \frac{1}{a^b cd}$$

$$L_t^* = \left(\frac{1}{a^b cd}\right)^{\frac{1}{b-1}}$$

になり、この等式を満たすような人口L_t^*において、$L_{t+1} = L_t$が満たされることになり、人口L_tは、均衡人口L_t^*に収束していくことになる。

▸ **例題３－１**：aが4、 bが0.5、 cが2、 dが0.5のとき、均衡人口L_t^*を求めなさい。

$$L_t^* = \left(\frac{1}{a^b cd}\right)^{\frac{1}{b-1}} = \left(\frac{1}{4^{0.5} \times 2 \times 0.5}\right)^{\frac{1}{0.5-1}} = \left(\frac{1}{\sqrt{4} \times 2 \times 0.5}\right)^{\frac{1}{-0.5}}$$

$$= \left(\frac{1}{2 \times 2 \times 0.5}\right)^{-2} = \left(\frac{1}{2}\right)^{-2} = \left(\frac{2}{1}\right)^{2} = 2^2 = 4$$

したがって、均衡人口L_t^*が４になることが分かる。

▸ **例題３－２**：例題３－１において、第０期の地域の人口L_0が10であるとき、$K_t = aL_t$、$P_t = K_t^b$、$U_t = cP_t$、$L_{t+1} = dU_t$の順に代入して、第１期の地域の人口L_1を求めなさい。

◎手順１：$K_0 = aL_0 = 4 \times 10 = 40$

◎手順２：$P_0 = K_0^b = 40^{0.5} = \sqrt{40} = 6.325$

◎手順３：$U_0 = cP_0 = 2 \times 6.325 = 12.649$

◎手順４：$L_1 = dU_0 = 0.5 \times 12.649 = 6.325$

▸ **例題３－３**：例題３－１において、第１期の地域の人口L_1が例題３－２で求めた値になるとき、$K_t = aL_t$、$P_t = K_t^b$、$U_t = cP_t$、$L_{t+1} = dU_t$の順に代入して、第２期の地域の人口L_2を求めなさい。

◎手順１：$K_1 = aL_1 = 4 \times 6.325 = 25.298$

◎手順２：$P_1 = K_1^b = 25.298^{0.5} = \sqrt{25.298} = 5.030$

◎手順３：$U_1 = cP_1 = 2 \times 5.030 = 10.059$

◎手順４：$L_2 = dU_1 = 0.5 \times 10.059 = 5.030$

▸ **例題３－４**：例題３－２と例題３－３の計算の過程を図示しなさい。

右図参照。

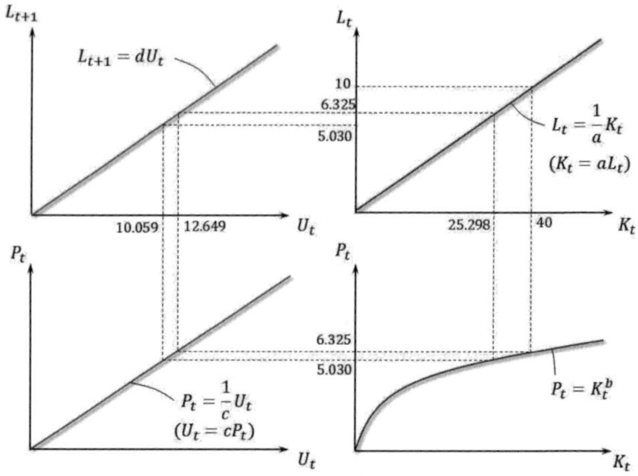

▸ **例題３－５**：例題３－２と例題３－３の計算を繰り返していくと、地域の人口L_tはどのような値に収束していくか求めなさい。

	第１期	第２期	第３期	第４期	第５期	第６期	第７期	第８期	第９期	第１０期
◎手順１ K_t	40.000	25.298	20.119	17.942	16.943	16.465	16.231	16.115	16.057	16.029
◎手順２ P_t	6.325	5.030	4.485	4.236	4.116	4.058	4.029	4.014	4.007	4.004
◎手順３ U_t	12.649	10.059	8.971	8.472	8.232	8.115	8.057	8.029	8.014	8.007
◎手順４ L_{t+1}	6.325	5.030	4.485	4.236	4.116	4.058	4.029	4.014	4.007	4.004

例題３－１で求めた均衡人口L_t^*である４に収束していくことになる。

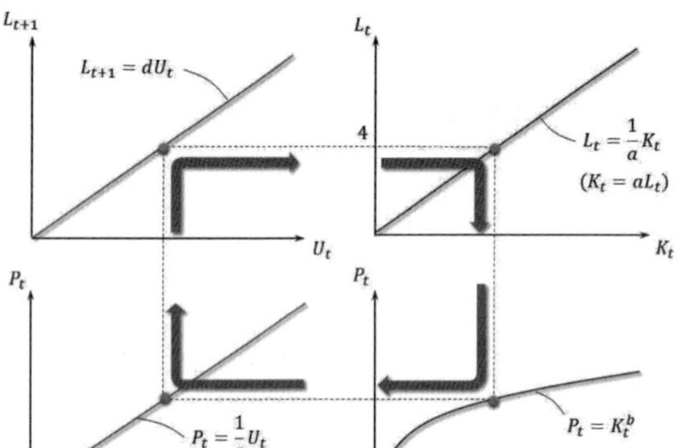

▸ **例題４－１**：aが1、 bが2、 cが0.2、 dが0.5のときの、均衡人口L_t^*を求めなさい。

$$L_t^* = \left(\frac{1}{a^b cd}\right)^{\frac{1}{b-1}} = \left(\frac{1}{1^2 \times 0.2 \times 0.5}\right)^{\frac{1}{2-1}} = \left(\frac{1}{1 \times 0.2 \times 0.5}\right)^{\frac{1}{1}}$$

$$= \left(\frac{1}{0.1}\right)^1 = \frac{1}{0.1} = 10$$

したがって、均衡人口L_t^*が 10 になることが分かった。

▸ **例題４－２**：例題４－１において、第０期の地域の人口L_0が8であるとき、$K_t = aL_t$、$P_t = K_t^b$、$U_t = cP_t$、$L_{t+1} = dU_t$の順に代入して、第１期の地域の人口L_1を求めなさい。

◎手順１：$K_0 = aL_0 = 1 \times 8 = 8$

◎手順２：$P_0 = K_0^b = 8^2 = 64$

◎手順３：$U_0 = cP_0 = 0.2 \times 64 = 12.8$

◎手順４：$L_1 = dU_0 = 0.5 \times 12.8 = 6.4$

▸ **例題４－３**：例題４－１において、第１期の地域の人口L_1が例題４－２で求めた値になるとき、$K_t = aL_t$、$P_t = K_t^b$、$U_t = cP_t$、$L_{t+1} = dU_t$の順に代入して、第２期の地域の人口L_2を求めなさい。

◎手順１：$K_1 = aL_1 = 1 \times 6.4 = 6.4$

◎手順２：$P_1 = K_1^b = 6.4^2 = 40.96$

◎手順３：$U_1 = cP_1 = 0.2 \times 40.96 = 8.192$

◎手順４：$L_2 = dU_1 = 0.5 \times 8.192 = 4.096$

▸ **例題４－４**：例題４－２と例題４－３の計算の過程を図示しなさい。

右図参照。

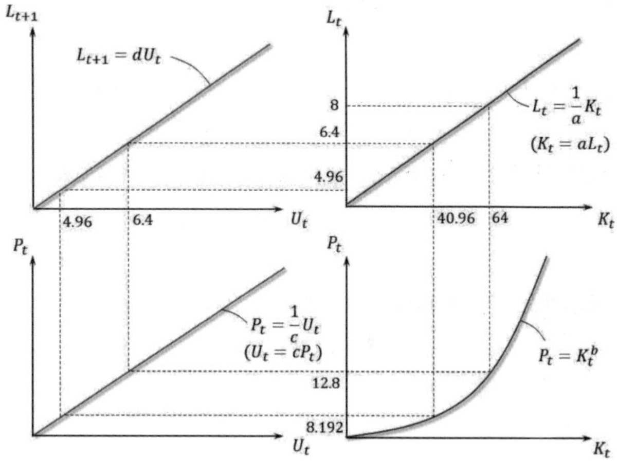

▸ **例題４－５**：例題４－２と例題４－３の計算を繰り返していくと、地域の人口L_tはどのような値に収束していくか求めない。

例題４－１で求めた均衡人口L_t^*である 10 から 0 に収束していく。

		第１期	第２期	第３期	第４期	第５期	第６期	第７期	第８期	第９期	第１０期
◎手順１	K_t	8.000	6.400	4.096	1.678	0.281	0.008	0.000	0.000	0.000	0.000
◎手順２	P_t	64.000	40.960	16.777	2.815	0.079	0.000	0.000	0.000	0.000	0.000
◎手順３	U_t	12.800	8.192	3.355	0.563	0.016	0.000	0.000	0.000	0.000	0.000
◎手順４	L_{t+1}	6.400	4.096	1.678	0.281	0.008	0.000	0.000	0.000	0.000	0.000

練習問題

◇**練習問題1－1**：地域の人口L_tが500、定数aが0.25のとき、その地域の投資額を求めなさい。

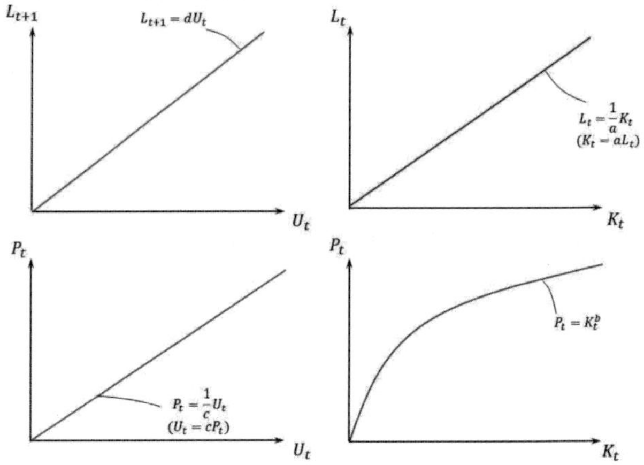

◇**練習問題1－2**：練習問題1-1において、地域の人口L_tが 700 になるとき、その地域の投資額を求めなさい。

◇**練習問題2－1**：地域の人口L_tが60、定数aが0.1、定数bが2、定数cが0.5のとき、その地域の華やぎU_tを求めなさい。

◇**練習問題2－2**：地域の人口L_tが245、定数aが0.2、定数bが0.5、定数cが10のとき、その地域の華やぎU_tを求めなさい。

◇**練習問題2－3**：練習問題2-1において、地域の人口L_tが50になるとき、その地域の華やぎU_tを求めなさい。

◇**練習問題3－1**：aが4、 bが0.5、 cが5 dが1とき、均衡人口L_t^*を求めなさい。

◇**練習問題3－2**：練習問題3－1において、第0期の地域の人口L_0が4であるとき、$K_t = aL_t$、$P_t = K_t^b$、$U_t = cP_t$、$L_{t+1} = dU_t$の順に代入して、第1期の地域の人口L_1を求めなさい。

◇**練習問題3－3**：練習問題3-1において、第1期の地域の人口L_1が練習問題3-2で求めた値になるとき、$K_t = aL_t$、$P_t = K_t^b$、$U_t = cP_t$、$L_{t+1} = dU_t$の順に代入して、第2期の地域の人口L_2を求めなさい。

◇**練習問題3－4**：練習問題3－2と練習問題3－3の計算の過程を図示しなさい。

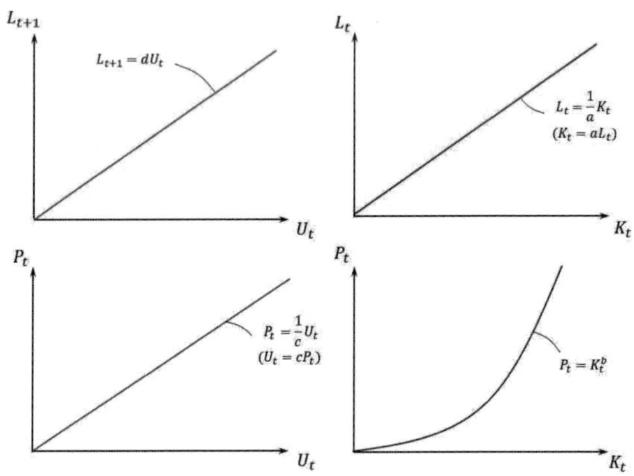

◇**練習問題3－5**：練習問題3－2と練習問題3－3の計算を繰り返していくとき、その地域の人口L_tが収束する値を求めなさい。

◇**練習問題4－1**：aが0.2、 bが2、 cが0.5、 dが1のとき、均衡人口L_t^*を求めなさい。

◇**練習問題4－2**：練習問題4－1において、第0期の地域の人口L_0が40であるとき、$K_t = aL_t$、$P_t = K_t^b$、$U_t = cP_t$、$L_{t+1} = dU_t$の順に代入して、第1期の地域の人口L_1を求めなさい。

◇練習問題４－３：練習問題４－１において、第１期の地域の人口L_1が練習問題４－２で求めた値になるとき、$K_t = aL_t$、$P_t = K_t^b$、$U_t = cP_t$、$L_{t+1} = dU_t$の順に代入して、第２期の地域の人口L_2を求めなさい。

◇練習問題４－４：練習問題４－２と練習問題４－３の計算の過程を図示しなさい。

◇練習問題４－５：練習問題 ４－２と練習問題４－３の計算を繰り返していくとき、その地域の人口L_tが収束する値を求めなさい。

トピック２３：ヘンダーソンの都市システム理論

これまでのトピックでは、企業間・産業間の関係に焦点を当てることによって、その誕生と発展について紹介してきたが、ある新しい産業が、ある地域に誕生することによって、それが成長しはじめるときに、その産業を基盤にした都市が出現することになる。その一方で、様々ある都市の中には、ある一定の規模の達した後に、その規模で安定する都市もあれば、衰退していく都市もあることに気づく。その違いが生じる理由は、その企業・産業関係の累積的な発達に対して、地理的な制約による効力が働くことになるからになる。そこで今回は、その点について、ヴァーノン・J・ヘンダーソン（Vernon Henderson）の都市システム理論にもとづきながら紹介していくことにする。

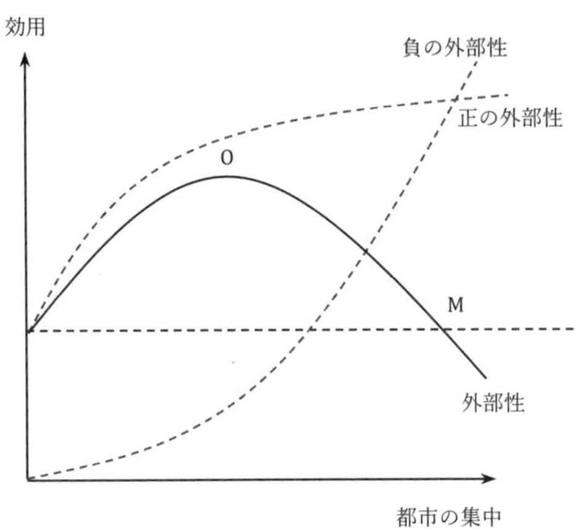

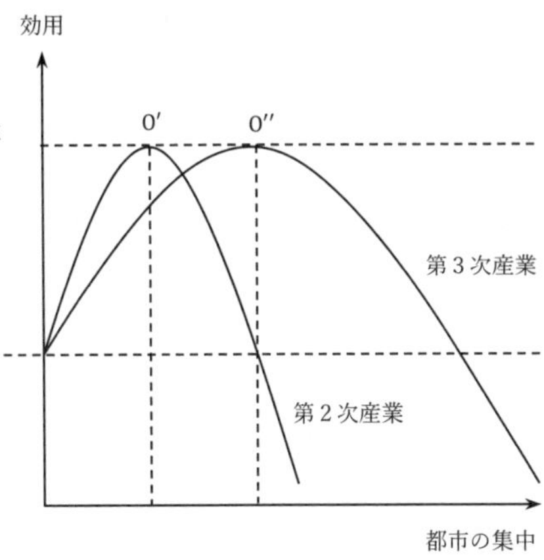

ヘンダーソンの**都市システム理論**（Urban System Theory）は、コンビネーション経済を発揮する場としての都市の規

模が、なぜ都市ごとに異なるのかについて、また、それぞれの都市の産業の割合が、なぜ異なるのかについて、その立地の最適性の観点から説明したものになっている。まず、ヘンダーソンは、企業・産業が立地する際の**外部性**（externality）に着目することからはじめる。ここで、その外部性とは、ある企業・産業が都市に立地する際に、他の企業・産業に与える影響のことを指している。

この外部性には２種類があることになり、ひとつは正の外部性で、それは、その周囲に与える良い影響のことになる。ここでは特に、集積経済のような、他の企業・産業に対して与える技術革新の影響や、その企業・産業が、その地域における雇用・家計を増加させることによって、様々な製品に対する需要を創出することが想定されている。

もうひとつは負の外部性で、それは周囲に与える悪い影響のことになり、例えば、過度の人口集中による渋滞や物価・地価・家賃の上昇などのことになる。したがって、産業が都市に集中して立地するとき、そこには正の外部性というメリットと、負の外部性というデメリットの２つが発生することになる。

そのメリットとデメリットにもとづきながら、企業・産業が都市に集中して立地する利点について考えることができるようになる。つまり、その正の外部性から、その負の外部性を差し引いた大きさが、その都市に企業・産業が立地することによって得られる最終的なメリットの大きさになる。

上図では、その産業の立地が多く集中するほど、その集積経済による正の外部性が大きくなっていく一方で、それにともなって渋滞が起こったり、賃料が上昇したりすることによって、その負の外部性も大きくなっていくことが表されている。そして、その企業・産業にとって、その都市に立地するメリットの大きさは、その正の外部性から負の外部性を差し引いた大きさに等しくなる。

これについて図を用いて確認してみると、その左図のグラフの原点は、その都市の中心企業と、その中心企業を支援する関連企業の２社のみが立地している状態を表しており、その正の外部性のグラフの切片は、その中心企業と関連企業が近接して立地することによって生まれるメリットの大きさを表していることになる。

それに対して、その負の外部性のグラフの切片はゼロになっており、それは単純に、ある地点において、その中心企業と関連企業の２社しか立地していないときには、その都市では渋滞や地価の上昇などのデメリットが生まれないことから、その負の外部性がほとんどないことを表していることになる。

次に、その都市に新たな産業と人口が移転してくるにしたがって、その地理的な集中にともなう正の外部性の大きさよりも、負の外部性の大きさの方が大きくなっていくことから、それらの差の変化は逆Ｕ字型で表されることになる。この逆Ｕ字型の頂点である点Ｏにおいて、その都市に立地するメリットは最大になることになり、それよりも産業・人口の集中が進むことになれば、その負の外部性の大きさの方が次第に強くなっていくことになる。

そして、その点Ｍを超えて産業・人口集中が進んだ場合には、そのメリットの大きさは、その当初の正の外部性の水準を下回ることになり、その企業・産業は、その都市に立地するメリットを失ってしまうことになる。このように都市における企業・人口が過度に集中することによって、その立地するメリットがデメリットによって相殺されてしまうことを、**都市経済のトレード・オフ**（urban trade-off）呼んでいる。

ところで、その都市に立地しようとしている企業・産業にとって最も望ましい産業・人口集中の度合いとは、その立地のメリットが最も大きくなる点Ｏになることが分かる。その理由は、その正と負の外部性の差が、その点Ｏで最大になっているからになる。また、その点Ｍまでは、その中心企業に対して関連企業が近接して立地するという、当初のメリットの大きさ（正の外部性のグラフの切片の高さ）を保っていることから、その負の外部性によるデメリットが上昇することによって、その立地のメリットが相殺されたとしても、その産業・人口集中は継続して起こることになる。そして、その点Ｍを超えるときに、過度の地理的な集中が起こることによって、その当初の立地メリットはデメリットによって完全に相殺されることになり、その都市における産業・人口の規模の限界は、その点Ｍのある横軸の座標によって表されていることになる。

　ところで、都市ごとに、その最適な都市の規模が異なる理由は、それぞれの都市において、その点Ｏと点Ｍに達する規模が異なっているからになる。つまり、都市によっては、その地理的条件から、企業・産業が立地することができるスペースが限られることになり、そのスペースが少ない場合には、その産業・人口集中による負の外部性が大きくなりやすくなり、それが正の外部性の影響を相殺することによって、その点Ｏと点Ｍの位置は、必然的に、左方向にシフトすることになる。

　また、このヘンダーソンの理論は、その産業の集中の度合いが異なりうることも予想していることになる。例えば、製造業や重化学工業などの第２次産業については、サービス業や金融業などの第３次産業などと比較して、製品１単位当たりの生産に要する土地面積の大きさが大きくなる傾向にあることになり、その第２次産業が地理的に集中するときには、第３次産業が地理的に集中する場合よりも、混雑や渋滞などによる負の外部性が大きくなりやすくなっている。それによって、その第２次産業は地理的に集中することの方が難しくなることになり、ある都市に第２次産業が集中する場合には、その都市が大都市に発展していくことを阻害することになる。それに対して、第３次産業は、第２次産業よりも地理的に集中しやすいことから、すでに発展している大都市には第３次産業が集中して立地していることになる。

＜地域経済メモ＞

　第１５講では、所得階層による最適な立地地点について紹介しましたが、現実の世界では、おおまかではありますが、高所得者の居住地域と中所得者の居住地域とでは、ある共通した地理的な境界があることになります。つまり、その地理的な境界とは河川のことになります。

　例えば、首都圏周辺で高所得者と中所得者の居住地域の境について考えてみると、多摩川と隅田川、荒川などといった河川が有力な境界になってきます。つまり、東海道本線と東横線では、多摩川を渡ったところに川崎や武蔵小杉などがあり、そこは、多摩川を渡る前の田園調布とは、その所得階層が大きな差があることが分かります。また、小田急線で多摩川を渡った先に登戸や新百合ヶ丘があり、そうした駅を、その多摩川を渡る前の成城学園前と比較してみると、その生活水準のイメージが大きく異なってきます。

　その一方で、東京２３区内でも所得階層が分かれることになり、東京の中でも文京区の家賃は非常に高いのに対して、その東にある隅田川を超えた墨田区になると家賃は急激に下がることになります。また、さらに北東にある荒川を超えた足立区になると、その家賃はさらに下がることになります。したがって、文京区からみて東にある中川や江戸川を超える度に、その家賃は次第に下がっていくことが分かります。

　このように、実際に居住地域の家賃相場を調べなかったとしても、その地域の家賃相場について河川を目印にして想像することができるようになっており、その地域の土地の価値については、河川を渡るかどうかの差に応じて大きく異なってくることが分かります。

第２３講　都市の成長モデルⅡ

前講では、都市化の過程を利用することによって、簡単な都市の成長モデルについて紹介してきたが、そのモデルを応用することによって、様々な都市の成長モデルについて考えることができるようになる。その一方で、これまで本書では、供給圏の拡大や、規模の経済性、空間的分業などについて紹介してきたことから、それらの概念を利用した都市の成長モデルについても考えることができる。そこで本講では、そうした概念を応用した都市の成長モデルについて紹介していくことにする。

■ 規模の経済性

ある地域で暮らす人口をLで表し、t期の人口をL_tで表すとき、第０期の人口をL_0、第１期の人口をL_1、第２期の人口をL_2、第Ｎ期の人口をL_Nのように表すことができる。

◎地域の人口：L_t

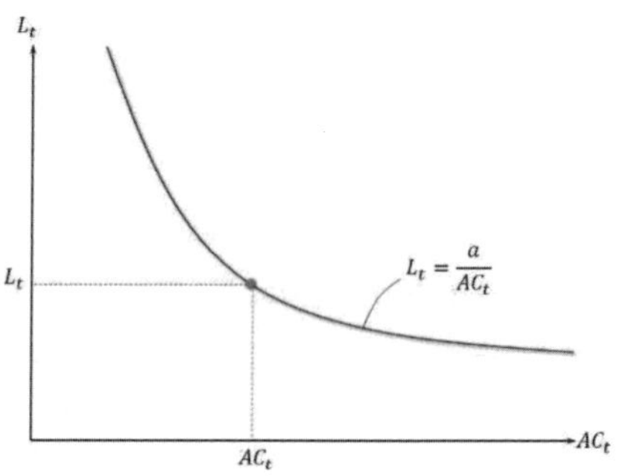

ここで何らかの要因によって人口が増え、人口集中が起こるときに、地域の企業の生産量は増加することになる。この生産量の増加によって、規模の経済性を発揮することができるようになり、その生産における平均費用を下落させることになる。ここで、その平均費用をAC_tで表すとき、その平均費用AC_tと地域の人口L_tは反比例することになり、その関係について、例えば次のような等式で表すことができる。

◎生産の平均費用：$AC_t = \frac{a}{L_t}$

ここで、その定数aは、地域の人口L_tの増加に対して、どれだけ平均費用AC_tが下落するのかについて、その下落幅を調節するための定数になっている。この定数aの値が小さければ小さいほど、地域の人口L_tの増加に対して、その平均費用AC_tが減少することになり、その供給圏の範囲が拡大することになる。

▸ **例題１－１**：地域の人口L_tが 1000、定数aが 100 のとき、その地域の平均費用AC_tを求めなさい。

$$AC_t = \frac{a}{L_t} = \frac{100}{1000} = 0.1$$

▸ **例題１－２**：地域の人口L_t、定数aが 100 のとき、その地域の平均費用AC_tを求めなさい。

$$AC_t = \frac{a}{L_t} = \frac{100}{1600} = 0.0625$$

■ 地域の生産量

まず、平均費用AC_tの下落は供給圏を拡大することになり、その拡大された供給圏に分布する需要に対して、供給量を拡大させることができるようになり、その供給量の拡大は、その産業の生産量を増加させることになる。

この供給圏の拡大によって増加する生産量をQ_tで表すとき、平均費用AC_tと地域の生産量Q_tは反比例することになり、その反比例の関係について、次の等式で表すことができる。

◎地域の生産量：$Q_t = \frac{b}{AC_t}$

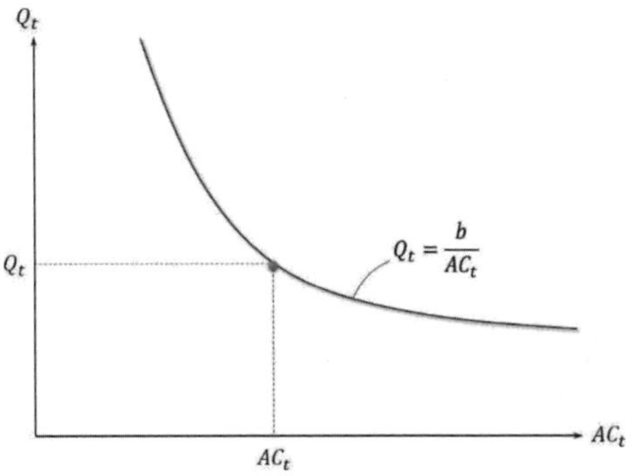

ここで、その定数bは、平均費用AC_tと生産量Q_tとを関係づける定数になっている。この定数bの値が大きければ大きいほど、その平均費用AC_tの減少に対して、その供給圏がより大きく拡大することになり、それによって、その生産量Q_tがより増加することになる。

■ 関連産業の発展

次に、地域の生産量Q_tが増加するときに、地域内での空間的分業が進むことになり、関連産業の発展や、地域の所得の受け皿となるサービス産業が発展することによって、その地域における雇用と所得を増加させることになる。ここで、その地域の所得をY_tで表すとき、その所得Y_tは、地域の生産量Q_tに比例して、次のように増加することになる。

◎地域の所得：$Y_t = cQ_t$

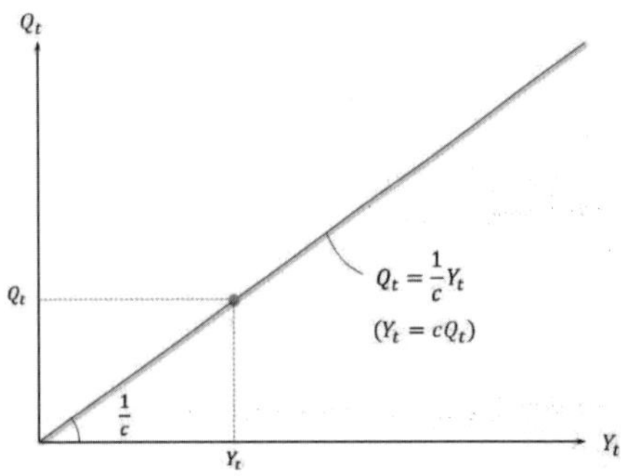

ここで、その地域の所得Y_tは、地域の主要産業の生産量Q_tに依存するだけでなく、それには関連産業が生み出す所得（波及効果）も含まれていることから、その定数cは1よりも大きい値になる。つまり、その地域の主要産業の生産量Q_tの一単位の増加は、地域内の産業連関によって波及効果を生み出すことになり、その生産量Q_tの一単位以上の所得を生み出すことになる。

■ 次期の地域人口

次に、その地域の所得Y_tの増加は、その地域に多くの雇用を生み出すことになり、その雇用を求めて、他の地域からの人口流入を招くことになる。したがって、その次期の地域の人口L_{t+1}は、その前の期の地域の所得Y_tに対して比例することになる。

◎次期の地域の人口：$L_{t+1} = dY_t$

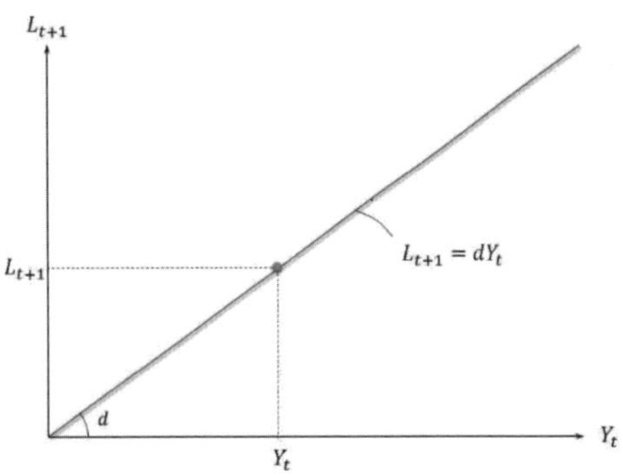

▸ **例題２－１**：地域の人口L_tが 40、定数aが 200、定数bが 80、定数cが 5 のとき、その地域の所得Y_tを求めなさい。

$$AC_t = \frac{a}{L_t} = \frac{200}{40} = 5$$

$$Q_t = \frac{b}{AC_t} = \frac{80}{5} = 16$$

$$Y_t = cQ_t = 5 \times 16 = 80$$

▸ **例題２－２**：地域の人口L_tが 50、定数aが 300、定数bが 12、定数cが 100 のとき、その地域の所得Y_tを求めなさい。

$$AC_t = \frac{a}{L_t} = \frac{300}{50} = 6$$

$$Q_t = \frac{b}{AC_t} = \frac{12}{6} = 2$$

$$Y_t = cQ_t = 100 \times 2 = 200$$

$$AC_t = \frac{a}{L_t} = \frac{200}{50} = 4$$

▸ **例題２－３**：例題２－１において、地域の人口L_tが 60 になるとき、その地域の所得Y_tを求めなさい。

$$Q_t = \frac{b}{AC_t} = \frac{80}{4} = 20$$

$$Y_t = cQ_t = 5 \times 20 = 100$$

■ 人口の均衡点

これまで本講では、地域の人口L_tをもとに、以下の４つの等式について定義してきた。

◎地域の平均費用：$AC_t = \frac{a}{L_t}$

◎地域の生産量：$Q_t = \frac{b}{AC_t}$

◎地域の所得：$Y_t = cQ_t$

◎次期の地域の人口：$L_{t+1} = dY_t$

その次期の地域の人口を定義した$L_{t+1} = dY_t$のY_tに対して、その３番目の等式である$Y_t = cQ_t$を代入すると、

$$L_{t+1} = dcQ_t$$

また、この$L_{t+1} = dcQ_t$のQ_tに、２番目の等式である$Q_t = \frac{b}{AC_t}$を代入すると、

$$L_{t+1} = dc\frac{b}{AC_t}$$

さらに、この$L_{t+1} = dc\frac{b}{AC_t}$の$AC_t$に、最初の等式である$AC_t = \frac{a}{L_t}$を代入すると、

$$L_{t+1} = dc\frac{b}{\frac{a}{L_t}} = \frac{dcb}{a}L_t$$

以上により、その式を整理すると、

$$L_{t+1} = \frac{bcd}{a} L_t$$

になる。この等式の両辺には、最初の人口L_tと次期の人口L_{t+1}とがあり、それらが等号によって結ばれている。したがって、その等式は、その最初の人口L_tによって、次期の人口L_{t+1}が決まることを表している。

ところで、その等式の両辺をL_tで割ると

$$\frac{L_{t+1}}{L_t} = \frac{bcd}{a}$$

になる。ここで、その地域の人口L_tが収束点に達するとき、その人口L_tは変化しなくなることから、L_tとL_{t+1}は等しくなり、$L_{t+1} = L_t$が満たされることになる。そして、その$L_{t+1} = L_t$は、

$$\frac{L_{t+1}}{L_t} = 1$$

が成り立つことを意味しており、そこで、それを$\frac{L_{t+1}}{L_t} = a^b cdL_t^{b-1}$の左辺に代入すると、

$$\frac{bcd}{a} = 1$$

モデル条件	$L_{t+1} = L_t$	$L_{t+1} > L_t$	$L_{t+1} < L_t$
定数の条件	$\frac{bcd}{a} = 1$	$\frac{bcd}{a} > 1$	$\frac{bcd}{a} < 1$
人口の変化	定常状態	人口増加	人口減少

になる。この等式を満たすような人口L_t^*において、$L_{t+1} = L_t$が満たされることになり、その人口L_tは、均衡人口L_t^*に収束することになる。つまり、$\frac{bcd}{a}$が1になるとき、その地域の人口L_tは、初期の地域の人口L_0から変化しないことになり、その地域の人口L_tが、初期の地域の人口L_0から変化しない状態のことを**定常状態**と呼ぶことにする。そして、$L_{t+1} > L_t$のときには、将来の人口L_{t+1}が現在の人口L_tよりも大きくなることから、地域の人口は増え続けることになり、そのときに、その定数は、$\frac{bcd}{a} > 1$という条件を満たすことになる。したがって、地域の人口が増え続けるかどうかについては、$\frac{bcd}{a}$の値が１よりも大きいかどうかについて判別することによって明らかになることになる。

▸ **例題３－１**：aが4、 bが0.5、 cが2とき、定常状態の条件である$\frac{bcd}{a} = 1$を満たすdの値を求めなさい。

$$\frac{0.5 \times 2 \times d}{4} = 1, \qquad \frac{d}{4} = 1, \qquad d = 4$$

▸ **例題３－２**： bが0.4、 cが10、dが2とき、定常状態の条件である$\frac{bcd}{a} = 1$を満たすaの値を求めなさい。

$$\frac{0.4 \times 10 \times 2}{a} = 1, \qquad \frac{8}{a} = 1, \qquad a = 8$$

▸ **例題4－1：** aが8、 bが0.4、 cが10、dが2において、第０期の地域の人口L_0が10であるとき、$AC_t = \frac{a}{L_t}$、$Q_t = \frac{b}{AC_t}$、$Y_t = cQ_t$、$L_{t+1} = dY_t$の順に代入して、第１期の地域の人口L_1を求めなさい。

◎手順１：$AC_t = \frac{a}{L_t} = \frac{8}{10} = 0.8$
◎手順２：$Q_t = \frac{b}{AC_t} = \frac{0.4}{0.8} = 0.5$
◎手順３：$Y_t = cQ_t = 10 \times 0.5 = 5$
◎手順４：$L_{t+1} = dY_t = 2 \times 5 = 10$

▸ **例題4－2：** 例題４－１において、第０期の地域の人口L_0が20であるとき、$AC_t = \frac{a}{L_t}$、$Q_t = \frac{b}{AC_t}$、$Y_t = cQ_t$、$L_{t+1} = dY_t$の順に代入して、第１期の地域の人口L_1を求めなさい。

◎手順１：$AC_t = \frac{a}{L_t} = \frac{8}{20} = 0.4$
◎手順２：$Q_t = \frac{b}{AC_t} = \frac{0.4}{0.4} = 1$
◎手順３：$Y_t = cQ_t = 10 \times 1 = 10$
◎手順４：$L_{t+1} = dY_t = 2 \times 10 = 30$

▸ **例題4－3：** 例題４－１において、第０期の地域の人口L_0が40であるとき、$AC_t = \frac{a}{L_t}$、$Q_t = \frac{b}{AC_t}$、$Y_t = cQ_t$、$L_{t+1} = dY_t$の順に代入して、第１期の地域の人口L_1を求めなさい。

◎手順１：$AC_t = \frac{a}{L_t} = \frac{8}{40} = 0.2$
◎手順２：$Q_t = \frac{b}{AC_t} = \frac{0.4}{0.2} = 2$
◎手順３：$Y_t = cQ_t = 10 \times 2 = 20$
◎手順４：$L_{t+1} = dY_t = 2 \times 20 = 40$

▸ **例題4－4：** 例題４－１の計算の過程を図示しなさい。

右図参照。

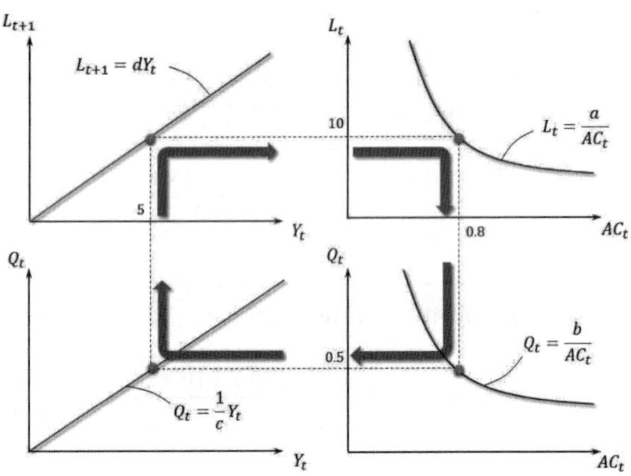

▸ **例題5－1：** aが10、 bが0.4、 cが10、dが2のとき、$\frac{bcd}{a}$の値を求め、時間tの経過とともに、人口L_tが増加するか減少するかを判定しなさい。

$$\frac{0.4 \times 10 \times 2}{10} = \frac{8}{10} = 0.8$$

よって、人口L_tは減少し、L_tはゼロに収束する。

▸ **例題５－２**：aが10、 bが0.4、 cが10、dが2において、第０期の地域の人口L_0が10であるとき、$AC_t = \frac{a}{L_t}$、$Q_t = \frac{b}{AC_t}$、$Y_t = cQ_t$、$L_{t+1} = dY_t$の順に代入して、第１期の地域の人口L_1を求めなさい。

◎手順１：$AC_t = \frac{a}{L_t} = \frac{10}{10} = 1$
◎手順２：$Q_t = \frac{b}{AC_t} = \frac{0.4}{1} = 0.4$
◎手順３：$Y_t = cQ_t = 10 \times 0.4 = 4$
◎手順４：$L_{t+1} = dY_t = 2 \times 4 = 8$

▸ **例題５－３**：例題５－１において、地域の人口L_tが例題５－２で求めた値になるとき、$AC_t = \frac{a}{L_t}$、$Q_t = \frac{b}{AC_t}$、$Y_t = cQ_t$、$L_{t+1} = dY_t$の順に代入して、第２期の地域の人口L_1を求めなさい。

◎手順１：$AC_t = \frac{a}{L_t} = \frac{10}{8} = 1.25$
◎手順２：$Q_t = \frac{b}{AC_t} = \frac{0.4}{1.25} = 0.32$
◎手順３：$Y_t = cQ_t = 10 \times 0.32 = 3.2$
◎手順４：$L_{t+1} = dY_t = 2 \times 3.2 = 6.4$

▸ **例題５－４**：例題５－２と例題５－３の計算の過程を図示しなさい。

右図参照。

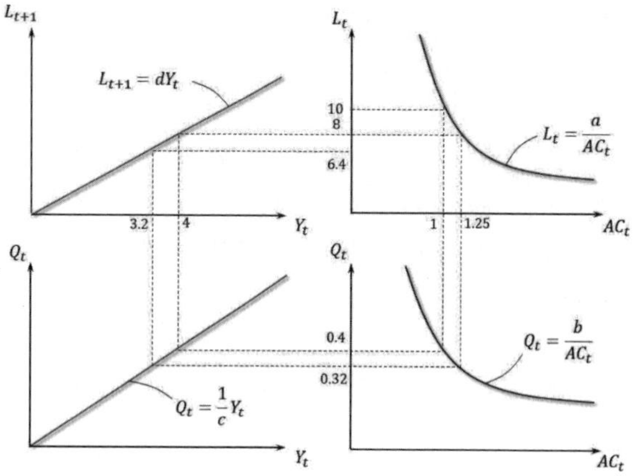

▸ **例題５－５**：例題５－２と例題５－３の計算を繰り返していくと、地域の人口L_tはどのような値に収束していくか、その値を答えなさい。

	第１期	第２期	第３期	第４期	第５期	第６期	第７期	第８期	第９期	第１０期
◎手順１　AC_t	1.000	1.250	1.563	1.953	2.441	3.052	3.815	4.768	5.960	7.451
◎手順２　Q_t	0.400	0.320	0.256	0.205	0.164	0.131	0.105	0.084	0.067	0.054
◎手順３　Y_t	4.000	3.200	2.560	2.048	1.638	1.311	1.049	0.839	0.671	0.537
◎手順４　L_{t+1}	8.000	6.400	5.120	4.096	3.277	2.621	2.097	1.678	1.342	1.074

例題５－１で求めた均衡人口L_t^*である 10 から 0 に収束していく。

練習問題

◇**練習問題１－１**：地域の人口L_tが 600、定数aが 30 のとき、その地域の平均費用AC_tを求めなさい。

◇**練習問題１－２**：練習問題 1-1 において、地域の人口L_tが 300 になるとき、その地域の平均費用AC_tを求めなさい。

◇**練習問題２－１**：地域の人口L_tが 10、定数aが 150、定数bが 30、定数cが 5 のとき、その地域の所得Y_tを求めなさい。

◇**練習問題２－２**：地域の人口L_tが 20、定数aが 4、定数bが 25、定数cが 200 のとき、その地域の所得Y_tを求めなさい。

◇**練習問題２－３**：練習問題２－１において、地域の人口L_tが 5 になるとき、その地域の所得Y_tを求めなさい。

◇**練習問題３－１**：aが2、 bが4、 cが5とき、定常状態の条件である$\frac{bcd}{a}=1$を満たすdの値を求めなさい。

◇**練習問題３－２**： bが0.5、 cが20、dが0.1とき、定常状態の条件である$\frac{bcd}{a}=1$を満たすaの値を求めなさい。

◇**練習問題４－１**：aが4、 bが0.5、 cが20、dが0.4のとき、第０期の地域の人口L_0が10であるとき、$AC_t=\frac{a}{L_t}$、$Q_t=\frac{b}{AC_t}$、$Y_t=cQ_t$、$L_{t+1}=dY_t$の順に代入して、第１期の地域の人口L_1を求めなさい。

◇**練習問題４－２**：練習問題４－１において、第０期の地域の人口L_0が20であるとき、$AC_t=\frac{a}{L_t}$、$Q_t=\frac{b}{AC_t}$、$Y_t=cQ_t$、$L_{t+1}=dY_t$の順に代入して、第１期の地域の人口L_1を求めなさい。

◇**練習問題４－３**：練習問題４－１の計算の過程を図示しなさい。

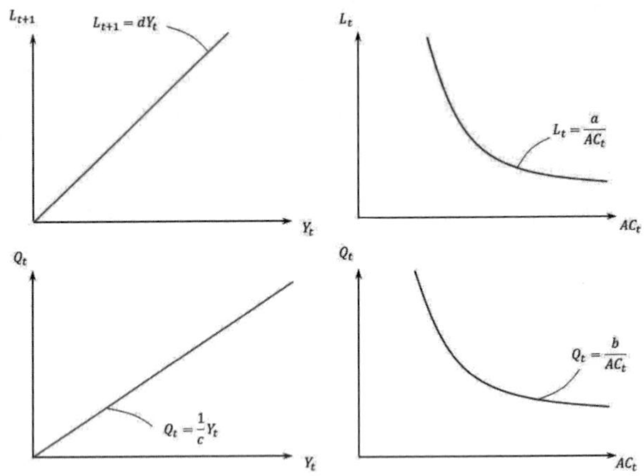

◇**練習問題５－１**：aが10、 bが0.4、 cが20、dが2のとき、$\frac{bcd}{a}$の値を求め、時間tの経過とともに、人口L_tが増加するか減少するかを判定しなさい。

◇**練習問題５－２**：aが10、 bが0.4、 cが20、dが2のとき、第０期の地域の人口L_0が10であるとき、$AC_t=\frac{a}{L_t}$、$Q_t=\frac{b}{AC_t}$、$Y_t=cQ_t$、$L_{t+1}=dY_t$の順に代入して、第１期の地域の人口L_1を求めなさい。

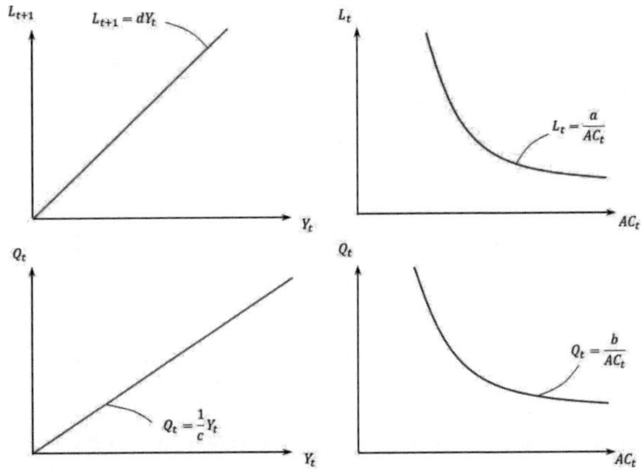

◇**練習問題５－３**：練習問題５－１において、第１期の地域の人口L_1が練習問題５－２で求めた値になるとき、$AC_t = \frac{a}{L_t}$、$Q_t = \frac{b}{AC_t}$、$Y_t = cQ_t$、$L_{t+1} = dY_t$の順に代入して、第２期の地域の人口L_2を求めなさい。

◇**練習問題５－４**：練習問題５－２と練習問題５－３の計算の過程を図示しなさい。

◇**練習問題５－５**：練習問題５－２と練習問題５－３の計算を繰り返していくと、地域の人口L_tはどのような値に収束していくか。

トピック２４：ミュルダールの累積的因果関係

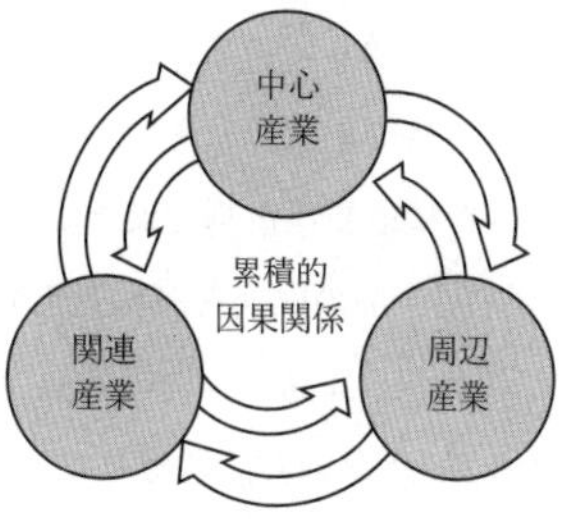

今回は、コンビネーション経済の観点から、ある都市が誕生してから、それが発展していく様子について、その因果関係に焦点を当てながら考えていくことにしよう。まず、都市を発生させるような人口増加・集中が起こる原因として、その地域におけるひとつの企業の発展と、それを支援するための関連産業の発展とがあることになる。その中心産業と周辺産業の発展は、供給サイドのコンビネーション経済を発生させることによって、その地域において雇用を増やしながらも、次第に、その雇用の所得の受け皿になる周辺産業の発展と、その周辺産業の発展にともなう人口・雇用・家計の増加をもたらすことになる。ここで、その周辺産業には、第２次産業（製造業、建設業、電気・ガス業）に加えて、第３次産業（小売業や金融業、不動産業、広告業、修理業、興行業、医療保健業、教育、法務等のサービス業）が含まれることになり、それらが十分に発展することによって、最終的には、我々が日常的に目にするような都市の風景が現れることになる。

この都市の発展の様子について概観してみると、都市の発達とはダイナミック（動的）なものになっており、その都市に備わるメリットを求めてきた主体自身が、その求めてきたメリットを強化することによって、さらに別の主体が、そのメリットを求めて移転してくるといったような循環構造を作り上げることになる。カール・ミュルダール（Karl Myrdal）は、そのような現象のことを**累積的因果関係**（cumulative causation）と呼び、その累積的因果関係を、都市が累積的に発展していく様子を説明するために利用した。

例えば、ある高い技術を有する企業が、ある都市に立地するときに、その技術を必要とする別の企業が、その都市に移転してくることになる。そして、その移転してきた企業は、その技術を利用することによって、自らの技術を改善するときに、その改善された技術を求める別の企業が、さらに移転してくることになる。

このように、ある企業の立地が別の企業を呼び込むことによって、その別の企業が、さらに別の企業を呼び込むことになるという循環構造が、その累積的因果関係に当たることになる。この累積的因果関係における都市の発展のもともと原因とは、ある高い技術を有していた企業の立地になっており、それが新たな企業の立地を呼び込むことによって、そのコンビネーション経済を発生させながらも、累積的に都市を生み出す原因になったことになる。そして、その都市が完成するとき、その都市自体が、その都市の発展を促す原因になると同時に、その都市の累積的な発展の成果としての結果にもなっていることになる。

ところで、これまで本書では、マーシャルの集積経済論と、ジェイコブズの集積経済論について紹介してきたが、そのマーシャルの集積経済論は、その分析的な視点を都市が誕生する前の時点に置いていたのに対して、そのジェイコブズの集積経済論は、その分析的な視点を、その都市が誕生した後の時点に置いているといえる。その意味では、マーシャルとジェイコブズの集積経済論の考え方には、その時間的な違いこそあれ、本質的には、それらの考え方は陸続きになっている可能性が高い。

その一方で、そのマーシャルの集積経済論は、主に、産業の特化と専門化による生産性の上昇と、その費用の下落の側面を強調しているのに対して、そのジェイコブズの集積経済論は、異なる産業の財・サービスの組み合わせによる新たな製品の誕生や、新たな需給関係を生み出すための技術革新の側面を強調しているといえる。

このトピックで扱っている都市化の累積的因果関係については、そのマーシャルの集積経済とジェイコブズの産業集積は、その技術革新が起こる過程とメカニズムを説明する際にも有効になってくることになる。まず、その技術革新が新しい機能の組み合わせか、もしくは、既存の機能の強化であることについてはすでに述べてきた通りであるが、その都市化による多様な産業の発展については、その新しい機能の組み合わせの方が、特に重要な役割を果たすように思われる。

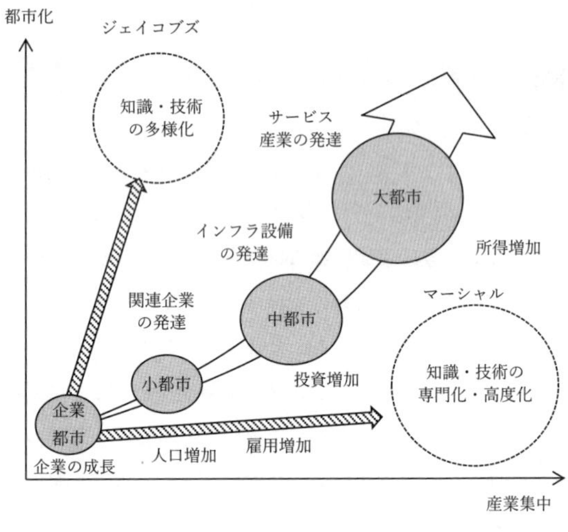

例えば、新商品の開発を例に考えてみると、ある製品に使われている部品を、別の製品の部品に使用することによって、既存の製品に対して、新しい機能を追加することが可能になったり、新しい製品を開発したりすることができるようになるかもしれない。また、デザイン産業の企業と共同して製品を開発することによって、よりデザイン性の高い製品が開発されるかもしれないし、また、金融や教育、レジャー等のサービス業に必要とされている機能を、既存の製品に付け加えることによって、特定のユーザーの需要を満たす新製品を開発することができるようになるかもしれない。ここで、それが可能になる理由は、その都市において様々な製品が製造されているからになり、その製品に対する情報が共有されているからになる。

このように、異なる製品を製造している企業が、その都市という空間的な近接性が保たれている地理的な範囲の内側に立地することによって、その組み合わせによるコンビネーション経済を発生させる際に、より多様な組み合わせを実現することができるようになり、その都市という空間が、新しい製品を生み出すための土壌になっていることになる。

ところで、そのような都市における技術革新の可能性は、ある製品に利用されている既存の技術が、他の製品に必要とされる技術を補完するような、ジェイコブズの集積経済論を反映したものになっている一方で、そのマーシャルの集積経済論の経済性については、その都市空間のどのような点に見出すことができるのであろうか。

まず、都市化によって多様化された産業は、その都市でしか利用することができない特殊な技術やサービスを生みだすことになる。そして、その特殊な技術やサービスは、他にはない専門化された技術・サービスとして、様々な企業によって利用されることになる。このように特化された技術やサービスなどは、そのマーシャルの集積経済論を特徴づける要因のひとつになっており、それらは特定の産業をサポートするために発展する場合もあれは、多様な産業をサポートするために発展する場合も考えられることになる。

例えば、出版業の発展と共に、印刷業が発展することになり、その印刷技術が進歩していくことによって、電化製品のロゴなどを印字することができるようになる。このとき、その印刷会社が印字をする対象にするのは出版物だけに限らないことになり、その対象には電化製品も含まれることになる。そして、その印刷業の電化製品に対する印字サービスという新しい組み合わせは、その印刷業と電気機械工業という異なる産業が同時に発展することによって初めて生まれることになる。

このように、その産業の特化と専門化は、特定の産業が発展する場合に限ったものではなく、多様な産業が同時進行で発展することによって、思わぬ形で産業の間で取引をする機会が生まれることもあれば、その取引が動機になって、その技術の特化と専門化が進む場合もあることになる。したがって、その都市化の過程において、その産業の多様化と専門化は同時に起こることになり、その両方が同時に進行することによって、その都市は持続的に発展し続けることができるようになる。

＜地域経済メモ＞

第１７講では、プロダクト・ライフサイクル理論について紹介しました。この理論から製造業の製品の価格が下落していく限り、その製品の生産地は海外へと移転していくことになります。実際に、９０年代の日本の製造業では、産業の空洞化という生産拠点の海外移転が問題になりました。現在でも日本国内における製造業は衰退する傾向から抜け出すことができずに、その代わりにサービス業に関わる産業に従事する国民が増えています。

日本の製造業の衰退についてはマンガやアニメなどにもあらわれています。例えば、何十年と続く国民的アニメがいくつかありますが、そこで描かれている街並みの風景も昭和の時代と現在では大きく異なったものになっています。その最も大きな違いについては、マンガやアニメなどの風景に工場が描かれなくなったことにあらわれています。

昭和のマンガやアニメなどにはいつも工場が描かれており、大人にとっては当たり前のことでしたが、今の子供たちにとって工場はあまり馴染みがないものになっており、中には工場を見たことがない子供もいるかもしれません。そこで、登場人物は成長していないにもかかわらず、その風景だけが時代ごとに再現されることによって、子供にとって馴染み深い街並みの風景が描かれていることになります。

第２４講　企業活動と公的費用

地域経済学では、企業の自由な生産活動における外部性の問題を扱うことがある。この**外部性**とは、企業が利益の最大化を目指して操業するときに、その生産活動以外の部分で、その周辺的な主体に対して与える、正の影響あるいは負の影響のことになる。

本講では、その外部性のひとつの例として、企業が生産活動を行うときに、その企業に周辺環境に対して公害を与える場合について紹介していくことにする。ここで、その企業の生産にまつわる費用を私的費用として捉えるとき、その生産から発生する公害を公的費用として捉えることができる。そして、その公害である公的費用は、企業の生産活動において、決して無視することができない問題のひとつになってくる。そこで本講では、企業の生産活動から発生する費用について、私的な費用の部分と公的な費用の部分、そして社会的な費用を区別しながら、それらの大きさについて、企業の利益最大化の観点から分析いくことにする。

■ 私的費用と社会的費用

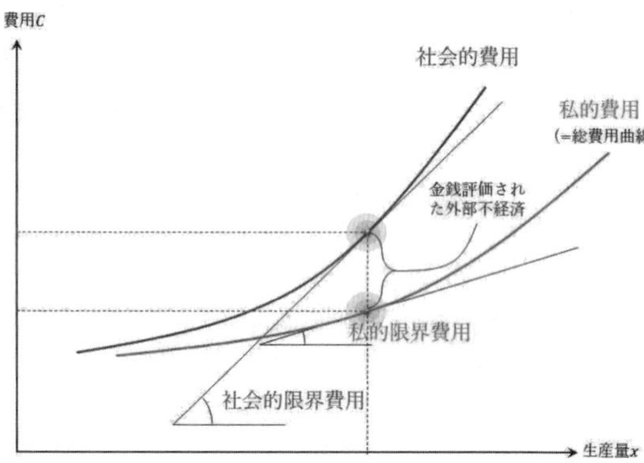

ミクロ経済学における企業行動で扱われる総費用曲線とは、通常、生産に関わる費用に限定されており、そこに社会的な費用が加味されることは少ない。しかし、実際には、製造活動が周辺環境に及ぼす影響として、騒音や大気汚染、工業排水など、一定の費用をかけて、その問題を改善したり、是正したりする必要がある費用も含まれている。

このように企業の生産活動にともなって、はからずして発生してしまう費用のことを**外部不経済**と呼んでおり、その外部不経済の大きさも経済分析の対象のひとつになる。

まず、企業が最も関心のある生産活動のおける費用のことを**私的費用**と呼ぶことにし、その大きさについては、通常のミクロ経済学で扱われる短期の総費用曲線で表されるものとする。これに対して、騒音や大気汚染、工業排水の対策のために必要になる費用のことを**公的費用**と呼ぶことにする。但し、その公的費用に対しては、企業の関心はそれほど高くなく、企業は自主的には、それを生産費用の一部として考慮しないものとする。

この私的費用と公的費用の和のことを**社会的費用**と呼ぶことにし、その社会的費用は、次の式であわされるものとする。

◎社会的費用 ＝ 私的費用 ＋ 公的費用

そして、その社会的費用と私的費用の差の大きさは住民が負う便益の損失の大きさに等しくなり、騒音や大気汚染、工業排水などの被害が、その生産量に比例して増加するように、その公的費用も生産量に比例して大きくなるものとする。

■ 総費用曲線と社会的費用

ここで、通常の企業のミクロ経済分析にもとづきながら、その私的費用と社会的費用の両費用について、その限界費用を定義することができる。つまり、それぞれの費用曲線に接する接線の傾きの大きさが限界費用になり、どの生産量の水準においても、その接線の傾きの大きさについては、私的費用よりも、社会的費用の方が大きくなっていることから、その限界費用についても、私的限界費用よりも、社会的限界費用の方が大きくなることになる。そして、その２つの限界費用曲線の高さの差のよって、その生産量１単位当たりの公的費用の大きさが表されることになる。

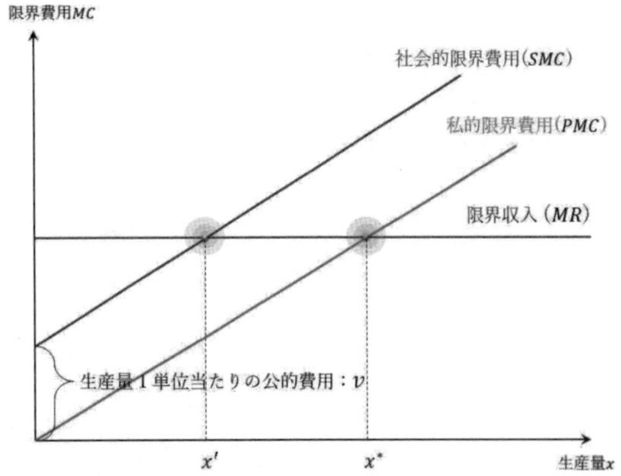

▸ **例題１－１**：生産量をxで表すとき、私的費用（総費用）が$TC = x^2 + 10$で表され、公的費用が$PC = 5x$で表されるとする。このときの社会的費用SCを表しなさい。

社会的費用SC＝私的費用TC＋公的費用PCより、

$$SC = TC + PC = x^2 + 10 + 5x$$

▸ **例題１－２**：生産量xの変化に対する各種費用の変化の仕方について、次の表を埋めなさい。

生産量	私的費用			公的費用	社会的費用
	固定費用	可変費用	総費用		
x	10	x^2	x^2+10	$5x$	$x^2+10+5x$
0	10	0	10	0	10
1	10	1	11	5	16
2	10	4	14	10	24
3	10	9	19	15	34
4	10	16	26	20	46
5	10	25	35	25	60
			固定費用＋可変費用		総費用＋公的費用

▸ **例題１－３**：生産量１単位当たりの公的費用はいくらか答えなさい。

生産量１単位当たりの公的費用は５になり、これは公的費用$PC = 5x$の傾き（係数）の5に等しくなる。もしくは、公的費用$PC = 5x$の導関数に等しくなる。

$$\frac{d}{dx}PC = \frac{d}{dx}5x = 5$$

▸ **例題１－４**：私的限界費用曲線MCを表す式を導きなさい。

私的費用$TC = x^2 + 10$の導関数に等しくなる。

$$MC = \frac{d}{dx}TC = \frac{d}{dx}(x^2 + 10) = 2x$$

▸ **例題１－５**：社会的限界費用曲線SMCを表す式を導きなさい。

社会的費用$SC = x^2 + 10 + 5x$の導関数に等しくなる。

$$SMC = \frac{d}{dx}SC = \frac{d}{dx}(x^2 + 10 + 5x) = 2x + 5$$

▸ **例題１－６**：生産量の変化に対する各種限界費用の変化の仕方について、次の表を埋めなさい。

生産量 x	私的限界費用 MC	公的限界費用 PMC	社会的限界費用 SMC
0	0	5	5
1	2	5	7
2	4	5	9
3	6	5	11
4	8	5	13
5	10	5	15
	総費用の導関数	公的費用の導関数	社会的費用の導関数

■ 利潤最大化と２つの限界費用

これまで本講では、各種費用と各種限界費用について定義してきたが、それらの費用の概念をもとに、企業の最適な生産量について定義していくことにする。まず、公害などの公的費用がどれだけ発生するのかについては、その企業の最適な生産量に依存することになり、公的費用がどれだけ発生するのかについて明らかにするためには、企業の最適な生産量について定義しておく必要がある。

企業にとって最適な生産量とは、利益を最大化するような生産量のことになり、それはミクロ経済学で学んだように、限界収入と限界費用が等しくなるときに達成されることになる。但し、これまでの内容からは、その限界費用には、私的限界費用と社会的限界費用という２種類の限界費用があることになり、そのどちらの限界費用を利用するかによって、その最適な生産量も異なりうることになる。これについて図を用いて確認していくことにしよう。

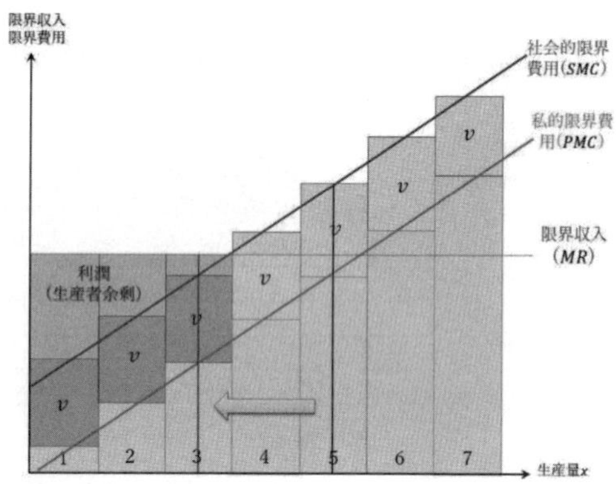

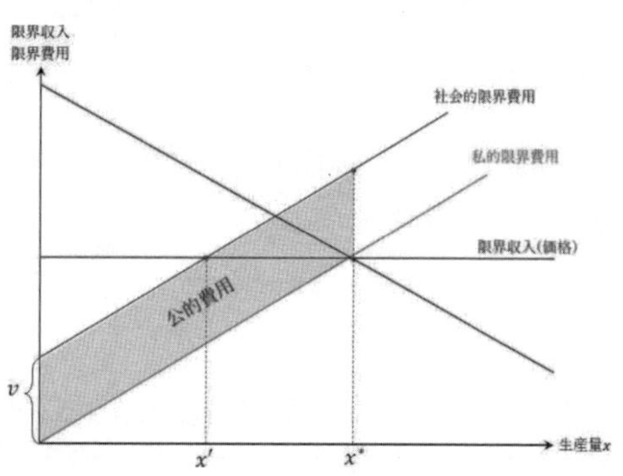

上図は、その限界費用に大きさを、その棒グラフの高さによって表している。ここで、もし、その企業が、その限界費用として私的限界費用を用いるのであれば、その限界収入と私的限界費用が等しくなるのは、その生産量が５になるときになり、このとき、その生産量５が、その利益を最大化するための最適な生産量になる。

その一方で、生産量１単位当たりの公害による損失（公的限界費用）の大きさをvで表すとき、それを私的限界費用に加えた大きさは、その社会的限界費用の大きさに等しくなる。そして、その限界収入と社会的限界費用が等しくなるのは、その生産量が３になるときになり、その生産量３が、その利益を最大化するための最適な生産量になる。したがって、企業にとっての最適な生産量は、その社会的限界費用を採用することによって減少することになる。

▸ **例題２－１**：私的限界費用$MC = 2x$と社会的限界費用$SMC = 2x + 5$をグラフに描きなさい。

右図参照。

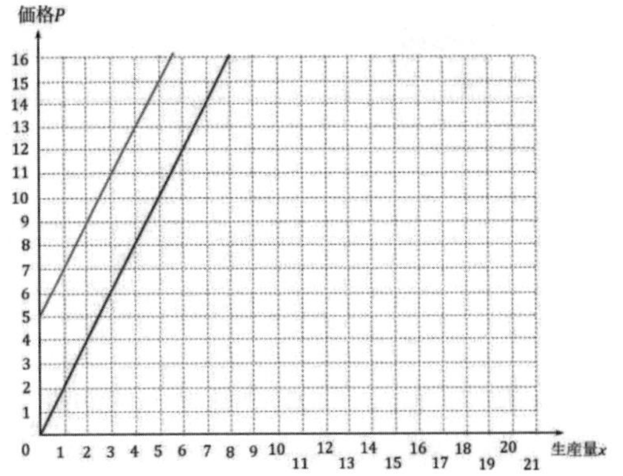

▸ **例題２－２**：例題２－１において、価格が$P = 10$になるとき、私的限界費用MCにもとづいた利益と、社会的限界費用SMCにもとづいた利益を、それぞれ求めなさい。

次に、利益を最大化するための生産量xは、限界費用が限界収入である価格に等しくなるような生産量になることから、私的限界費用MCにもとづいて、その最適な生産量xを決定する場合には、$x = 5$になり、また、社会的限界費用SMCにもとづいて決定する場合には、$x = 2.5$になる。

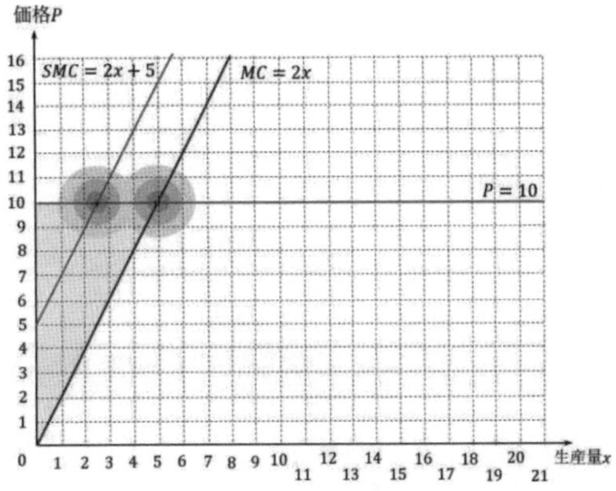

そして、その利益の大きさは、右図の三角形の面積の大きさとして求められることから、その私的限界費用MCの場合には、その利益の大きさを、

底辺×高さ÷２＝$(5 \times 10) \div 2 = 25$

のように求めることができ、また、社会的限界費用SMCで計算する場合には、その利益の大きさを、

底辺×高さ÷２＝$(2.5 \times 5) \div 2 = 6.25$

のように求めることができる。

▸ **例題２－３**：私的限界費用MCにもとづく場合と、社会的限界費用SMCにもとづく場合とでは、生産量xはどちらの方が大きくなるか、また、利益はどちらの方が大きくなるか答えなさい。

◎生産量 → 私的費用MCの方が大きくなる。
◎利益 → 私的費用MCの方が大きくなる。

▸ **例題２－４**：私的費用MCにもとづく場合と、社会的限界費用SMCにもとづく場合のそれぞれについて、公的費用（公害による損失）の大きさを求めなさい。

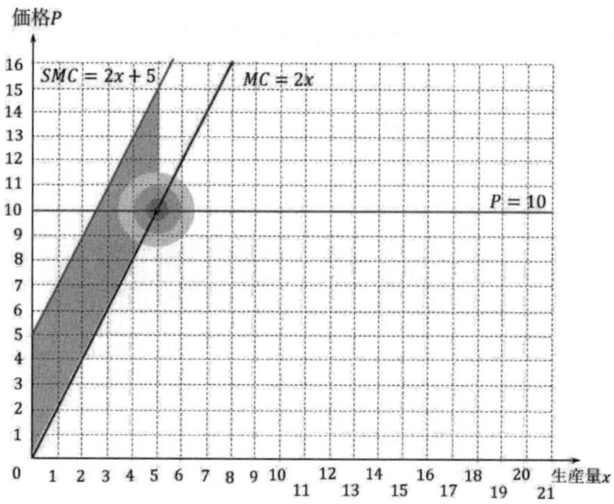

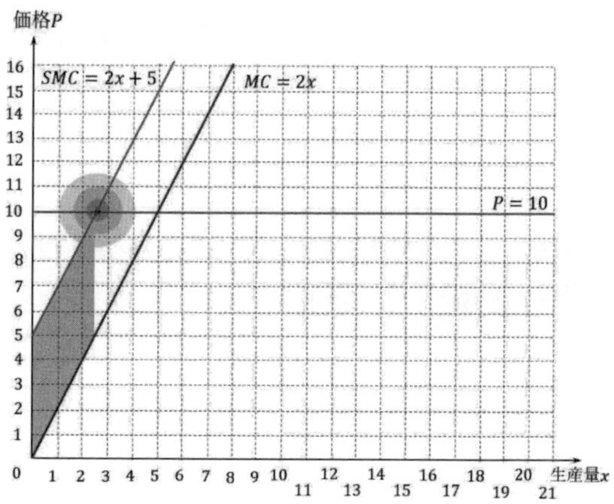

公的費用の大きさは、1単位当たりの公的費用×生産量として求められる。この例題では、その生産量1単位当たりに5の公的費用が掛かることから、それが生産量x分だけ発生することになる。

まず、その私的限界費用MCの場合は、生産量xが5になることから、

$$5 \times 5 = 25$$

だけ公的費用が発生することになる。これは上図の平行四辺形の面積の大きさに等しくなる。

また、社会的限界費用SMCの場合は、生産量xが2.5になることから、

$$5 \times 2.5 = 12.5$$

だけ公的費用が発生することになる。以上のことから、企業が社会的限界費用SMCに従って生産量xを決定するとき、その公的費用がより小さくなることが分かる。

練習問題

◇練習問題1－1：生産量xをとするとき、私的費用（総費用）が$TC = 0.25x^2 + 2x + 5$で表され、公的費用が$PC = 3x$で表されるとき、社会的費用を表しなさい。

◇練習問題1－2：生産量の変化に対する各種費用の変化の仕方について、次の表を埋めなさい。

	私的費用			公的費用	社会的費用
生産量 x	固定費用 FC	可変費用 VC	総費用 TC	PC	SC
0					
1					
2					
3					
4					
5					
			固定費用＋可変費用		総費用＋公的費用

◇練習問題1－3：生産量1単位当たりの公的費用はいくらか答えなさい。

◇練習問題1－4：私的限界費用曲線MCを表す式を導きなさい。

◇**練習問題１－５**：社会的限界費用曲線MCを表す式を導きなさい。

◇**練習問題１－６**：生産量の変化に対する各種限界費用の変化の仕方について、次の表を埋めなさい。

生産量 x	私的限界費用 MC	公的限界費用 PMC	社会的限界費用 SMC
0			
1			
2			
3			
4			
5			
	総費用の導関数	公的費用の導関数	社会的費用の導関数

◇**練習問題２－１**：私的限界費用$MC = 0.5x + 2$と社会的限界費用$SMC = 0.5x + 5$をグラフに描きなさい。

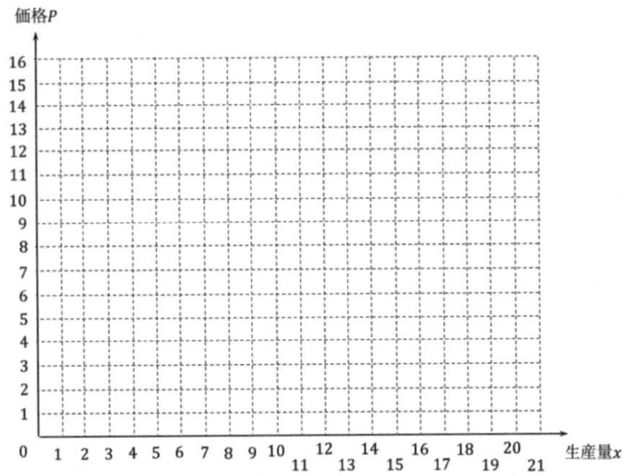

◇**練習問題２－２**：練習問題 2-1 において、価格が$P = 10$であるとき、私的限界費用MCにもとづいた利益と、社会的限界費用SMCにもとづいた利益を、それぞれ求めなさい。

◇**練習問題２－３**：私的限界費用MCにもとづく場合と、社会的限界費用SMCにもとづく場合とでは、生産量xはどちらの方が大きくなるか、また利益はどちらの方が大きくなるか求めなさい。

◇**練習問題２－４**：私的費用MCにもとづく場合と、社会的限界費用SMCにもとづく場合のそれぞれについて、公的費用（公害による損失）の大きさを求めなさい。

トピック２５：空間サイクル理論

これまでのトピックでは、ヴァーノンのプロダクト・ライフサイクル理論と、マークセンのプロフィット・サイクル理論について紹介してきた。それらの理論は、ある特定の地域で起こった産業の空間的な移動パターンをモデル化したものになっており、それらのモデルにおいて、その産業が元々生まれた**中心地域**（core）と、その地域よりも労働費用と地代が安い**周辺地域**（periphery）とを区別することになった。

そして、ある産業が誕生し、それが成長していく段階では、その産業は中心地域に集中して立地していたのに対して、その産業が繁栄し、衰退する段階においては、その産業は安い労働と土地を求めて、次第に、その中心地域から周辺地域に向けて、その生産拠点を移していくことになった。また、そうした生産拠点の中心地域から周辺地域に向けた移動が、同時に、その雇用と人口、所得などを、その中心地域から周辺地域に向けて移動させていく役割も果たすことになった。

ところで、その移動の過程を空間軸の観点から捉え直し、それをサイクルとして捉えた空間サイクル理論と呼ばれる理論がある。そこで今回は、その空間サイクル理論のフレームワークを援用しながら、これまでの内容について整理していくことにしよう。

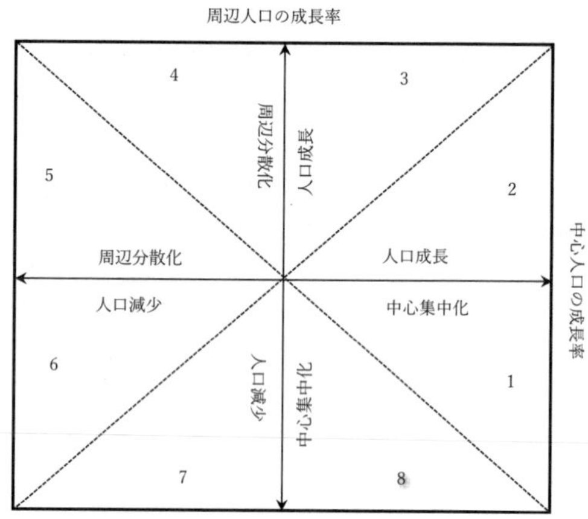

まず、その**空間サイクル理論**（Spatial Cycle Model）とは、ジョン・B・パー（J. B. Parr）によって提示された、都市空間における人口の成長段階から減少段階に至るまでの一連のサイクルを、その中心地域と周辺地域の人口成長率の観点から、ひとつのフレームワークとして整理したものになる（Parr 2012）。この中心地域から周辺地域への人口移動は、当然のことながら、ある産業が中心から周辺に向けて移動することによって生じることになり、その両者の移動の間には明らかに相関関係があることになる。

まず、空間サイクル理論のフレームワークでは、その中心地域と周辺地域という２つの地域を区別することになる。例えば、その２つの地域について首都圏で考えてみると、その中心地域は東京２３区に当たることになり、その周辺地域は２３区以外の地域に加えて、神奈川県、千葉県、埼玉県の３県を合わせた地域に当たることになる。そして、上図の横軸は、その中心地域の人口増加率を表しており、その縦軸は周辺地域の人口増加率を表している。また、その縦軸と横軸の交点、つまり、その原点は、それらの地域の人口増加率が共にゼロ％であることを表しており、その点では、どちらの地域においても、その人口は増加も減少もしてないことになる。

人口分布の変化	段階		人口成長率 中心地域	人口成長率 周辺地域
中心集中化	1, 8	誕生期	＋	－
人口成長	2, 3	成長期	＋	＋
周辺分散化	4, 5	成熟期	－	＋
人口減少	6, 7	衰退期	－	－

それに対して、その原点よりも右側では、その中心地域の人口増加率はプラスになることから、その中心地域の人口が

増加していることを表していることになり、逆に、その左側では、その中心地域の人口増加率はマイナスになることから、その中心地域の人口は減少していることを表していることになる。また、その原点よりも上側では、その周辺地域での人口増加率はプラスになることから、その周辺地域の人口は増加していることを表していることになり、逆に、その下側では、その周辺地域での人口増加率はマイナスになることから、その周辺地域の人口は減少していることを表していることになる。

以上のように、それら２つの軸によって、その中心地域と周辺地域のそれぞれの人口の増減という、４つの結果を表していることになり、その４つの結果によって、両地域の人口の分布がどのように変化しているのかについて、上表によって表されている。

まず、その中心地域と周辺地域の両方で、その人口成長率がプラスであるとき、それは人口成長を表していることになり、逆に、その中心地域と周辺地域の両方で人口成長率がマイナスであるとき、それは人口減少を表していることになる。

また、その中心地域において人口が成長しており、その周辺地域において人口が減少している場合には、その人口の比重が、その周辺地域から中心地域に向けて移動していることになり、この場合には、その人口が中心地域に集中してきているという意味において、それを人口の中心集中化ということができる。逆に、その中心地域において人口が減少しており、その周辺地域において人口が成長している場合には、その人口の比重が、その中心地域から周辺地域に向けて移動していることになり、この場合には、人口が周辺地域に分散しているという意味において、それを人口の周辺分散化ということができる。

以上のことを踏まえながら、その都市の人口分布の第１段階から第８段階について、それぞれ確認していくことにしよう。まず、その第１段階は、人口の中心集中化に当たることになり、この段階では、ある都市が誕生する直前において、第１次産業を中心産業とする農村地帯が広がっていることになる。また、そこには小規模の集落が点在しており、それ以外は田畑などの田園が広がっていることになる。そうした状況の下で、ある第２次産業に属する製造企業が誕生することによって、その製造企業の関連企業・産業が成長しはじめたとする。このとき、その新しい企業・産業がある地域が、その中心地域になることになり、それ以外の地域は周辺地域になることになる。

次に、その第２次産業に属する製造企業は、第１次産業よりも高い所得を労働者に対してもたらすことになることから、その第１次産業に従事するために地理的に広い範囲にわたって広がっていた労働力は、その第２次産業に属する製造企業の労働力として吸収されることになる。このとき、その周辺地域では人口が減少することになり、その中心地域では人口が増加することになることから、その第１段階のような成長率の差が、その中心地域と周辺地域において生じることになる。

また、その第２次産業に属する製造企業は、その地域の外からの需要を呼び込みながら、さらに成長することによって、その規模を拡大していくことになる。この過程が順調に進行していくとき、その都市は本格的な製造業都市として成長していくことになる一方で、一般的には、農業よりも製造業の方が土地当たりの生産性が高いことから、その分、その第２次産業の製造企業が集中している中心地域の地価は上昇することになり、第１次産業の農地は周辺地域へと追いやられることになる。そして、その中心地域は、製造関連企業・産業の立地によって占められることになり、その中心地域では、第２次産業に従事する人口が増えることになり、その周辺地域では、第１次産業に従事する人口が増えることになる。これが、その第１段階から第２段階に向けた移行の過程になる。

次に、その第３段階において、第２次産業に属する中心製造業と、その関連企業・産業の発展は、その地域の所得を上昇させることになる。そして、その製造業の発展は、その中心地域の所得の上昇をもたらすことによって、サービス産業などが提供する奢侈品に対する需要を増加させることになり、それによって、第３次産業に属するサービス産業が誕生・発展することになる。

ここで、そのサービス産業で生産されるサービスは、地域間で輸送することはできないことから、地理的な近接性のメリットが強く作用することになり、それによって、そのサービス産業は、その人口が集中している中心地域に偏って発展していくことになる。このサービス産業については、その土地生産性が他の産業よりも高いことから、それまで中心地域に集中していた第２次産業の製造業も、その中心地域から周辺地域へと追いやられることになる。それと同時に、その中心地域の地価・家賃が上昇することになり、その中心地域に居住していた家計の大半は、その周辺地域へと追いやられることになる。この過程において、その周辺地域に移動した製造業と家計の影響から、その周辺地域の人口増加率の方が、その中心地域の人口増加率よりも高くなるのが、その第３段階に当たることになる。

次に、その傾向性が長期間にわたって維持されることによって、その中心地域ではサービス産業が発展し続けることになり、その中心地域の地価は継続的に上昇することになることから、それによって、その中心地域の人口が減り続けると同時に、その成長率はマイナスに転じることになり、その人口の周辺地域への移動が続くのが、その第４段階に当たることになる。そして、その人口の中心地域から周辺地域に向けた移動がひと段落するときに、その周辺地域の人口成長率もゼロに近づいていくことになり、それが、その第５段階に当たることになる。

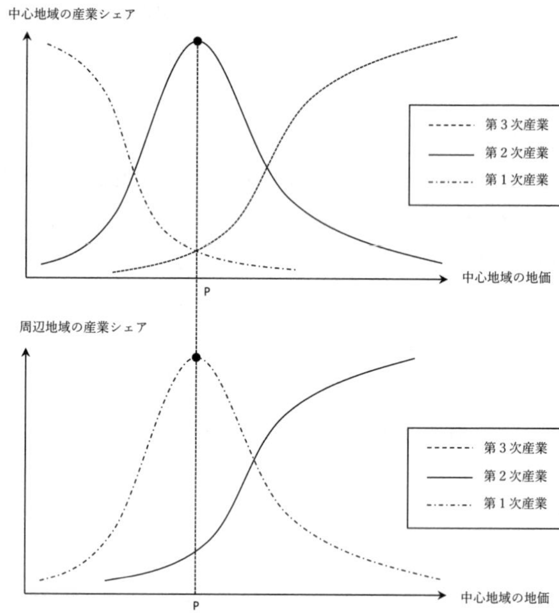

次に、その都市における第２次産業の製造産業が、その成長の勢い持続させることができたときには、その第５段階で、中心地域と周辺地域の人口成長率はゼロに収束していくことになり、その都市全体の成長は、ゼロ成長という定常状態に入ることになる。それに対して、その第６段階では、その中心製造産業が衰退していくことによって、その都市の人口減少が起こることが想定されている。まず、第２次産業の製造産業が衰退することによって所得の下落がはじまることになり、それによって、その第１次産業から第３次産業までのすべての需要が減少することになり、企業数も雇用者数も減少することになる。すると、家計にとっては雇用が無くなってしまうことから、その他の都市に移住する家計が増えはじめることになり、その中心地域と周辺地域の両方において人口が減少することによって、全体の成長率はマイナスに転じることになる。

次に、その製造産業の衰退は、サービス産業に対する需要を減らすことになり、それは、その中心地域でのサービス業の立地面積を減少させると同時に、その中心地域の地価の下落を引き起こすことになる。このとき、その地価の下落によって、その周辺地域に立地していた製造業や家計などが、より利便性に優れた中心地域に戻ってくることから、その周辺地域の人口成長率は大きくマイナスになる一方で、その中心地域の減少率は次第にゼロに近づいていくことになる。これが、その第７段階に当たることになり、その後の第８段階に向かうためには、少なくとも、その中心地域での人口成長が起こる必要がある一方で、それは、それまでとは異なる新しい中心産業の出現によってはじまることになる。そして、そうした中心産業が出現しない場合には、その第８段階には入ることはできずに、その第７段階からは、その中心地域と周辺地域の成長率がゼロに収束することになり、その両地域が揃って、そのゼロ成長の原点に至ることになる。

以上が、空間サイクルの第１段階から第８段階までの流れになる。この空間サイクルは、その中心地域の地価を軸に展開されており、その影響は、その中心地域と周辺地域との間において産業の移動を引き起こすことになる。この様子は、上の２つの図において描かれており、それら２つの図の横軸は、両図とも中心地域の地価を表している一方で、その上図の縦軸は中心地域の産業シェアを表しており、その下図の縦軸は周辺地域の産業シェアを表していることになる。次に、この図の意味について、以下に紹介していくことにしよう。

まず、都市が誕生する前の初期状態では、その地域には田園風景が広がっており、その主力産業は農林業であることになる。そこに新たな製造業が誕生することによって、それが成長をはじめるときに、その製造業の周辺には関連産業と、その産業に従事する労働者の家計が立地することになる。そして、その製造業による生産活動は、農林業よりも高い生産性と所得を、その中心地域にもたらすことになり、それは中心地域の地価を上昇させることによって、その農林業の生産活動を周辺地域へと追いやることになる。このことは、その上図において、製造業などの第２次産業のシェアが、その中心地域において上昇することになり、農林業などの第１次産業のシェアが、その中心地域で減少する代わりに、その下図の第１次産業のシェアが、その周辺地域で増加していく様子として描かれている。ここで、その傾向については、ある地価の水準Ｐに達するまで続くものとする。

さらに、その所得の上昇は、その地域に対するサービス産業の需要を創出することになり、それによって、その所得の受け皿になる第３次産業が、その中心地域に立地しはじめることになる。ここで、その第３次産業の土地生産性が最も高くなっており、その第３次産業が中心地域で成長するときに、その中心地域の地価は上昇し続けることになる。そして、その地価が製造業にとっての許容範囲の限界である水準Ｐを超える水準まで上昇するとき、その製造業などの第２次産業は、より安価な地代を求めることによって、その周辺地域に移動していくことになる。

このとき、その中心地域では奢侈品が売買されることになり、同時に、その消費者の小規模なニーズを満たすような財・サービスの売買も増えることになる。そして、その中心地域で売買される財・サービスを売買には、新しい商品も多く含まれることになり、その取引される商品の多様性が増していくことになる。

ところで、その図については、その中心地域の地価が上昇する場合にのみに有効になるのではなく、逆に、その中心地域の地価が減少するときにも有効になっている。つまり、その中心地域の第３次産業が衰退することによって、その中心地域の地価が下落するケースについても考えることができる。このとき、その横軸の中心地域の地価は減少に転じることになり、その上図では、第２次産業のシェアが増加していくとともに、下図では第１次産業のシェアが増加していくことになる。

以上の都市の成長に関連して、次の２つのことが特に重要になることになる。ひとつは人口の増加になり、ある中心産業の発展は、それに関連する企業を呼び込むことになり、その労働者と家計を、その都市に対して引き寄せることになる。これに加えて、もうひとつの重要なことは、その都市で生活する家計の所得の増加になる。この家計の所得の増加は、第１次産業よりも生産性が高い、第２次産業と第３次産業の成長によってもたらされることになり、それは奢侈品に対する需要の増加と財・サービスの多様性の増加という、大都市らしい独特な景観を生み出していく過程において必要不可欠なものになる。これについて、以下にもう少し説明を加えておくことにしよう。

まず、ある地域の人口が増加することによって、その都市で供給される財・サービスの種類は増えることになり、その種類は多様なものになっていくことになる。この多様性とは、比較的種類の少ない必需品から、種類の多い奢侈品の増加によってもたらされることになり、それは所得と人口の増加によって引き起こされることになる。ここで、その都市の成長にともなって起こる所得の増加は、住民が生活をしていく上で最低限必要になる必需品を超えて、その消費者・家計の嗜好・価値観に応じて様々な奢侈品の需要を生み出すことになる。

ところで、事業としては、ある財・サービスの生産を開始するためには、その事業を継続していく上での必要最低限の需要の規模が必要になってくることになる。その理由は、その事業を開始するに当たって、毎月の生産活動に従事する労働者に対する給与を支払った後でも、様々な機械、設備、建物などにかかる費用をまかなうだけの最低限の収入が必要になることになり、その最低限の収入を得るためには、それに見合うだけの最低限の売上が必要になり、その最低限の売上を支えるのが、その最低限の需要になるからである。その最低限の需要が、その事業を開始するために必要な需要の規模に当たることになる。

ところで、その需要の規模を満たしていく上で重要になるのは、その都市の所得の増加よりも、むしろ、その都市の人口の増加になってくる。例えば、１００人に１人しか需要しないような奢侈品について考えるとき、1人の所得が増加したとしても、その奢侈品に対する需要が、その１つよりも多くなるとは考えにくい。その一方で、その都市の人口が１００万人になるとき、その奢侈品を需要する個人の人数は、１０００人まで増えることになる。それによって、その需要が少ない奢侈品であったとしても、その人口の多い都市においては、その製品の生産を事業化するために十分な需要を確保することができるようになる。この都市における人口の多さが、その周辺地域よりも中心地域において、その財・サービスの多様化を生み出しやすい要因になっており、特に、サービス業が生産するサービスについては、地域間で輸送することができないことから、その人口が集中する都市において多く立地することになる。

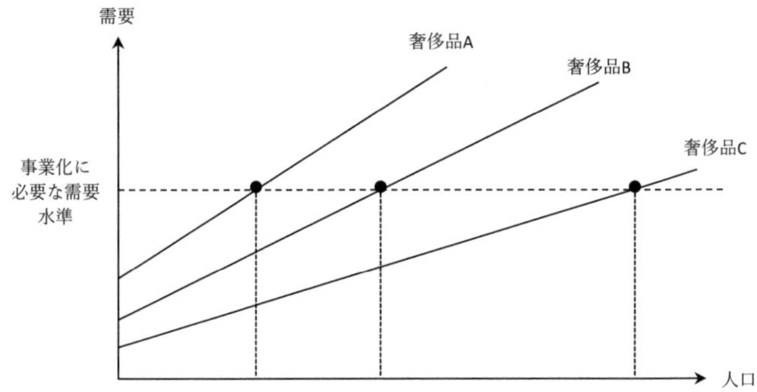

ところで、上図の横軸は、その都市の人口の規模を表しており、その縦軸は奢侈品に対する需要を表している。ここで、奢侈品 A、B、C という 3 つの奢侈品があるとき、その中でも最も需要の大きい奢侈品は、奢侈品 A になっており、その後に奢侈品 B と C が続くことになる。この図によれば、その人口が増加していくにしたがって、最初に事業化されるのは、比較的需要の大きい奢侈品 A になることになり、その都市において最初に売買されることになる。その後に、その都市の人口と所得がさらに増加することによって、その奢侈品 B と C の生産も事業化されることになり、その奢侈品 B と C も、その都市において売買されることになる。

したがって、それらの奢侈品が事業化される順序については、その需要が大きい順に事業化されることになり、その需要が小さかった奢侈品は、最後に事業化されることになる。また、その人口が多い都市になるほど、その奢侈品 A、B、C の生産が事業化されることによって、その都市で売買される財・サービスの多様性が増すことになる。これについては、その都市部において、その景観に華やかさと豪華さが増すことと密接に関係しており、その都市の成長にともなって、その都市で売買される財・サービスが多様化していくだけでなく、その都市で生活する個人の価値観も多様化することになる。そして、その価値の多様性は、その都市をより魅力的なものにすることになり、その魅力によって新たな人口を引きつけることになる。

第２５講　内部化とコースの定理

前講では、企業が生産活動を行うときに、その企業の周辺環境に与える公害の影響について紹介した。具体的には、企業の生産活動から発生する費用について、企業の利益最大化の観点から、私的な費用の部分と公的な費用の部分、そして、社会的な費用について区別しつつ、それらの大きさについて求めてきた。

次に本講では、その企業が公的費用を内部化することによって、社会的余剰を最大化することができることについて確認していくことにする。また、公害を抑制させる権利と、発生させる権利の問題についても扱うことにする。この権利の問題については、公害を抑制させる権利と発生させる権利のいずれを認めたとしても、その社会的余剰の大きさは変わらないことについて確認していくことにする。

■ 社会的限界費用と余剰分析

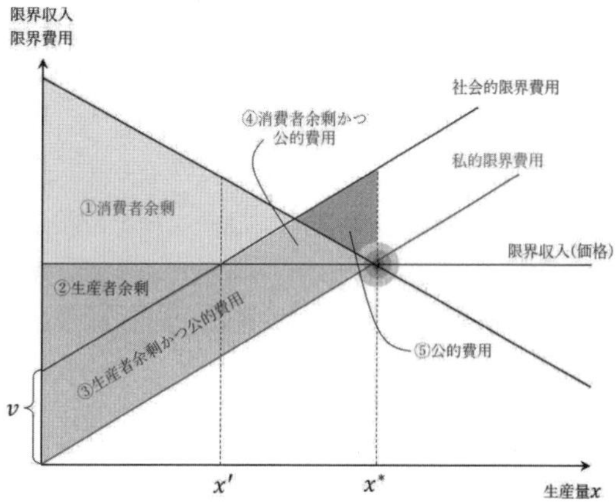

初めに、私的限界費用を基準にする最適な生産量と、社会的限界費用を基準にする最適な生産量について、それぞれの余剰の大きさを分析してみることにしよう。まず、企業が私的限界費用を基準にして最適な生産量を決めるとき、私的限界費用が、限界収入と等しくなる生産量x^*で、その生産量が決まることになる。

その一方で、その生産は公害の発生を伴うものになり、生産量１単位につきvの公的費用が発生しているものとする。しかし、ここで企業は、その公的費用（公害）を費用の一部として考慮していないことから、その公的費用（公害）は、工場の近隣に住む近隣住民にとっての余剰の損失になるものとする。

そして、近隣住民が被る損失の大きさは、公的費用の金額の大きさに等しくなり、それは生産量１単位当たりの公的費用vに、生産量xをかけた値に等しくなり、それは前講の最後で求めた平行四辺形の面積の大きさに等しくなる。つまり、その私的限界費用と限界収入が等しくなるような生産量とは、生産量x^*のことになり、その平行四辺形の面積の大きさは、$v \times x^*$として求められることになり、その面積の大きさが、公害による損失である公的費用の大きさになる。

次に、その余剰の大きさについて調べてみるとき、図中に示してあるように、その余剰を、次の５つの部分に分割することができる。まず、①の四角形の面積の大きさは純粋な消費者余剰になる。次に、②の三角形の面積の大きさは、企業にとって純粋な利益になり、それは生産者余剰の一部となる。そして、③の台形の面積については、企業にとっての利益になり、それは生産者余剰の一部になる一方で、それは同時に、その生産活動によって生じる公害（公的費用）の大きさを表していることになり、それは工場の近隣住民にとっての余剰の損失になる。

その公害（公的費用）大きさについては、生産量１単位当たりの公的費用vと生産量x^*の積として求めることができ、それは平行四辺形の面積の大きさに等しくなる。これについては、その③の台形の面積が、その平行四辺形の一部になっていることからも明らかである。したがって、その③の台形の面積は、企業にとっての余剰であると同時に、住民にとっての余剰の損失になることから、それらは相殺し合って、その社会的余剰への影響はゼロになる。

次に、④の三角形の面積の大きさについては、消費者余剰であると同時に、公的費用（公害）の一部になっている。したがって、その④の三角形の面積の大きさについても、家計にとっての余剰であると同時に、近隣住民にとっての余剰の損失であることから、それらは相殺し合って、その社会的余剰への影響はゼロになる。

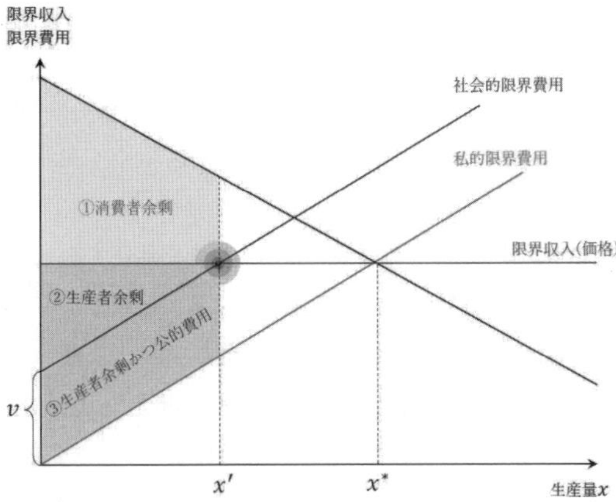

最後に、⑤の三角形の面積は、消費者余剰にも生産者余剰にも含まれない、純粋な住民の余剰の損失を表していることになる。これについては、その③の三角形が、生産量１単位当たりの公的費用vと生産量x^*の積として求められる平行四辺形の一部になっており、その消費者余剰の三角形の一部にも、その生産量余剰の三角形の一部にも、含まれていないことから分かる。以上のことから、企業が私的限界費用を基準にして、その最適な生産量を決定するときには、その①と②の面積の和から、その③の三角形の面積の大きさを差し引いた大きさが、その社会的余剰の大きさになる。

次に、企業が社会的限界費用を基準にして、その最適な生産量を決定した場合について考えてみることにしよう。このとき企業は、社会的限界費用が限界収入に等しくなる生産量で、その生産量を決定することになり、そのときの最適な生産量を生産量x'で表すことにする。

このとき、その余剰に関わる部分は３つに分割されることになり、その３つは純粋な消費者余剰の①の四角形の面積と純粋な生産者余剰である②の三角形の面積、そして、生産者余剰であり公的費用である③の平行四辺形の面積の３つになる。そして、その社会的余剰の合計は、①の四角形の面積と②の三角形の面積の和として表されることになる。

◎**私的限界費用を基準**：社会的余剰＝①の面積＋②の面積－⑤の面積

◎**社会的限界費用を基準**：社会的余剰＝①の面積＋②の面積

ここで、企業が私的限界費用を基準にして生産量x^*を決める場合と、社会的限界費用を基準にして生産量x'を決める場合の、２つの基準での社会的余剰について比較してみると、私的限界費用を基準にする場合の方が、⑤の面積を差し引いている分だけ小さくなるように思われるものの、実際には、私的限界費用を基準にする場合の①の面積は、社会的限界費用を基準にする場合の①の面積よりも大きくなるため、必ずしも、その社会的限界費用を基準にする場合の社会的余剰の方が大きくなるとは限らない。したがって、企業が私的限界費用を基準にして生産量x^*を決める場合と、社会的限界費用を基準にして生産量x'を決める場合とを比較するとき、どちらの社会的余剰が大きくなるのかは確定しないことになる。

■ 公的費用の内部化

これまで本講では、企業が私的限界費用を基準にして生産量を決めたとしても、公的費用を考慮した社会的限界費用を基準にして生産量を決めたとしても、その社会的余剰の大きさについて、どちらの方がより大きくなるのかについては確定しないことについて確認してきた。

ここで、その２つの社会的余剰の大小関係が不明になった理由として、①の消費者余剰の増加分が、⑤の公的費用の増加分のよって相殺されたことに注意すべきである。そして、その余剰を増加させることができる消費者とは、必ずしも、その近隣住民であるとは限らず、むしろ、その近隣住民とは別の一般的な家計の余剰になる可能性の方が圧倒的に高いことになる。したがって、この余剰分析では、企業の生産者余剰と公的費用（公害）との関係のみに焦点を当てることによって、消費者余剰の影響について考慮しない方がよいことになる。

そこで、消費者余剰の大きさである①の面積の大きさを除くことによって、再度、余剰分析をしてみると、その生産者余剰の大きさである②の面積と、公的費用の大きさである平行四辺形の面積の関係のみに注目すればよいことになる。そこで、企業が私的限界費用を基準にして生産量x^*を決める場合と、社会的限界費用を基準にして生産量x'を決める場合の社会的余剰の大きさについて、再度、比較してみると、それぞれの社会的余剰の大きさを次のように定義することができる。

◎**私的限界費用を基準**：社会的余剰＝②の面積－⑤の面積
◎**社会的限界費用を基準**：社会的余剰＝②の面積

これにより、社会的限界費用を基準にして生産量x'を決める場合の方が、私的限界費用を基準にして生産量x^*を決める場合よりも、その②の面積の大きさだけ、その社会的余剰が確定的に大きくなることが分かる。

この余剰の比較を基準にするとき、経済学において、最も望ましい生産量の決め方とは、公的費用を考慮した社会的限界費用を基準として生産活動をする方法になることが分かる。この場合、その公的費用も企業内部の費用として扱われることから、そのことを費用の**内部化**と呼んでいる。つまり、経済学の視点からは、企業は私的費用を基準にして生産を行うのではなく、常に、公的費用を内部化した、社会的費用を基準にして生産をすることが望ましいことになる。

■ コースの定理

これまでの内容から、企業は公的費用を内部化することによって、社会的余剰が大きくなることが明らかになった。しかし、ここでひとつ問題が生じることになる。その問題とは、企業にとって、私的費用にもとづいて最適な生産量を決定する場合の方が、社会的費用にもとづいて最適な生産量を決定する場合よりも、より多くの利益を獲得することができるようになっており、企業側には、その公的費用を内部化するインセンティブがないという問題になる。

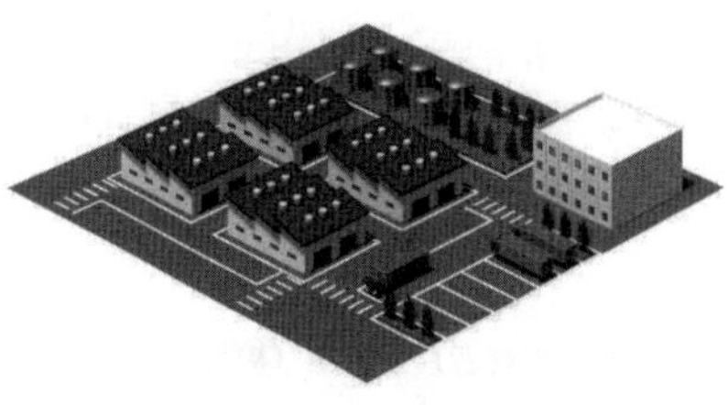

その問題に対する対処法として、企業に対して強制的に公的費用を内部化するように、公的機関が、賠償金や補償金を請求できる権利を与えるという解決方法がある。ここで、その権利の与え方については、次の２通りの方法があることになる。ひとつは近隣住民が企業に対して公害を抑制させる権利がある場合になり、企業が公害の被害を受ける近隣住民に

対して賠償金を支払う場合になる。もうひとつは、企業には自由に生産量を決める権利がある一方で、近隣住民は補償金を支払うことによって、その公害の発生を抑制してもらう場合になる。

◎住民に権利がある場合

⇒ 企業（加害者）が住民（被害者）に対して賠償金を支払う。

◎企業に権利がある場合

⇒ 住民（被害者）が企業（加害者）に対して補償金を支払う。

つまり、近隣住民が企業に対して、その生産を抑制するように要請する権利があるとすれば、近隣住民は企業に対して、生産量１単位ごとに、賠償金を請求することができるようになる。その一方で、逆に、企業に近隣住民の厚生を犠牲にして生産をする権利があるとすれば、近隣住民は企業に対して、その生産量を１単位減らしてもらうたびに、その１単位の生産量の減少に対して、補償金を支払わなければならないことになる。ここで、それら２つのどちらの方法を用いたとしても、同じように、その社会的総余剰を最大化させることができ、それを証明した定理は、**コースの定理**と呼ばれている。

■ 企業（加害者）が住民（被害者）に賠償金を支払う場合

まず、住民に権利がある場合には、企業側が近隣住民に対して、公害に対する賠償金を支払う義務があることになり、住民が被る公的費用に対して補償する義務が、その企業側にはあることになる。

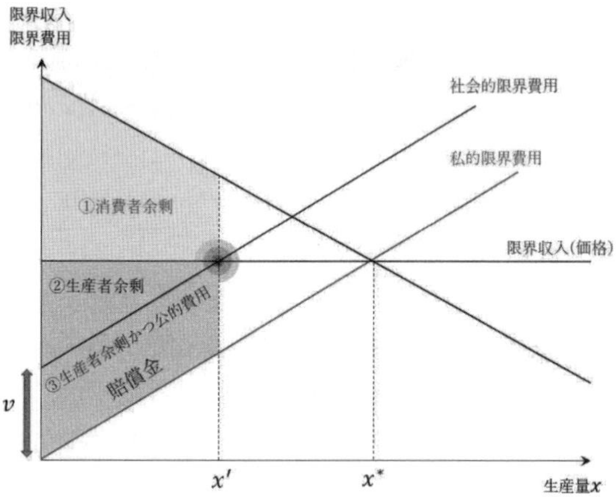

そして、その賠償金の金額は、公害による住民側の被害の大きさに等しくなり、それは公的費用として、生産量１単位当たりの公的費用vに対して、その生産量xをかけたvxで表されることになる。そして、企業は、限界利益＝社会的限界費用を満たすような生産量x'で、その生産量を決めることになり、その企業が近隣住民に対して支払う賠償金額はvx'で表されることになり、それは③の平行四辺形の面積の大きさに等しくなる。

また、このときの社会的余剰の大きさは、①の消費者余剰と②の生産者余剰の大きさの和に等しくなる一方で、③は近隣住民が被った公的費用を賠償するために賠償金として、住民側に対して支払われることになる。ここで、その賠償金は、企業の生産者余剰から賄われることになり、その社会的余剰の増減には影響を与えないことになる。そして、この住民の企業に対する賠償金の請求は、その結果として、企業に対して社会的限界費用を基準にして生産量を決めさせていることを同じことになる。

■ 住民（加害者）が企業（被害者）に補償金を支払う場合

次に、公害を発生させながら、近隣住民に対して被害を与えながらも、企業側に対して、その生産量を自由に決める権利を与える場合、近隣住民側は、その企業に対して、その生産量を減らしてもらうために、補償金を支払わなければならないことになる。このとき、住民側が被る被害の大きさは、生産量１単位当たりvで表されることから、住民側は、生産量１単位当たりに対して、その被害の大きさに等しいvまで、企業側に対して補償金を支払っても良いと考えることになる。

これに対して、企業側は、その住民側が補償金をvまで支払う意思があることを知っているので、生産量１単位当たりに対して、vの補償金を支払うよう要求することになる。これにより、企業側が住民側に求める補償金額の大きさは、生産量１単位当たりの補償金vに、その生産量xをかけたvxで表されることになる。

このときの企業側の最適な生産量について考えてみることにしよう。まず、私的限界費用を基準にした場合の生産量はx^*になり、その企業にとって、どのような場合においても、それ以上の生産をするインセンティブはないことになる。そこで、その最適な生産量xは原点からx^*までの間に限定されることになる。

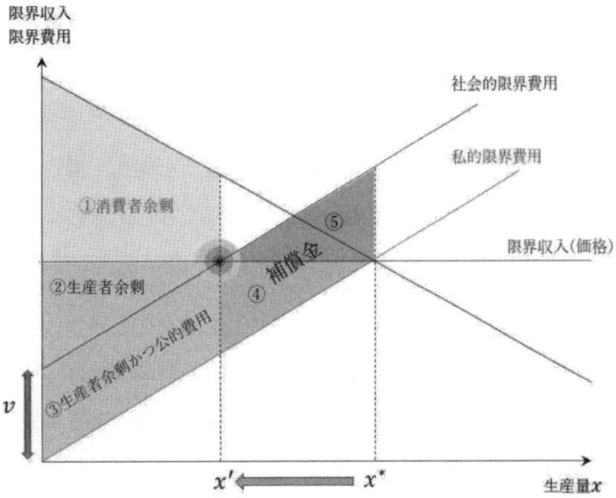

次に問題になるのが、その補償金vの大きさになり、まず、私的費用を基準にした生産量x^*での利益の大きさは、②の三角形と③の平行四辺形と④の三角形の面積の合計になる。それに対して、社会的費用を基準にした生産量x'での利益の大きさは、②の三角形と③の平行四辺形の面積の合計になる一方で、その生産量をx^*からx'に減らすことによって、④の三角形と⑤の三角形の面積の大きさの合計だけ、近隣住民からの補償金を受け取ることができるようになる。したがって、社会的費用を基準にした生産量x'での利益の大きさは、②の三角形と③の平行四辺形の面積の合計に、④の三角形と⑤の三角形の面積の合計を加えた大きさに等しくなる。

◎生産量x^*での利益＝②の三角形＋③の平行四辺形＋④の三角形の面積

◎生産量x'での利益＝②の三角形＋③の平行四辺形＋④の三角形の面積＋⑤の三角形の面積

以上により、その企業にとっては、私的費用を基準にした生産量x^*よりも、社会的費用を基準にした生産量x'の方が、より多くの利益を獲得することができるようになり、それによって、その社会的費用を基準にして生産量x'で生産を行った方がよいことになる。このとき、その生産量x'での生産量については、企業が住民に対して賠償金を支払う場合の生産量と同じ生産量になっていることになる。但し、その企業が獲得することができる利益の大きさについては、近隣住民が企業に対して補償金を支払う場合の方が、④の三角形と⑤の三角形の面積の合計だけ大きくなっていることになる。

この生産量x'での生産量の決定の仕方について、限界利益の観点から、再度、考えてみることにしよう。まず、生産量x^*での限界利益について考えてみると、生産量x^*では、限界収入と私的限界費用が等しいことから、その限界利益の大きさはゼロになる。したがって、生産量x^*から生産量を１単位だけ減らしたとしても、その利益の減少額はゼロになる。それに対して、企業は生産量を１単位だけ減らすことによって、その１単位についての補償金vを獲得することができるようになり、それによって、その生産量x^*から生産量を１単位減らすことになる。

次に、生産量x'での限界利益について考えてみると、その生産量x'では、限界収入が私的限界費用よりも、補償金vだけ大きいことから、その限界利益の大きさはvに等しくなる。したがって、その生産量x'から生産量を１単位だけ減らしたとしても、その失った利益と同じだけの補償金vしか手に入らないことから、その生産量x'から、生産量をもう１単位だけ減らしたりするようなことはしないことになる。

以上のことから、企業は、生産量x^*から生産量x'までの間では、その生産量を１単位だけ減らすことによって失う利益よりも、より多くの補償金vを手に入れることができるようになることから、その生産量を減少させ続けることになる。それに対して、その生産量x'を超えて生産量を減少させるときには、生産量を１単位だけ減らすことによって失う利益の方が、その補償金vよりも大きくなることから、その生産量x'を超えて生産量を減らすことはしないことになる。

したがって、住民が企業に対して補償金を支払う場合において、企業にとっての最適な生産量はx'になり、それは企業が住民に対して賠償金を支払う場合と同じ生産量x'であることになる。そして、そのとき、その社会的余剰の大きさについても同じになることになり、これが、そのコースの定理が予想する結果になる。

▸ **例題１**：価格Pが110のとき、企業の総費用Cが$C=0.5X^2+10X$のように与えられるとする。このときの企業の利益の大きさを求めなさい。

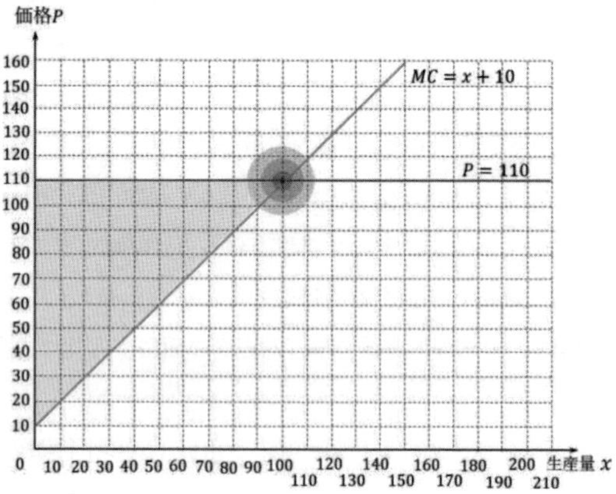

まず、総費用CをXについて微分すると、その限界費用MCを次のように求めることができる。

$$MC=X+10$$

これを利用して、図中の三角形の面積の大きさとして表される生産者余剰について求めてみると、

$$(100\times100)\div2=5000$$

▸ **例題２**：例題１において、生産量１単位当たりに30の公的費用がかかる（公害が発生する）とする。このとき私的限界費用PMCを基準に生産量を決めた場合と、社会的限界費用SMCを基準に生産量を決めた場合のそれぞれについて、その公的費用の大きさを求めなさい。

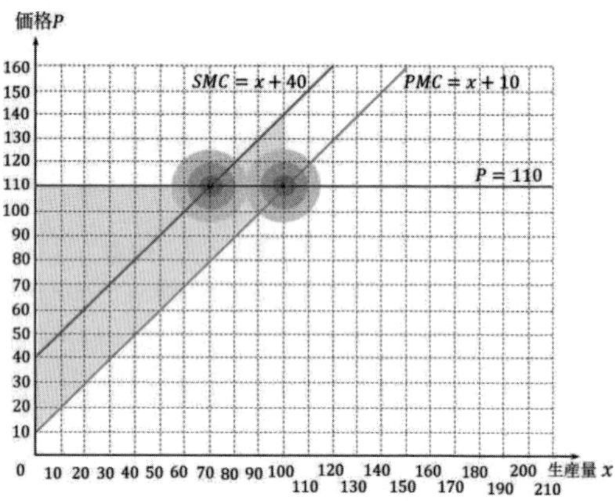

まず、私的限界費用PMCは、$PMC=x+10$になり、社会的限界費用SMCは、その切片を30上げた$SMC=x+40$になる。

$$PMC=x+10$$

$$SMC=x+40$$

ここで、その私的限界費用PMCを基準にして生産量を決めた場合の公的費用の大きさについては、最適生産量$x^*=140$に生産量１単位当たりの公的費用30をかけることによって求められる平行四辺形の面積の大きさになる。

$$30\times100=3000$$

次に、その社会的限界費用SMCを基準にして生産量を決めた場合の公的費用の大きさについては、最適生産量$x^*=140$

▸ **例題３**：例題１と２において、需要曲線が$P=-0.5x+160$のように与えられるとき、企業側または住民側に賠償金または補償金を課す場合と課さない場合とでは、社会的余剰はどれだけ違うか、その変化量を求めなさい。

に生産量１単位当たりの公的費用30をかけて求められる、平行四辺形の面積の大きさ $30 \times 70 = 2100$ になる。

○課す場合：$(160 - 40 + 15) \times 70 \div 2 = 4725$

○課さない場合： $[(160 - 40) \times 80 \div 2] - [30 \times 20 \div 2] = 4500$

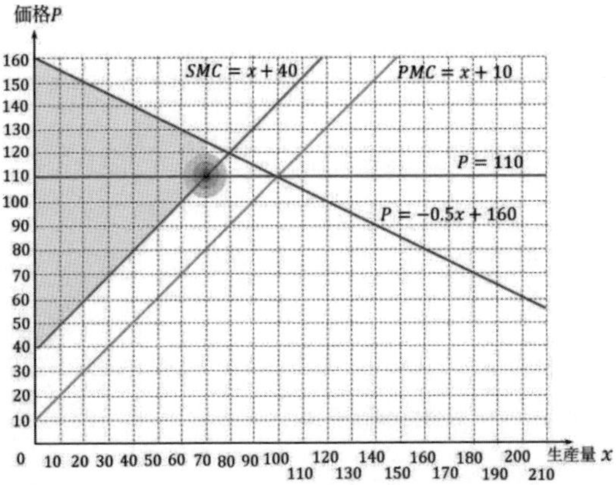

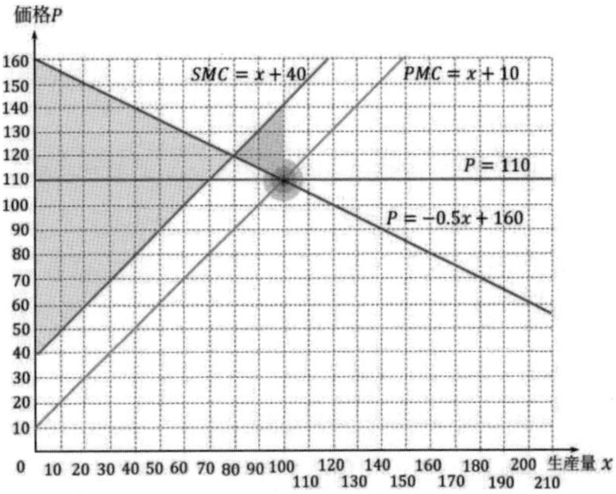

練習問題

◇**練習問題１－１**： 価格Pが100のとき、企業の総費用Cが$C = 0.25X^2 + 10X$のように与えられるとする。このときの企業の利益の大きさを求め、それを図示しなさい。

◇**練習問題１－２**：価格Pが90のとき、企業の総費用Cが$C = \frac{1}{3}X^2 + 10X$のように与えられるとする。このときの企業の利益の大きさを求め、それを図示しなさい。

◇**練習問題２－１**：練習問題１－１において、生産量１単位当たりに20の公的費用が掛かるとする。このとき私的限界費用PMCを基準に生産量を決めた場合と、社会的限界費用SMCを基準に生産量を決めた場合のそれぞれについて、公的費用の大きさを求めなさい。

◇**練習問題２－２**：練習問題１－２において、生産量１単位当たりに20の公的費用が掛かるとする。このとき私的限界費用PMCを基準に生産量を決めた場合と、社会的限界費用SMCを基準に生産量を決めた場合のそれぞれについて、公的費用の大きさを求めなさい。

◇**練習問題３－１**：練習問題１－２と２－２において、需要曲線Dが$D = -\frac{1}{3}X + 130$のように与えられるとき、企業側または住民側に賠償金または補償金を課す場合と課さない場合とでは、社会的余剰はどれだけ違うか、その変化量を求めなさい。

◇**練習問題３－２**：練習問題３－１において、住民に公害を抑制させる権利があるとき、企業が支払う賠償額と公的費用の大きさ、またそのときの社会的余剰を求め、それを図示しなさい。

◇**練習問題３－３**：練習問題３－１において、企業が生産量を自由に決める権利があり、住民はそれを抑制させるために補償金を支払うとき、住民が支払う補償金と公的費用の大きさ、またそのときの社会的余剰を求め、それを図示しなさい。

トピック２６：成長の極理論

地域経済学が発展してきたもともとの理由とは、国や地方政府による地域政策の策定と、その策定された計画を効率よく実施していくために、地域について科学的に分析する必要があったからになる。そして、その地域経済学に源流を求めて、その歴史をたどっていってみると、ペルーの**成長の極理論**（pôle de croissance）という理論にたどり着くことになる（Perroux 1950；1955）。

様々な国の都市・地域の発展の歴史について振り返ってみるとき、常に、その発展の原動力として、その地域を支えた中心地域があったことが分かる。そして、その中心になりうる地域とは、一国の国土を見渡したとしても僅かにしかなく、その成長の中心となった地域が、その**成長の極**（growth pole）になることによって、その成長の極が果たす役割について分析したものが、その成長の極理論になる。

この成長の極には、産業クラスターを形成するような成長する中心産業と、その中心産業と支援する関連産業が存在しており、その複数の産業を同時に発展させることが、その成長の極としての地域の役割になることになる。そこで今回は、その成長の極理論について簡単に紹介していくことにする[8]。

まず、ペルーは成長の極の周辺に広がる**経済空間**（economic space）という、抽象的な空間を定義することからはじめる。この経済空間とは、次の３つの特徴によって定義されることになり、ひとつ目は、その地域計画の対象としての経済空間（economic space as defined by a plan）のことになる。これは、ある地域計画の対象（ターゲット）になる地域における主体同士の関係性のことになり、ここで、その主体とは、主に企業群のことになる。また、その関係性とは、その企業間における生産の上流・下流の関係のことになり、主に、部品・仕掛品を売るサプライヤーと、それを購入し、組立て、市場に供給するバイヤーとの関係のことになる。

そのサプライヤーとバイヤーとの間には、個別的に距離が定義されており、その距離に応じて輸送費用が発生することになる。そして、その中心産業は地域の中心地に位置することになり、その中心産業を支える関連産業は、その中心地に対して一定の距離を保ちながら立地していることになる。そして、その中心地にある中心産業の発展が、その地域の成長の極としての役割を果たすことになる。

２つ目は、力の場としての経済空間（economic space as a field of forces）のことになり、この力とは、主に、次の２種類の力のことを意味している。ひとつは中心（潜在的な成長の極）に対して様々な主体（企業、労働、家計等）を集める**求心力**（centripetal force）のことになり、この求心力は、その中心に位置する成長産業との空間的近接性を保つために、その他の関連企業が、その中心地に近い地点に集まることによって、それに付随する労働人口や家計などを、その中心に向けて集める力のことになる。

もうひとつは**遠心力**（centrifugal force）のことになり、これは、ある中心地に対して、企業や人口などが過度に集中するときに、混雑や渋滞などの費用が追加的に発生することになり、それは企業が中心地に立地することを困難にすることになる。そして、それは企業と家計を、その中心地から外に向かって押し出す働きになることから、その力が、その遠心力に当たることになる。

３つ目は、同質な主体の集まりとしての経済空間（economic space as a homogeneous aggregate）のことになる。どの地域においても、その地域に特有な産業と生産条件が存在していることになり、また、産業ごとに、その生産費用や製品の需要量、技術水準等の違いがあったとしても、その経済空間の定義では、そうした違いについては考慮せず、その他の主要な経済要因にだけ、その分析対象を絞ることになる。この考え方は、現代の経済理論でみられるような、平均的もし

[8] 成長の極の理論の独特なところは、それまで Thünen、Weber、Losch、Palander 等が、伝統的な経済学の分析を用いるために、ユークリッド空間上で都市を定義したのに対して、Perroux は、都市を抽象的な位相空間上で定義したところにある。

くは代表的（representative）な企業の考え方と同じになっている。

ペルーは、この経済空間の概念を準備した後に、地域の経済成長の原因として、新しい産業が誕生する役割と、古い産業が消滅する役割ついて強調しており、この成長の考え方は、シューペンターの破壊と創造の概念を基礎にしている。つまり、この成長の極の中心地には、新しい産業の誕生と成長があることになり、その新しい産業の成長の陰には、既存の古い産業の衰退と消滅があることによって、それらは同時に進行することになる。

次に、その新しい産業の誕生が、都市・地域の成長を引き起こす過程には、次の２段階があることになる。まず、その第一段階として、その新しい産業によって生み出される製品は、それまで古い産業が生産していた製品よりも、より高い付加価値をともなって販売されることになる。この付加価値は、その都市・地域の所得として分配されることになり、その都市・地域での需要を増やすことになる。この所得と需要の増加は、その新しい産業と関連する産業に加えて、それに関連のない産業も呼び込むことになり、それと同時に、それらの産業に従事する労働と家計を、その成長の極に集めることになる。

次に、その第二段階では、そうして起こった人口増加が、その新しい産業の製品に対する需要を、その人口増加分だけ増加させることになる[9]。仮に、その新しい産業の製品１単位当たりの付加価値が一定であるとき、その付加価値額に、その需要量をかけ合わせた大きさが、その新しい産業が生み出す総付加価値額になることになる。したがって、人口が増えれば増えるほど、その需要量も増加することになり、その総付加価値額も増えることになる。さらに、その増加した総付加価値額は、再度、その産業と関連産業に従事する労働者の所得として分配されることになり、その第一段階の成長過程が繰り返されることになる。

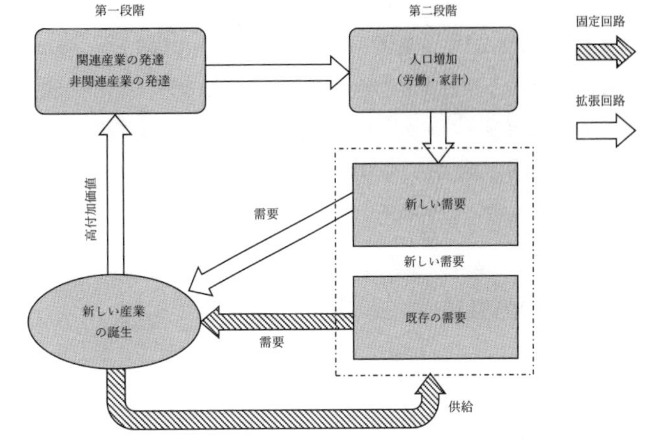

このような循環のことを**拡張回路**（extension circuit）と呼んでおり、この拡張回路では、その回路に対するインプット（新しい産業の製品の生産量）の量が一定であったとしても、その回路を構成する人口が増加することによって、その回路からにアウトプット（新しい産業の製品の需要量）が増加していくことになる。逆に、その生産量も需要量も変化せずに、自給自足を続けるような循環のことを**固定回路**（stationary circuit）と呼んでいる。

以上がペルーの成長の極の理論の全容になっている一方で、この理論には問題点もあることになる。例えば、この成長の極理論では、新しい産業が誕生し、成長するまでの段階までしか考慮されておらず、その後の段階については、何も語られていないことになる。通常、どの製品・企業・産業についても、その成長期から成熟期、そして衰退期までのサイクルが存在していることになり、その製品のサイクルにまで踏み込んだものが、以前に紹介したヴァーノンのプロダクト・サイクル理論やマークセンのプロフィット・サイクル理論などになっている。

[9] 新しい産業の製品の需要が、その都市・地域の人口増加に比例する理由には、ペルーが研究していた当時は、新しい産業が一カ所で起こることが多く、かつ、その製品の輸送費用が非常に高かったことから、その都市または近郊に住んでいる人口しかほとんど需要することができなかったという時代背景がある。この背景については、現在の途上国のインフラの状態について考慮したときに、十分に現実的なことであると言える。

第２６講　ネットワーク分析の基礎

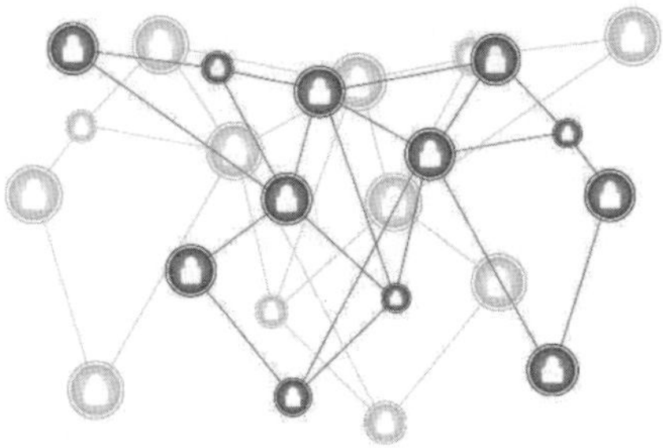

社会ネットワーク分析とは、文字通り社会におけるネットワークを分析するための手法のことになる。この社会ネットワーク分析が応用されているテーマについては非常に多岐にわたっており、地域経済に限った例を挙げたとしても、製造工程のネットワーク、企業間取引のネットワーク、コミュニティのネットワーク、コミュニティにおける意思決定の構造、社会的な支援のネットワーク、技術革新の伝播と適用の範囲、コーポレートガバナンスの構造、信念の伝播と共有される社会的な範囲、社会的権威の支配力と影響力の構造、協力関係の範囲と構造などを挙げることができ、その応用できる範囲に限りはない。

これまで本書では、企業の立地行動理論について紹介してきたが、企業が、その立地選択を行った後に、企業間において何らかのネットワークが発展することが予想される。例えば、そのネットワークとは、取引ネットワークや輸送ネットワーク、製造ネットワーク、本社支店ネットワーク、技術移転ネットワークなどのことになる。そこで本講からは、その地域に広がるネットワークの構造について分析することができるようになるために、社会ネットワーク分析の手法について紹介していくことにする。

■ グラフの種類

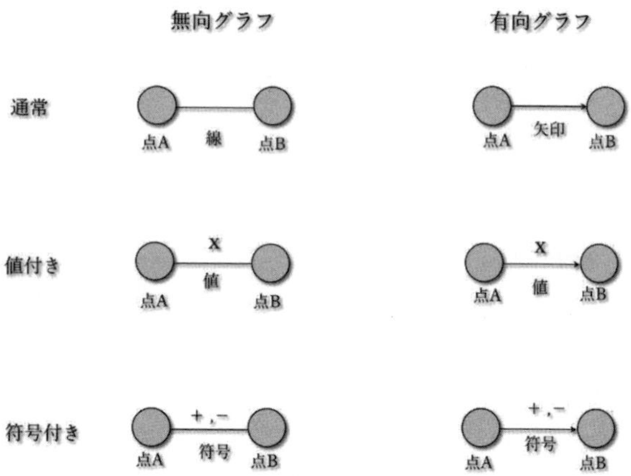

社会ネットワークは**グラフ**（graph）と呼ばれるネットワークによって表されることになる。ここで、そのグラフとは、特定の構成要素によって表されるネットワークのことになり、その構成要素とは、点と線という２つの要素になる。

まず、その**点**（node）とは、主体や出来事などを表すものになり、その点に対しては、属性や性質の強弱などを与えることができる。つまり、その属性とは、あるグループ・分類に属するがどうかの区別のことになり、例えば、性別や職業、学校のクラス、組織への所属、利用可能な言語などのことになり、その性質の強弱とは、その主体がもつ性質の強さのことになり、その例としては、年齢の高さ低さ、ある考えや価値観などの違い、満足度の強弱、活動への参加の頻度、技術革新の応用の頻度などのことになる[10]。

また、**線**（line）とは、点と点との関係を表すものになり、ある２つの点を線で結ぶときに、それらの点が表す主体には**繋がり**（tie）もしくは**関係**（linkage）が存在していることになる[11]。この線には２種類あり、矢印で表されるものと、そ

[10] 点は節点また頂点とも呼ばれることもある。
[11] 線は枝また辺（edge）と呼ばれることもある。

うでないものに分かれることになる。その矢印で表されるものについては、その方向が定められることから、ある主体を表す２つの点に対して、どちらの点からどちらの点に向けて、その関係があるのかについて、その方向を表現することができるようになっている。

例えば、上図のように、点Ａから点Ｂに対して、ある行為をしたのであれば、点Ａから点Ｂまで伸びる一方向の矢印を描くことができるし、点Ａと点Ｂが互いに相手に対して、その行為をしたのであれば、点Ａと点Ｂを結ぶ双方向の矢印を描くことができる。この矢印を用いて描かれたグラフのことを**有向グラフ**（directed graph）と呼んでおり、また、矢印がない線を用いて描かれたグラフのことを**無向グラフ**（undirected graph）と呼んでいる。そのどちらを用いたとしても、それがグラフであることには変わりはなく、そのどちらのグラフを用いてネットワークを表すべきかという問題については、その分析の目的にしたがって、その分析者の判断によって決定されることになる。

さらに、その無向グラフと有向グラフのそれぞれが、次の２つの種類に分類されることになる。ひとつは、それぞれの線・矢印に対して値が割り振られているグラフのことになる。そのようなグラフのことを**値付きグラフ**（valued graph）と呼んでおり、その値付きグラフについては、すべての線に対して、xという値を表す変数が割り振られることになる。ここで、そのxの値については、基本的に、その線によって表される繋がりの強弱を表すことになり、そのxの値が大きくなるほど、その繋がりが強いことを示すことになる。もうひとつは、符号が付いているグラフのことになり、そのグラフは**符号付きグラフ**（signed graph）と呼ばれている。その符号とは、プラス（+）またはマイナス（−）のことになり、それぞれの線・矢印に対して、いずれかの符号が添えられることになる。

■ 無向グラフの次数

次に、グラフの点の次数について説明していくことにしよう。**次数**（degree）とは、点から伸びる線の数のことになる。グラフにおける線とは、点と点とを結ぶものになっていることから、ある点から伸びる線は、別のもうひとつの点まで伸びていることになる。下図の例では、ある主体を表す点Ａ、Ｂ、Ｃがあるとき、それらの間に関係があるのかないのかについて、その線による繋がりの有無によって表すことになる。また、その左の図では、点Ａと点Ｂが線で結ばれていることから、その点Ａと点Ｂに関係があることが表されている。さらに、点Ｃは、点Ａと点Ｂに対して線によって結ばれていないことから、点Ｃは点Ａと点Ｂとは関係がないことが表されている。

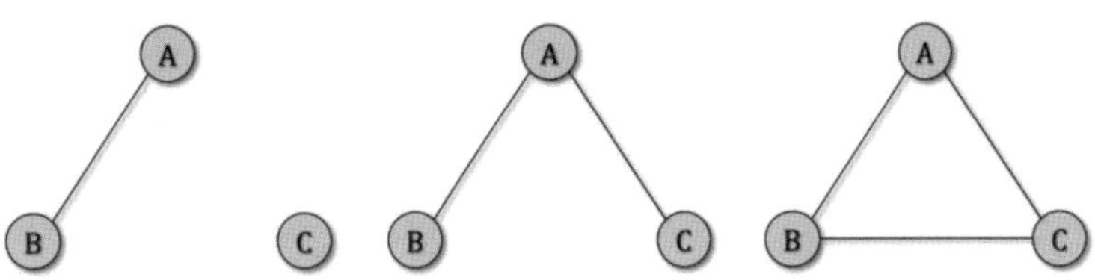

次に、その図の左のグラフにおいて、点Ａから点Ｂに対して、線がひとつ描かれていることから、その点Ａの次数は１になる。それに対して、その点Ｂの次数も、点Ａに対してひとつの線が描かれていることから１になる。最後に、その点Ｃについては、どの点に対しても線が描かれていないことから、その次数は０になる。

次に、中央のグラフについて、点Ａは点Ｂと点Ｃに対して、２つの線を伸ばしていることから、その次数は２になる。また、点Ｂと点Ｃは、それぞれ点Ａに対してひとつの線を伸ばしていることから、その次数は１になる。最後に、右のグラフについて、点Ａも点Ｂも点Ｃも、すべて他の２つの点に対して線を伸ばしていることから、それらの点の次数は、すべて２になる。

ところで、その右のグラフについては、それ以上線を追加することができなくなっている。その理由は、その全ての点が、他の全ての点に対して線で結ばれているからになる。そのように、全ての点が他の全ての点に対して線で結ばれている状態で、それ以上、新たに線を追加することができないようなグラフのことを**完全グラフ**（complete graph）と呼んでいる。

▸ **例題１**：次のグラフの各点について、それぞれの点の次数を求めなさい。

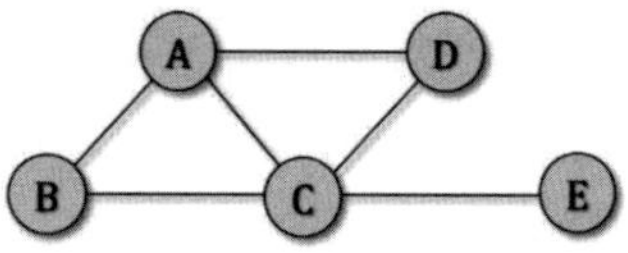

点Aの次数は3、点Bの次数は2、点Cの次数は4、点Dの次数は2、点Eの次数は1になる。

以上がグラフに関する基本的な定義になる。このグラフのことを、文脈によってはネットワークと言い換えることもあるが、グラフとはネットワークを表すものであることから、本書では、グラフとネットワークを同じものとして扱うことにする。

■ 有向グラフの次数

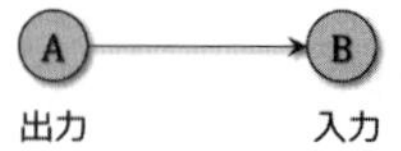

次に、有向グラフの次数について紹介していくことにしよう。無向グラフでは、点と点とが線によって結ばれていたのに対して、この有向グラフでは、点と点が矢印によって結ばれることになる。その矢印には２種類あることになり、ある点を基準にして、その点に向かって伸びる矢印のことを**入力線**（indegree）と呼んでおり、逆に、その点から他の点に向かって伸びる矢印のことを**出力線**（outdgree）と呼んでいる。

▸ **例題２**：次のグラフの各点について、その入力次数と出力次数を求めなさい。

点Aの入力次数は3、点Aの出力次数は0
点Bの入力次数は0、点Bの出力次数は1
点Cの入力次数は0、点Cの出力次数は1
点Dの入力次数は0、点Dの出力次数は1

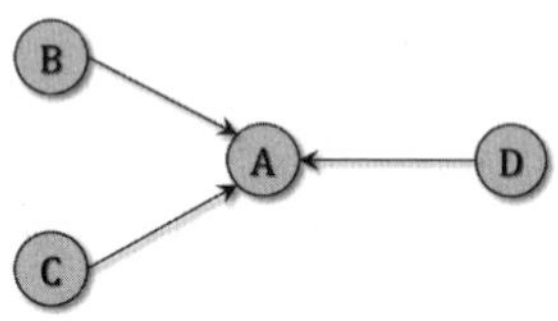

それでは次に、ネットワーク上の点と点との関係を分析するために必要な概念である、路という概念について説明することにする。

■ 路

次に、点と点、主体と主体とを結ぶ経路について考えてみることにしよう。この経路にはいくつかの種類があり、それらは、それぞれの点と点とを結ぶ経路が満たす条件によって分類されることになる。まず、路（みち）という概念から考えてみることにしよう。**路**（みち）（walk）とは、グラフ上のある点から別の点に至るまでに通過する経路のことになり、その経路は以下の４つの条件を満たすことになる。ネットワーク上の、

(1)　すべての点を通過する必要はない。

(2)　すべての線を通過する必要はない。

(3)　同じ点を二度以上通過してもよい。

(4)　同じ線を二度以上通過してもよい。

▸ **例題 3**：次のグラフにおいて、点 A から出発して点 A に戻るような経路が、経路 1 から経路 7 まで 7 つあるとき、それぞれの経路について、路（みち）の定義を満たすかどうかを判定しなさい。

経路 1：$A \to B \to D \to A$　○路である。

経路 2：$A \to B \to C \to D \to A$　○路である。

経路 3：$A \to B \to C \to D \to B \to E \to A$　○路である。

経路 4：$A \to B \to D \to C \to B \to E \to A$　○路である。

経路 5：$A \to B \to C \to B \to D \to A$　○路である。

経路 6：$A \to B \to A \to B \to D \to A$　○路である。

経路 7：$A \to B \to C \to D \to B \to D \to A$　○路である。

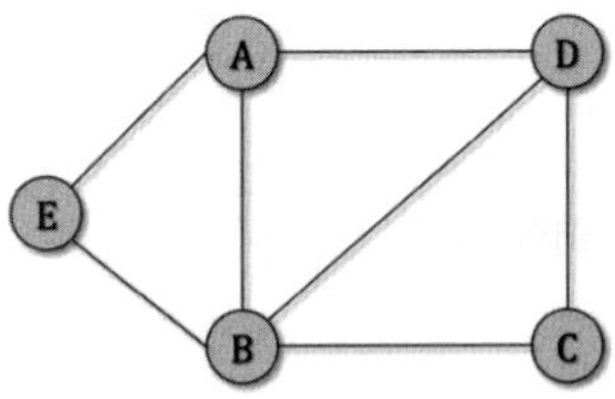

この路の定義については、その経路に対して何の制約も課していないことから、どのような経路であったしても路になることになる。

■ 通路

次に**通路**（つうろ）(trail) とは、グラフ上のある点から別の点に至るまでに通過する経路のことになり、その経路は以下の 4 つの条件を満たすことになる。ネットワーク上の、

(1)　すべての点を通過する必要はない。

(2)　すべての線を通過する必要はない。

(3)　同じ点を二度以上通過してもよい。

(4)　同じ線を二度以上通過してはいけない。

▸ **例題 4**：次のグラフにおいて、点 A から出発して点 A に戻るような経路が、経路 1 から経路 7 まで 7 つあるとき、それぞれの経路について、その通路（つうろ）の定義を満たすかどうかを判定しなさい。

経路 1：$A \to B \to D \to A$　○通路である。

経路 2：$A \to B \to C \to D \to A$　○通路である。

経路 3：$A \to B \to C \to D \to B \to E \to A$　○通路である。

経路 4：$A \to B \to D \to C \to B \to E \to A$　○通路である。

経路 5：$A \to B \to C \to B \to D \to A$　×通路でない。

経路 6：$A \to B \to A \to B \to D \to A$　×通路でない。

経路 7：$A \to B \to C \to D \to B \to D \to A$　×通路でない。

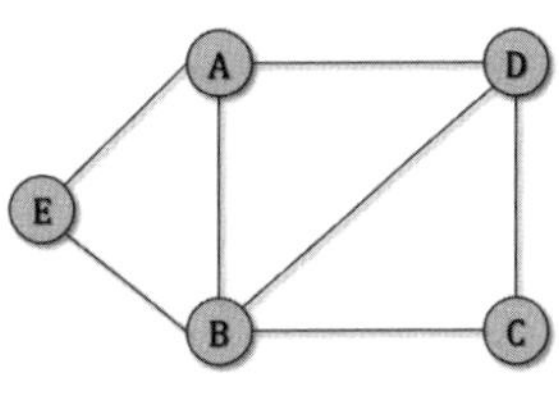

以上の解答について、その経路5から7は、同じ線を二度以上通過する必要があることから、それらは通路ではないことになる。

■ 順路

次に、**順路**（path）とは、グラフ上のある点から別の点に至るまでに通過する経路のことであり、その経路は以下の4つの条件を満たすことになる。ネットワーク上の、

(1)　すべての点を通過する必要はない。

(2)　すべての線を通過する必要はない。

(3)　同じ点を二度以上通過してはいけない。

(4)　同じ線を二度以上通過してはいけない。

▸ **例題5**：次のグラフにおいて、点Aから出発して点Aに戻るような経路が、経路1から経路7まで7つあるとき、それぞれの経路について、その順路の定義を満たすかどうかを判定しなさい。

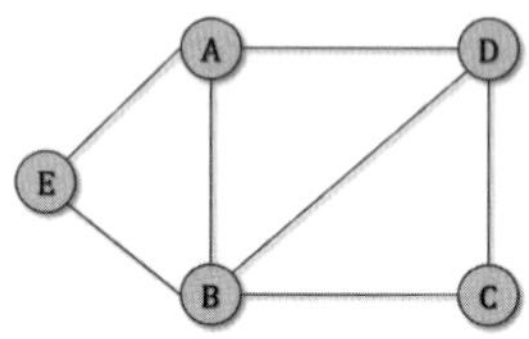

経路1：$A \to B \to D \to A$　○順路である。

経路2：$A \to B \to C \to D \to A$　○順路である。

経路3：$A \to B \to C \to D \to B \to E \to A$　×順路でない。

経路4：$A \to B \to D \to C \to B \to E \to A$　×順路でない。

経路5：$A \to B \to C \to B \to D \to A$　×順路でない。

経路6：$A \to B \to A \to B \to D \to A$　×順路でない。

経路7：$A \to B \to C \to D \to B \to D \to A$　×順路でない。

以上の解答については、その経路3と経路4などは、同じ点を二度以上通過していることから、その経路は順路には当たらないことになる。

■ 閉路・全路・回路

次に、始点と終点が同じになるような経路について、次の3つの定義がある。

◎**閉路**（closed walk）とは、以下のひとつの条件を満たす路である。

(1) 最初と最後の点が同じである。

◎**全路**（tour）とは、以下の2つの条件を満たす路である。

(1)最初と最後の点が同じである。

(2)すべての線を少なくとも一度は通過する。

◎**回路**（cycle）とは、以下の2つの条件を満たす路である。

(1)最初と最後の点が同じである。

(2)最初と最後の点以外は二度以上通過しない。

○点Aの閉路の例

$A \rightarrow B \rightarrow C \rightarrow D \rightarrow B \rightarrow A$

$A \rightarrow E \rightarrow C \rightarrow B \rightarrow A$

$A \rightarrow B \rightarrow D \rightarrow C \rightarrow E \rightarrow A$

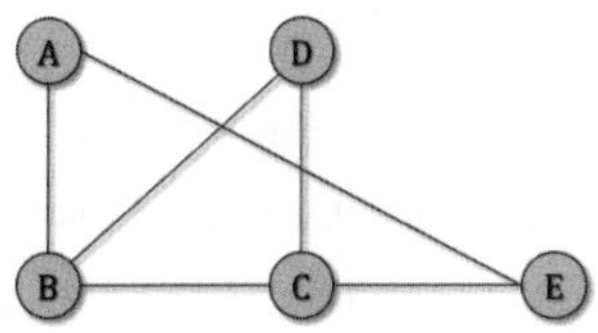

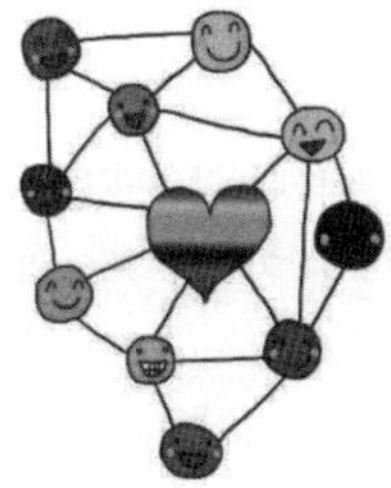

○点B、点C、点Dからの閉路の例

$B \rightarrow C \rightarrow D \rightarrow B$

$C \rightarrow E \rightarrow A \rightarrow B \rightarrow C$

$D \rightarrow B \rightarrow A \rightarrow E \rightarrow C \rightarrow D$

○全路の例

$C \rightarrow E \rightarrow A \rightarrow B \rightarrow C \rightarrow D \rightarrow B \rightarrow C$

$B \rightarrow D \rightarrow C \rightarrow B \rightarrow A \rightarrow E \rightarrow C \rightarrow B$

○回路の例

$A \rightarrow B \rightarrow E \rightarrow A$

$A \rightarrow E \rightarrow C \rightarrow B \rightarrow A$

$A \rightarrow E \rightarrow C \rightarrow D \rightarrow B \rightarrow A$

$B \rightarrow D \rightarrow C \rightarrow B$

練習問題

◇**練習問題１－１：** 次のグラフの各点の次数をそれぞれ答えなさい。

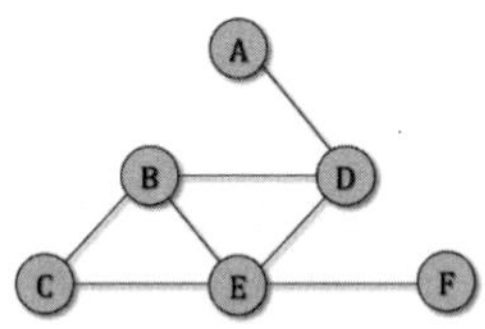

練習問題１－２： 次のグラフの各点の次数をそれぞれ答えなさい。

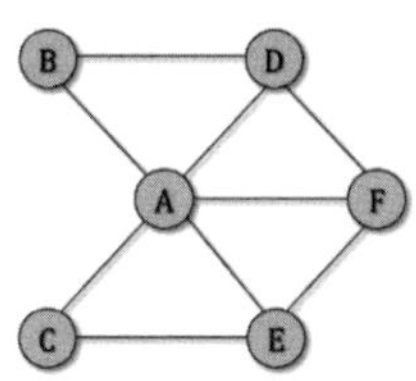

練習問題２－１： 次のグラフの各点の、入力次数と出力次数をそれぞれ答えなさい。

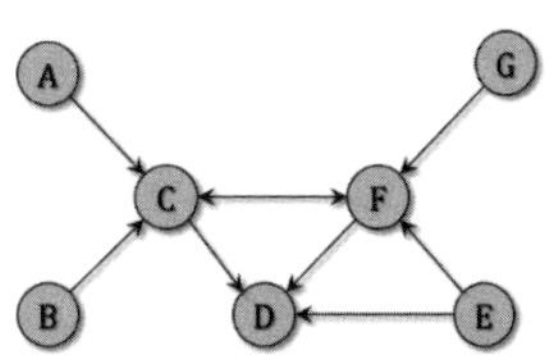

練習問題２－２： 次のグラフの各点の、入力次数と出力次数をそれぞれ答えなさい。

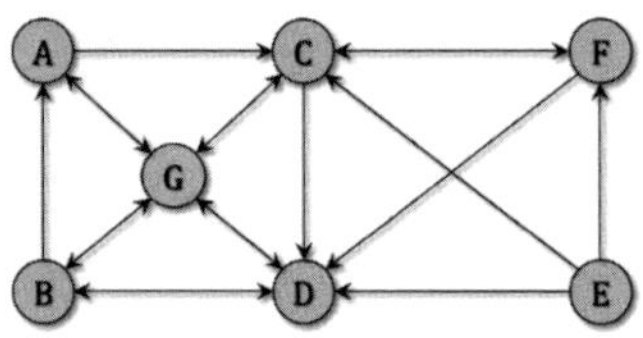

練習問題３－１：次のグラフについて、点を結ぶ経路が７つ挙げられている。各経路について、路、通路、順路の定義に当てまるかどうか検討し、当てはまる場合には○、当てはまらない場合にはXを表中に記入しなさい。

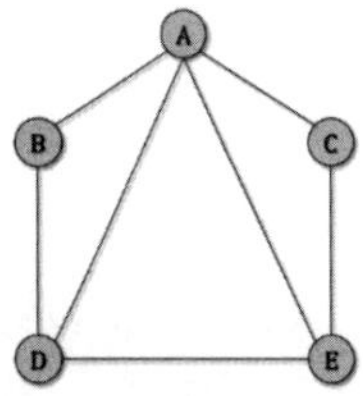

	路	通路	順路
$E \to C \to A \to B \to D$			
$A \to B \to D \to E \to C$			
$E \to A \to D \to E \to C \to A \to D$			
$C \to A \to B \to D \to A \to E$			
$B \to D \to E \to A \to D \to B$			
$B \to D \to E \to A \to C$			
$A \to B \to D \to E \to A \to C$			

練習問題３－２：次のグラフについて、点を結ぶ経路が７つ挙げられている。各経路について、路、通路、順路の定義に当てまるかどうか検討し、当てはまる場合には○、当てはまらない場合にはXを表中に記入しなさい。

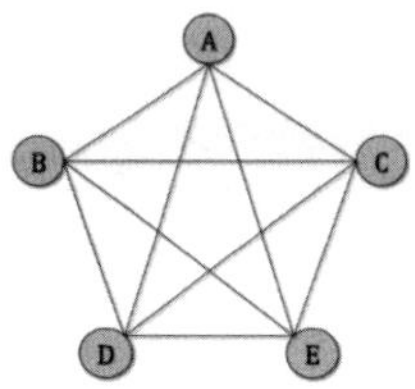

	路	通路	順路
$A \to B \to D \to A \to D$			
$A \to B \to D \to E \to C$			
$A \to D \to B \to C \to A \to D$			
$A \to B \to C \to D \to E$			
$A \to D \to C \to B \to E$			
$E \to C \to A \to C \to E$			
$A \to D \to C \to A \to B \to E$			

練習問題４－１：次のグラフにおける経路が、全路である場合は○を、全路でない場合は✕を、また回路である場合は○を、回路でない場合には✕を記入しなさい。

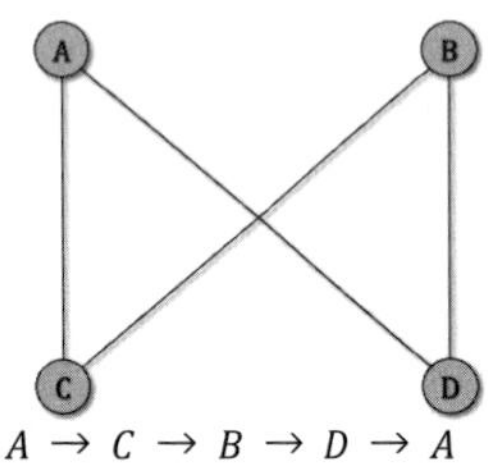

$A \to C \to B \to D \to A$

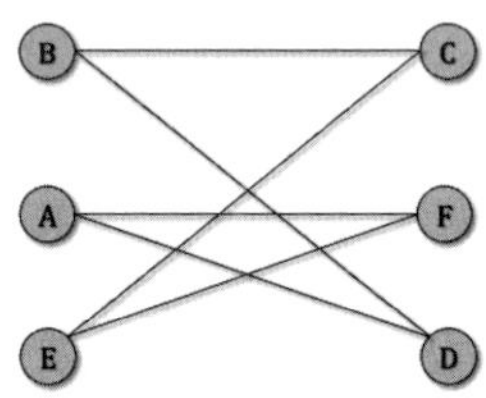

$B \to D \to A \to F \to E \to C \to B$

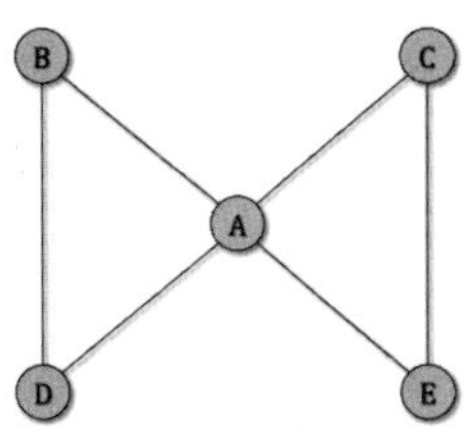

$B \to D \to A \to C \to E \to A \to B$

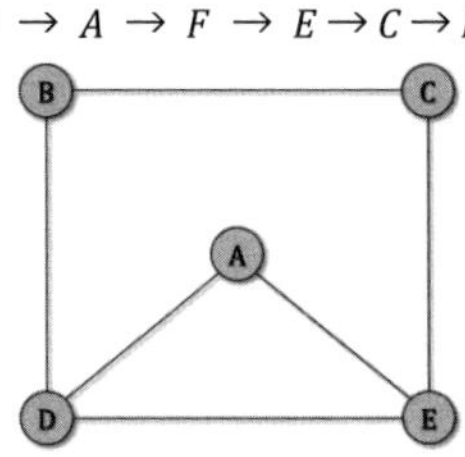

$A \to D \to B \to C \to E \to A$

練習問題４－２：次のグラフにおいて、以下の条件を満たす経路が存在する場合には○を、存在しない場合には✕を記入しなさい。

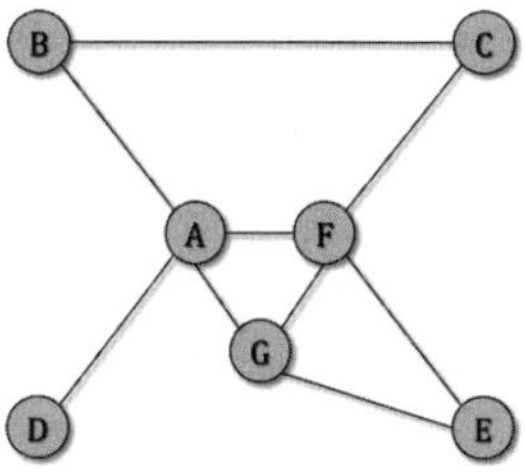

全路である閉路＿＿＿＿
回路である閉路＿＿＿＿
全路かつ回路である閉路＿＿＿＿

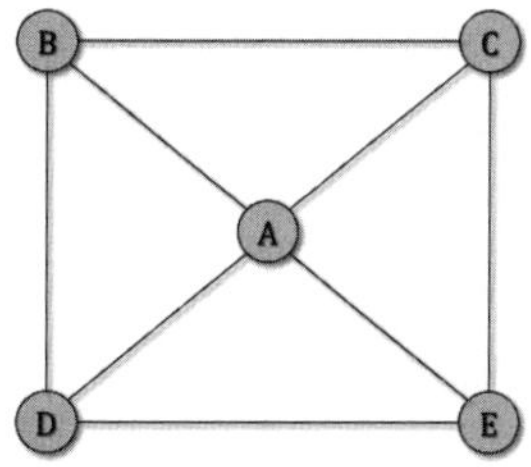

全路である閉路＿＿＿＿
回路である閉路＿＿＿＿
全路かつ回路である閉路＿＿＿＿

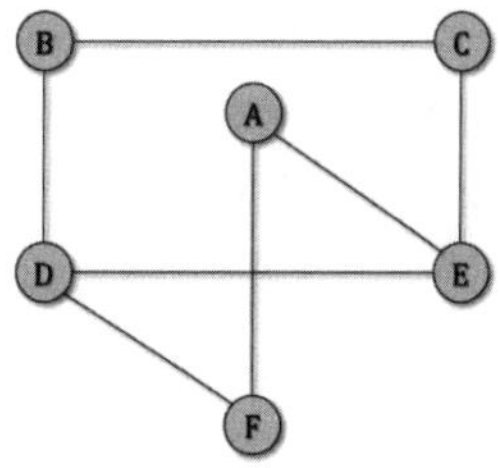

全路である閉路＿＿＿＿
回路である閉路＿＿＿＿
全路かつ回路である閉路＿＿＿＿

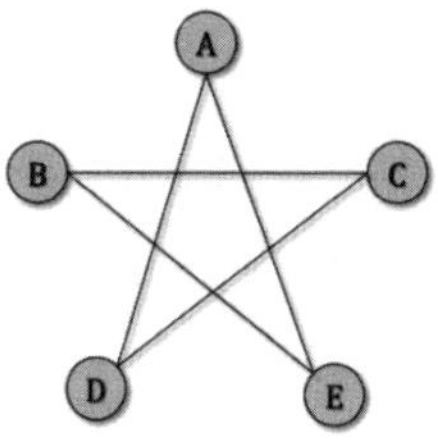

全路である閉路＿＿＿＿
回路である閉路＿＿＿＿
全路かつ回路である閉路＿＿＿＿

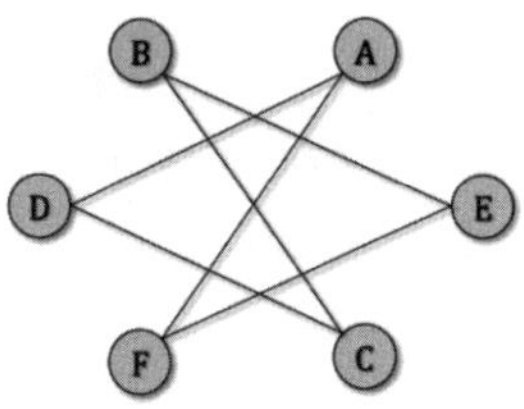

全路である閉路＿＿＿＿
回路である閉路＿＿＿＿
全路かつ回路である閉路＿＿＿＿

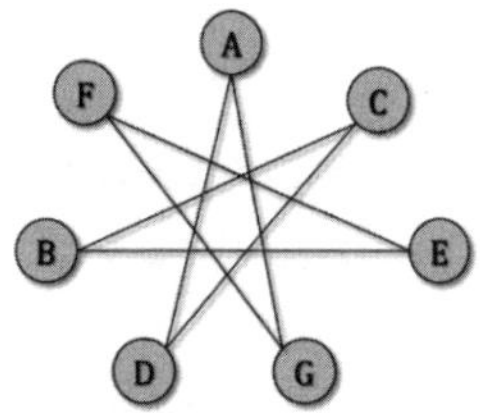

全路である閉路＿＿＿＿
回路である閉路＿＿＿＿
全路かつ回路である閉路＿＿＿＿

トピック２７：グラノベッターの社会的埋め込み

今回は社会ネットワークを考えていく上で非常に重要になる、**埋め込み**（embeddeness）という概念について紹介していくことにする。この埋め込みとは、経済主体の意思決定や生産等の経済活動の仕方が、それまでに形成されてきた人間関係や社会ネットワークなどの社会構造に埋め込まれており、その経済活動の多くが、良くも悪くも、それらの社会関係に影響を受けてしまうという考え方のことになる[12]。この埋め込みに概念について、グラノベッターの研究に依拠ながら、以下に紹介していくことにする。

まず、その経済主体が埋め込まれているのは社会ネットワークとは、複数の主体間の繋がりと、その繋がり方を表す図のことになる。それぞれの主体には、様々な属性と性質の強弱・有無があることになり、それらが主体間の繋がりの有無によって、どのように影響を受けるのかについて分析するために、社会ネットワークが重要になってくることになる。

グラノベッターは、種々の経済活動が、社会ネットワークの構造によって影響を受ける理由について、次の３つの理由を挙げている（Granovetter 2005）。

(1) 社会ネットワークは、個人が得られる情報の多さと質に影響を与える。

(2) 社会ネットワークは、報奨と懲罰を容易にする。

(3) 社会ネットワークは、信頼関係を育む。

この３つの中で、（２）の報奨と懲罰に関しては、近年の社会ネットワークの研究について紹介していく際に触れることにし、（３）の信頼関係については社会関係資本論において詳述していくことにする。そこで今回は、その（１）に焦点を当てて紹介していくことにする。

社会における個人と個人は、友人関係や知人関係によって、互いに繋がり合うことによって、一方の個人が有する情報を、もう一方の個人に対して口頭で伝えることができ、ある個人が獲得することができる情報量の多さは、その繋がっている個人の人数に比例して多くなる傾向にある。また、社会ネットワークを全体として眺めるときに、ある社会を構成する人数が一定であったとしても、その構成員の繋がりが増加することによって、その社会全体で流動する情報量も多くなっていくことになる。そうした意味において、その（１）の情報の多さは、その社会ネットワークの発展の度合いに依存していることになる。

次に、その個人が有する情報の質と、その社会ネットワークの関係について考えてみることにしよう。グラノベッターは、社会ネットワークにおける**弱い紐帯の強さ**（The Strength of Weak Ties）について着目したことで有名である（Granovetter 1975）。その紐帯とは、もともと帯を表す言葉で、ここでは特に、ある社会を形作る個人と個人の結びつきを意味している。そして、その弱い紐帯とは、文字通り、比較的繋がりの弱い人間関係の結びつきのことを表している。

例えば、ある親友同士の繋がりを強い紐帯（結びつき）と考えるとき、その他の友人や、その友人の知人等の繋がりが、その弱い紐帯（結びつき）に該当することになる。それでは、その弱い紐帯が強いとは、どのようなことを意味しているのであろうか。これについて説明するために、グラノベッターが実際に行った、次のような実証研究について紹介しておくことにしよう。

まず、ある個人が新しい仕事を探しているとき、その新しい仕事を紹介してもらえないか、家族や親せき、友人、知人、友人の知人などに相談する場合がある。このとき、その新しい仕事を探している個人は、いずれ仕事を紹介してもらうことになり、その紹介してもらった新しい仕事に就くことになる一方で、その際に、その家族や親せき、友人、知人、友人

[12] グラノベッターは経済活動（economic actions）が非経済活動（non-economic actions）に埋め込まれているとも述べている。ここでその経済活動とは、利益や付加価値などを生むことを目的とした活動のことになり、その非経済活動とは、それ以外の社会・地域活動のことを指している（Jones 2008）。

の知人の中で、誰に紹介してもらった仕事が、その個人の満足度を最も高めることになったのかについて、グラノベッターは、実際に、その調査を行ってみた。

ここで、その分析の対象になるのは、その仕事を紹介してもらった相手（家族、親せき、友人、知人、または友人の知人）との関係と、その仕事の満足度との関係になる。そして、その仕事を紹介した相手との紐帯の強さについては、家族、親せき、友人、知人、友人の知人の順に弱くなっていくこともものとする。この調査の結果は意外なものになり、弱い紐帯の相手から紹介してもらった仕事の方が、その仕事に対する満足度が高くなる傾向にあることが明らかになった。つまり、親せきに紹介してもらった仕事の質よりも、友人の知人に紹介してもらった仕事の質の方が高いことになり、また、家族から紹介してもらった仕事の質よりも、知人に紹介してもらった仕事の質の方が高いことになる。

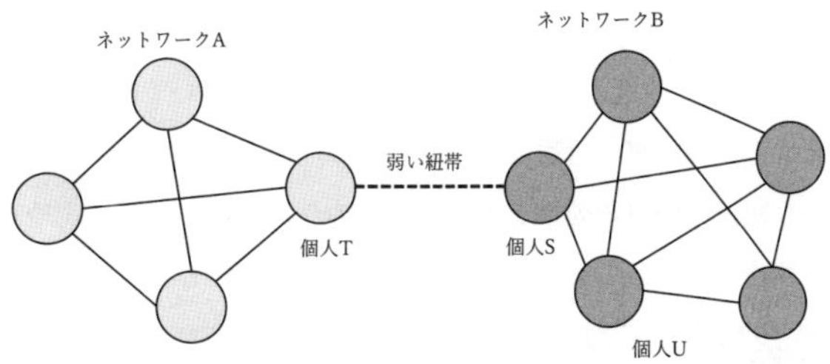

その理由について、上図にもとづきながら考えてみることにしよう。まず、強い紐帯によって結ばれたネットワークにおいては、その個人間の交流が活発に行われており、そのネットワーク内の個人との交流の頻度は、そのネットワーク外の個人の交流の頻度よりも、必然的に多くなっていくことになる。

上図では、その４人の個人による強い紐帯のネットワークＡと、５人の個人による強い紐帯のネットワークＢという、２つの強い紐帯があることを表している。そして、それぞれのネットワーク内での交流の頻度の増加は、そのネットワーク内で流通する情報を、均等かつ同質なものに変化させると同時に、そのネットワークを構成しているメンバーがもっている情報についても、均等かつ同質なものに変化させることになる。

その一方で、その情報の数は、そのネットワーク内で流通している情報の数に限定されてしまうことになり、そのネットワークＡとネットワークＢとの間に交流がなくなってしまうときには、そのネットワークＡの中で流通している情報と、そのネットワークＢの中で流通している情報は、その数についても質についても異なるものになってしまうことになり、それによって、そのネットワーク間での情報の質は、不均等かつ異質なものに変化していくことになる。

次に、上述した仕事探しの例について、その新しい仕事を探している個人を、図中の個人Ｔとして考えてみることにしよう。そして、そのネットワークＡの中には、その新しい仕事の情報が２０件ほど流通しているものとし、そのネットワークＢの中には、仕事の情報が３０件ほど流通しているものとする。

ここで、それぞれの仕事の情報が完全に異質なものであることを仮定するとき、そのネットワークＡとネットワークＢを弱い紐帯によって繋げることによって、そのネットワークＡの２０件とネットワークＢの３０件の合計の５０件の仕事の情報が、その全体のネットワークの中で流通するようになる。したがって、その弱い紐帯によって２つの異なるネットワークが繋がることによって、それぞれネットワークで流通する情報量が大幅に増加することになる。

これについて個人Ｔに当てはめて考えてみると、その弱い紐帯が生まれる前では、ネットワークＡ内で流通している２０件の情報しか得ることができなかったのに対して、そのネットワークＡがネットワークＢと繋がることによって、そのネットワークＢで流通している３０件の情報に対してもアクセスすることができるようになり、その個人Ｔにとっては、当初は、ネットワークＡの中の２０件の仕事の情報に対してしかアクセスすることができなかったのに対して、そのネットワークＢと弱い紐帯によって繋がることによって、その仕事の情報が５０件まで増えたことになる。

すると、その２０件の選択肢の中から仕事を探すよりも、その５０件の選択肢の中から仕事を探した方が、より満足度が高い仕事に出会える可能性が高くなることになり、最終的に、その個人Ｕが知っていた案件を、その個人Ｓを仲介して紹介してもらうときに、それは弱い紐帯を通すことによって、当初の２０件の仕事よりも、より満足度の高い仕事を見つけることができるという結果がもたらされることになる。これについては、その弱い紐帯を広げていくことによって、より良い仕事に出会うことができるようになるという意味において、その弱い紐帯の強さを表した例のひとつになっている。

この例では、その弱い紐帯をひとつに限定して考えてきたが、実際には、その個人Ｔは、他のネットワークＣやネットワークＤなどのように、さらに弱い紐帯を広げていくこともでき、そうすることによって、そのアクセスすることができるようになる仕事の情報の件数も、１００件から２００件へと増えていくことになる。そのように考えることによって、その弱い紐帯の強さの効果を十分に現実的なものとして受け止めることができ、その弱い紐帯の強さが、そのコンビネーション経済を発生させていく上で重要な役割を果たしていることが分かる。

＜地域経済メモ＞

近年、特定の駅周辺で、高層マンションが次々と建設される様子をよく目にします。経済学的な観点からは、マンションという財の供給量が、その需要量を上回ってしまうときに、その財の過剰供給が起こることになります。そして、そのマンションの過剰供給はマンションの価格を下落させることになり、それによって、そのマンションを建設している不動産会社の利益が減っていくことになります。にもかかわらず、同じ場所に似たようなマンションが次々と建設されていくのは不思議なことのように思われるかもしれません。

しかし、そうした行動はれっきとした経済学の理論にもとづいており、その理論によれば、供給量を増やせば増やすほど、その需要量も増えることになり、結果として過剰な供給が、それを上回る過剰な需要を生み出してしまうことになります。そのようなメカニズムは累積的因果関係と呼ばれており、人気なものほど益々人気になっていくという現象を説明する際に有効になってきます。

つまり、そのマンションの過剰需要が生み出される理由は、マンションの供給量が増えるほど、そのマンションの住民の所得を狙った大型商業施設やスーパーなどが建設されることになり、そうした商業施設の建設は、その街を住みやすい場所へと変貌させることになります。すると、そうした住みやすい場所に住みたいと思う住民は多くいるので、そうした住民に向けたマンションが次々と建設されることになります。

そして、その街にマンションが増えるにしたがって、市町村からの公共投資と民間企業からの投資が、その地域へと集まることになり、それによって、大きな道路や公園などが建設されたり、ファミリー層向けの飲食店が立ち並んだりすることになります。また、そうした街には子育て世代の若い住民が増えることによって、新しい形態の保育所や教育期間などが増えることになり、子育てがしやすい場所に変化していくことになります。そして、そうした地域は再開発されることになり、その再開発は古びた街を新しく綺麗で近未来的な街へと変貌させることになります。それによって、その街に住みたいと思う住民がさらに増えることになり、その住民に向けたマンションが建設されることになります。

ここで、その街における急激な増加は、その街の交通インフラを急速に発展させることになります。つまり、そうした人口の増加に対応するために、最寄りの駅で停車する鉄道の本数が増えたり、他の鉄道の乗り入れが増えることによって、それまでは行けなかった駅に対して、乗り換えなしで行けるようになったりすることになります。そうした交通インフラの発展は、その街に住みたいと思う住民をさらに増やすことになり、それによって、そのマンションに対する需要を益々増やすことになります。

次に、そうした街の変貌によって、その街は、多くの人々にとっての憧れの街へと発展することになり、そのマンションの供給量を上回る需要が、その街では発生することになります。そうして起こった超過需要は、そのマンションの価格を上昇させることになり、それによって、その街は富裕層しか住めないような街へと発展することになります。そして、その街に富裕層が増えるとき、富裕層しか行かないようなお洒落なカフェが増えたり、高級ブランド・宝飾品を扱うお店が建ち並んだりと、SNS で映えるような場所やモノが増えていくことになります。

このように、マンション建設が増えることがきっかけになって、新たなマンションの建設を呼び込むことになり、それが何度も繰り返されることになります。そして、その繰り返しはマンションを建てるために適当な場所が無くなるまで続くことになり、そのマンションを建設している不動産会社は、そうした累積的因果関係が起こるように誘導するためにマンションを建設していると言うこともできます。

第２７講　ネットワークの広さと密度

前講では、ネットワーク分析に必要な基礎知識について紹介してきたが、本講では、その基礎知識のいくつかを利用しながら、ネットワークの広さと密度について紹介していくことにする。ネットワークと一言でいっても、その広さと密度には様々なものがある。つまり、同じ広さのネットワークであったとしても、その密度の大小に違いが生じることもあれば、同じ密度のネットワークであったとしても、そのネットワークの広さに違いを生じることもある。したがって、複数のネットワークを比較しようとするとき、その広さと密度という２つの観点から比較することができるようになる。そこで本講は、そのネットワークの広さと密度の計量化の方法について紹介していくことにする。

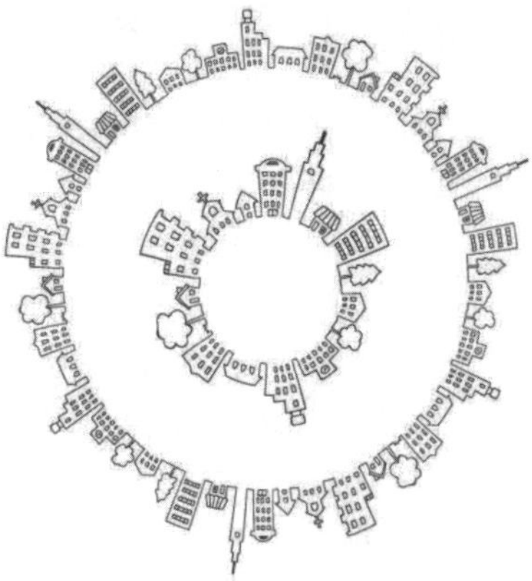

■長さ・最短距離・直径

まず、社会ネットワーク分析において、ネットワークは一般的にグラフと呼ばれており、そのグラフであるネットワークを構成する点と点とを仲介する線の数に応じて、その距離を定義することできるようになる。そして、点と点との間の距離のことを長さと呼んでおり、その**長さ**（length）とは、ある点と別の点とを結ぶ経路において、その経路を構成する線の数よって定義されることになる。

また、点と点とを結ぶ経路はひとつであるとは限らず、その経路が異なるとき、点と点との間にある線の数は一定であるとは限らないことになる。そこで点と点とを結ぶ経路が複数あるという前提の下で、その経路の中でも、その長さが最小のものを**最短距離**（geodesic distance）と呼ぶことにする。

さらに、あるネットワークを構成する、すべての点と点との最短距離を算出するときに、そのすべての点の最短距離の中でも、最も大きい最短距離が存在することになり、その最短距離のことをグラフの**直径**（diameter）と呼ぶことにする。

▸ **例題１－１**：次のグラフについて、点Dから点Aと、点Aから点Eまでを結ぶ経路について、最短距離になる経路と、その最短距離よりも長くなる経路を求め、それぞれの長さを示しなさい。

○点Dから点A

$D \rightarrow B \rightarrow A$（長さ2）最短距離

$D \rightarrow C \rightarrow B \rightarrow A$（長さ3）

○点Aから点E

$A \rightarrow B \rightarrow D \rightarrow E$（長さ3）最短距離

$A \rightarrow B \rightarrow C \rightarrow D \rightarrow E$（長さ4）

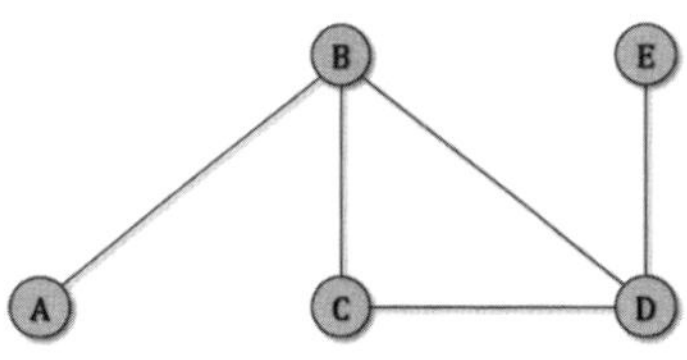

▸ **例題１－２**：このグラフについて、すべての点から他のすべての点への最短距離を求め、その一覧表を完成させなさい。また、その最短距離の中で最も大きい値を選ぶことによって、そのグラフの直径を求めなさい。

そのすべての最短距離の中で、最も大きい最短距離は3になっていることから、そのグラフの直径は3になる。

		終点				
		A	B	C	D	E
始点	A	0	1	2	2	3
	B	1	0	1	1	2
	C	2	1	0	1	2
	D	2	1	1	0	1
	E	3	2	2	1	0

■ 次数によるグラフの密度

次に、これまでに紹介してきたネットワーク分析の定義を応用することによって、ネットワークの分析手法について紹介していくことにする。まず、最初に紹介する分析手法は、ネットワークの密度を分析するための手法になる。このネットワークの**密度**とは、ある一定の数の点によってネットワークが構成されているときに、それらの点と点が、どれだけ多くの線で繋がっているのかを測るための指標になっている。

このネットワークの密度を図る方法には、大きく２つの方法があることになり、そのひとつは次数を利用する方法になる。具体的には、以下の式によって、そのグラフの密度を測定することができる。

$$\text{グラフの密度} = \frac{\text{すべての点の次数の合計}}{\text{点の数}}$$

つまり、そのネットワークを構成する点の次数が大きいということは、それだけ、それぞれ点同士が繋がる傾向にあることを意味している。そこで、ネットワークの密度を数量化する際に、すべての点の次数の合計を利用することが有効になる。但し、すべての点の次数の合計は、ネットワークを構成する点の数に比例することから、その次数の合計を点の数で割ることによって、その次数の平均値を求め、その次数の平均値が、その次数によるグラフの密度になる。

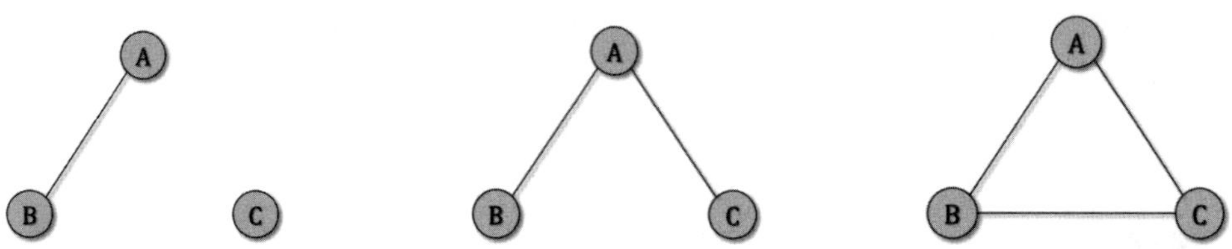

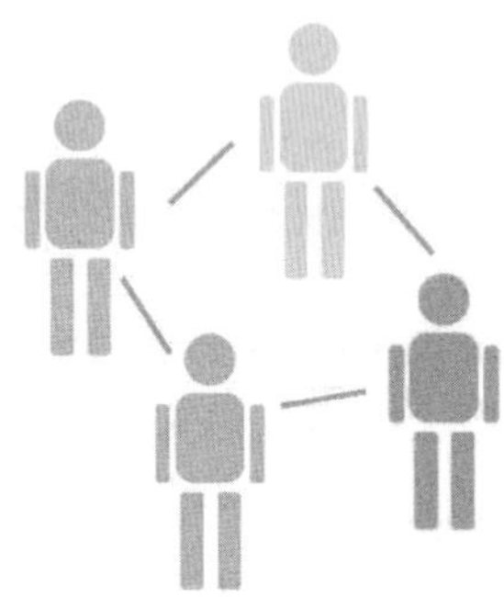

◎左図の密度

点Aと点Bの次数が１で、点Cの次数は０であることから、それら３つの点の次数を足すと$1+1+0=2$になる。そして、その点の数は３であることから、その次数の平均値を計算すると、$2 \div 3 = 0.666$になる。

◎中図の密度

点Aの次数が２で、BとCの次数は１であることから、それら３つの点の次数を足すと$2+1+1=4$になる。そして、その点の数は３であることから、その次数の平均値を計算すると、$4 \div 3 = 1.333$になる。

◎右図の密度

すべての点の次数が２であることから、それら３つの点の次数を足すと $2+2+2=6$ になる。そして、その点の数は３であることから、次数の平均値を計算すると、 $6 \div 3 = 2$ になる。

▸ **例題２**：次のグラフの次数による密度を求めなさい。

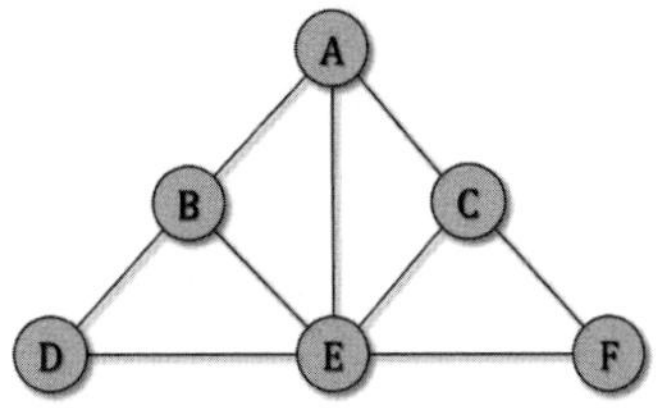

○ 次数の合計：$3+3+3+2+5+2=18$

○ 点の数：6

○ 次数による密度：$\frac{18}{6}=3$

■ 完全グラフとの差による密度

次に、ネットワークの密度を測るための指標として、完全グラフとの差による密度について紹介していくことしよう。この指標は、あるグラフにおける点と点とを結ぶ線の数について、その描くことができるすべての線を描いた場合の線の数（つまり完全グラフにした場合の線の数）に対して、現状どれだけの線が描かれているのかについて、その割合（%）をグラフの密度とする指標になる。

具体的には、その完全グラフとの差による密度を、次の式によって求めることができる。

$$\text{グラフの密度}=\frac{\text{すべての線の合計}}{[\text{点の数}\times\left(\text{点の数}-1\right)]\div 2}$$

まず、完全グラフとは、すべての点が他のすべての点と、線によって繋がっているネットワークのことになり、例えば、次の左図は完全グラフになっている。その理由は、その点Aは、点Bと点Cに繋がっており、その点Bは、点Aと点Cに繋がっており、その点Cは、点Aと点Bに繋がっていることから、そのすべての点が他のすべての点と繋がっているからになる。

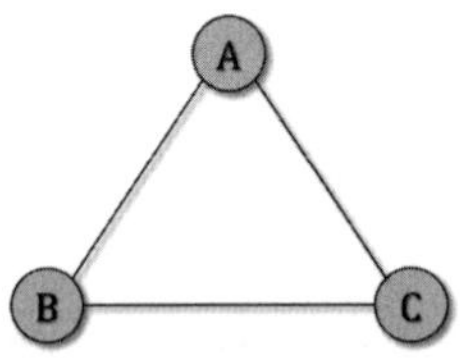

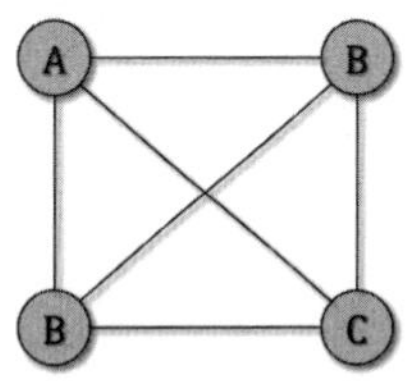

換言すれば、グラフを構成する点の数が3つのときの完全グラフ（左図）は、ひとつの点が他の2つの点に繋がることができることによって、その線の数は最大で$3\times 2=6$になる。それに対して、グラフを構成する点の数が4つのときの完全グラフ（右図）は、 ひとつの点が他の3つの点に繋がることができることによって、その線の数は最大で$4\times 3=12$になる。さらに、グラフを構成する点の数がn個のときの完全グラフは、ひとつの点が他の$n-1$個の点に繋がることができることから、その線の数は最大で$n\times(n-1)=n(n-1)$になる。

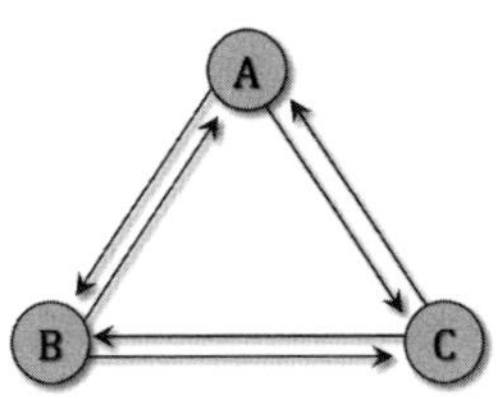

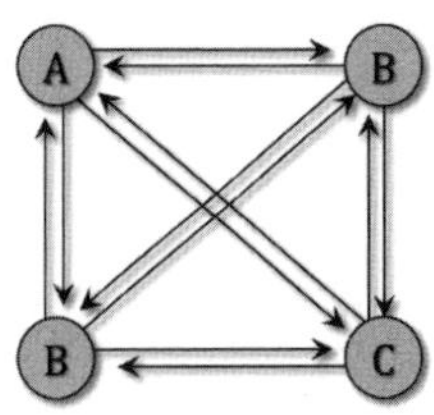

但し、すべての点から、他のすべての点に対して線を描くとき、その点と点とを結ぶ線が二重に描かれてしまうことになる。したがって、そのときの線の数は、完全グラフの場合の線の数の２倍の数に等しくなる。そこで、それを完全グラ

フの場合の線の数に等しくなるようにするために、その$n(n-1)$で表される線の数を2で割る必要があることになる。

$$点が n 個あるときの完全グラフの線の数：n(n-1) \div 2$$

▸ **例題3**：次のグラフの完全グラフとの差による密度を求めなさい。

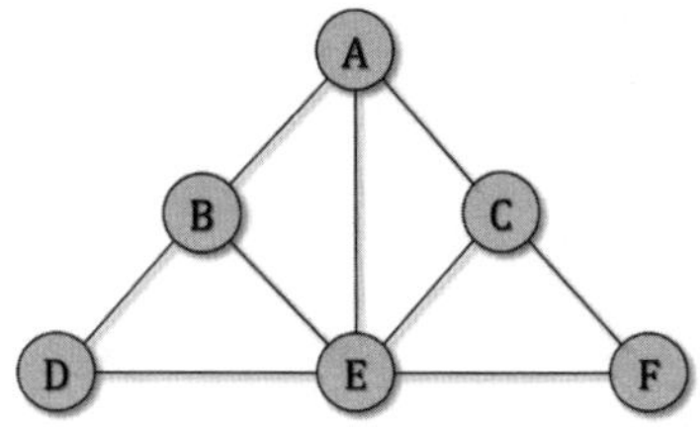

◯ 線の数：9

◯ $n(n-1) \div 2 = 6(6-1) \div 2 = 15$

◯ 完全グラフとの差による密度：$\frac{9}{15} = 0.6$

■ 有向グラフの密度

　これまで本講では、無向グラフの密度の求め方について紹介してきたが、その有向グラフの場合においても、その次数による密度を求めることができる。但し、無向グラフの場合には、その線の数の合計よって、その密度の大きさを求めることができたのに対して、有向グラフの場合は、その線が矢印になることから、有向グラフの密度の場合には、その矢印の数の合計によって密度が求められることになる。具体的には、その有向グラフの密度を、各点の平均的な入力次数と出力次数の数として、次のように求めることができる。

$$次数による密度 = \frac{すべての点の入力次数と出力次数の合計}{点の数}$$

また、有向グラフにおける、完全グラフとの違いによる密度を、次の式によって求めることができる。

$$完全グラフとの違いによる密度 = \frac{すべての点の入力次数と出力次数の合計}{点の数 \times (点の数 - 1)}$$

この完全グラフとの違いによる密度は、矢印の合計によって求められることになる一方で、有向グラフの場合には、その線が重複することはないことから、その分母を2で割る必要はないことになる。

練習問題

◇**練習問題１：** 次の２つ点を結ぶルートの中で、最短距離を含む２つ挙げ、それぞれの長さを求めなさい。

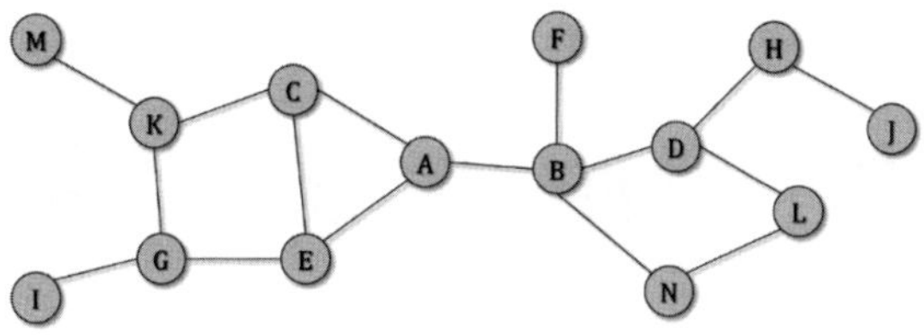

◇**練習問題２－１：** 次の表の中に、すべての点から他の点までの最短距離を記入し、その最短距離の中で最も大きいものとグラフの直径として求めなさい。

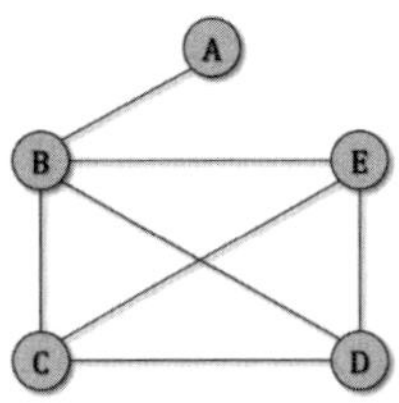

		終点				
		A	B	C	D	E
始点	A					
	B					
	C					
	D					
	E					

◇**練習問題２－２：** 次の表の中に、すべての点から他の点までの最短距離を記入し、その最短距離の中で最も大きいものとグラフの直径として求めなさい。

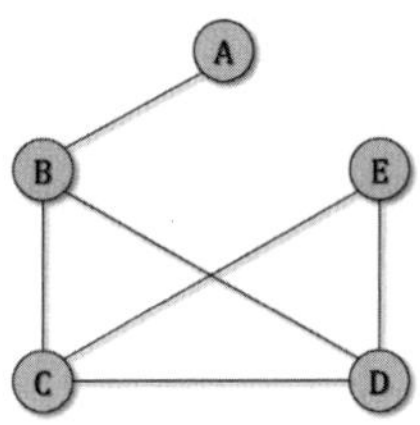

		終点				
		A	B	C	D	E
始点	A					
	B					
	C					
	D					
	E					

◇**練習問題２－３：** 次の表の中に、すべての点から他の点までの最短距離を記入し、その最短距離の中で最も大きいものとグラフの直径として求めなさい。

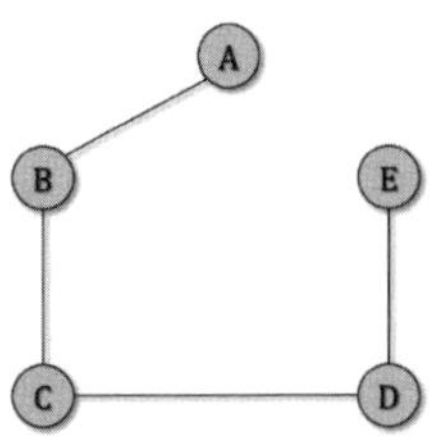

		終点				
		A	B	C	D	E
始点	A					
	B					
	C					
	D					
	E					

◇**練習問題３－１**：次のグラフについて、次数による密度を求めなさい。

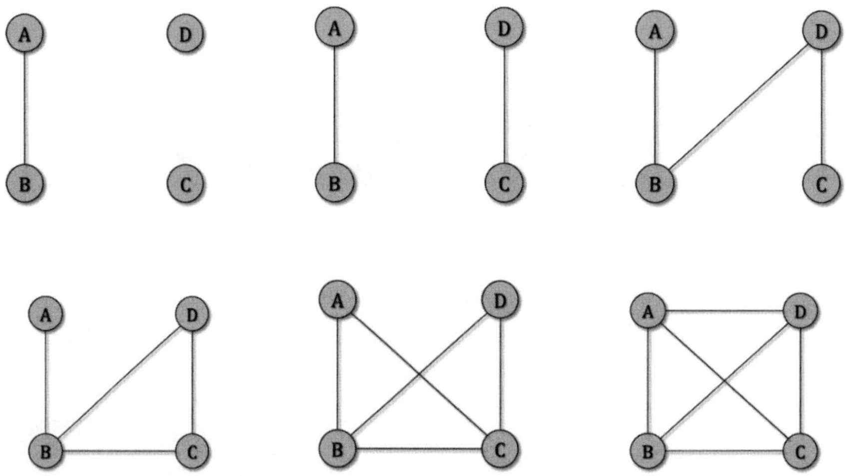

◇**練習問題３－２**：次のグラフについて、次数による密度を求めなさい。

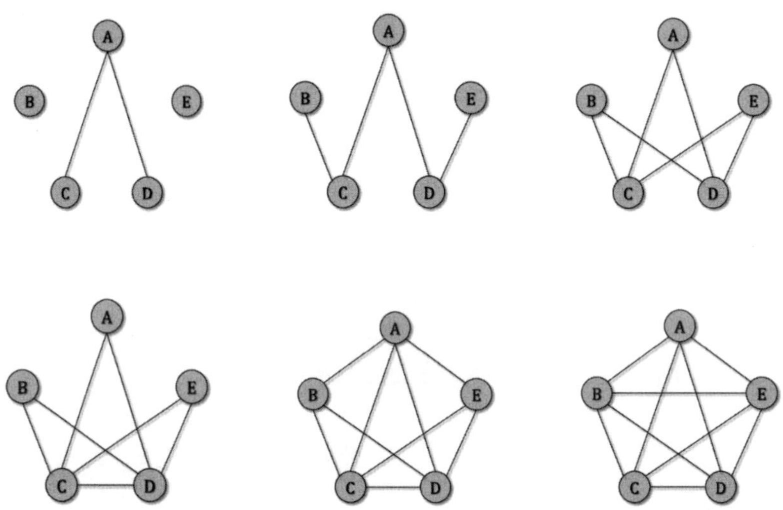

◇**練習問題４－１**：練習問題３－１のグラフについて、完全グラフとの違いによる密度を求めなさい。

◇**練習問題４－２**：練習問題３－２のグラフについて、完全グラフとの違いによる密度を求めなさい。

トピック２８A：ノースの取引費用

今回は、制度派経済学について紹介していくことにする。この制度派経済学とは、元々、新古典派経済学に対するアンチ・テーゼを含んで発展してきたものなっており、新古典派経済学が、自己の効用の最大化を図ることを目的とした個人の合理性によって、人間の選択や行動などを定義してきたのに対して、その制度派経済学は、それを制度の構造や違いなどによって説明しようとしてきた。

例えば、ダグラス・C・ノース（Douglass, C. North）によれば、制度とは、人や企業などの行動に関する社会的なルール・規則・慣習のことになり、それは人や企業などが様々な取引を繰り返していくことによって、社会を構成する個人によって共有されることになる（North 1989）。その制度に含まれる対象は広範囲に渡ることになり、ノース自身は制度のことを**物事のやり方**（way of doing things）とも呼んでいる。

そのような制度というものが、社会経済活動において形成されることになる理由について、ロナルド・コースは商業取引における社会的費用（social costs）という概念を用いることによって説明している（Coase 1960）。アダム・スミス（Adam Smith）の時代から、国内経済の成長において、その国の製造工程の特化と分業が重要な役割を果たしてきており、また、国際経済の成長においても、それぞれの国で特化された産業の発達と、国家間の分業の発達が重要な役割を果たしてきた。

そして、国内と国際の違いにかかわらず、その経済活動を行っていく上では、必然的に企業間・産業間の取引が必要になることになり、その制度派経済学が着目したのが、その取引を行う際に必ず発生する**取引費用**（transaction costs）になる。そして、その経済活動における付加価値を増やすためには、その取引費用を減らす必要があることになり、その取引費用を減らすためには、自己の利益の最大化以前に、個人や企業の行動を制約し、それを規定するような社会的ルールが必要になってくることになる。そして、その社会的ルールは、その利益最大化よりも、企業の行動を強く規定することになり、企業は、その利益よりも社会的ルールを優先することによって、それに従うようになる。

ここで、その取引費用とは、ある取引を開始する前から、その取引が終わるまでにかかる一連の費用のことになり、経済学では、特に、その取引相手を探す費用（探索費用）や、その取引に関して交渉するための費用（交渉費用）、そして、その取引を管理・監督し、そこに違反がある場合には、その社会的ルールに従うように強制するための費用（監督と強制の費用）のことになる。

まず、その探索費用とは、その取引の相手として最も望ましい相手を選定する際にかかる費用のことになり、例えば、その相手の技術力や製品の質などの情報と、その相手の製品の価格に関する情報を収集することによって、どの相手と取引することが最良なのかについて選定するためにかかる費用のことになる。

次に、その交渉費用は、その最良な取引相手が決まった後に、その相手と取引契約を締結するまでにかかる費用のことになる。例えば、その価格の交渉や納期の条件にまつわる約束ごとについては、その合意に達するまでに時間がかかることになり、その交渉には、その交渉をする代理人の人件費だけでなく、その競合相手に後れを取ってしまうリスクがある場合には、そのリスクに対処する費用も含まれることになる。

最後に、その監督と強制の費用とは、その取引契約が締結された後に、その取引内容を履行させるためにかかる費用のことになる。契約には法的な強制力が働く一方で、その契約の内容に反することをした場合には、その違反による損失や時間的なコストの他にも、その違反を司法に訴えるための費用も発生することになる。

ところで、それらの費用については、その取引における情報と不確実性から生じるという共通点があることになる。つまり、その取引相手についての情報が整理されており、その取引条件に関わる情報が明示されており、そして、そのすべての個人が取引を履行することに対して誠実であるとすれば、その取引の履行は各段にスムーズに進むことになる。逆に、その取引相手についての情報が乏しく、その取引条件に関わる情報が不正確で、そして、その取引契約の不履行が日常的であるとすれば、その取引費用は膨大になっていくことになる。したがって、その制度には、取引に関する確かな情報を幅広く共有すると同時に、その取引を誠実に履行させるためのインセンティブを与える役割があることになる。

次に、その制度には、当然、法的な取引制度も含まれる一方で、その地域やコミュニティなどで共有されている、よりインフォーマルな慣習や習慣なども含まれることになる。ここで、そのインフォーマルな慣習や習慣が発展してくためには、その発展を促すような独特な土壌が必要になってくることになる。

つまり、その土壌とは、すべての主体が、ある程度の間、同じアイデンティティを共有することができるような、コミュニティの存在のことになる。そして、そのコミュニティが形成された後は、そのコミュニティ内のメンバーの間において、その取引をする相手に関する情報が伝達・共有されるようになり、その取引における交渉のベースになるような、一般的な共通認識ができあがることになる。それによって、その探索と交渉のコストを削減することがきるようになり、それは政府によって整備される法的な制度を代替するものになるまで発展することになる。

ところで、そうした制度は、コミュニティ内での情報の共有を促進しながらも、その共通認識を育む役割も果たすことになり、それを促進するコミュニティという組織体も、その制度の一部を構成することになる。また、そのコミュニティにおいて信頼関係があるときには、取引の不履行というリスクが軽減されることになることから、取引に関する監督と強制という行為をせずに済むことになり、その信頼関係も制度の一部を構成することになる。

ところで、完全情報を想定する新古典派経済学では、そのような情報の不確実性に関する問題は起こらないことになる。その理由は、経済主体が必要とする正確な情報のすべてをもっていることを仮定しており、その情報の不確実性に関わる３つの取引費用は一切発生しないからになる。そのような意味において、その制度派経済学は、新古典派経済学に対するアンチ・テーゼを含んだものになっている。

トピック２８B：ポランニーの暗黙知

コンビネーション経済を発揮するためには、モノとヒトを組み合わせる必要があることになり、その組み合わせには、必ず何らかの知識が必要になってくることになる。ここで、その知識とは、一般的に、認識によって得られた情報、あるいは人間や物事に対する考え方や技術などのことになる。経済学では、特に、知識とは公共財であると言われており、その公共財とは、（１）その対価を支払わなかったとしても、それを求めるものは誰でもその財を利用することができ、また（２）多くの人が同時に、その財を利用することができるような財のことになる[13]。

その一方で、その知識の中には、暗黙知と呼ばれる知識もあることになり、その暗黙知は、その公共財が満たさすべき２つの性質を満たしておらず、その意味においては特殊な知識に当たることになる。今回は、その暗黙知について、簡単に紹介していくことにする。

まず、暗黙知とは、端的には、言葉で明示的に表現する（明文化する）ことができない、もしくは、それをすることが非常に困難になっており、仮に出来たとしても、それを相手に伝えることが難しい知識のことになる。また、暗黙知は、集団的・組織的学習（Collective Leading）の中においてのみ伝えられることになり、同時に、メンバーの間でのみ移転されることによって、他の知識ほど簡単に入手することができないような知識のことになる。そして、この暗黙知は、長期間にわたって反復される練習や作業などの中で、人から人に、次第に移転されていくような知識のことになる。

その一方で、その暗黙知という概念は非常に抽象的な概念になっており、研究者の間においても、その暗黙知への定義

13 財とは商品やサービスのことになり、知識もそのひとつになる。また、その公共財の定義として（１）は非排除性、（２）は非競合性と呼ばれている。

に対する理解は曖昧なものになっている。その理由には大きく分けて２つの理由があることになり、ひとつは、他の概念と重複してしまうことによって、暗黙知の定義と他の知識の定義とが重なってしまうという理由になり、もうひとつの理由は、その概念が重複しないまでも、その概念間の境界が曖昧なことによって、暗黙知の定義と他の知識に定義を区別することができなくなってしまうという理由になる。ここでは、それらの２つの理由に注意しながら、その暗黙知の概念について紹介していくことにする。

まず、暗黙知を社会科学の分野で最初に扱ったのは、マイケル・ポランニー（Michel Polanyi）である。ポランニーは、その暗黙知の概念について紹介していく際に、次のようなチェスの例えを挙げている。チェスをする者は、最初にチェスのルールについて学ぶことになる一方で、その学ぶルールは、自分の駒があるマスに、相手の駒が重なるときに、自分の駒が、相手に取られるといったような基礎的なものが主になっており、その勝ち方に関する戦略的な内容については、最初から理解することは容易なことではない。

そして、そのチェスの戦略性については、そのプレーヤーが何度もチェスをプレイすることによって、その**試みと失敗**（trial and error）を繰り返しの中から、自然と自らの経験と学習によって体得していくことになる。ここで、その戦略性とは、相手の手番を先読みしながら、次の一手で、自分の駒が取られてしまうことになる二手、三手前で、相手がどの駒を取りに来ているのかについて、それを察知することができるような思考のことになる。

また、それは、どのような状況・パターンのときに、それを察知することができるのか、また、どれくらい前に、それを察知することができるのかについては、そのチェスプレーヤーの戦略的な能力と技術によって決まることになる。その一方で、その攻める側の立場からは、相手の駒を取りにいく際に、相手は必要に応じて、それを阻もうとすることになる。そして、その相手の対抗戦略を先読みしながらも、それに対してどのように対処しながら、相手の駒を取りにいくのかについても、そのチェスプレーヤーの能力と技術によって決まることになる。

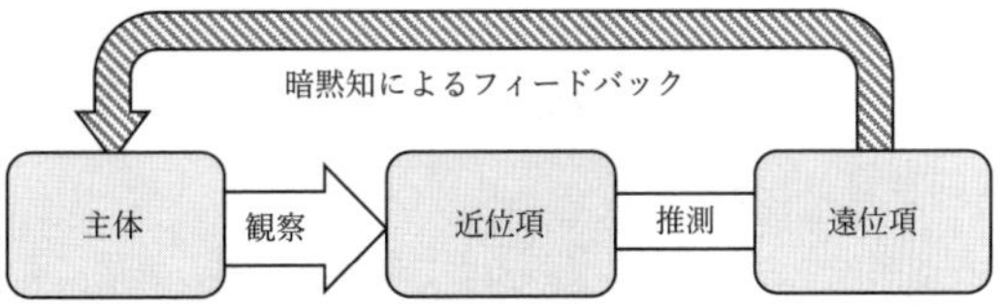

このような能力と技術とは、まさに、その暗黙知に当たることになる。もっと簡単な例としては、自転車の乗り方や水泳での泳ぎ方の例を挙げることができ、それらの能力と技術については、その経験を繰り返すことによって、初めて身に付けることができるようになる。

ここで、仮に、その乗り方や泳ぎ方について、精密な文章によって説明することができたとしても、それを読んだだけでは、自転車に乗ることができるようにならないし、泳ぐことができるようにならない違いにない。そうした意味において、その暗黙知とは、明文化することができない知識として定義されることになる。また、その暗黙知については、万人にとってアクセスが容易なものではなく、仮に、そのアクセスが可能であったとしても、その知識を簡単に利用することができるものでも、身に付けることができるものでもないことになる。

次に、その暗黙知について、より一般的に紹介していくために、以下のポランニー自身による説明について紹介しておくことにする（Polanyi 1967）。まず、ポランニーは暗黙知が働く過程について説明するために、知識を近位項と遠位項の２つに分けることからはじめる。その近位項とは、五感によって得ることができる感覚情報のことになり、その近位項の情報は、万人が共通して得ることができる知識の種類のことになる。

それに対して、その遠位項とは、その近位項がもつ情報から推測される、もうひとつの情報のことになり、その近位項から発展的に導くことができる情報のことになる。この遠位項が、どのような情報になるのかについては、その近位項を知覚した個人が、どのような暗黙知をもっているのかによって変わってくることになる。

例えば、農業や漁業などの経験が長くなることによって、今から雨が降るかどうかについて、空の様子から感覚的に察知することができるようになる。この場合、その空の様子が、その近位項に当たることになり、その雨が降るという情報が、その遠位項に当たることになる。ここでは、その雨が降るという情報は直接的には観察することが出来ず、その近位項である空の様子から、その雨が降るという遠位項が察知されることになる。

そして、その雨が降りそうな空の様子とは、感覚的に捉えることができるものになっている一方で、それについて言葉によって明示的に表現することは困難なものになる。仮に、その雨が降るような空の様子について、その空を覆う雲の割合や色、風の強さ、気温、湿度などの数値で表すことができたとしても、それを知った個人が、それを知った直後から、雨が降るかどうかについての判断をすることができるようにはならない。むしろ、その判断をすることができるようになるためには、幾度となく、曇り空から雨に変わる状況を経験しながら、その経験を何度も繰り返す必要があることになる。このように、その近位項を五感で認識することによって、その近位項の情報から、その遠位項に当たる情報を導き出し、それを察知することが、その暗黙知が果たす役割になることになる。

次に、ポランニーは暗黙知の特徴として、次の３つの特徴を挙げている。

(1)　暗黙知とは、それを利用することによって、仕事やスキルなどの学習・習熟効率を高めることができるものである。

(2)　暗黙知が導く答えは、様々な状況・文脈に応じて変化することから、暗黙知のすべてを言葉によって説明することは困難である。

(3)　暗黙知は、それ自体非常に複雑かつ大量の情報量をもつものであることから、集団的な学習の中でのみ移転されるものである。

この３つの特徴を有する知識として、比較的分かり易い例を挙げるとすれば、ビジネス上の Know-How を挙げることができる。この Know-How とは、生産や業務などの効率を高めるものになっており、それは多くの場合、複雑なものになる傾向にある。そして、それを身に付けるためには、その Know-How をもっている人と一緒に仕事をしながら、一定期間の訓練を受ける必要がある。そして、その Know-How を身につけた後も、変わりやすいビジネス環境の中で、その Know-How を応用・発展させることが必要になることになり、その Know-How を単なるマニュアルとして伝達することができないという性質がある。

以上の説明について整理してみると、暗黙知とは、言葉による表現が難しく、個人間の移転が難しい知識であることになる。そして、その暗黙知は、明示的でかつ移転が容易な知識とは対照的な知識であることになり、例えば下の表は、その明示的な知識と暗黙知との性質の違いについて整理したものになる[14]。

但し、ポランニーによれば、その明示的な知識と暗黙的な知識については、その概念を明確に分割することができず、むしろ、それらの概念は地続きで連続的なものになっている（Howells 2002）。これを直観的に例えるとすれば、人からある作業の仕方について教わり、その作業を行うときに、そこで人から教わったことが、その明示的な知識に当たることになる。しかし、実際に作業を行ってみると、思っていたのよりも難しかったという経験をすることがしばしばある。ここで、その感覚のズレこそが、その暗黙知の正体になっている。

そして、その作業をもう一度繰り返してみるとき、一回目の作業よりも、二回目の作業の方がスムーズに行えるようになり、このとき、その一回目の作業は明示的な知識のみに頼っていたのに対して、その二回目の作業のときには、その明示的な知識に加えて、その暗黙的な知識が、その個人の経験によって蓄積されたことによって、その二回目の作業を、よりスムーズに行うことができたことになる。

このように、その明示的な知識と、その暗黙的な知識の境界は非常に曖昧なものになっている。しかし、その暗黙的な

[14] Alllen (2000)や Roberts (2001)らは、明示的知識と暗黙知との連続性からこのような単純な比較対照は必ずしも成り立たないと主張している。

知識があることによって､その作業をスムーズに行えたことについては､何らかの知識の追加があったからに他ならない。そして、その暗黙知がビジネスや生産活動などの効率性に対して影響を与えるとき、その効率性の違いは、その作業がより複雑になることによって、その暗黙知が介入する余地が大きくなるほど、より顕著になっていくことになる。

連続的

	明示的な知識 (explicit knowledge)	暗黙的な知識 (tacit knowledge)
移転速度	速い	遅い
移転難易度	易	難
移転費用	安	高
所有主体	個人	個人と集団
移転スケール	個人間・組織間	組織内
空間スケール	グローバル	ローカル

最後に、その暗黙知と公共財・私的財としての知識との関係について整理しておくことにしよう。まず、その公共財としての知識とは、誰もが同時に、その対価を支払わずに、それを利用することができるような知識のことであった。それとは対照的に、その私的財としての知識とは、その知識に対してアクセスすることができる個人や企業などの主体が限られていることになり、それを利用する際に、いくらかの費用が発生するような知識のことになる。したがって、その知識に対するアクセスの可能性と、その費用が発生する点において、それら２種類の知識は対照的な性質をもっていることになる。

ここで、その明示的な知識とは、移転し易く、それに費用がかかることはほとんどないことから、その公共財としての知識である場合が多いことになる。それに対して、その暗黙知は、それにアクセスすることができる個人・企業が、同じ地理的・社会的・文化的背景を共有している場合が多く、その意味では、そのアクセスがしばしば制限されることになる。

また､その暗黙知を､主体から主体､地域から地域に移転する際に､その情報をもつ個人・企業と､直接的に接触してコミュニケーションをとらなければならない場合が多く､それには金銭的な費用に加えて､時間的な費用も生じてくることになる。

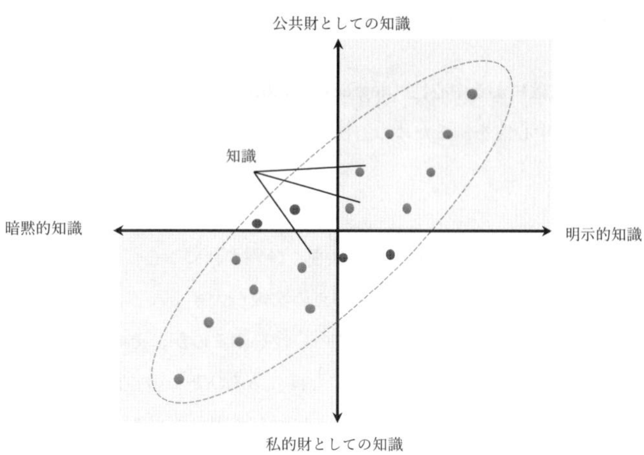

その意味において、その暗黙知は、私的財としての知識の側面が強いことになる。但し、それらは単純に１対１の関係によって結ばれるようなものではなく､その明示的な知識と暗黙的な知識が連続であるように､それらの関係にも曖昧な部分が残ることになる。

第２８講　ネットワークの中心性

前講では、ネットワークの広さと密度を数値化することによって、ネットワークの広さと密度を計量的に比較する方法について紹介してきた。その一方で、そうしたネットワークの広さと密度は、あくまでもネットワーク全体の特徴を捉えるための分析手法になっており、そのネットワークを構成する各点の構造的な特徴を把握するためには、あまり有効なものであるとはいえない。そこで本講では、ネットワークを構成する各点の中心性という観点から、ネットワーク構造内部の特徴を、計量的に把握する手法について紹介していくことにする。

まず、ネットワーク分析における中心性とは、それぞれの点が、そのネットワークにおいて、どれだけ中心的な場所に位置しているのかを表すための指標のことになる。そして、そのネットワークにおける中心性が高い点ほど、他の点に対して、より重要な位置にあると考えることができ、また、それによって、そのネットワークを構成する各点に対して、より大きな影響を与えていると考えることができることから、その中心性の指標は、ネットワーク分析において非常に重要な指標のひとつになっている。

ここで、その中心性を測るための代表的な指標としては、次数による中心性と、近接性による中心性、媒介性による中心性の３つがある。そして、それらの指標は、それぞれが独特な計算によって求められることになり、本講では、それらの中心性の指標について、その計算方法について焦点を当てながら、以下に紹介していくことにする。

■次数による中心性

まず、**次数による中心性**（degree centrality）とは、それぞれの点が何個の点と繋がっているのかを重視することによって、各点の中心性を測るための方法になる。具体的には、その指標を以下の式によって導くことができる。

$$\text{次数による中心性} = \frac{\text{点の次数}}{\text{すべての点の数} - 1}$$

一般的に、そのネットワークが大きく分割されておらず、全体としてまとまった構造をもっているときに、その点の他の点との繋がりの数、つまり、その点の次数が大きくなるほど、そのネットワークの中心に位置する傾向にあることになり、その傾向を用いることによって中心性を測るのが、その次数による中心性になる。

ここで、その分母の“点の数－１”とは、あるひとつの点が繋がることができる、すべての点の数を表していることになる。つまり、ある点が他のすべての点に対して線で繋がるとき、その点自身に向けて線を引くことはできないことから、そのすべての点の数から、その点自身を差し引いた数が、その点が繋がることができる、すべての点の数になる。

▸ **例題１－１**：次のグラフ 1、グラフ 2、グラフ 3 のそれぞれについて、点 A から点 E までの、次数による中心性を求めなさい。

グラフ１

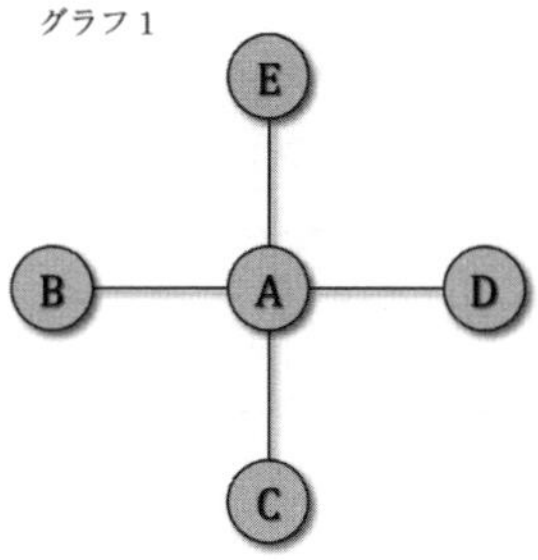

グラフ２

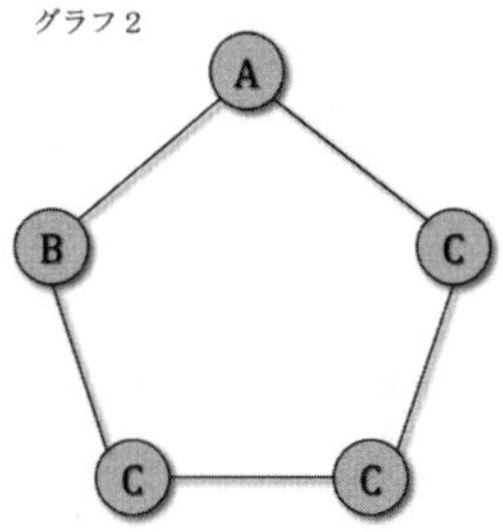

グラフ３

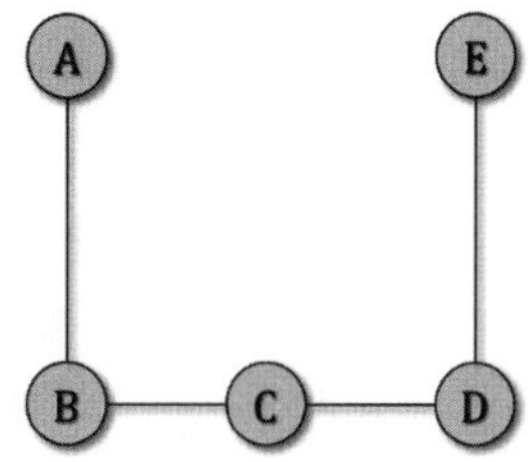

次の表は、グラフ１とグラフ２、グラフ３のそれぞれについて、点 A から点 E までの中心性を計算したものになっており、計算式の欄には、その中心性の求め方が示されている。まず、いずれのグラフについても、その点の数が５つであることから、その計算式の分母は４になる。また、分子は各点の次数になっており、各点は最大で他の４つの点と繋がることができることから、その分子には０から４までの値が入ることになる。

		グラフ１		グラフ２		グラフ３	
		計算式	中心性	計算式	中心性	計算式	中心性
各点の中心性	A	4/4	1.00	2/4	0.50	1/4	0.25
	B	1/4	0.25	2/4	0.50	2/4	0.50
	C	1/4	0.25	2/4	0.50	2/4	0.50
	D	1/4	0.25	2/4	0.50	2/4	0.50
	E	1/4	0.25	2/4	0.50	1/4	0.25

表　1：次数による中心性の計算式とその値

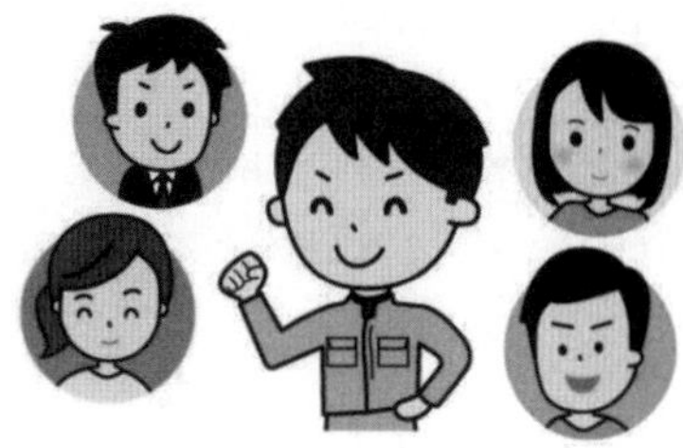

▸ **例題１－２**：次のグラフについて、点 A から点 F までの、次数による中心性を求めなさい。

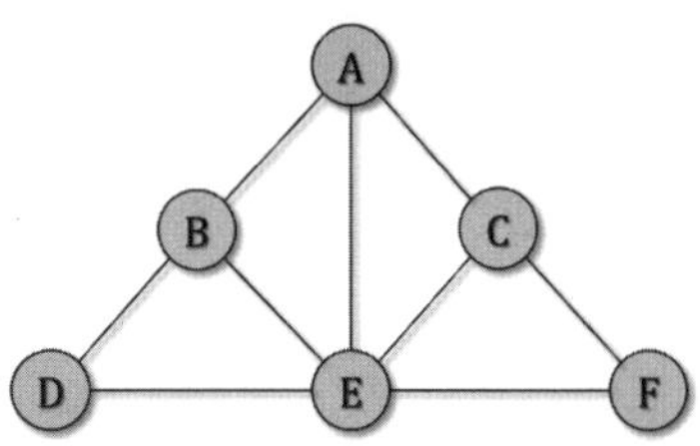

	計算式	中心性
A	3/5	0.6
B	3/5	0.6
C	3/5	0.6
D	2/5	0.4
E	5/5	1.0
F	2/5	0.4

表　2：次数による中心性の計算式とその値

■ 近接性による中心性

次に、**近接性による中心性**（closeness centrality）は、単に何個の点と繋がっているのか（次数はいくつか）よりも、ネットワークを構成する全ての点に対して、その距離がどれだけ短いのかを重視する指標になっている。ここで、その距離とは、点と点とを結ぶ最短距離のことになる。つまり、ネットワークを構成するすべての点に対して、その最短距離が最も小さい点が、そのネットワークの中心に位置するという考え方を採用している。

この近接性による中心性では、ある点から他のすべての点までの、最短距離の合計の値が小さければ小さいほど、その点が他の点に対して、より近い距離に位置していることになり、その分、その点が、そのネットワークにおいて、中心に位置していると考えることになる。逆に、その合計の値が大きければ大きいほど、ネットワークの中心から遠い位置にあることになり、その分、その点が、そのネットワークにおいて周辺に位置していると考えることになる。

次に、その最短距離の合計を求めた上で、その合計を他のすべての点の数で割ることによって、その平均的な最短距離を導くことができる。但し、ここで、その中心性が測られる点自身に対する最短距離は、常にゼロになることから、そのネットワークを構成するすべての数から、１を差し引いた数が、他のすべての点の数になる。

$$\text{最短距離の平均} = \frac{\text{他のすべての点への最短距離の合計}}{\text{すべての点の数} - 1}$$

ところで、その中心性の指数については、一般的に、その値が大きければ大きいほど、その中心性が高くなり、その値が小さければ小さいほど、その中心性が低くなるように設定されている。しかし、その最短距離の平均値については、その値が大きければ大きいほど、その中心性が低いことを意味してしまうことになり、その値が小さければ小さいほど、その中心性が高いことを意味してしまうことになる。そこで、その最短距離の平均を求めるための計算式の分母と分子を逆にしたものを、その近接性による中心性の指標として採用することにする。

$$\text{近接性による中心性} = \frac{\text{すべての点の数} - 1}{\text{他のすべての点への最短距離の合計}}$$

▸ **例題２**：次のグラフについて、点Ａから点Ｆまでの、近接性による中心性を求めなさい。

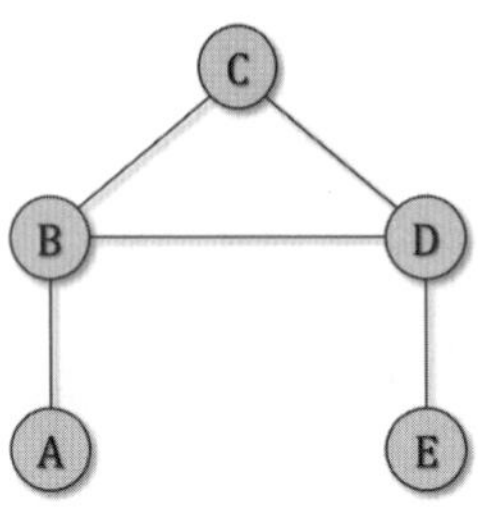

		終点					
		A	B	C	D	E	合計
始点	A	0	1	2	2	3	8
	B	1	0	1	1	2	5
	C	2	1	0	1	2	6
	D	2	1	1	0	1	5
	E	3	2	2	1	0	8

表 3：各点から他の点への最短距離

	最短距離の合計	（点の数－1）／最短距離の合計	（点の数－1）／最短距離の合計
A	8	4 / 8	0.5
B	5	4 / 5	0.8
C	6	4 / 6	0.666
D	5	4 / 5	0.8
E	8	4 / 8	0.5

表 4：最短距離の合計を利用した近接性による中心性の求め方

まず、点Aから点B、点Aから点C、点Aから点Dのように、点Aから他の点までの最短距離をそれぞれ求めてみることにする。そして、その最短距離の合計が、近接性による中心性を求めるための計算式の分母に当たるになり、その分子には、そのネットワークを構成する点の数から、その点A自身を差し引いた値である4が入ることになる。すると、それらの比は4/8になり、その点Aの近接性による中心性の値は0.5になる。この手順を繰り返すことによって、その他の点についても、同様に近接性による中心性を求めることができる。

■ 媒介性による中心性

次に、第3の中心性の指標として、媒介性による近接性の指標がある。この**媒介性による中心性**(betweenness centrality)とは、２つの点の最短経路において、ある特定の点が、その最短経路を仲介している場合ほど、その点の中心性が高いものとして判定する指標になっている。

つまり、あるネットワークが点Aから点Eまでの5つの点によって構成されており、それら点Aから点Eまでを結ぶ最短経路では、様々な点を仲介することになる。そして、その媒介性による中心性とは、点と点とを結ぶ最短経路において、その仲介役を果たす回数が多ければ多いほど、その中心性が高いとする考え方を採用していることになる。

$$\text{点Bからの点Aの媒介指数} = \frac{\text{最短距離において点Aを経由する回数}}{\text{点Bから点A以外の他のすべての点への経路の数}}$$

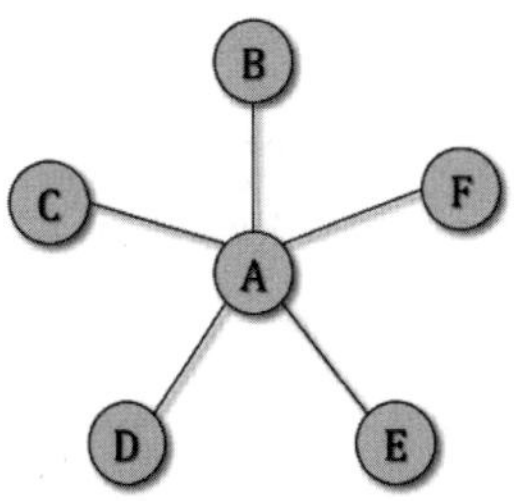

例えば、点Bと他の点との繋がりについて考えてみるとき、その繋がりの中で、点Aが仲介をする回数について問題にすることができる。つまり、点Bから点C、点Bから点D、点Bから点E、点Bから点Fといったように、点Bから点Aへの最短経路を除いた最短経路が4つあることになる。ここで、もし、その4つの最短経路のすべてにおいて、点Aの仲介を必要とすることになるのであれば、そのときに、その点Aの媒介性による中心性が高いと考えることができ、逆に、その4つの経路のすべてにおいて、点Aの仲介を必要としないのであれば、その点Aの媒介性による中心性が低いと考えることができる。

そこで、その点Aが仲介する回数のことを**媒介指数**と呼ぶことにする。但し、その点Aの媒介指数は、点Bに対してだけでなく、点Cと点D、点E、点Fのすべてに対して求めることができることから、その媒介指数を点Bと点C、点D、点E、点Fのすべての点について求めた後で、その媒介指数の合計を、“すべて点の数－1”で割ることによって、その媒介指数の平均値を求めることができるようになる。そして、その媒介指数の平均値を、その媒介性の中心性として利用することができる。

$$\text{媒介性による中心性} = \frac{\text{媒介指数の合計}}{\text{すべての点の数} - 1}$$

▸ **例題3**：次のグラフについて、点Aの媒介性による中心性を求めなさい。

まず、点Aの媒介性による中心性を求める場合には、点A以外の点に注目する必要がある。つまり、点Bから点C、点Bから点D、点Bから点E、点Bから点Fまでの最短距離の経路を把握した上で、その経路に点Aが何回含まれるのかについて調べることになる。そして、その最短経路に点 A が含まれる場合には 1 を、含まれない場合には 0 を表に記入することによって、その 1 が記入された回数が、その点 B からの点 A の媒介指数の分子に当たることになる。これに対して、媒介指数の分母は、全体の 6 つの点の数から、点 A と点 B を除いた 4 になる。

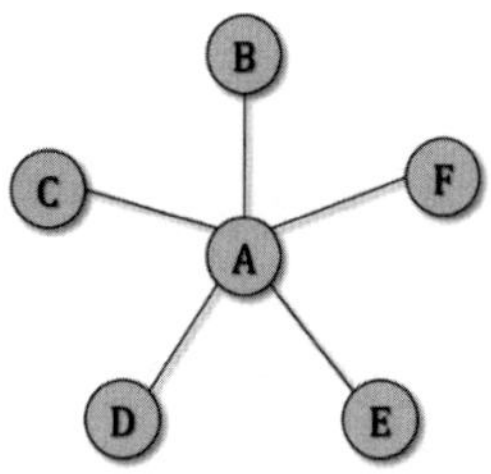

		終点						
		A	B	C	D	E	F	合計
始点	A	−	−	−	−	−	−	−
	B	−	−	1	1	1	1	4
	C	−	1	−	1	1	1	4
	D	−	1	1	−	1	1	4
	E	−	1	1	1	−	1	4
	F	−	1	1	1	1	−	4

表 5：各点から他の点への最短距離で点 A を仲介する回数

この例題のグラフの場合には、点 B から点 A までに至るすべての経路において、その点 A を経由することから、点 B からの点 A の媒介指数は次のようになる。

	B	C	D	E	F	合計	平均
媒介指数	$\frac{4}{4}=1$	$\frac{4}{4}=1$	$\frac{4}{4}=1$	$\frac{4}{4}=1$	$\frac{4}{4}=1$	5	$\frac{5}{6-1}=1.0$

表 6：媒介性による中心性の求め方

次に、その媒介指数について、点 C からの指数と、点 D からの指数、点 E からの指数、そして、点 F からの指数について、それぞれ求めた上で、その媒介指数の平均値を求めるときに、その平均値が、その媒介性による中心性の指数に当たることになる。

$$\text{点 A の媒介性による中心性} = \frac{5}{6-1} = 1.0$$

練習問題

◇**練習問題１：** 次のグラフにおいて、次数の中心性が最も高い点とその中心性を答えなさい。但し、中心性の高い点が複数ある場合には、すべて答えること。

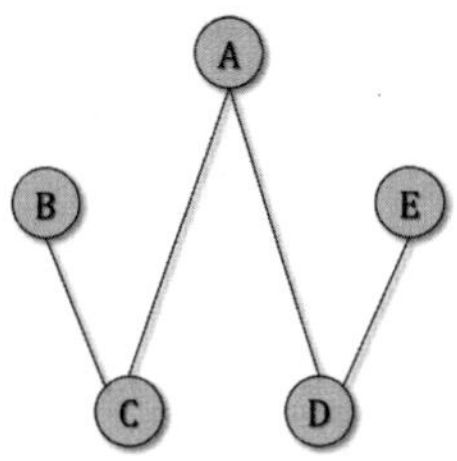

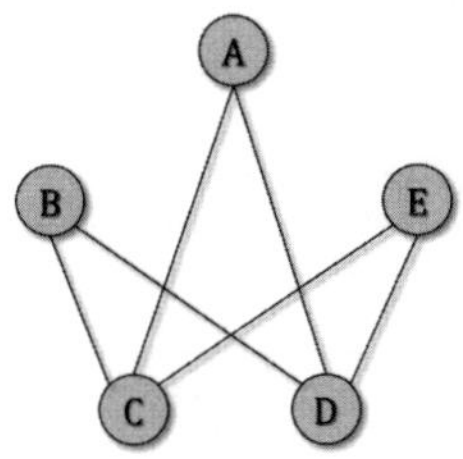

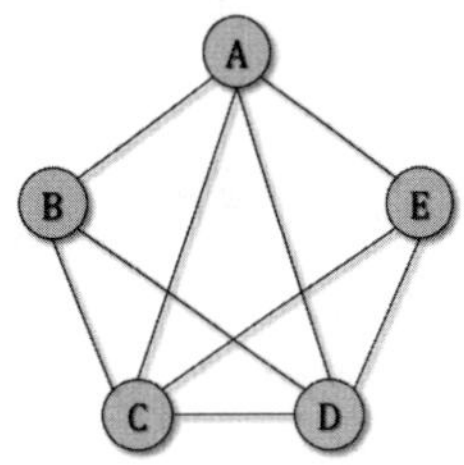

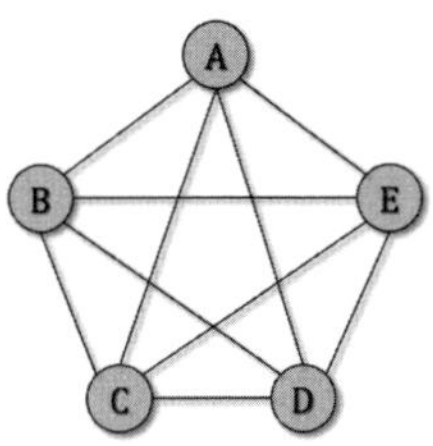

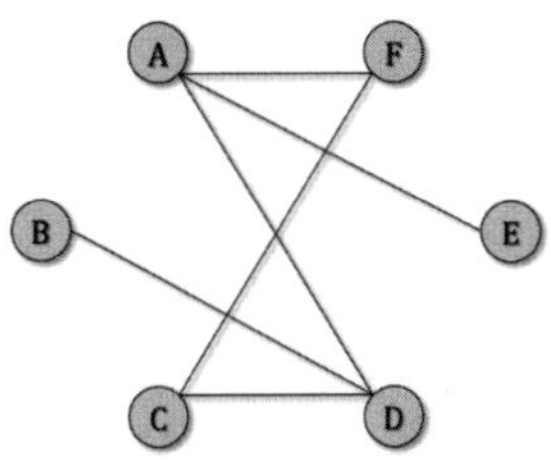

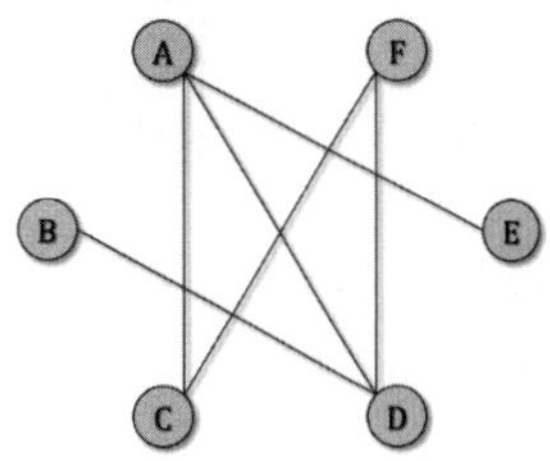

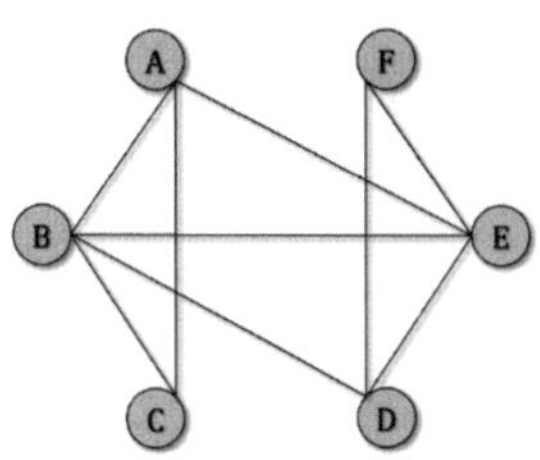

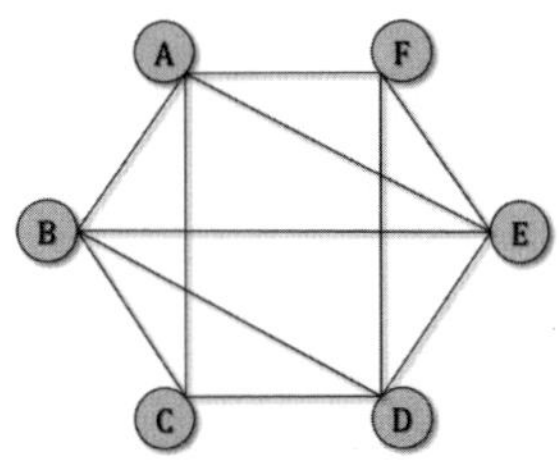

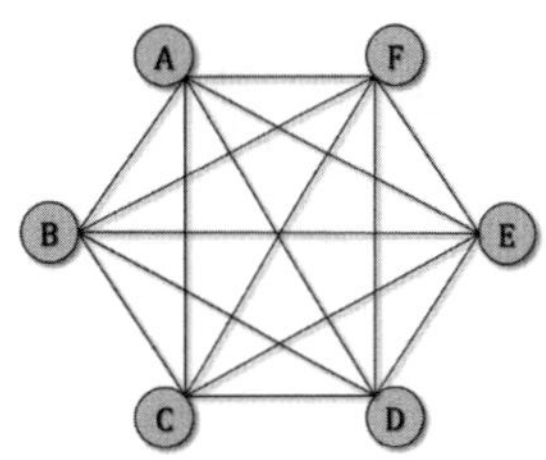

◇**練習問題２－１**：次のグラフにおいて、最短距離の合計を求めるために、各点間の最短距離の下表を埋めなさい。またその最短距離の合計を利用して、各点の近接性による中心性を求めなさい。

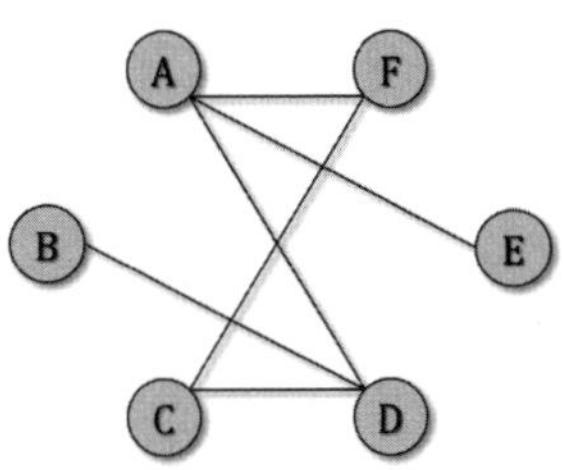

		終点						
		A	B	C	D	E	F	合計
始点	A							
	B							
	C							
	D							
	E							
	F							

	最短距離の合計	（点の数－１）／最短距離の合計	（点の数－１）／最短距離の合計
A			
B			
C			
D			
E			
F			

◇**練習問題２－２**：次のグラフにおいて、最短距離の合計を求めるために、各点間の最短距離の下表を埋めなさい。またその最短距離の合計を利用して、各点の近接性による中心性を求めなさい。

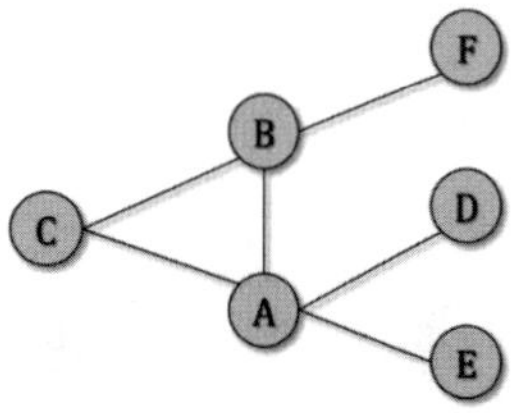

		終点						
		A	B	C	D	E	F	合計
始点	A							
	B							
	C							
	D							
	E							
	F							

	最短距離の合計	（点の数－1）／最短距離の合計	（点の数－1）／最短距離の合計
A			
B			
C			
D			
E			
F			

◇**練習問題２－３**：次のグラフにおいて、最短距離の合計を求めるために、各点間の最短距離の下表を埋めなさい。またその最短距離の合計を利用して、各点の近接性による中心性を求めなさい。

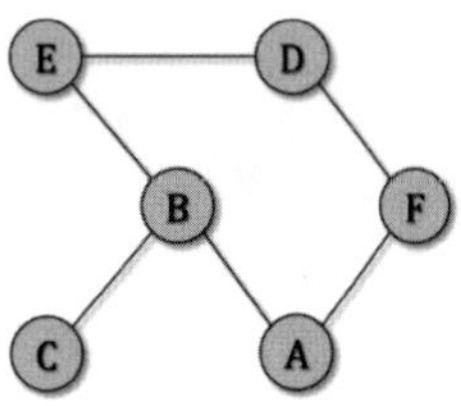

		終点						
		A	B	C	D	E	F	合計
始点	A							
	B							
	C							
	D							
	E							
	F							

	最短距離の合計	（点の数－1）／最短距離の合計	（点の数－1）／最短距離の合計
A			
B			
C			
D			
E			
F			

◇**練習問題３－１**：次のグラフにおいて、点Aの媒介性による中心性を求めるために、各点間の最短距離において、点Aを経由する回数を求めるために、下表を埋めなさい。また、その点Aを経由する回数を利用して、各点からの媒介指数を求め、その媒介指数の平均として、媒介性による中心性を求めなさい。

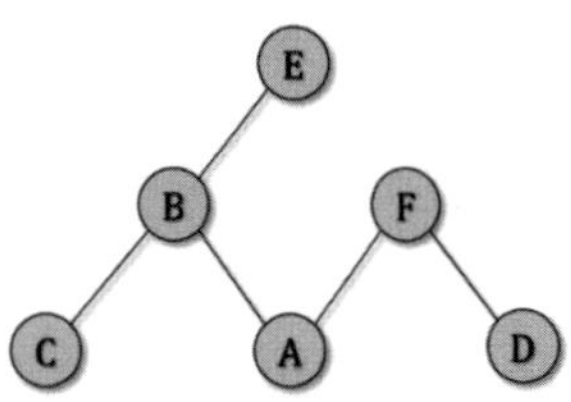

		終点						
		A	B	C	D	E	F	合計
始点	A	－	－	－	－	－	－	－
	B	－	－					
	C	－		－				
	D	－			－			
	E	－				－		
	F	－					－	

	B	C	D	E	F	合計	平均
媒介指数							

◇**練習問題３－２**：次のグラフにおいて、点Ａの媒介性による中心性を求めるために、各点間の最短距離において、点Ａを経由する回数を求めるために、下表を埋めなさい。また、その点Ａを経由する回数を利用して、各点からの媒介指数を求め、その媒介指数の平均として、媒介性による中心性を求めなさい。

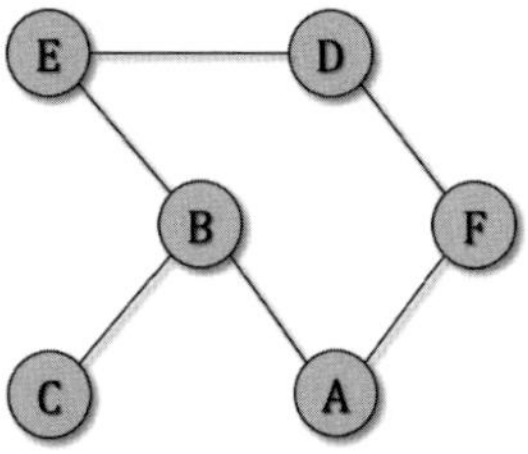

		終点						
		A	B	C	D	E	F	合計
始点	A	－	－	－	－	－	－	－
	B	－	－					
	C	－		－				
	D	－			－			
	E	－				－		
	F	－					－	

	B	C	D	E	F	合計	平均
媒介指数							

◇**練習問題３－３**：次のグラフにおいて、点Ａの媒介性による中心性を求めるために、各点間の最短距離において、点Ａを経由する回数を求めるために、下表を埋めなさい。また、その点Ａを経由する回数を利用して、各点からの媒介指数を求め、その媒介指数の平均として、媒介性による中心性を求めなさい。

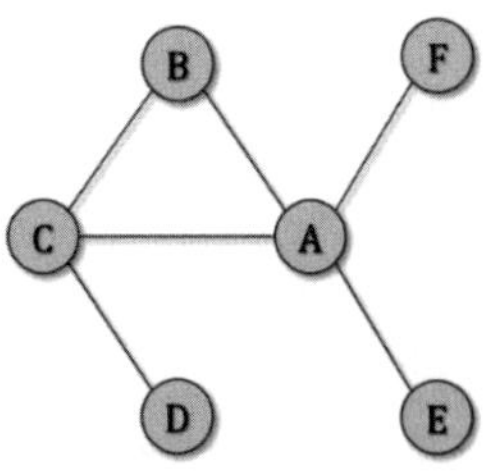

		終点						
		A	B	C	D	E	F	合計
始点	A	－	－	－	－	－	－	－
	B	－	－					
	C	－		－				
	D	－			－			
	E	－				－		
	F	－					－	

	B	C	D	E	F	合計	平均
媒介指数							

トピック２９：産業ネットワークの類型

これまで本書では、ある製品が生産される工程を、上流工程と下流工程という２種類の工程に分けてきたが、実際の産業ネットワークは、その上流工程と下流工程が複雑なネットワークを構成していることになる。そこで今回は、その産業ネットワークの基本になる型について、いくつかの具体例を紹介しながら、その産業ネットワークの具体的な構造について考えていくことにする。

アン・マークセン（Ann Marksen）は、産業ネットワークの構造と経済主体の果たす役割によって、産業ネットワークを４つのタイプに分類した。このマークセンの産業ネットワークの分類は、次の５つの基準によって区別されることになる。

(1)　コアとなる主体の特徴：中心企業と関連産業の規模と役割

(2)　ネットワーク：地域内ネットワークの密度と地域内ネット枠の繋がり

(3)　政策支援：国・地方政府の果たす役割

(4)　社会関係資本：信頼による社会関係の発達

(5)　労働市場：地域固有の労働市場の有無と内容

以上のことに注意しながら、以下にマークセンの４つの産業ネットワークの分類について紹介していくことにする。

・マーシャル型の産業ネットワーク

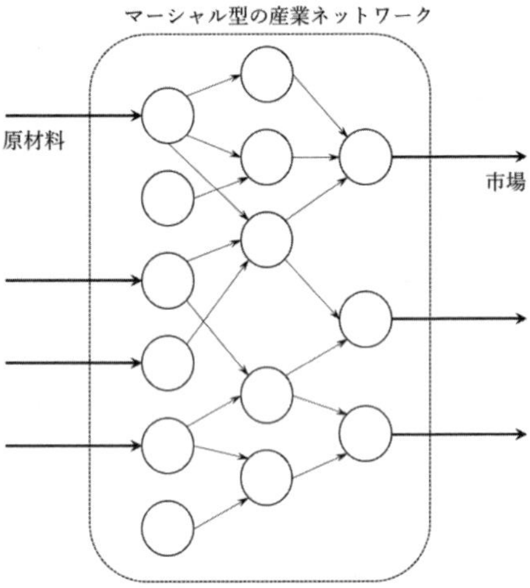

まず、最も古くからみられる産業ネットワークとして、マーシャルが発見したような産業地域（industrial district）のタイプの産業ネットワークを挙げることができる。このマーシャルのタイプは、中小企業または工場を結ぶネットワークのことになり、その産業ネットワークでは企業・工場間の繋がりが強く、そのネットワーク内での取引と交流の頻度が高くなる一方で、その外部との交流は少なくなることになる。したがって、その産業ネットワークは孤立しやすいネットワーク構造になっていることから、その生産している製品に対する需要の変化や技術の進歩などの外部な環境の変化に対して鈍感になる傾向にあることになる。

その一方で、そのネットワークを構成する企業は、互いにリスクを分担することによって、そうした外的な影響に対して、柔軟な対応をすることができるように、互いに協力し合う傾向が強いことになる。また、それぞれの企業・工場の生産量は少なくなる傾向にあることから、規模の経済性が働き難いのが、そのマーシャルのタイプの特徴になっている[15]。

また、その地域の労働市場には、全国的な労働市場とは別に、縁故・知人関係をベースにした地域固有のネットワークが存在していることになり、そうした労働者は、その地域に対して深い愛着を持っている場合が多い。

さらに、その制度面についてみてみると、その地域の金融機関の主導によって、その産業ネットワークのメンバー（企業・工場）を支援するための独特な融資制度が整備されていることが多く、その融資の判断は、金融機関の商業的な判断というよりも、むしろ、個人的な信頼関係による判断に依存することが多い。これは株式市場や大手銀行のような、大規模融資サービスを必要とせずに、十分なキャッシュフローと資金繰りを維持することができるという、その地域特有の強みになることになる[16]。

[15] 規模の経済性（economies of scale）とは、生産量が増加するにしたがって、その生産の効率性が上昇し、その生産される製品１単位当たりの生産費用が減少していくことを意味している。これは実際の企業活動において観察される現象になり、一般的に、少量生産の企業よりも、大量生産をする企業の方が、コスト面で有利であるとされている。

[16] フリーキャッシュフローとは、その日、その月の第に、自由に使えるお金（現金）の流れのことになり、銀行や他の債権者に対する支払いに充てることができるお金（現金）の流れのことになる。会社は支払いが滞ることによって倒産に追い込まれてしまうことから、そのフリーキャッシュフローを十分に保つことが、その経営を続けていく上で重要になることになる。また、資金繰りとは、そうした支払に充てることのできるお金（現金）をやりくりすることになる。

・ハブとスポーク型の産業ネットワーク

次に、ハブとスポーク型の産業ネットワークについて、**ハブ**（hub）とは、その地域の生産活動を回しているような基軸のことになり、**スポーク**(spoke)とは、その基軸と地域内の生産活動を繋げるような関係のことになる。つまり、そのハブとスポークについて自転車の後輪に例えるとき、そのハブは、ペダルの動力がチェーンを通して伝わる車軸のことになり、そのスポークは、その車軸が受け取った動力をタイヤまで繋げる針金のことになる。

そして、このハブとスポーク型の産業ネットワークとは、その地域内にある多くの企業・工業の中で、少数の大企業が中心になって、その他の中小企業の生産活動を回している一方で、その中小企業同士が繋がっていないような産業ネットワークのことになる。ここで、その繋がっているとは垂直統合のことを意味しており、通常、そのハブとスポーク型では、その大企業の製造活動は下流工程を担い、中小企業は下流工程を担うことによって、その上流・下流の生産工程において繋がっていることになる。

この垂直統合という繋がり方では、その上流・下流の分業体制になっていることから、その大企業と中小企業との関係は長期間にわたって続く傾向にあることになり、それによって、そのサプライヤーとバイヤーの協力関係が強固になりやすくなり、それぞれの成功は、その相手の成功に依存するという関係が成り立ちやすくなる。

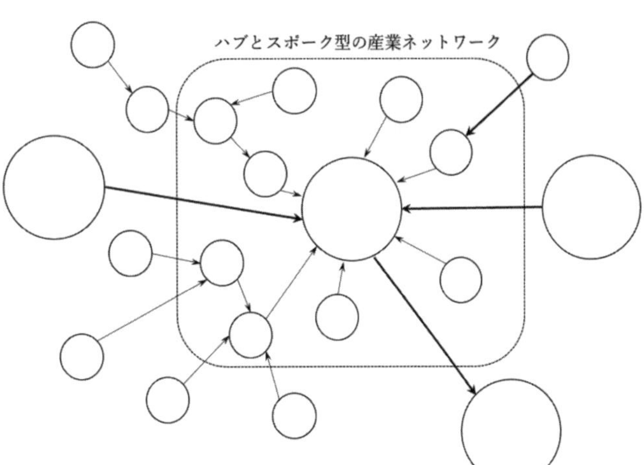

これに関連して、マーシャル型の産業ネットワークでは、地域内の協力関係が強い一方で、地域外との繋がりが弱かったのに対して、そのハブとスポーク型の産業ネットワークでは、その地域外との繋がりが、その大企業の存在によって強くなる傾向にあることになる。その一方で、その地域内の関係については、互いに大企業からの受注を奪い合う競争相手に成りやすいことから、その中小企業間の繋がりは弱くなる傾向にあることになる。

さらに、その労働者間の繋がりについてもあまり強くはなく、その忠誠心は地域にあるというよりは、むしろ会社に対してあることになる。また、その信頼関係に基づく取引と融資はほとんど行われることはなく、それらは商業ベースの合理的な経営判断によって行われることが多くなっている。

最後に、このハブとスポーク型の産業ネットワークに特徴として、その地域の大企業と、その地域の政府・行政との関係が強いことを挙げることができ、その官民の繋がりによって、その地域の政策は、その地域の大企業の意向に沿った形で実施されることが多くなっていることになる。具体的には、その地域の政策は、その大企業の活動を支援する傾向にあることになり、その地域開発計画に関しては、生産活動を支援するためのインフラ設備の拡充が中心になる傾向にあることになる。

・サテライト型の産業ネットワーク

次に、サテライト型のネットワークとは、そのハブとスポーク型の産業ネットワークから、その大企業の本社だけを他の地域に移す代わりに、その大企業によって運営されている工場や支社、出張所などが、その地域のネットワークの中心になるようなネットワークことになる。つまり、その大企業は、様々な理由から、その本社機能を地元の地域から他の地域に移さなければならない場合があることになり、その本社機能の代理として、その大企業の工場や支社、出張所などが、その産業ネットワークの中心となるときに、その産業ネットワークが、そのサテライト型のタイプに当たることになる。つまり、その大企業の工場や支社、出張所などが、そのサテライト（衛星）として地域に配置されることになり、それがネットワークの中心になって、そのネットワークを構成する（中小）企業との関係を維持していくことから、その産業ネットワークはサテライト型と称されることになる。

このサテライト型の産業ネットワークは、機械・電気・精密機械工業等のハイテク産業においてしばしば観察されることになり、その場合、大企業による主導によって産業ネットワークが大都市の近郊の地域において形成されることが多くある。また、その他のタイプの産業ネットワークとの違いとは、そのネットワーク内に大学や研究所などのような研究・開発を目的とした機関を含むことがあり、その場合、個々のネットワークする構成する企業同士の繋がりが全く無くなってしまうこともある。

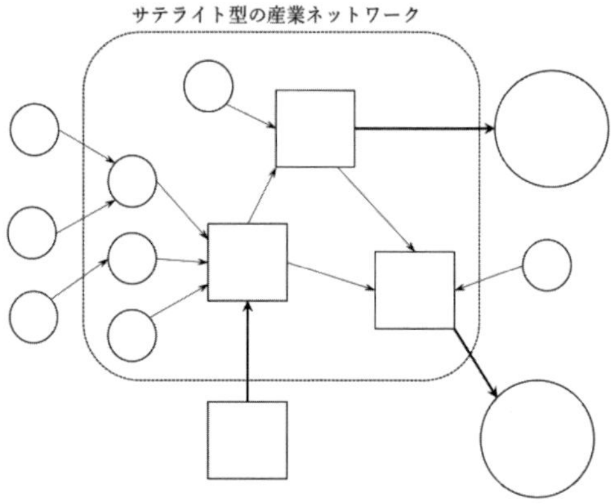

このサテライト型の産業ネットワークの活動は、その地域の外にある大企業の意思決定によって大きく影響を受けることから、そのネットワークの拡張・縮小・改変等を比較的容易に行うことができるようになっている。また、そのネットワーク内の構成メンバーと、その地域政府との関係は弱くなる傾向にある一方で、その構成メンバーに対する融資や技術援助などについては、その大企業の本社から供与されることになり、その地域内での社会関係が全く発展しないこともある。

・国家計画型の産業ネットワーク

最後の産業ネットワークのタイプとは、政府主導の開発計画によって形成された産業ネットワークのことになる。その典型的な国家計画型のネットワークとして、インフォメーションテクノロジー（IT）や、バイオテクノロジー、軍事産業等の支援をするための産業ネットワークなどを挙げることができる。したがって、その産業ネットワークの中心には、研究機関や大学などがあることになり、それらを取り囲むように、大手メーカーや部品メーカーなどが加わることになる。この産業ネットワークの関係については、研究プロジェクトの期間だけ存続する場合もあり、政府からの財政的な支援が終わるときに、すぐに解散される場合もあることになる。そのため、そのネットワークは短期的かつ流動的なものになりやすく、互いにリスクを分散させるような協力体制が構築されることはほとんどない。また、その地域内には労働市場は存在せず、全国的な労働市場から、特に優秀な経営者や技術者が選抜されて雇われることが多いことになる。

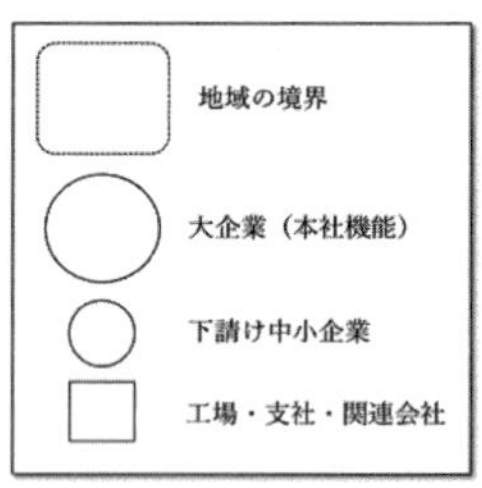

第２９講　ネットワークと部分グラフ

前講までは、ネットワーク分析の手法として、ネットワークの広さと密度の測定方法、そして、中心性の大きさの測定方法について紹介してきた。特に、その中心性の測定方法については、ネットワークの中心と周辺の構造を分析する際に重要になってくることになり、それはネットワーク構造を最も強く特徴づける指標であることになる。その中心性の分析の次に重要になってくるのが、ネットワークの内部に部分的に存在している、特に強い繋がりで結ばれている点の集合についての分析になる。

これまでの中心性の分析では、単一の点の他の点との繋がりの強さが重要になったのに対して、その強い繋がりをもつ点の集合の分析では、その複数の点によって構成されている集合内の繋がりの強さが重要になってくる。そこで、その強い繋がりをもつ点の集合を特定するに当たっては、次数などの単一の点についての特性ではなく、複数の点によって構成されている繋がりの特性に注目する必要があることになる。そこで本講では、前講で紹介してきた中心性の測定方法を、その有向グラフに対して応用した後に、その強い繋がりをもつ点の集合の特定の仕方について紹介していくことにする。

■ 有向グラフの次数による中心性

まず、有向グラフの中心性を測る際に、前講で紹介してきた無向グラフについての次数による中心性と、近接性による中心性の定義を、そのまま有向グラフに対して応用することができる。この有向グラフの中心性は、特に**威信**（prestige）と呼ばれており、また、それぞれの点に至る経路を構成する点は、その点の**領域**（domain）と呼ばれている。

まず、その有向グラフの中心性を、それぞれの点の入力次数または出力次数の数を、グラフ全体の点の数から１引いた値で割ったものとして求めることができ、その計算方法については次の式によって表すことができる。

$$\text{入力次数による中心性} = \frac{\text{点の入力次数}}{\text{すべての点の数} - 1}$$

$$\text{出力次数による中心性} = \frac{\text{点の出力次数}}{\text{すべての点の数} - 1}$$

これらの定義は、その無向グラフの中心性の定義の分子を、その点の次数から、その点の入力線の数に置き換えたものになっている。ここで、その入力線を用いる代わりに出力線を用いてもよく、そのどちらを選ぶべきかという問題については、そのネットワークが何を表し、また、その分析で何をしたいのかによって決まることになる。

例えば、その分析をするネットワークが、情報の流れを表すネットワークを表しているとき、どの点が情報の発信地になっているのかについて調べる目的で中心性を分析するのであれば、その出力線の数を用いて中心性を測る方が適当であると思われるし、逆に、どの点が、より多くの情報を受け取っているのかについて調べる目的で分析をするのであれば、その入力線の数を用いて中心性を測る方が相応しいと思われる。このように、その指数の定義については、個々の研究対象と問題意識によって、柔軟に変えられるべきものであることになる。

▸ **例題１**：次のグラフの入力次数と出力次数を求めなさい。

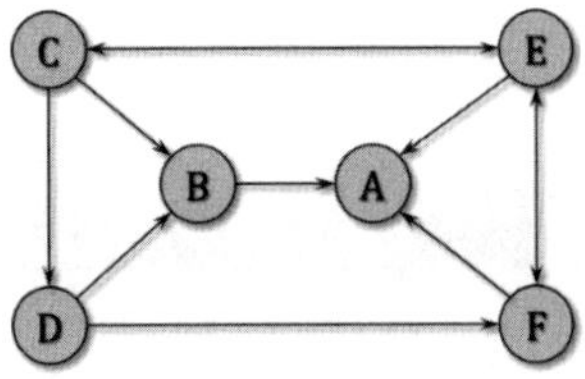

	入力		出力	
	計算式	中心性	計算式	中心性
A	3/(6 − 1)	0.6	0/(6 − 1)	0
B	2/(6 − 1)	0.4	1/(6 − 1)	0.2
C	1/(6 − 1)	0.2	3/(6 − 1)	0.6
D	1/(6 − 1)	0.2	2/(6 − 1)	0.4
E	2/(6 − 1)	0.4	3/(6 − 1)	0.6
F	2/(6 − 1)	0.4	2/(6 − 1)	0.4

■ 有向グラフの近接性による中心性

次に、有向グラフの近接性による中心性について紹介していくことにしよう。有向グラフの中心性の求め方については、到達することができない点が出てくることから、無向グラフの中心性の求め方よりも複雑になってくることになる。まず、無向グラフの場合の中心性指数の分子は、すべての点の数から、その点自身の数の１を引いたものになり、その分母は、他のすべての点への最短距離の合計になるのであった。それに対して、その有向グラフの場合には、そのすべての点の数の代わりに、到達可能なすべての点の数を用いることになる。つまり、その有向グラフの中心性指数の分子は、到達可能なすべて点の数になり、また、その分母は、到達可能なすべての点までの最短距離の合計になる。

$$\text{近接性による中心性} = \frac{\text{到達可能な点の数}}{\text{到達可能なすべての点への最短距離の合計}} \times \frac{\text{到達可能な点の数}}{\text{全体の点の数} - 1}$$

但し、この定義だけでは中心性を表す指標としては不十分になる。その理由は、その全体の点において、その問題になっている点が、どれだけの割合の点に対して到達可能になっており、また、どれだけの割合の点に対して到達不可能になっているのかという情報が反映されていないからになる。つまり、その中心性を表す指標は、その到達可能な点の数が多くなるほど高くなるべきであり、逆に、到達可能な点の数が少なくなるほど低くなるべきであることになる。そこで、その到達可能な点の数を、その最短距離の合計で割って求められる値に対して、全体の点の何割の点に対して到達可能なのかという割合をかけ合わせる作業が必要になってくる。そして、その割合とは、到達可能な点の数を全体の点の数から１引いたもので割ったものになり、ここで、その１を引くのは、その点自身に対して到達する回数を差し引くためになる。

▸ **例題２−１**：次のグラフの入力次数と出力次数を求めなさい。

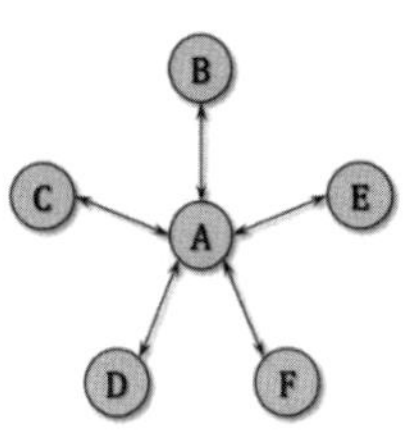

	到達可能点の数	最短距離の合計	全体の点の数-1	計算式
A	5	1 + 1 + 1 + 1 + 1 = 5	6 − 1 = 5	$\left(\frac{5}{5}\right)\left(\frac{5}{5}\right) = 1$
B	5	1 + 2 + 2 + 2 + 2 = 9	6 − 1 = 5	$\left(\frac{5}{9}\right)\left(\frac{5}{5}\right) = 0.555$
C	5	1 + 2 + 2 + 2 + 2 = 9	6 − 1 = 5	$\left(\frac{5}{9}\right)\left(\frac{5}{5}\right) = 0.555$
D	5	1 + 2 + 2 + 2 + 2 = 9	6 − 1 = 5	$\left(\frac{5}{9}\right)\left(\frac{5}{5}\right) = 0.555$
E	5	1 + 2 + 2 + 2 + 2 = 9	6 − 1 = 5	$\left(\frac{5}{9}\right)\left(\frac{5}{5}\right) = 0.555$
F	5	1 + 2 + 2 + 2 + 2 = 9	6 − 1 = 5	$\left(\frac{5}{9}\right)\left(\frac{5}{5}\right) = 0.555$

> ▸ **例題２－２**：次のグラフの入力次数と出力次数を求めなさい。

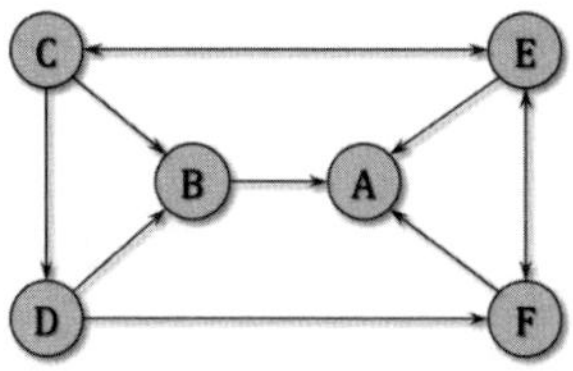

	到達可能点の数	最短距離の合計	全体の点の数-1	計算式
A	0	0	$6-1=5$	$\left(\frac{0}{0}\right)\left(\frac{0}{5}\right)=0$
B	1	1	$6-1=5$	$\left(\frac{1}{1}\right)\left(\frac{1}{5}\right)=0.2$
C	5	$2+1+1+2+1=7$	$6-1=5$	$\left(\frac{5}{7}\right)\left(\frac{5}{5}\right)=0.714$
D	5	$2+1+3+1+2=9$	$6-1=5$	$\left(\frac{5}{9}\right)\left(\frac{5}{5}\right)=0.555$
E	5	$1+2+1+2+1=7$	$6-1=5$	$\left(\frac{5}{7}\right)\left(\frac{5}{5}\right)=0.714$
F	5	$1+3+2+3+1=10$	$6-1=5$	$\left(\frac{5}{10}\right)\left(\frac{5}{5}\right)=0.50$

■部分グラフとクリーク

次に、**密接した小グループ**（cohesive subgroup）とは、全体のネットワークにおいて、特に繋がりの強い小単位の点のグループのことになる。そして、それは全体のネットワークの中の、部分的なネットワークとして特定されることになり、その繋がりの強い部分的なネットワークは**部分グラフ**（subgraph）と呼ばれている。

この部分グラフの特定の仕方については、いくつか重要なものがあり、その中でも特に重要なものとして、クリークという概念にもとづいた特定の仕方がある。このクリークという概念には、いくつかの種類があることになり、その種類に応じて、その繋がりの強さも異なることになる。

まず、**クリーク**（Clique）による方法は、部分グラフを特定する方法の中でも、最も厳格な基準にもとづいた方法になっており、その部分グラフを構成する各点が、その部分グラフ内の他のすべての点と繋がっており、かつ、それが、その部分グラフを構成するすべての点について成り立っているようなネットワークのことになる。

例えば、点 A から点 E までの５つの点があるとき、点 A は、点 B、点 C、点 D、点 E という、他のすべての点と繋がっており、また点 B も、点 A、点 C、点 D、点 E という、他のすべての点と繋がっており、同様のことが、他の点 C、点 D、点 E についても成り立っているようなネットワークのことになる。

このようなネットワークは完全グラフと呼ばれており、あるネットワークが完全グラフである場合には、すべての点が互いに繋がり合っていることから、その完全グラフとは、それ以上の繋がりを追加することができないようなネットワークのことになる。

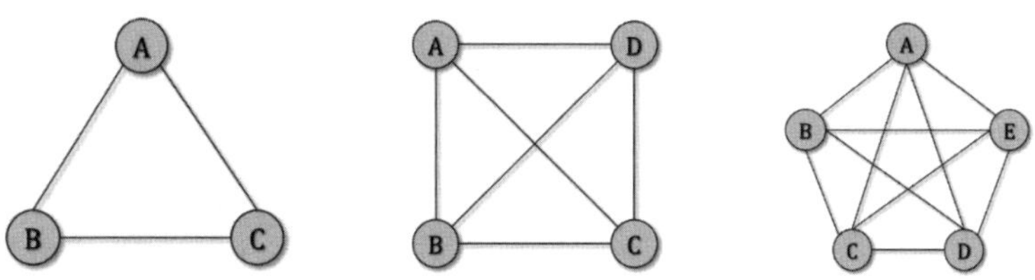

クリーク（完全グラフ）の例

> ▸ **例題３**：次のグラフにおいて、クリークを構成している点のグループを、すべて挙げなさい。

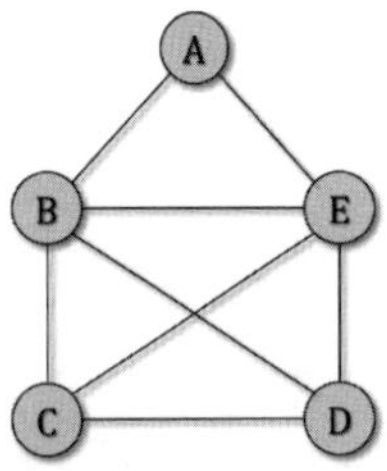

$A-B-E$

$B-C-D$

$C-D-E$

$D-E-B$

$E-B-C$

$B-C-D-E$

ここでは、その部分グラフを構成するすべての点が、互いに繋がり合っているような部分グラフを見つければよい。

■ Nクリーク

これまでに紹介してきたクリークとは、すべての点が他のすべての点と繋がっているという、非常に厳格な条件によって定義されるものであった。この厳格な条件を少し緩めた部分グラフの定義として、ネットワークを構成する点の点との近接性の観点からクリークを定義するNクリークと呼ばれるものがある。そこで次に、それについて紹介していくことによう。

まず、***N*クリーク**（*N*clique）とは、すべての点と点との最短距離が、N以下になるような部分グラフのことになる。例えば、点Aから点Fまでの6つの点があり、そのNを2として設定するとき、各点から他の点までの最短距離を求めた後に、その最短距離が2以下になるような点を探すことによって、そのNクリークの部分グラフをみつけることができる。

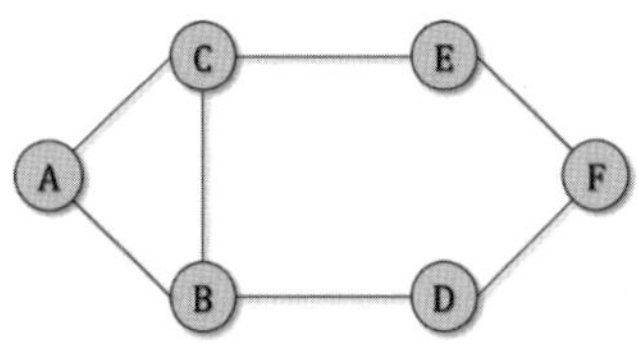

○１クリーク

$A-B-C$

○２クリーク

$A-B-C-D-E$

$B-C-D-E-F$

具体的には、上図のネットワークにおいて、NクリークのNを1に設定するとき、 1クリークは$A-B-C$の１組になる。その理由は、そのクリークを構成するすべての点が、他のすべての点に対して、最短距離の1で到達することができるからになり、そのような点の組み合わせは、その点$A-B-C$という組以外にはないことが分かる。ここでもし、その組み合わせに対して点Dを加えるとすれば、その点Aと点Cからの、その点Dまでの最短距離が2になってしまうことになり、その1クリークが満たすべき条件から外れてしまうことになる。

次に、そのNクリークのNに2を設定するとき、その 2クリークは、$A-B-C-D-E$の１組と$B-C-D-E-F$の１組の２組になる。これについて確認してみることにしよう。まず、$A-B-C-D-E$の組について、その点Aは、他の点B、C、D、Eのすべてに対して最短距離２以内で到達することができる。そして、その点A以外の点B、C、D、Eについても、他の点まで最短距離2以内で到達することができることから、点A、B、C、D、Eは、すべて2クリークを構成していることになる。ここで、その点Aから点Dまで、点A、C、B、Dの順にたどることによって、その距離を3とすることができるものの、そのNクリークで問題となっているのは、その最短距離になることから、これについてはクリークの判断とは関係ないことになる。

▸ **例題４**：次のグラフについて、１クリークと２クリークと３クリークを、それぞれ挙げなさい。

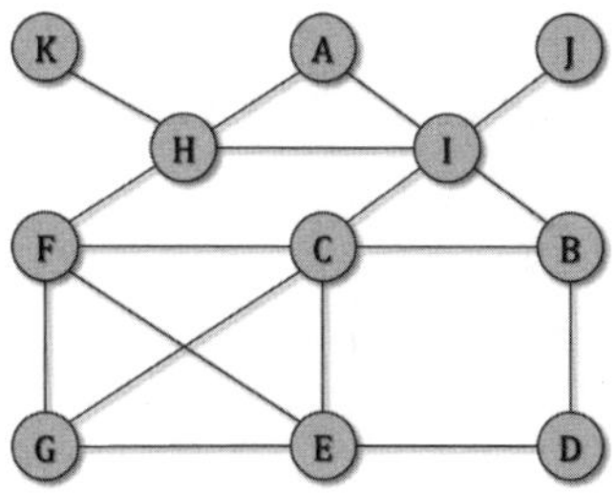

	A	B	C	D	E	F	G	H	I	J	K
A	0	2	2	3	3	2	3	1	1	2	2
B	2	0	1	1	2	2	2	2	1	2	3
C	2	1	0	2	1	1	1	2	1	2	3
D	3	1	2	0	1	2	2	3	2	3	4
E	3	2	1	1	0	1	1	2	2	3	3
F	2	2	1	2	1	0	1	1	2	3	2
G	3	2	1	2	1	1	0	2	2	3	3
H	1	2	2	3	2	1	2	0	1	2	1
I	1	1	1	2	2	2	2	1	0	1	2
J	2	2	2	3	3	3	3	2	1	0	3
K	2	3	3	4	3	2	3	1	2	3	0

○１クリーク

$A-H-I$

$I-B-C$

$C-F-G$

$F-G-C$

$G-E-F$

$E-C-G$

○２クリーク

$B-C-D-E-F$

$B-C-D-E-G$

$B-C-D-E-I$

$A-B-C-F-H-I$

$A-B-C-H-I-J$

$A-C-F-H-I-K$

○３クリーク

$A-B-C-D-E-F-G-H-I-J-K$

以上のことについては、各点から他のすべての点までの最短距離について、それを表に整理してみると分かりやすい。まず、点Aを含む１クリークがあるかどうかについて判定するためには、点Aの列を縦にみて、その最短距離が１よりも小さい点がどれであるのかについて確認すればよい。このグラフにおいて、その点Aと最短距離１で繋がっているのは、点Hと点Iになっている。そこで、その点Hと点Iのそれぞれについても、その縦の列をみてみると、点Hについては、点Aと点Iの両方に対して最短距離１になっており、点Iについては、点Aと点Hの両方に対して最短距離１になっていることから、点Aと点Hと点Iが１クリークになっていることが分かる。

次に、点Aを含む２クリークがあるかどうかについて判定するためには、点Aの列を縦に見てみて、最短距離が２よりも小さい点がどれになっているのかについて確認すればよい。このグラフでは、その点Aと最短距離２以内で繋がっているのは、点Bと点Cと点Fと点Hと点Iになっている。そこで、点Bと点Cと点Fと点Hと点Iのそれぞれについても、他の点と最短距離２以内で

繋がっていることから、点Aと点Bと点Cと点Fと点Hと点Iが２クリークになっていることが分かる。

■ Nクラン

次に、**Nクラン**（N clan）とは、Nクリークに対して、クリークの直径がN以下という条件を加えた部分グラフのことになる。ここで、その直径とは、部分グラフの点と点との最短距離の中で最大になる最短距離のことになる。

これについて、下図で具体的に確認してみると、点A、B、C、D、Eの組による2クリークの中で、その最大になる最短距離は、点Dから点Eまでの3になり、この組による部分グラフの直径は3になる。したがって、2クリークの場合には、点A、B、C、D、Eの組と点B、C、D、E、Fの組という２組があったものの、前者の点A、B、C、D、Eの組の直径は3になることから、その部分グラフの直径が２以下であるという2クランの定義からは外れることになる。

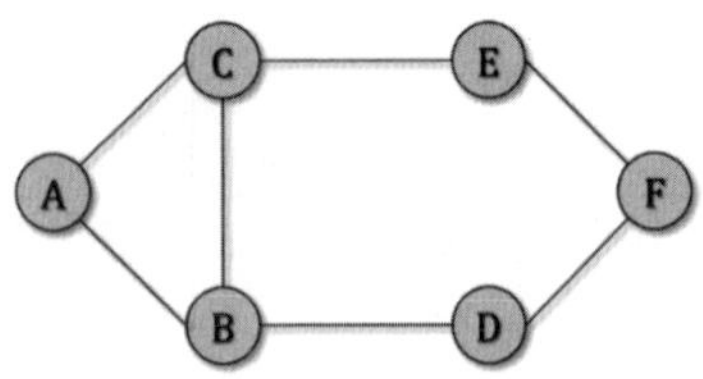

○１クリーク

$A-B-C$

○２クリーク

$A-B-C-D-E$

$B-C-D-E-F$

○２クラン

$B-C-D-E-F$

それに対して、後者の点B、C、D、E、Fの組については、どの点からどの点までの経路について考えてみたとしても、その最短距離は2よりも大きくならないことから、その直径は2であることになり、この組は2クランの定義を満たすことになる。したがって、そのネットワークにおいて2クランの条件満たすのは、点B、C、D、E、Fの１組だけになる。

▸ **例題５**：次のグラフにおいて、２クリークを構成する点の組を挙げ、その２クリークの内、２クランになる点の組を挙げなさい。

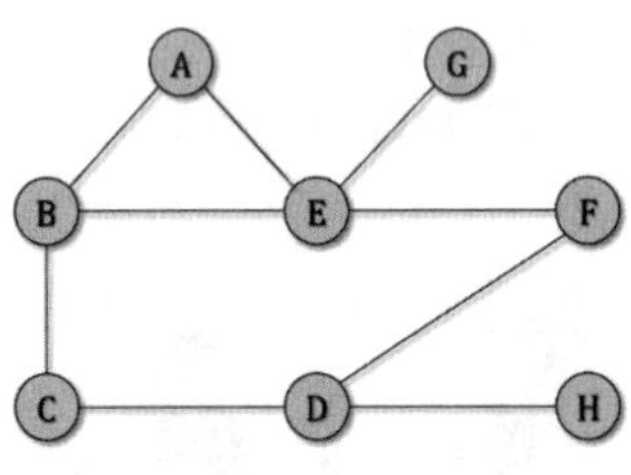

○２クリーク

$A-B-C-E-F$

$B-C-D-E-F$

○２クラン

$B-C-D-E-F$

２クリークについては、$A-B-C-D-E$と$B-C-D-E-F$の２組を挙げることができる。そのいずれも各点が、他のすべての点に対して、その長さが2以内で到達することができるようになっており、かつ、それらに他の点を加えようとするとき、各点が他のすべての点に対して、その長さが2以内で到達することができなくなってしまうことになる。

■ Nクラブ

次に、***Nクラブ***（*N*club）とは、*N*クランの最短距離が２という条件を取り除くことによって、その直径が*N*以内であるという条件のみによって定義された部分グラフのことになる。つまり、 2クラブとは、部分グラフを構成する点の内、すべての点の最短距離が、最大で２以下になるような部分グラフのことになる。

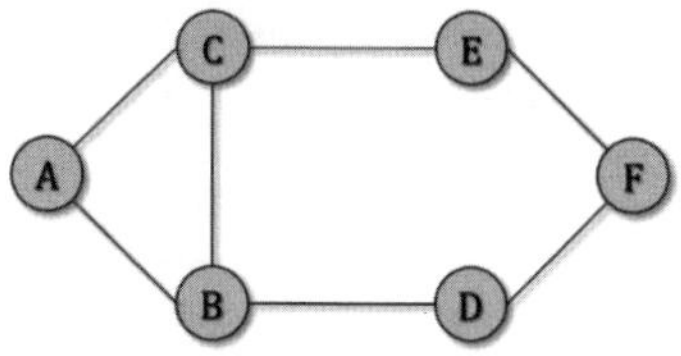

○２クリーク

$A-B-C-D-E$

$B-C-D-E-F$

○２クラン

$B-C-D-E-F$

○２クラブ

$B-C-D-E-F$

$A-B-C-D$

$A-B-C-E$

前出のネットワークの例で考えみると、その2クラブになるのは、点A、 B、 C、 Dの１組と、点A、 B、 C、 Eの１組と、点B、 C、 D、 E 、 Fの１組の、全部で３組あることになる。それら３組のいずれについても、その部分グラフを構成する各点から、他のすべての点までの最短距離が２以内に収まることから、その部分グラフの直径は２になることになる。

このようにNクリークとNクラン、Nクラブとは、部分グラフの各点間の最短距離と、その最短距離の最大距離である直径という、２つの基準を組み合わせることによって、特に繋がりの強い部分グラフを抽出していることになる。

▸ **例題６**：次のグラフにおいて、２クラブになる点の組を挙げなさい。

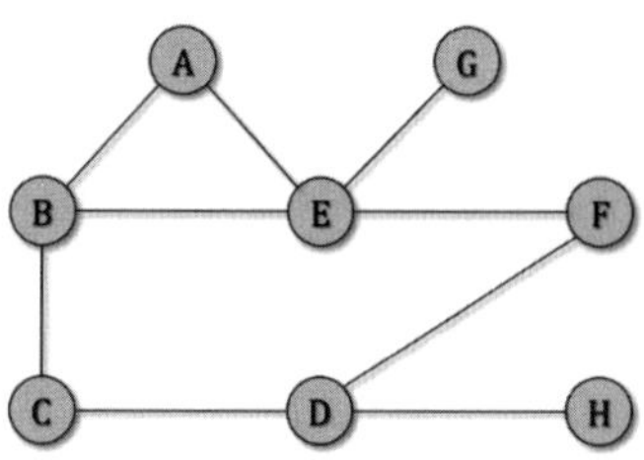

○２クラン

$B-C-D-E-F$

$A-B-E-F-G$

$C-D-F-H$

$A-B-C-E$

$A-B-C-F$

まず、２クランはすべて２クラブになる。その理由は、２クランの条件として、その直径が２以内であるという条件があるからになる。したがって、前出の$B-C-D-E-F$は常に２クランになる。また、そのグラフの直径が２以内という条件を満たす部分グラフとして、新たに$A-B-E-F-G$と$C-D-F-H$という２つの部分グラフを見つけることができる。

ここで問題になるのは、２クリークではあったが２クランではなかった$A-B-C-E-F$の組の扱いになる。この$A-B-C-E-F$は、点Cと点Fの間の長さが３になり、それによって、$A-B-C-D-E$は２クラブではないことになる。しかし、その点Cと点Fのどちらか一方がなければ、$A-B-C-E-F$の直径は２になることから、点Cと点Fのどちらか一方を取り除くときに、残りのグラフの直径は３になる。したがって、その$A-B-C-E$と$A-B-E-F$は２クラブになる。

練習問題

◇**練習問題１－１：** 次のグラフについて、下表を埋めることにより、点 A から点 I までの次数による中心性を求めなさい。

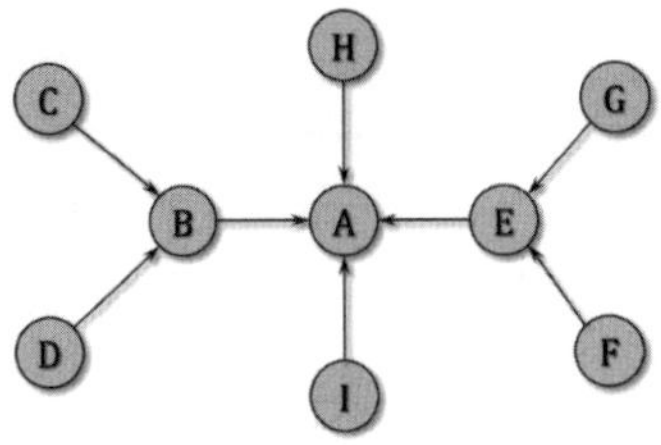

	入力		出力	
	計算式	中心性	計算式	中心性
A				
B				
C				
D				
E				
F				
G				
H				
I				

◇**練習問題１－２：** 次のグラフについて、下表を埋めることにより、点 A から点 I までの次数による中心性を求めなさい。

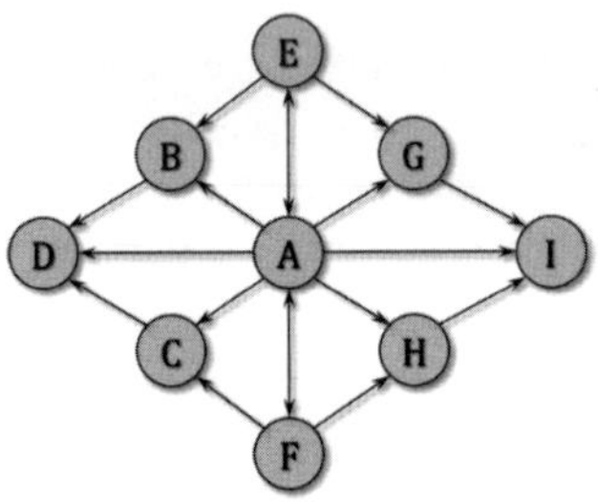

	入力		出力	
	計算式	中心性	計算式	中心性
A				
B				
C				
D				
E				
F				
G				
H				
I				

◇**練習問題１－３：** 次のグラフについて、下表を埋めることにより、点 A から点 I までの次数による中心性を求めなさい。

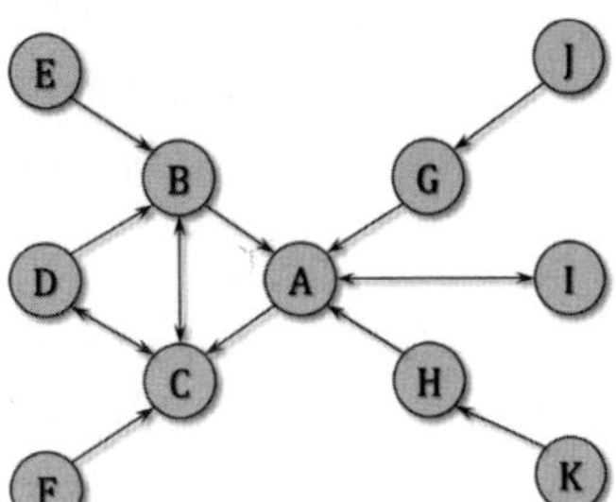

	入力		出力	
	計算式	中心性	計算式	中心性
A				
B				
C				
D				
E				
F				
G				
H				
I				
J				
K				

◇練習問題２－１： 次のグラフについて、下表を埋めることにより、点Ａから点Ｉまでの近接性による中心性を求めなさい。

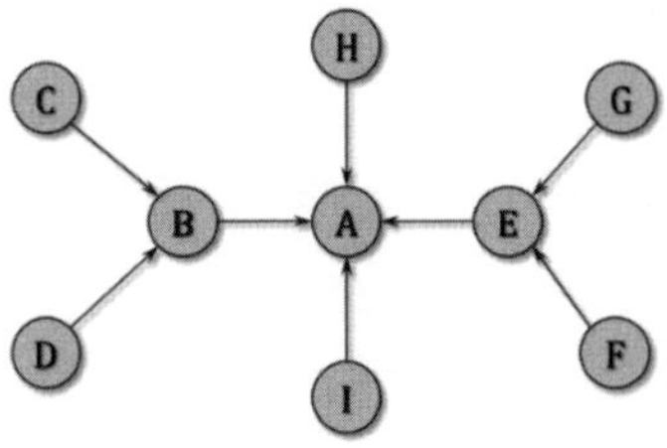

	到達可能点の数	最短距離の合計	全体の点の数-1	計算式
A				
B				
C				
D				
E				
F				
G				
H				
I				

◇練習問題２－２： 次のグラフについて、下表を埋めることにより、点Ａから点Ｉまでの近接性による中心性を求めなさい。

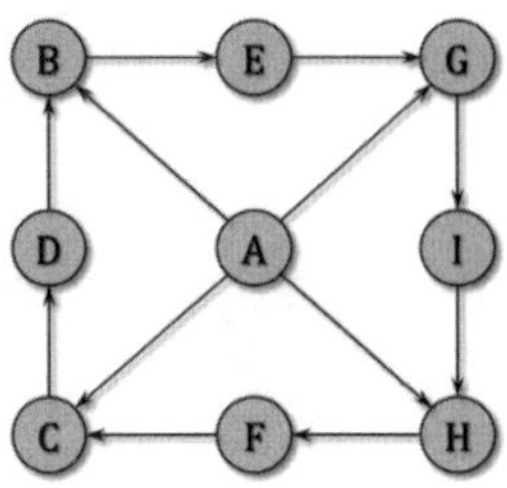

	到達可能点の数	最短距離の合計	全体の点の数-1	計算式
A				
B				
C				
D				
E				
F				
G				
H				
I				

◇練習問題２－３： 次のグラフについて、下表を埋めることにより、点Ａから点Ｉまでの近接性による中心性を求めなさい。

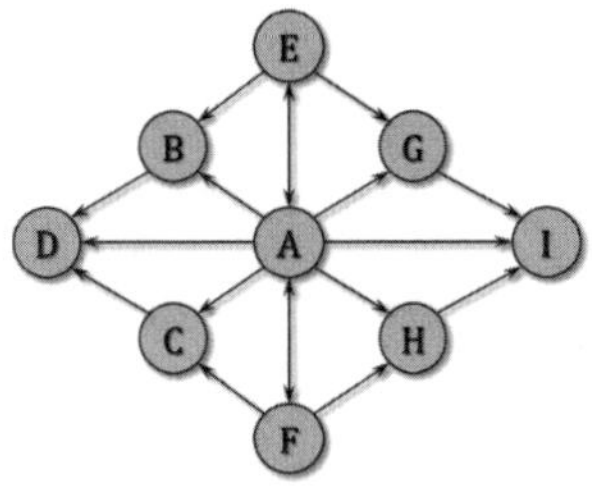

	到達可能点の数	最短距離の合計	全体の点の数-1	計算式
A				
B				
C				
D				
E				
F				
G				
H				
I				

◇**練習問題２－４**： 次のグラフについて、下表を埋めることにより、点Ａから点Ｉまでの近接性による中心性を求めなさい。

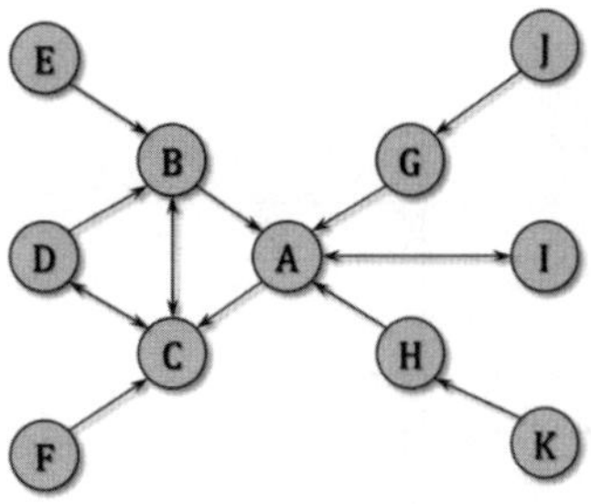

	到達可能点の数	最短距離の合計	全体の点の数-1	計算式
A				
B				
C				
D				
E				
F				
G				
H				
I				
J				
K				

◇**練習問題３**：次のグラフにおいて、クリークを構成している点のグループを、それぞれ挙げなさい。但し、クリークはいくつ挙げてもよい。

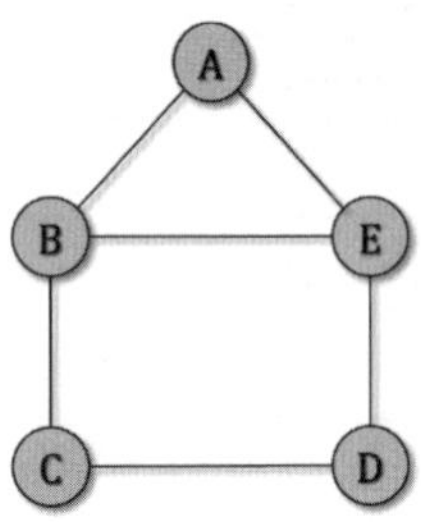

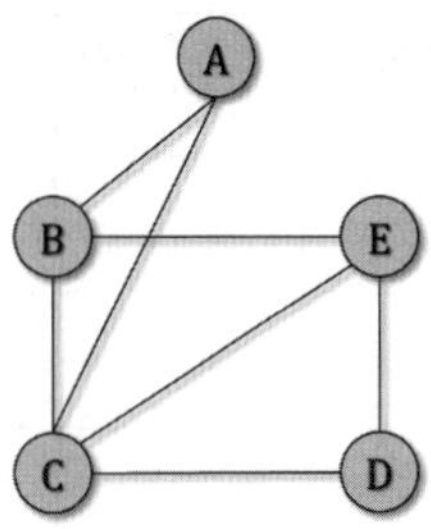

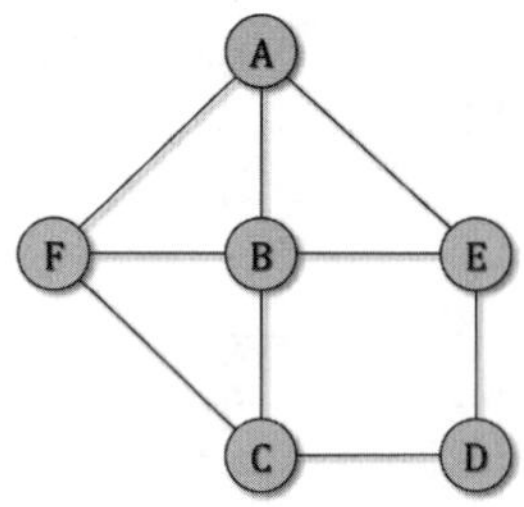

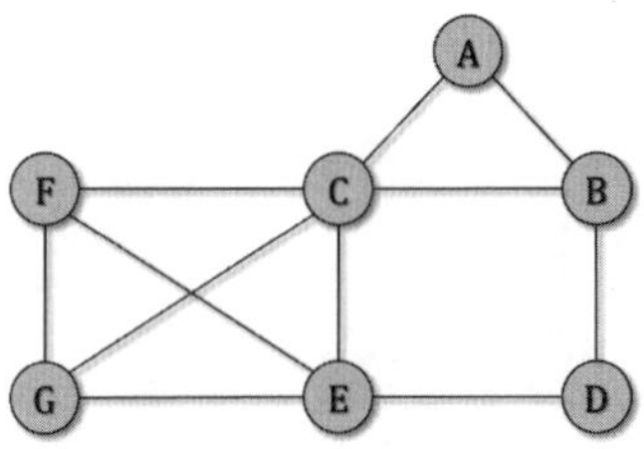

◇**練習問題４**：練習問題３のグラフにおいて、１クリークと２クリークを、それぞれひとつずつ挙げなさい。但し、１クリークと２クリークを、ひとつ以上挙げること。

◇**練習問題５**：次のグラフにおいて、各点から他のすべての点に至る最短距離を表に整理し、２クリークを構成している点のグループを、少なくともひとつ挙げなさい。

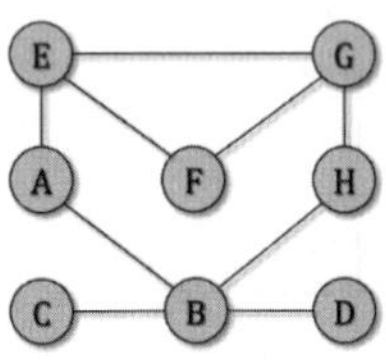

		終点							
		A	B	C	D	E	F	G	H
始点	A								
	B								
	C								
	D								
	E								
	F								
	G								
	H								

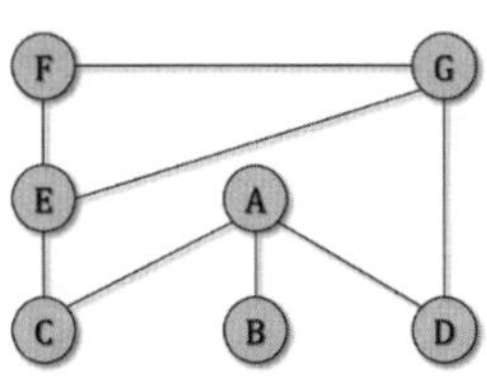

		終点						
		A	B	C	D	E	F	G
始点	A							
	B							
	C							
	D							
	E							
	F							
	G							

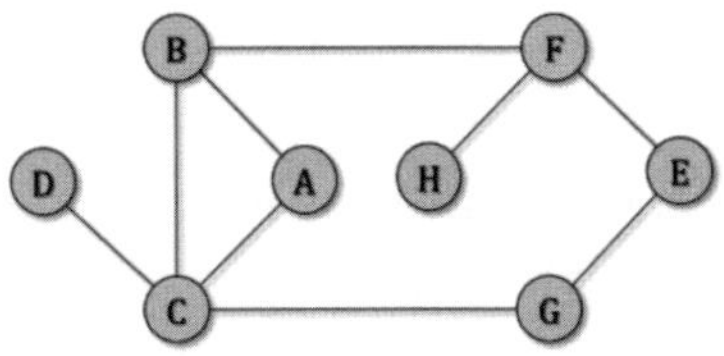

		終点							
		A	B	C	D	E	F	G	H
始点	A								
	B								
	C								
	D								
	E								
	F								
	G								
	H								

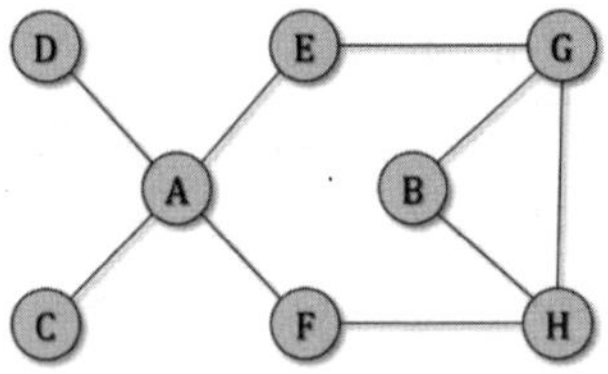

		終点							
		A	B	C	D	E	F	G	H
始点	A								
	B								
	C								
	D								
	E								
	F								
	G								
	H								

◇練習問題６：練習問題５のグラフにおける２クリークの内、２クランとなるものをすべて挙げなさい。

◇練習問題７：練習問題５のグラフにおいて、２クラブをすべて挙げなさい。

トピック３０：社会活動と制度

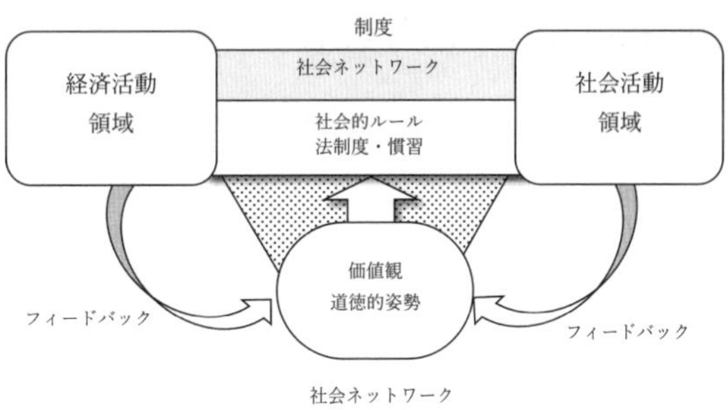

今回は、社会活動と制度の関係について整理していくことにする。まず、その制度とは、慣習や法制度などの社会的ルールに加えて、価値観、道徳的姿勢、信条等までを含む幅広い概念になっている。そして、それらの間には相互に影響を与え合う関係があることになり、その慣習や法制度などの社会的なルールは、その社会の価値観や道徳的姿勢、信条などを強く反映したものになっている。逆に、その社会の価値観や道徳的姿勢、信条なども、その慣習や法制度などの社会的なルールによって影響を受けることになる。その一方で、その慣習や法制度などの社会的なルールは、価値観や道徳的姿勢、信条などを明文化することによって、それらを具現化したものであると考えることができ、それによって、その関係を、上図の社会ネットワークで共有される価値観と道徳的姿勢、信条から、その社会的ルールへのびる矢印として表すことができる。

次に、その社会活動と経済活動については、その社会的ルールから直接的な影響を受けることになる。つまり、その社会活動と経済活動において共有化された社会的ルールは、その社会ネットワークを構成するメンバー間の信頼関係を支えると同時に、各メンバーに対して、その社会活動と経済活動において期待される行動を促しながら、取引における不確実性を減すことによって、その社会活動と経済活動における取引費用を減少させることになる。したがって、その価値観や道徳的姿勢、信条などによって支えられている社会的ルールは、その社会活動だけでなく、同時に、その経済活動においても利用されることになる。

ここで、その社会活動が活発であるがゆえに、経済活動が促進されたり、逆に、その経済活動が盛んな社会では、社会活動も盛んになったりするという、一定の補完的な関係が成り立つことになる。その一方で、そこに社会的ルールが介入する際には、その社会的ルールが、その経済活動と社会活動の両面において両立しないことによって、その社会的ルールが障害になってしまう場合がある。例えば、経済目的と社会目的は、必ずしも一致するとは限らず、むしろ近年では、その経済活動を過剰に重要視するあまり、その社会活動における社会的ルールがないがしろにされてしまうケースが目立つようである。

そして、その経済活動と社会活動には、それぞれに独立した目的があることになり、それらの活動を支えるメンバーは、それぞれの価値観、道徳的姿勢、信条によって、その行動の目的を選択していることになる。そして、もし、その社会的ルールが、経済活動と社会活動の目的において、矛盾・対立を引き起こすようなことがあれば、その矛盾・対立は、その社会ネットワークで共有された、価値観、道徳的姿勢、信条においても葛藤を引き起こすことになり、その葛藤は、個人レベルにまで落とし込まれることになる。

そして、その葛藤は個人レベルにおいて反省を促すことになり、その反省は学習にまで昇華される場合がある。そして、その過去の反省と学習によって、その価値観や道徳的姿勢、信条などに変化が生じるときは、それまでの社会的ルールが更新される可能性が生じることになる。

したがって、ある社会的ルールが、その経済活動と社会活動の両活動で用いられるときに、その社会的ルールを適用したときの経験と反省、そして学習が、個人の意識にまでフィードバックされることによって、その価値観や道徳的姿勢、信条などに変化が生じる場合がある。

そして、その価値観や道徳的姿勢、信条などに変化が、既存の社会的ルールを更新する原動力になって、その社会的ルールをより望ましいものへと進化させることになる。その意味では、その個人レベルでのフィードバックは、社会活動と経済活動における制度の変化と発展を生む土壌になることになり、そのフィードバックは制度が進化していくための必要不可欠なプロセスになっていることになる。

第３０講　ネットワークとコア

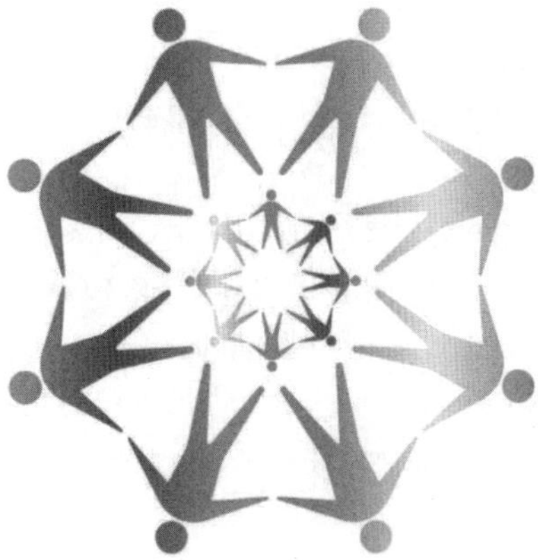

これまでネットワーク分析の手法として、ネットワークの広さと密度、そして、中心性の大きさについて紹介してきた。特に、その中心性については、そのネットワークの中心と周辺の構造を分析する際に重要になることになり、それは、そのネットワーク構造を最も強く特徴づけることになる。その中心性の分析の次に重要になるのが、そのネットワークに部分的に存在している、特に強い繋がりもつ点の集合になる。

その中心性の分析では、単一の点の他の点との繋がりの強さが重要になったのに対して、その強い繋がりをもつ点の集合については、その複数の点の間での繋がりの強さが重要になってくる。したがって、その強い繋がりをもつ点の集合を特定するに当たっては、次数などの単一の点の特性ではなく、複数の点が形成する繋がりの特性に注目する必要があることになる。そこで本講では、そうした部分グラフの基本的な特定の仕方について紹介していくことにする。

■コア

部分グラフを特定するためのもうひとつの方法として、コアと呼ばれる概念を用いる方法がある。この**コア**（core）とは、2や3などの一定の数以上の次数をもつ点から成る小グループの内、その小グループに対して一定の数以上の繋がりをもつ点からなる小グループのことになる。

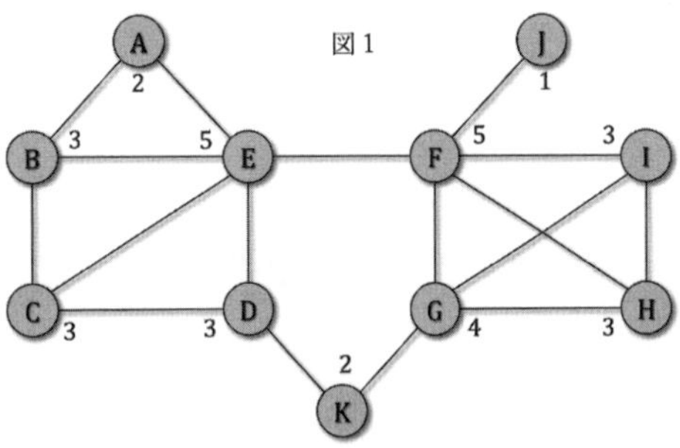

図1

このコアの特定の仕方としては、最初に、その次数によって仮のコアを特定した後に、その仮のコアのとの繋がりの強さによって、最終的なコアとしての小グループを特定しようとすることになる。したがって、そのコアという手法は、仮のコアを特定した後に、その本物のコアを見つけるという２段階のステップを踏むことになる。

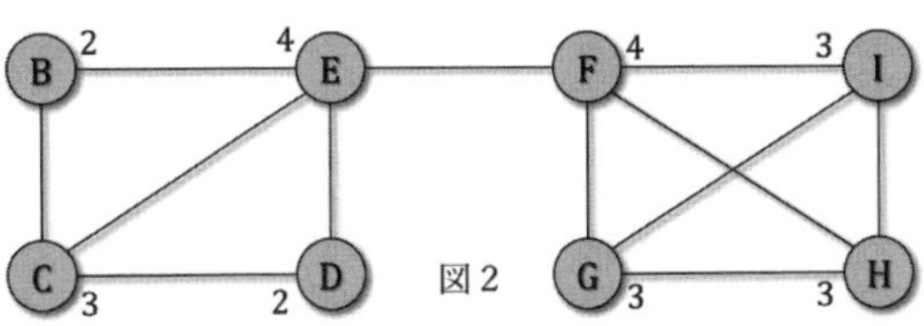

図２

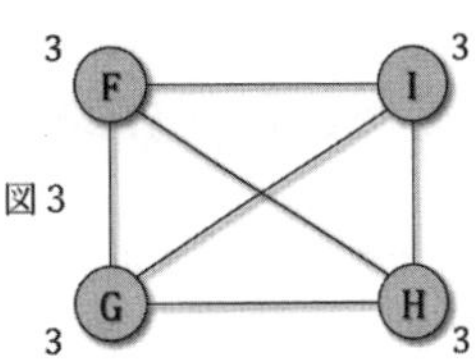

図３

まず、図１において、それぞれの点の右に、その点の次数が記されており、その値は、それぞれの点によって異なることになる。このコアのよる手法では、そのコアを特定するための基準になる次数を決めておく必要があることになり、ここでは、仮に、その基準になる次数を３に設定することにする。そして、その次数が３よりも小さい点、つまり、その次数が１と２になっている点を除くときに、そのグラフは、その図１から図２のように変化することになる。これが、その

コアを特定するための仮の小グループに当たることになる。この図２では、そのグラフの点の数が減っていることから、その各点の次数が変化していることに注意しよう。そして、その図２の仮のコアから、再度、その次数が３以上のものだけを残して、その他の点を取り除いてみると、最終的に、その図３のようなコアが残ることになり、これが、その最終的なコアになる。

ところで、その図１から図３を導く過程において、その点Ｅの扱いについては独特なものになっている。その理由は、その点Ｅについては、その仮のコアにおいて、その次数が４であったのに対して、その点Ｂと点Ｄが取り除かれたことよって、その点Ｅの次数は２まで下がることになり、最終的に、その点Ｅについては、そのコアから取り除かれることになったからになる。これについては、その点Ｃについても同様になる。そして、その最終的なコアは、その点Ｆ、Ｇ、Ｈ、Ｉという４つの点からなるグラフとして残ることになり、その最終的なコアにおいても、それぞれの点の次数が３になっていることに注意しよう。

> ▸ **例題１**：次のグラフにおいて、次数３のコアを見つけなさい。

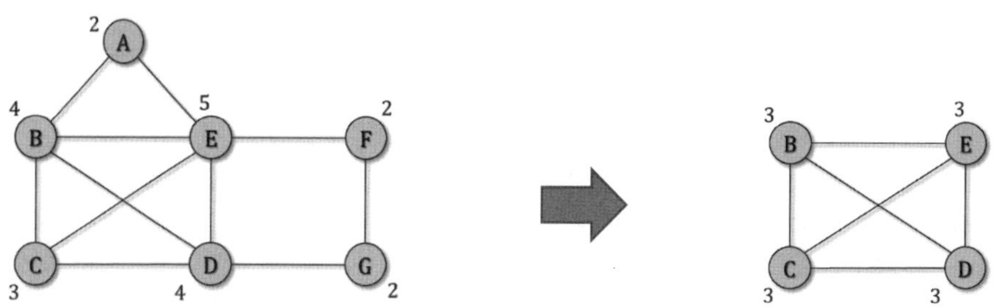

そのグラフにおいて、次数３のコアを見つけるためには、その次数が２以下の点を消すことによって、その次数が２以下の点を消した後にできるグラフから、再度、その次数が２以下の点を消すことになる。そして、その作業を繰り返すことによって、その次数２以下の点がなくなるまで続ければよいことになる。

■ 有向グラフの部分グラフ

これまで密接した小グループの特定の仕方について、完全グラフによる方法と、最短距離による方法、そして、コアによる方法という、３つの方法について紹介してきた。最初の２つの方法は、繋がり方の違いにもとづいた小グループの特定の仕方になっており、最後のコアによる方法は、その点の次数によって小グループを特定する方法になっている。

ここで、最初の２つの繋がり方の違いによる特定の仕方について、２つの点が線によって繋がっている場合には、それらに繋がりがあるかないかについての議論の余地が残ることはないものの、その２つの点が矢印によって繋がっている場合には、何をもって繋がっていると言うことができるのかについて、いくつかの問題が生じてくることになる。そこで次に、その繋がりの定義について以下に示しておことにしよう。

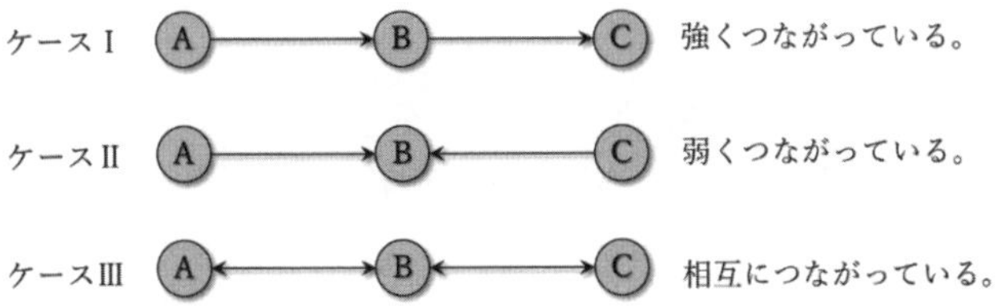

ある２つの点が矢印によって結ばれているとき、それらの点が繋がっているのかどうかについて問題になるケースとして、次の３通りのケースを考えることができる。まず、点A、B、Cという３つの点があるときに、次の３つのケースにおいて、その点Aと点Cが繋がっていると言うことができるかどうかについて考えてみることにしよう。まず、ケースⅠのA → B → Cの場合には、単純に、その点Aは、点Cに対して繋がっていると言うことができる。ここで、点Aは点Cに対して矢印で繋がっており、このような繋がり方を**強く繋がっている**（strongly connected）と言うことにする。

次のケースⅡでは、A → B と C → B とが組み合わさることによって繋がっていることになる。ここで、その矢印の方向に進むことによって、その点Aから点Cまでたどり着くことができるかと聞かれれば、その答えは否であるが、しかし、その点Aは点Bと繋がっており、その点Cは点Bと繋がっていることから、間接的には、その点Aと点Cは繋がっていると考えることもできる。

しかし、この繋がり方については、強く繋がっている場合とは明確に区別することができることから、その場合は**弱く繋がっている**（weakly connected）と言うことにする。言い換えれば、その弱く繋がっているとは、その矢印の方向を無視して、すべての矢印を線とみなすことによって、有向グラフを無向グラフとを同等に扱うことを意味することになる。例えば、ケースⅠの例で、その矢印を線として扱うことができるのであれば、その点Cは点Aに対して弱く繋がっていると言うことができる。

最後のケースⅢでは、A → B → CでもありC → B → Aでもあることになる。この場合、その点Aは、点Cに対して繋がっていることになり、また、その点Cも、点A対して繋がっていることになる。このような始点と終点が互いに強く繋がっているような繋がり方のことを、**相互に繋がっている**（mutually connected）と言うことにする。

以上の３種類の繋がり方が明らかになるとき、その中から繋がりの定義をひとつ選ぶことによって、これまで本書で紹介してきた完全グラフによる方法と、最短距離による方法を、そのまま用いることができるようになる。つまり、完全グラフによる場合では、強く繋がっている場合にのみ繋がっていると考えることにすれば、点同士が有向グラフにおける路（つまり矢印の方向に進んで行くときにたどり着くことができる経路）で繋がっているときに、それを完全グラフとして捉えることができ、そのときに、その完全グラフを密接した小グループとして特定することができるようになる。

また、弱く繋がっている場合でも、それを繋がっていると考えるときには、その矢印の向きを無視しても繋がっている考えることができるようになり、その矢印を考慮しない経路をたどることによって、すべての点が互いにたどり着くことができれば、そのグラフを完全グラフとみなすことができる。

■ 最短距離による方法

まず、最短距離による方法では、繋がりを強い繋がりで定義するときに、その有向グラフにおける路が繋がっていることになり、その矢印の方向に進んで最短距離を求めなければならないことになる。また、弱い繋がりで定義するときには、その最短距離の特定の仕方は、無向グラフの場合と全く同じになる。

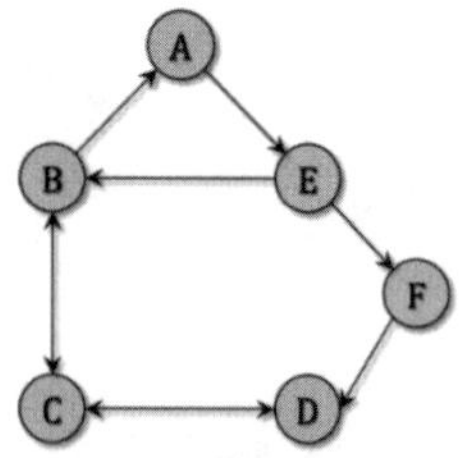

		終点					
		A	B	C	D	E	F
始点	A	0	2	3	3	1	2
	B	1	0	1	2	2	3
	C	2	1	0	1	3	4
	D	3	2	1	0	4	5
	E	2	1	2	2	0	1
	F	4	3	2	1	5	0

ここで、最短距離による方法にもとづきながらクリークを特定してみることにしよう。そのために上表では、すべて点から他のすべての点までの最短距離が整理されている。まず、その最短距離が２以下のクリークを特定してみることにしよう。最初に、そのＡの列を縦に比較するとき、その点Ａまでの最短距離が２以下の点として、点Ａと点Ｂと点Ｃと点Ｅがあることになる。

		終点					
		A	B	C	D	E	F
始点	A	○	○	×	×	○	○
	B	○	○	○	○	○	×
	C	○	○	○	○	×	×
	D	×	○	○	○	×	×
	E	○	○	○	○	○	○
	F	×	×	○	○	×	○

次に、そのＢの列を縦にみてみると、点Ａ、Ｂ、Ｃ、Ｄ、Ｅのすべてが、点Ｂまでの最短距離が２以下という条件を満たしていることになる。次に、そのＣの列をみてみると、点Ｂ、Ｃ、Ｄ、Ｅ、Ｆが、その最短距離２以下という条件を満たしていることになる。次に、そのＤの列をみてみると、点Ｂ、Ｃ、Ｄ、Ｆが、その最短距離２以下という条件を満たしていることになる。

		終点					
		A	B	C	D	E	F
始点	A	○	○	○	○	○	○
	B	○	○	○	○	○	○
	C	○	○	○	○	○	○
	D	○	○	○	○	×	×
	E	○	○	○	○	○	○
	F	×	○	○	○	×	○

		終点					
		A	B	C	D	E	F
始点	A	○	○	○	○	○	○
	B	○	○	○	○	○	○
	C	○	○	○	○	○	○
	D	○	○	○	○	×	×
	E	○	○	○	○	○	○
	F	×	○	○	○	×	○

上表は、その最短距離が２以下という条件を満たしている点に対して◯を記入し、それ以外には×を記入したものになる。この表をみてみると、点Ｂと点Ｃと点Ｄに関しては、互いに他の点に対して最短距離が２以下で到達することができることが分かり、その点Ｂと点Ｃと点Ｄという３の点は、２クリークを構成していることが分かる。

次に、３クリークを見つけるために、その最短距離を３に設定して、同様に◯と×を記入してみることにしよう。すると、次のように点Ａと点Ｂと点Ｃと点Ｄによる１組と、点Ａと点Ｂと点Ｃと点Ｅによる１組とで、２組の３クリークがあることが分かる。

２クリーク

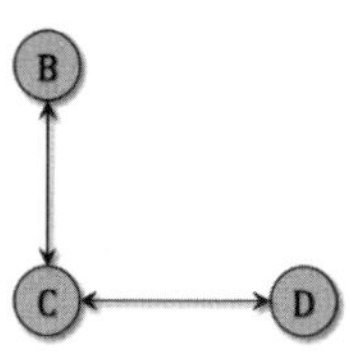

３クリーク

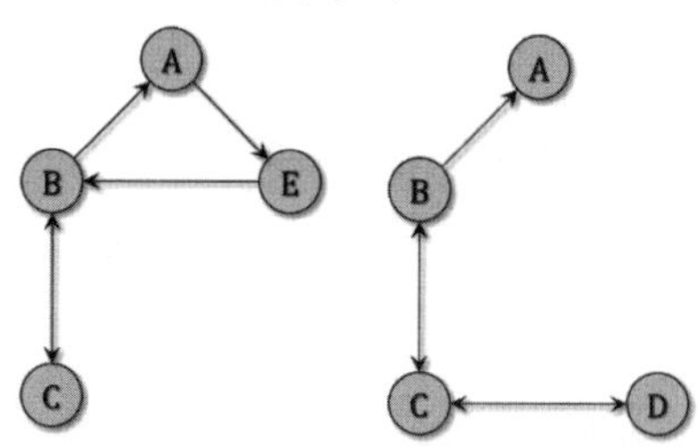

但し、その点Ａと点Ｂと点Ｃと点Ｄによる組については、点Ａから点Ｄに向けた経路において、点Ｅと点Ｆを中継していることから、点Ｅと点Ｆをクリークから除くときに、点Ａから点Ｄに到達することができなくなってしまうことになる。そうした理由から、点Ａと点Ｂと点Ｃと点Ｄの組については、３クリークとして考えるべきではないことになる。それに対して、点Ａと点Ｂと点Ｃと点Ｅの組は、他の点を除いた後も、互いに最短距離が3以下になるという条件を満たしていることから、その組は3クリークとして相応しいことになる。以上が有向グラフの最短距離によるクリークの特定の仕方になる。

練習問題

◇**練習問題１－１**：次のグラフにおいて、次数２の点を消すことにより、次数３以上のコアを描きなさい。

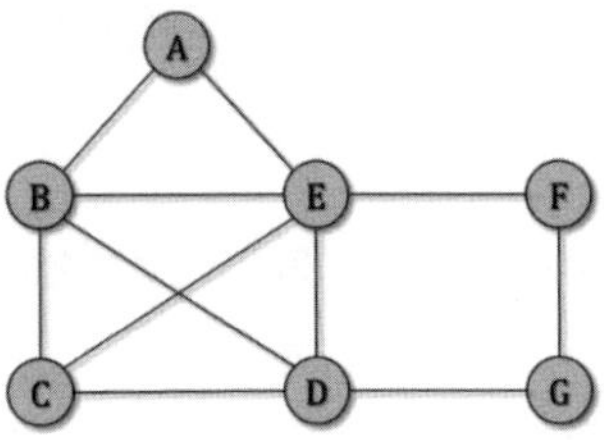

◇**練習問題２－１**：次のグラフにおいて、次数２の点を消すことにより、次数３以上のコアを導くための、仮のコアを描きなさい。

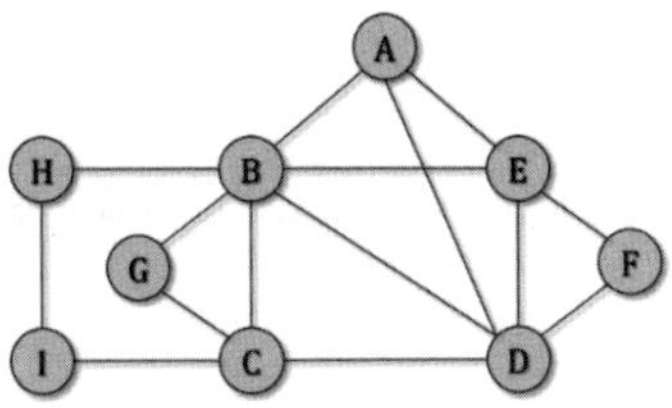

◇**練習問題２－２**：練習問題２－１で描いたグラフにおいて、次数２の点を消すことにより、次数3以上のコアを描きなさい。

◇**練習問題３－１**：次のグラフにおいて、次数２の点を消すことにより、次数３以上のコアを導くための、仮のコアを描きなさい。

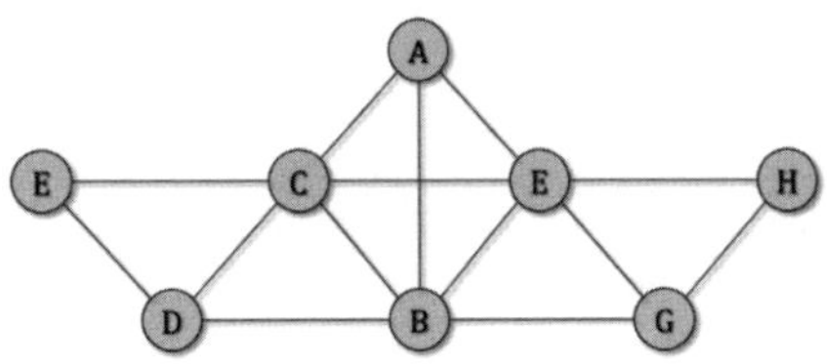

◇**練習問題３－２**：練習問題３－１で描いたグラフにおいて、次数２の点を消すことにより、次数3以上のコアを描きなさい。

◇練習問題４－１：次のグラフにおいて、次数２の点を消すことにより、次数３以上のコアを導くための、仮のコアを描きなさい。

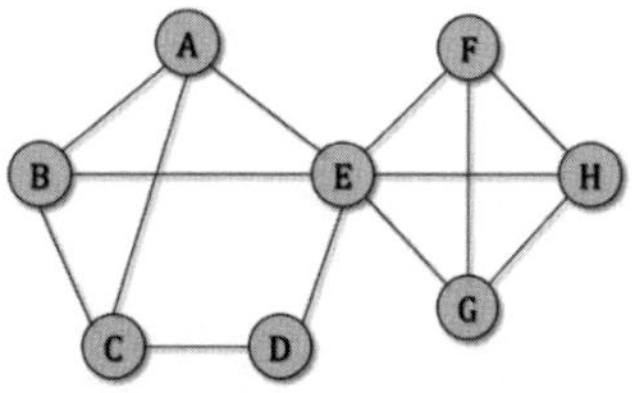

◇練習問題４－２：練習問題４－１で描いたグラフにおいて、次数２の点を消すことにより、次数３以上のコアを描きなさい。

◇練習問題４－３：練習問題４－２で描いたグラフにおいて、次数２の点を消すことにより、次数３以上のコアを描きなさい。

◇練習問題５－１：次のグラフにおいて、次数２の点を消すことにより、次数３以上のコアを導くための、仮のコアを描きなさい。

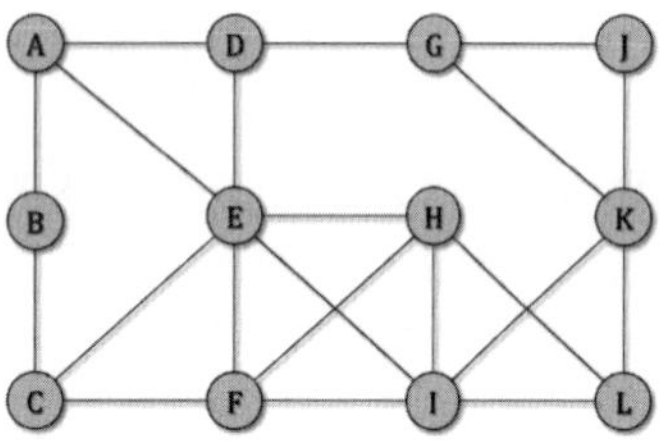

◇練習問題５－２：練習問題５－１で描いたグラフにおいて、次数２の点を消すことにより、次数３以上のコアを描きなさい。

◇練習問題５－３：練習問題５－２で描いたグラフにおいて、次数２の点を消すことにより、次数３以上のコアを描きなさい。

◇練習問題５－４：練習問題５－３で描いたグラフにおいて、次数２の点を消すことにより、次数３以上のコアを描きなさい。

◇練習問題６－１：次のグラフにおいて、各点から他のすべての最短距離を求め、下表を埋めなさい。また下表を用いて２クリークと３クリークをひとつ見つけなさい。

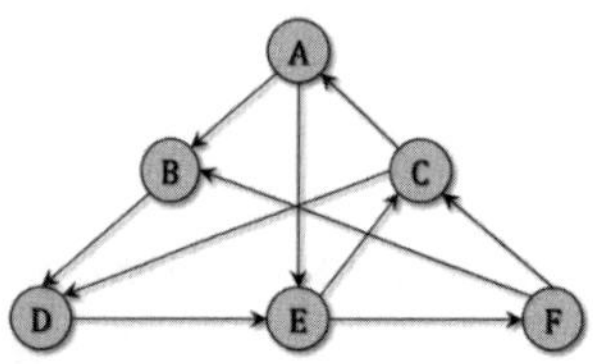

		終点					
		A	B	C	D	E	F
始点	A						
	B						
	C						
	D						
	E						
	F						

◇**練習問題６－２**：次のグラフにおいて、各点から他のすべての最短距離を求め、下表を埋めなさい。また下表を用いて２クリークと３クリークをひとつ見つけなさい。

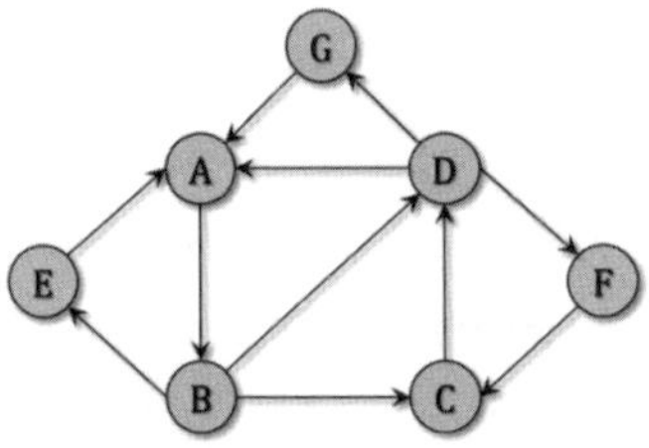

		終点						
		A	B	C	D	E	F	G
始点	A							
	B							
	C							
	D							
	E							
	F							
	G							

◇**練習問題６－３**：次のグラフにおいて、各点から他のすべての最短距離を求め、下表を埋めなさい。また下表を用いて３クリークをひとつ見つけなさい。

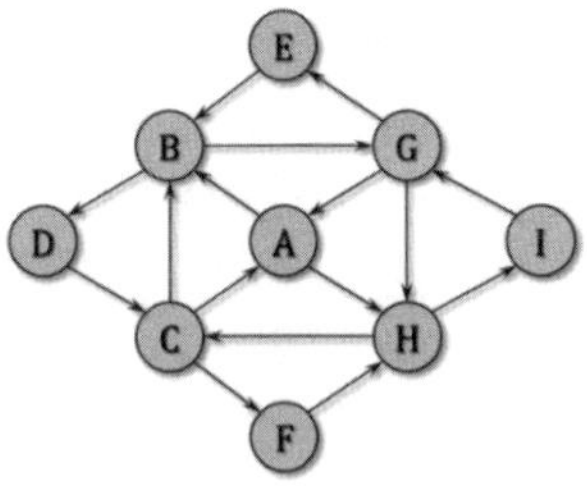

		終点								
		A	B	C	D	E	F	G	H	I
始点	A									
	B									
	C									
	D									
	E									
	F									
	G									
	H									
	I									

トピック３１：経済活動と制度

今回は、社会活動と経済活動における制度の特徴について簡単に紹介していくことにする。その制度とは、社会で共有される行動規範のことになり、それは人間関係の中で定型化された行動ルールやパターンなどのことになる。実際には、その行動規範については、その社会におけるメンバーの価値観や道徳的姿勢、信条などを強く反映したものになっており、それらは不可分の関係にあるといってよい。ここで、その制度としての社会的ルールとは、人間関係における行動パターンのことになり、その社会を構成するメンバーは、その社会的ルールに則って行動することを期待されることになり、そうすることによって、はじめて、その社会を構成するメンバーは信頼されることになる。

ところで、その社会的ルールについては、大きく法制度と習慣（俗習）の２つに分けることができ、それらの違いは下表にまとめられている[17]。まず、その法制度と習慣において、その強制力が強いのは、法的強制力・強制機関を有する法制度の方になり、それを設定するのは選挙によって選出された代表者、つまり代表議会の議員になる。

それに対して、その習慣とは、社会から期待される行動ルールのことになり、その社会を構成する各メンバーは、そのルールに則って行動することが期待されている。また、その法制度よりも慣習の方が、その個人の行動に対して要求する内容が細分化される傾向にあることになり、そのだけ、その慣習は個別のグループにしか適用することができないケースが多くなると同時に、その社会的ルールを課すことができる範囲と対象規模は小さくなる傾向にあることになる。

さらに、そういった社会ルールは、個人間の信頼関係によって維持されるものが多くなっており、また個人間の交流や対話、インフォーマルな教育などを通して、人から人に対して広まる性質があることになる。したがって、慣習は法制度よりも強制力が弱く、また、その社会の構成するメンバーよって合意が得られなければ、その慣習は衰退していくことになり、消滅してしまう傾向にあることになる。

また、それらの言語表現に関して、法制度については明文化することができることから、それは明示的なものになる一方で、その慣習については、その明文化することができるものに加えて、暗黙的なものも含まれることになる。その暗黙的なルールについては、その慣習を共有する人々によって暗黙的に共有されるルールになっており、それには不文律のようなものも多く含まれており、それをあえて明示する必要がないことが多くなっている。また、それは個別的な経験によって学習されることによって、個々の経験を通して体系化されていくことから、そのルールを明文化しようとしたとしても、それを単純明快に明文化することは難しいことになる。

	法制度	慣習（俗習）
強制力	強い	弱い
範囲	広い	狭い
制定	議会による代表制	全体による合意
変化	固定的・追加的	漸進的（発展的）
伝達言語	明示的	暗黙的
伝達媒体	法律	社会ネットワーク
変化	固定的・追加的	漸進的（発展的）
行動規範	制約的	目的的

また、その社会ルールを蓄積・保存する媒体について、法制度は明文化することができることから、書物として幅広く普及させることが可能になっている一方で、その慣習については、人から人に口伝的に共有されるものが多いことから、

[17] この分類はウィリアム・G・サムナーの分類によるものである（Sumner 2002）

その社会ネットワークにおける人間関係を通して、個別的に蓄積されていくことになる。そして、その変化の仕方については、法制度は一旦制定されると、その後はほとんど修正されることはなく、その社会経済の変化と進歩にともなって、新しい修正条項を個別的に追加することによって発展していくことになる。

それに対して、その慣習については、その社会ネットワークを構成するメンバーの価値観や道徳的姿勢、信条などの変化によって変化しうる一方で、その社会を構成するメンバー全員の価値観や道徳的姿勢などが、同時に変化することはほとんど無いことから、その慣習は、世代交代や他のネットワークからの影響を徐々に受けながら、どちらかと言えば、必要なものは次第に付け加えられ、必要ないものは次第に失われていくことよって、漸進的に進化・発展していくことになる。

最後に、その行動規範に関して、法制度は制約条件として人の行動を制限する場合が多い。これは互いの利益を損なわない程度に、人の行動の自由を制限するもので、個人の目的を追求することをサポートするためのルールのような性質をもっていることになる。

それに対して、その慣習は、そうした行動を制約する側面に加えて、個人の行動の目的自体についても、社会的に正しいものかどうかについて判断する場合があることになる。それは、ある個人の行為が利己的なものなのか、もしくは利他的なものなのかについての判断もすることになり、また、その社会における個人のあるべき姿についても提示することになる。その意味においては、ある個人がどのように生きるべきかについての判断にも踏み込まざるをえないことになり、それは社会を構成するメンバーから合意が得られる限り存続し続けることになる。

その一方で、その法制度と慣習の両方に共通している点は、その社会を構成するメンバーの価値観や道徳的姿勢、信条などを強く反映したものになるという点になる。さらにそれらは、その社会の文化を反映したものになることになり、その社会を構成するメンバーによって築き上げられてきた有形・無形の成果としての側面もあることになる。また、それぞれの民族・地域・社会には固有の文化が存在しており、その固有の文化は、その法制度と慣習の発生と発展にも影響を与えることになる。

＜地域経済メモ＞

最近では、コンビニで食べ物を調理することが一般的になってきました。また、ハンバーガーやドーナツも店内で調理することが普通になっています。しかし、袋に入ったパンのように、店内とは別の工場で調理した後、それをお店に届けることもできるはずです。ここで、そうしない理由は、その調理をして輸送する際に食べ物の美味しさが失われてしまう場合があるからです。

つまり、調理した直後が最も美味しい食べ物であれば、その輸送に時間をかければかけるほど、その美味しさが損なわれることになり、それによって商品の価値が下がるのであれば、その価値の下落をコストとして捉えることができます。すると、その価値の下落をなるべく小さく抑えるためには、その輸送に時間をかけない方がよいことになり、その究極形が店内で調理をすることになります。

その一方で、その店内で調理がなされることによって、繁華街では美味しい匂いが漂うことになり、それが、その繁華街をさらに活気づけていることになります。したがって、そうした地域経済学の理論が導く結果は、視覚によって捉えることができるだけでなく、嗅覚によっても、その匂いとして捉えることができるようになっています。

第３１講　ネットワークにおける架け橋と仲介

　これまで、ネットワークの中心性の分析の仕方と、特に繋がりの強い点同士で構成される部分グラフの特定の仕方について紹介してきた。それらはいずれもネットワーク分析における中心的な分析手法になっている一方で、近年、そのネットワーク分析の方法として様々な応用例が開発されている。その中でも、その社会科学分野において最も応用されているのは、ネットワーク構造における構造的隙間と構造的制約になる。これらはネットワークを構成する各点に対して、独特な役割を与えるものになっており、そうした役割は社会・経済現象においてしばしば観察されることになる。

　本講では、その構造的隙間と構造的制約の紹介に向けた準備段階として、コンポーネントの概念と、切点、重コンポーネントの概念について紹介しながら、グラフにおける架け橋と仲介の構造について紹介していくことにする。これらの定義は、ネットワーク全体のバランスを維持していく上で、特に重要な役割を果たす点と線とを特定するための方法になっており、グラノベッター（M. Granovetter）の弱い紐帯の強さや、バート（R. S. Burt）の構造的隙間との関連が深い。また、社会ネットワークにおける責任と権利の問題に関しても特に重要な役割を果たす概念になっている。

■ コンポーネント

　まず、**順路**（path）とは、グラフ上のある点から別の点に至るまでに通過する経路のことになり、その経路は、以下の４つの条件を満たすことになる。つまり、その条件とは、ネットワーク上の、

(1)　すべての点を通過する必要はない。

(2)　すべての線を通過する必要はない。

(3)　同じ点を二度以上通過してはいけない。

(4)　同じ線を二度以上通過してはいけない。

　次に、**コンポーネント**（component）とは、順路によって構成される最大の部分グラフのことになる。順路では、同じ点を二度以上通過してはいけないという制約と、同じ線を二度以上通過してはいけないという制約の２つの制約がある一方で、そのすべての点を通過する必要はなく、また、すべての線を通過する必要はないことから、どのようなグラフであったとしても、そのグラフにコンポーネントは存在することになる。そして、その順路の中でも、グラフの中で可能な限り大きく描いた順路が、そのコンポーネントに当たることになる。

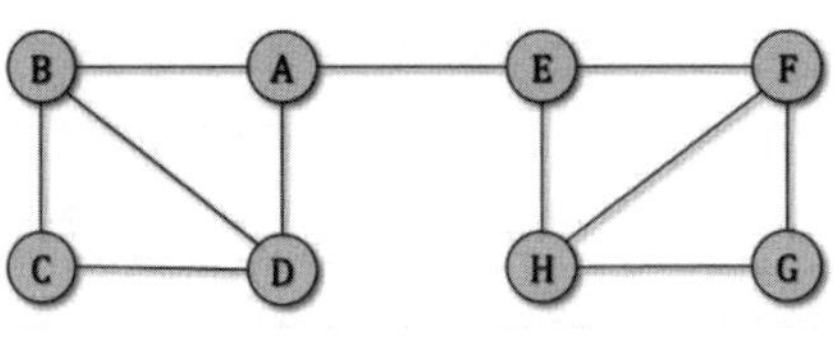

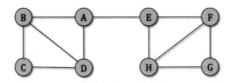

上図において、D－C－B－A－E－F－G－Hという経路は、同じ点と線を２度以上通過しないことから順路になっており、また、それは、そのグラフにおける最大の順路になっていることから、それがコンポーネントになる。

▸ **例題１**：次のグラフにおいてコンポーネントを見つけるとき、そのコンポーネントを構成する点の数は、どのようになるか答えなさい。また、そのグラフ全体をいくつかのコンポーネントで覆うとき、そのコンポーネントの数はいくつ必要になるか答えなさい。

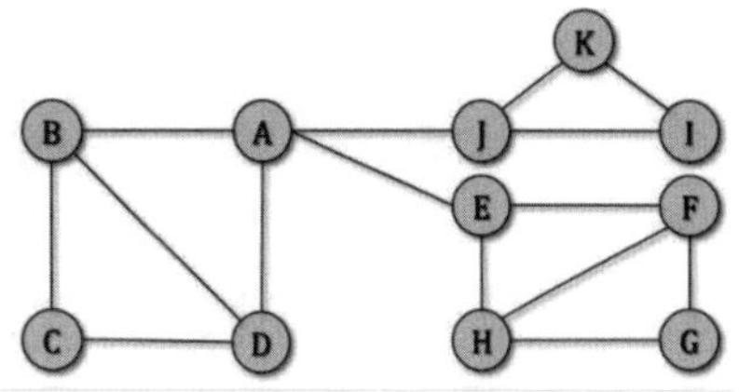

このグラフにおいて最大になる順路には、次の２通りがあることになる。

D－C－B－A－E－F－G－H

D－C－B－A－J－K－I

したがって、それらのいずれもコンポーネントであることになる。しかし、そのいずれか一方だけではグラフ全体を覆うことはできないことから、残りのグラフであるJ－K－IまたはE－F－G－Hは、別のコンポーネントによって覆われる必要があることになる。したがって、そのグラフ全体を覆うために必要なコンポーネントの数は２つになる。

■ 切点と重複コンポーネント

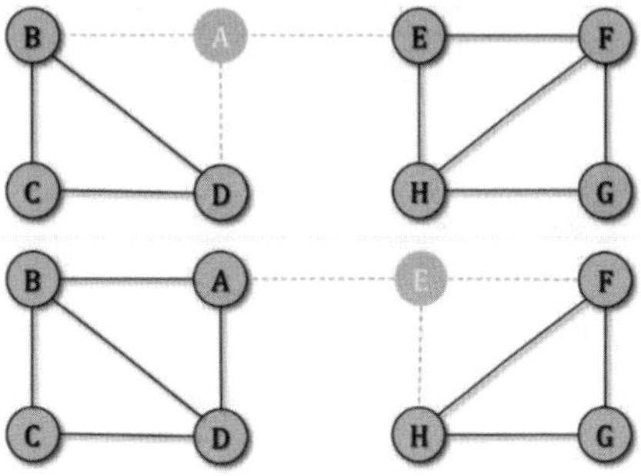

次に、**切点**（cut vertex）とは、コンポーネント上の点のことになり、その点を取り除くことによって、コンポーネントを分断することができるような点のことになる。また、その切点を取り除くことによって、分断されたコンポーネントの各部分グラフのことを、**重コンポーネント**（bi-component）と呼んでいる。但し、この重コンポーネントについては、そのネットワークを構成する点の数が３以上でなければならないという条件を満たす必要がある。

例えば、先ほどのネットワークから点Aを取り除くとき、そのコンポーネントであったD－C－B－A－E－F－G－Hは、D－C－BとE－F－G－Hとに分かれることになる。そして、その重コンポーネントは、その切点である点Aを含む、D－C－B－AとA－E－F－G－Hになる。

また同様に、先ほどのネットワークから点Eを取り除くことによって、そのコンポーネントであったD－C－B－A－E－F－G－Hは、D－C－B－AとF－G－Hとに分かれることになり、その重コンポーネントは、その切点である点Eを含む、D－C－B－A－EとE－F－G－Hになる。

▸ **例題２**：例題１のグラフにおいて、その切点と、その切点を含む重コンポーネントがどのようになるか示しなさい。但し、重コンポーネントは３つ以上の点によって構成される必要がある。

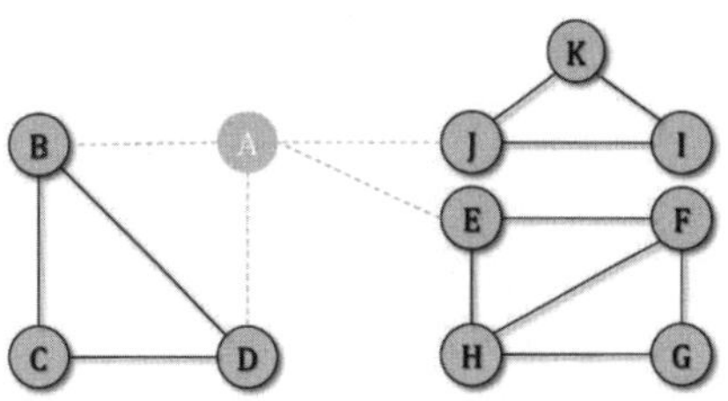

まず、その点Aを取り除くときに、そのコンポーネントであったD－C－B－A－E－F－G－Hは、D－C－BとE－F－G－Hとに分かれることになる。そして、その重コンポーネントは、その切点である点Aを含む、D－C－B－AとA－E－F－G－Hになる。

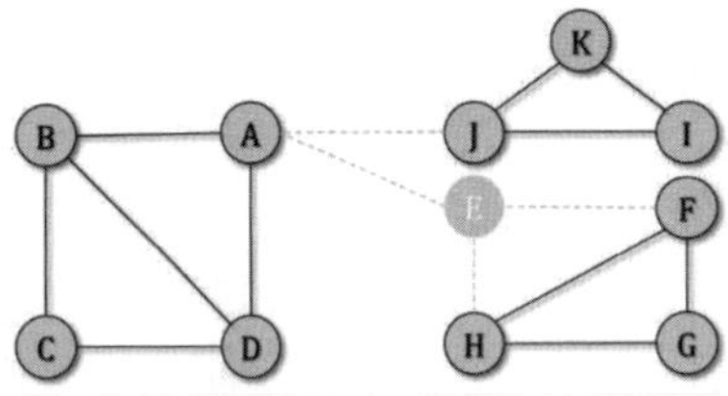

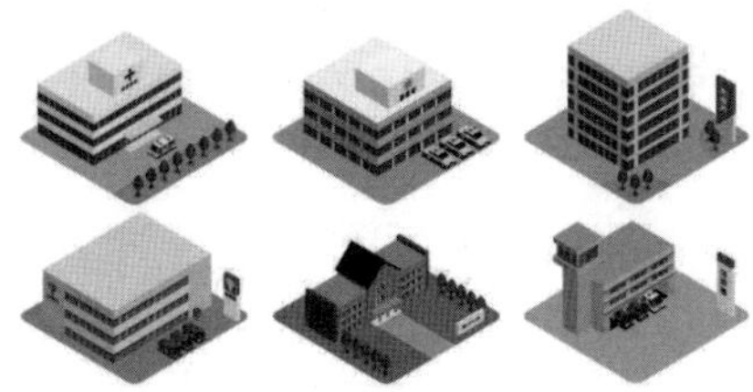

また、その点Eを取り除くことによって、そのコンポーネントであったD－C－B－A－E－F－G－Hは、D－C－B－AとF－G－Hとに分かれることになり、その重コンポーネントは、その切点である点Eを含む、D－C－B－A－EとE－F－G－Hになる。

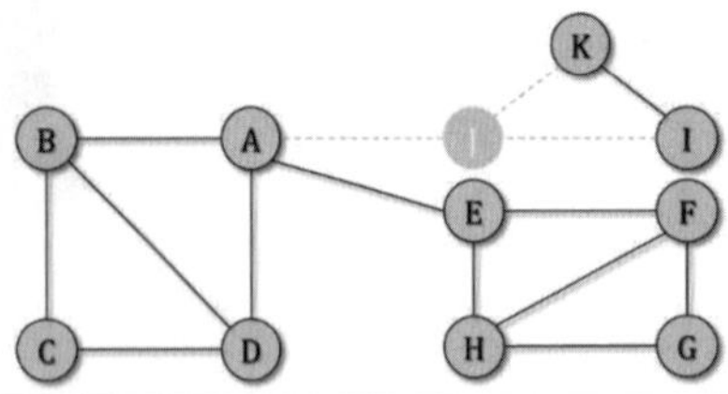

さらに、その点Jを取り除くことによって、そのコンポーネントであったD－C－B－A－J－I－Kは、D－C－B－AとI－Kとに分かれることになり、その重コンポーネントは、その切点である点Eを含む、D－C－B－A－JとJ－I－Kになる。

■ 分断指数

次に、その切点を取り除くことによって、コンポーネントは分断されることになる一方で、その分断の質的な違いについて数値化することができる。つまり、その数値化とは、その分断が、そのネットワークを均等に割ることによって、それを２つの同等の勢力に分けるのか、もしくは、大多数から少数を切り離すことによって、その中からマイノリティを発生させるのかについての数値化になる。具体的には、その数値を、次のような計算によって求めることができる。

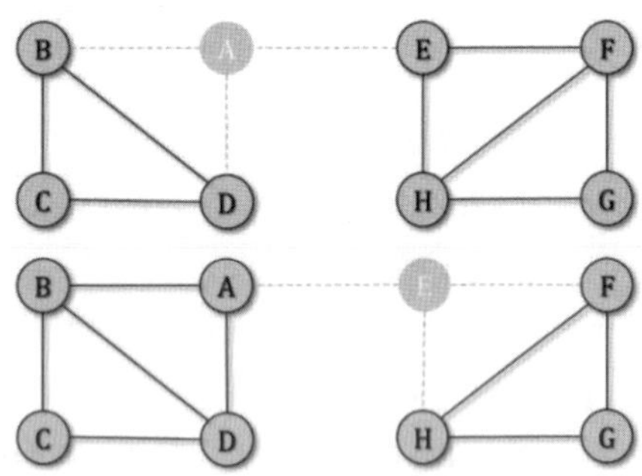

$$分断指数=\frac{X-Y}{X}$$

X：より大きなグループの点の数

Y：より小さいグループの点の数

この**分断指数**については、その値が1に近ければ近いほど、その分断からマイノリティが発生することになり、その値が0に近ければ近いほど、その分断から同勢力の拮抗した２大グループが発生することになる。そして、その分断によってできる小さいグループが複数のグループに分かれる場合には、その最も大きいグループに対して、それぞれの残りの小さいグループの分断指数を求める必要がある。

この分断指数の解釈の仕方については、そのネットワークを分析する文脈によって異なることになる。例えば、各国の軍事同盟について分析しているのであれば、同程度の勢力の分断が生じる場合の方が、その緊張の度合いが高まることになり、その分断指数が0に近くなるほど、その深刻さが増すことになる。これに対して、コミュニティの人間関係について分析しているのであれば、異なる勢力の分断が生じる方が、そのマイノリティの孤立化が深刻になることから、その分断指数が1に近くなるほど、その深刻さが増すことになる。

上図の例では、その大きいグループの点の数は４になっており、その小さいグループの点の数は３になっていることから、その分断指数を次のように求めることができる。

$$分断指数=\frac{X-Y}{X}=\frac{4-3}{4}=\frac{1}{4}=0.25$$

▸ **例題３**：次のネットワーク分割の例において、その分断指数をそれぞれ求めなさい。

○部分グラフD－C－BとE－F－G－Hとの分断指数は、

$$分断指数=\frac{X-Y}{X}=\frac{4-3}{4}=\frac{1}{4}=0.25$$

になり、部分グラフJ－I－KとE－F－G－Hとの分断指数は、

$$分断指数=\frac{X-Y}{X}=\frac{4-3}{4}=\frac{1}{4}=0.25$$

になる。

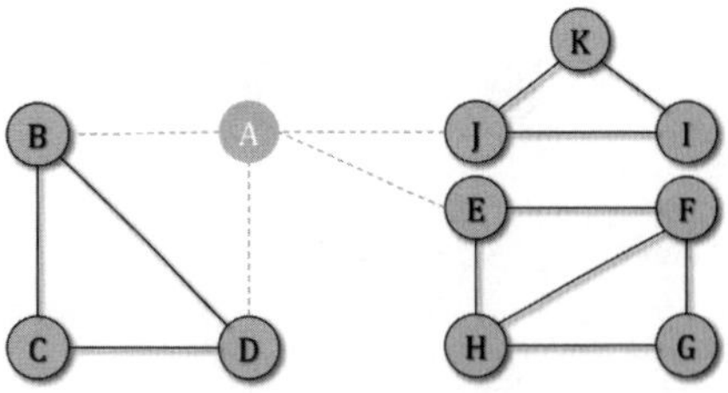

○部分グラフF－G－HとD－C－B－Aとの分断指数は、

$$分断指数=\frac{X-Y}{X}=\frac{4-3}{4}=\frac{1}{4}=0.25$$

になり、部分グラフJ－I－KとD－C－B－Aとの分断指数は、

$$分断指数=\frac{X-Y}{X}=\frac{4-3}{4}=\frac{1}{4}=0.25$$

になる。

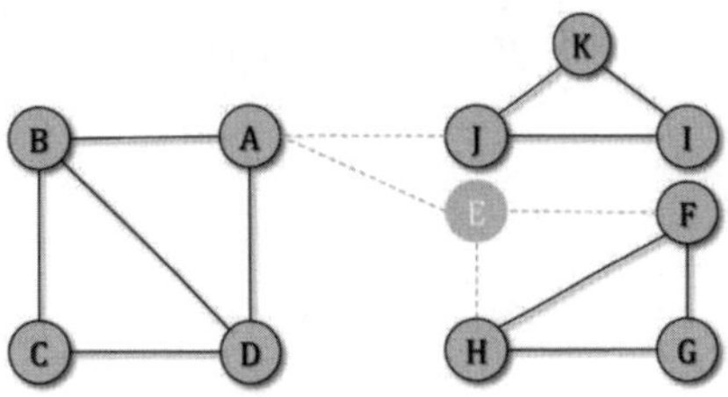

○部分グラフ$I-K$と$D-C-B-A-E-H-G-F$との分断指数は、

$$分断指数=\frac{X-Y}{X}=\frac{8-2}{8}=\frac{6}{8}=0.75$$

になる。

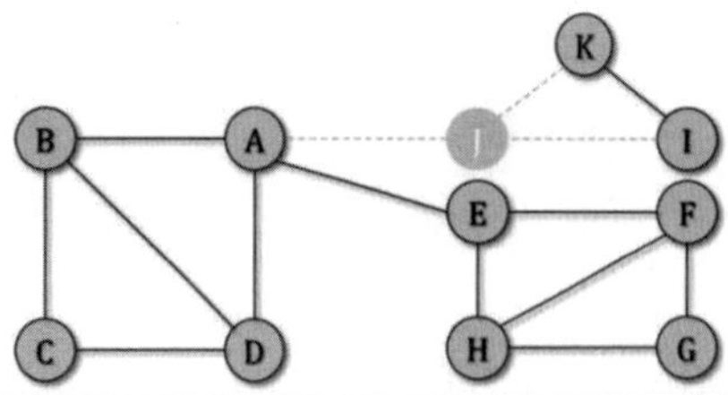

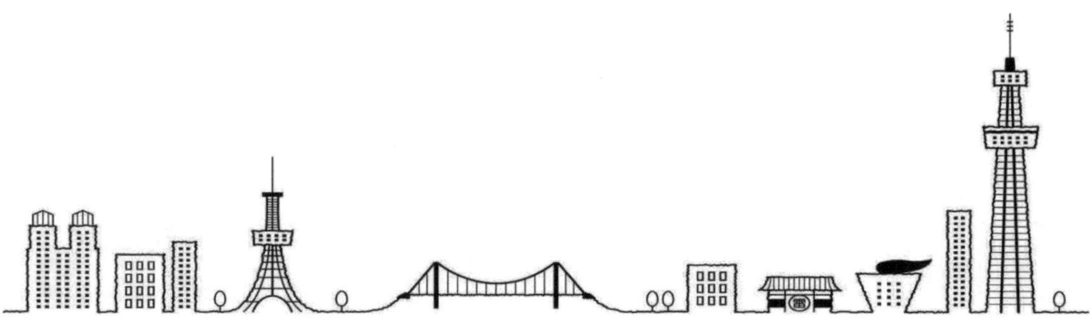

練習問題

◇練習問題１：次のグラフにおいてコンポーネントを見つけるとき、そのコンポーネントを構成する点の数はどのようになるか答えなさい。またグラフ全体をいくつかのコンポーネントで覆うとき、そのコンポーネントの数はいくつ必要か答えなさい。

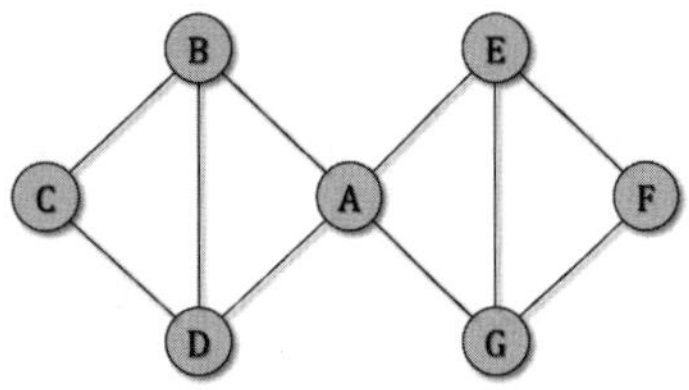

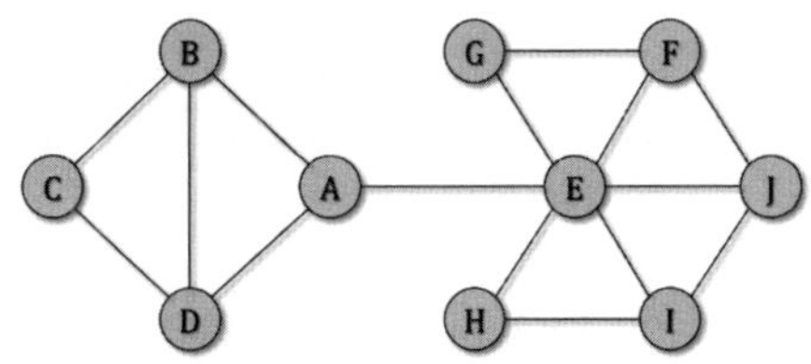

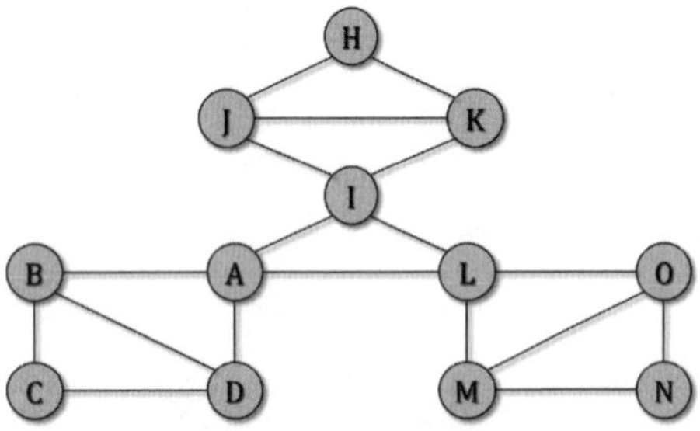

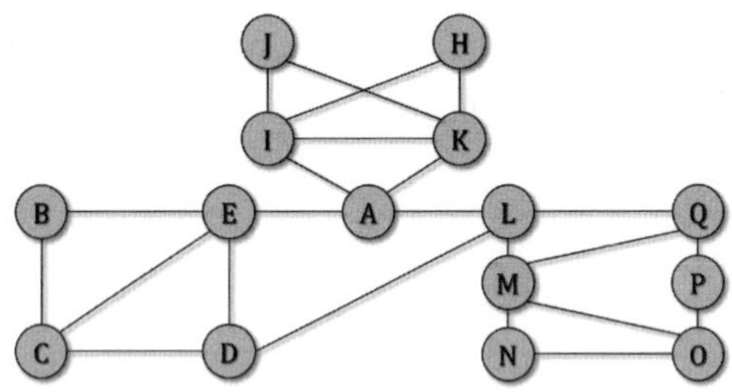

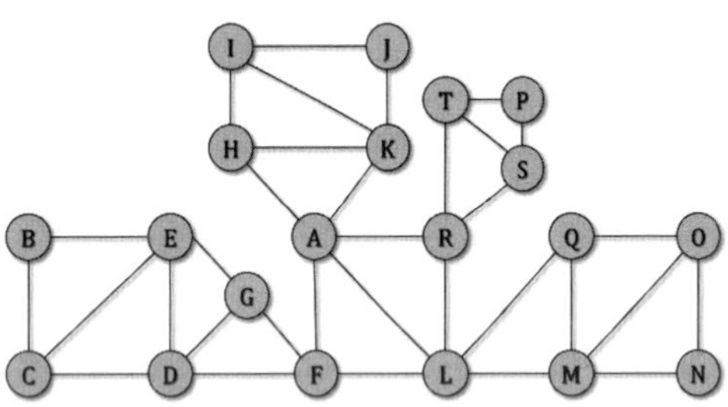

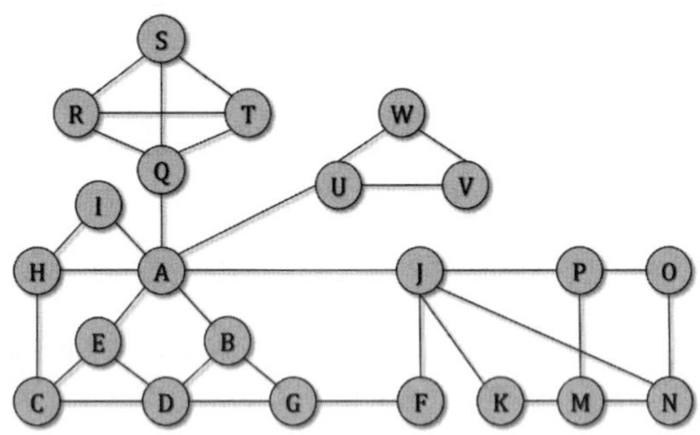

◇練習問題２：練習問題１のグラフにおいて、その切点と、その切点を含む重コンポーネントがどのようになるか示しなさい。また、その際の分断指数を求めなさい。

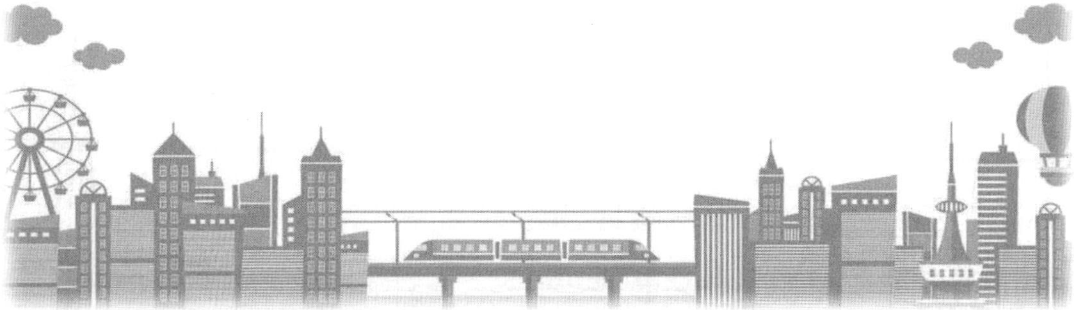

トピック３２：社会関係資本論

これまで本書では、コンビネーション経済を実現する過程において、どのように技術と技術とが組み合わせられ、それによって、どのように技術革新が起こるのかについて、企業間・産業間の関係を軸に説明してきた。その中でも、特に強調してきたのは、産業クラスターのような、サプライヤーとバイヤーによる需給関係になり、それらの一方もしくは両方の質が向上することによって、その組み合わせによって生産される製品の競争力が増すことになり、その企業・産業の発展がもたらされるとしてきた。その意味においては、経済の基軸は企業間・産業間の繋がりにあるといっても過言ではないことになる。

その一方で、現実の生産体制はそれほど単純なものにはなってはいない。まず、企業間・産業間の繋がりとは、非常に流動的なものになっており、その繋がりから得られるメリットの質と量は、非常に不安定なものになっている。その理由は、その繋がりが、フォーマルなビジネス上の繋がりだけではなく、社会生活の中の様々な繋がりも兼ねた多重的なものになっているからになる。さらに、その繋がりの強さも、その繋がりの数も、個々の企業によって大きく異なっていることになり、その違いは、その企業が技術革新を起こす能力において大きな差を生むことになる。また、企業間・産業間の繋がりをたどっていくときに、非常に複雑なネットワークを形成していることが分かり、そのネットワークにおける地位によって、そのネットワークから引き出せるメリットの質と量も大きく異なってくることになる。

そこで今回は、その企業間の繋がりをどのように捉えることができるのか、また企業は、その繋がりをどのように利用することができるのかについて、社会関係資本論の観点からさらに議論を深めていくことにする。

社会関係資本とは何か

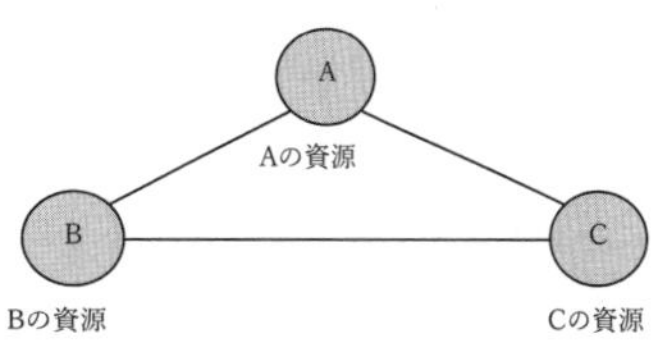

まず、社会関係資本について紹介していくために、経済学における資本と資源の違いとは何かについて、あらかじめ区別をしておかなければならない。**資本**（capital）とは、生産活動を行うために必要になる金銭的な元手のことになる。狭義の資本の意味としては、事業を開始するための資金のことになり、広義の意味では、社会経済活動をはじめるに当たって、あらかじめ必要とされる要素のことになる。一般的に経済学では、生産は資本と労働と土地を組み合わせることによって行われると考えられていることから、資本と言えば、主に、土地や機械、設備、建物などのことを指すことになり、労働とは、資本以外のものを指すことが多い[18]。

それに対して、**資源**（resource）とは、個人や企業などが、ある目的のために利用しうる要素のことになる。経済学において、資本以外の生産要素は、すべて資源として捉えられることになり、労働の他にも、技術、知識、原材料やエネルギーなども、その資源の中に含まれることになる。

また、資本と資源は、その両方が生産に必要な要素になる一方で、資本は、投資によって利用されればされるほど、その利用することができる資本の大きさが増大していく傾向にあるのに対して、資源は、一般的に、消費などによって利用されればされるほど、その利用することができる資源の大きさが減少していく傾向にあることになる。（但し、知識と技術に関してはこれに当てはまらない。）

これについてナン・リンは、個人と企業がアクセスすることができる資源を、個人的資源と関係的資源の２種類に分類している（Lin 1982）。つまり、その個人的資源は、所有権によって個人・企業に属する資源のことになるのに対して、そ

[18] 本来、この意味での資本とは、銀行から借りるお金のことになり、企業は銀行からお金を借りて機械、設備、建物を購入することが一般的になっており、その機械、設備、建物については、その資本を借りることによって得られたものとして資本と呼ばれている。

の関係的資源とは、その個人・企業が維持している社会経済関係を通して、間接的にアクセス・利用することができるような資源のことになる。そして、その社会関係資本における資源とは、その2種類の資源の中でも関係的資源の方になる。

以上のように、その資本と資源とを区別することができる一方で、その社会関係資本の概念を理解していく上で重要になってくるのは、その資源が資本の中に埋め込まれており、ある経済活動を目的として行動するときに、その資本を利用することによって、資源というリターンとして取り出すことができるという構造の存在になる。

まず、その社会関係資本の文脈の中では、その資本と資源との関係は補完的なものになっており、その資本の規模が大きくなるほど、そこに埋め込まれている資源も、より多く取り出すことで出来るようになる。換言すれば、その社会関係資本の質と量が改善されるときに、それにともなって、その個人と企業の資源に対するアクセスが容易になることになり、それを利用し易くなることになる。この点に注意しながら、以下に社会関係資本について説明していくことにしよう。

まず、社会関係資本を最初に体系的の分析した研究者として、ピエール・ブルデューの名前を挙げることができる。ブルデューによれば、社会関係資本とは、ある程度制度化された人間関係や社会ネットワークに内在する、実在的または潜在的な資源の集合のことになる（Bourdieu 1985）。この定義をより簡潔に表現してみると、社会関係資本とは、資源の集合のことであり、その資源とは、人間関係や社会ネットワークに蓄積されており、人間関係の繋がりを利用することによって、それを獲得することができるようになる資源のことになる[19]。

そして、その定義によれば、その社会関係資本を2つの構成要素に分解することができる。ひとつは、社会ネットワークになり、もうひとつは、そのネットワークに埋め込まれている資源になる。ここで、その社会ネットワークは資本として捉えられており、そのネットワークの中にある資源も、その資本の一部として捉えられていることになる。したがって、その社会関係資本とは、純粋な資本というよりも、むしろ、社会的ネットワークという、資本の中にすでにある利用可能の資源も含むことになる。これについて詳しくみてみることにしよう。

まず、A、B、Cという、互いにネットワークで結ばれた3人の個人がいるときに、その3人それぞれが、他の個人も利用することができる資源をもっているものとする。そして、そのAの視点から社会関係資本について考えるとき、そのAからみた社会関係資本には、BとCとの繋がりに加えて、BとCの持っている資源も含まれることになる。例えば、そのAとBとが繋がっていないとき、AはBがもっている資源にはアクセスすることも、それを利用することもできないのに対して、そのAとBが繋がることによって、AはBの資源に対してアクセスすることができようになり、そのときにはじめて、それを利用することができるようになる。

ここで、その社会ネットワークが、なぜ資本と呼ばれるのかについて、その理由についても明らかになってくることになる。まず、Aは、BとCとの繋がりを作り、それらの繋がりを維持し、強化していくことによって、そのBとCのもつ資源に対してアクセスすることができる機会が増えることになる。ここで、そのAが、BとCとの繋がりを強化するためには、ある程度、投資にも似た社会交流・社会活動が必要になることになり、その社会交流・社会活動の頻度が増えることによって、その社会ネットワークにおける繋がりは強化されていくことになり、その繋がりの数も増えていくことになる。そして、その社会交流・社会活動による繋がりを強化・拡大することによって、その利用することができる資源を増大させるという行為は、資本を利用（投資）することによって、そのリターンを手に入れようとする行為に似ていることから、その社会関係資本は、社会関係を利用した資本になることになる。

ここで、その資本とリターンの文脈において、そのAの目的は、そのBとCがもっている資源を利用することになり、

[19] この社会関係資本の定義に関して、研究者の考えは若干異なる部分もある。例えば、ナン・リンは、社会関係資本とは、ある目的を達成するためにアクセス・利用される、社会ネットワーク・構造に埋め込まれた資源であると定義しており、そのネットワークと資源に加えて、活動の目的の存在を重視している（Lin 2002）。また、フランシス・フクヤマは、社会関係資本とは、ある目的を達成するために利用される資源のことになり、その資源は共有された慣習と価値観により支えられた互恵関係によって共通されるものとして定義しており、そのネットワークを支える制度の側面を強調している（Fukuyama 2002）。

そのＡとＢとＣとを繋ぐ社会ネットワークを強化・拡大することは、その目的を達成するための手段に当たることになる。そして、その経済活動での見返りを期待することによって、その社会活動に参加するという考え方については、ほとんどの研究者によって共有されている共通認識になっている。

但し、その人間関係という繋がりは、双方向に働きかけるものになっており、例えば、ＡがＢの資源を利用するほど、Ｂは、Ａとの繋がりが強くすることができ、それによって、ＢもＡのもっている資源を利用することができるようになる。そして、その社会活動において、その繋がりを頻繁に使っていくほど、その繋がりが強化されることになり、その経済活動にも、その繋がりを利用することができるようになり、その意味いおいて、その繋がりは経済活動に利用される資本に当たることになる。したがって、活発な社会活動を通して、その社会ネットワークという資本を強化・拡大するほど、その社会ネットワークに内在する資源を、その経済活動に利用することができるようになっていくことになる。

次に、その経済学における一般的な資本と、社会関係資本の意味との類似点について詳しく考えていくことにしよう。まず、経済学で一般的に用いられている資本の概念について考えてみることにしよう。経済学における資本は、利用されればされるほど、その規模が大きくなっていく傾向にあることになる。ここで、その資本が利用されるとは、具体的には投資のことを意味しており、その投資とは、事業をはじめるときに、あらかじめ必要なものを購入する行為のことになり、その購入のために使われるお金が、その資本に当たることになる。

例えば、ある製品の製造をはじめるのであれば、その製品を製造する機械の購入や工場の建設などことが、その投資に当たることになる。そして、その製造用施設が整ったあとに、従業員を雇い、原材料を購入して、その生産が開始されることになる。その従業員の給料や原材料の費用に対する支払いは、その製品を販売することによって得られる収入から支払われることになり、そうした経費の支払いに対して、その資本が使われることはない。

それでは、その投資に使われた資本は、どのように増大していくのだろうか。まず、その製品の生産から得た収入から、その従業員の給料と原材料の費用を支払った後に、一定の収入が余ることになり、その余った収入が、その事業から生み出された利益になる。この利益は、その投資をした個人や企業に分配されることになり、その事業が十分な利益を生み出し続けている限り、その利益はすべて、その投資をした個人・企業のものになることになる。このとき、その利益が、その投資のリターン（投資利益）に当たることになる。

ところで、その投資をした個人・企業が得た利益の合計は、再度、資本と呼ばれることになる。その理由は、その利益の合計は、再度、別の投資に用いられるからである。ここでもし、その事業によって十分な利益を生み出すことができれば、その最初の資本の額よりも、その投資を終えた資本の額の方が大きくなることになる。また、その資本の額は、その投資を繰り返すほど増大していくことになり、そのような一連のプロセスを繰り返すことによって、その資本は増大していくことになる。

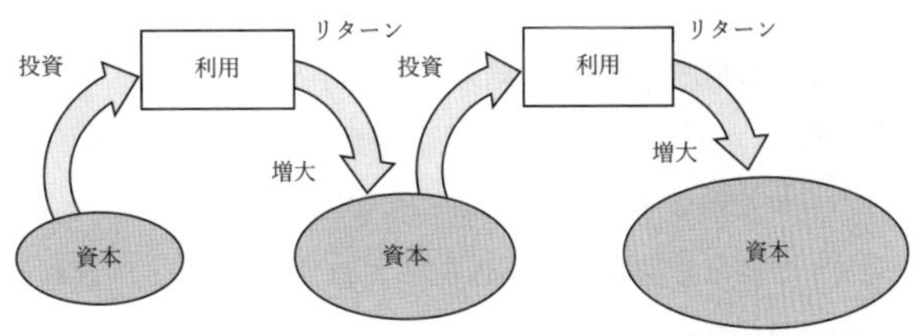

これについて数値例で確認してみることにしよう。まず、ある個人が最初にもっている資本を１００万円であるとし、これを元手にして、工場を建設するなどの投資をしたとする。そして、その事業によって、毎年３００万円の収入を生み出すことができるとき、その内の２００万円は原材料費として支払われ、その内の９０万円は従業員の給料として支払われることによって、その１年間の利益が１０万円になったとする。そして、その毎年１０万円の利益を生み出し続ける事業を継続していくとき、その事業は５年間で５０万円の利益を生み出すことになり、また、その事業は１５年間で１５０万円の利益を生み出すことになる。

ここで、その事業を１５年間続けたとすれば、その１５年後の１５０万円という利益は、最初に投資をした１００万円から５０万円だけ増えていることから、その５０万円が、その投資のリターン（投資利益）に当たることになる。さらに、その１５０万円は新たな資本として、別の投資に用いられることから、その投資のリターンが生み出され続ける限り、その資本の規模はさらに増大していくことになる。これが、一般的な経済学における資本が増加していく仕組みになる。

それでは次に、その資本が増大していく流れを、社会関係資本に置き換えて考えてみることにしよう。まず、社会関係資本における資本とは、その社会ネットワークのことになる。そして、その社会ネットワークが社会活動において利用されるときに、ある特定の個人との繋がりが強くなったり、また、様々な個人との交流によって、新しい繋がりが生まれたりすることになる。このように、その社会ネットワークは利用されることによって、強化され、拡大される傾向にあることになる。ここで、その社会活動において、その社会ネットワークを利用することが、そのネットワークの投資に対応することになり、また、それによる社会ネットワークの強化と拡大が、その資本の規模の増大に対応していることになる。

さらに、それを先ほどの数値例に対応させるために、その社会活動に利用される前の社会ネットワークの規模の大きさ（強度と拡がり）を１００で表すことにしよう。そして、その社会活動において、その社会ネットワークを１５年間継続的に利用することによって、その社会ネットワークの規模の大きさ（強度と拡がり）が増大することになり、それによって、その規模が１５０にまで拡大したとすれば、その差の５０が、その社会活動から得られたリターンに当たることになる。そして、その社会ネットワークの規模の大きさは、当初の規模の大きさよりも１．５倍になっていることになり、その社会ネットワークの規模の大きさに比例して、その社会ネットワークに蓄積されている資源へのアクセスと利用可能性が増大していくことから、その分、その社会関係資本は増大したことになる。

また、ここで、その資源とは、前述した通り、資本以外の生産要素のことになり、例えば、労働、土地、技術、知識、原材料、エネルギーなどのことになる。そして、その社会関係資本を経済活動に利用することを目的とするとき、その社会活動によって、そうした資源へのアクセスと利用可能性が１．５倍になったことになる。

また、その収入の大きさに当たる３００は、その活動に参加することによって、強化・拡大されるネットワークの部分に対応することになり、その原材料費の２００と従業員の給料の９０は、その時間の経過と共に風化していくことによって、失われていった繋がりの数と強度に対応していることになる。したがって、その社会活動に参加しないことによって、その失われていった繋がりの数と強度が一定であるとき、その社会活動に参加する頻度が少なくなるほど、その収入に対応している３００の部分は小さくなることになり、その当初の社会ネットワークの規模（強度と拡がり）の１００を下回る可能性が出てくることになる。

次に、これまでの社会関係資本の定義を踏まえた上で、その社会関係資本がどのように形成・維持され、また、その社会関係資本から手に入れることができるものには、どのようなものがあり、また、それをどのようなに分類することができるのかについて考えていくことにしよう。

社会関係資本の形成要因とその結果

アレハンドロ・ポルテスは、社会関係資本の源泉について、次のように整理している（Portes 1998)。まず、ある社会ネットワークを形成するためには2つの要因が必要になり、ひとつはネットワークのメンバー内で共有される同質な価値観になる。これは心理学で“取り込み”または“取り入れ”と呼ばれるものに当たり、それは、その他人の価値観を、無意識の内に自分の価値観にしていくことによって、その人に自分を認めさせて、受け入れてもらうための行為のことになる。もうひとつは、そのメンバー同士の連帯・団結になり、これは、そのネットワークのメンバーであるというアイデンティティを共有し合うと同時に、他のネットワークに対して差別意識をもつことになる。その２つの要因によって、その社会ネットワークを形成していくための基本的な要件を満たすことになる。

次に、その社会ネットワークが形成されるときに、なぜ、そのネットワークに内在する資源を活用することができるようになるのかについて考えてみることにしよう。この点についてもポルテスは、その社会ネットワークを構成するメンバーの行動規範として、次の２つの要因が必要になることを指摘している。ひとつは、メンバー同士の暗黙的な互恵契約になり、この互恵契約とは、何らかの方法によって明示的な取り決めがなされるわけではないものの、その社会慣習の延長として、メンバー間での借り貸しを相殺することができるような助け合いの関係のことになる。そして、もうひとつは、その互恵契約を支えるための信頼関係になる。つまり、その社会ネットワークのメンバーとしての社会的地位と資格を維持していくためには、その互恵契約における責任を負担し合わなければならず、その責任を果す合う信頼関係が、その社会ネットワークを維持していく上で必要不可欠になってくることになる。したがって、その信頼関係とは、その互恵契約を維持していくために、その社会ネットワークを構成するメンバーによって共有される自覚と責任の上に成り立つことになり、その信頼関係は、その互恵契約を成り立たせるための要件になる。

以上のように、その社会ネットワークにおいて、その資源を取り出して利用するためには、その社会ネットワークを形成した後も、一定の暗黙のルールに則りながら、その社会ネットワークを構成するメンバーによって順守されことが期待されることになる。

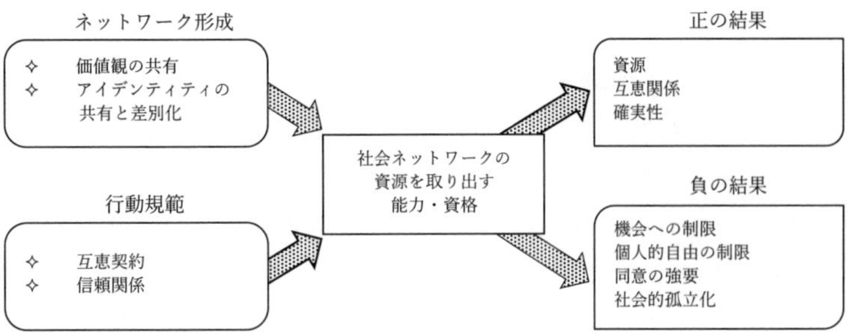

次に、その個人・企業が社会関係資本を形成した後に、その結果としてどのようなことが起こるのかについて考えていくことにしよう。その結果には、メリットとデメリットの異なる側面があることになり、まず、そのメリットとしては、当然のことながら、そのネットワークに内在する資源に対してアクセスすることができるようになるという側面があることになる。そして、それは、その社会ネットワークの規模が大きくなり、かつ、それぞれの繋がりが強化されることによって、その利用をすることができる資源の量も多くなっていくことになり、その質も改善していくことになる。

その一方で、仮に、そのネットワーク内の資源の量と質が一定であったとしても、あるメンバーが必要とする資源にたどり着くためには一定の時間がかかることになり、また、その資源がネットワーク内にあったとしても、それを利用することができるかどうかについては、その繋がりの強さに依存することになる。そのようにメンバーが資源を探し出すまでの手間を減らし、それを利用することを助けるために必要になってくるのが、その互恵関係に当たることになる。これについては前述した通り、そのメンバーによって共有されるべき行動規範になっており、その社会関係資本から得られるメリットになる。

また、社会ネットワークを形成する際には、そのメンバーが同質な価値観を共有することが必要になることになり、その価値観の共有は、そのメンバー内で少なからず共有されるべき慣習のようなものになる。そして、それが社会的な制度として、大半のメンバーによって受け入れられた後に、各メンバーが、その慣習にしたがって行動をするようになるとき、そのメンバーは互いに相手の行動を、その慣習を拠り所にすることによって、予測することができるようになったり、行動に関する不確実性を大幅に軽減することができるようになったりすることになる。それによって、その社会ネットワーク内の行動を制御しやすくすると同時に、その行動を妨げる様々な障害を減らすことによって、その社会ネットワークを利用した経済活動を促進させることになる。以上の３つが、その社会関係資本から得られるメリットになる。

次に、社会関係資本のデメリットとして、以下の４つの例を挙げておくことにしよう。第一のデメリットは機会への制限になり、ある個人・企業がグループに属しているということは、そのグループと利害が対立している別のグループから、離反せざるを得なくなってしまう場合があることになる。このとき、その個人・企業とって、その対立するグループの行為や考え方が、社会的に望ましいと判断されたとしても、自分の所属するグループとの利害が対立している限り、それに対して同調することができなくなるという制約が生じることになる。

第二のデメリットは個人の自由への制限になり、社会ネットワーク内では伝統と慣習を重んじられる傾向になることにあり、それによって、個人・企業の行動が制限される場合があることになる。例えば、ある個人・企業が選択した行為が、その個人・企業の利益のみならず、その社会ネットワーク全体の利益になることであったとしても、その伝統と慣習に背いてまで、その利益を追求することができなくなる可能性が生じる場合があり、その利益を追求する機会を失ってしまう場合があることになる。

第三のデメリットは同意への強要になり、その社会ネットワークに所属している限り、その社会ネットワークを構成するメンバーによって決められたことについて同意をしなければならないという制約が生じる場合がある。ここで、その同意への強要を求めるのは、その社会ネットワークに所属する他のメンバーになり、仮に、その同意を強要されるメンバーの利益や、その倫理・道徳観に反することであったとしても、そのネットワークのメンバーシップを維持していくためには、その同意への要請に応じなければならない場合が生じることになる。すると、その強要によって、その社会的・経済的な観点から最適な判断を下すことができなくなってしまうことになり、そのグループ内の社会性が強化されていく一方で、そのグループ外に対する社会性は失われてしまう傾向にある。

第四のデメリットは社会的な孤立になり、ある個人・企業の属するネットワークのグループが、社会的に主流な立場にあるグループと対立するグループに当たるときには、そのネットワークのグループは社会的に排斥されてしまう可能性があることになる。このとき、その社会ネットワークに所属するメリットが小さいのであれば、その対立しているグループからの排斥を察知することによって、その社会ネットワークの離脱することができる一方で、その社会ネットワークに属するメリットが非常に大きいときには、その対立するグループから排斥されたとしても、そのネットワークの維持に取り組み続けなければならなくなってしまうことになり、それによって、その社会におけるグループ間の対立構造をつくってしまうことになる。

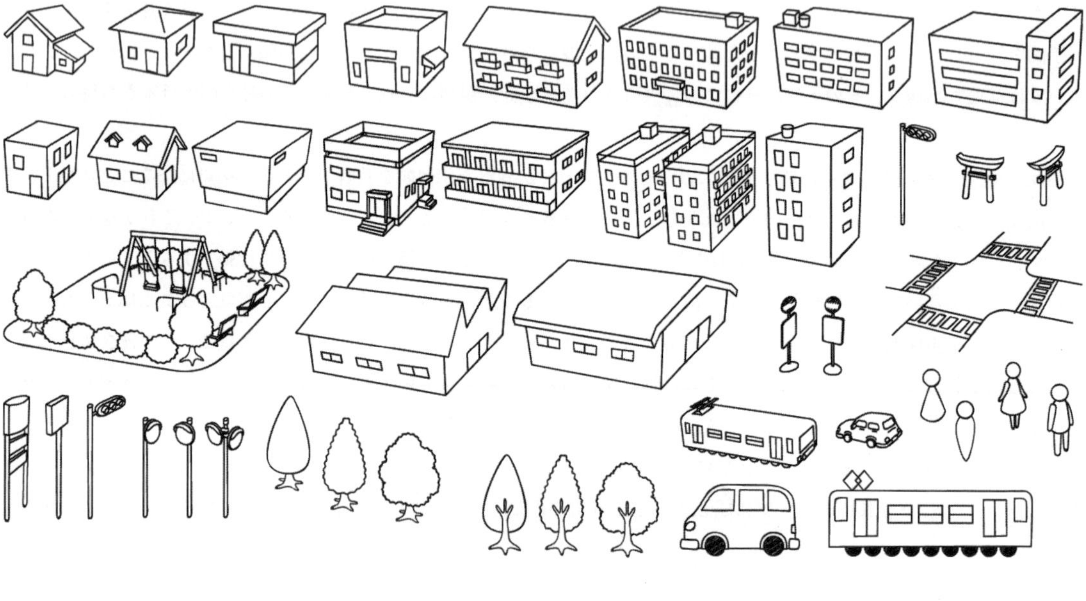

第３２講　エゴ・ネットワークと投資配分

前講では、２つのネットワークの仲介役を果たすことになる切点と、その切点によって区切られる重コンポーネントの概念について紹介してきた。その切点が存在しているネットワーク構造では、そのネットワークを構成する点と点との交流が、その切点の存在に大きく依存することになり、その切点の果たす役割が重要になってくる。そこで本講では、その切点の果たす役割と、その切点がとりうる行動について分析していくことにする。

■ エゴ・ネットワーク

まず、ネットワーク分析の応用例には様々ある一方で、その応用例として代表的なものとしては、エゴ・ネットワークと呼ばれる応用例がある。この**エゴ・ネットワーク**（Ego-Network）とは、各点を個人に置き換えることによって、その個人の利害関係について分析するための手法になっている。

例えば、Aが自己、 Bが相手、Cが第三者になるように、各点に対して個人を割り当てることにする。そして、そのネットワークに対して具体的な文脈を与えるために、例えば、そのネットワークが、個人の利害に対して影響を与える重要な情報の流れを表しているものとする。ここで、その個人Aと個人Bと個人Cのそれぞれが繋がっている場合には、すべての個人が、他のすべての個人と、その重要な情報のやりとりをすることができるようになっていることから、その場合には特に問題は起こらないことになる。

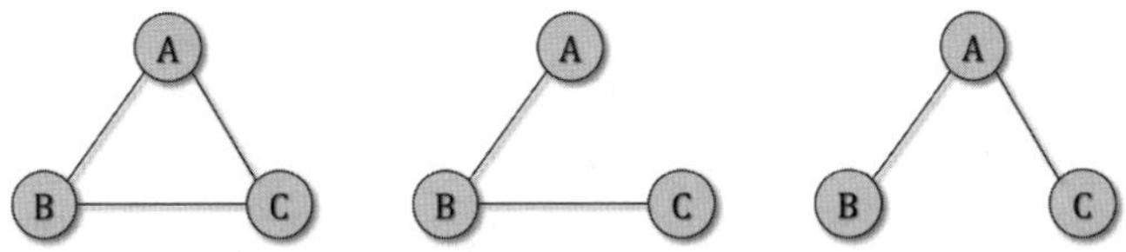

ここで、仮に、自己である個人Aと、第三者である個人Cとの間において、その情報のやりとりができなくなるときに、その個人Aと個人Cは、相手である個人Bを経由して、その情報のやり取りをしなければならなくなってしまうことになる。そして、個人Aと個人Cは、その情報のやり取りを、その個人Bとの繋がりに依存せざるを得なくなってしまうことになり、それによって、個人Bは、個人Aと個人Cに対して優位な立場を獲得することができるようになると同時に、その立場を利用することによって、その個人Aと個人Cに対して利己的な行為をすることができるようになる。もしくは、逆に、個人Aと個人Cの情報のやり取りに対して責任を負うことになることによって、その繋がりを維持していくために、その個人Aと個人Cに対して、利他的な行為をすることも考えることができる。

以上のことから、ある１人の個人が、他の２人の個人、もしくは２つのグループを仲介するとき、その仲介人になる個人がとる行動について、次の２種類の行動があることになる。

◎**前向きな解釈**：繋がりを維持して利他的な行為を追求する。

◎**後向きな解釈**：繋がりを利用して利己的な利益を追求する。

以上の２種類の行動はいずれも、その社会ネットワークの特定の構造に起因して発生することになる。

■ 構造的隙間と構造的制約

次に、ネットワークの構造において、その切点になる点が、その周囲の点に対して、どのような影響を与え、また、ネットワーク構造を、どのように特徴づけることになるのかについて考えてみることにしよう。まず、切点とは、そのネットワーク上の２つの点のグループを、その繋がりを絶つことによって、分断しうる存在のことになり、その切点の存在が取り除かれる場合には、その２つのグループの情報の交流が途絶えてしまうことになる。

逆に、その切点以外の点の立場からは、そのグループ間の交流が、その切点の存在と、その切点が維持している繋がりに依存することになり、その切点の行動の内容によって、より大きな利益を獲得することができるようになったり、もしくは、より大きな損失を被ったりすることになる。そして、そのネットワーク全体の視点からは、その全体の繋がりが、その切点の繋がりによって維持されていることになり、その切点が居なくなってしまうときには、そのグループ間で交流をすることができなくなってしまうという構造的な弱点があることになる。

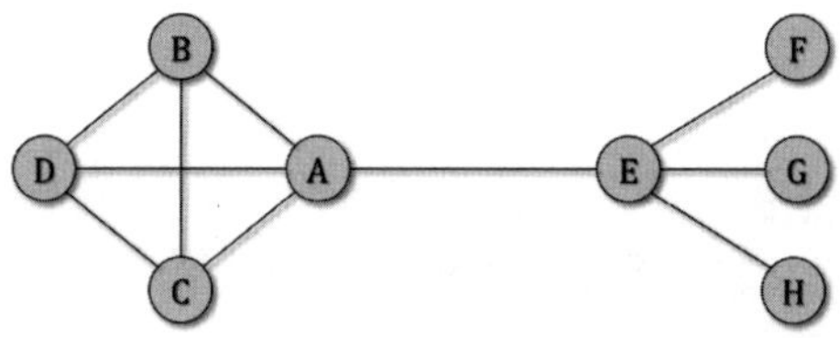

この構造的な弱点とは、構造的隙間と呼ばれており、その**構造的隙間**（structural hole）とは、その仲介人に当たる個人（切点）の仲介なしでは、異なる２つのグループ間での繋がりを維持することができなくなってしまうようなネットワークの構造のことになる。そのネットワークの例では、その個人Aの仲介が無ければ、その個人B, C, Dのいずれも、その個人E, F, G, Hのいずれとも繋がることができなくなってしまうことになる。したがって、その個人B, C, Dと個人E, F, G, Hとの間には、構造的隙間があることになり、その個人Aの存在は、その構造的隙間を埋めるために必要不可欠な存在になることになる。

それに対して、その個人Aについては、その繋がりを維持するための構造的制約を抱えていることになる。つまり、その**構造的制約**（structural constraint）とは、個人Aが、そのネットワークから抜けることによって、個人B, C, Dと個人E, F, G, Hとの間に、完全な分断を生じさせてしまうことから、それによって、個人Aは、そのネットワークに居続ける必要があるだけでなく、その個人B, C, Dと個人Eとの繋がりを維持しなければならなくなってしまうことになる。そして、そのネットワークの関係性を維持するためには、一定の経済的・社会的な投資（維持するためのコスト）が必要になってくることから、その関係性の維持が、個人Aにとっての構造的制約に当たることになる。

■ 投資配分

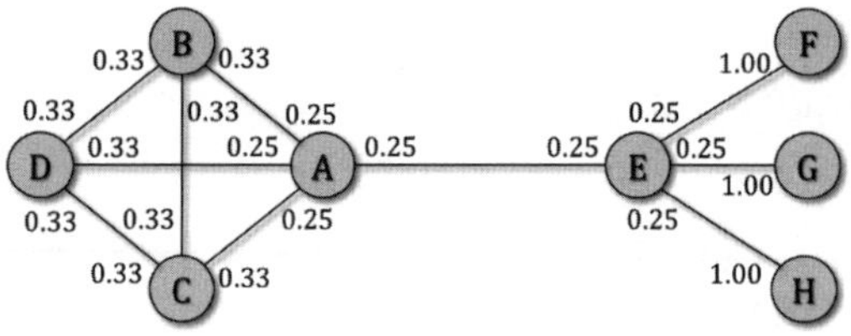

ところで、その切点になる個人も、また、その切点の依存している個人も、それぞれの繋がりによって、その情報を交換することができるというメリットがあることから、その繋がりを維持しようとすることになる。但し、どのような繋がりであったとしても、その繋がりを維持するためには一定のコストがかかることになり、また、１人の個人が、その繋がりの維持するためにかけることができるコストには限りがあることから、どの個人との繋がりに対して、どれだけのコストをかけることができるのかが重要になってくる。

まず、その繋がりを維持するためにかかるコストのことを投資と呼ぶことにする。この投資の概念は、社会ネットワーク分析において、しばしば用いられる概念になっており、その繋がりから得られるメリットを投資によるリターンとして捉えるときに、その繋がりを維持するためにかかるコストには正当性があることになる。つまり、個人にとって繋がりを維持することは、その繋がりから得られるリターンを得るための投資の当たることになり、そのリターンを得るために、その繋がりに対して投資をすることになる。

次に、個人が繋がりを維持するために配分することができる投資には、一定の限度があると考えることによって、ひとつの繋がりに対して配分することができる投資の大きさを、次のように定義することにする。

$$投資配分指数 = \frac{1}{次数}$$

この投資配分の定義は、各個人が、すべての繋がりに対してかけることができる投資の大きさを1とするとき、その投資の1を、その繋がりの人数に応じて均等に配分することを表している。このとき、その繋がりの数が増えるほど、その次数の数が大きくなっていくことから、それに反比例して、ひとつの繋がりに配分することができる投資の大きさは小さくなっていくことになる。

▸ **例題１**：点Aと点B、点C、点Dの投資配分指数を、各点の線の脇に示しなさい。

○点 A の投資配分指数 $= \frac{1}{5} = 0.20$

○点 B の投資配分指数 $= \frac{1}{2} = 0.50$

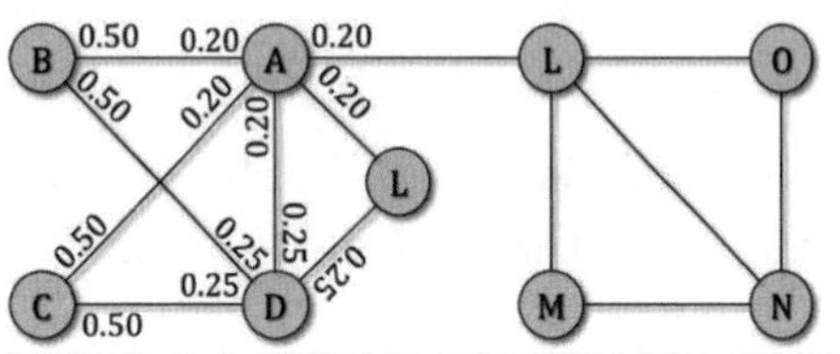

■ 安定性指数

次に、人と人との繋がりが、それを維持するための投資によって支えられていると考えるとき、その投資配分指数が高ければ高いほど、その繋がりの維持が、より容易になっていくことが考えられる。そして、その投資配分については、自己と相手の双方からの配分があることになり、それらの合計が大きくなるほど、その個人間の繋がりの安定性が高くなることを推測することができる。

そこで、その個人間の繋がりの安定性を、次のように定義することにする。

$$安定性指数 = A の投資配分 + B の投資配分$$

例えば、前出の投資配分の例では、その個人間の投資配分を足し合わせるときに、それを次のように表すことができる。

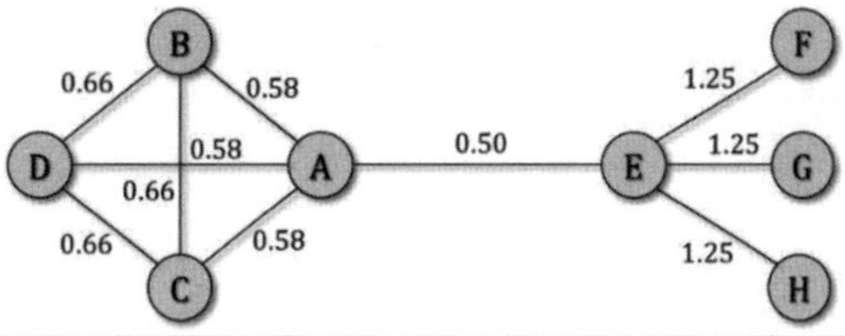

この安定性指数については、個人Aと個人Bのどちらか一方のみでも、相手に対して大きい投資を配分していることによって、その値が高くなることになり、また、たとえ、その両者が共に低い投資を配分していたとしても、その合計が大きくなりさえすれば、その安定性は高まることになる。

▸ **例題２**：例題１の投資配分指数を利用して、個人Aと個人Bの安定性指数、個人Aと個人Cの安定性指数、個人Aと個人Dの安定性指数、個人Bと個人Cの安定性指数、個人Bと個人Dの安定性指数、そして、個人Cと個人Dの安定性指数を求めなさい。また、最も安定的な繋がりを特定しなさい。

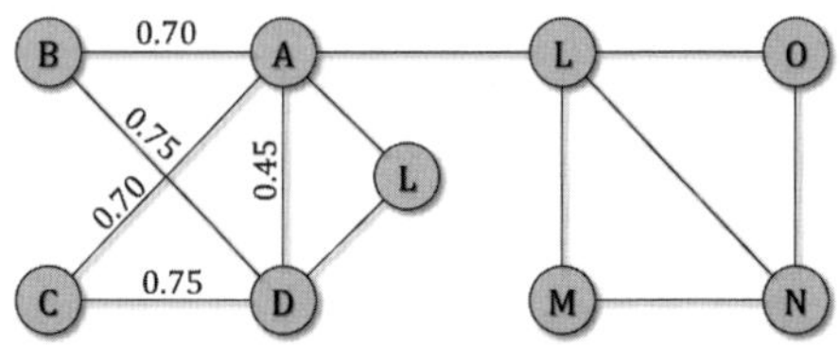

これにより、その最も安定的な繋がりは、個人Bと個人Dの繋がりと、個人Cと個人Dの繋がりになり、その安定指数は共に0.75になる。

■ 連結指数

ある個人が、複数の個人との繋がりを維持しようとするとき、各個人に対して費やすことができる投資配分が大きくなるほど、その維持が容易になることになり、逆に、その費やすことができる投資配分が小さくなるほど、その維持が困難になることが推測される。そこで、その個人間の繋がりが維持される確率を、その投資配分の数値に比例するものとして考えることができる

そして、その個人間の繋がりについては、いずれか一方でも、その繋がりを断つときに、その双方の繋がりが断たれてしまうと考えるとき、それぞれが、その繋がりを維持するために、どれだけの投資をしているのかという、それぞれの投資配分が重要になってくる。

ところで、その個人Aと個人Bとの繋がりについては、その直接的な繋がりと、第三者Xを経由した間接的な繋がりとに分けることができる。

◎個人Aと個人Bの直接的な繋がり：個人Aから個人Bへの投資配分

◎個人Aと個人Bの第三者Xを経由した間接的な繋がり：個人Aから個人Xへの投資配分×個人Bから個人Xへの投資配分

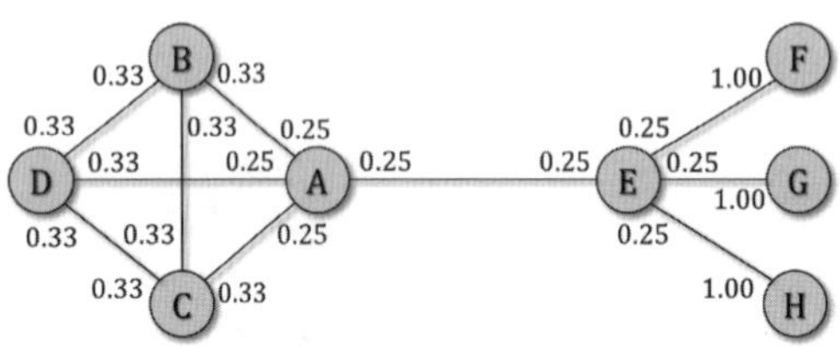

例えば、前出の例では、個人Aは個人Bと直接的に繋がっているだけでなく、個人Cや個人Dを仲介しても繋がっていることになる。そこで、その個人Aと個人Bの繋がりの強さを、その投資配分を利用することによって、直接的な繋がりと間接的な繋がりの両側面から、総合的に把握することができるようになる。

◎個人Aから個人Bへの直接的な繋がり＝0.25

◎個人Aから個人Bへの個人Cを仲介した間接的な繋がり＝$0.25 \times 0.33 = 0.083$

◎個人Aから個人Bへの個人Dを仲介した間接的な繋がり＝$0.25 \times 0.33 = 0.083$

◎個人Aから個人Bへの総合的な繋がり＝$0.25 + 0.083 + 0.083 = 0.416$

▸ **例題３**：次のグラフにおいて、点Aと点Bの連結指数と、点Aと点Cの連結指数と、点Aと点Dの連結指数について、それぞれ求めなさい。

個人Aから個人Bへの繋がりには、$A \rightarrow B$という直接的な繋がりと、$A \rightarrow D \rightarrow B$という間接的な繋がりがある。この他にも、$A \rightarrow L \rightarrow D \rightarrow B$や$A \rightarrow C \rightarrow D \rightarrow B$といった間接的な繋がりがあるものの、その間接的な繋がりとして用いるのは、その中での最短経路である$A \rightarrow D \rightarrow B$のみであるとする。

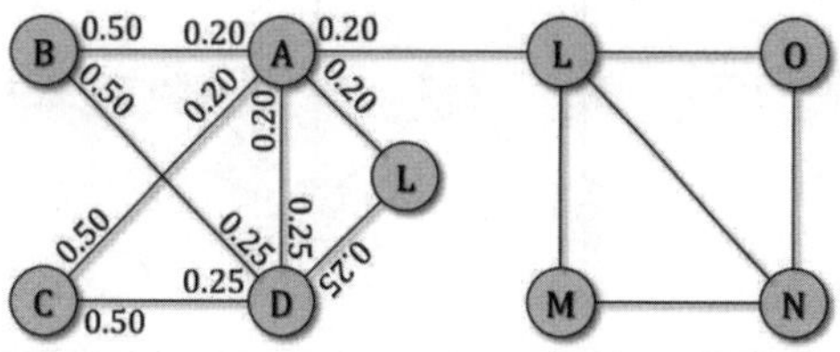

○ 個人Aから個人Bへの直接的な繋がり＝0.20
○ 個人Aから個人Bへの間接的な繋がり＝0.20×0.25
○ 個人Aから個人Bへの総合的な繋がり＝$0.20 + (0.20 \times 0.25) = 0.25$

同様に、個人Aから個人Cへの総合的な繋がりと、個人Aから個人Dへの総合的な繋がりも、以下のように求めることができる。

○ 個人Aから個人Cへの総合的な繋がり＝$0.20 + (0.20 \times 0.25) = 0.25$
○ 個人Aから個人Dへの総合的な繋がり＝$0.20 + (0.20 \times 0.50) = 0.30$

練習問題

◇**練習問題１**：点Aと点B、点C、点Dの投資配分指数を、各点の線の脇に示しなさい。

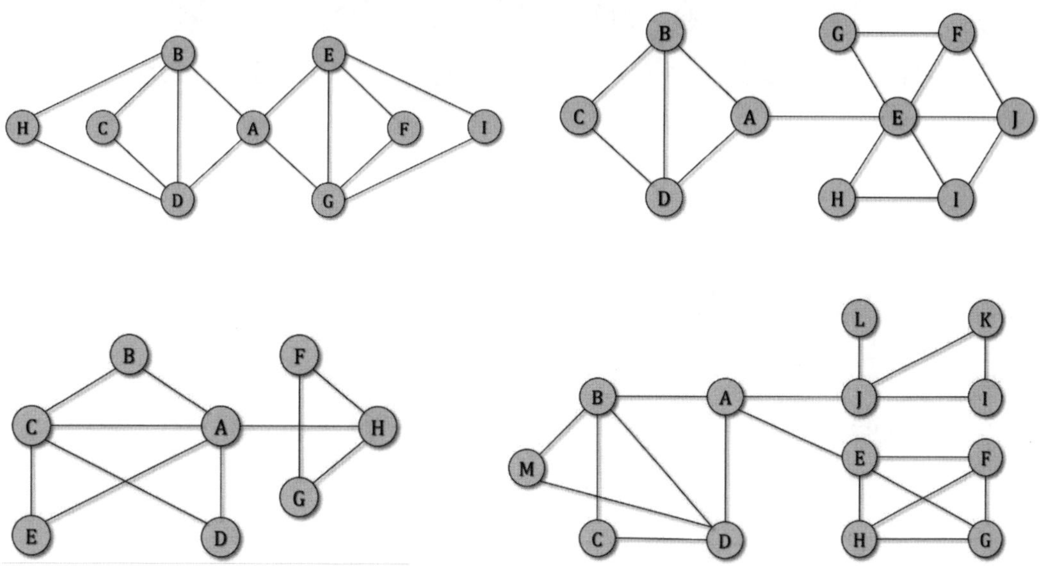

◇**練習問題２**：投資配分指数を利用して、個人Aと個人Bの安定性指数、個人Aと個人Cの安定性指数、個人Aと個人Dの安定性指数、個人Bと個人Cの安定性指数、個人Bと個人Dの安定性指数、そして、個人Cと個人Dの安定性指数を求めなさい。

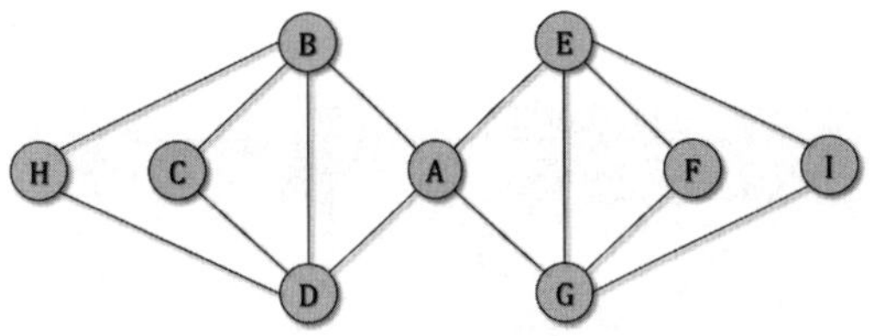

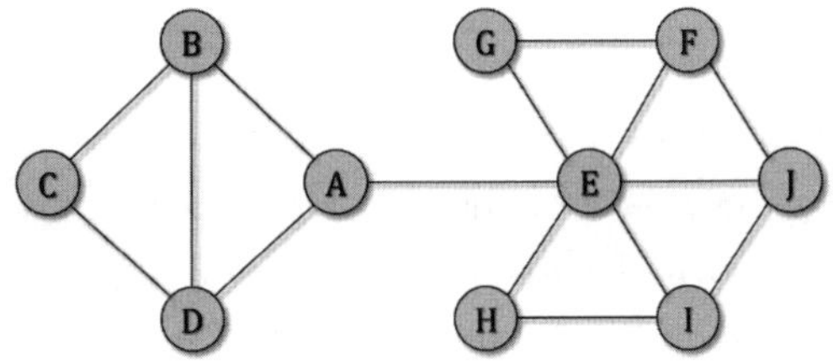

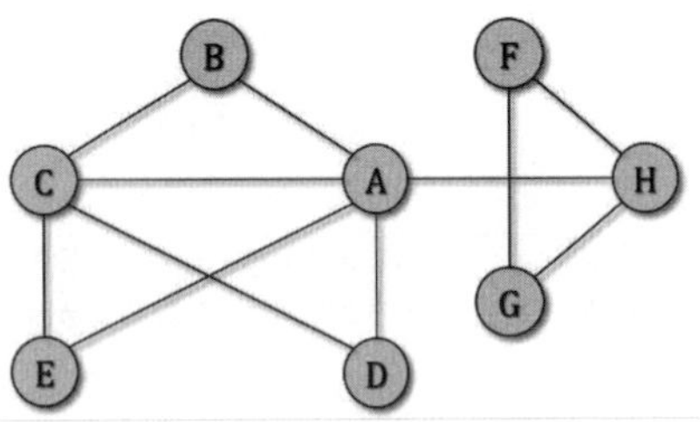

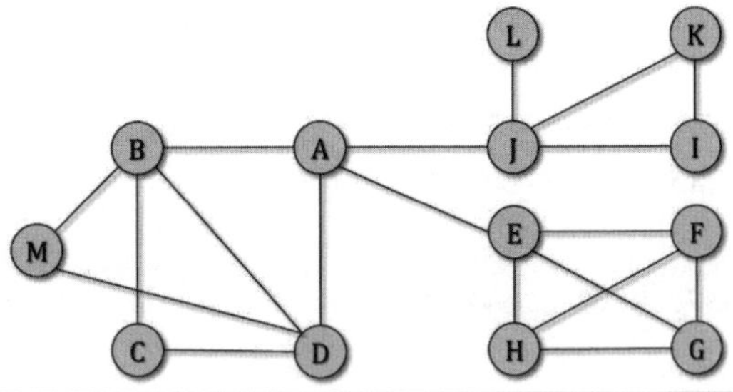

◇**練習問題３**：次のグラフにおいて、点Aと点Bの連結指数、点Aと点Cの連結指数、点Aと点Dの連結指数をそれぞれ求めなさい。

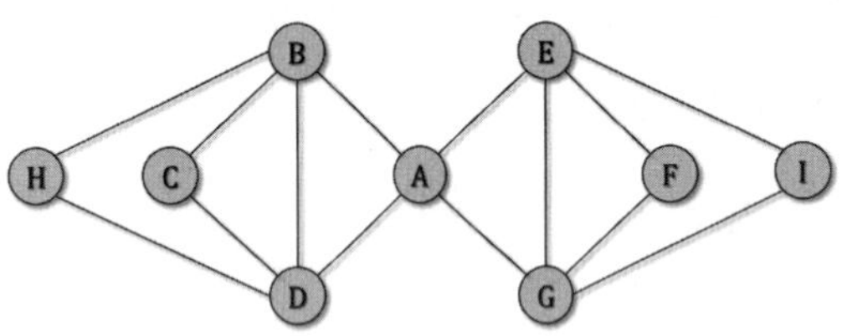

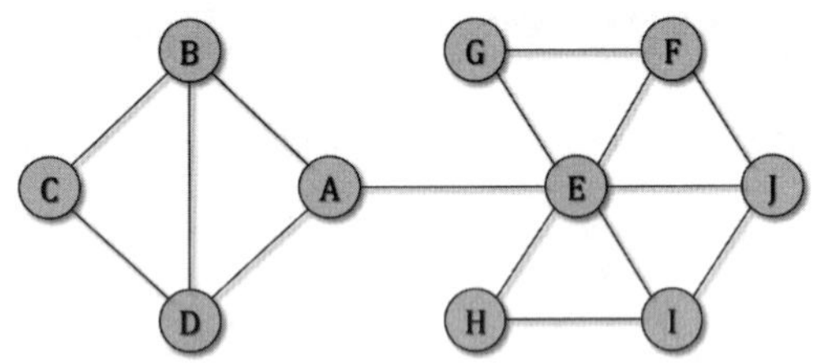

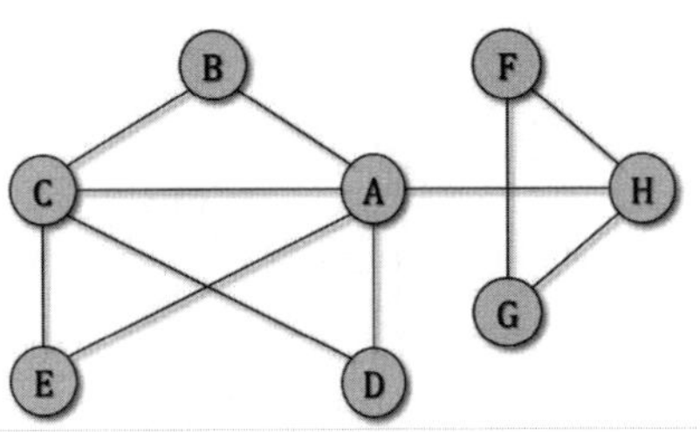

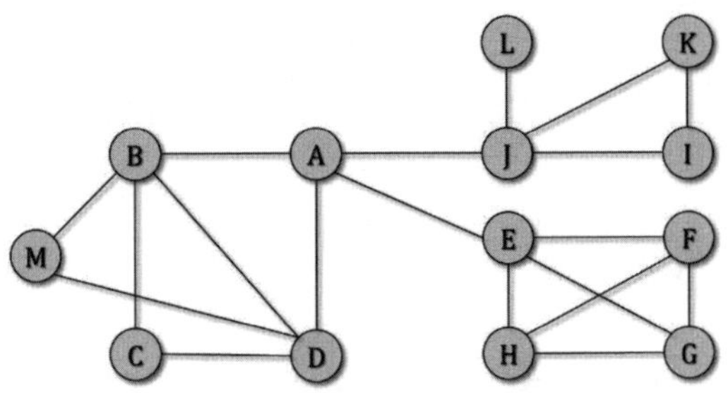

トピック３３：社会ネットワーク分析

これまで本書では、社会ネットワークに関して、その個人・企業間の繋がりの数（密度）と拡がり（規模）について紹介してきたが、社会ネットワーク分析を社会科学において用いる最大の利点とは、そのネットワークの構造に対して様々な意味を持たせることができるようになる点にある。特に、その供給サイドのコンビネーション経済の源泉が技術と技術の組み合わせになっていることから、その技術に関する情報を社会ネットワークを通して、どのように収集することができるようになるのかが重要になってくることになる。それでは、その社会関係資本の概念をもう一歩発展させることによって、その社会ネットワークの構造が果たす役割について考えてみることにしよう。

ネットワーク構造の役割

ジェームズ・コールマンは、社会関係資本には2つの特徴があることを指摘した。ひとつは、社会関係資本から引き出すことができる資源が、その社会構造に埋め込まれているという特徴になり、もうひとつは、その社会ネットワークの構造によって、経済活動が影響を受けることになるという特徴になる（Colman 1988）。このコールマンの社会関係資本の定義が、ブルデューの社会関係資本の定義と異なっている点は、その社会ネットワークに埋め込まれた資源に加えて、その社会ネット－ワークの構造にまで言及している点になる。

まず、コールマンは、その社会ネットワークにおける**信頼**（trust）の重要性について指摘している。ここで、その信頼とは、人間関係の営みの中で公平性のバランスをとるような心理的な働きのことになり、具体的には、自分が相手に対してとった行動については、相手も自分に対して同じ行動をとることを予想する心理のことになる。

例えば、個人Aが個人Bに対して何か良い行為をしたとすれば、個人Aは、その自らの行為に対して、個人Bが報いるような行為をしてくれること期待することができるような人間関係があった上で、その厚意に報いるような行為を、社会ネットワークを構成するすべてのメンバーに対して期待することができることになる。コールマンは、そのような厚意に対する報恩的な行為を期待することができるようになっていることが、その社会関係資本を維持していく上での必須条件になることを指摘している。

また、そのコールマンが主張する社会ネットワークの果たす役割の特徴として、情報伝達網として社会ネットワークの機能があることになり、その情報網としてのネットワークの機能を用いることによって、そのメンバーの行動を相互に監視することができるようになっている。つまり、互いに監視することができるようになれば、悪い行為をしようとしたとしても、その監視の目があることによって、それは抑止されることになり、また、逆に良い行為をした場合には、その行為が監視されていることによって、その良い行為が他のメンバーにも共有されることになり、その賞賛の目によって、そうした行為は助長され、促進されることになる。

さらに、コールマンは、社会関係資本を上手く機能させるためのネットワーク構造の条件について言及している。つまり、その機能的は、ネットワークの閉鎖性のことになり、そのネットワークの**閉鎖性**（closure）とは、ネットワーク全体が閉じていること意味している。

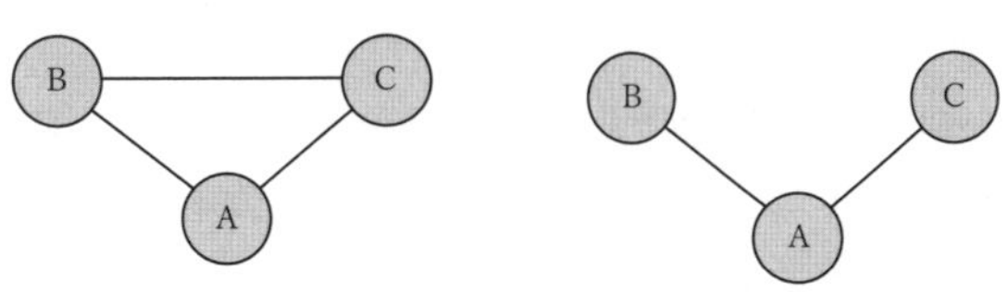

例えば、上図の左図は、個人A、B、Cという3人から構成されている社会ネットワークを表しており、この社会ネットワークは閉じていることになる。まず、その3人は同じ行動基準に則りながら、その社会生活を営んでいるとしよう。そして、あるとき個人Aが、その行動基準に従わなくなったときには、BまたはCのいずれか一方が、それについて知る

ことによって、その情報をBとCとの間で共有することができ、それによって、そのBとCの両方が、そのAに対して行動基準を守るように働きかけをすることができるようになっている。

その一方で、その右図のように、そのBとCが繋がっていなければ、その情報をBとCとの間で共有することができなくなってしまうことになり、それによって、そのAに対する働きかけは弱くなることになる。したがって、そのBとCが繋がっていないことによって、その社会ネットワークにおける行動基準を維持することが困難になってしまうだけでなく、その社会で守られてきた慣習を脆弱なものにしてしまうことになる。したがって、その例においては、その社会ネットワークの構造と社会ルールの維持とが関係づけられていることになる。

また、ロナルド・バートは、その社会ネットワークの構造における繋がりついて着目し、社会ネットワークにおける**構造的隙間**（structural hole）という概念を提示した（Burt 1992)。まず、バートは、社会ネットワークを通じて獲得されるものとして、情報の重要性を指摘している。これまで本書では、その情報は、個人・企業が獲得することができる知識のことになり、その知識は、技術・組織・制度に埋め込まれた知識のことであるとしてきた。それに対して、そのバートの意図する情報とは、それに加えて、その他の資源に関する情報も含んでいることになり、そうした情報を流通させる機能としてのネットワークの機能を重視していることになる。

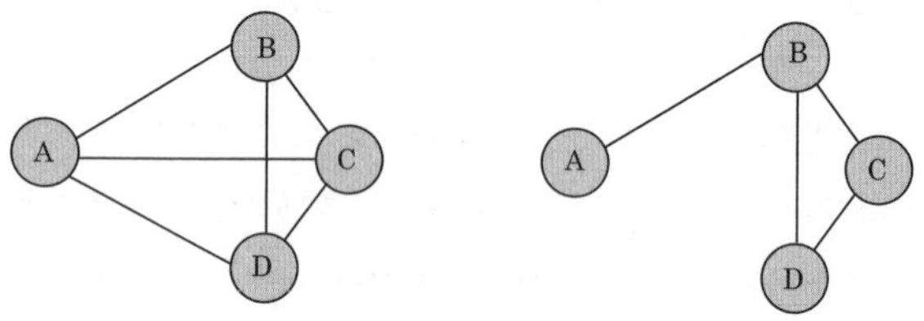

したがって、バートが考える社会ネットワークでは、その社会ネットワークに内在している資源を利用するという目的以前に、その資源に関する情報を獲得する段階での社会ネットワークの果たす役割が重要になっている。そして、バートは、そうした資源に関する情報の入手が、社会ネットワークによって生み出される最大のメリットであることになり、逆に、その社会ネットワークの繋がりを維持していくことはコストであると考えている。そして、そのメリットとコストの観点から、その社会ネットワークの構造がもたらす効率性について議論していることになる。

それでは次に、その社会ネットワークの構造の効率性とは、何を意味しているのかについて考えていくために、その社会ネットワークにおける重複の概念について紹介しておくことにしよう。上図では、個人A、B、C、Dによって構成されている社会ネットワークが描かれている。この社会ネットワークでは、それぞれの個人が線によって結ばれており、その線は、その2人の個人が繋がっていることを表している。

このネットワークによって繋がっている個人については、互いに同質な情報を共有することができるようになっている。つまり、その左図の例では、個人Aは、その個人B、C、Dのそれぞれに対して、直接的に繋がっていることから、その個人Aは、その個人B、C、Dのもつすべての情報を手に入れることができることになる。それに対して、その右図では、個人Aは個人Bと直接的に繋がっている一方で、個人Cは個人Dに対して、個人Bを経由することによって間接的に繋がっていることになる。それによって、その繋がりは間接的な繋がりになっているものの、個人Aは、個人B、C、Dのもつすべての情報を手に入れることができることになる。それによって、その左図のケースでも右図のケースでも、個人Aが手に入れることができる情報の量と質は同じになることになり、その個人Aが、その社会ネットワークから手に入れることができる情報は同じになることになる。

すると、個人B、C、Dが互いに繋がっている限り、その個人Aが手に入れることができる情報に関しては、その個人B、C、Dの中の誰か一人と繋がってさえいれば、すべての情報を手に入れることができるようになり、その左図のケースのように、個人Aが、個人B、C、Dの全員と繋がっている必要はないことになる。つまり、その右図のように個人Aと個人Bとが繋がってさえいれば、すべての情報を手に入れるためには十分であることになり、その意味において、その左図における個人Ａと個人Ｂ、個人Ａと個人Ｃ、個人Ａと個人Ｄの繋がりについては重複していることになる。

換言すれば、その社会ネットワークにおける**重複**（redundancy）とは、ある個人から別の個人にたどり着くための経路が２つ以上あることを意味している。例えば、その左図のケースでは、個人Ａが個人Ｃにたどり着くまでの経路について、個人Ａから個人Ｃに直接たどりつけるようになっており、個人Ｂを経由しても、個人Ｄを経由しても、その個人Ｃにたどり着くことができるようになっている。このとき、その個人Ａから個人Ｃにたどりつく経路は３つあることになり、その３つそれぞれが、その他の２つと重複していることになり、これが、その繋がりにおける重複に当たることになる。

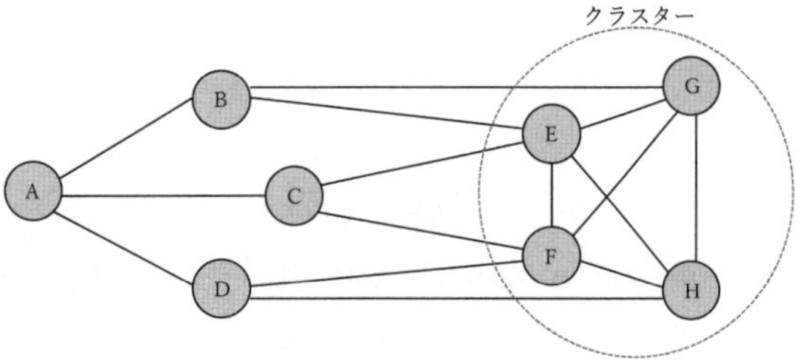

次に、その繋がりにおける重複とは別に、構造における重複について考えてみることにしよう。その構造における重複の考え方は、これまでの経路における重複の考え方と同じになっており、その重複とは、ある個人から別の個人までにたどり着くまでの経路が２つ以上あることによって、その経路が重複している場合のことになる。その一方で、経路による重複の場合には、そのたどり着く対象が個人になっていたのに対して、その構造における重複では、そのたどり着く対象が別のネットワークになることになる。

例えば上図は、その構造における重複の例について描いたものになっている。まず、個人Ｂ、Ｃ、Ｄは互いの繋がっておらず、さらに、個人Ｅ、Ｆ、Ｇ、Ｈによって構成されている別の社会ネットワークがあることなる。ここで、そのように複数の個人が、ある一定の密度で互いに繋がっているネットワークのことをクラスターと呼ぶことにする。そして、個人Ｂ、Ｃ、Ｄは、個人Ｅ、Ｆ、Ｇ、Ｈによって構成されているクラスターには含まれていない一方で、個人Ｂ、Ｃ、Ｄのそれぞれが、そのクラスター内の個人Ｅ、Ｆ、Ｇ、Ｈの誰かと繋がっていることになる。

また、個人Ａは、そのクラスター内の個人の誰に対しても直接的には繋がっていないことから、個人Ａが、個人Ｅ、Ｆ、Ｇ、Ｈからなるクラスターに蓄積されている情報に対してアクセスするためには、個人Ｂ、Ｃ、Ｄの誰かを経由することによって、そのクラスター内の個人Ｅ、Ｆ、Ｇ、Ｈの誰かと繋がる必要があることになる。そして、個人Ｂ、Ｃ、Ｄの全員が、そのクラスター内の誰かと繋がっていることから、個人Ａは、個人Ｂ、Ｃ、Ｄの誰か一人と繋がることによって、そのクラスター内に蓄積されている情報に対してアクセスすることができるようになる。

したがって、この場合においても、個人Ａと、個人Ｂ、Ｃ、Ｄとの繋がりにおいて重複が生じていることになり、その構造における重複とは、その個人Ａのようなある個人が、他のネットワークにたどり着く経路が２つ以上ある場合のことになる。

また、次の右図は、そうした構造おける重複を、個人Ａの視点から排除したものになっている。つまり、この図では、個人Ｂは、個人Ａに対して直接的に繋がっており、また、個人Ｂ以外のすべての個人に対しては間接的に繋がっていることになる。具体的には、上図では、個人Ａは、個人Ｂ、Ｃ、Ｄの全てと繋がっていたのに対して、それらは重複していたことから、個人Ｂに対する繋がりだけを残した上で、その他の繋がりについて取り除いたことになる。また、個人Ｂは、個人ＥとＧに対して繋がっていたのに対して、それも

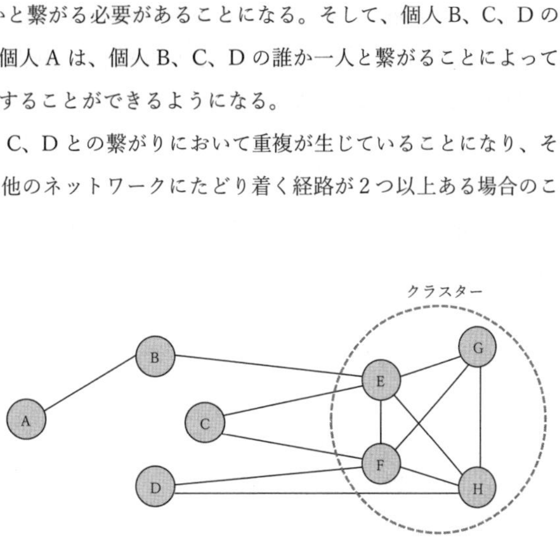

重複していたことから、個人Ｅとの繋がりだけを残して、その他の繋がりについては取り除いたことになる。したがって、その重複した部分を除いたとしても、個人Ａは、そのネットワーク内のすべての情報に対してアクセスすることができるようになっていることになる。

それでは次に、これまでに紹介してきた重複の概念を利用しながら、構造的隙間という概念について説明していくことにしよう。まず、その重複しているネットワークについては、その重複している繋がりの中からひとつの繋がりを取り除いたとしても、個人Ａが手に入れることができる情報の質と量が変化することはなかった。それでは、その重複しない繋がりを取り除いた場合はどうであろうか。そのとき、その他に重複する繋がりは無いことから、その手に入れることができる情報の質と量は明らかに低下してしまうことになる。

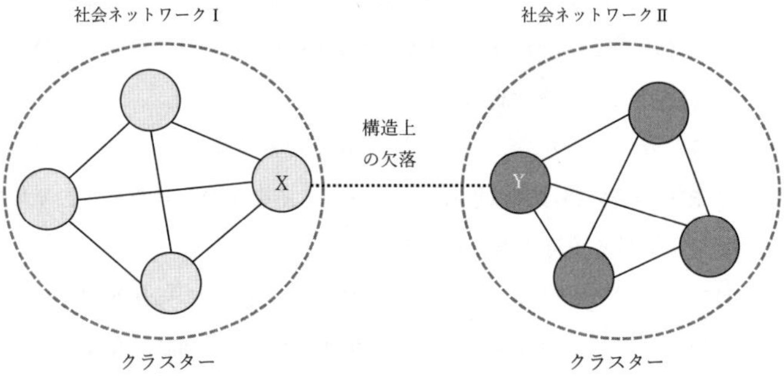

例えば、これまでの例では、その個人Ａの個人Ｂに対する繋がりを取り除くことによって、個人Ａは、個人Ｂ、Ｃ、Ｄがもっているすべての情報に対してアクセスすることができなくなってしまうことになり、また、その構造における重複の場合には、個人Ｂとの繋がりを取り除くことによって、そのクラスター内に蓄積された情報に対しても、アクセスすることができなくなってしまうことになる。このように、その重複していない繋がりが無くなってしまうことを、構造的隙間と呼んでいる。

上図では、その構造的隙間の顕著な例が描かれている。まず、その４人の個人からなる社会ネットワークⅠと、もうひとつの４人の個人からなる社会ネットワークⅡという、２つのクラスターがあるとする。そして、それら２つのクラスターを繋げることができるような個人として、それぞれ個人Ｘと個人Ｙが存在しているとする。

このとき、その個人Ｘと個人Ｙの繋がりが断たれてしまうことによって、その繋がりが無くなってしまうことが、その構造的隙間に当たることになる。この個人Ｘと個人Ｙが繋がることによって、それぞれのクラスター内で蓄積された情報が双方向に流れ通うことになり、社会ネットワークⅠのメンバーの視点からは、社会ネットワークⅡにいる４人分の情報に対してアクセスすることができるようになり、また、社会ネットワークⅡのメンバーの視点からは、社会ネットワークⅠにいる４人分の情報に対してアクセスすることができるようになる。

そして、その構造的隙間が有る場合と無い場合とを比較するとき、それが無い場合の情報量は、それが有る場合の情報量の２倍になることになる。したがって、そのネットワーク全体で増える情報量について計算してみると、その構造的隙間が有る場合には、８人すべてのメンバーが４人分の情報しか手に入れることができなかったことから、その全体の情報量は４人分の情報かける８人で３２になることになる。

それに対して、その構造的隙間が無い場合には、すべてのメンバーが８人分の情報を入手することができるようになることから、その全体の情報量は８人分の情報かける８人で６４の情報量になることになる。したがって、そのネットワーク全体で流通する情報の量が倍になっていることが分かり、そうした理由によって、その構造的隙間は様々な繋がりの中でも最も重要な繋がりのひとつとされている。

ネットワークの効率性と効果

次に、ネットワーク構造の効率性について紹介していくことにしよう。この**ネットワーク効率**（network efficiency）とは、そのネットワークを形成することによって得ることができるメリットと、そのネットワークを維持するためのコストとの、相対的な差によって定義されることになる。そして、なるべく少ない繋がりによって、なるべく多くの個人と繋がることによって、そのネットワークの効率性は改善されることになる。

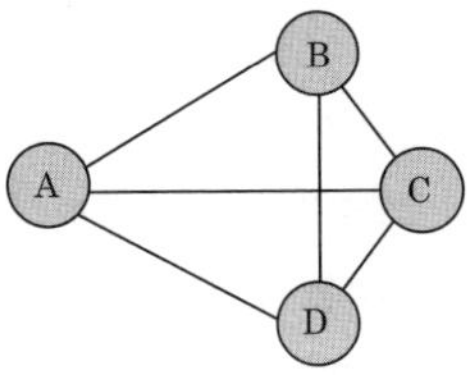

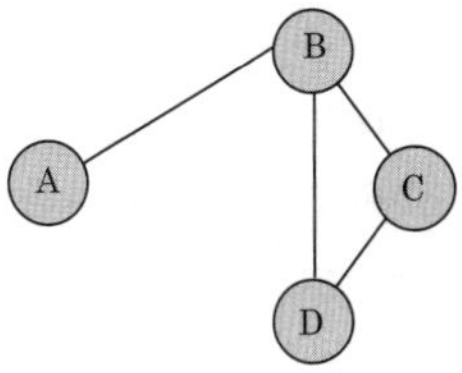

例えば、先ほどの繋がりの重複の例において、そのどちらのネットワークについても、すべての個人と繋がっているという点では、そのネットワークから得られるメリットの大きさは同じになっていることになる。それに対して、そのコストの観点からは、それら２つの社会ネットワークには違いがあることになり、その左図のケースでは、個人Ａは、個人Ｂ、Ｃ、Ｄのすべての個人に対して、その情報交換をするために十分な人間関係を保つためのコストを支払わなければならなかったのに対して、その右図のケースでは、個人Ａは、個人Ｂと、そうした人間関係を維持するために必要なコストを支払うだけで済むことになる。したがって、そのメリットとコストの両面からは、その重複が少ない、もしくは、その重複がないネットワークの方がより効率的であることになる。

次に、その**ネットワーク効果**（network effectiveness）の概念について紹介していくことにしよう。このネットワーク効果とは、そのネットワーク効率の概念を応用的に発展させたものになっている。つまり、そのネットワーク効率とは、そのメリットの大きさを一定に保ったまま、その重複のコストを減らすことによって、その効率化を図るための概念であった。それに対して、このネットワーク効果とは、逆に、そのコストを一定に保ったまま、その重複している繋がりを、他の個人またはネットワークに接続することによって、そのメリットを増大させるための概念になっている。そして、そのネットワーク効果の大きさも、メリットの大きさとコストの大きさの差として定義されことになり、そのネットワーク効率が、既存のメリットに対して、コスト（繋がり）を減らすことになったのに対して、そのネットワーク効果は、既存のコスト（繋がり）に対して、メリットを増やすことになる。

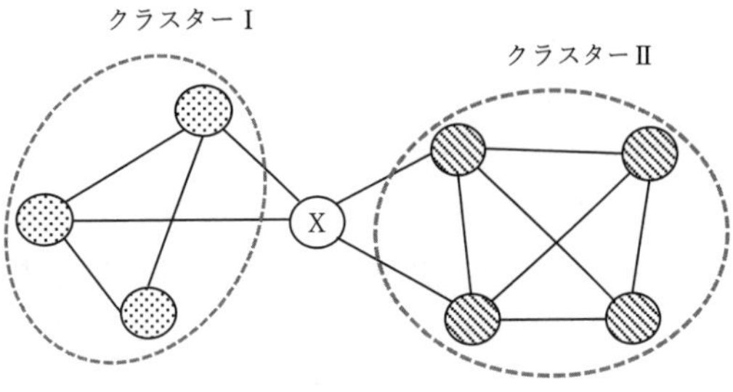

例えば、次の右図では、個人Ｘは２つのクラスターⅠ・Ⅱと繋がっており、それによって、そのクラスター内に蓄積している情報を引き出すことができるようになっている。それに対して、個人Ｘは、そのクラスターⅠに対して２つの繋がりを維持しており、クラスターⅡに対しても２つの繋がりを維持している。すると、それらの２つの繋がりは、それぞれ重複していることから、その個人 Ｘ のネットワークは効率的なものになっておらず、その２つの繋がりのいずれか一方を取り除くことによって、その効率性は上昇することになる。

ところで、そのネットワーク効果とは、その繋がりによるコストを一定に保ったまま、そのネットワークから手に入れることができる情報のメリットを増大させることであった。そこで、その重複している２つの繋がりを、例えば、その他のクラスターⅢとクラスターⅣに連結させることによって、その情報のメリットを増大させることができるようになり、それが、そのネットワーク効果を高めることになる。

つまり、そのネットワーク効果とは、重複している繋がりを、他のクラスターに繋げることによって、その情報のメリットを増大させることになる。すると、その重複している繋がりがなくなることになり、そのすべての繋がりが、その構造的隙間を埋める役割を果たすことによって、その無駄な繋がりが減ることになり、その代わりに有効な繋がりが増えることになる。

以上が、そのネットワーク効率と効果の説明になり、そのネットワーク効率と効果は、技術革新の構造や産業クラスターの構造などの分析において重要な役割を果たすことになる。まず、その技術革新とは、技術と技術の新しい組み合わせのことになり、その組み合わせにおいて、どれだけ多様な技術を組み合わせることができるのかについては、その技術に関する情報量によって影響を受けることになる。ここで、そのネットワーク効率と効果を改善されることによって、ある企業がアクセスし、入手することができる情報量が、少ない費用でも増えていくことになり、その分、それだけ多くの技術を潜在的に組み合わることができるようになる。また、意図的に情報を得ようとしていない場合でも、そのネットワーク効率と効果が高い個人・企業については、その情報のスピルオーバーによる恩恵を受けやすいことになり、そのだけ、インフォーマルな社会的交流からも多様な情報を手に入れることができる機会に恵まれることになる。

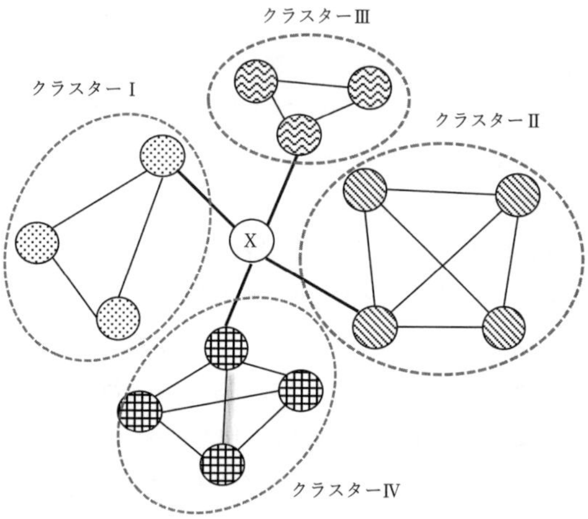

次に、その構造的隙間の概念を、企業の生産工程のネットワークに対しても応用することができる。つまり、その上流・下流工程において、ある企業が多くの企業と繋がっていることによって、それだけ多様なサプライヤーとバイヤーに対してアクセスすることができるようになることから、その産業クラスターにおける需要条件が改善したり、その要素条件・関連産業の条件が改善したりすることになる。また、ある特定のバイヤーに対して、ネットワーク内の複数の企業によって共同受注をしたり、ある生産量の過不足を、ネットワーク内の企業間で調整したりする場合には、なるべく多くの企業が繋がっていた方がよいことになり、その場合には、その企業ネットワークにおける構造的隙間を埋めることが重要になってくることになる。

これまで社会関係資本の観点から、社会ネットワークの構造について紹介してきた。近年の社会関係資本研究は、そうしたネットワーク構造の関心に加えて、価値観や慣習などの、社会ネットワークを維持していくために必要になる社会的な制度背景についても関心も高まっている。また、社会関係資本の概念は、より幅広い分野の研究者によって研究されており、その定義も応用的かつ発展的に解釈される傾向にある。

例えば、社会関係資本は、しばしば人々を協調的に行動させる慣習と、それを支える社会ネットワークとして定義されることになり、その定義は、一般的な制度の定義とほとんど同じものになっている。また、その社会関係資本の研究対象として、大きく次の5つの分野があることになる（Woolcock and Narayan 2002; Guiso et al. 2006)。

第一に、人間関係における信頼について研究する分野があり、ここで、その信頼は、家族や友人、同僚といった比較的親密な人間関係における信頼のことになり、そうした人間関係における信頼の高さが、社会ネットワークを発達させることによって、その社会生活や経済活動などが改善されると考えられている（Putnam, 2000; Fukuyama, 1995)。

第二に、コミュニティに対する所属のアイデンティティに関する研究があり、この分野は、郷土や同窓などの同じ象徴を共有するコミュニティにおいて、社会ネットワークは発展することになり、それと同時に、その象徴の下にメンバー間の信頼が深まることによって、そのコミュニティにおける協力関係が促進されると考えられている。このアイデンティティによる社会関係資本は、その社会的な団結力を強める際に有効になる一方で、その他のアイデンティティをもつグループに対しては排他的な態度をとるようになるという副作用もあるとされている（Coleman 1988; Putnam 1993; Alexander 2006; Hayami 2009）。

第三に、政治に対する意識について研究する分野があり、その分野では、民主主義を維持し、機能させるにための政治参加率についての研究がなされており、それは社会ネットワークを構成するメンバーで共有される価値観や信条、文化などによって改善すると考えられている（Putnam 1993）。また、第四と第五は、それぞれ道徳的姿勢と信仰心について研究する分野になっており、その分野では、その道徳的姿勢と信仰心が、社会ネットワークにおける信頼関係や協力関係などに対して、どのように寄与しているのかについての研究がなされている。

<参考文献>

Allen, J. (2000) Power/Economic Knowledge: Symbolic and Spatial Formations, in J. R.

Arthur, W. B. (1994) Increasing Returns and Path Dependence in the Economy, University of Michigan Press: Ann Arbor

Bathelt, H. (2001) Regional Competence and Economic Recovery: Divergent Growth Paths in Boston's High Technology Economy, Entrepreneurship & Regional Development, 13: 287-314

Bryson, P. W. Daniels. N. Henry and J. Pollard (eds.) Knowledge, Space, Economy, pp. 15-33, London: Routledge.

Bourdieu, P. (1985) The Forms of Capital, In J. G. Richardson (eds.) Handbook of Theory and Research for the Sociology of Education, New York: Greenwood, 241-258

Burt, R. S. (1992) Structural Holes, The Social Structure of Competition, Cambridge, MA: Harvard University Press.

Coase, R. (1960) The Problems of Social Cost, Journal of Law and Economics, 3: 1-44

Cohen, W. M. and Levinthal, D. A. (1990) Absorptive Capacity: A New Perspective on Leaning and Innovation, Administrative Science Quarterly, 35: 128-152

Coleman, J. S. (1988) Social Capital in the Creation of Human Capital, American Journal of Sociology, 94: S95-S121

Feldman, M. P., Francis, J. and Bercovitz, J. (2005) Creating a Cluster While Building a Firm: Entrepreneurs and the Formation of Industrial Clusters, Regional Studies, 39: 129-141

Freeman, L. C. (1979) Centrality in Social Networks: I Conceptual Clarification, Social Networks, 1: 212-239

Foster, B. L. and Seidman, S. B. (1982) Urban Structure Derived From Collections of Overlapping Subsets, Urban Anthropology, 11: 177-192

Fukuyama, F. (2002) Social Capital and Development: The Coming Agenda, SAIS Review, vol. XXII(1)

Grabher, G. (1993) The Weakness of Strong Times, The Lock-In of Regional Development in the Ruhr Area, in G. Graber (eds.) The Embedded Firm, Routledge: London, pp. 255-277

Howells, J. (1996) Tacit Knowledge, Innovation and Technology Transfer, Technology Analysis & Strategic Management, 8(2): 91-106

Howells, J. (2002) Tacit Knowledge, Innovation and Economics Geography, Urban Studies, 19(5-6): 871-884

Jacobs, J. (1969) The Economies of Cities, Random House, New York

Kanoke, D. and Burt, R. S. (1980) Prominence, in R. S. Burt and M. J. Minor (Eds.) Applied Network Analysis, pp. 195-222, Newbury Part, C.A. Sage

Klepper, S. (1996) Entry, Exit, Growth, and Innovation Over the Product Life Cycle, The American Economic Review, 86(3): 562-583

Klepper, S. (1997) Industry Life Cycles, Industrial and Corporate Change, 6: 145-181

Klepper, S. (2009) Spinoffs: A Review ad Synthesis, European Management Review, 6(3): 159-171

Lin, N. (2002) Social Capital: A Theory of Social Structure and Action, Cambridge University Press.

Locke, J. (1988) Two Treatises of Government, Cambridge University Press

Manzel, M. and Fornahl, D. (2009) Cluster Life Cycles – Dimensions and Rationales of Cluster Evolution, Industrial and Corporate Change, 19(1): 205-238

Marshall, A. (1890) Principles of Economics, MacMillan, London

Maskell, P. and Malmberg, A. (1999) Localized Learing and Industrial Competitiveness, Cambridge Journal of Economics, 23(2): 167-185

Maskell, P. and Malmberg, A. (2007) Myopia, Knowledge Development and Cluster Evolution, Journal of Economic Geography, 7: 603-618

Massey, D. B. (1984) Spatial divisions of labor: Social structures and the geography of production, Methuen, New York

North, D. C. (1989) Institutions and Economic Growth: An Historical Introduction, 17(9): 1319-1332

North, D. (1990) Institutions, Institutional Change and Economics Performance, Cambridge, Cambridge University Press.

Polanyi, M (1967) The Tacit Dimension, London, Routledge and Kegan Paul.

Porter, M. E. (1990) The Competitive Advantage of Nations: with New Introduction, Free Press.

Porter, M. E. (1998) Clusters and the new economics of competition, Harvard Business Review, 76(6): 77-90

Portes, A. (1998) Social Capital: Its Origins and Applications in Modern Sociology, Annual Review of Sociology, 24: 1-24

Roberts, J. (2001) The Drive to Codify: Implications for the Knowledge-based Economy, Prometheus, 19: 99-116

Rousseau, J. J. (2004) The Social Contract, Penguin Great Ideas)

Rutherford, M. (1994) Institutions in Economics: The Old and the New Intuitionalism, Cambridge, Cambridge University Press.

Saxenian, A. (1994) Regional Advantage: Culture and Competition in Silicon Valley and Route 128, Harvard University Press: Cambridge, MA.

Storper, M. and Christopherson, S. (1987) Flexible Specialization and Regional Industrial Agglomerations: The Case of the U.S. Motion Picture Industry, Annals of the Association of American Geographers, 77(1): 104-117

Simmel, G. (1955) Conflict and the Web of Group Affiliations, Glencoe, IL, Free Press.

Storper, M. and Venables, A. J. (2004) Buzz: Face-to-Face Contact and the Urban Economy, Journal of Economic Geography, 4: 351-370

Sumner, W. G. (2002) Folkways: A Study of Mores, Manners, Customs and Morals, Dover Publications

Toynbee, A. J. (1987) A Study of History, Oxford University Press

Wasserman, S. and Faust, K. (2007) Social Network Analysis: Methods and Applications, Cambridge University Press.

Williamson, O. (1998). Transaction costs economics: how it works; where it is headed, De Economist, 146(1): 23-58.

Young, J. W. (2003) Technique for Producing Ideas, McGraw-Hill Professional

<索引>

門川和男（かどかわ かずお）

東海大学 政治経済学部 経済学科 准教授。1975年生まれ、山口県出身。1999年、創価大学法学部卒。1996年、カルフォルニア大学バークレー校留学、2002年、米国ジョンズホプキンズ大学高等国際問題研究大学院（SAIS）修了、松下電器産業株式会社（現パナソニック株式会社）、早稲田大学経済学研究科を経て、2009年、英国ロンドン大学ユニバーシティー・カレッジ（UCL）地理学研究科修了（Ph.D.）、2010年、早稲田大学政治経済学部助教、東洋大学非常勤講師、フリーター、特任講師などを経て、2019年より現職。
著書に「日本の産業立地と地域構造」多賀出版、「例題で学ぶ地域分析の考え方」創成社などがある。

［新版］例題で学ぶ地域経済学入門

2020年２月16日発行

著　者　門川和男
発行所　学術研究出版／ブックウェイ
〒670-0933　姫路市平野町62
TEL.079（222）5372
FAX.079（244）1482
https://bookway.jp
印刷所　小野高速印刷株式会社
©Kazuo Kadokawa, 2020 Printed in Japan
ISBN978-4-86584-443-6

乱丁本・落丁本は送料小社負担でお取り換えいたします。

本書のコピー、スキャン、デジタル化等の無断複製は著作権法上での例外を除き禁じられています。本書を代行業者等の第三者に依頼してスキャンやデジタル化することは、たとえ個人や家庭内の利用でも一切認められておりません。